东北抗日联军史

上册

《东北抗日联军史》编写组　著

中共党史出版社

图书在版编目(CIP)数据

东北抗日联军史/《东北抗日联军史》编写组著．—北京：中共党史出版社，2015.9(2023.1 重印)

ISBN 978-7-5098-2807-6

Ⅰ.①东… Ⅱ.①东… Ⅲ.①东北抗日联军—史料
Ⅳ.①K264.306

中国版本图书馆 CIP 数据核字(2014)第 220484 号

出版发行：中共党史出版社
责任编辑：李亚平　黄艳　王兵
责任校对：龚秀华
责任印制：谷智宇
社　　址：北京市海淀区芙蓉里南街6号院1号楼
邮　　编：100080
网　　址：www.dscbs.com
经　　销：新华书店
印　　刷：北京汇林印务有限公司
开　　本：170mm×240mm　1/16
字　　数：849 千字
印　　张：71.25　21 面插图
印　　数：11051—15050 册
版　　次：2015 年 9 月第 1 版
印　　次：2023 年 1 月第 3 次印刷

ISBN 978-7-5098-2807-6
定　　价：168.00 元(上下册)

此书如有印制质量问题，请与中共党史出版社出版部联系
电话：010—82517197

1980年8月以来，先后参加领导、指导和组织“东北三史”研究编写工作的中共中央党史研究室和中共辽宁省委、吉林省委、黑龙江省委原任与现任领导同志（按姓氏笔画为序）：

于　林　王万宾　王国发　王儒林　巴音朝鲁

冯文彬　曲青山　刘东辉　刘国中　孙　英

杜家毫　李传华　李忠杰　李　荒　李剑白

李海涛　李景田　谷安林　沙健孙　张文岳

陈　威　竺延风　欧阳淞　周忠轩　郝会龙

唐宪强　龚育之　廖盖隆

“东北三史”编纂工作领导小组

（现　任）

组　长　李忠杰

副组长　周忠轩　竺延风　李海涛

成　员　黄如军　霍海丹　王意恒　刘曼抒　钱　锋　李景文

2002年8月“《东北抗日联军史》编纂工作会议”以来，先后参加领导、指导和组织协调《东北抗日联军史》研究编写工作的有关同志：

一、中共中央党史研究室和中共辽宁省委、吉林省委、黑龙江省委原任与现任领导同志（按姓氏笔画为序）

王万宾　王国发　王儒林　巴音朝鲁　曲青山
刘东辉　刘国中　孙　英　杜家毫　李忠杰
李海涛　李景田　谷安林　张文岳　张树军
竺延风　欧阳淞　周忠轩　郝会龙　唐宪强

二、中共辽宁、吉林、黑龙江省委党史研究室原任与现任主要负责同志和中共中央党史研究室科研管理部、第一研究部原任与现任有关负责同志（按姓氏笔画为序）

王立章　王意恒　刘益涛　刘曼抒　刘殿明　杜红旗
李　蓉　李振锟　李景文　陈文清　赵培兴　姚金果
钱　锋　黄小同　黄如军　黄修荣　霍海丹

《东北抗日联军史》编写组

组　长　李景文
副组长　赵俊清　李鸿文　郭红婴　罗占元　常好礼
成　员　陈　玫　王恩宝　张洪兴　冯树成
顾　问　王　景　金宇钟

“东北三史”编写说明

“东北三史”编纂工作领导小组

《东北抗日联军史》、《东北沦陷史》和《中共满洲省委史》合称“东北三史”，是为揭露日本帝国主义对中国东北的野蛮侵略，反映以东北抗日联军为代表的抗日武装和东北各族人民在中国共产党领导下奋起抵抗日本侵略和殖民统治的奋斗历程而编写的。

“东北三史”的叙史时间，从 1931 年日本侵略者制造九一八事变和中国爆发局部抗战起，到 1945 年中国人民抗日战争取得最后胜利止，共十四年。“东北三史”的内容，在总体上有密切的内在联系，在局部上则各有侧重。其中，《东北抗日联军史》主要记载东北抗日联军兴起及其同日本侵略军英勇战斗的历程；《东北沦陷史》主要揭露日本帝国主义在东北实行殖民统治的罪行以及东北各族人民的反抗斗争；《中共满洲省委史》主要反映中共东北党组织对东北抗日斗争的领导及其自身发展的历史。

研究和编写“东北三史”具有重要的历史和现实意义。东北是除台湾及澎湖列岛等岛屿以外，中国被日本侵占时间最长、遭受殖民统治最严重的地区；东北的抗日战争开始最早、历时最长，是中国乃至世界反法西斯战争中环境最艰苦、斗争最残酷的地区之一；东北各族人民特别是东北抗日联军的英勇斗争，始终是在中国共产党的推动和领导下进行的。因此，研究编写“东北三史”就从这三个方面构成一个完整的体系。其中的主线是面对民族危亡,中国共产党领导东北各族人民和东北抗日联军,同日本侵略者进行不屈不挠的殊死斗争并且坚持到最后胜利。通过研究编写“东北三史”,用铁的事实揭露日本帝国主义者的侵略行径和罪恶本质,真实记录东北各族人民在日本统治下的悲惨遭遇,全面反映中国共产党对东北地区抗日斗争的领导和东北各族人民、抗日联军将士艰苦卓绝的斗争,再现广大共产党人无比坚定的理想信念、对党忠诚的崇高品格、不屈不挠的坚强意志、敢于斗争的英勇气概、艰苦奋斗的优良作风、舍生取义的牺牲精神,彰显杨靖宇、赵尚志、周保中、李兆麟、赵一曼等共产党人和民族英雄的光辉事迹和不朽精神。所有这些,都有利于为党和国家工作大局服务,有利于对广大党员干部群众特别是青少年进行爱国主义教育和革命传统教育,也有利于推动中日两国关系健康发展,推动世界人民特别是亚洲人民警惕、遏制日本军国主义势力的复活。

“东北三史”的研究编写一直得到中央领导同志的重视和关心。有关各项工作,始终在中共中央党史研究室的指导和东北三省(辽宁、吉林、黑龙江)省委的领导下,由三省有关部门、单位和众多专家学者协作进行。

“东北三史”中,最先开始研究编写的是《东北抗日联军史》。1980 年 8 月,通过中共中央党史研究室邀请东北三省有关同志座谈的方式,形成了由东北三省共同组织力量编写《东北抗日联军史》的一致意见。随后,经请示中央领导同志,组成了编写领导小组正式启动编写工作。1986 年,又确定了《东北沦陷史》(当时亦称《东北沦陷十四年史》)的研究编写任务。经过多年努力,编写工作取得重要的前期成果。进入新世纪后,《东北抗日联军史》与《东北沦陷史》编写领导机构分别做出了调整。中央领导同志批示,要求东北三省继续进行有关的编研工作。

为贯彻落实中央领导同志批示精神，有效推进工作，2002年8月，在吉林省长春市召开了有中共中央党史研究室、东北三省省委负责同志和三省有关工作部门负责同志与专家学者参加的“《东北抗日联军史》编纂工作会议”（又称长春会议）。这次会议总结和充分肯定前一阶段的工作成绩，讨论研究了下一步工作的有关问题。会议决定，在深入研究编写《东北抗日联军史》和《东北沦陷史》的同时，启动《中共满洲省委史》的研究和编写工作。这样，就形成了“东北三史”。会议决定，成立以时任中共中央党史研究室主任孙英为主任、东北三省省委各一位分管党史工作的副书记为副主任的东北抗日联军史编纂委员会。编纂委员会下设编纂领导小组，具体负责“东北三史”编纂工作。编纂领导小组之下设立编纂工作办公室，并组成由三省省委党史研究室分别牵头的《东北抗日联军史》编写组、《东北沦陷史》总编室和《中共满洲省委史》编写组，承担相应任务。

长春会议后，“东北三史”研究编写全面展开。东北三省省委对有关工作高度重视，分管领导同志定期听取专题汇报，解决问题。中共中央党史研究室主要协调指导东北三省省委党史研究室有计划、有步骤地推进业务工作。时任中共中央党史研究室主任的孙英、李景田多次召集专门会议听取汇报，督促检查。2007年3月，针对研究编写过程中面临的新问题，中共中央党史研究室拟订《关于推进“东北三史”编纂工作的近期实施方案》，召开有东北三省省委党史研究室主任和有关同志参加的编写工作主任碰头会，制定了工作路线图和时间进度表。会后，“东北三史”研究编写工作全面迅速地推进。2008年以来，中共中央党史研究室主任欧阳淞向中央领导同志汇报工作时，多次报告中共中央党史研究室指导“东北三史”研究编写的情况。

有关各方的努力和一系列有力措施，推动“东北三史”研究编写工作持续取得重要进展。到2009年，《东北抗日联军史》完成多轮修改统稿，基本形成送审稿；《东北沦陷史》（综合卷）完成征求意见稿；《中共满洲省委史》基本完成了初稿。

在工作取得重要进展的基础上，为使“东北三史”的研究编写包括出版准备更好更快地进行，2009年6月，在辽宁省沈阳市召开了有中共中央党史研究室、东北三省省委负责同志和三省省委有关工作部门负责同志与专家学者参加的“‘东北三史’编纂工作会议”（又称沈阳会议）。这次会议进一步学习领会中央领导同志关于“东北三史”的一系列重要批示精神，交流工作情况，通过《关于进一步推进“东北三史”研究编写工作的原则意见》，对继续推进“东北三史”工作进行了部署。会议成立新的“东北三史”编纂工作领导小组（不再设编纂委员会），由中共中央党史研究室副主任李忠杰任组长，东北三省省委分管党史工作的领导同志周忠轩、王儒林、刘国中任副组长。编纂工作领导小组的主要职责，是领导和指导“东北三史”的研究、编写和出版工作，决定书稿中的有关重大问题并审定书稿，协调解决有关分工和经费等问题。

沈阳会议后，“东北三史”研究编写工作进入统改、审定和出版《东北抗日联军史》、《东北沦陷史》（综合卷）、《中共满洲省委史》，相机启动《东北沦陷史》各专题分卷编写的阶段。2015年，适值中国人民抗日战争暨世界反法西斯战争胜利70周年，《东北抗日联军史》完成统改、审定，首先付印出版。《东北沦陷史》（综合卷）、《中共满洲省委史》亦将随之定稿出版，同读者见面。继这三部著作之后，《东北沦陷史》各专题分卷将陆续编成和出版。

“东北三史”是在中央领导同志重视和关心下，历经多年努力、分阶段实施完成的重大工程。作为重要的系列性集体著作，它具有两方面突出的特点：一是专题资料翔实，前期成果丰硕。“东北三史”涉及的历史跨度比较长，因情况复杂、时隔久远，相关资料收集、整理的难度相当大。东北三省省委党史研究室和有关社会科学部门、众多专家学者攻坚克难，经过长期收集积累，整理编辑了一系列有关“东北三史”的专题资料，包括中国共产党在东北的活动、东北抗日人物、东北抗日英烈、日本对东北的侵略和统治、日军在东北的暴行、东北的劳工问题等。在掌握大量珍贵资料的基础上，先期取得一批阶段性研究成果，发表了一系列论文，出版了《东北抗日联军斗争史》、《中国东北沦陷十四年史纲要》等专著。这些专题资料和研究成果，既为“东北三史”的研究编写打下坚实基础，其本身又在“东北三史”的研究编写中得到充分运用。二是在重要观点、重要判断、重要结论上体现政治与学术的有机统一。由于斗争环境的极端艰苦和特殊，抗日战争时期东北地区党的历史、东北抗日联军包括其前身的历史具有相当的复杂性，因而在学术研究中难免出现认识上的不同或者分歧。“东北三史”的研究编写，始终注意坚持以党的两个“历史决议”精神、中央有关精神和胡锦涛总书记在纪念中国人民抗日战争暨世界反法西斯战争胜利60周年大会、习近平总书记在纪念中国人民抗日战争暨世界反法西斯战争胜利69周年座谈会上的讲话为指导，以中国共产党领导东北各族人民和东北抗日联军同日本侵略者进行的殊死搏斗为主线，同时站在新的时代高度，着眼大局、与时俱进，科学认识和把握所涉及的复杂问题，充分尊重专家学者的学术思考和学术观点，努力整合、吸收各方面正确意见，形成实事求是的认识和结论。对仍然存在分歧的问题，根据中央精神按照宜粗不宜细的原则妥善处理。

“东北三史”即《东北抗日联军史》、《东北沦陷史》和《中共满洲省委史》三部重要著作的出版，标志着中国东北抗日战争历史研究领域一批核心成果的完成。但是，相关的研究包括资料收集整理工作远没有结束。随着时代的发展、新史料的披露和认识的升华，关于这段历史的研究必将进一步丰富和深化。因此，我们希望，以“东北三史”的出版为契机，有关部门和广大专家学者继续努力，在新的起点上推动东北抗日战争历史研究不断迈上新的台阶。

2015 年 5 月

中国人民的抗日战争，是在曲折的道路上发展起来的。这个战争，还是在一九三一年就开始了。一九三一年九月十八日，日本侵略者占领沈阳，几个月内，就把东三省占领了。国民党政府采取了不抵抗政策。但是东三省的人民，东三省的一部分爱国军队，在中国共产党领导或协助之下，违反国民党政府的意志，组织了东三省的抗日义勇军和抗日联军，从事英勇的游击战争。这个英勇的游击战争，曾经发展到很大的规模，中间经过许多困难挫折，始终没有被敌人消灭。

（毛泽东:《论联合政府》,1945 年 4 月 24 日）

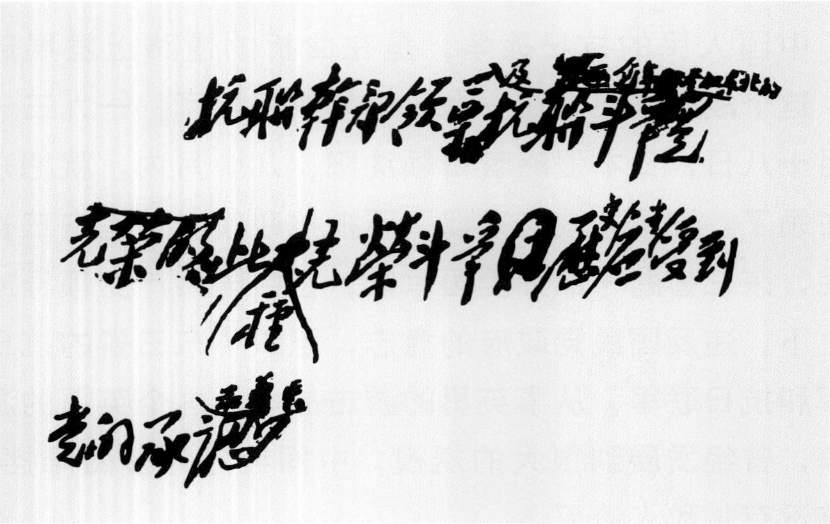

毛泽东手迹:“抗联干部领导抗联斗争及近年参加东北的斗争是光荣的。此种光荣斗争历史应当受到党的承认和尊重。”(根据毛泽东1949年5月14日为中共中央起草的致东北局并告有关负责同志及中原局电手稿复制,原件存中央档案馆)

杨靖宇　东北抗日联军第一军军长兼政治委员、第一路军总司令兼政治委员

周保中　东北抗日联军第五军军长、第二路军总指挥、教导旅旅长

赵尚志　东北抗日联军第三军军长、北满抗日联军总司令

李兆麟(张寿篯)　东北抗日联军第六军政治部主任、第三路军总指挥、教导旅政治副旅长

魏拯民　东北抗日联军第二军政治委员、第一路军副总司令兼总政治部主任

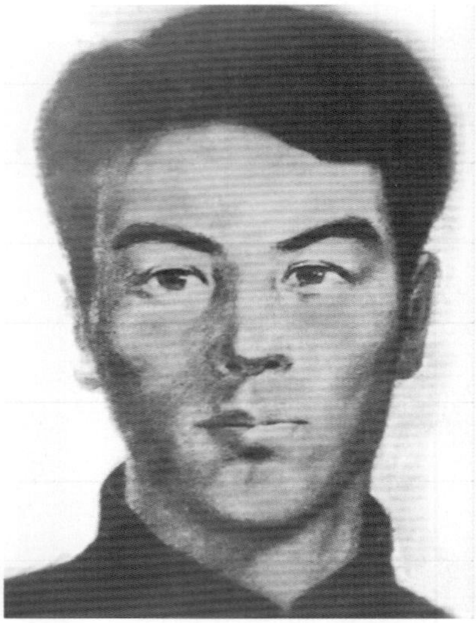

王德泰　东北抗日联军第二军军长、第一路军副总司令

崔庸健（崔石泉，朝鲜籍）东北抗日联军第七军军长（代）、第二路军总参谋长

冯仲云　东北抗日联军第三军政治部主任、第三路军总政治委员

金　策(朝鲜籍)　东北抗日联军第三军政治部主任、第三路军总政治委员

许亨植　东北抗日联军第三军军长(继任)、第三路军总参谋长

李延禄　东北抗日联军第四军军长

李延平　东北抗日联军第四军军长(继任)

柴世荣　东北抗日联军第五军军长(继任)

季　青　东北抗日联军第五军政治委员

夏云杰　东北抗日联军第六军军长

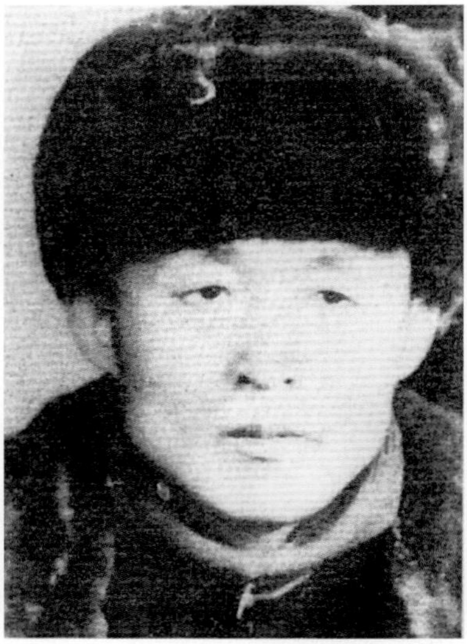

戴鸿宾　东北抗日联军第六军军长(继任)

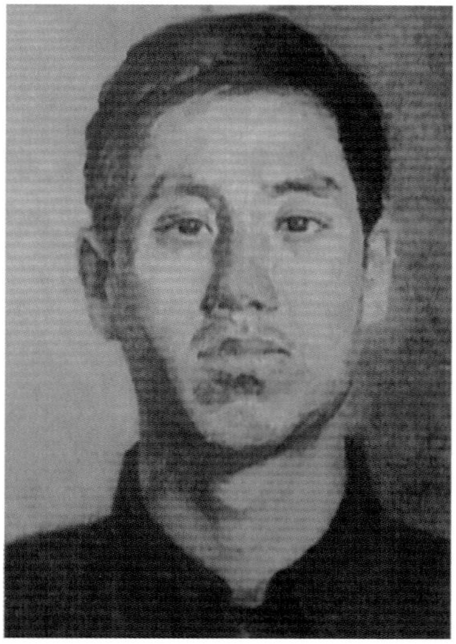

陈荣久　东北抗日联军第七军军长

李学福　东北抗日联军第七军军长(继任)

汪雅臣　东北抗日联军第十军军长

祁致中　东北抗日联军第十一军军长

金日成（朝鲜籍） 东北抗日联军第一路军第二方面军指挥

东北抗日联军第一路军部分指战员

东北抗日联军第二军部分指战员

东北抗日联军第三军第五师之一部

东北抗日同盟军第四军司令部部分人员

东北抗日联军战士的露营生活

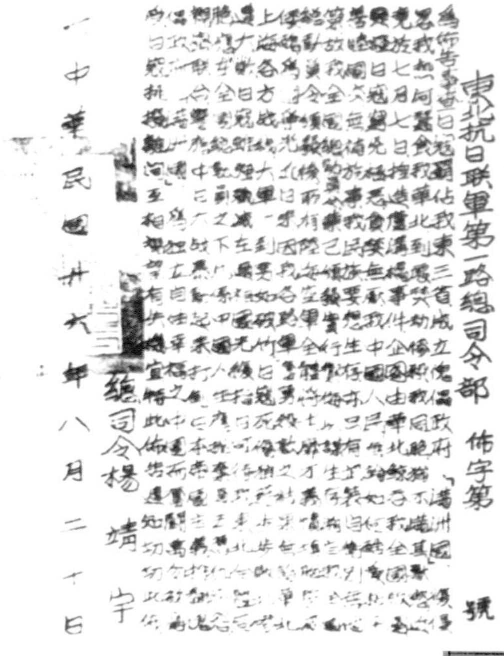

東北抗日聯軍第一路總司令部 佈字第 號

總司令 楊靖宇

東北抗日联军第一路军总司令部布告

《人民革命画报》第 67 期刊载的东北人民革命军第一、第二军于那尔轰会师

東北人民革命軍第三軍改編為
抗日聯軍第三軍通告

為通告事，照得本軍自民國二十三年春季以來，即在不斷戰鬥環境下自身之擴大與千百萬反日同胞擁護中，組成東北人民革命軍第三軍，幸賴將士用命，努力殺敵，各界資助，奔走有方，兩年來不獨擴展數倍之反日行動區域，征服更多同胞信仰，尤其聯合與數抗日友軍，打破日寇之個個擊破詭計，領導各地各作戰部隊，致使敵寇甚獻首惡，自觸無暇，此固本軍足以自慰者，但仰體抗日前途，尚須艱難多也，尤其團結一切抗日部隊為統一與關之整頓，實為刻急務之急，因此本軍決定於八月一日起，在全體指戰員自動擁護下，將原東北人民革命軍第三軍改編為東北抗日聯軍第三軍，收編各隊，聯絡各軍，無他，消滅此疆彼界，各樹一幟，爾東我西，各行所志，以致揚與光大我抗日之旗幟，以團結與鞏固我反滿之武裝而已，行動在即，整頓需時，尚希我弟兄軍與各地抗日友軍全體同現，大義鴻猷，不吝賜教，國家幸甚，我軍幸甚！

東北抗日聯軍第三軍軍長 趙尚志

大中華民國二十五年 月 日

东北抗日联军第三军通告

赵一曼　东北人民革命军第三军第二团政治部主任

冷　云　东北抗日联军第五军妇女团政治指导员

坐落在黑龙江省林口县乌斯浑河东岸的“八女投江”纪念碑

东北抗日联军密营

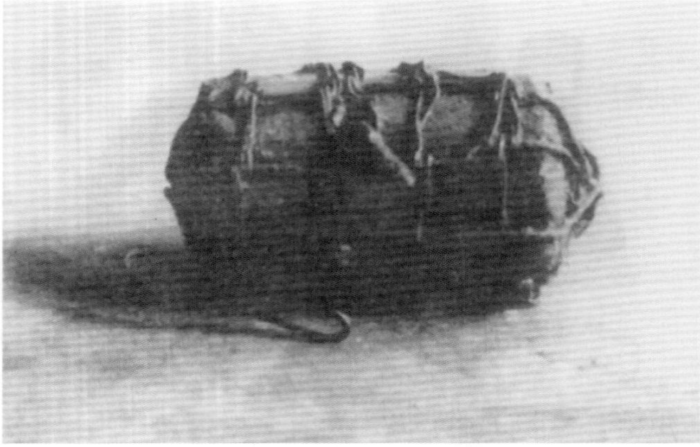

延吉游击队使用的炸弹

东满地区游击队使用的武器

抗日群众给东北抗日联军第一军送油的用具

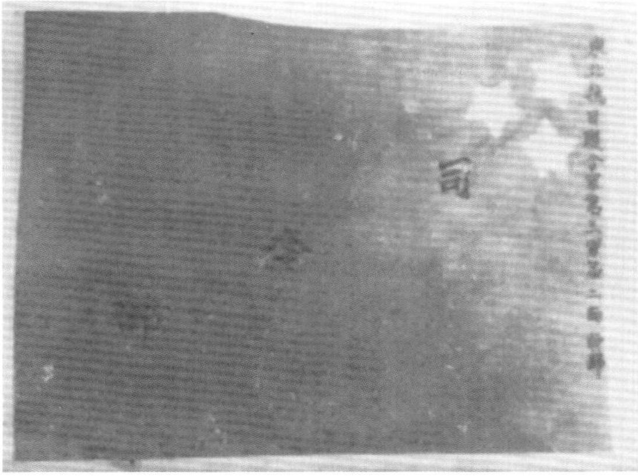

东北抗日联军第三军第二师司令部旗帜

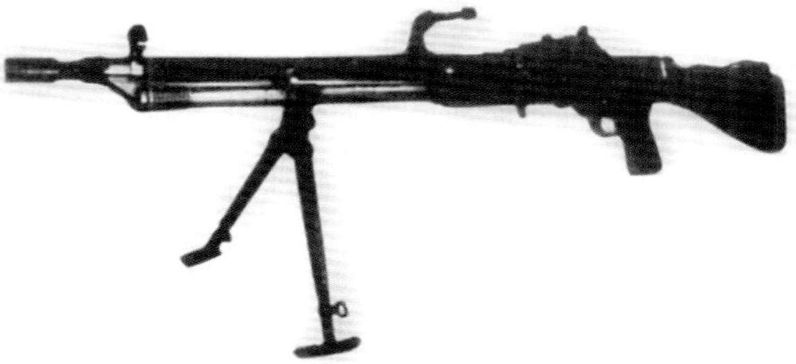

东北抗日联军第七军用过的机枪

东北抗日联军第十一军七星砬子兵工厂的机床

东北抗日联军女战士

东北抗日联军第二路军某部一连战斗旧址——十二烈士山

东北抗日联军教导旅部分官兵合影

东北抗日联军小部队回国执行任务时与送行的苏联红军指挥员在一起

总　目　录

第二编
东北抗日联军组成，抗日斗争的新形势
（1933 年 5 月—1937 年 7 月）

第三编
全国抗战爆发，东北抗日联军坚持开展艰苦游击战争
（1937 年 7 月—1940 年 1 月）

第四编
东北抗日联军实行战略转移，为抗战最后胜利而斗争
（1940年1月—1945年9月）

上　册

目　录

第一编

九一八事变爆发，东北人民反日斗争兴起

（1931 年 9 月—1933 年 5 月）

第一章　日本帝国主义对中国东北的侵略，人民群众的反日浪潮

第一节　九一八事变前的东北政局

一、日本军国主义侵华政策的形成

辽宁、吉林、黑龙江三省，地处中国东北部，通称东三省。三省幅员辽阔，总面积 130 余万平方公里，人口近 3000 万①。境内群山绵亘，江河交错，森林茂密，矿藏丰富。辽阔、肥沃的松辽平原盛产大豆、高粱、玉米、小麦、水稻和各种经济作物。长达 2000 余公里的海岸线，不仅盛产鱼、盐，而且有天然良港广通舟楫之利。东北各族人民自古以来就在这块丰腴的土地上生息、繁衍，用勤劳的双手和聪睿的智慧营造着自己可爱的家园。

东三省因地处北疆，历来是中国的边陲重地和战略要冲，因此，很早就为外国侵略者所觊觎。17 世纪中叶，沙皇俄国军队侵入黑龙江流域。19 世纪中叶后，沙皇俄国政府又强迫清政府陆续签订了《瑷珲条约》、《北京条约》等一系列不平等条约，逐步霸占了中国黑龙江以北和乌苏里江以东 100 多万平方公里的土地。

从 1840 年鸦片战争起，西方侵略者纷至沓来，对中国发动一次又

① 东三省总面积和总人口系按九一八事变前夕统计。

一次的侵略战争，使中国一步步跌入半殖民地的深渊。随着列强对中国侵略和宰割的加剧，日本和沙俄对中国东北的争夺也更为激烈。

日本和中国是一衣带水的邻邦，自古以来就有着经济、文化的友好往来。但是到19世纪60年代末，情况发生了重大变化。1868年，日本开始实行明治维新，废除封建割据，建立了新兴资产阶级和封建地主阶级的联合专政，在政权上则是一个奉行军国主义的绝对专制的天皇制政体。所谓军国主义，是以军备和对外扩张为国家的最高目的，一切政策都服从于这一目的的政治主张。明治维新后，日本资本主义有一定程度的发展，但由于资本主义改革的不彻底，一系列矛盾并未从根本上解决，仍有许多束缚资本主义发展的障碍。首先是未能彻底消灭封建剥削制度，解决农民的土地问题，旧有的封建势力依然很强大，农民继续受封建地主高额地租的盘剥，农民起义和反对地税改革的起义不断爆发；其次是新兴的资产阶级和地主阶级相勾结，通过其代理人控制着政府和军队，形成了军阀官僚统治集团，对日本广大工农群众实行残酷的剥削和压迫，使国内阶级矛盾加剧。

由于封建的和资本主义的双重剥削，广大日本人民非常贫困。且日本国土狭窄，物产不丰，原料极端缺乏，原始资本积累不足，经济基础十分薄弱，国内市场十分狭小，所以，日本统治阶级便奉行向外侵略扩张的政策，积极寻找市场和殖民地，同时也力图用对外发动侵略战争来缓和国内尖锐的阶级矛盾。明治维新以后，在日本军国主义形成的同时，日本就确定了以“开拓万里波涛，布国威于四方”、“强兵为富国之本”的对外侵略扩张的大陆政策。日本大陆政策是以征服朝鲜、占领中国东北及蒙古东部，进而侵略全中国，再称霸亚洲为目标的。日本军国主义为实行对中国侵略的实际步骤，将第一个军事行动目标指向中国东南部海域的台湾。1874年5月，日本以报复琉球失事渔船漂流民在台湾遇难为借口，发动了侵略中国领土台湾的战争。是年10月，清政府与日本签订《北京专约》。这个专约内容共三款：一是日本退兵，二是中国赔款50万两白银，三是中国承认日本此次侵台为“保民义举”。

日本在第一次侵略台湾中得到了好处，立即将注意力转向清王朝的属国朝鲜。日本企图从干涉朝鲜内政入手，使其脱离与中国的宗属关系，然后吞并朝鲜，使朝鲜成为侵占中国东北、向大陆扩展的跳板。日本对朝鲜的图谋从制造江华岛事件开始。1875年9月20日，日本海军驶入朝鲜汉城西南江华岛海域，轰毁岛上炮台，攻陷永宗城，大肆屠杀朝鲜军民，并迫使清政府承认朝鲜为“自主国家”。最后于1876年逼迫朝鲜签订了《日朝修好条约》（即《江华条约》），规定朝鲜为自主之邦，允许日本在朝鲜京城建立使馆和进行自由贸易。这个条约标志着朝鲜开始沦为日本附属国。之后，日本在朝鲜问题上得寸进尺，日本统治集团中一部分人便主张速取朝鲜以与中国决战。

1893年，朝鲜农业歉收。1894年春，朝鲜南部全罗道古阜郡爆发东学党领导的农民起义。4月间，忠清道等地农民纷纷响应，义军蜂起，遍及全国。东学党提出“逐灭夷倭”、“驱兵入京，尽灭权贵”等口号，受到广大农民的支持和拥护。东学党领导的农民起义军于4月攻克全罗道首府全州，朝鲜政府惊慌失措，遂请求中国政府出兵戡乱。当中国军队到达朝鲜时，事态已经平息。中国军队没有直接参与镇压朝鲜农民起义军的行动，并声明：“变乱平定后，即行撤兵。”①

但日本为寻求侵略中国的借口，其内阁于1894年6月2日决定出兵朝鲜，并迅速实施。此时朝鲜农民起义已经平定，且中国军队也已退至朝鲜的牙山湾待命回国。6月17日，日本政府却向中国政府

① 王芸生：《六十年来中国与日本》第2卷，三联书店1980年版，第28页。

提出日中两国共同改革朝鲜内政的要求。中国拒绝了日本要求并提议尽快共同撤兵。而日本非但拒绝撤兵，其海军还于7月25日在丰岛海面突然不宣而战，击沉中国运兵船，发动了侵略中国的甲午战争。中日两国开战之后，由于清政府腐败无能，加之军事指挥失当，中国军队即节节败退。同年9月17日，中日海军在黄海展开大海战，中国北洋舰队受到重创。11月，日军占领旅顺、大连。1895年1月，日军攻下威海卫，北洋舰队投降，海上战事结束。陆上战事持续约半年时间，自1894年9月中旬至1895年3月，日军攻占朝鲜平壤，次第攻下中国的安东(今丹东)、九连城、凤凰城、岫岩、营口。1895年3月9日，日军攻陷田庄台，陆上战事结束。

甲午战争后，日本强迫战败的清政府签订了《马关条约》，中国确认朝鲜为完全独立国，割让辽东半岛、台湾全岛和澎湖列岛给日本，中国向日本支付2亿两白银的巨额赔款，开放沙市、重庆、苏州、杭州等地为通商口岸。由于日本割占辽东半岛与沙俄在远东的利益发生矛盾，沙俄联合法、德两国采取一致行动，对日本施加压力，使其放弃了辽东半岛，中国另向日本交出赎银3000万两。《马关条约》是自鸦片战争以后到19世纪末中国所遭受的最苛刻的不平等条约，给中华民族造成了严重危机和灾难。

甲午战争使日本获得巨大利益，其军国主义得到进一步发展，军力侵略欲望也进一步膨胀。日本从中国掠夺的2.3亿两白银，折合3.5亿日元的赔款，相当于当时日本三年的预算支出。其中2.2亿日元用于扩充军备。1896年，日本通过庞大的军事预算案，把陆军军力从6个师团扩充到10个师团，海军舰队吨位从8万吨扩大为27万吨①。在国内修建了许多军事基地和军需工厂，军费开支比中日甲午

① 周一良、吴于廑主编：《世界通史》(近代部分)下册，人民出版社1972年版，第326页。

战争之前增加了1倍,占国家总支出的50%,用以保证以扩充军备为核心的所谓产业革命的进行。不仅如此,日本还把中国台湾、澎湖列岛作为殖民地据为己有,对朝鲜进行半殖民地式的压榨和掠夺,在世界上同欧美列强开始竞争,并同英国和美国相勾结,欺凌弱小国家。甲午战争之后的日本国已带有帝国主义的各种特征,因此,这一军国主义国家又变成了帝国主义国家①。甲午战争后的50年间,日本帝国主义成为对中国最凶恶的侵略者和最贪婪的掠夺者。

二、日本加紧对中国东北的侵略步伐

中日甲午战争后,由于俄、德、法三国的干涉,日本退还辽东半岛,暂时阻遏了日本帝国主义侵略中国的势头。但俄国以"有功"于中国自居,对清政府进行拉拢和利用,谋求其在华,特别是在中国东北的利益。1896年6月3日,中俄签订《御敌互相援助条约》(通称之为《中俄密约》)。9月2日,中俄双方又签订《东省中俄合办铁路公司章程》。根据《中俄密约》,东清铁路(后改称为中东铁路)于1897年8月正式动工修筑②。1898年,中俄又先后签订《旅大租地条约》和《旅大租地续约》。根据上述条约,俄国获得了中东铁路的修筑权和旅顺、大连的租借权。

俄国的野心引起了日、英、美等国的激烈反对,英、美决意扶植日本对抗俄国,以削弱俄国在中国东北的势力。在英、美和法、德等国的煽动下,1904年2月爆发了争夺中国东北的日俄战争。这次战争历时1年零7个月,日、俄两国交战,而主战场则是在中国土地上。处在陆上战区的东北大地,特别是辽宁地区的广大民众再一次受到战

---

① [日]井上清著、宿久高等译:《日本帝国主义的形成》,人民出版社1984年版,第29页。

② 该铁路主线由满洲里经哈尔滨至绥芬河,其支线由哈尔滨经长春、沈阳至大连和旅顺。支线的长春至大连(含旅顺)段后又称为南满铁路。

火的无情摧残，饱尝了战争带来的痛苦和灾难。日俄战争以俄国战败而告终。但是，1905 年 9 月 5 日日、俄两国在美国调停下签订的《朴茨茅斯和约》，却在中国完全不知情的情况下，使中国东北的南部地区成为日本的独占势力范围。日本夺得了沙俄在旅顺、大连的租界地及中东铁路支线南满铁路（长春至大连）的路权。这次日俄战争，正如后来有人评述的："日本无形中扩张其利权颇巨，战败的俄国，所失者不过在中国已得的权利，而中立的中国，受无辜之累，损失较战败国更巨。天下事之不平，宁有过于此乎！"①

日俄战争后，日本帝国主义继续在中国东北巩固和扩张其殖民统治，为发动更大规模的侵略战争创造条件。日本占据旅大租借地之后，仍沿用沙俄统治时期名称，将其称为"关东州"。因为同以前的占领者沙俄一样，在日本侵略者的眼中"所谓'关东'是指点山海关以东的全满洲而言"②。日本将旅大继续称为"关东州"的用意在于攫取全东北。旅大租借地，沙俄与中国订约时租期为 25 年；而日本从俄国手中取得租借地后硬将租期延长为 99 年。日本政府为加强对租借地及整个满蒙的侵略统治，从 1906 年开始，先后建立了"关东厅"、"关东军司令部"和"南满洲铁道株式会社"（简称"满铁"）等三个侵略满蒙的重要机构。

"关东厅"是日本在租借地建立的行政机构。它的建立有一个过程。先是 1905 年日本侵略军以天皇第 156 号敕令在大连设立"关东州民政署"，受理日军占领区的民政，主要是镇压中国居民的反抗，维持所谓治安。同年 9 月，日军在辽阳设立了"关东总督府"（1906 年 5 月迁至旅顺）。1906 年 9 月，将总督府改为"关东都督府"。"关东都

① 蒋坚忍：《日本帝国主义侵略中国史》，汉口奋斗报社 1931 年印行，第 92 页。
② 蒋坚忍：《日本帝国主义侵略中国史》，汉口奋斗报社 1931 年印行，第 94 页。

督府”分别由日本外务大臣、陆军大臣、参谋总长监督统理一切政务、军务。“关东都督府”下设民政、陆军两部，对租借地区行政、军事、司法、经济、文化等实行全面统治。1919 年，为调和“关东都督府”与日本外务省一些部门的矛盾，日本天皇敕令废止“关东都督府”，另创“关东厅制”，实行军政分开。“关东厅”因此成立，主要负责所谓民政统治事务。“关东都督府”和“关东厅”实质都是在中国领土上建立的殖民统治机构，是对东北及全中国进行扩大侵略的基地。

“关东军司令部”是日本租借地的军事机构，驻地旅顺。1919 年，日本陆军部单独成立关东军司令部，由现役陆军大将或中将担任司令官，直属天皇。关东军司令部的职责，是统率驻南满的日本陆军部队即关东军，守护关东州及南满铁路。关东军司令部下属的军事机构有驻扎师团和独立守备队。日军在铁路沿线驻扎一个师团，师团司令部驻辽阳，旅团及步兵联队分驻铁路沿线各城镇。独立守备队辖 6 个大队，分驻长春、公主岭、开原、奉天、大石桥、连山关等地，守备队司令部驻公主岭。关东军司令部还下设关东宪兵队、旅顺要塞司令部、旅顺重炮大队等军事机构。在关东军司令部指挥下的军警“‘星罗棋布’，总数虽不可知，然大概至少在三万以上”，“一旦有事皆可作战兼之韩满交通便利，号令一下，最短时间，日军即可集中于全满洲”①。关东军依恃其武装力量在南满地区横行无忌，不断制造各种血案。关东军和它的特务机关还密谋策划了一系列事件，阴谋挑起事端，以达到武装侵略全东北的目的，直至九一八事变。关东军成为侵略中国的急先锋。

“满铁”于 1906 年成立，本社设在日本东京。1907 年 3 月 5 日，本社迁至大连，在东京设支社。“满铁”最初创立的动机和目的在于

① 蒋坚忍：《日本帝国主义侵略中国史》，汉口奋斗报社 1931 年印行，第 98 页。

谋取对中国政治、经济的侵略，是代表日本国家使命的特殊机构。表面上看它是一个经营铁道的商业机构，实际上与商业公司完全不同。日本自己也承认“满铁”是日本在对满洲外交、经济、国防等各方面具有发展动力的中心机构。所以“满铁”经营方针所体现的，就是日本国策的反映。也可以说，“满铁”是一个最初对满洲，其次对中国，继而对列强制定有效策略与行使权力的据点。正因为“满铁”具有与一般商业公司所不同的特殊职能，日本政府也以最大的力量和资本支持它的经营活动。“满铁”以其雄厚资金从事广泛性的经营，除直接经营铁路修建、运输业外，还经营矿业、水运、电气、土木建筑、仓库、伐木等。“满铁”直接经营的铁路主线达1100余公里，还修建了一批港湾和码头设施，几乎垄断了南满地区的铁路、海港运输和进出口贸易。

为适应广泛性经营和从事政治、经济、军事性活动，“满铁”下设一个调查部，这是“满铁”中的特殊机构。这个机构最初称为调查课，“满铁”内部一直称它为调查部。有知情者这样评价，如果说“‘满铁’本身不单是一个股份有限公司，它还具有类似日本政府的职能”的话，“调查部就是这个机构的一个细胞”①。“满铁”调查部的业务是“经营满铁需要的旧习调查及关东军需要的军事地志”以及“地势、水质、道路、资源、人口等项的调查”②。但调查部实际调查的范围已远远超出“满铁”的经营范围，凡是有关东北及全中国的政治、军事、经济、历史、地理等无不包括在内，特别是注重军事方面的调查。“满铁”调查部和关东军司令部参谋部第二课（情报课）是业务对口单位，有时调查部就是根据军方命令进行工作。调查部的活动范围并不局

---

① ［日］草柳大藏著、刘耀武等译：《满铁调查部内幕》，黑龙江人民出版社1982年版，第5页。

② ［日］草柳大藏著、刘耀武等译：《满铁调查部内幕》，黑龙江人民出版社1982年版，第87页。

限于东北及中国内地，有时还要去别国进行收集情报工作。可以说从日俄战争之后到九一八事变日本侵华战争开始期间，日本对中国的每一次重大行动，几乎全与“满铁”调查部有关。

除上述三个机构外，日本还在东北各地设置总领事馆和领事馆。所有这类机构同样负有日本侵略谋占东北的使命，所以它与关东厅、关东军司令部、南满洲铁道株式会社并列为“四头政治”①。

日本政府既已获得旅大租借及南满铁路权益，就以此为基础进一步推行其扩张政策，不断提出各种无理要求。1909 年 2 月，日本驻华公使伊集院彦吉综合中日间所谓未决问题悬案与中国政府进行交涉，主要有：日本干涉阻挠美国与东三省合作修建新（民）法（库）铁路问题；修筑南满铁路大石桥到营口的支线问题；要求（北）京奉（沈阳）线铁路延展到沈阳城根，以与南满路合设一站问题；要求获得抚顺、烟台（今辽阳灯塔市）煤矿权益问题；要求获得安（东）奉（沈阳）路沿线矿务开办权问题；要求获得间岛②主权问题。这些问题，直接损害中国政治、经济利益及中国主权，日本与中国政府交涉的目的在于全面控制东北南满地区。但日本并不以在东北南满地区获得的利益为满足，而是要利用一切机会向整个中国进行扩张。1915 年，日本政府向中国政府提出损害中国主权的“二十一条”。1919 年，在第一次世界大战战胜国的巴黎和会上，日本又乘机攫取了战前德国在中国山东的权利。

第一次世界大战后，由于美国国会没有批准巴黎和约，也不参加

① 国难资料编辑社编：《日本大陆政策的真面目》，生活书店 1937 年版，第 44 页。

② 所谓间岛，原指中国东北图们江北光霁峪前的一段滩地。清同治八年（公元 1869 年），朝鲜咸镜北道农民因饥馑违反中国禁令私自迁入上述滩地开垦耕种，并挖通一沟使图们江水环滩而过，使滩地介于二水之间，故朝农称其为“垦岛”，又称“间岛”。日本侵占和统治朝鲜后，提出有朝鲜人居住的延边地区为间岛，并称其所属未定，后经中国坚持，在 1909 年中日订立的《间岛协约》中，日方虽承认此地系中国领土，但坚持设立领事馆和警察署。

国际联盟活动，国际间许多战后问题没有解决。为了解决国际间的海军军备和远东太平洋问题，在美国建议下，1921 年 11 月 12 日召开了华盛顿会议，有美、英、法、意、日、葡、比、荷、中九国参加。华盛顿会议于 1922 年 2 月 6 日结束，签订了《九国关于中国事件应适用各原则及政策之条约》（通称《九国公约》）。在公约第一条里指出：除中国外，条约各国协定，尊重中国之主权及独立，暨领土与行政之完整；给予中国完全无碍之机会，以发展并维持一有力巩固之政府；施用各国之权势以期切实设立并维持各国在中国全境之商务实行机会均等之原则；不得因中国状况，乘机营谋特别权利。《九国公约》是美国主张的中国门户开放、各国在华机会均等政策的具体体现，它的目的在于造成各帝国主义列强共同控制中国的局面，阻止日本独占中国计划的实行。

俄国十月社会主义革命后，马克思主义传入中国，1919 年爆发了反帝反封建的五四爱国运动。1921 年，中国共产党成立。1922 年 7 月，中国共产党第二次全国代表大会提出了反帝反封建的民主革命纲领，从而揭开了中国民主革命运动的新篇章，促进了中国人民大众反帝反封建斗争的发展。

由于上述历史背景，华盛顿会议后，日本在外交上曾一度陷于孤立，日本政府对中国侵略扩张的步伐在形式上不得不稍稍放缓。1924 年，日本宪政党总裁加藤高明组成“护宪三派”的联合内阁，起用驻美大使币原喜重郎为外相。币原喜重郎曾作为日本全权代表在华盛顿会议中主持中日直接谈判。受《九国公约》条文的限制，加之日本大隈内阁提出“二十一条”引起中国人民强烈反日情绪，所以币原喜重郎就任外相后，修改调整对华政策，提出所谓尊重中国主权，不干涉中国内政；中国人民之合理要求，以诚意与同情接受之；日本在中国之权益，以合理方法保护之的“币原三原则”。日本国内军方及急进派称其为“国际协调主义”、“软弱外交”。1926年，加藤高明首相死去，由同属宪政会的若槻礼次郎继任日本首相，币原喜重郎仍留任外相。

1924年1月，中国形成第一次国共合作，并随之促成了1926年国共合作的北伐战争的发动。中国革命形势的发展，使各帝国主义国家甚为不安。他们害怕中国革命的发展，深恐中国的统一会危及其在华利益，因此千方百计阻挠北伐战争的进行。当北伐军北上途中，1927年1月，日、英、美、法四国即确定集结5000兵力到上海的计划，以维护帝国主义权益。日本已作好出动1500名陆战队的安排。即使如此，在1927年3月24日、4月3日南京、汉口分别发生与包括日本人在内的外籍人士的流血冲突之后，日本国内急进分子仍斥责币原外交软弱，认为政府侈谈保护侨民生命财产万无一失，一味袖手旁观，因循敷衍，并把南京、汉口的冲突说成是“共产势力”所造成的。日本陆相宇垣一成在一份意见书里说，中国的赤化有迟早要从直隶威胁到满蒙的危险性，断言今后继续靠“隐忍持重”政策不能阻挡大势，并建议各国协调，用实力来阻止“共产势力”。正当北伐军收复南京、上海时，日本国内因金融危机，若槻礼次郎内阁于4月17日总辞职，由政友会总裁、退役陆军大将田中义一继起组阁，担任日本首相兼外相。

田中义一一上台，便加紧了对中国侵略的步伐。他亲自主持“东方会议”，制定日本侵华特别是侵略东北的新政策。1927年6月27日至7月7日，“东方会议”在东京召开。参加人员有：日本内阁首相兼外相田中义一，外务省政务次官森恪及外务省有关官员，驻华使馆及驻奉天、汉口、上海总领事馆馆员，关东厅长官，关东军司令官，朝鲜总督府官员，陆军省、海军省、大藏省官员。此外，还有陆军、铁道、内务、大藏、文部、农林大臣等内阁成员作为列席观察员随时参加会议。出席“东方会议”总人数约30余人，差不多集中了日本政府各部门的实权人物。

“东方会议”讨论最为集中的议题是关于日本在满蒙的权益问题。会议最后一天，即7月7日，由田中义一发表《对华政策纲领》，并对纲领作了说明。纲领共分八条，前五条属于所谓中国全局的问题，后三条是属于所谓满蒙地区的问题。纲领及说明，对满蒙提出了明确的方针与对策。主要是：(1)关于满蒙与日本的关系问题。纲领第六条指出：“满蒙，尤其是东三省地方，因与我国防及国民生存具有重大利害关系，我不仅必须予以特殊考虑，且对该地区和平之维持与经济的发展，使之成为内外人士安居之所，作为接壤的邻邦，尤须具有责任感。”纲领提出，把满蒙作为特殊地区，进行特殊考虑，而且日本要负有特殊的责任，实际是日本已经把满蒙视为其主权的一部分，为随时吞并这一地区制造舆论。(2)关于对东三省地方政权的支持问题。纲领第七条指出：“东三省政局之稳定”，“有待于东三省本身之努力”，“东三省有力人士，如能尊重我国在满蒙的特殊地位”，“则帝国政府应予适当的支持”。田中义一在说明中解释：“如果东三省的统治者只要有与吾人相通之理法，谋求经济之发展，维持秩序，以期政情之稳定”者，不管是何人统治东三省，是张作霖也好，或者“其他人物治理东三省而符我方之主义方针”，日本都加以支持。田中义一进一步说：这一条“既非援助张作霖之意，亦非排斥张作霖之意”，日本的主旨是“坚持独自立场而行动”。这些话已经暗示，一旦张作霖有不尊重日本在东北权益的行为时，日本将不再支持他，伏下了日后对张作霖的杀机。因为纲领第七条直接涉及日本政府对东北当权的奉系军阀的态度问题，所以田中义一发表对华政策纲领时指示这一条不许公布。(3)关于保卫日本在满蒙的权益问题。纲领第八条指出：“万一动乱波及满蒙，治安紊乱，有分割我在该地特殊地位、权益之虞时，不论其来自何方，均应加以防护，并须做好准备，为保护内外人士安居发展，及时采取措施。”田中义一在解释这一条时说：“侵害、压迫我在满蒙的特殊地位与权益可能来自中国本部，亦可能来自俄国或北满方面，再者亦可因东三省内部崩溃而引起，抑或亦可能由于中国以外的国家某种行动而发生，不问其原因如何……为维护我方之权益不能不讲究防护之手段。”通过《对华政策纲领》，可以看出田中义一对中国东北的方针，“是将满洲作为中国的特殊地区和中国本土分离，并打算将满洲问题与满洲实权人物张作霖之间解决之”①。

田中义一在“东方会议”发表的《对华政策纲领》是一种应当公开的外交性质的文件，故在行文中不能不用一些外交辞令加以粉饰。尽管如此，仍难以掩饰日本干涉中国内政和急于吞并满蒙的贪婪欲望。在“东方会议”期间，还分发了涉及日本历届内阁对华政策意见，关于中俄、中美、中英关系以及日本在华投资和对华经济发展方面的文件，供与会者阅读。

1927 年 7 月 25 日，田中义一综合“东方会议”上议定的各种政策，形成一个“帝国对满蒙之积极根本政策”的向日本天皇上奏文件，即后来通常所称的“田中奏折”。奏折以田中义一署名，日本政府铁道、大藏大臣副署，并请宫内大臣一木喜德代奏上达天皇。

这个奏折共 15 大项 27 个标题，除直接阐述日本对满蒙的“积极政策”外，还涉及一系列具体经济开发方面的策划②。奏文的主要内容和观点有：(1)提出对满蒙实行“积极政策”，这是奏文的核心。所谓“积极政策”，就是加紧对满蒙地区的侵略和经营，使其成为日本国家“永久隆盛”，完成大陆政策的基地。奏文说：“满蒙之地不惟地广人稀，令人羡慕，农矿森林等物之丰，当世亦无其匹敌”，故日本“历代内阁之施政

---

① ［日］重光葵著、齐福霖等译：《日本侵华内幕》，解放军出版社 1987 年版，第 21 页。
② 《田中奏折》以 1937 年 10 月出版的《大陆政策真面目》一书所载中译文为准。

于满蒙者，无不依明治大帝之遗训，扩展其规模，完成新大陆政策，以保皇祚无穷，国家昌盛”。奏文认为：日本如果把满蒙权利真正拿到手，“则以满蒙为根据”，“进而取全支那之利源”，是“大和民族之欲步武于亚细亚大陆者，握执满蒙之利权，乃其第一大关键也”。奏文说：“惟欲征服支那，必先征服满蒙，如欲征服世界，必先征服支那。倘支那完全可被我国征服，其他如小中亚细亚及印度、南洋等异服民族必畏我敬我而降于我。使世界之东亚为我国之东亚，永不敢向我侵犯。此乃明治大帝之遗策。”（2）提出满蒙非中国领土的谬论。奏文的第二项中说：“兹所谓满蒙者，依历史非支那之领土，亦非支那之特殊区域。”又说：在日俄战争中，日本宣战布告曾承认满蒙为中国领土；日本出于外交上的原因也不得不承认华盛顿《九国公约》中关于满蒙为中国主权的提法。上述两次承认满蒙为中国领土是日本的失算，“致祸我帝国对满蒙之权益”。为了达到使满蒙与中国分离的目的，日本今后的方针是：“以得寸进尺方法而进入内外蒙古，以成新大陆。且内外蒙既沿王公旧制，则可与蒙古王公为对手缔结条约，以增强日本在内外蒙的势力。”对南北满，“则以二十一条为基础，勇往迈进”。另外附加在东北的权益 14 项，如延长商租期限，获得日本在东部内外蒙古的自由居住权，获得在奉天、吉林等地的铁矿及煤矿开采权、森林采伐权等等。（3）提出对朝鲜移民所谓的奖励与保护政策。奏文中说：今日东三省朝鲜移民已达百万以上，这批移民为日本开拓满蒙处女地，为“帝国对满蒙的国防上、经济上添加无数势力”。奏文还提出：以“满铁”会社或东拓会社资助和利用一部分有中国籍的朝鲜人大量收买满蒙水田，“可作为我食料之增产以救国危，也是新殖民地开拓之机会”。奏文还把在东北境内的朝鲜人分为属中国国籍的归化朝鲜人和属于日本国民的朝鲜人两大类。同时又指出，已经属于中国籍的朝鲜人也是“因一时之便宜而归化为支那民”，“不久仍然归复我国民”。奏文说，如果在满蒙的朝鲜人“扩张至 250 万以上”时,一旦有事件发生,不论是属于中国籍的朝鲜人,还是属于日本国民的朝鲜人发生动乱,日本都可以利用此机会对其支持。(4)提出新大陆开拓与满蒙铁道修筑计划。奏文说:过去日本的铁路主要在南满,“既成之线,多以经济为目的”,“如徒赖南满铁路,必不能足。依我进出之将来及现状计,南北满铁路非全收归我手不可。殊如大富源之北满及蒙古方面,可为我发展之余地颇多有利……故不得不急进北满地盘,以计国家百年之隆盛”。今后必须加紧北满方面铁路建筑,同时“必须以军事为目的建设满蒙大循环线,这样既可以包围满蒙中心地、制止中国军事、政治、经济的发展”,“亦可防赤俄势力之侵入,这是新大陆开拓之关键”。奏文中提出了日本急欲在满蒙修建通辽至热河、洮南至索伦、长春至洮南、珲春至海林及吉林至朝鲜会宁等铁路的具体计划。特别是对建成吉(林)会(朝鲜会宁)路的意义作了详尽的说明,提出了以吉(林)会(朝鲜会宁)路线及日本海为中心的国策。奏文强调说,明治大帝曾有第一期征服台湾,第二期征服朝鲜,第三期灭亡满蒙进而征服中国全土的遗策。而吉(林)会(朝鲜会宁)路的修建完成,日本掌握这条大动脉就是最后完成明治大帝遗策,也是“昭和新政之成功,新大陆政策之成功,征服亚细亚全洲之成功”。(5)奏文还涉及对满蒙贸易、变更南满铁道公司的经营及其附带事业的经济开发的具体问题,但都是围绕吞并满蒙完成大陆政策这样一个中心加以叙述的。

日本政府召开的“东方会议”及其形成的“田中奏折”,是日本帝国主义侵略中国历史上的一个重大事件。“田中奏折”确定的内容赤裸裸地暴露了日本帝国主义灭亡满蒙、征服亚洲、称霸世界的狂妄野心。“东方会议”后,日本帝国主义所走过的罪恶道路是完全按照“田中奏折”拟定的侵略步骤发展的。“东方会议”及其确定的对满蒙的“积极政策”,是日本对华政策重大变化的一个标志。从此,日本开始了推行田中的“强硬外交”路线,加紧侵略中国步伐的时期。

国民党在南京建立全国性政权后，1928 年 4 月，国民党军队继续进行北伐，夺取奉系军阀所占据的地盘。但各帝国主义国家对南京政府的北伐所持态度并不相同。英、美等国为了抑制日本在东北、华北和山东半岛无限扩张的权利，表示支持北伐的意向。而南京政府进行北伐统一全国的行动和日本政府欲使中国长期分裂混乱，以便从中渔利的政策相悖，日本同时又恐动乱波及满蒙，使日本权益受损，因此反对蒋介石进行北伐。4 月 17 日，当北伐军攻占山东泰安，威逼济南时，在济南的张宗昌部队已失去战斗力，甚至不打自溃。日本政府看清奉鲁联军无法阻止国民党军队北进，当即决定以保护胶济（青岛至济南）路沿线日本侨民的生命财产为由第二次出兵山东。从 4 月 21 日到 5 月 25 日，日本政府先后调日本华北驻屯军三个中队、日军第六师团、关东军第三师团等部共 1.5 万余兵力到达青岛、济南及胶济（青岛至济南）铁路沿线的重要城镇。在此期间，日军 5 月 3 日在向济南国民党军队的攻击中不分军民，大肆屠杀，一时间死伤枕藉，尸横满街。是日夜，日军闯入南京政府驻山东外交特派交涉员公署院内，将南京政府战地政委会外交处长兼山东特派交涉员蔡公时等 16 人杀害。这就是日本第二次出兵山东造成的济南惨案。日军在济南还炸毁火药库，占领兵工厂，抢劫商号，奸污妇女，无所不为。日军制造的济南惨案，屠杀中国军民 6000 余人。

日本帝国主义第二次出兵山东，制造济南惨案，是一次明目张胆的侵略行动，暴露了其侵略野心。在整个事件中，国民党蒋介石一再采取妥协忍让政策，只是提请国联主持公道，制止日军暴行，这无疑是与虎谋皮、缘木求鱼的办法。它不仅不能制止日军侵略，而且还使日本看清了南京国民政府的软弱本质，于是加紧策划、实施更大规模的侵略行动。

三、日本对奉系军阀的控制及皇姑屯事件

日俄战争之后，中国东北的南部地区成为日本的势力范围。为了维护在东北取得的权益，日本政府必须选择一个地方实力派做其代理人。这个代理人就是奉系军阀头目张作霖①。张作霖原为清廷官员，辛亥革命后成为奉系军阀头目、控制东北的地方实力派。张作霖自掌握东北军政大权以后，也需要一个强有力的后台予以支持，这个后台便是日本帝国主义。张作霖通过各种途径与日本政府的有关人员进行接触、联络，表达与日本合作的意愿。他表示对日本在满蒙的特殊地位十分了解，对日本开发满蒙一事抱欢迎态度；又表示在中国南北冲突中，力避投入政治漩涡，一意和日本提携，维持东三省和东蒙的安定秩序，以专心致力于开发。而日本政府也认识到张作霖在满洲有特殊势力与地位，认为他倾向日本对日本有益，反对日本对日本无利。日本如果利用张作霖在东北的特殊地位，便可在满洲为所欲为②。

张作霖表明他投靠日本的决心，日本政府也确立支持张作霖的政策，从而形成了日本与张作霖互相勾结、互相利用的错综复杂的关系。

日本对张作霖及奉系军阀的支持，主要是供应军火，派遣日本顾问，提供贷款等。奉系军阀所需的军火，除了向西方国家购买一部分

---

①　张作霖（1875—1928），字雨亭，辽宁海城人。出身绿林。1902 年被清廷招抚，先后任新民府游击马队管带、奉天省驻洮南前路巡防统带。民国建立后，任奉天陆军第 27 师师长，并授予中将军衔。1920 年直皖战争中，联直反皖，战后与直系共同控制北洋政府，任东三省巡阅使兼蒙疆经略使。1927 年 6 月，在北京组织安国军政府，自称海陆军大元帅。1928 年 6 月被日军炸死。

②　［日］后滕新平：《中日冲突之真相》，转引自王芸生：《六十年来中国与日本》第 7 卷，三联书店 1981 年版，第 55—56 页。

外，主要由日本供应。1921 年，日本原敬内阁“决定扩大满蒙利权的方针，其具体方法是：支持‘掌握满蒙实权’的张作霖，确立在东三省的牢固地位”[①]。基于这种政策，日本除继续扩大对张作霖的军火供应外，并提供大部分设备，派遣专家和顾问帮助建立一批军工企业。这批军工企业有的发展到很大规模。

关于派遣日本顾问，据有关资料记载：“从 1913 年至 1931 年九一八事变前，张作霖父子先后聘用日本顾问十八人，其中军事顾问十三人，私人顾问三人，普通顾问及警察顾问各一人。”[②]这些日本顾问名义上是对奉张政权在政策、军事、财政、警务方面进行襄理和协助，并承担对日本朝野的疏通和联络工作，但大都是经过日军参谋本部遴选的，并接受日本驻东北特务机关指示，收集各种情报，进行特务活动。有些日本顾问如本庄繁、土肥原贤二等，对东北军政当局的情况了如指掌，在九一八事变中成为侵略中国的首恶分子。

日本还在经济上对张作霖提供一定数量的贷款，以支持其庞大的军费开支。这种贷款的准确数字很难统计。据记载，从 1916 年到 1927 年，张作霖从日本得到的借款当有 20 多项，1 亿元以上[③]。而且日本提供贷款均带有明显的经济侵略性质，因为对日贷款一般都以东北的不动产，如矿山、企业、铁路等作为担保抵押条件。

张作霖为首的奉系军阀不断出卖国家权益，依靠日本的支持与各派系军阀争雄，其统治范围扩展到全东北的过程，就是日本政治、经济、军事力量在东北不断扩张的过程。张作霖在主政东北十多年

---

① ［日］信夫清三郎编、天津社会科学院日本问题研究所译：《日本外交史》下册，商务印书馆 1980 年版，第 473 页。

② 陶尚铭、关根勤：《张作霖和他的日本顾问》，载中国人民政治协商会议全国委员会文史资料研究委员会编：《文史资料选辑》第五十一辑，中华书局 1981 年版，第 185 页。

③ 王鸿宾主编：《张作霖和奉系军阀》，河南人民出版社 1989 年版，第 70—72 页。

间，许多出卖民族利益、卑躬屈节的言行，为日本在东北扩大势力范围，阴谋制造“满蒙独立”提供了便利条件。

为实现长期称霸东北，奉系军阀在日本帝国主义的支持下，不断加强对东北人民的统治和剥削。奉系军阀设立各种名目的苛捐杂税，搜刮民财，用“清丈土地”的办法大量兼并土地，聚敛财富，谋取巨额利润。由于政治黑暗，捐税奇重，通货膨胀，物价上涨，人民陷于水深火热之中。张作霖为首的奉系军阀为了维持其反动统治，对不满其压迫、剥削者进行残酷镇压，对革命党人更是格杀勿论。

张作霖在统治东北时期，与日本帝国主义相互勾结、相互利用过程中，也存在着矛盾，而且日益突出。张作霖与日本勾结，希冀得到日本的支持，不得不与日本签订一些条约，出卖一部分民族利益。但由于中国人民在反对帝国主义的斗争中表现出来的巨大力量以及英美等国的反对，同时也为了自己的名誉地位，在民众舆论面前保持一点自尊，他又不能不拒绝日本贪得无厌的更多苛刻无理要求。他在从北京退回关外之前，不顾日本的逼迫、恫吓，拒签《满蒙新五路协约》就是这种矛盾的反映。张作霖的这种举动，在日本帝国主义看来，是“仆人已变得固执任性和很不恭顺”，于是下了“我生了你，我也可以杀你”的决心①。日本关东军在国内参谋本部一些决策人的支持和默许之下，制定了在张作霖由北京返回沈阳时进行暗杀的计划。根据日本参谋本部和关东军司令官、中将村冈长太郎的意图，关东军高级参谋、大佐河本大作拟定了由日本独立守备队驻沈阳第二大队第四中队长、大尉东宫铁男具体执行的以爆炸方式实现暗杀的方案。爆炸实施点选在位于沈阳皇姑屯东方1000米的(北)京奉(沈阳)铁

① ［苏］B. 阿瓦林著、北京对外贸易学院俄语教研室译:《帝国主义在满洲》，商务印书馆1980年版，第270—271页。

路和南满铁路交叉处。

1928 年 5 月中下旬，国民党北伐军北进顺利，在（北）京汉（口）线、（天）津浦（口）线连败奉军。奉军内部及沈阳各界团体吁请张作霖退守东北，促使张作霖最后下了决心退回奉天。6 月 3 日凌晨 1 时 15 分，张作霖率随员乘专列离京。6 月 3 日下午，黑龙江省督军吴俊升由沈阳抵山海关专程迎接张作霖并同车返奉。（北）京奉（沈阳）路列车进入沈阳时必须通过日本把持的南满铁路皇姑屯三洞桥。6 月 4 日清晨 5 点 30 分，张作霖乘坐的列车到达皇姑屯三洞桥交叉点时发生了大爆炸，轰然一声巨响，列车第七、八、九 3 节车厢被炸毁。张作霖乘坐的第八节车厢厢盖被炸飞，同车的吴俊升当即被炸死，张作霖受重伤。之后，奉军宪兵用汽车把张作霖拉回大帅府，经救治无效，于 6 月 4 日上午死亡。这就是皇姑屯事件。

日本制造的皇姑屯事件，是中日两国近代关系史上的一个重大事件，也是一个国际性的重大事件。张作霖被炸身亡，一方面暴露出日本帝国主义对其扶植的代理人能利用时就支持，不能利用时就杀掉的嘴脸；另一方面也标志着妄图利用日本帝国主义的支持以巩固自己统治的奉系军阀梦想的破灭。张作霖被炸身亡，使东北的政局顿形紧张。原来日本估计张作霖一死，沈阳必然出现大乱，日军便可乘机予以占领。故在列车被炸后，在沈阳商埠地一带陈兵，安设电网，不时向中国军队挑衅。但是这时秘密赶回沈阳的张作霖之子张学良和东北军政当局采取忍辱负重、稳住政局的方针，对张作霖死讯严守秘密，措置得当，使日本无隙可乘。张作霖死后，东北的文武官员，一致推举张学良继其父主持东北政务、军务。1928 年 7 月 4 日，张学良就任东三省保安总司令。东北军政当局的举措稳住了政局，挫败了日本帝国主义乘机制造东北内乱，进而控制东北的阴谋。张学良主政东北之后，采取许多措施，进一步巩固和稳定东北局势。

1928 年 12 月 29 日，张学良不顾日本的一再干扰和威吓，发表了东三省易帜通电，称：“仰承先大帅遗志，力谋统一，贯彻和平，已于即日起宣布遵守三民主义，服从南京国民政府，改易旗帜。”①这一天，东三省及热河省各机关、学校降下原来悬挂的五色旗，一律升起北伐以后中华民国的青天白日旗，史称此举为“东北易帜”。这是张学良为摆脱日本帝国主义的控制，实现国家统一而采取的重大行动。

自“东北易帜”后，东北的政治、经济形势发生了很大变化。在对日关系方面，张学良采取了有限度的抵制日本扩张势力的方针。如：对日本逼迫东北当局答应修筑吉（林）会（朝鲜会宁）、长（春）大（赉）铁路的问题，采取各种手段予以拖延，使日本的要求落空；限制日本人在军政界内部搞特务活动，清理辞退一批日本顾问，还发布一系列训令，禁止盗卖国土，禁止将土地房屋出卖给日本人；禁止中日合办各项事业，没收日本非法经营的矿区和提高对运输、买卖日货者的税收，大力提倡使用国货，鼓励和扶持民族工业的发展，并密令不发给日本人在东北内地的旅行护照。为了摆脱日本的经济控制，张学良在西方资本的援助下，于 1930 年 7 月开始修筑葫芦岛港，并计划铺设东北境内东西两大干线铁路，以与日本把持的大连港、南满铁路相抗衡。这些措施在一定程度上限制了日本的侵略扩张。

四、中共满洲省委领导的反日斗争

东北地区从 20 世纪 20 年代初，开始建有党团组织。在中共中央和北方局的指导下，于 1927 年 10 月召开东北第一次党员代表大会，成立了中共满洲省临时委员会。1928 年 9 月正式改称中共满洲省

① 中国社会科学院近代史研究所：《中华民国资料丛稿 · 大事记》第十四辑，中华书局 1985 年版，第 339 页。

委。满洲省委成立后，统一了东北三省的党务管理，加强了党的领导的集中与统一，把东北地区的革命斗争推进了一步。

中共满洲省委要求党员深入到学校、工厂、商店、机关进行反日宣传，明确提出不买日货、不运日货、不看日本报、不用日本钱、不当日本差、不进日本学校、不卖粮给日本人，与日本经济绝交等口号。对在日本企业做工的工人，则发动他们向资本家提出增加工资、改善待遇等要求。中共满洲省委还通过"救国十人团"、外交后援会、同乡会等组织的名义，团结和组织民众进行反日斗争。

在中共满洲省委领导下，东北各地开展了经常性的反日活动。1928 年 5 月 3 日日本出兵济南，制造济南惨案后，满洲省委通过学生党员联络各校的积极分子，发动学生罢课，上街宣传反日及检查日货，并由学生代表与商会联系，号召商家抵制日货，同时组织募捐，抚恤死难者家属。各校学生反日情绪高涨。省委组织奉天党团积极分子，上街散发传单开展广泛的反日宣传，在民众中产生很大影响。在大连地区，党团积极分子连续散发反日传单，引起日本殖民当局的恐慌。中共营口党组织也有计划地组织学生上街贴标语、撒传单。5 月 30 日，在党团积极分子的组织带动下，大连、营口等地上街游行的学生高举反日大旗，高呼"打倒日本帝国主义"，"为死难同胞报仇"等口号。学生们的反日爱国热情，感染了工人、农民及广大民众，从而掀起了一个反日浪潮。中共延边区委通过开展演戏、散发传单、抵制日货等活动，在群众中扩大反日宣传的影响。南满铁路沿线的反日宣传更是搞得有声有色。

大连是日本帝国主义直接控制的地区。在 20 世纪 20 年代，大连地区已有 10 余万产业工人，大多在日本的工厂企业里做工。日本统治者及工厂主对中国工人的残酷压迫和剥削，激起中国工人的强烈反日情绪，他们不断掀起为提高工资、缩短工时、改善劳动条件而进行罢工和各种反日斗争。

在中共满洲省委成立之前，中共大连地委曾多次领导了中国工人的罢工斗争。1926 年 4 月 27 日，在大连日本企业满洲福岛纺织株式会社（简称“福纺”）爆发了中国工人为改善待遇、争取人权的罢工。大连地委领导人杨志云、张炽、唐宏经、傅景阳等，在罢工开始后因势利导，号召工人将罢工进行到底，提出不准打骂和虐待工人、增加工资、缩短劳动时间等 6 项要求。共产党员侯立鉴被选为罢工总指挥。这次罢工历时 101 天，得到全国各地工会组织的支援。在工厂主作出让步后，大连地委根据中共中央北方局的指示，决定停止罢工。

在“福纺”工人大罢工的影响推动下，1927 年 12 月 28 日，爆发了大连市南关岭火车站中国装卸工人的反日抗暴斗争。1927 年年关将近之际，几名饥寒交迫的中国装卸工人为了维持生活，到贮煤场拉煤，准备换钱度日，其中 3 人被日本警察抓住，遭到残暴殴打和污辱。日本警察的暴行激起了中国装卸工人的民族仇恨。12 月 28 日夜，300 多名愤怒的工人冲进车站转运室、站长室，砸毁电话，痛打了欺压中国工人的日本监视员汤山、佐藤、储水等人。一时间，南关岭火车站一片混乱。12 月 29 日凌晨，大连日本警察署司法主任中原带领警察逮捕和监禁了大批工人。日本警察施用灌凉水、压杠子等酷刑逼供，中国工人宁死不屈，缄口不答。最后警署当局将其中的 166 人以强盗、伤害、扰乱及妨碍通讯等罪名关押起来。

对南关岭火车站装卸工人的反日抗暴行动，日本“满铁”当局不得不承认这一事件不单纯是盗窃煤炭的行为，事态已经暴动化了。这次斗争虽然遭到日本警察当局的镇压，但其影响是很大的。

日本占领大连后，在当地建立了一系列大型榨油厂，成为东北油坊工业的中心。日本资本家极力压制和排斥中国民族工业的发展，挤垮和吞并了一批中国人办的工厂，从而日本三井物产株式会社独自掌握了大连所有的大油坊。1928年初，大连油篓工人发动了罢工斗争。罢工工人提出增加月工资和假日照发工资的要求，经过斗争，业主不得不答应工人的要求。

1931年4月初，大连又爆发了三泰油坊中国工人的罢工斗争。三泰油坊是日本人在大连经营的最大的榨油工厂之一，在东北各地设有300多个支店，在大连油业中占有举足轻重的地位。三泰油坊厂主日本人广濑，因殴打中国工人，激起工人的强烈不满。中共油坊党支部领导发动了400余名工人的罢工斗争。当时正是榨油旺季，厂主怕遭受经济损失，答应将工人的月薪从9.5元增加到13.5元。该厂工人罢工的胜利，给市内其他油坊工人以极大的鼓舞。在油坊党支部和油坊工会的领导下，三菱、同泰、同积厚、福聚恒、天兴福、成德盛、万义长等大小油坊的中国工人相继联合采取行动，举行罢工，要求提高工资，都取得了胜利。其中影响最大的是三菱油坊的工人罢工。

三菱油坊是仅次于三泰油坊的日本财阀开办的榨油工厂，设有南北两个分厂。1931年4月上旬，南厂打榨工人受到三泰油坊工人罢工的影响，向资方提出增加工资的要求。在中共油坊党支部领导下，经过连续三天的罢工，最终迫使日本资本家答应把打榨工人工资提高到每月13.5元。

此后，日清油坊的日本厂主见三泰、三菱油坊工人罢工获得胜利，害怕波及本厂工人，也自动宣布给工人增加工资。

大连油坊工人的反日罢工斗争，沉重地打击了日本资本家，显示了工人阶级的觉悟和力量。

1928年10至11月，在中共满洲省委和各地党组织的领导下，东北各界群众开展了规模巨大的反日护路斗争。

攫取东北铁路路权，是日本侵略满蒙政策的重要组成部分。在1927年6月“东方会议”之后，日本田中内阁乘张作霖还掌握北京政权的机会,于当年10月派“满铁”总裁山本条太郎到北京与张作霖密商《满蒙新五路协约》草案。日方提出的协议草案,主要内容是由日本提供贷款并承筑敦(化)图(们)、长(春)大(赉)、吉(林)五(常)、洮(南)索(伦)、延(吉)海(林)5条铁路。这是日本帝国主义为将其势力伸进吉林腹地,全面控制东北的一个重要步骤。按日方要求,修筑这5条铁路,将为日本对东北的经济侵略和军事进攻提供极为有利的条件。一旦日本发动军事进攻,只需一天时间就可将兵员、装备运抵长春等地,在极短的时间内便可控制全东北。为此,日本千方百计促办此事。

《满蒙新五路协约》是日本帝国主义妄图霸占全东北的一个严重步骤。因此,不仅遭到中国人民的反对,在国际上也遭到美英政府的干涉和反对,因而张作霖未敢在协约上履行正式手续。

张作霖被炸身亡后,日本转而催逼张学良解决“满蒙新五路”问题,继而又乘机与吉林省当局酝酿签订《中日民商合筑五路条约》。消息传出,引起各界群众的极大愤慨。为反对日本侵略,维护路权,中共满洲省委立即发表了反对日本帝国主义侵略满洲告同胞书,揭露日本帝国主义侵略东北的罪行,号召东北人民行动起来,“取消日本对中国的不平等条约”,“反对日本在满洲修筑铁路”①,并先后派出一批干部到各地组织动员民众开展大规模的反日斗争。

1928年10月15日,延边各界群众数千人开会,抗议日本的侵略。中共延边区委积极组织和领导群众的反日斗争,延吉、珲春、和龙、汪清4县各界组成农、工、商、学“抗路联合会”,通电奉天当局反对修筑吉(林)会(朝鲜会宁)铁路,并派代表分赴吉林和奉天等地进

① 《中共满洲省委告同胞书》(1928年),载中央档案馆、辽宁省档案馆、吉林省档案馆、黑龙江省档案馆编:《东北地区革命历史文件汇集》甲2,1988年印,第330、331页。

行请愿活动。

10 月 24 日，当延边抗路联合会代表到达省城吉林市后，农、工、商、学等 10 个团体召开联席会议，成立了路权自主会，联名致电张学良、张作相及东三省交通委员会，反对日本修筑吉（林）会（朝鲜会宁）和长（春）大（赉）铁路，并推选代表会同延边代表一行 14 人赴奉天请愿，面见张学良，要求拒日修路。

10 月 27 日至 29 日，东三省路权保持会在奉天召开会议，三省议会、商会、教育会代表和奉天各中学校长、各报社社长参加了会议。会议通过决议：坚决反对日本攫取长（春）大（赉）和敦（化）图（们）铁路权，支持当局拒绝签约；如果日本强行施工，就采取一切办法阻止施工，保路运动的最后手段是抵制日货，并与南京政府联合，抵制日本侵略，要求南京政府援助；与张学良、交通委员会保持密切联系，便于采取保路行动，并利用报纸揭露日本的阴谋。从而使斗争烈火迅速燃烧起来。

为进一步领导反日护路斗争，中共满洲省委和共青团满洲省委组成反日行动委员会，并于同年 11 月 5 日发表反对日本强夺路权的《中共满洲省委临字通告第 33 号》和《对时局宣言》，揭露日本强夺路权的种种罪行，号召东北民众进行维护路权、收回租界、废除不平等条约、驱逐日本侵略势力的斗争。《对日局宣言》明确指出：维护路权的反日斗争是我们的中心工作。满洲省委提出的反日宣传口号是："（1）力争路权。（2）收回旅大及一切路权附属地、矿山、工厂。（3）取消对日本的一切不平等条约。（4）驱逐日本军警出境。（5）对日本经济绝交。（6）取消日本在满洲境内的各机关。"①省委对每个支部和每个党员在维护路权反日斗争中的行动都提出了要求。

---

① 《中共满洲省委临字通告第 35 号》（1928 年 11 月），载中央档案馆、辽宁省档案馆、吉林省档案馆、黑龙江省档案馆编：《东北地区革命历史文件汇集》甲 2，1988 年印，第 269 页。

11 月 5 日，在哈尔滨学生维持路权联合会的组织下，东省特区各校 2000 余名学生举行反日护路示威。学生们高喊“打倒日本帝国主义”、“保护路权”等口号，并散发了反日传单。

哈尔滨各校学生示威游行震惊了日本当局。驻哈尔滨日本总领事向东北行政当局提出抗议。吉林省公署发出禁止学潮以及对学潮的主谋者、附和者施加惩处，并明令解散学生联合会的电报。吉林省当局的这个决定，更加激起学生的反日情绪。

11 月 9 日上午，哈尔滨市各大学、中学及部分小学学生 5000 余人，不顾当局“严禁学潮”的命令，再次举行大规模游行示威。当游行队伍行至道外区正阳街(今靖宇街)街口时，滨江县知事李科元、警察厅长高齐栋率警察四五十人，对游行学生进行阻拦，并捆打学生代表。愤怒的学生与军警展开搏斗。游行队伍冲破军警的阻拦进入正阳街后，包围了滨江县公署，县知事溜走。在冲突中，8 名学生受重伤，100 余人受轻伤。惨案发生后，东三省路权保持会及各团体代表呈文张学良，要求严惩肇事祸首。张学良答应群众的要求，处分了镇压学生的官吏，派代表慰问受伤学生，支付药费。

在东北民众的强烈反对下，关于《满蒙新五路协约》的交涉被迫中止。日本帝国主义谋取东北路权的阴谋遭到失败。

中共满洲省委领导的维护路权的反日斗争，参加者几乎包括了东北各阶层的民众，有工农大众、青年学生、绅商各界以至东北军政当局的官吏和军人。满洲省委在东北执行中国共产党的民主革命纲领，承担反帝反封建的任务中，根据东北实际情况，以工农大众、青年学生和一切革命者为主体，团结和发动各阶层民众共同进行反日护路斗争，把反对奉系军阀的阶级斗争和反对日本帝国主义、维护民族利益的斗争统一了起来。

1929 年 7 月，东北军政当局用武力强行接管中苏合营的中东铁路，拘押和驱逐中东铁路苏方人员，制造了中东路事件，东北出现了复杂的局势。为加强党对东北工作的领导，中共中央决定派刘少奇任中共满洲省委书记。刘少奇到达东北后，很快深入到中东路问题的中心地哈尔滨，积极领导工人运动。针对战争恐怖及中东路事件给工人经济上、生活上造成的损失，刘少奇领导工人把维护自身利益的斗争与反对军阀强占中东路的斗争结合起来，提高工人的觉悟，团结了广大工人，建立了工人组织。当中方当局在事件后期大批解雇中国工人时，刘少奇领导被解雇工人进行复工斗争，并得到广大在岗工人和市内其他各工厂工人的支持，吸收铁路系统4000多名工人参加斗争取得胜利，成立了哈尔滨铁路总工厂工人委员会，把哈尔滨市的工人运动提高到一个新阶段。

20世纪30年代，东北地区的朝鲜族居民约有100万人，主要是农民。日本吞并朝鲜后，东北很多朝鲜爱国志士和朝鲜共产党党员在朝鲜族群众中开展各种形式的抗日斗争，包括抗日武装斗争。朝共组织有了一定发展。1930年，根据共产国际提出的“一国一党”原则，在东北的朝共组织正式解散。中共中央决定，其党员和其他朝鲜革命者，经审查考验个别履行手续，加入中国共产党组织。由于原朝共党员和朝鲜革命者加入中共党组织，使东北地区中共党员数量迅速增加，党组织也由城镇发展到广大农村地区。据1930年3月30日统计，中共满洲省委所属党支部有30个，党员有206人①。到1930年9月，中共党组织有2个市委、1个特委、4个县委、8个特支、180个党支部，党员有1000多人，团员1000多人②。新发展的县以下党组织大多建立在东满、南满、北满的农村地区。在各级党组织的领导下，农民运动开始

① 《中共满洲省委政治状况表》（1930年3月），载中央档案馆、辽宁省档案馆、吉林省档案馆、黑龙江省档案馆编：《东北地区革命历史文件汇集》甲4，1989年印，第377页。

② 《中共满洲省委组织部给中央的报告》（1930年9月9日），载中央档案馆、辽宁省档案馆、吉林省档案馆、黑龙江省档案馆编：《东北地区革命历史文件汇集》甲5，1988年印，第297页。

兴起,这为后来党在农村建立抗日武装和抗日游击根据地提供了良好的条件。

第二节　九一八事变

一、九一八事变前日本关东军的部署

1929 年,爆发了世界性经济危机。这场经济危机也给日本以沉重打击。为了摆脱严重的经济危机造成的困境,日本帝国主义加强对国内工农劳苦大众的剥削。同时,在中国,由日本人经营的企业也不顾工人死活,极尽盘剥压榨之能事。它们还在铁路沿线和城市近郊强占民田。日本军警不断制造枪杀、殴打中国民众的事件。日本帝国主义的野蛮暴行,激起民众的反抗。从 1929 年到 1931 年,仅在南满地区的抚顺、沈阳、辽阳一带就出现 20 多次民众抗议和工人罢工。广大民众反日斗争形势的日益高涨,引起日本帝国主义的不安,感到其在满蒙的利益受到了威胁。东北张学良政权易帜后采取的抵制日本势力的措施和工农大众的反抗斗争,及日本国内经济危机引起的阶级矛盾,使日本帝国主义加快了发动侵略中国东北战争的步伐。

首先是大造侵略中国东北的舆论。1929 年 7 月 5 日,日本关东军司令部参谋、作战部主任石原莞尔提出了《满蒙问题解决方案》,其中关于解决满蒙问题的方针,第一条就是:“若准备对美作战,就要立刻[对中国]作战,坚决把满蒙政权握于我手中”。“由于满蒙的合理开发,日本的繁荣自然恢复”①。1930 年 12 月,日本拓务省大臣松田

① ［日］关宽治、岛田俊彦著,王振锁、王家骅译:《满洲事变》,上海译文出版社 1983 年版,第 123 页。

源治和“满铁”总裁仙石贡及外务省、陆军部的一些人开会，对于“东北易帜”后外交归属南京，中方欲实施以葫芦岛为中心的铁路网联运计划甚为恐慌，于是制订出日本吞并满蒙的秘密计划。这个计划提出采取“以华治华”、“恩中威”、“亲中恶”等手段，“一面假陆军当局之强硬为后援，一面由满蒙当局用怀柔的术策以诱之”，等待“天赐机会，以解决满蒙一切问题”①。1931 年 3 月，日本关东军高级参谋、陆军大佐板垣征四郎在陆军步兵学校作的《从军事上所见到的满蒙》的演讲中说：解决满蒙问题是实现日本帝国使命的远大的理想。“满蒙对帝国的国防和国民经济生活有很深的特殊关系”。“由于帝国掌握着满蒙战略关键的据点，在这里形成了帝国国防的第一线”。“满蒙的资源是很丰富，有着作为国防资源所必需的所有资源，是帝国自给自足所绝对必要的地区”。“在对俄作战上，满蒙是主要战场；在对美作战上，满蒙是补给的源泉。从而，实际上，满蒙在对美、俄、中的作战上都有最重大的关系”。他还极力鼓吹“如果单用外交手段，毕竟不能达到解决满蒙问题的目的”②。这些方案、计划和演说，表现了一大批军国主义分子煽动侵略战争的狂热。

根据日本政府的侵略方针和关东军提出的方案，以及日本拓务省的计划，日本军部又进一步策划了占领中国东北的方案。1931 年 4 月，日本参谋本部制定《1931 年形势判断》，提出了解决满蒙问题的三个步骤：(1)“在满洲建立取代张学良政权的亲日政权”。(2)“使这一政权从中国主权下分离出来，成为一个独立国家”。(3)“占领满蒙”。从中可以看出，日本陆军占领中国东北的目标、步骤已经确定。6 月 19 日，由日本陆军省和参谋本部拟定了《解决满蒙问题方案大

---

① 国难资料编辑社编：《日本大陆政策的真面目》，生活书店 1937 年版，第 64、75、84 页。

② ［日］小林龙夫、岛田俊彦：《现代史资料》(7)，1964 年发行，第 139 页。

纲》。其主要内容是：(1)倘若满洲的排日活动再发展下去，也许要采取军事行动。(2)让日本国民和世界各国了解满洲的排日活动，以便在采取军事行动之际，能得到国内外舆论的谅解。(3)采取军事行动时所需要的兵力，在与关东军协商后，由参谋本部作战部拟定上报。(4)为谋取国内外谅解而采取的措施，约以一年为期，即到明年(1932年)春为止。这一《方案大纲》是日本帝国主义武装占领东北的纲领性文件。后来日本关东军在东北的行动基本是按这个纲领进行的，只是时间稍稍提前而已。

在日本陆军省紧张制定侵占中国东北方案的同时，日本关东军也积极制订相应的占领中国东北的计划。关东军的计划，与陆军省的基本精神是一致的，但在步骤、时间上更为急进。1931 年春，关东军制订了《满蒙问题处理方案》，认为当时已达到解决满蒙问题的第三阶段，即军事占领阶段。故主张“阴谋制造关东军行使武力的机会”，“在非常情况下，关东军应有决心擅自打倒张学良政权，占领满蒙”[①]。在军部的支持下，关东军参谋部制订了《关东军占领满蒙计划》。

在关东军的计划中，还包括为行使武力而制造事端的密谋。关于制造事端的地点，在 1930 年冬，经板垣和石原密谋策划，拟定了在沈阳北大营连接地带柳条湖附近的南满铁路线上实行爆破的方案。1931 年春，关东军组织了一个爆破小组并拟定举事的具体时间。后来，关东军又精心组织了多次在东北各地的战地考察，为发动侵略东北的战争做积极准备。

日本帝国主义既已决定武装侵占东北，在九一八事变爆发前，便开始制造种种公开挑衅事件，制造反华舆论，煽动战争狂潮。其中最

---

① ［日］小林龙夫、岛田俊彦：《现代史资料》(11)，1964 年发行，第 286—288 页。

主要的有万宝山事件和中村事件。

万宝山事件。万宝山位于长春市西北约 33 公里的长春县境内（今属吉林省德惠市万宝镇），其西、南两面 10 余公里处有伊通河绕流而过，适宜种植水稻。1931 年 4 月，经日本侵略者策划，长春朝鲜民会头目出面以重金收买“长农稻田公司”经理郝永德①，郝永德以违法手段租得长春县三区境内万宝山地方住户萧翰林等人生熟荒地 500 垧，租期 10 年。随后，郝永德将所租地转租给朝鲜人李升薰等耕种。上述两项租地契约均未经长春县当局批准。6 月间，李升薰等在日本人指使下，率 180 余名朝鲜人挖渠引伊通河水入地，渠道所经之处占用中国农户良田甚多，当地受害农民请求长春县政府予以制止。长春县政府派警察出面对朝鲜人进行劝阻，同时日本驻长春领事则派日本警察以“保护朝民”为名，支持朝鲜人继续挖渠。中国农民愤恨不平，于 7 月 1 日出动 400 余人填平渠道。7 月 2 日，日警署派 30 余名武装警察阻止中国农民平渠，双方发生冲突。在冲突中，日本警察向中国农民开枪。翌日，日本领事馆增派警力到现场附近收缴农民枪支，抓走 10 余人，并强占民房，修筑工事，甚至公然悬挂日本国旗。在日本警察的保护下，7 月 11 日水渠大坝得以筑成。当地中国农民遭受巨大损害。此即万宝山事件。

万宝山事件发生后，日本在朝鲜报刊上大肆捏造很多朝鲜农民被害的消息，蓄意挑拨中朝民族关系，制造反华浊浪，致使在朝鲜汉城、平壤等地发生袭击华侨的暴行，使华侨的生命财产受到巨大损失。在日本国内，军国主义分子借机大肆鼓吹“满蒙生命线受到威胁”，寻求用武力“根本解决满蒙问题的方法”。

---

①　郝永德，汉奸，1947 年春被南京国民政府长春地方法院以出卖国土招致外患和汉奸罪判处死刑。

中村事件。万宝山事件尚未平息,日本帝国主义又借日军大尉中村失踪事件煽动战争狂热。1931年6月上旬,日本参谋本部情报课情报员、大尉中村震太郎偕骑兵曹长(上士)井杉延太郎等化装成中国人,从海拉尔出发,到大兴安岭、索伦一带进行军事侦察。该地属东北军屯垦区。6月25日,中村等途经位于王爷府以北20公里、洮(南)索(伦)铁路线上的佘公府四方台时,被东北军兴安屯垦军第三团第一营驻军发现并扣留审查。经审查,从自称农学家的中村身上搜出大量军用地图、自绘的洮(南)索(伦)铁路桥渠涵洞草图、兴安屯垦兵力分布图及关于雨量、气候、村落、居民、土质等资料。中国驻军团长关玉衡判断中村身份并非农学家,而是从事情报搜集的军事间谍。审讯中,曹长井杉供认中村是日军大尉。此前,东北行政当局曾照会日本驻东北各领事馆,不准外国人进入兴安垦区。审讯之后,遂将中村等人秘密处决。此为中村事件。

七八月间,日本国内获知中村等被杀的消息后,一面提出强硬要求,一面制造舆论,朝野上下大肆叫嚣"此事解决应用武力"。日本军部主张"不管中国方面态度如何,都要立即以最大决心采取行动"①,叫嚷中村事件是直接对日本皇军的进攻,"满洲问题除行使武力以外,别无解决之途"②。在交涉和处理万宝山事件和中村事件中,日本帝国主义侵略中国东北的阴谋已经充分暴露出来了。

在制造舆论、煽动战争狂潮的同时,日本关东军加紧了军事部署。

早在1928年10月,在日本陆军大学任教官的陆军中佐石原莞尔调任关东军参谋、作战部主任,任职后便着手制订攻占奉天的计划。

---

① 王也平译:《"九一八"事变——奉天总领事林久治郎遗稿》,辽宁教育出版社1987年版,第118页。

② 张效林译:《远东国际军事法庭判决书》,群众出版社1986年版,第295页。

1929 年 4 月，日本陆军大佐板垣征四郎由天津驻屯军调任关东军第十六师团第二十三联队长，旋即调关东军任高级参谋。石原莞尔与板垣征四郎成为关东军中煽动战争最活跃、最狂热的人物。1929 年 5 月，板垣征四郎主持召开关东军情报会，决定组织关东军“参谋旅行”。从 1929 年 7 月至 1931 年 7 月，板垣征四郎和石原莞尔等在东北各地连续组织四次“参谋旅行”。这些“参谋旅行”，西北起自满洲里、海拉尔、齐齐哈尔，中经哈尔滨、郑家屯、洮南、长春、沈阳、新民，西南至锦州、山海关等地。参加“参谋旅行”的关东军军官一面进行军事侦察，考察地形，组织模拟军事对抗；一面进行占领满蒙方案和战术的研究。这些有关调查和研究为关东军发动事变、占领东北提供了情报资料。其中石原莞尔提出的《战争史大观》、《满蒙问题解决方案》、《关东军占领满蒙计划》等一整套侵略计划，代表了一批日本右翼法西斯军人的思想，成为发动九一八事变理论和行动准备的重要组成部分①。

1931 年 4 月，日本军部以换防为名，将驻辽阳的关东军第十六师团调回日本，另由中将多门二郎率领驻日本仙台的第二师团接防。第二师团是日军的精锐部队之一，士兵多生长在日本北部的寒冷地区，有较强耐寒能力，适于在中国东北地区作战。1931 年 7 月，日本军部以参谋本部和陆军省为中心也积极策划武力侵占东北的方案，拟定了“解决满洲问题方案大纲”。同时，日本军部批准将两门 24 厘米口径的榴弹炮由日本神户秘密运至大连，再由大连运到沈阳。然后，隐蔽地安装在沈阳日本独立守备队兵营内，并将炮口标定东北军驻地北大营。日军在东北发动事变的日子越来越临近了。

关东军司令官易人，也是日本帝国主义在军事上采取的重要措

① 参见［日］稻叶正夫：《史录：满洲事变》，日本严南堂书店昭和 7 年发行，第 1—3 页。

施之一。1931 年 8 月 1 日，日本国内任命陆军中将本庄繁为关东军司令官，接替前任司令官菱刈隆。本庄繁曾担任张作霖的军事顾问和日本驻华使馆武官，对中国特别是东北的情形非常熟悉。本庄繁赴任前于 8 月 3 日上书陆相南次郎，认为：在世界经济危机之中，苏联五年计划尚未完成及中国未达统一之前，占领满蒙，成立满蒙独立国，并与朝鲜及日本内地打成一片，日本才能充实世界“一等国”的地位，使日本的国基“巩固于现今世界”。他狂妄叫嚣首先占领满蒙，进而使“支那四百州在我掌握，全亚统一，欧洲征服，均能实现”。他强调在俄、中两国尚在复兴、力量微弱之际，“以强大之陆军临之，直如摧枯拉朽之势”，就可以取得占领满蒙战争的胜利。8 月 20 日，本庄繁到达旅顺关东军司令部后，即向关东军参谋长三宅光治和高级参谋板垣征四郎部署了“满洲时局对策的根本方针”，并审查了石原莞尔等制订的“作战计划”。从 9 月 7 日开始，本庄繁对南满铁路（长春至大连）和安（东）奉（沈阳）铁路沿线的海城、鞍山、本溪、连山关、辽阳、大石桥、公主岭、长春、沈阳等地的日军进行巡视检阅，检查关东军“应变准备工作”。本庄繁巡视期间组织多次军事演习，鸣枪放炮、攻城、巷战，甚至公然把东北军兵营作为攻击目标，其嚣张气焰达到极点。正当本庄繁在南满铁路沿线检阅部队之际，关东军要发动事变的消息在日本国内泄露。日本外相币原喜重郎向陆相提出质问，陆相南次郎派参谋本部少将建川美次到东北传达日本军部意见，以“防患于未然”[①]。关东军 9 月 14 日收到建川美次从日本启程前发来的电报，于 15 日下午召开紧急会议决定提前行动，将原定的行动日期 9 月 28 日改为 9 月 18 日，同时加速组织迷

---

① ［日］桥本欣五郎：《桥本大佐手记》（1932 年），载复旦大学历史系编译：《1931—1945　日本帝国主义对外侵略史料选编》，上海人民出版社 1983 年版，第 38—39 页。桥本欣五郎时在日本参谋本部任职。

惑人们视线的军事演习。9 月 14 日至 17 日，日军在沈阳北大营一带连续组织演习，并在沈阳街头张贴布告，声称："大日本奉天驻屯军，近日以来举行秋操，满铁附近居民突闻枪声勿得惊慌。"①日本帝国主义以军事演习为掩护，秘密进行突然发动战争的准备，并以此麻痹东北人民。

此时，日本在东北的各种团体和机构都异乎寻常地活跃起来。日本在乡军人奉陆军省密令分别到沈阳、长春、哈尔滨集中，以应付突然事变。集中到沈阳的在乡军人于 9 月 17 日聚集在南站，臂缠黑纱，狂呼要为保障满蒙之既得权利而洒军人之鲜血。"满铁"公司职员也组织装运货物的演练，做好发动战争的准备。9 月 18 日上午，本庄繁在辽阳检阅了师团长多门二郎所率关东军第二师团部队，他在向部队作训示时说："现在，满蒙的形势日益不安，不许有一日偷安。当万一事端发生时，希各部队务必采取积极行动，要有决不失败的决心和准备，不可有半点失误。"②他的这一训话就是发动战争前的动员。本庄繁在辽阳巡视后于当晚 10 时回到旅顺关东军司令部。这时，关东军武装占领东北的一切准备工作就绪。沈阳上空战云密布，事变犹如在弦之箭，一触即发。

二、九一八事变爆发

1931 年 9 月 18 日（农历八月初七），时届中秋，天高气爽。白山黑水间，松辽平原上的农作物已经成熟，正待开镰收割。就在这天夜里爆发了日本帝国主义侵略中国东北的九一八事变。这次事变，不仅使日本蓄谋已久的侵略东北的阴谋计划得以实现，给中国人民造

① 关玉衡：《中村事件始末》，载中国人民政治协商会议全国委员会文史资料研究委员会编：《文史资料选辑》第七十六辑，中华书局 1981 年版，第 91 页。

② ［日］稻叶正夫：《史录：满洲事变》，日本严南堂书店昭和 7 年发行，第 74—75 页。

成巨大灾难，而且也“成了后来持续了十五年的第二次世界大战的序幕”①。

根据日本关东军精心策划的发动事变的方案，9 月 18 日夜，日军独立守备队第二大队第三中队工兵中尉河本末守率领6 名士兵，携带炸药，以巡视铁路为名来到沈阳城郊柳条湖附近南满铁路线上预先选定的爆炸点。柳条湖位于沈阳市街以北，介于南满铁路文官屯站和沈阳站之间，北距文官屯车站 3 公里左右，南距沈阳站 7.5 公里。晚 10 时半左右，河本末守一行 7 人，在此地用炸药将南满铁路东侧单面路轨炸毁一段，炸毁缺口为 1.5 米左右。实施爆炸后，河本末守用电话向守备队第二大队队部及坐镇在沈阳特务机关指挥此次行动的关东军高级参谋、大佐板垣征四郎报告，诬称北大营中国士兵炸毁铁路，正在激战中。板垣征四郎得到河本末守报告后，立即以关东军代理司令官、先遣参谋的名义发布了攻击北大营和沈阳城的命令：（一）独立守备队第二大队攻击北大营；（二）第二师团第二十九联队攻击沈阳城；（三）驻铁岭守备队第五大队赶赴沈阳，从北大营北面攻击，并受第二大队长统一指挥；（四）第二师团主力前往沈阳增援。

板垣征四郎下达上述命令后，日本驻沈阳特务机关连续向关东军司令部报告情况。遂又决定迅速集中关东军于沈阳附近，控制东北三省的中枢。9 月 19 日凌晨 1 时 30 分至 2 时，本庄繁分别给关东军各部队下达命令，首先批准追认了板垣征四郎代发的命令，还称赞了板垣征四郎的所谓主动、独断精神。给各部队下达的命令是：（一）命令第二师团主力集中于沈阳，驻旅顺的第十五旅团步兵第三十联队及旅顺炮兵大队迅速向沈阳出动，驻长春的第三旅团

① ［日］日本历史学研究会编、金锋等译：《太平洋战争史》第一卷《九・一八事变》，商务印书馆 1959 年版，第 114 页。

及其所属步兵第四联队、骑兵第二联队担任长春的警备任务，同时秘密攻击该地的中国军队；（二）命令独立守备队第一、第五大队集中于沈阳，驻大石桥的第三大队占领营口，驻连山关的第四大队占领安东、凤城，驻鞍山的第六大队集中于沈阳接受第二师团指挥；（三）向日本驻朝鲜军司令官、中将林铣十郎电告中日冲突情况，请迅速派兵增援。关东军发布的这些命令，也就是日军在发动九一八事变最初几天的作战部署，日军对南满路（长春至大连）、安（东）奉（沈阳）路沿线中国城镇的占领也是照此行事的。这些命令充分表明日本帝国主义发动侵略战争是有计划、有充分准备和详细部署的。

在河本末守实施柳条湖南满铁路爆炸后，事先即埋伏在柳条湖以北文官屯的日本守备队第二大队第三中队长、大尉川岛便率105名日军直扑北大营，9月18日夜11时到达北大营西北角。川岛中队兵分两路向北大营发起攻击。

北大营是东北军最大的兵营，位于沈阳市街北约三四公里处。整个营区坐北朝南，东西南北各边长2000米。北大营营房区防御体系坚固，四周均有2米高的土围墙，宽可行2人，围墙外有1米深、3米宽的堑壕并有铁丝网。东西南北各边中间有卡子门，两个岗亭相对而立，设有岗哨，南门为北大营正门，卫兵室经常有一个排的兵力值班。营区内驻军为东北军的精锐之师步兵独立第七旅，旅长为中将王以哲。下辖第六一九、第六二〇、第六二一3个团，全旅约8000人。营区北面，面南有一排营房，旅司令部位于营房居中处，旅直属迫击炮、通信、特务、骑兵等连在左，第六二〇团在右。旅部后面是修械所、仓库、马厩等附属房屋、设备。营区东面围墙外是第六一九团和步兵研究班，营区西面是第六二一团，营区中间是一个大操场。第七旅全旅除第六二〇团第一营驻皇姑屯、第六二一团3个直属连驻东山嘴子东大营外，其余部队全驻北大营，事变当夜北大营内驻官兵约7000人。北大营西侧距南满路最近。整个西营距南满路上行线二三百米不等，距爆炸地点也最近。所以日军守备队第三中队冲下南满路同河本末守等人会合后，于11时便直扑北大营西北角。日军中队长川岛冲上土围墙后，见营区内并无防备迹象，便集中火力向紧靠西围墙的第六二一团各营发动进攻。同时，日本人在沈阳火车站鸣响汽笛，设在日军独立守备队营内的两门榴弹炮开始轰击北大营。约夜11时50分，日军守备队第二大队长、中佐长岛率第一、第四中队从沈阳站乘火车到达柳条湖附近，配合第三中队从北、西、南面向北大营内攻击，炮火异常猛烈。第四中队集中主力攻击居于北大营北侧的第六二〇团；第一中队从正门卫兵室突破，向旅部和直属连队实行攻击。驻守在抚顺的日军守备队第二中队于9月18日夜11时收到大队部命令后，在中队长、大尉川上率领下向沈阳进发，19日凌晨到沈阳站，然后向柳条湖开进。日军独立守备队驻铁岭的第五大队共500余人分两批于19日晨4时41分、6时40分先后到达文官屯车站，先到的一批向北大营北面进攻。9月19日7时30分，驻鞍山的日军守备队第六大队300余人也到达北大营。此时日军已完全占领北大营。

日军独立守备队第二大队主力向北大营的进攻也遇到一定的抵抗。9月18日夜，东北军第七旅旅长王以哲不在军中，由旅参谋长赵镇藩署理军务。当日军向北大营攻击时，赵镇藩用电话向东北军司令长官公署参谋长荣臻请示应对办法。荣臻转达上峰命令："全取不抵抗主义，缴械则任其缴械，入占营内即听其侵入。并告以虽口头命令亦须绝对服从。"[①]据此指示，旅部命令不准士兵开枪还击，回到宿

---

① 虎口余生：《日军侵据东北记》，民众书局1931年版，第14页。

舍去。关于当时情况，有亲历者事后回忆：对于不准开枪的命令，官兵们“非常愤慨，纷纷提出质问‘咱们就眼看着弟兄们活活被打死吗？’‘为什么让日本人这样的欺负我们呢？’全队官兵的惊讶……怀疑……忿怒，是可想而知的”①。9 月 19 日凌晨，日本守备队第二大队第二中队从抚顺、第五大队从铁岭先后到达北大营附近，会同正在这里攻击的第二大队主力，冲破铁丝网进入营区。第六二一团士兵被围在营房内撤不出来，伤亡颇重。第七旅官兵忍无可忍，违反不抵抗命令被迫还击。9 月 19 日晨 3 时许，旅参谋长赵镇藩命令第七旅开始突围，因第六一九团驻扎在围墙外，开始时未遭到日军攻击，遂命令该团掩护全旅突围，于是“机、步枪，吐出愤怒的火舌，向着逼近的日本兵猛烈还击，而日军方面的枪声，很明显地稀疏下来，他们的攻势遭到了压制”②。第七旅各部队陆续撤出北大营，按预定计划撤向东山嘴子东大营。9 月 19 日晨 5 时许，日军完全占领了北大营。北大营一夜战斗，东北军第七旅战死官兵 149 人，受伤官兵 186 人，总计伤亡 335 人③。日本守备队第二大队在攻击北大营时死 2 人、伤 22 人④。

在日本守备队第二大队向北大营进攻的同时，日军驻沈阳的第二师团第二十九联队也向沈阳城发起攻击。日军分路向商埠地南市场、北市场、大小西边门进攻，直侵砖城。东北边防司令长官公

---

① 李树桂：《九一八事变我在北大营》，载吉林省政协文史资料委员会编：《“九一八”事变资料汇编》，吉林文史出版社 1991 年版，第 278—279 页。

② 李树桂：《北大营突围记》，载中国人民政治协商会议辽宁省委员会文史资料委员会编：《辽宁文史资料》第 31 辑，辽宁人民出版社 1991 年版，第 76 页。

③ 《九一八事变之经过情形》（荣臻参谋长报告），载李云汉编：《九一八事变史料》，台北正中书局 1977 年版，第 249 页。另据日本参谋本部编《满洲事变作战经过概要》记载，北大营遗尸 320 具。

④ ［日］冈林营鹿：《满洲事变第一战》，日本军用图书株式会社 1932 年版，第 1 页。

署、辽宁省政府等重要机关及东三省官银钱号、中国银行、交通银行等金融单位悉被占领。城内各警察署、宪兵司令部、公安分驻所的武装均被解除，一部分人员被监禁。日军在攻击商埠第一、二公安分局时，警察进行了还击，互有死伤。据事后统计，第一、第二分局死警察各五六名，皇姑屯地方公安局死10余名，工业区第六分局死10余名[①]。第六分局被日军包围时，局内警察仅30余名，与众多日军相对抗，子弹打光，与敌肉搏，坚持近3小时。日军攻入分局后，竟残忍地将中国警察“数十人悉皆碎首折肋，挖胸洞腹，血渍殷红，润遍沙土，暴露于局门内外”[②]。9月19日晨5时，日军步兵第十五旅团第十六联队攻占了航空处、飞机场、兵工厂等地。19日晨6时30分，日军第二十九联队一部已由大小西边门相继入城，电话、电讯设施均为日军控制，致使城内外消息断绝。晨7时左右，沈阳城完全被日军占领。19日上午8时，日军除留一部分兵力控制沈阳城外，调集第二师团和独立守备队一部主力，开始向东大营攻击。

东大营位于沈阳东天柱山脚下的东山嘴子，距沈阳城约10公里，规模稍小于北大营。在日军向东大营进攻前，中国军队已于19日上午8时撤离。19日11时至12时30分，日军未遇东大营任何抵抗占领营区。东大营被占领，标志着沈阳完全陷落。

九一八事变，一夜之间沈阳全城陷于敌手。9月19日清晨，沈阳街头高悬日本旗，日军士兵荷枪实弹，四处搜查，骑兵跃马扬刀，横冲直撞。城内交通断绝，偶有行人，遭日军严行盘查，其认为可疑者不

---

① 《中外记者团关于“九·一八”事变之报告》(1931年9月20日)，载中央档案馆、中国第二历史档案馆、吉林省社会科学院合编:《日本帝国主义侵华档案资料选编·九·一八事变》，中华书局1988年版，第151—152页。

② 《日本强占东三省记》，汉口奋斗报社1931年版，第38页。

遭枪杀亦遭监禁，“稍有抗辩者日兵即以刺刀相向”。“男学生被残杀，女学生被奸污者不可指数。”[①]沈阳城完全处于血雨腥风之中，人民遭受着日军铁蹄的践踏。9 月 19 日上午，首先有日本宪兵队在市内街头巷口张贴布告，宣称：“本省城近来失秩序之事甚多。兹我军占领城内。临时任治安维持之事。对各善良人民，一视同仁，绝对保障生命财产之安全……若有故意传播谣言，违反治安者之时，当处严罚”。嗣以关东军司令官本庄繁的名义发布布告诬称：“东北边防军之一队，在沈阳西北侧北大营附近爆破我南满铁路，驱其余威，敢然袭击日本军守备队，是彼开始对敌行动，自甘为祸首”。布告颠倒黑白，诬蔑东北边防军方面对其南满铁路权益“频繁簇起侵害行为，境内到处发生侮日行动”，并进而威胁：“因为拥护其既得之利权确保帝国军之威信，兹方执断然处置，无敢所踌躇”，“倘有对我军行动欲加妨害者，本军毫无所看过，必出断乎处置”[②]。

在日军进攻沈阳的同时，驻长春日军部队也奉命做攻占长春的准备。长春旧名宽城子，是南满铁路北端的终点，也是吉（林）长（春）铁路终点，北与中东路支线相接可达哈尔滨，实为吉林之门户，地理位置非常重要。按关东军既定计划，驻长春日军第二师团第三旅团和独立守备队第一大队第四中队，于 9 月 18 日午前即进行了军事部署。9 月 19 日晨 1 时左右，驻长春日军得知沈阳方面日军正在向北大营进攻的消息后，第三旅团司令官长谷部于晨 3 时 55 分下达总攻击命令。日军攻击的主要目标是宽城子及南岭中国兵营。晨 4 时 30 分，日军第四联队长大岛陆太郎率 400 余人开始攻击宽城子二道沟中

① 虎口余生：《日军侵据东北记》，民众书局 1931 年版，第 26 页。

② 《辽吉被占纪实·日本方面行动详报》，载国闻周报社编：《国闻周报》第 8 卷，第 38 期，第 4 页。所引布告原文无标点，现在的标点符号为引者所加。其中“本军毫无所看过”一语，系原文如此。

国驻军,中国警察署也被包围缴械。当时,二道沟营房内驻中东路护路军第六六三团第二营傅冠军部约650人。在日军进攻时,营长傅冠军勇敢迎战,不幸战死。第二营士兵在营长牺牲、士兵亦有伤亡的情况下,群情激昂异常,誓不缴械投降,拼死抵抗。但终因日军炮火猛烈,中国军队死伤惨重,只好于11时开始突围,向乌拉街撤退。宽城子中国驻军仅以一营兵力,在营长战死的情况下,拒绝上级的不抵抗命令,与敌拼战半日,虽力战不支,但狠狠打击了日军的淫威和锐气,表现了东北军广大官兵的爱国主义精神。宽城子战斗,中日双方均有较大伤亡,中国军队死41人,伤67人①;日军死24人,伤33人②。

日军在攻击宽城子中国兵营的同时,也开始对南岭中国兵营进行攻击。南岭兵营位于长春以南6公里处,西距南满(长春至大连)铁路约4公里。当时营内驻有东北边防军步兵第二十五旅第六七一团、东北边防军炮兵第十九团及辎重兵一营共3600人。日军进攻后,炮团团长穆纯昌、步兵团团长程玉山致电东北边防军司令部驻吉副司令长官公署参谋长熙洽,请示如何应对。熙洽命令撤退,不准抵抗。在日军猛烈炮火轰击下,中国驻军被迫还击,且战且退。由于武器库已被日军控制,许多中国士兵没拿到武器,徒手撤退,伤亡惨重。南岭战斗,中国驻军在长官下达不抵抗命令之后,仍坚守兵营数小时,给日军以重创。据日方记载,日军战死将校和准士官以下42名,负伤56名③。中国军队在南岭战斗中死亡官兵218名,负伤者99名④。9月19日下午5时30分,日军占领南岭兵营,长春完全陷于敌手。

9月18日夜至19日上午,驻南满路(长春至大连)、安(东)奉

① 虎口余生:《日军侵据东北记》,民众书局1931年版,第65页。

② [日]佐藤庸也:《活机战》(第一部),日本军用图书株式会社1943年印刷,第25页。

③ [日]佐藤庸也:《活机战》(第一部),日本军用图书株式会社1943年印刷,第34页。

④ 虎口余生:《日军侵据东北记》,民众书局1931年版,第65页。

（沈阳）路沿线的日军全面出动，先后占领了复县、海城、盖县（今盖州市）、大石桥、营口、辽阳、鞍山、铁岭、开原、昌图、四平、公主岭和安东（今丹东）、凤城等地。日军占领沈阳之后，为控制北（平）宁（沈阳）路，还陈兵巨流河车站，把守59号、88号铁路桥，以待西进。

日军占领沈阳、长春之后，命令第二师团的第十五旅团步兵第十六、第二十九联队，临时野战重炮大队第二中队留驻沈阳，第二师团其余部队、野炮大队和守备第五、第六大队向长春集结，以图进攻吉林省省会吉林市。9月20日晚，日军各部队到达长春。9月21日上午6时，日军占领吉长铁路局。九一八事变发生之际，正值东北军驻吉副司令、吉林省主席张作相回锦县为父奔丧，由其参谋长熙洽代署军政要务。沈阳陷落后，熙洽即坚决抱不抵抗主义，首先命令驻省城吉林的东北军第二十五旅张作舟、卫队团冯占海两部撤退到外县，尔后通过日本领事与日军谈判，达成向日军投降的协议。由于熙洽的出卖，9月22日下午6时30分，日军第二师团兵不血刃地占领了吉林省城（吉林市），控制了吉（林）长（春）铁路。9月23日，日军又先后占领了吉（林）敦（化）铁路线上的蛟河、敦化。这期间吉林东部的延吉、珲春、汪清、和龙也被日军侵占。

九一八事变爆发后的旬日之内，日军迅速占领辽、吉两省近40座城镇，其投入的总兵力尚不足2万人。而当时在辽、吉、黑三省的东北军共有近14万人，在辽宁全省的东北军正规部队也有3万人。东北军几倍于敌不战自退，有土不守，实乃中华民族抗御外侮史上的奇耻大辱。

继沈阳、长春、吉林等地沦陷之后，日军于1931年11月突破黑龙江省中国驻军嫩江桥防线，11月19日占领黑龙江省会齐齐哈尔。然后又集中兵力在辽西的北（平）宁（沈阳）路沿线发动进攻，1932年1月3日占领锦州，控制了北（平）宁（沈阳）路关外段。1932年1月末,日军迅速调兵北上。2 月 5 日,多门二郎所率日军第二师团占领北满最大城市哈尔滨。至此,从九一八事变发生以来 4 个月零 18 天的时间,整个东北三省 130 余万平方公里的大好河山沦为日本的占领地。

三、南京国民政府及蒋介石的不抵抗政策

日本帝国主义悍然发动九一八事变,一宵烽火中国失地千里,旬日之间辽吉两省主要城市尽陷敌手。究其根源,乃是南京国民政府及蒋介石实行不抵抗政策的恶果。

不抵抗政策,或称不抵抗主义,与半封建半殖民地的中国近代历史是分不开的。由于统治阶级的无能,中国自 1840 年逐步沦为半封建半殖民地社会以后,屡遭帝国主义列强的侵略和压迫。当权的统治阶级,从腐败的清政府到北洋军阀政权,直至当时蒋介石的南京国民政府,无不在外敌入侵面前放弃坚决自卫和抗争,采取消极退让的态度寻求妥协,并且强调通过所谓外交途径解决争端。其结果是被迫签订一系列不平等条约,割地赔款,丧权辱国。

20 世纪二三十年代,在中国人民革命斗争的进程中,帝国主义国家,尤其是与中国隔海相邻的日本,干涉中国内政,破坏中国的统一,不断制造各种惨案。蒋介石主政南京国民政府后,不论日本帝国主义如何兴师动众对中国进行武力威胁,蒋介石都采取不抵抗政策,而集中力量进行反共战争和军阀内部的争斗。当 1928 年 4 月国民党军组织第二次北伐,日军第六师团长福田制造济南惨案时,蒋介石就实行了不抵抗办法,“对日军挑衅不抵抗,转而诉诸国际联盟”①。所以九一八事变发生后有人说:不抵抗主义不创自张学良而创自蒋主席济南之役,蒋

① 王芸生:《这两年》,载国闻周报社编:《国闻周报》第 10 卷,第 37 期,第 2—3 页。

以不抵抗制福田于无形，一面吁请国联，且不得国联之承认。

1929 年末，张学良在东北“易帜”，使南京国民政府实现了全国统一。但这种表面的暂时的统一，并未解决国内的一系列根本矛盾，很快又为新的军阀混战所代替。1930 年 4 月，蒋介石、冯玉祥、阎锡山互相争夺，爆发了中原大战，刚刚“易帜”和拥兵东北的张学良于当年 9 月 18 日发出“巧电”，拥护以蒋介石为代表的中央，呼吁和平，率 10 万强兵进驻平津。由于张学良在中原大战中支持了南京政府，历经 7 个月的新军阀混战以阎、冯失败，蒋介石胜利而告终。中原大战之后，蒋介石调集数十万军队，又以中央苏区为重点向革命根据地进行新的“围剿”，坚持反共反人民的内战，给日本帝国主义侵略中国东北造成了可乘之机。

1930 年 10 月，南京政府任命张学良为中华民国陆海空军副总司令。1931 年 4 月，张学良在北平组织了副总司令行营并坐镇北平。1931 年 6 月，因讨伐石友三之役，张学良又调东北军 4 万余人进关。这样，就使总数约 28 万人的东北军，有 14 万余的精锐部队驻扎在关内；留驻东北的部队不足 14 万人，主要分驻吉、黑两省，辽宁驻军只有 3 万多人，造成东北三省特别是辽宁省的防务力量大大削弱。并且，留在东北的部队基本上处于无戒备状态，没有紧急应变的军事部署。这也给日本帝国主义发动侵略战争造成可乘之机。

20 世纪 30 年代初，是中日关系史上的多事之秋。日本帝国主义侵略势头咄咄逼人，蒋介石、南京国民政府、国民党中央步步退让，以求避免和日本冲突。然而退让非但不能解决问题，只能使危机更加深重。果然，在 1931 年 6—7 月之交发生了万宝山事件，东北军政当局与日本交涉过程中，南京国民党中央通令全国各级党部在反日运动中切切不能有加害日本人的行动，并训令上海当局，要尽力以提倡国货运动替代排斥日货行动，用以缓和弥漫全国的反日风潮。到 7 月

6 日，张学良秉承国民党中央旨意电告东北政务委员会："此时与日本开战，我方必败，败则日方将要求割地偿款，东北万劫不复，宜力避冲突，以公理相周旋。"[①]7 月 11 日，《盛京时报》公开报道这条消息时说："张副司令对万宝山事件及华鲜人冲突事件颇为重视，日昨致电此间最高当局略谓：'凡我东北官民对于朝鲜冲突事件咸宜一体自重，切勿轻举妄动，其各注意云云。'"

为了稳住一触即发的东北局势，蒋介石于 7 月 11 日在江西"剿共"前线向张学良致电训示："日本诚狡猾阴险，但现非我国抗日之时，除另电外交部王部长外，希兄督饬所部，切勿使民众发生轨外行动"[②]。7 月 13 日，国民党中常委、监察院院长于右任在接见赴南京请训的东北交通委员长高纪毅时说："目前以平定军阀内乱为急务，希望东北同志此时切勿轻率对外行动"[③]。

针对上述两电，《盛京时报》于 7 月 15 日再披露消息，称："蒋介石于 13 日在江西抚州剿共前线，向南京政府及张学良发出通电，发生全国排日运动时，恐被共产党利用，逞共匪之跋扈，同时对于中日纷争更有导入一层纷乱之虞，故官民须协力抑制排日运动，宜隐忍自重，以待时机。张学良也复电努力隐忍自重，勿使日本乘其间隙。"

万宝山事件余波未平，又发生了中村事件，日本借此横生枝节，步步紧逼，张学良深感形势严峻，中日之战大有一触即发之势。张学良为此特致电蒋介石。电文说："东北之安全，非藉武力无以确保，日本既一意对外，我方亦应有所自省。现共匪歼灭期近，广东力薄，似无用兵之意，吾公似宜执此外患煎迫之机，务期在政治范围解决西南

① 梁敬錞：《九一八事变史述》，台北世界书局 1995 年版，第 114 页。
② 司马桑敦：《张学良评传》，台北传记文学出版社 1989 年版，第 157 页。
③ 司马桑敦：《张学良评传》，台北传记文学出版社 1989 年版，第 158 页。

问题，则党国幸甚。”[①]在另一电文里张学良说：“日本开始其大陆政策，有急侵满蒙之意，已无疑问；无论其对手为中国抑或苏俄，事既关系满蒙存亡，吾人自应早为之计。”[②]

张学良这两通电文，认为当时集聚在广东的国民党内反蒋派别的力量已形薄弱，共产党“剿灭”期近，因此不是重要的和必要的问题，而强邻日本对满蒙的侵略在即才是大问题。张学良的主张和认识与蒋介石不同，因此引起蒋介石的不快。蒋介石在给张学良的复电中，强调“剿共为必要”，“解决广东为必要”[③]，而对日本在东北的野心和举动未作任何说明、回应。由于中日风云日紧，蒋介石对东北军政当局仍然不放心，于是在1931年8月16日又致张学良以“铣电”，内称：“无论日本军队此后如何在东北寻衅，我方应不予抵抗，力避冲突，吾兄万勿逞一时之愤，置国家民族于不顾。”[④]张学良自“东北易帜”以后，对于一切外交方面的方针、政策无不听命于中央，尽管他与蒋介石的主张有所不同，但在行动上坚决遵循军人以服从为天职的信条，尽力维护蒋介石的主张。所以，9月6日，张学良按蒋介石上述电告精神，给辽宁政委会代主席臧式毅、东北边防军司令长官公署参谋长荣臻发出“鱼电”，称：“现在日方对我外交渐趋积极，应付一切，亟宜力求稳慎，对于日人无论其如何寻事，我方务须万分容忍，不与反抗，免滋事端。希迅即密电各属切实注意为要”[⑤]。蒋介石致张学良电，张学良致臧、荣二人电，距九一八事变爆发已经很近，这些非常明确的命令，其基本点，是此后无论日本人如何寻事都不能抵抗，力避冲突，万分容忍。由于有蒋介石多次

---

① 司马桑敦：《张学良评传》，台北传记文学出版社1989年版，第158页。

② 司马桑敦：《张学良评传》，台北传记文学出版社1989年版，第159页。

③ 司马桑敦：《张学良评传》，台北传记文学出版社1989年版，第159页。

④ 王芸生：《六十年来中国与日本》第8卷，三联书店1982年版，第236页。

⑤ 司马桑敦：《张学良评传》，台北传记文学出版社1989年版，第158页。

不抵抗的电告,张学良执行蒋介石的命令并命东北军执行,所以当日军攻击沈阳北大营之际,北大营驻军电话向荣臻请示时,荣臻会有下达“全取不抵抗主义”命令之举。在九一八事变发生的当夜,11 时左右,荣臻通过电话向北平张学良请示如何应对日军攻击行动,张学良回答:“仍按九月六日的训令意思:不与反抗,免滋事端。”[①]荣臻向张学良请示刚过,日军又攻击迫击炮厂、兵工厂,情形紧张。荣臻再次向北平请示,张学良再次命令取不抵抗主义。夜 12 时左右,由于日军大举进攻,荣臻发觉日军此次行动不似寻常之事,又打电话向张学良报告,但此时电话线已被切断。荣臻用帅府小型无线电台发报,电报到达北平已是 19 日黎明时分。张学良接荣臻电后,在北平召集了军政要员会议。张学良在会上说:“日人图谋东北,由来已久,这次挑衅的举动,来势很大,可能要兴起大的战争。我们军人的天职,守土有责,本应和他们一拼,不过日军不仅一个联队,它全国的兵力可以源源而来,绝非我一人及我东北一隅之力所能应付。现在我们既已听命于中央,所有军事、外交均系全国整个问题,我们只应速报中央,听候指示。”[②]张学良随即将荣臻以及臧式毅电转呈南京国民政府,就如何应对东北局势再行请示。此时已是 9 月 19 日上午 5 时,故此电称为“皓电”。电文谓:“日兵晚 10 时开始向北大营驻军实行攻击,我军抱不抵抗主义,毫无反响。”“皓电”于 9 月 19 日中午到达南京。当日晚 6 时许“皓电”到国民政府外交部,外交部长王正廷与国民党中常委于右任、丁惟芬、戴季陶等商定后,召开了临时紧急中常会,会后向张学良回电,作出“根据前项命令,不许冲突”,“日

① 司马桑敦:《张学良评传》,台北传记文学出版社 1989 年版,第 167 页。

② 洪钫:《九一八事变当时的张学良》,载中国人民政治协商会议全国委员会文史资料研究委员会编:《文史资料选辑》第六辑,中华书局 1960 年版,第 24 页。

军此举，不过寻常寻衅性质，为免除事件扩大起见，绝对抱不抵抗主义”①等答复。

张学良向南京发出“皓电”后，于9月19日上午接见《大公报》记者。接见中，张学良说：“吾早已令我部士兵对日兵挑衅不得抵抗。故北大营我军，早令收缴武器，存于库房。”9月20日晚，张学良接见各外国记者时说：“余窥透日军拟在满洲有某种行动后，即下令部下倘遇日军进攻，中国军警不得抗拒，须将军械子弹存入库房。”“当日军进攻消息传来时，余立时又下令收缴军械，不得作报复行动”②。

九一八事变发生前夕，适值蒋介石于9月17日赴江西湖口主持“剿共”。“皓电”到南京时蒋介石正在江西。9月19日，国民党中常会决定电召蒋介石回南京。蒋介石于9月20日由湖口返回南京，9月21日召外交部长面询一切。9月22日，蒋介石在南京市国民党党员大会上发表讲话，强调要服从统一指挥，不可人自为战，以陷分裂；主张先以公理对强权，以和平对野蛮，忍痛含愤，暂取逆来顺受态度，以待国际公理之判断。同一天发表的国民党中央《告全国同胞书》、《南京国民政府告国民书》，也和蒋介石讲话一个腔调，要求全国上下“动作一致、步骤一致、听统一之指挥、守严整之纪律”，“希望我全国军队、对日军避免冲突”③。

9月24日，张学良汇集了九一八事变发生后一周的情况，向从江西“剿共”前线返回南京的蒋介石致电，报告日军入侵东北的经过。

---

① 李云汉编：《九一八事变史料》，台北正中书局1977年版，第264页。

② 《辽吉被占纪实·张副司令表示态度》，载国闻周报社编：《国闻周报》第8卷，第38期，第7页。

③ 《辽吉被占纪实·中央政府慎重应对》，载国闻周报社编：《国闻周报》第8卷，第38期，第11、12页。

电报中说：9月18日晚，日军向我兵营发动进攻。“先是我方以日军迭在北大营等处演习示威，行动异常，偶一不慎，深恐酿起事端，曾经通令各军，遇有日军寻衅，务须慎重避免冲突。当时日军突如其来，殊出意外，我军乃向官方请示办法，官方即根据前项命令，不许冲突，又以日军此举，不过寻常寻衅性质，为免除事件扩大起见，绝对抱不抵抗主义。”①张学良这里说的“向官方请示”，即指他发往南京的“皓电”；所谓“前项命令”，是指蒋介石8月16日发给他本人的“铣电”，即“无论日本军队此后如何在东北寻衅，我方应不予抵抗，力避冲突”。

以上是九一八事变发生前后关于不抵抗的一系列电报往来情况。如果说，九一八事变发生之初，尚有一个观察、判断过程，一些人对于日本的侵略本质尚认识不清的话，事变后第四个月，蒋介石在奉化发表的辞职讲演则对其为何采取不抵抗主义作了清楚直接的道白。他在这个演讲中说：“以中国国防力薄弱之故，暴日乃得于二十四小时内侵占之范围及于辽吉两省，若再予绝交宣战之口实，则以我国海陆空军备之不能咄嗟充实，必至沿海各地及长江流域，在三日内悉为敌人所蹂躏，全国政治，军事，交通，金融之脉络悉断，虽欲不屈服而不可得。”②

上述事实足以证明，九一八事变之后，蒋介石与南京国民政府实行了不折不扣的不抵抗政策，主政东北的张学良也执行了这一误国政策。蒋介石与南京国民政府实行不抵抗政策，有其历史的、阶级的根源。蒋介石的地主买办资产阶级立场，使之不可能认清日本帝国主义的侵略本性，也不可能树立依靠全民族的力量战胜敌人的信心，只能产生恐日心理和抗日必亡的民族失败主义思想。同时，蒋介石

① 李云汉编：《九一八事变史料》，台北正中书局1977年版，第264页。
② 司马桑敦：《张学良评传》，台北传记文学出版社1989年版，第169页。

国民党把一党之利益置于全民族利益之上，执行“攘外必先安内”的错误方针，集中全力于“剿共”，这又与军阀内战有着密切关系。张学良作为东北地方最高长官、封疆大吏，虽然对蒋介石及南京国民政府在东北对日关系上的举措有意见，在认识上也与其有所不同，但最终还是执行了不抵抗政策，造成了严重后果。不抵抗政策使日本关东军不付多大代价顺利占领东北要地，帮了日本法西斯军人的大忙，损害了中华民族的根本利益，压抑了中国人民的抗日热情特别是东北人民的民族情感，损伤了民族自尊心，限制了几十万东北军官兵的手脚，致使东北三省很快沦于敌手。

四、伪满洲国的成立

早在九一八事变前，日本参谋本部和陆军首脑便多次密谋策划如何在东北建立一个所谓的新国家问题。事变之初，关东军先后提出的《建立满蒙新政权的三原则》、《满蒙共和国统治大纲方案》、《解决满蒙问题的根本方案》、《满蒙自由国建设方案大纲》等，其基本主张都是强调建立一个脱离中国本土，表面上由中国人主持，而实权则操在日本手中，包括东北四省（含热河省）及东蒙地区的所谓新满洲国家。

为了尽快实现建立一个傀儡政府的计划，日本关东军首先在辽宁、吉林、黑龙江拼凑地方伪政权。

从 1931 年 9 月 26 日到 1932 年 1 月，先后成立了以汉奸熙洽为首的“吉林省长官公署”；由汉奸赵欣伯、臧式毅、袁金铠、于冲汉等组织的“奉天地方维持会”，改辽宁省为奉天省，臧式毅任伪奉天省省长；以汉奸张景惠为首组织的伪黑龙江省政府，张景惠为伪黑龙江省省长。辽、吉、黑三省伪政权的建立，是日本帝国主义在东北建立傀儡政权的第一步。在东北三省伪政权成立的同时，日本关东军加紧了“新国家”的所谓建国活动。关于“新国家”的人选，在日本统治集团内部策划已久。早在九一八事变之初，日本提出的各种统治中国东北方案中即已拟定了要以清废帝溥仪为“新国家”的“元首”。根据预谋，1931年11月10日，由关东军派人将清朝末代皇帝溥仪从天津挟持到大连。

1932年2月16日,日本关东军在沈阳召开了伪满洲国“建国会议”。参加会议的主要人物有:伪奉天省省长臧式毅、伪吉林省长官公署长官熙洽、伪黑龙江省省长张景惠和日本极力拉拢的马占山。故有人称此次会议是“四巨头会议”。2月17日,在关东军司令部导演下,组成一个过渡性的“东北行政委员会”,张景惠为“委员长”。同日,“东北行政委员会”发表宣言,提出:东北四省与一特区并蒙古各王公,组织一新机关,命名为“东北行政委员会”,“由此与党国政府脱离关系,东北省区完全独立”①。随后,以“东北行政委员会”名义,发表了日本关东军司令部策划的《新国家建国方案》。方案的主要内容是:“新国家”国名为“满洲国”;“国体”为“民本政治”;“元首”称号为“执政”;第一任“执政”为溥仪;“年号”为大同;“国旗”为红蓝白黑满地黄的五色旗;“首都”在长春,长春改称“新京”;3月1日举行“开国典礼”。1932年3月1日,以“满洲国”名义发表了“建国宣言”,宣布伪满洲国(即伪满)正式成立。3月6日,溥仪在日本特务的严密监护下,由前清遗老郑孝胥陪同,从旅顺赴汤岗子,张景惠等前往“恭迎”,于3月8日到达长春。3月9日举行“满洲国执政”就职典礼,溥仪正式就任“满洲国执政”,汉奸郑孝胥充任伪国务总理。溥仪就任“执政”的第二天,公布了由关东军拟定的伪满洲国政府成员名单,和他与关东军司令官本庄繁签署的一份密约。这个密约的主要内容有:(1)“满洲国”的国防、治安委托日本负责,所需经费则由“满洲

① 陈觉:《“九·一八”后国难痛史》(上),辽宁教育出版社1991年版,第695页。

国”方面承担。(2)为了日本军队在国防上的必要，“满洲国”可以将已修之铁路、港湾、水路、航空、邮电及新路之修筑，均委托日本或日本指定的机构管理。(3)日本军队认为必要的各种军事设施之经费，由“满洲国”予以竭力援助。(4)“满洲国”参议府任用一批贤达有名望的日本人为参议或中央及地方官吏，这些人的推荐和解职均由关东军司令官决定。(5)将来“两国”正式缔结条约时，即以上述各项之宗旨为立约之根据①。“密约”规定的内容彻底表现了“满洲国”政权的傀儡性质。这个“密约”出笼后，日本官方和军方在国内加紧了活动，为正式承认伪满洲国作准备。

1932 年 3 月至 7 月间，日本内阁、参谋本部、关东军司令部分别制定了《支那问题处理方针要纲》等文件，进一步阐述对“满洲国”的各种统治方针、政策。八九月间，关东军司令官与伪满国务总理郑孝胥根据溥仪与本庄繁签订密约的原则，又先后签订了《关于满洲国政府铁路、港湾、航路、航空线管理和铁路的敷设、管理的协定》等一系列协议。根据这些协议，日本获得了从在伪满洲国经济到军事上的所有权利。

1932 年 9 月 15 日，新任关东军司令官、日本特命全权大使武藤信义与伪满国务总理郑孝胥签订了《日满议定书》。议定书声称：日本已确认“满洲国是一个根据民意而自由成立的独立国家”，“为永远巩固两国的睦邻关系”，“满洲国”在日满两国未另行签订条款前，日本在“满洲国领域内”，“所享有的一切权益予以尊重”；“日本国和满洲国确认”，“两国共同担负防卫国家责任，为此需要日本国军队驻扎于满洲国内”②。在签订议定书的当天，日本政府发表声明说：“现

① ［日］小林龙夫、岛田俊彦：《现代史资料》(7)，1964 年发行，第 408—409 页。
② ［日］小林龙夫、岛田俊彦：《现代史资料》(7)，1964 年发行，第 494—506 页。

‘满洲国’已着着举独立之实，而对其前途嘱望甚殷之帝国政府，因鉴于‘满洲国’所采上述之对内对外态度，与乎满蒙地方实为我国防安危及国民的生存所系情形，乃期于此际从速承认满洲国，促进该地方之安定，并巩固帝国之康宁，与永维东洋和平之基础，而命武藤全权大使，于十五日与‘满洲政府’当局间，缔结议定书，以资对该国予以正式承认。”①这样，日本政府便完成了对伪满洲国承认的“法律程序”。

为强化“国家机器”，推行反动统治，伪满洲国一成立，就公布了《政府组织法》，实行所谓立法、行政、司法、监察四权分立，在“执政”之下分设伪国务院、立法院、检察院三院，伪民政、军政、财政、外交、实业、司法、交通等七部。在军事组织上，则根据日满密约的有关规定成立伪军政部，组建伪满洲国军队。伪军政部内设有日本关东军军官组成的军事顾问团，操纵伪军政部的一切军务、政令和指挥、调动大权。1932 年 4 月公布了伪满洲国“陆海军条例”和划分警备区的文件，在奉天、吉林、黑龙江、洮辽等地成立 4 个伪警备区司令部，另设伪护路军总司令部和伪江防舰队司令部。伪满洲国初期的伪军大部分由投降日本的东北军部队组成，如东边道镇守使于芷山、洮辽镇守使张海鹏、延吉镇守使吉兴所部等均系降日的东北军旧部。九一八事变后不久，根据日本关东军的旨意，由日本浪人藤井在辽宁沈阳一带招募散兵游勇和无业游民组成了一支“靖安军”，因其身穿灰色军装，以红布包袖头，所以俗称“红袖头”。这些军队完全是日本帝国主义的附庸军，是配合日本侵略军镇压东北抗日活动的反动武装力量。

伪满洲国的建立清楚表明，它完全是日本侵略政策的产物，是在

---

① 记者：《日本悍然承认伪国 · 日政府声明书》，载国闻周报社编：《国闻周报》第 9 卷，第 38 期，第 3 页。

日本帝国主义操纵、支持下，唆使一小撮汉奸、走狗拼凑而成的一个卖国的、傀儡的、殖民地化的伪政权。伪满洲国一成立，就遭到东北广大群众的强烈反对和唾弃。对这种状况，连国联调查团调查报告书也不得不承认说："一般中国人对'满洲国政府'均不赞成，此所谓'满洲国政府'者在当地中国人心目中一直是日人之工具而已。"伪满洲国在名义上是独立国，实质上则完全是日军控制的傀儡政府。伪满洲国的建立，使日本帝国主义实现了其预谋多年吞并中国东北的计划。日本虽妄图以武力割裂中国，但中华民族是永远不可分离的，中国的神圣领土是不容分割的。自日本帝国主义发动九一八事变开始，在长达 14 年的时间里，中国人民从未停止过反抗，始终为争取民族解放而进行着不屈不挠的顽强斗争。

五、国际社会对九一八事变的反响

日本帝国主义悍然发动九一八事变，在国际上也引起巨大震动。国际社会，特别是苏、美、英、法等国家都作出反应，并且根据本国政府的当时政策和在华利益，以多种形式表达了各自的态度。

苏联是当时世界上唯一的社会主义国家，又与中国东北隔江相望，九一八事变爆发在苏联国内引起很大震动。由于日本侵略中国东北的行动与苏联的外交政策和自身利害都有直接关系，苏联政府对此事件采取了在精神、道义上同情中国，但又严守不干涉主义的中立态度。

九一八事变发生后，消息立刻传到苏联。9 月 19 日晚，苏联副外交人民委员加拉罕召见日本驻苏大使广田弘毅，表示对事变的严重不安，要求日本作出解释。苏联有关部门请示斯大林如何在报刊上报道日本侵占中国东北。9 月 23 日，斯大林给卡冈诺维奇和莫洛托夫发出电报，对日本发动九一八事变进行了分析："日本的武装干涉很可能是其与所有或某些大国的约定，在扩大和加强在华势力范围基础上进行的。美国不可能会为了保护张学良而掀起一阵反对日本的值得认真对待的喧嚣。”“日本的进攻很有可能是征得中国某些有影响的军阀集团的同意而进行的。”关于苏联应采取的步骤，斯大林指出：当然不能进行军事干预，外交干预现在也不合适，因为那样只能使帝国主义联合起来；让他们为满洲的事情争吵起来，对我们才有利。对事变的进展，苏联要询问日本人，但同时也要询问中国人。在对外宣传上，要使人不怀疑我们是全心全意地反对武装干涉，要让《真理报》大骂日本占领者，骂国联是战争的工具而不是和平的工具。《消息报》也应采取同样的方针，但要使用温和和极其谨慎的语调，这是绝对必要的[①]。在九一八事变后，苏联报刊对事变的报道评论基本上是按斯大林所定的调子进行的。苏联政府、舆论界及广大民众对被侵略的中国人民表示关切和同情，同时也尖锐地批评了国际联盟[②]的软弱和无能以及帝国主义之间对日本实行包庇纵容的错误政策。

苏联对九一八事变，除了在精神、道义上同情中国的一面以外，还采取了不干涉主义的中立政策。事变之初，苏联就宣布：决不采取任何办法或步骤，使现在情形更演成较困难之状况。1931 年马占山组织江桥抗战期间，苏联各报发表文章批评日本扩大侵略，引起日本怀疑苏联援助马占山。10 月 28 日，日本驻苏大使广田弘毅递交一份“觉书”[③]与加拉罕。10 月 29 日，加拉罕发表声明，称苏联方面对于满洲冲突，“采取不干涉主义”。对加拉罕声明，当时中国国内有评论称：苏联“所以坚持其不干涉主义，乃纯因尊重其与中国签订之国际条约故，乃纯因尊重

① 中共中央党史研究室第一研究部译：《共产国际、联共（布）与中国革命档案资料丛书》第 13 卷，中共党史出版社 2007 年版，第 36—37 页。

② 国际联盟，亦称国际联合会，简称国联，第一次世界大战后建立的国际组织。主要机构有大会、行政院、秘书处，附设国际法院、国际劳工局等。总部在日内瓦。第二次世界大战爆发后无形中瓦解。

③ “觉书”，当时类似照会的一种外交文书。

他国之主权与独立故（此与九国公约各国之态度同），乃纯因坚信武力占领之政策（甚至此政策在援助之美名下），与苏联之和平政策及世界之和平不相融洽故（此与九国公约各国之态度同）”①。11 月 14 日，加拉罕又致“觉书”于日本大使广田弘毅说，“苏联之采取严格的不干涉政策乃起自不可更改历来之和平政策，乃尊重对华条约与他国独立之信念”②。1932 年 2 月，日军占领哈尔滨，直接威胁中东路，违背了日本不妨碍中东路交通和损及其利益的许诺，但苏联为执行不干涉主义，也尽量予以容忍，尽量避免苏日之间的冲突。

美国采取不承认主义。九一八事变前，美国对中国东北地区的贸易和投资有较快的增长，因此，它对日本的不断扩张表示明显的不满。九一八事变发生后，由于日本武装侵略并未立即同美国发生严重利害冲突，同时美国还“预料日本将同苏联发生冲突”③，“希望日本以东北为跳板，北上攻苏”④，欲借日本之力量遏制苏联。因此，美国开始采取了所谓冷静观察的方针。事变之后中国政府在向国联申诉日本侵略时，也向非国联成员国的美国提出了请求，希望美国对日本施加影响。可是美国则认为“此事尚未能视作侵犯开洛格非战公约”，美国“并无警告日本在非战条约下所负义务之必要”⑤，故对中国的请求不屑作答。直到 9 月 24 日，美国国务卿史汀生在致中日两国照会中才表示：“美政府与人民观察满洲已往数日间情势，认为遗

---

① 季廉：《列强对满事态度解剖》，载国闻周报社编：《国闻周报》第 9 卷，第 37 期，第 9 页。

② 季廉：《列强对满事态度解剖》，载国闻周报社编：《国闻周报》第 9 卷，第 37 期，第 9 页。

③ ［苏］列·库达科夫著、国际关系学院编译室译：《现代国际关系史（1917—1945）》，世界知识出版社 1958 年版，第 339 页。

④ 颜声毅等：《现代国际关系史》，知识出版社 1984 年版，第 195 页。

⑤ 《辽吉被占纪实·各国态度》，载国闻周报社编：《国闻周报》第 8 卷，第 38 期，第 19 页。

憾、且极堪忧虑。”美国政府“以为国际关系应以和平原则与方法为依归，并鉴于国际订有条约数宗，其规定条款，意在设法调解各国间争端而不致使用武力。美国亦为其中数条约订约国之一，故感觉理应‘向中日两国政府表示、希望其命令军队、避免再有战事、各自调处其武装军队、令符合国际公法与国际协定、并避免足以妨碍用和平方法、达到解决歧见之举动’”①。美国的这个照会，仍然不是谴责日本军队的侵略行为，而是笼统地希望中日双方以和平原则，按国际条约解决争端，避免战争，实际是迁就日本的侵略欲望。

1932 年 1 月 3 日，日军占领锦州。1 月 7 日，美国政府再分别向中日两国政府发出照会：“最近锦州方面之军事行动，业将一九三一年九月十八日以前中华民国政府在南满最后存留之行政权威，破坏无遗。美国政府仍深信国联会行政院近日所派之中立调查团，必能使中日两国间现时困难，终得解决。但美国政府鉴于目前情势，及其自身之权利与义务，认为有对于中日两国政府作下列通知之义务：即美国政府不能承认任何事实上之情势为合法；凡中日两国政府或其代表所订立之任何条约或协定，足以损及美国或其人民在华条约上之权利，或损及中国主权独立或领土及行政之完整，或违反国际上关于中国之政策，即通常所谓门户开放政策者，美国政府均无意承认。又凡以违反一九二八年八月二十七日中日美三国均为缔约国之巴黎公约之方法，而造成之情势或缔结之条约或协定，美国政府亦无意承认。”②美国政府的这个不承认主义照会，反映出对日本继续扩大侵略行为不满的一面，也反映了美国维护的并不是中国的主权、而是美国在华特权和利益的一面。史汀生在 1 月 8 日又发表一项补充声明称：“美国丝毫无意干涉日本在满

① 《东北日祸反响录·美政府态度之正式表示》，载国闻周报社编：《国闻周报》第 8 卷，第 39 期，第 7 页。

② ［美］韦罗贝：《中日纠纷与国联》，商务印书馆 1937 年版，第 183 页。

洲合法条约权利，美国不拟过问日本任何事件，惟此项事件不得破坏美国权利。”[①]这就更充分表明了美国“不承认主义”的实质。

英国采取偏袒、姑息的消极立场。在九一八事变之初，英国就注意到日本的行动。但是，英国在中国东北的势力不如在关内那样强大，并以为事变只是日本在东北一隅的军事行动，同时它与西方其他资本主义国家一样幻想日军北上进攻苏联，故对日本采取了袒护、纵容和妥协的政策。9 月 24 日，日本政府发表九一八事变后的第一个正式声明书，内中极尽颠倒黑白、掩盖侵略之能事，竟称日本：“决定极力不使事态更行扩大之方针”，“帝国政府于满洲无有何等领土的欲望”[②]。声明书发表后，英国驻东京大使对日本外务省的官员说：“英国政府将不作任何建议，也不参加任何意见。”[③]

而当中国在国联会议上对日本的侵略提出照会时，英国代表则在国联呼吁中日两国“运用一切可能的和平手段去阻止可能很快变成战争行动的敌对行动”，同时，又对中国驻国联代表施肇基施加压力，阻止中国要求制裁日本，要求中国“放弃一切使用武力的打算，纯靠诉诸理性来解决问题”。英国对日本的侵略行动和蛮横态度不仅不予谴责，反给予同情和辩解，竟称：“当前的危机是由于中国人故意采取破坏这些权益和尽其所能地用一切办法鼓励反日情绪政策造成的”。甚至提出，英国应当让中国人明白，他们不应当继续存在“国联将扮演警察的角色并为了中国人的利益把日本驱出满洲”的错觉。英国还对日本十分真诚地表示，应当让日本人了解英国“同日本的传统友谊和对日本的钦佩

① 世界知识出版社编印：《中美关系资料汇编》第一辑，世界知识出版社 1957 年版，第 55 页。

② 陈觉：《“九·一八”后国难痛史》（下册），辽宁教育出版社 1991 年版，第 1082 页。

③ ［苏］赛沃斯奇雅诺夫：《美国在确定远东战争策源地形成中的积极作用》，世界知识出版社 1975 年版，第 22 页。

仍然是我们远东政策的主要动力之一……日本应当了解从日本的灾难中英国不能获得任何利益，而日本的繁荣却是英国政策的目标之一”[①]。11 月 11 日，英国内阁会议再次讨论中日冲突。内阁一面认为“应当维护国联”，但同时又担心刺激日本，所以确定英国的作用只“应当是调解，避免暗示威胁”的政策，并将这一方针作为新任外交大臣西蒙出席国联行政院会议的行动方针[②]。由于美国不是国联成员国，英国实际上处于国联盟主的地位，所以英国在国联的主张和政策在很大程度上左右和影响了国联。英国的主张，一面企图用国联在一定程度上约束日本，一面又怕刺激和得罪日本。英国的这种两面政策，本质上是对日本侵略的偏袒、迁就、姑息和纵容。

英国舆论界则对九一八事变的反应不一。事变爆发后，有的报纸倾向同情中国。《曼彻斯特导报》于 1931 年 10 月发表消息指出：“日军侵占满洲乃是一种经过了细心计划的行动。日代表谓‘地方事件’真是荒谬之谈。”这家报纸又连续发表文章指出：“日本暴行已为清议所不容”，“锦州如果失守，其情形尤为重大，盖以东省将全归日本掌握”。有的报纸则不同情中国，纵容日本。例如，保守党的机关报《泰晤士报》由于受英国政府态度的影响，在事变之初即为日本侵略行为进行辩护。9 月 20 日，该报发表评论认为：日军所以发动武力进攻，是因“日人忍受迭次攻击，极为忍耐，中国国民党政治家与宣传人士，不承认日本在满洲之重要利益，以及中日合作有重大利益促成一种不安现象”所引起的。《泰晤士报》为日本侵略行为进行辩护，仇视中国人民的言论，在当时世界各国舆论中也是不多见的。

法国对日本发动九一八事变采取观望乃至纵容的态度。法国是

---

① 徐蓝：《英国与中日战争》，北京师范学院出版社 1991 年版，第 35 页。
② 徐蓝：《英国与中日战争》，北京师范学院出版社 1991 年版，第 35 页。

当时的主要资本主义国家，其在中国获得的“权益”，主要在华南地区，日本侵占中国东北对其在华利益影响不大，所以，“法国舆论有意无意为日本张目”①，“法国的一些官员和资产阶级报纸竟吹捧日本是亚洲的‘好警察’”②。巴黎一家报纸发表诬蔑中国的文章说：“中国加入国联，乃根本错误，因中国未有切实勘定……之边界，切不能实行其国家之义务也。”③法国不想因同情中国而影响与日本的友好关系。同时，法国在反对苏联的立场上与英、美等国家是一致的。他们都期望日本发动九一八事变后继续进攻苏联，因而采取观望纵容的态度。法国国联的主要成员，是常任理事国之一，法国外长白里安是非战公约的发起人，曾一度担任国联行政院主席，对国联处理九一八事变问题有决定性的影响。后来，随着日本侵略战争的不断扩大，日本的行动可能危及西方资本主义国家利益时，法国对日本纵容、妥协的消极态度才稍有改变。

与法国政府不同，法国一些报刊和法国民众对日本发动九一八事变进行了揭露和批评，对国联处理事变的活动也有评论，表现出一定程度的客观、公正立场。法国《人道报》于9月20日撰文指出：“日本的军国主义巧于利用中村大尉事件而出此次行动。其实日本乃欲在满洲确立其势力以挫俄国的势力。这就是法国反共产党新闻的大多数偏向日本的原因。”④《巴黎晨报》于1931年11月间两次发表文

---

① 季廉：《列强对满事态度解剖》，载国闻周报社编：《国闻周报》第9卷，第37期，第1页。

② 转引自方连庆主编：《现代国际关系史（1917—1945）》，北京大学出版社1990年版，第223页。

③ 颂华：《东北事件之国际舆论》，载《东方杂志》第29卷，第1号，1932年1月1日发行，第20页。

④ 颂华：《东北事件之国际舆论》，载《东方杂志》第29卷，第1号，1932年1月1日发行，第19页。

章,批评国联在处理中日事件时软弱无能。法国民众和一些社会团体,有的召集会议反对日本侵略行为,有的致电国联敦请主持公道。法国总工会、教职员联合会、保障人权会、工人生产联合会、妇女选举运动会等10余社会团体于11月23日在巴黎召开联席会议,“要求国联对于中日纠纷主张公道,至不得已时应用国联公约第15条以惩罚日本。换而言之,即用经济绝交武力制裁亦所不惜”①。

九一八事变发生后世界各国反应虽不相同,但各国大部分民众都能主张公道。德国《柏林日报》、《前进报》、《福锡志报》及意大利的《台勃兰》报等都撰文揭露日本军国主义行径,批评国联袒护日本的软弱无能。还有一些中小国家如危地马拉、秘鲁、巴拿马、波兰等对日本的侵略表示愤慨,对中国人民表示同情,目睹国联的偏袒和无能,深感此种以强凌弱的强暴行为如不予制止,必有害世界安全。

国联的作为及国联调查团的活动。1931年9月19日下午,国联举行第65届理事会第一次会议时,中国代表施肇基已得知九一八事变发生的消息。9月21日,施肇基遂正式向国联秘书长照会,提出对日本侵略中国东北的控诉,声明:“国联殊有依据盟约第11条之规定采取相当行动之必要”。并提出:“故本代表奉本国政府训令,请行政院根据第11条所赋予之权利,立即采取步骤,阻止情势扩大,而危害各国间之和平,并恢复以前原状,决定中国应得赔偿之性质数额。”

从中国政府向国联申诉日本入侵中国东北事件后,到1931年12月10日,国联行政院先后召开20次公开会议和无数次秘密会议,其间形成9月30日、10月24日、12月10日等三个决议案,敦促日本撤兵或限期撤兵,避免冲突,扩大事态。但由于国联几个主要成员国对

---

① 瘦蜂:《国际联盟处理中日纠纷的经过(四)》,载国闻周报社编:《国闻周报》第9卷,第17期附录,第5页。此处原文有误,按国际联盟公约规定,用于惩罚手段,如经济制裁等原则,应是第16条。

日本侵略者袒护包庇，姑息纵容，加之国联的软弱无力，因而未能采取积极的措施，其形成的决议案对日本没有任何约束力。

1931 年底，日军占领齐齐哈尔之后，挥师南进，攻击锦州，直接威胁西方各国的在华利益。12 月 10 日，国联行政院决定组织调查团，到中国和日本开展相关调查。参加调查团的有美、英、法、德、意五国的成员，即：英国李顿伯爵，美国佛兰克洛麦考易少将，法国亨利克劳德中将，德国恩利克希尼博士，意大利马克提伯爵。李顿为团长，故此调查团又称为李顿调查团。根据决议，中国派顾维钧、日本派吉田为调查团委员襄助调查团工作。国联秘书长派秘书厅股长哈斯充任调查团秘书长，同时派出一批工作人员及译员。调查团还聘请美、法、加拿大等国专家多人协助工作。

国联调查团于 1932 年 2 月 3 日从法国出发开始调查活动，先后到达日本、中国多地，会晤各界人士，收集资料，听取意见。4 月 20 日调查团到达九一八事变发生地的中国东北。然后，调查团相继在沈阳、长春、吉林、哈尔滨、齐齐哈尔、大连、旅顺、抚顺、锦州等地调查，并与伪满洲国执政溥仪、日本关东军司令官本庄繁及伪满洲国政府官员会晤。调查团还接见了由日伪当局拼凑的“人民代表”。而东北各界爱国志士、知识分子，在调查团活动期间，处处受到日本宪兵的监视，在这种情况下，他们还是冒着生命危险给调查团呈交代表东北民意的信件、请愿书。

调查团在东北活动 46 天，1932 年于 6 月 9 日返回北平，分析研究调查所得资料。7 月 20 日，在北平开始起草调查报告书的工作。9 月初，国联调查团调查报告书全部整理完成，并将报告书正本送国联行政院。调查报告书摘要于 9 月末分送中国与日本，并规定在 10 月 2 日于日内瓦、南京和东京同时发表。这个调查报告书除序言外总计 10 章，前 8 章为历史情况和事件的概括与叙述，第 9、10 两章为调查团关于解决东北问题的原则及条件和向国联行政院之建议。

国联调查团调查报告书如同国联受理日本侵略中国东北的九一八事变案件一样，其基本倾向是牺牲中国主权，姑息日本的侵略行为，但也有明显的两重性。一方面，调查报告书是以殖民主义为理论基础，在承认并维护西方列强在华既得利益、维护门户开放原则，承认和维护日本在华特别是在东北的特殊地位、特殊权益的前提下进行起草整理的。在如何解决由于日本侵略东北挑起的中日冲突问题上，提出了许多有损于中国主权的荒谬主张。调查报告书称赞日本开发东北的“功绩”，几乎全部肯定日本在中国特别是在东三省取得的特权和特殊地位，对于日本为维护其特殊权益而与中国发生纠纷表示同情和谅解。调查报告书因此提出了出卖中国主权、建立满洲自治政府（实际是国际共管）的荒谬主张。调查报告书提出：首先组成一个由中日两国政府代表和当地人民代表组成的顾问会议，并由中立观察员协助；然后中国政府发表宣言同意在东北实行高度自治，组成特别制度的满洲自治政府。中国政府的宣言，要照会国联及九国条约签字国，使之有国际协定之约束性质。调查报告书提出在中国东三省武装驻兵权是以“外国教练官之协助，组织特别宪警”的方式实现，其他中日两国武装应退出东三省。调查报告书还提出满洲自治政府要给予日本更多的利益，满洲自治政府的顾问中，日本人应占一定比重。按照调查报告书的条款，所谓东三省的自治政府实际上就是在国际共管制约下，保护日本既得权益的半殖民地政权。

另一方面，调查报告书也提出适当地保护中国主权，对日本的侵略行为和日本辩解的言论有所揭露，在一些问题上作了公正和符合实际的结论。主要是：批驳了日本在国联会上诬蔑中国并非一个主权国家和日本关于“满蒙非支那领土特殊地域”的谬论；对日军南满铁路守备队的所做所为进行了一定的批评和揭露。本来在1905年俄国转让南满路于日本时，中国对日俄和约中继续保留两国护路军队的内容就不予承认。1924年中俄协定中，俄国放弃了设置铁路守备队，而日本则以中国无力保护外人为由，仍坚持设守备队。调查报告书认为：因“日本铁路守备队各项之争执，引起很大困难”，并“足以表现两国政府之根本冲突”。因日本守备队而引起的纠纷，不仅限于铁路区以内之驻扎与活动。日军守备队还时常在铁路毗连地带行使警察之职权，而且不经中国当局许可，在铁路区以外实行操演，毁坏中国农作物。此种行为，中国官民一致痛恨，认为不独于法律不当，且易惹起不幸事件。调查报告书否定了日本关于九一八事变系出于自卫手段之说。调查报告书指出：“以日本内部各种经济政治因素，致使日本人民对于满洲要求重采‘积极政策’者由来已久”，加以工商业不景气，形势日趋紧张，日本主张“在满洲采取直接行动”，并于事变前“确有充分计划应付中日间发生之战事”。“这种计划在9月18日至9月19日夜见诸实行”。因此结论是：“日军在九一八事变之夜之军事行动，不能认为合法之自卫手段。”调查报告书否定了伪满洲国政权。调查报告书指出：日军占领一切重要城市之后进行民事行政机关改造，脱离中国统治，进行独立运动。调查团“依各方所得一切证据，确信满洲国成立，一为日本军队在场，一为日本官吏之活动”，“若无此两者，新国家不能成立”。因此结论是：“一般中国人对‘满洲国政府’均不赞成，此所谓满洲国者，在当地中国人心目中一直是日人之工具而已。”

国联调查团调查报告书明确认定日本发动九一八事变不是合法自卫手段和否定“满洲国”的合法性，这两条直接揭露了日本的侵略阴谋。然而，日本竟在1932年11月国联行政会议决定将调查报告书提交国联大会表决投票时，不参加投票。1932年12月，国联组成的19国委员会，依据调查团调查报告书形成了一份提交国联大会的报告书，在报告书第三部分中《争议之主要特性》一节指出，九一八事变争议之地属于中国主权,九一八之夜日军行动不能认为是自卫手段;“满洲国”的成立,不能认为是自动与真实之独立,中国人不拥护这种政府。

1933 年 2 月 24 日,国联大会以 42 票对 1 票通过了 19 国委员会提出的报告和对日本的劝告书,日本在国联大会上遭到孤立和谴责。为了摆脱国联的束缚,日本于当年 3 月 27 日发出通告,退出国联。国联对此竟无能为力。

从这一过程可以看出,国联的任何行动,不仅不能制止日本的侵略,反而使其变本加厉。这也可以说是对坚持不抵抗政策的中国南京政府依赖国联主持“公理”、“正义”的惩罚和教训。国联调查团调查报告书发表后,即遭到中国人民的反对,中国共产党号召全国人民武装起来,以革命的民族战争来回答这个报告书。中国人民认识到只有靠自己武装起来与日本侵略者浴血奋战,才是唯一出路。

第三节　中国共产党的抗日号召和城乡人民的反日斗争浪潮

一、中共中央和中共满洲省委发出抗日号召

1931 年九一八事变是中国抗日战争的起点。中国人民不屈不挠的局部抗战,揭开了世界反法西斯战争的序幕。

九一八事变爆发后,中国共产党代表中华民族的根本利益,采取与南京国民政府截然不同的政策,提出坚决抗日,收复失地的正确主张。

1931 年 9 月 20 日,中共中央发表《为日本帝国主义强暴占领东三省事件宣言》。同一天,中华苏维埃共和国中央工农革命委员会发表《满洲事变宣言》。9 月 22 日,中共中央又发表了《关于日本帝国

主义强占满洲事变的决议》。以后，中共中央和中华苏维埃政府于9月25日、30日和10月12日连续对满洲事变发表宣言和告全国民众书。这些宣言、决议、告民众书的主要内容是：

第一，分析了日本帝国主义发动九一八事变的原因和武装占领满洲的目的和本质。中共中央指出：九一八“这严重的事变，是日本帝国主义的积极殖民地政策之产物，是日本武装占领整个满洲及东蒙的企图最露骨的表现”[①]，“其显明的目的显然是掠夺中国，压迫中国工农革命，使中国完全变成它的殖民地”[②]。日本帝国主义所以迫不及待地发动这场战争，一是想“增加他在满蒙、华北统治，来解决国内经济危机”；二是“苏联社会主义建设的惊人成功”，“中国革命运动的开展”，也刺激了日本帝国主义，使他们感到需要靠“公开军事武装干涉”来抵消社会主义力量在远东的“增强与巩固”，挽救他们在中国的统治；三是南京国民政府的不抵抗政策和内部纷争给日本的侵略以可乘之机。中共中央认为，要维护中国主权和领土完整，维护民族尊严和国家统一，就不能存有幻想和侥幸心理，必须依靠中国人民自己的力量反抗日本侵略者。

第二，揭露了南京国民政府的不抵抗政策。中共中央指出，国民党统治集团在日本侵略者面前，“命令自己军队无条件的缴械与投降，将千百万的劳动群众给日本帝国主义者蹂躏、虐杀、奸淫与剥削。而事后亦只有空口的抗议，‘镇静的’外交，向强盗机关（国联）乞求，希望美国主持公道，或者在纪念周上大哭一次，

① 《中共中央关于日本帝国主义强占满洲事变的决议》（1931年9月22日），载中共中央文献研究室、中央档案馆编：《建党以来重要文献选编》（一九二一——一九四九）第八册，中央文献出版社2011年版，第563页。

② 《中国共产党为日本帝国主义强暴占领东三省事件宣言》（1931年9月20日），载中共中央文献研究室、中央档案馆编：《建党以来重要文献选编》（一九二一——一九四九）第八册，中央文献出版社2011年版，第547页。

而实际上更加加紧对于群众的民族自觉和反帝国主义争斗的残酷镇压”。南京国民政府的不抵抗主义,给日本武装占领东北当了“开头先锋”①。只有被压迫的中国民众自己与世界被压迫的阶级和民族一致联合起来,才能根本推翻帝国主义的世界统治与消灭他们的一切侵略。

第三,提出了武装抗日的号召和对日斗争的策略,指明了中国人民大众的抗日斗争前途。中共中央指出:“党在这次事变中的中心任务是:加紧的组织领导发展群众的反帝国主义运动,大胆地警醒群众的民族自觉,而引导他们到坚决的无情的革命争斗上来。”“抓住一切灾民、工人、兵士的具体的切身要求,发动他们的斗争。”要反对日本帝国主义的侵略,就要由广大民众自己起来,在共产党的领导下,“真正地进行革命的民族战争”②。“只有广大群众的革命铁拳,才能制止帝国主义的暴行,驱逐帝国主义滚出中国!”中共中央号召:“全中国工农兵士劳苦民众必须在反对第二次世界大战、推翻帝国主义统治、争取中国民族解放的利益之下实行坚决的斗争,一致反对日本强暴占领东三省,实行变帝国主义压迫中国的战争为拥护苏维埃中国反帝国主义反国民党的革命战争,以解放中国。”③并且,“在满洲更应该加紧的组织群众的反帝运动,发动群众斗争(北宁路、中东路、哈尔滨等),来反抗日本帝国主义的侵略,加

① 《中共中央关于日本帝国主义强占满洲事变的决议》(1931 年 9 月 22 日),载中共中央文献研究室、中央档案馆编:《建党以来重要文献选编》(一九二一——一九四九)第八册,中央文献出版社 2011 年版,第 565 页。

② 《中共中央关于日本帝国主义强占满洲事变的决议》(1931 年 9 月 22 日),载中共中央文献研究室、中央档案馆编:《建党以来重要文献选编》(一九二一——一九四九)第八册,中央文献出版社 2011 年版,第 568 页。

③ 《中国共产党为日本帝国主义强暴占领东三省事件宣言》(1931 年 9 月 20 日),载中共中央文献研究室、中央档案馆编:《建党以来重要文献选编》(一九二一——一九四九)第八册,中央文献出版社 2011 年版,第 549 页。

紧在北满军队中的工作，组织他的兵变与游击战争，直接给日本帝国主义以严重的打击”[1]。

关于九一八事变后中国人民抗日斗争的前途问题，中共中央指出：“满洲事变对于中国事变发展的前途将给予决定的影响。日本帝国主义残酷的暴行，毫无疑义地将激起广大劳苦群众的民族觉醒。在党的正确的领导下，这个民族的觉醒能够很迅速的转变到革命的反帝国主义的争斗，正在急剧高涨中的反帝运动的高潮将以更大的力量向前开展。”[2]东三省被日本占据，“像电火一样燃烧了千百万工农群众的以至小资产阶级的反帝热情，使他们为了中国民族的自由与独立而斗争”[3]。这就指明了日本帝国主义侵占东北之后，不仅不能使中国人民大众屈服，而是会很快掀起抗日斗争的高潮。

地处反日斗争最前线的东北党组织，在九一八事变爆发前即密切注视日本帝国主义的行动。早在 1931 年春，中共中央派罗登贤[4]、李实[5]等先后到东北巡视工作，他们和中共满洲省委的主要领导人在

---

① 《中共中央关于日本帝国主义强占满洲事变的决议》(1931 年 9 月 22 日)，载中共中央文献研究室、中央档案馆编：《建党以来重要文献选编》(一九二一——一九四九)第八册，中央文献出版社 2011 年版，第 568—569 页。

② 《中共中央关于日本帝国主义强占满洲事变的决议》(1931 年 9 月 22 日)，载中共中央文献研究室、中央档案馆编：《建党以来重要文献选编》(一九二一——一九四九)第八册，中央文献出版社 2011 年版，第 566 页。

③ 《由于工农红军冲破第三次“围剿”及革命危机逐渐成熟而产生的党的紧急任务》(1931 年 9 月 20 日)，载中共中央文献研究室、中央档案馆编：《建党以来重要文献选编》(一九二一——一九四九)第八册，中央文献出版社 2011 年版，第 554 页。

④ 罗登贤(1905—1933)，化名达平，广东顺德人。1925 年加入中国共产党。中共第六届中央委员、中央政治局候补委员。1931 年以中共中央驻满洲代表身份到东北指导中共满洲省委工作。1931 年 12 月任中共满洲省委书记。1932 年 12 月调回上海工作。1933 年在南京雨花台牺牲。

⑤ 李实(1903—1983)，原名魏抱一，又名魏维凡，湖北襄阳人。1925 年加入中国共产党，曾任黄石中共地委宣传部部长、农委书记。1932 年 7 月后任中共满洲省委代理书记兼组织部部长、书记等职。新中国成立后，任国家教育部高等师范教育司司长等职。1983 年病逝。

实际斗争中已经察觉到日本帝国主义将要发动一场事变,并将有关情况报告给党中央。中共满洲省委于当年4月给中央的报告里指出:世界资本主义危机日益加深,日本帝国主义加紧侵略满洲,“他还要直接占领满洲”。报告详细提供了日本在东北各地的驻军及武器装备,修建兵营、工事,组织武装在乡军人等情况①。这说明中共满洲省委对即将到来的大事变是有所警觉的。

九一八事变发生的第二天,9月19日,中共满洲省委即发表了《为日本帝国主义武装占领满洲宣言》。9月20日,中共满洲省委、共青团满洲省委发表了《为反对日本帝国主义武装占领满洲告朝鲜工人、农民、学生及一切劳苦群众书》。9月21日,中共满洲省委作出《关于日本帝国主义武装占领满洲与目前党的紧急任务的决议》。9月22日,中共满洲省委就日军占领东北后的各种情形及以后工作布置问题向中共中央作了报告。9月23日,中共满洲省委又作出《对士兵工作的紧急决议》。中共满洲省委在上述文件中指出了九一八事变发生的原因,揭露了国民党卖国投降不抵抗的政策,强调要向广大群众指出这一事件的意义,揭露国民党的欺骗,用尽一切办法在全国以至全世界扩大宣传,特别要加强中国、韩国劳苦群众反对日本帝国主义的联合战线与组织,加紧在日本人的一切企业开展斗争,号召广大群众罢工、罢课、罢市,发动群众斗争,反对日本帝国主义的侵略。

中共满洲省委的宣言、决议强调:“只有工农兵劳苦群众自己的武装军队,是真正反对帝国主义的力量。”“只有工农劳苦群众自己的政府(苏维埃政府)是彻底反对帝国主义的政府。只有在共产党领导

① 《中共满洲省委给中共中央的报告》(1931年4月24日),载中央档案馆、辽宁省档案馆、吉林省档案馆、黑龙江省档案馆编:《东北地区革命历史文件汇集》甲8,1988年印,第6、7页。

之下，才能将帝国主义逐出中国。”①

九一八事变爆发后，中国共产党中央及东北地方党组织，揭露了日本帝国主义的侵略阴谋，批判了南京国民政府的不抵抗政策，指出了中国人民大众反日斗争的大方向，推动了全国抗日救亡运动的迅猛发展。

二、全国人民掀起反日浪潮

九一八事变的爆发，日本对中国东北的大规模侵略，强烈地震撼了中国社会。各阶层爱国人士目睹大片国土沦丧，人民惨遭杀戮，蒋介石南京政府忍辱退让，无不痛心疾首，义愤填膺，全国范围内迅速掀起了声势浩大的反蒋抗日浪潮。工人罢工、学生罢课、商人罢市，各种反日团体相继建立，各界民众团体、知名人士纷纷发表通电，抗议日本帝国主义的侵略暴行，要求南京国民政府抗日。从 1931 年 9 月 19 日起，北平、上海、南京、广州、武汉等城市纷纷举行各界抗日救国大会，群众游行请愿，要求政府抗日。中共北平市委作出了“迅速团结革命势力，发动群众领导和参加各种反日团体，开展群众抗日救国运动的决定”②。根据这个决定精神，北平不少学校将学生会改为“抗日救国会”或“反日会”，并组织宣传队上街宣传抗日。9 月 20 日，北京大学、北平师范大学、中国大学、民国大学、华北中学等校学生通电南京国民政府，要求“速息内战，武装民众”。北平师范大学、清华大学等校相继召开了教职学员大会，发表宣言、通电，向全国呼

---

① 《中共满洲省委为日本帝国主义武装占领满洲宣言》(1931 年 9 月 19 日)，载中央档案馆、辽宁省档案馆、吉林省档案馆、黑龙江省档案馆编:《东北地区革命历史文件汇集》甲 9，1988 年印，第 49 页。

② 中国人民大学北京党史研究小组编:《中共北京地下党斗争史》，北京出版社 1981 年版，第 131 页。

吁抗日。北京大学学生在通电中强烈谴责日本帝国主义侵占东北焚杀劫掠的罪行,指出:“事机迫切,国亡无日,是而可忍,孰不可忍,为今之计,唯有速息内战,一致抗日。”华北中学一学生在讲坛上演说,悲壮感人,啮指血书“中华民族精神不死”、“中华民族万岁”等字。9月27日,北平学生抗日救国联合会发出《为东三省事件告全国民众书》。告民众书批评南京政府“只是向国联报告请求公判”,“向民众宣布无抵抗主义”,要求民众“力持镇静,不可有激烈的反日行动”等软弱无效、坐以待毙的政策与行动;呼吁全国工农学兵商组织起来,联合起来。指出:全体群众只有“作反日帝国主义的有力的战斗,才能自救,才能抵抗国内日帝国主义的走狗及卖国汉奸的压迫、阻挠与捣乱”①。与此同时,上海市从9月24日开始,有10万大、中、小学生掀起了反蒋抗日浪潮,举行罢课、示威游行。上海码头工人3500余人举行反日罢工,拒绝为日本船只装卸货物;10余万各界群众举行反日大会,组织抗日救国联合会。南京、天津、汉口、青岛、广州、太原、济南、长沙、芜湖、杭州、南昌、徐州、重庆、桂林、厦门、汕头等城市的工人、学生、商人、市民也纷纷集会请愿、集资捐款、抵制日货,掀起抗日爱国运动的热潮。

9月下旬,日军在东北继续扩大军事占领,国民党南京政府仍持所谓严肃镇静态度,任凭日本侵略者横行肆虐。对国民党不抵抗政策强烈不满的大、中学校学生纷纷发起请愿活动,要求迅速出兵抗战,以武力收复失地。9月20日,南京各大、中、小学2万余人先后到南京国民政府和国民党中央党部请愿。9月25日,上海大学生抗日救国联合会代表请愿团56人,代表上海26所大、中学校学生赴南京示威请愿。9月28日,南京中央大学、金陵大学、上海复旦大学等校

① 陈觉:《“九·一八”后国难痛史》(上),辽宁教育出版社1991年版,第908—910页。

学生5000余人到南京国民政府请愿，提出“完成和平统一；对日下最后通牒，积极备战；撤换不力外交当局；恢复民众运动；切实施行军事训练；厉行革命外交”等要求，愤怒的学生到外交部殴打了部长王正廷，迫使蒋介石几次出面接见学生，答复质问。

11月，日军继侵占辽、吉之后，又向黑龙江进犯，全国抗日浪潮更加高涨。11月5日，由东北流亡北平的各大学学生及旅平东北民众各团体组织了东北民众赴京请愿团，公推冯庸、王化一、卢广绩、苗可秀、高建国等为请愿团负责人，前往南京请愿。请愿团经（天）津浦（口）路南下，于11月7日到达南京，发表了请愿书和宣言。在宣言里，请愿团对南京政府慨切陈词：“诚以兄弟阋于墙，外御其侮，国难当前，不容再事内争，自取覆亡”；呼吁国民党当局要“努力奋斗，团结对外，共挽劫运，雪我国耻”。宣言对南京政府执行不抵抗政策，幻想依赖国联制止日本帝国主义侵略的主张进行了猛烈抨击，指出“在此国家存亡关头，喧嚣月余不闻有对外办法，实力准备，徒依赖国联决议”，这种“自不努力团结，空望人助”的做法，是“自取覆亡之道”。宣言质问国民党：“东北民众，何负于领袖诸公”；“何诸公坐视敌人凶残如是，竟充耳不闻”，“熟视无睹，无动于衷”。同时提出完成统一、收复东北失地、对日宣战、缉拿汉奸等八项要求。请愿团负责人之一高建国，在蒋介石接见请愿团代表时仗义执言，说：我们“向蒋主席请示一下，政府是否还要东北三省？”对东北民众被日本屠杀或流为乞丐的惨状，“党国领袖诸公，曾发过恻隐之心？”蒋介石被问得无言以对，恼羞成怒，指责请愿团说话“未免过火”。

11月末，南京国民政府向国联提议将锦州划为“中立区”，交由国际共管，企图以承认日本占领东北来谋求对日妥协。学生闻讯更加愤怒，又一次掀起前往南京示威的高潮。11月末和12月初，北平各校学生再次组织了赴京示威请愿团。12月4日，北平九所大学学生要求南下请愿，受到国民党当局破坏与阻拦。中共北平市委积极领导了这一斗争，在请愿学生中成立党的领导机构，建立了行动委员会。在全市人民和铁路工人的帮助下，数千学生于12月7日经天津、济南南下，山东学生也积极参加示威请愿活动，队伍增加至7000多人。由于国民党当局暗中插手，在请愿学生中，一部分受国民党控制的学生组成的团体极力阻挠中国共产党直接领导下的学生示威团的活动。12月10日，请愿学生到达南京后，示威团与南京地下党取得联系，并与南京各界群众一起，联络各地到南京请愿的学生于12月17日举行了声势浩大的示威游行。然而游行队伍到达国民政府后，蒋介石不仅不接见学生，反而调军警镇压。在学生与军警冲突中，学生死一人，伤数十人，并有三四十名学生被捕。这次示威活动虽然遭到蒋介石集团的血腥镇压，但却进一步揭露了国民党南京政府的真面目，大大振奋了工农大众的抗日情绪。

在学生和工人抗日救亡运动的推动下，全国各界群众和社会名流，纷纷致电南京国民政府和国民党中央。大量通电和宣言，批评南京国民政府的不抵抗政策，要求应当机立断，“处变勿用徘徊”，“勿再迟疑，致蹈亡国灭种之祸”；提出对日本实行不合作主义，对日宣战，经济绝交，抵制日货。一时间，抗日救亡浪潮遍及神州大地。停止内战、收复失地、抗日救国已经成为炎黄子孙的共同愿望和一致要求。

三、东三省人民的反日斗争

九一八事变后，中共满洲省委和东北各地党组织，领导东北人民迅速投入到反对日本侵略的斗争之中。

1931年9月19日，沈阳正处于日本侵略的硝烟烽火之中，中共满洲省委冒着极大危险召开紧急会议，讨论事变后的形势和发动群众进行反抗侵略的斗争。会议决定将省委《为日本帝国主义武装占领满洲宣言》和党对九一八事变的认识及抗日主张写成简明的传单、标语迅速发到全东北各地。满洲省委要求各级党团组织“积极的扩大罢工、罢课、罢市，做反抗占领满洲的运动”，立刻紧急动员党内全体同志到群众中去开展活动。随即，在沈阳、大连、哈尔滨等城市的街头出现了“我们之所以遭到帝国主义的屠杀，是因为国民党军阀采取投降政策的结果，同胞们起来，打倒投降帝国主义的国民党，以罢工、罢市、罢课来反对日本帝国主义侵占满洲”等内容的标语、传单。

沈阳被日军占领后，群众性的公开反日活动非常困难，但是广大工农群众和学生中仍然出现了自动停工、停市和停课斗争，以示抗议。皇姑屯铁路工厂工人在党支部的领导下，包围了厂长办公楼进行反抗斗争。由于工厂倒闭，商店关门，工人失业，市民们忍饥挨饿，在死亡线上挣扎，而日本侵略者却把城内各粮店仅有的粮食掠走，供其扩大侵略战争之用，引起工人反抗。奉天兵工厂党支部书记梁永盛在满洲省委的领导下，组织兵工厂工人开展抢粮斗争。他们以兵工厂厂主无故扣发两个月工资并携款出逃为由发动工人，于9月21日上午将兵工厂粮栈存粮搬运一空。随后，奉天火柴厂的工人也组织起来，砸了厂内的粮仓，运走了全部粮食，并有上千名工人闯入沈阳南站，抢夺了日本从大连运来的军粮。抢粮斗争给日本侵略者以沉重一击。

九一八事变后，日本殖民统治当局加紧镇压旅大人民的反抗，禁止中国人集会，对原有的各商会、同乡会、同窗会等团体也严加盘查，反日活动一经发现即予以残酷镇压。在此危急的情势下，中共大连特支于9月30日发出《敬告大连工友书》，指出：“日本帝国主义者公然以军队占领沈阳，南满和大连已变成了日本的殖民地，中华民族的危机更加严重，全市人民必须与日本殖民主义者进行坚决斗争，支持抗日运动”。在共产党的号召下，抗日烈火很快地在当地燃烧起来。

安东（今丹东）地区人民长期遭受日本帝国主义的侵略和压迫，富有强烈的爱国反日意识。九一八事变更加激起人民群众的愤慨。9 月末，安东缫丝厂厂主依仗日本势力降低工人工资，把曾领导罢工斗争的工人代表驱逐出厂，并诬其为共产党嫌疑，将其引渡给日本警察，致使6 人被捕。全厂工人愤怒已极，不顾日本侵略者的残酷镇压，400 多工人举行了大罢工。其他一些厂也相继举行罢工。罢工斗争虽遭受镇压而失败，但表现了工人阶级反抗日本侵略的大无畏精神。

1932 年五一劳动节，中共奉天特委向沈阳市基层支部散发了《告奉天工农劳苦群众书》。5 月 23 日，辽阳小堡农民大同盟以“穷人会”名义散发传单标语，提出穷人要分粮，工人要工钱，士兵要军饷，打倒“满洲国”，打倒日本帝国主义等口号。

吉林省各地党组织积极响应中共中央的号召，广泛发动各族群众，开展了群众性的抗日救亡运动。九一八事变发生不久，中共长春特支提出“没收敌人武装，拿起刀斧梭标单枪，动员和组织群众，起来抗日”的口号，并在公园举行飞行集会，决定积极开展抗日宣传工作，揭露日本帝国主义侵占东北的罪行。他们还到处张贴标语，散发传单，激发民众的反日爱国热情。中共西安（今辽源）特支发动煤矿工人罢工，组织抗日救国会，动员工人参加抗日武装。

9 月 28 日，中共东满特委召开延吉、和龙、汪清、珲春四县委紧急会议，制定了《反对日帝占领满洲紧急决议案》、《东满农民斗争纲领》、《士兵运动决议》、《反帝决议案》、《反对日本占领满洲东满特委告群众书》等文件。由于各县委的积极行动，东满人民的反日斗争迅速开展起来，同时有数万农民展开了秋收斗争，在和龙县日本总领事馆前举行示威游行，抗议日本侵略罪行。

中共磐石中心县委、海龙中心县委在九一八事变后，一方面要求各基层组织深入发动群众，开展反抗日本侵略的斗争，在县城贴出了

“反对日本帝国主义侵略中国”、“日本滚出满洲去”等标语；一方面召开各县会议，掀起了向地主要粮的秋收斗争。他们发动群众集会游行，揭露日本侵略的罪行，并向各族劳苦群众发出团结抗日的号召。这些群众性的反日斗争为后来创建抗日武装打下了思想和组织基础。

中共中央和中共满洲省委抗日救国的正确主张，鼓舞了黑龙江省人民的斗志。中共北满特委和哈尔滨市委组织发动工人和学生进行反日斗争。1931 年 9 月 20 日晚，愤怒的工人和市民砸了日本驻哈尔滨总领事馆和日本人经营的《日日新闻》报社及朝鲜银行。9 月 26 日，哈尔滨市知识分子、工人、市民举行了声势浩大的反日示威游行。哈尔滨工业大学成立了抗日救国会，其他各校也纷纷成立了反日联合会、读书会，全市成立了反日总会。一些工厂、大中专学校组建了工人赤卫队、学生军、抗日救国义勇军学生大队等抗日组织，并开展军训准备杀敌。9 月 28 日，哈尔滨市街道上贴出中共北满特委和哈尔滨市反日总会的传单，号召全市人民一致武装起来，反对日本帝国主义侵占满洲。哈尔滨市反日总会还出版了油印小报《民众报》，揭露日本帝国主义的侵略罪行。齐齐哈尔军械厂的工人加班加点赶制武器，准备杀敌。佳木斯市桦川中学爱国师生走上街头举行抗日游行示威。松花江岸各码头工人为抗议日本侵略，拒绝给运往日本的大豆、煤炭装船。1932 年 2 月，哈尔滨电业、邮电工人，鹤岗煤矿工人，通河、珠河（今尚志）农民相继举行反日示威。呼（兰）海（伦）铁路千余名工人展开索要欠薪的斗争。3 月，哈尔滨反日自救会、反帝大同盟等民众团体纷纷集会，散发传单，发表演讲，反对伪政权成立，拒绝参加伪满洲国成立庆祝大会。不久，中共哈尔滨市委发动中东铁路总工厂、电车厂等工人和哈尔滨中俄工业学校（后改为哈尔滨工业大学）学生召开反对成立伪满洲国大会，并举行游行示威。

北满和哈尔滨的反日斗争,虽然遭到汉奸张景惠派来的军警镇压,但人民群众并未被敌人吓倒,仍然以各种方式进行不屈不挠的斗争。

1931年9月,东北民众抗日救国会在北平成立。此前,奉天基督教青年会总干事、辽宁省外交协会会长阎宝航,辽宁省商务会会长金哲忱,辽宁省工商联合会会长卢广绩,辽宁省农会会长高崇民,辽宁省国民常识促进会会长车向忱等人,先后离开沈阳到北平。他们与九一八事变前已在北平的王化一酝酿了组织统一的东北抗日救亡团体事宜。此事得到张学良将军首肯,张学良并对东北军部分将领参加群众抗日团体表示默许。经分头串联,他们所酝酿之事得到东北各界人士的热情支持。于是由东北同学抗日救国会、东北同乡反日救国会和救国会三个抗日团体联合起来,组成统一的抗日救亡团体东北民众抗日救国会。9月27日,东北各界人士及青年学生400余人,聚集在北平西单牌楼旧刑部街12号奉天会馆,召开东北民众抗日救国会成立大会。大会选出高崇民、阎宝航、王化一、卢广绩、彭小秋、霍维周、熊飞、车向忱、金恩祺、杜重远、黄显声、梅佛光、黄剑秋、钱公来、王捷侠、杨大光、韩立如、郑奠邦、谷秀岩、李梦醒、孙一民、韦梦令、陈先舟、林耀先、王卓然、卞宗孟、顾翌常共27人为抗日救国会委员。10月20日举行全委会议,选出高崇民等9人为常委,并成立3个组①。大会通过的抗日救国会宗旨是:“抵抗日本侵略,共谋收复失地,保护主权。”②规定了入会条件,决定建立相应的机构。大会一致通过《告东北民众书》为抗日救国会成立宣言。宣言控诉了日本侵略者在中国践踏城镇、屠戮人民、掠夺财物、烧毁房屋的罪行,呼吁国民

① 王驹、邵宇春:《东北民众抗日救国会》,辽宁大学出版社1991年版,第11页。
② 《王化一日记》,1931年9月29日,中共辽宁省委党校党史研究所存。

政府当局："善机发动，放弃私利，捐除成见，以国难为前提，集中全国人材实现统一的国家，对日宣战，收复邦家。"东北民众抗日救国会是在中国共产党推动和领导下，由爱国人士和各阶层人民组织起来的民众抗日团体。中国共产党对救国会的领导主要体现在：政治上，中国共产党极大地影响了救国会，救国会的宗旨和中国共产党的抗日救国主张是完全一致的。组织上，共产党员、共青团员、反帝大同盟盟员以及党影响下的进步青年在救国会中起着骨干作用，各项具体工作多由他们承担，中国共产党正是通过他们的工作对救国会给予指导和帮助。还有抗日救国会的主要领导人受中国共产党的影响较深，大多在思想上同情中国共产党，后来有相当一部分人加入了中国共产党或走上与中国共产党合作的道路。甚至也有一部分青年党人通过在救国会的经历，逐渐认清了国民党的本质，加入了中国共产党。

东北民众抗日救国会在抵制国民党的不抵抗政策、动员和组织民众进行反日斗争方面，进行了艰苦的努力，做了大量工作。其一，揭露日本的侵略罪行和国民党不抵抗政策的危害，广泛地进行抗日救亡宣传，唤起民众觉醒。他们组织请愿团赴上海、南京请愿，要求国民政府出兵抗日；向国联调查团揭露日本侵华真相；创办《救国旬刊》、《复巢月刊》、《东北通讯》、《东方快报》等刊物，及时准确地报道东北人民和东北抗日义勇军英勇抗日的消息，揭露日军暴行，大力呼吁全国人民团结起来一致抗日。还组织宣传队，沿平津、平汉铁路沿线，深入城镇和乡村，广泛地进行抗日救国的宣传活动。其二，大力支持东北抗日义勇军的斗争。该会派出一批爱国人士秘密出关，联络和策动原东北军官兵举旗抗日。为东北抗日义勇军募集资金、购买武器和军用物资，支援义勇军作战。他们还整编义勇军队伍，指导义勇军开展的游击战争。其三，培养抗日骨干。1932 年 7 月举办了西山干部训练班，从东北学院和东北大学抽调进步学生，在北平西山卧佛寺秘密进行军事政治训练。训练班共有东北籍青年100余人。10月,训练班结束,大部分学员被派往东北。通过训练,使学员认清了国民党与人民为敌的反动本质,确定了跟着共产党走,为实现反帝反封建的光荣任务而斗争的方向。

九一八事变后不久,还建立了辽吉黑热民众抗日后援会。当时,正在上海办理长江水灾赈济工作的爱国人士朱庆澜(朱霁青),同吉鸿昌、查良钊、凌勉之等人就成立辽吉黑热民众抗日后援会进行了酝酿。

1932年春,朱庆澜到北平会见张学良,提出本着抗日救亡的大义,要在北平设立辽吉黑热民众抗日后援会,以推动东北的抗日救亡运动的请求,当即得到张学良的同意和支持。当时南京国民政府行政院长宋子文,迫于全国的抗日浪潮及各方面的压力,勉强以政府的名义拨送了卡车若干辆赞助后援会的活动。自此,辽吉黑热民众抗日后援会在北平成立,朱庆澜任会长。抗日后援会成立后,朱庆澜利用个人在国内外的影响,曾两次通电全国,呼吁全民抗日救亡,为抗日部队捐款捐物。全国各地和海外华人华侨积极响应和支持,有的慷慨解囊,踊跃捐献,有的办理募捐事宜①。抗日后援会曾多次组织人员到前线慰劳抗日作战部队。朱庆澜等曾同张学良、张作相等到热河省承德进行抗日劳军。抗日后援会还不顾南京国民政府的阻挠,派人到黑龙江、吉林给予义勇军马占山、苏炳文、丁超、李杜、王德林、李春华等部以财力、物资和精神上的支援,并将战斗消息及时向后援会汇报。

此后,由于蒋介石南京政府与日本签订了出卖华北的《塘沽协

① 朱德君:《回忆辽吉黑热民众抗日后援会的片断》,载中国人民政治协商会议黑龙江省齐齐哈尔市委员会文史资料研究委员会编:《齐齐哈尔文史资料》1986年第3—4辑合集《朱庆澜先生史料专辑》。

定》，日本侵略势力伸向华北，北平已成为日本军警特务公开活动的地区，国民党当局对抗日救亡活动采取高压政策，辽吉黑热民众抗日后援会的活动日趋困难。同时，因张学良下野，朱庆澜去上海治病，后援会失去主持人，遂于1934年结束活动。

第二章　东北抗日义勇军的斗争

第一节　中国共产党对抗日义勇军的工作

一、中国共产党对抗日义勇军斗争的方针

九一八事变爆发后，中国共产党提出的驱逐日本侵略者出东北，坚决进行抗日的正确主张，得到东北各阶层民众的支持与拥护。日本侵略东北，使中日民族矛盾上升，中国国内的阶级关系随之发生了重大变化。民族危机尖锐化，使惨遭屠杀、凌侮的东三省广大民众和一部分东北军爱国官兵，违反南京国民政府的意志，冲破不抵抗政策的禁锢，组成反日义勇军、自卫军、救国军、工农义勇军、大刀会、红枪会①等各种武装，揭竿而起，奋起抗日。这些抗日武装是自发组织而成，其斗争是实行民族自卫对日作战的义举，所以统称其为东北抗日义勇军。

东北抗日义勇军是东北人民革命军、东北抗日联军的前身之一，是最早奋起从事武装抗日斗争的先驱。抗日义勇军兴起、组建和开展武装抗日斗争的过程中，得到了中国共产党的支持、领导与协助。

---

① 红枪会是带有宗教迷信色彩的以农民为主的自发抗日武装，所使用的武器大多是扎枪、大刀之类，且在枪头上饰以红布，故称红枪会。

在九一八事变发生后东北抗日义勇军斗争迅速开展的阶段,中共中央和中共满洲省委通过斗争实践,逐步形成了党对东北抗日义勇军武装抗日斗争的方针,其主要内容有:

第一,预见到武装抗日斗争形势会很快出现,提出了党对义勇军的领导责任。中共中央和中共满洲省委正确分析了九一八事变后的政治形势,预见到由于中日民族矛盾的加剧,不仅东北民众反日情绪将会高涨,而且将有一部分东北军官兵对日本帝国主义的侵略暴行不能容忍,对南京国民政府不抵抗政策不满,这对于发动东北广大军民进行武装反日斗争十分有利。中共中央指示满洲省委派干部到南满、北满、中东路、吉(林)长(春)路沿线以及台安、辽阳、皇姑屯西北一带的东北军中进行工作,加紧领导与号召士兵群众,发动他们反对日军缴械和反对国民党长官不抵抗的命令。在有党组织的东北军部队中和已经发动斗争的部队里,要把上述斗争和当地工农群众的斗争结合起来,反抗日军的进攻,或把队伍拉到农村去,共同抗日。

1931 年 10 月中下旬,当东北各地抗日义勇军刚刚兴起之际,时任中共中央军委书记的周恩来以伍豪笔名在1931 年10 月出刊的《红旗周报》第 20 期上发表题为《日本帝国主义占领满洲与我们党当前任务》的文章。该文指出:“反帝的民族革命运动是要动员广泛的群众参加,而且要长期支持这一运动,才能取得最后的胜利”,“工人及农民一切被压迫民众自己武装起来,赶走日本帝国主义”。“现在救国义勇军的组织已成为工农劳苦群众的普遍要求,我们要领导工农及一切被压迫民族自己组织武装的救国义勇军。”1931 年末至 1932 年初,中共满洲省委多次分析九一八事变后东北人民武装反日斗争的形势时指出:“辽西(目前正在发展到满洲各地)一带的农民群众,在反日的愤怒中,自动武装起来,实行驱逐日本出占领地(这些地方已完全被义勇军占领),并开始实行游击的策略,给日本帝国主义空前的打击。”在日本帝国主义调动大批军队“讨伐”义勇军的情况下，一方面义勇军“走到一时的挫折和失败”；另一方面则是党组织能够派人到义勇军中去建立党的领导，开展游击战争。因此，这时满洲党的主要策略路线和工作方针之一是：“努力发展反日斗争，尤其是要设法打入与领导农民义勇军反日的革命战争。”①同时中共满洲省委强调在义勇军中加强党的领导权的重要性，批评了一些地方党组织放弃对义勇军领导的错误倾向，指出：“满洲士兵与农民义勇军的反日战争，中央给以正确的估计……指出这一战争的动力……不是为侵略，而是反对侵略的……，因此我们党的任务是加入这一战争，夺取这一战争的领导。”②中共中央和中共满洲省委强调对东北抗日义勇军的领导，对武装抗日斗争起到了推动作用。

第二，实行满洲省委工作重点转移，采取多种形式进行抗日义勇军工作。九一八事变前，东北党组织的工作重点在城市，不断组织工人罢工、学生罢课等形式的反帝反封建军阀斗争。九一八事变后，东北地区大中城市和铁路沿线城镇逐步为日军占领，城市党组织活动十分困难，而农村广大区域则未被日军完全占领或虽已占领但统治力量比较薄弱。农村原有的乡团、保甲武装遍及各地，加上一些被日军击败的东北军部队溃散到农村，有的与保甲武装联合，有的和当地绿林武装结合，组成许多小股抗日武装。对这些武装，急需派人加强引导和协助。鉴于这种形势，以罗登贤为书记的中共满洲省委审时度势，把省委工作重点由城市向广大农村转移，把中东（满洲里至绥芬河）、奉（沈阳）山（海

---

① 《满洲工作近况》（1932 年 1 月 27 日），载中央档案馆、辽宁省档案馆、吉林省档案馆、黑龙江省档案馆编：《东北地区革命历史文件汇集》甲 9，1988 年印，第 186、190 页。

② 《中共满洲省委接受中央关于上海事件致各级党部信的决议》（1932 年 3 月 31 日常委通过），载中央档案馆、辽宁省档案馆、吉林省档案馆、黑龙江省档案馆编：《东北地区革命历史文件汇集》甲 10，1988 年印，第 52 页。

关）、南满（长春至大连）、安（东）奉（沈阳）、吉（林）海（龙）、吉（林）敦（化）、吉（林）长（春）等铁路沿线的农村、山林地带和松花江、牡丹江流域沿岸农村，以及辽西等地作为重点地区，以部分东北军小股部队和农村民众及民团保甲武装为主要对象，进行抗日义勇军的组建等活动。

1931 年 10 月起，中共满洲省委和各地党组织先后派遣 500 余名党团员到各部义勇军中工作，还从反帝大同盟、互济会、反日会等进步团体中选派骨干加入到义勇军部队。中共河北省委、北平市委也根据中央的指示精神选派党团员和进步青年到东北抗日义勇军开展活动。

中国共产党对抗日义勇军领导或协助的几种具体方式：一是由党组织派出党团员直接组织和创建工农义勇军队伍；二是派出党团员协助一些义勇军部队进行组建工作，参与对义勇军武装反日斗争的领导；三是党组织派到义勇军中工作的党团员发挥模范骨干作用；四是动员大批青年学生、知识分子参加义勇军，动员社会各界人士进行募捐活动，支援抗日义勇军的斗争。中共满洲省委一些主要领导人也经常到各地巡视，督促检查各地党组织对义勇军的工作，并进行具体指导和帮助。满洲省委在普遍进行义勇军工作的同时，还选派得力干部到几个中心部队，如西北线马占山、苏炳文的队伍，东线李杜、丁超、王德林的队伍，以及李海青、宫长海、冯占海、唐聚五的队伍进行工作，建立党的组织，实现党的领导与培养领导骨干。

第三，提出了民众义勇军及一切劳苦群众反日战争的纲领。为进一步发动民众起来抗日，中共满洲省委提出了满洲民众义勇军及一切劳苦群众反日战争的纲领，主要是：反对日本帝国主义对义勇军的进攻与屠杀群众；号召民众自动武装起来驱逐日本帝国主义；号召组织民族革命战争的工农义勇军，创造红军，武装保卫中国，保卫满洲劳苦群众；号召革命士兵与武装民众联合，与义勇军联合反对长官妥协、投降、归顺；号召农民自动武装起来，革命的学生自动武装起来，与民众团结一致驱逐日本帝国主义；号召中韩满蒙被压迫民族一致联合起来，共同抗日①。同时提出中国共产党要以自己的坚决性与敏捷性来动员无产阶级与一切劳苦群众加入与扩大反日斗争；动员党的干部打入一切救国军中，加紧在士兵中的鼓动宣传，组织士兵委员会与党的支部。对于真正能在党的领导之下的乡团及其他队伍，应加强对其进行政治军事领导，建立反日的民众联合。

第四，指示各级党组织要重视义勇军的斗争，批评忽视义勇军工作的倾向。中共满洲省委发出给各地党组织的指示，指出：满洲各地，从黑龙江、辽西、安（东）奉（沈阳）路沿线，南满、东满、北满，中东路东西线、哈（尔滨）长（春）线的民族义勇军、革命的士兵与一切劳苦群众英勇地、光荣地拼命反对日本帝国主义与“独立政府”，与其展开拼死血战，进行极其残酷的斗争。这一切有力的民族革命战争给予日本帝国主义以沉重的打击。但是，一些地方党组织，“并未能清楚的认识到义勇军工作的重要，还未能清楚的认识到在民族革命战争无产阶级与党的领导的重要”。“有些同志，一方面认为义勇军是胡子土匪而消极不理，或企图以上层的勾结利用来代替真正的艰苦的群众工作。另一方面则空喊……‘变义勇军运动为革命的游击战争’，却拒绝广大群众要求武装斗争的领导与放弃利用一切可能打入义勇军中去树立我们的革命工作”②。满洲省委严肃地指出：“如果忽视了义勇军的工作而不去加紧进行义勇军的群众工作，那简直是罪

① 《中共满洲省委关于全满洲劳苦群众的斗争纲领》（1932 年 4 月 5 日），载中央档案馆、辽宁省档案馆、吉林省档案馆、黑龙江省档案馆编：《东北地区革命历史文件汇集》甲 10，1988 年印，第 73—79 页。

② 《中共满洲省委为加紧义勇军的工作致各级党部的一封信》（1932 年 9 月 18 日），载中央档案馆、辽宁省档案馆、吉林省档案馆、黑龙江省档案馆编：《东北地区革命历史文件汇集》甲 11，1988 年印，第 110 页。

恶！……必须对义勇军的工作有一个彻底的转变。”省委号召，各地党组织要组织好各类义勇军，如工人义勇军、农民义勇军、学生义勇军，要建立党独立领导的工农义勇军，特别是工人的模范义勇军，以加强工人阶级在义勇军的核心；在反动领袖所操纵的义勇军、反日军、救国军等组织，各级党部要利用一切可能去进行工作；对红枪会、大刀会、黄枪会这些原始的群众的反日武装组织，要在里面进行极其艰苦的工作；要在义勇军、反日的武装群众中，进行广泛的宣传工作和积极开展援助义勇军的工作①。在义勇军活动范围的区域内，坚决地进行公开的工作，组织慰劳队，开群众大会、军民联欢会等，出刊拥护义勇军运动的小报，宣传义勇军。

第五，号召广大民众支援义勇军的抗日斗争。义勇军起于民间，无粮无款，同强大的日军作战，没有民众的支持和援助是不可能坚持的。为推动广大民众支援义勇军的斗争，1933 年 3 月 20 日，中共满洲省委开展了援助义勇军运动周活动。活动中提出拥护义勇军运动周活动的一系列口号。主要有：义勇军是民众抗日反帝的武装队伍，拥护义勇军！义勇军是民族革命战争的民众武装组织，援助义勇军！义勇军为中国民族的解放与独立而战，工农劳苦民众们，拥护义勇军！开展义勇军运动，扩大反日民族革命战争！募集捐款、物品、药品及一切军用必需品赠送义勇军，一个人捐一个铜子给义勇军！组织义勇军后援会，扩大拥护义勇军运动！一切劳苦民众自动供给义勇军的给养——粮食、衣物、住所！工农学生和劳动妇女们，组织看护队、洗衣队，帮助义勇军！组织慰劳队到前线去慰劳义勇军！工友、农民、学生们，一切劳苦民众们，到义勇军中去，进行反日的民族

① 《中共满洲省委为加紧义勇军的工作致各级党部的一封信》(1932 年 9 月 18 日)，载中央档案馆、辽宁省档案馆、吉林省档案馆、黑龙江省档案馆编：《东北地区革命历史文件汇集》甲 11，1988 年印，第 113—117 页。

革命战争！工友、农民、学生们，一切劳苦民众们，自动武装起来，组织义勇军，进行革命的反日战争！工友们开展罢工斗争，反对进攻义勇军与援助义勇军作战！工农学生及一切劳动民众们，组织交通队、输送队、侦察队实际帮助义勇军弟兄作战！以民族革命战争，打倒日本帝国主义及其走狗“满洲国”，争取民族革命战争的彻底胜利！①

这些口号深得各界群众的拥护。他们纷纷行动起来，采取各种形式支援义勇军的斗争，鼓舞广大义勇军战士浴血奋战的斗志。

当时，中国共产党内处于以王明为首的“左”倾教条主义错误统治时期，因而，党对义勇军的方针政策也必然受到“左”的影响。主要是，忽视或看不到东北军部分将领抗日斗争的主流，一味片面强调或夸大东北军抗日将领的所谓反共和妥协投降的一面，对义勇军上层领导人实行打击排斥的政策，从而在一定程度上也削弱了党对义勇军的领导和在义勇军中所开展的工作。

二、马占山率部进行江桥抗战

日军占领辽宁、吉林两省主要城市后，沿四（平）洮（南）路向北进犯，急于侵占黑龙江省会齐齐哈尔。1931 年 9 月 22 日，日军驻长春独立守备队经四平街沿四（平）洮（南）路侵占郑家屯。由于中国驻军洮辽镇守使张海鹏率部投降，把部队全部撤到城外，日军兵不血刃，于 9 月 25 日占领洮南。日军以委任张海鹏为黑龙江省长、接济军火、扩充其实力为诱饵，策动张海鹏部进犯齐齐哈尔，侵占四（平）洮（南）、洮（南）昂（昂溪）铁路。日军企图驱使投降的中国军队（即伪军）占领黑龙江省，征服北满。

---

① 《中共满洲省委拥护义勇军运动周的口号》（1933 年 3 月 20 日），载中央档案馆、辽宁省档案馆、吉林省档案馆、黑龙江省档案馆编：《东北地区革命历史文件汇集》甲 13，1988 年印，第 39—42 页。

九一八事变爆发时，东北军在黑龙江省的驻军，除第二十九旅、第三十旅两个国防旅在事变前已调往关内讨伐石友三以外，尚有黑龙江省防军步兵第一旅张殿九部驻扎兰屯，步兵第二旅苏炳文部驻海拉尔；步兵第三旅马占山部驻黑河；骑兵第一旅吴松林部驻拜泉、克山，以及东北边防军独立骑兵第二旅程志远部驻满洲里、扎兰诺尔、小蒿子等地。此外还有卫队团、炮兵团、工兵营、辎重兵营，保安第一、第二大队等。黑龙江中国军队总兵力约 3 万人。事变爆发之际，黑龙江省主席兼东北边防军副司令万福麟身在北平。因军队驻地比较分散，不能及时调整防务。为了防止日军北进，1931 年 9 月下旬，东北边防军驻黑龙江省副司令公署参谋长谢珂主持会议，商讨对张海鹏进犯黑龙江省的对策，布置防卫。公署曾致电海拉尔、黑河等地驻军积极备战待命，并急调中东路驻小蒿子站的骑兵第二旅朱凤阳团进驻泰来，对洮南方面警戒，派工兵一连驻守嫩江桥并构筑北岸阵地的据点工事。

嫩江桥简称江桥，是洮（南）昂（昂溪）铁路北段的一座铁路桥，位于泰来县北部、黑龙江省会齐齐哈尔以南 65 公里处，跨嫩江北与大兴相望，是通往齐齐哈尔的咽喉。日军必先占据嫩江桥，方可运兵北上进攻黑龙江省城齐齐哈尔。此江桥战略地位十分重要。

1931 年 10 月初，黑龙江省副司令长官公署又调驻拜泉的吴松林旅长所率的骑兵第一旅到齐齐哈尔附近待命。10 月 15 日夜，公署派卫队团、工兵营 2 个连、辎重兵 1 个连、炮兵 1 个营统归卫队团团长徐宝珍指挥，开赴嫩江桥北岸构筑工事，并令军务、军医两处迅速筹设运输、救护机构，将库存的 99 挺机枪发给卫队团使用。为维持齐齐哈尔市面秩序，派炮兵团长朴炳珊为黑龙江警备司令，将炮兵 2 个营开进城里备用。派公安局督察长刘允升为代理局长，令教导队学生维持地方治安。同时由公署电令马占山、苏炳文旅各抽调步兵一个团开到昂昂溪，令驻满洲里的骑兵第二旅准备补充待命。另电哈满护路军司令苏炳文将护路部队重新部署，保护交通安全。

10 月 13 日，张海鹏命伪军第一支队长徐景隆率 3 个团为前锋，向黑龙江省进犯。10 月 15 日，当张海鹏率伪军司令部、第二支队及骑兵独立团并有 20 余名日军随行到达泰来时，日军两架飞机出现在上空侦察、示威。谢珂令驻泰来的朱凤阳团撤到泰康（今杜尔伯特蒙古族自治县）以西，保障江桥守军左翼安全。10 月 16 日拂晓，徐景隆指挥伪军第一支队向江桥守军发起攻击。江桥守军在徐宝珍团长指挥下沉着应战，开炮还击。伪军支队长徐景隆误触地雷，当场毙命，敌阵大乱，江桥守军乘势奋勇出击，将敌人 3 个团击溃。为防止日、伪军再次进犯，守桥工兵将江桥毁坏 3 孔。由于伪军张海鹏进攻黑龙江大败，日方认为靠张海鹏军占领齐齐哈尔无望，必须增派日军进攻，方可成功。

为稳定人心，统一全省的指挥，张学良于 10 月 10 日驰电任命黑河警备司令兼步兵第三旅旅长马占山①为黑龙江省代主席，兼代东北边防军驻黑龙江省副司令官，任命谢珂为军事副指挥兼参谋长。马占山接到张学良电令后，对黑河的军事防务稍事料理，遂率步兵李青山团由黑河起身，同时电促逃到哈尔滨的黑龙江省政府官员速回省城视事。马占山于 10 月 19 日下午抵哈尔滨，当晚乘火车到达省城齐齐哈尔。到达后，设黑龙江军临时指挥部，以统一指挥调度军事，马占山自任总指挥，以副司令官分署参谋长谢珂任副指挥。10 月 21 日上午，马占山正式就任代理黑龙江省主席职务。他在就职演说中说："目前重要的问题，即为维持地方治安，望各位群策群力，共相赞助，各司其事。倘有侵犯我之疆土，及扰乱治安者，决心以全力铲除之，

---

① 马占山（1885—1950），辽宁怀德（今属吉林省）人。绿林出身，后被官府收编。先后任东北陆军第十七师骑兵第五旅旅长、黑龙江陆军步兵第三旅旅长、黑河镇守使兼警备司令、黑龙江省政府主席等职。1950 年病逝于北京。

以尽我保卫地方之责。”他还向各省市、各党部、各报馆发出就职通电，表示抗日卫国的决心。

日军见马占山就职抗日，张海鹏伪军进攻失利，于是一面向马占山提出立即修复江桥、马占山下野等无理要求；一面调兵遣将准备发动大规模进攻。马占山对日本侵略者提出的无理要求均严辞拒绝，并于10月22日发表了对日抵抗宣言，称：“当此国家多难之秋，三省已亡其二，稍有人心者，莫不卧薪尝胆，誓救危亡。虽我黑龙江一隅，尚称一片干净土。……尔后凡侵入我江省境者，誓必决以死战”①。接着马占山任命了省城警备司令、公安局长以维持社会秩序，安定民心。同时，进一步加强了军事部署。为加强江桥一带的防御，调1个步兵旅、7个骑兵团、3个步兵团、1个炮兵团，连同此前配置在江桥的兵力共1万余人开赴江桥以北，布防在大兴、三间房、昂昂溪、富拉尔基一线。

马占山将江桥防线设为三道，并亲自指定每道防线的指挥官。第一道防线是江桥防线，由卫队团团长徐宝珍任指挥；第二道防线是大兴防线，由骑兵第一旅旅长吴松林任指挥；第三道防线是三间房防线，由暂编步兵第一旅旅长苑崇谷任指挥。

日本侵略军利用张海鹏所部侵占黑龙江省的阴谋失败后，加紧了进攻江桥的准备。

10月24日，日本关东军司令官本庄繁致书马占山，要求马占山让出省城齐齐哈尔，由张海鹏代之。10月26日，日军第二十九联队借口匪患，进占四（平）洮（南）路全线，此举是日军直接出动援助张海鹏侵犯黑龙江的第一步。10月27日，日军步兵少佐、齐齐哈尔特务机关长林义秀以关东军司令官代表名义向马占山提出要求：“限黑省

---

①　温永录主编：《东北抗日义勇军史》（下），黑龙江人民出版社1987年版，第681页。

政府于 11 月 3 日以前将洮昂路嫩江桥修竣，否则日方以实力掩护自行修理。”10 月 29 日，又由日本驻黑龙江领事清水八十一根据日本外相币原的训令向黑龙江省政府送致代修江桥的通牒，提出：洮（南）昂（昂溪）路系“满铁”借款铁路，且于交通运输经济上有重大关系，因此“满铁”将派人修理。还提出：“（一）满铁修桥时，要求马占山予以保护；（二）如果马占山不同意保护，则直接在日军的保护下修桥……；（三）即使马占山同意保护，日本方面为了监督起见，也派遣军部认为必要的兵力。”①日方的蛮横态度，充分说明是要以修桥为借口，尽快占领黑龙江省。对日方无理要求马占山以强硬措辞予以驳斥，指出：日方要求修桥，意在日军进攻便利，而江桥系中国主权，如日军对我存敌意或入侵我军阵地，则采取正当防御，即以武力抵抗。

10 月 30 日，马占山率徐宝珍、徐景德、吴松林赴江桥阵地视察防务观察地形后，对随行的这 3 位旅、团长说：敌众我寡，当利用地形，以奇取胜。现值江水初退，江岸及铁路两旁多泥沼，须诱敌深入，突起攻击，见敌势挫，或退败时，要拼死猛追，追至桥梁时即坚守。但我子弹缺乏，枪械不良，非等敌进至百米射程以内，绝对不准开始射击。马占山鼓励他们说，战斗开始时，“我必亲自来火线，与弟兄同生死”②。

日本关东军为了进攻嫩江桥，派关东军作战科主任参谋石原莞尔到前线指挥。从 10 月 26 日开始便向泰来一带集结兵力，调第二师团第三旅团司令部和第二十九联队从长春到郑家屯待命，随后又以“满铁”修理江桥为由组成以第十五旅团第十六联队长滨本喜三郎任支队长的嫩江支队。嫩江支队主力为日军步兵第十六联队、野炮第

① ［日］关宽治、岛田俊彦著，王振锁、王家骅译：《满洲事变》，上海译文出版社 1983 年版，第 292 页。

② 尹秀峰：《江桥抗战日记》，载政协黑龙江省文史资料研究委员会编：《马占山将军》，中国文史出版社 1987 年版，第 43 页。

二联队第一大队、骑兵中队、空军第八中队、工兵一中队及无线电班等4000余人，在支队长滨本喜三郎率领下，各部分别从吉林、长春出发，11月2日到达泰来，3日抢占了嫩江桥南岸有利地势，并构筑工事。

在日军嫩江支队开抵泰来之日，日军齐齐哈尔特务机关长林义秀奉关东军司令部之命，向黑龙江省政府提出"满铁"准备修复江桥的通告，内容如下：（一）嫩江桥不得为战术使用；（二）到11月3日正午止，南北两军各由桥梁撤至10公里以外地点，至修竣为止，不得侵入其地域以内；（三）对不承担上述要求或妨碍修桥者，将认为对日军有敌意，即行使用兵力。11月3日，马占山、谢珂等召集会议讨论对策。谢珂等认为："江桥阵地非常坚固（利用道木、铁轨、铁板构筑），如后撤，无异于让防，尔后更难以抵御。我阵地距江桥桥头正面约四五里左右，是很好的桥头堡，日寇对此阵地感觉头痛，妄想欺骗我们舍去这个良好阵地。"①但乡绅赵仲仁、李维周等则以兵力不足等理由要求马占山顾全地方，和平应付。在双方意见不一，且又有北平方面避免向日军直接冲突的电令的情况下，马占山拍案而起，大声说："我是一省长官，守土有责，决不能将黑龙江寸土寸地，让于敌人。我的力量固然不够，他来欺负我，我已决定与日本拼命，保护我领土，保护我人民，如果我打错了，给国家惹出乱子来了，请你们把我的头割下来，送到中央去领罪。"马占山激昂慷慨的陈词，感染了与会者，会议决定"如果日军侵入我阵地，即行抵抗"②。

11月3日上午11时，日军两列铁甲车开到江桥，"满铁"工人百

---

① 谢珂：《江桥抗战和马占山降日经过》，载政协全国委员会文史资料研究委员会《从九一八到七七事变》编写组编：《从九一八到七七事变（原国民党将领抗日战争亲历记）》，中国文史出版社1987年版，第75页。

② 袖风：《马占山将军抗战史料》，1941年版，第49页。

余人在30名士兵、5架飞机掩护下强行修桥。黑龙江守军为避免与日军冲突,将少数防守江桥的部队撤退到本方阵地。日军飞机向守军阵地投掷炸弹,伤守军士兵9人。天黑时,百余名日军渡过江桥,对守军阵地猛烈射击,并有飞机投弹伤守军士兵7人。至夜,因守军力避冲突,日军始行退去。

11月4日拂晓,大雾弥漫。日军嫩江支队主力从泰来出发,5时到达江桥站,准备向大兴站进攻。马占山命令卫队团长徐宝珍等"务要保持镇静,诱敌前进,俟敌到百米有效射程内,给以严重之打击,务将敌军全部歼灭。如无我之命令擅自退却,致失一寸土者,即以军法从事"。上午9时,日军嫩江支队主力3个大队和南满铁道守备队一部共六七百人,从江桥站出发,正午时分接近江桥北大兴站守军阵地。当敌军进至百米射程之内,守军一齐开火。敌军伤亡甚重,纷纷退回南岸。中日军队直接交战,江桥抗战爆发。

江桥抗战从1931年11月4日开始至11月19日止,历时16天,分为两个阶段:

第一阶段从11月4日到11月6日,为江桥阻击战。11月4日中午,日军嫩江支队主力3000余人在大佐滨本指挥下,以张海鹏伪军当先,在5架飞机、数门大炮和轻重机枪的掩护下,向江桥守军左翼阵地发起猛烈攻击。守军奋起还击,展开白刃战,日军攻势受挫后退。当日下午6时,日军再以炮火掩护步兵一大队涉水渡江,在飞机、铁甲车的配合下,向江桥正面大兴一线主阵地猛攻,以便突破守军中间防线。守军正面是徐宝珍卫队团阵地,官兵皆义愤填膺,待敌进入有效射程后一齐开火,敌死伤甚多。随后,守军官兵跃出战壕,与敌展开白刃战,敌难以招架,其突破中间防线的意图一直未能得逞。日军败退时,遭到守军在芦苇丛中伏兵的堵截,有的陷入泥沼,有的跳入江中。敌又派兵增援,亦遭守军左翼骑兵部队的夹击，狼狈逃回南岸。11 月 5 日拂晓 4 时左右，日、伪军在大炮、飞机的掩护下，又发起猛烈进攻。日军从中路，张海鹏伪军从左右两翼强渡嫩江。敌船到江心时，守军突然射击。日军死伤落水者甚多。江岸守军也有相当伤亡，遂撤至两翼阵地。近午，日军占领江桥阵地。守军步兵第二旅吴德林团、骑兵第一旅一个团赶来增援。吴德林团向日军发起进攻，退到左右两翼的卫队团也趁机反攻。正值战事紧张时，马占山亲临前线督战。在守军顽强反击下，日、伪军再次被击退。是役守军阵亡 262 人，伤 143 人；日军死 167 人，伤 600 余人，张海鹏伪军死伤 700 余人。日军进攻不利，关东军司令官于 11 月 5 日下令调第二师团第三旅团，混成第三十八、第三十九旅团各一个大队，野炮第二联队、重炮大队、工兵中队等所属各部先后赶到大兴阵地增援，投入战斗。

11 月 6 日拂晓，日军 4000 余人，重炮 8 门、飞机 8 架、铁甲车 4 列，向黑龙江守军全线猛攻。守军拼命抵抗、反击。马占山再度亲临前线督师，守军士气更为大振，多次打退敌人进攻，阵地几次失而复得。战至中午，守军阵地几乎全被炮火摧毁。官兵跃出阵地与日军肉搏，终将敌击退至江桥南端。日军又增加飞机 4 架、铁甲车 1 列，再次发动攻势。守军乘势反击，混战 6 小时，肉搏数次。战斗一直进行到下午 6 时，战事之激烈实为罕见。是役日军伤亡惨重，滨本步兵联队几乎完全被歼灭，高波骑兵队亦死伤殆尽。这是九一八事变后日军遭到的一次空前的损失。但从 11 月 4 日至 6 日的三天中，日军陆空交替，昼夜不停地攻击江桥防线，守军援军无望，弹药得不到补充，士兵疲惫已极，部队伤亡很大，且江桥、大兴一带地处平原，防御工事尽被敌炮火摧毁，实难继续支撑。11 月 6 日 12 时以后，日军增加大量兵力再度实施强攻。鉴于这种情况，马占山于 6 日晚下令，将守军主力撤至距江桥25公里外的三间房车站一带阻击敌人。

从11月7日开始，江桥抗战进入第二阶段，即三间房阻击战。三间房位于江桥以北，北距齐齐哈尔35公里，是洮（南）昂（昂溪）铁路线上的一个车站，是保卫黑龙江省会的重要防线。三间房阵地不保，齐齐哈尔门户洞开，省城必失。中国守军退至三间房之后，马占山立即整军布防，派6个团担任正面防线的阻击，两个骑兵旅配置左右两翼防线，总兵力为5000余人。11月7日上午7时，日军向三间房、蘑菇溪、红旗营子守军防区发动进攻。由于张殿久、苏炳文旅组成的一个混成团赶到，日军于午后被击退。11月7日以后，日军为补充兵力暂时停止进攻，一面加紧外交攻势，一面调兵遣将做总攻击准备。

日军重新调整兵力后，于11月12日午后1时，以骑兵五六百人向守军左翼阵地乌诺头、张花园（三间房附近）等地吴松林部防地发动攻击，激战40分钟敌始退却。午后3时，敌开始大规模攻势。日军第三旅团司令部及步兵第十六联队、第二十九联队、骑兵第二中队、铁道守备队一部及伪军共约1万多人，在飞机、大炮配合下，轮番向三间房守军右翼阵地进攻。经苑崇谷旅竭力抵抗，日军遭受很大损失，未能突破守军阵地。11月13日拂晓，日军进攻新立屯阵地，飞机数架投弹助战，几次攻击，经守军顽强抵抗，均未得逞。11月14日拂晓，日军骑兵进攻守军汤池、蘑菇溪间骑兵防线，并用重炮向守军轰击。大兴方面战斗亦十分激烈，日军派出数辆坦克助战。程志远骑兵第二旅涂全胜团、萨力布骑兵团和蘑菇溪方面卫队团两个营陆续开来增援，并从三间房阵地派步兵第一旅孙鸿裕团两营增援。守军在全线阵地与敌激战一日，敌各处攻占计划均未得逞。

鉴于嫩江桥战事吃紧，日本关东军司令部于11月13日又下达了增援命令。第二师团所有主力分别从吉林、长春、郑家屯开拔，于11月15日早7时到达大兴，并由第二师团师团长、中将多门二郎一并指挥嫩江支队。11月16日上午11时，日军以步、骑、炮、空、坦克兵约4000余人展开全线猛攻，遭遇守军奋勇抵抗，战斗极为激烈。守军因装备太差，死伤甚重。午后3时许，日军攻势渐缓。11月17日中午，多门二郎下达命令，于午后1时正式实施总攻击。日军以步兵天野六郎第十五旅团为右翼，长谷部第三旅团为左翼，骑兵队居中，向三间房守军阵地进攻。在总攻击中，日军动用飞机12架，大炮百余门，调动了第二师团及混成旅团全部兵力，计步兵10个大队、骑兵2个中队、野炮兵6个中队、重炮兵2个中队、工兵1个中队、飞行队3个中队，总兵力约7000人。当时，参战的张海鹏伪军，除伤亡者外多数潜逃，战场上主要由日军作战。日军在师团长多门亲自指挥下，于11月18日拂晓发起全面进攻。敌炮火猛烈，将三间房守军阵地摧毁殆尽。三间房一带守军由于连日苦战，兵力仅剩4000余人，且弹药不能及时补充，处境极为艰难。当时马占山在一份报告中陈述战斗场景时说："我军武器既劣，复无阵地凭藉，伤亡枕藉。但士卒有必死之心，将校无偷生之念，故虽血肉相搏，终不稍退。"①这是整个江桥战役中最为惨烈的一仗。广大官兵同仇敌忾，奋勇异常，喊杀之声，惊天动地，同敌人展开了生死搏斗。骑兵第一旅炮团迫击炮手庞振海，连续发射炮弹80余发，忽然炮筒震断，他便徒手冲入敌群与敌搏斗，壮烈殉国。守军官兵自接战以来，竟日水米未进，疲劳不堪，仍然枵腹迎敌，击退日军十余次进攻。后来日军又以坦克开路，突破三间

① 《马占山关于日军侵占齐齐哈尔经过的报告》（1934年4月），载中央档案馆、中国第二历史档案馆、吉林省社会科学院合编：《日本帝国主义侵华档案资料选编·九·一八事变》，中华书局1988年版，第233页。

房防线。守军官兵不能立足战壕,遂出壕与敌肉搏。至 11 月 18 日上午,守军阵地官兵不足 2000 人,难以继续支持战斗,被迫撤退。当日中午,马占山率手枪队亲自督战反攻,守军士气振奋,将敌击溃,午后 2 时重新夺回三间房。但附近之新立屯、达官屯阵地相继被突破日军,对三间房形成了包围之势。鉴于这种形势,马占山于 11 月 18 日晚下令守军各部队向齐齐哈尔撤退。当夜他电告北平,并向各方发出撤兵通电。同夜,日军一部已抵省城齐齐哈尔南端。于是马占山又命省政府同军队沿齐(齐哈尔)克(山)路撤至克山、拜泉,省政府迁至海伦。11 月 19 日上午 9 时,日军进占齐齐哈尔。至此,历时 16 天的江桥抗战结束。

江桥抗战,是东北军爱国官兵违反南京国民政府不抵抗政策,奋起抗击日本侵略者的壮举。东北军爱国官兵不畏强暴,为民族、国家的尊严,为正义而战的精神,得到了全国各阶层人民的支持和援助。江桥抗战的枪声,激起了全国人民的爱国热潮,给东北抗日军民以极大鼓舞。战役进行期间,全国各地组织慰问团赴前线慰问,声援电报和信件犹如雪片般飞来。捐赠的钱款和物品不断送到前线。守军将士群情振奋,誓与日本侵略者血战到底。英国《每日邮报》、上海《密勒氏评论报》等报刊记者访问马占山,对其英勇抗日之举称赞不已。中国共产党积极支援和赞助马占山的江桥抗战,并给予极高的评价。江桥抗战之初,中共满洲省委和北满特委曾动员工人、农民、青年和知识分子以及学生以抗日援马代表团的名义,到战地进行慰问和宣传鼓动,并派志愿兵参加战斗。

江桥抗战虽然最后失败,但对于它的重要历史作用、意义应给予充分肯定。江桥抗战是日本侵略者发动九一八事变以后,所遇到的中国爱国官兵第一次大规模的抵抗,受到沉重的打击。据马占山在当年的一份报告中说,江桥抗战中,“敌军死伤约在四千名左右,冻伤约数百名，其校官死者亦不少”①。1931 年 11 月 22 日的《国际协报》著文评论说：“此次日军侵我东北，辽吉当局于不抵抗主义之下，未及一旬，将两省重镇完全放弃，仅一黑龙江省，赖军事当局数人之力，得以不堕。嗣马占山将军奉命守土，坚决御敌，迄至今日，幸得海伦一部……故马占山及黑省一般将领，将来纵因力不能敌，终归失败，其丰功伟绩，在中国历史上，亦终有不能磨灭湮没者也。”江桥抗战，东北守军苦战半月，也付出重大代价，伤亡约 5000 人。江桥抗战开中国抗日战争之先声，振全国抗日救国之精神，虽败犹荣。它极大地鼓舞了全国人民特别是东北人民的爱国热忱，推动了东北各地抗日义勇军的组建和武装抗日斗争的发展。

第二节　辽宁抗日义勇军的斗争

一、辽西、辽北抗日义勇军的兴起与抗日活动

以北（平）宁（沈阳）路、大（虎山）通（辽）路、营（口）沟（帮子）路为中心的辽西、辽北地区是抗日义勇军较早活动的地区。九一八事变爆发后，东北边防军司令长官公署和辽宁省政府于 1931 年 9 月 23 日迁至锦州，设立临时辽宁省政府行署和东北边防军司令长官公署行署，任命张作相代理边防军司令长官，米春霖代理省主席。10 月 2 日，两署在锦州正式办公。两署成立后，对军事防御迅速进行部署，将原驻通辽的骑兵第三旅，驻洮南的步兵第二十旅，驻盘山的步兵第十九旅调至锦州附近，与驻锦州的步兵第十二旅一起沿大凌河一线

① 《马占山关于日军侵占齐齐哈尔经过的报告》（1934 年 4 月），载中央档案馆、中国第二历史档案馆、吉林省社会科学院合编：《日本帝国主义侵华档案资料选编 · 九 · 一八事变》，中华书局 1988 年版，第 236 页。

布防，警戒阻止日军继续西侵和维持辽西一带的治安。辽宁省警务处长黄显声①和沈阳市公安局督察长兼公安总队长熊飞（熊正平）根据两署的指示，整顿由沈阳撤退出来的警察和公安总队，密令各地潜散在家的警队队员到锦州归队。黄显声亲自主持召开锦西、义县、兴城、绥中、北镇、黑山、盘山、台安等县公安局长会议，抽调各县干警补充公安总队，重新编成3个公安骑兵总队，在锦州北10公里的三屯一带进行整训，准备抗击日军西进。

辽宁省政府在锦州恢复办公，标志着东北军事中心和辽宁省政权的存在，对辽宁特别是辽西、辽北地区的抗日形势产生了重要影响；尤其是在辽西，中国军队以3个正规旅陈兵锦凌一线，更为日军所不容。日本关东军参谋长三宅光治和高级参谋板垣征四郎在向各地陆军特务机关发出命令时指出："在满蒙绝不容许锦州政府以及旧政权的任何人存在。对其军队一定要讨伐。"②10月2日，关东军司令部会议即确定了覆灭在锦州的辽宁省政府的方针。10月7日，关东军司令部下达轰炸锦州的命令。10月8日午后1时50分，日军12架飞机轰炸锦州，无辜民众被炸死伤57人，省政府行署、车站被毁。同时，日军不断派兵向北（平）宁（沈阳）路沿线新民一带进犯，辽宁省政府公安总队和当地民团对进犯日军进行阻击，从而拉开了辽宁地区各阶层民众武装抗日斗争的序幕。

日军为了夺取辽西，在直接出兵之前，组织了两支汉奸队伍，以

---

① 黄显声（1896—1949），字警钟，辽宁凤城人。1918年考入北京大学预科，1918年因参加五四运动被迫辍学。1922年毕业于东北陆军讲武堂。曾任东北军步兵二十旅旅长、辽宁省警务处处长兼沈阳市公安局局长。九一八事变后举旗抗日，组织东北民众抗日义勇军。之后率部参加长城抗战。1936年8月被中共中央北方局吸收为特别党员。1938年2月被国民党特务秘密逮捕。1949年在重庆白公馆被国民党特务杀害。

② ［日］草柳大藏著、刘耀武等译：《满铁调查部内幕》，黑龙江人民出版社1982年版，第394页。

图袭扰锦州。1931 年 10 月初，关东军指使其豢养多年的汉奸凌印清，在沈阳成立所谓“东北民众自卫军”，凌印清为总司令，司令部驻盘山沙岭镇。日本浪人仓岗繁等为凌印清的顾问，所有饷械弹药均由日方提供。凌印清所部伪军活动于盘山、台安、辽中、海城等地。辽宁省警务处长黄显声派熊飞带两个骑兵总队去消灭这股伪军。熊飞通过关系说服了具有民族意识的伪军师长项青山（项忠义）和民团首领张海天（“老北风”）等部，在其配合下于 11 月 4 日将凌印清和日本顾问仓岗繁擒获，消灭了这支伪军。11 月初，关东军又任命张学成为“东北自卫军”总司令。因张学成是张学良堂弟，民众抗日义勇军经报张学良同意后，派兵进剿。第二骑兵总队长庄景福带两个骑兵总队一战即将张学成和日本顾问击毙，并俘获伪旅长以下多人，此股伪军被全歼。

在消灭两股伪军之后，黄显声委任在讨逆作战中有功的项青山、张海天、盖凌香等人分别为东北民众抗日义勇军第一、第二、第三路司令。主要活动在营（口）沟（帮子）线的大洼、盘山、田庄台等地。自此，东北抗日义勇军各路建制开始形成。与此同时，在北（平）宁（沈阳）路沿线的义县、北镇、黑山、新民等地先后有东北军中下级军官耿继周、潘士贤、于百恩、马子丹、张海涛等人及绿林首领高鹏振（“老梯子”）组建的 10 余支抗日武装活动，每支队伍少者二三百人，多者三五千人。在大（虎山）通（辽）线则有高文斌、赵大中等人创立的义勇军，活动于通辽、郑家屯、开鲁、康平、法库、大虎山、黑山、彰武等地。

1931 年 11 月，日军占领齐齐哈尔后，已无北顾之忧，即准备进攻锦州，夺取辽西地区。11 月 26 日，土肥原贤二在天津策动日军向中国军队寻衅，制造第二次天津事件。日本关东军司令部以此为借口，立即决定迅速击败锦州附近的东北军，之后进入山海关一带。此时，锦州军政两署所辖的东北军作战部队和公安骑兵总队的防线还远在锦州及大凌河岸一线,大凌河以东没有正规军守卫。在这种形势下,黄显声调集各地义勇军和民团阻击日军。11 月 27 日,日军混成第四旅团、第二师团第三十九旅团、独立守备大队第二大队等部,先后从沈阳出发,向辽西推进。另一路日军从营口出发,准备西渡辽河,向锦州进攻。11 月 27 日上午 9 时,日军先头部队的装甲列车与东北军中山号装甲列车相遇,双方激烈交战。项青山、耿继周等部义勇军英勇御敌,给日军以重创。11 月 28 日,日军退回到巨流河以东地区,停止了对辽西的进攻。从营口出发的日军在辽河东岸遭到项青山部义勇军的抵抗,日军伤数十人,撤回营口。

日军西进受挫退守巨流河以东之后,锦州军政两署及锦凌防线的东北军官兵备受鼓舞。黄显声在给张学良的电报中说,"日军西进后,显声所派民团已占领皇姑屯,破坏绕阳桥,令其进退维谷,攻锦之计划第一步失败,扰乱工作异常收效";同时建议救国会"速派妥员潜往龙江吉林以及辽宁东边各县,致力鼓吹警甲民团,联合起来,一致扰乱,到处袭击,则日人疲于奔命,前后受敌,国家危亡,或能因之稍救于万一"①。

义勇军打退日军第一次西侵的胜利,不仅极大地振奋了辽宁各地义勇军和广大民众的抗日斗志,增强了他们战胜日本侵略者的信心,同时也使北平的东北民众抗日救国会的领导备受鼓舞。1931 年 12 月初,救国会即派出一批精干人员潜赴东北各地。被派出的人员有共产党员、共青团员、反帝同盟会员和各界爱国人士,他们被派到各义勇军部队工作、参战。为便于对义勇军的指挥和领导,救国会将辽宁地区义勇军的组织进行整顿,统一了番号,各种抗日队伍统一改

① 王化一:《我所记忆的黄显声将军》,载中国人民政治协商会议全国委员会文史资料研究委员会编:《革命史资料》第 11 辑,文史资料出版社 1982 年版,第 170 页。

称东北民众自卫义勇军，并按活动区域和成立先后顺序分别加以委任。当月之内，辽宁义勇军接受东北民众抗日救国会委任的已有24路，1932年3月增至54路（后又增至58路），以及27个独立支队，6路骑兵。此外，还有特种编制的义勇军，如辽西第二军、辽南义勇军、辽东义勇军、本溪义勇军、锦州国民义勇军等。至此，活跃在北（平）宁（沈阳）、营（口）沟（帮子）、大（虎山）通（辽）3条铁路沿线地带的几十支抗日义勇军武装，形成了锦州外围的防御力量，有力地阻止了日军继续西进和对锦州的进攻。

日军在第一次西侵失败后，即向国内陆军省请求增加兵力。关东军司令部也加紧调动在东北的部队，为继续攻占锦州做准备。此时，辽西地区的敌我态势是：1931年11月末日军进攻锦州虽然受挫，但其兵力已控制了北（平）宁（沈阳）路沈阳至新民一段，前沿阵地已推进到新民以西之白旗堡。营（口）沟（帮子）线日军前沿阵地已推进到盘山县田庄台以北的大洼附近。12月初，日本陆军省经天皇批准，增加了进攻锦州的兵力，关东军司令部再次制定进攻锦州的军事部署，共调集日军第二师团、第二十师团，混成第八、第三十八、第三十九旅团，独立守备队第二、第三、第五大队共3万余人。这时，驻锦州附近的东北军各部队在大凌河右岸修筑了防御工事，并调一部分主力配置在白旗堡、大洼、彰武等前沿阵地。抗日义勇军第一、第二、第四、第五、第六、第八、第十、第十二、第二十路等各部约3万余人，也参加御敌作战。

1931年12月21日，日本独立守备队第二、第三、第五大队，混成第三十九旅团分别从沈阳以北的开原、铁岭出发，以法库、彰武为攻击目标，沿大（虎山）通（辽）线向锦州靠近。义勇军第十二路于百恩部在亮中桥、苏路台、石佛寺一带阻击日军。日军以飞机轰炸、扫射开路，向义勇军阵地进攻。激战两昼夜后，日军攻占法库。同时，义勇军第八路蒋连瑞部在大(虎山)通(辽)线钱家店附近与日军激战。义勇军虽伤亡很大,仍顽强抗击日军。战事最为激烈的地区是营(口)沟(帮子)线的盘山、大洼及北(平)宁(沈阳)的大虎山、新民等地。12 月 24 日,日军多门第二师团由营口渡河西进,在田庄台附近,遭到义勇军第一路第一支队苑九占部和第二路项青山部迎头痛击。日军骑兵 2000 余人从铁路左侧向项青山部攻击,以援助其正面进攻部队。项部恐被敌包围,退回田庄台火车站。这时日军又由马坨子河渡河北进,到达田庄台附近,用炮火猛轰田庄台。义勇军奋勇还击,因弹药缺乏,遂撤出田庄台。12 月 27 日,日军骑兵 1000 余人攻陷田庄台北部的大洼。当夜,义勇军反攻田庄台,迫使日军放弃大洼,回师田庄台解围。12 月 30 日,日军骑兵千余人,在飞机、坦克的掩护下再次进攻第一路王显廷部第一支队扼守的大洼,将第一支队包围。为掩护部队突围,第一支队梁支队长率敢死队 120 人与敌肉搏,击毙敌兵 80 余人。激战 6 小时,终因弹尽援绝,寡不敌众,全部壮烈牺牲。12 月 31 日,日军第二师团占领沟帮子,夺取了营(口)沟(帮子)线。至此,锦州已完全暴露于日军面前。

12 月 24 日,日军 3000 余人沿大(虎山)通(辽)线向大虎山进攻,在黑山遭义勇军阻击。赵大中率第二十五路义勇军在黑山以北之秦屯与日军发生激战。12 月 30 日,日军骑兵 2000 人进攻大虎山,义勇军第一路王显廷部与敌激战两昼夜。1932 年 1 月 2 日夜,第一路义勇军与孙玉率领的千余士兵相配合,攻入大虎山,与敌激战 3 小时,毙敌大尉中山一郎以下 30 余人,义勇军亦有伤亡。

12 月,日军混成第三十九旅团在飞机、铁甲车掩护下分别由沈阳、新民出发向锦州进攻,行至白旗堡车站遭到耿继周所率第四路义勇军的猛烈攻击。战斗中,耿继周派出的另一支骑兵队伍绕至敌后方,将柳河铁路桥炸毁,切断了敌军的退路。敌在死伤 10 余人后,只好固守待援。12 月 31 日夜，耿继周又派精兵 200 人偷袭白旗堡车站。日军守备队一面死守，一面向绕阳河方面呼救。待敌援军赶到时，义勇军已获得大批战利品安全转移。

12 月 29 日，正当各路义勇军拼死御敌、英勇奋战之际，锦州前线的东北军却接到向关内撤退的命令。前线部分爱国官兵发表联合宣言，愤怒谴责南京国民政府推行不抵抗政策的卖国行径。抗日义勇军将士眼见东北军西去，辽西大好河山即将沦于敌手，也于 12 月 31 日在沟帮子发出通电，谴责南京国民政府的不抵抗政策，表明抗日义勇军誓与敌人血战到底的决心。电文略称："辽西之半壁山河，势将沦陷，国事之危，燃眉不足以喻其急矣。""我三千万民众，决以此满腔热血，溅于白山黑水之间，以灌溉中华民族自由之花。敌氛未靖，誓不生存"①。

日军得到东北军撤退的消息后，乘机发动强大攻势，企图一举占据山海关以东的北（平）宁（沈阳）路沿线。各路义勇军奋勇出击，在沟帮子至大凌河间与日军血战三昼夜，击退日军多次进攻，予敌以重创，义勇军也伤亡甚重。1932 年 1 月 1 日下午 6 时，关东军司令官下达命令：第二十师团占领锦州，第二师团集结沟帮子一带，准备增援。日军经丰东镇冲入大凌河侧背，使大凌河两岸各路义勇军联络断绝，无法协同作战。1 月 3 日，日军第二十师团未受任何抵抗即占领锦州，锦州以西的锦西、兴城、绥中亦先后沦于敌手，拱卫平津的最后一道屏障山海关暴露在日军的炮火之下。

锦州失守后，辽西、辽北义勇军陷于孤军奋战，但斗志并未消沉，反而更积极寻机打击敌人。城市失守，义勇军转到铁路线两侧，在纵深千余里的土地上，以山地、苇塘和广大农村为依托，乘日军立足未稳之际，到处进攻敌占城镇，破袭敌运输线，袭击军火列车，毁敌辎

---

① 陈觉：《"九·一八"后国难痛史》（上），辽宁教育出版社 1991 年版，第 1017 页。

重,使日军疲惫不堪,惊魂不定。1932 年 1 月 4 日晚,义勇军第四路司令耿继周率领 500 人袭击新民县城,冲破敌人火力封锁,杀进城内,猛攻日本宪兵队。县城附近一些小股抗日武装冲进城内配合耿部作战。县城内部分公安队同情义勇军,也掉转枪口向日军射击。至当日晚 9 时,义勇军增至 2000 人,他们进攻日本领事馆、电话局、广济医院、日本人住宅区。由于日军凭借工事拼命抵抗,战斗到次日晨,义勇军相继退出县城。

继耿继周部夜袭新民县城之后,义勇军第三十四路刘纯启部进行了歼灭日军古贺联队一部的战斗。1932 年 1 月 6 日,日军第十九师团混成第三十八旅团骑兵第二十七联队队长古贺传太郎奉命率 88 人,由锦州开赴锦西县城江家屯,1 月 7 日又到日军 70 人。原锦西县长张国栋投敌附逆,将古贺传太郎迎入城内。1 月 9 日上午,古贺传太郎决定率部前往县城以西一带“进剿”义勇军。汉奸县长婉言劝阻说:“城外义勇军太多,出城危险。”古贺传太郎狂妄声称:“几十万东北军都望风披靡,几个老百姓算得了什么,是不堪一击的。”出发前,古贺传太郎派少尉松尾率粮秣队回锦州领取给养,又留中尉村上一个小队守护县城。然后古贺传太郎率 80 多名步骑兵,出锦西县城西门,向城西龙王庙地区进行“扫荡”。古贺传太郎刚一出动,刘纯启就得到日军“扫荡”的情报,遂派一部分队伍及民团千余人在上坡子村附近埋伏待敌。刘纯启亲率 500 人在锦西县城西门外西园子村埋伏,以断敌回城之路。当古贺传太郎率队到达上坡子村时,突然遭到义勇军的攻击。这时正向龙王庙前进的石野小队,遭到埋伏在刘家屯、安家屯附近的 300 名义勇军袭击,小队长石野等日军当场毙命。1 月 9 日中午,正当日军与义勇军在上坡子、龙王庙进行战斗时,另一部义勇军趁城内空虚,攻进了锦西县城,使中尉村上和他率领的小队惊慌不已,军曹武川美直当场被击毙。联队长古贺传太郎正被义勇军打得惊魂不定，忽然接到锦西县城遭袭击的报告，于是慌忙率部往县城回窜。当他率部到达西园子村时，遭到埋伏于此地的刘纯启部伏击，日军纷纷中弹、落马。古贺传太郎带领一部日军夺路而逃，到村东口时，预先埋伏在公路旁炮楼内的12名战士突然开火，古贺传太郎当即被击毙。松尾率领的粮秣队，在去锦州途中至钱搭屯时，被民团千余人包围。经两小时激战，松尾以下25名日军全部被击毙，大批车辆、马匹、枪械、弹药等军需物资被缴获。痛击古贺联队的战斗共毙敌50余人，伤敌30余人，其中少尉以上军官7名。被日军誉为"大和武士精华"的古贺联队之一部被消灭，使日本侵略者发出哀叹："这实在是满洲事变以来最大的悲惨事件。"①

1932年4月以后，辽西义勇军为牵制占领锦州的日军西进，以大（虎山）通（辽）路、北（平）宁（沈阳）路为中心伺机袭击日军。活动在绥中、兴城一带的义勇军第四十八路郑桂林等部，频频袭击前卫、绥中、兴城等车站，破坏敌人的铁路运输，日军多次出兵"讨伐"均告失败。5月初，郑桂林率1500余人由临榆县花户庄向绥中进军，途中与日、伪军200余人在鲍庄子遭遇。郑桂林亲自指挥炸弹队、大刀队与敌激战，将敌击溃，毙敌70余人，义勇军损失甚微。当年春，一天拂晓，200余名日军从绥中的前卫出发，向四方台方向扑来。郑桂林得知消息后，立即派旅长刘杰山带300余人，在赵孤家子、石柱子西沟的岭上将日军包围、压缩在西四方台庄里。经过激战，打死打伤日军100余人。天黑后，义勇军撤走。此战义勇军亦伤亡几十人。从1932年6月至10月，活动在北（平）宁（沈阳）路大凌河以西地区及朝（阳）锦（州）路沿线的马子丹、于百恩、朱霁青、宋九令等部义勇军，利用青纱帐多次攻击锦州、锦西、义县等地，使日军不断遭到打击和伤亡。7

---

① ［日］《昭和》杂志第二期（1932年）。

月17日，日本关东军司令部军事联络员石本权四郎在朝阳至锦州的列车上被义勇军李海峰部俘获。之后，日军派人游说，要求义勇军释放石本，遭义勇军拒绝。李海峰经请示北平东北民众抗日救国会，将石本处死。

日军自占领锦州之后，不仅企图直接占领山海关，控制关内外通道，而且不断派兵沿朝（阳）锦（州）路北上，欲侵占朝阳，图谋攻占热河。同时以通辽为根据地，联络一部分蒙古王公，扩充军备，觊觎开鲁，进一步再南取热河、察绥等地。为牵制日军增兵侵占朝阳、热河，高文斌、高鹏振、刘翔阁等部义勇军，在大（虎山）通（辽）路的彰武、北（平）宁（沈阳）路的北镇及辽北地区的昌图、法库、康平等地积极行动，先后袭击了通辽、双辽、昌图、北镇等县城。北镇县伪警务局长单长柏被义勇军打死。

在辽北蒙边一带，自1931年10月，蒙奸甘珠尔扎布组织的“蒙古自治军”，由日军大佐松井清助为顾问，不断向辽北各部义勇军进攻。松井清助是煽动“满蒙独立”的重要人物。日军侵占通辽县城之后多次袭击义勇军。1932年3月间，松井清助亲率日军50余人和甘珠尔扎布伪蒙军500余人进犯开鲁。义勇军高文斌部蒙边骑兵第二路司令刘振玉得到情报，会同热河驻军崔旅长共600多人，埋伏在开鲁之东抬头营子附近。待日军接近时，义勇军发动突然袭击，同时另以百名骑兵由侧面猛冲。甘部伪军遭义勇军猛烈冲杀作鸟兽散。松井清助被俘虏，同时日军被击毙10余人，义勇军无伤亡。之后，刘振玉又率部在开鲁县王家油坊阻击进犯开鲁的500余名日军，由拂晓战至黑夜，予敌以重创。但因弹药不足，义勇军留下一连人作掩护，大部撤走。80余名日军凭借优良武器冲入村内，留下的义勇军战士与其英勇拼杀，子弹打光拼刺刀或以砖头、石块打击敌人。战斗中日军只逃生6人，余皆被歼，70余名义勇军战士生还者只有5人。日军遭此打击，即退回通辽。6月，高文斌指挥刘振玉、解国忱第四、第五梯队共5个团分两路进攻通辽。高文斌率800人先攻西门，刘振玉、解国忱带千余人攻东门，战斗从拂晓开始，战至下午3时，日军向城内退却，义勇军也攻入城内。一些日军退在一个高墙大院内固守，义勇军难以攻入。解国忱率大刀队200余人搭梯跃入院内，奋不顾身，砍杀日军60余人。战斗持续到晚9时，因弹药不足，且又无重火器和炸药，无法炸毁敌炮楼，义勇军只好撤回开鲁。

自1932年春至当年秋，辽西、辽北形成一个广阔的义勇军活动区域，从而使这一带的抗日武装斗争发展到高潮阶段。

1932年末，日军加紧为攻占山海关及热河进行准备。为确保辽西通道安全无阻，日军第八师团的第四旅团向兴城、绥中一带大举进攻。义勇军第一军团彭振国、耿继周、郑桂林各部在跳石沟、九门口一带被日军包围。激战数日，义勇军伤亡惨重，分散突围后，大部分退往热河。只有郑桂林部利用地理熟悉的条件，不断捕捉战机，坚持斗争，直到1933年秋才撤入河北省境。

日军在向辽西各部义勇军攻击的同时，也调动大批兵力向北（平）宁（沈阳）路沿线的新民、北镇、锦西、义县及辽北台安、法库、康平、铁岭、昌图各地义勇军展开大规模进攻，致使许多队伍溃散。但原第二十五路、第十二路、第二十三路、第四十八路各部义勇军仍在北（平）宁（沈阳）路沿线及北镇、朝阳、建昌一带坚持斗争，不时出击、袭扰敌人。有的义勇军一直坚持到1935年才终止活动。

二、辽东三角地带抗日义勇军的斗争

在辽宁东南部安（东）奉（沈阳）路与南满路（长春至大连）之间，东南至黄海海岸，有一个狭长三角形地带，史称辽东三角地带，其范围包括安东(今丹东)、东沟、庄河、凤城、岫岩等县。从1931年10月起,这里先后组建了第十九路、第二十八路、第三十五路义勇军,其中以邓铁梅①创建的第二十八路义勇军实力最强、规模最大。这一地区依山傍水,沟壑纵横,地形复杂,南下碧流河可以进入日本经营多年的"关东州",北出千山山脉可以直逼本溪、辽阳、鞍山,是开展抗日游击战争的有利地区。

1931年10月中旬,具有强烈爱国意识和正义感的原任凤城县公安局长邓铁梅,于凤城县四区小汤沟顾家堡子揭竿抗日,创建一支以农民为主体的抗日武装东北民众自卫军,邓铁梅自任司令。这支队伍发展很快,到当年12月已达1500余人,且武装齐备,活动于安东、凤城、岫岩、庄河等地。12月26日,邓铁梅率东北民众自卫军对安(东)奉(沈阳)路重镇凤城发动进攻。凤城驻有日军铁道守备队、自卫团200余人,还有伪警察200余人。在进攻前一天,邓铁梅派一批队员扮作进城办事的农民充作内应;还派两支小分队在凤城南张家堡子、城北四台子车站埋伏,以阻击南从高丽门、北从鸡冠山方向来援之敌。接着兵分两路向凤城进攻。一路进攻火车站,将日警署、宪兵分遣队和50名日本自卫团员包围在火车站地下室。另一路由邓铁梅亲自指挥,以大刀队为前导,分别由南山下桥洞子和城南角华营两个方向突入城内,直奔南大街,攻击日本守备队和伪警察队。日本守备队被自卫军压缩在高墙大院内,伪警察稍作抵抗便落荒而逃。自卫军捣毁了伪县署、公安局和进行特务活动的日本人经营的平井药房,砸开监狱,释放了被日伪当局逮捕的爱国者。战斗持续到翌日凌

---

① 邓铁梅(1892—1934),原名古儒,字铁梅,辽宁本溪人。1928年任凤城县公安局长。九一八事变后举旗抗日,组织东北民众自卫军,任司令。1934年被日伪当局杀害。1935年以中国苏维埃政府和中共中央名义发表的《八一宣言》,誉其为"抗日救国而牺牲的民族英雄"。

晨4时,敌人增援部队乘铁甲车到来,自卫军撤出县城。凤城一役共打死打伤日、伪军警50余人,缴获步枪300余支、轻机枪3挺、迫击炮2门和大批子弹。日军遭此痛击大为震动。《盛京时报》载文惊呼:"安奉线匪警频仍/凤凰城被袭焚/通信断绝形势严重"①。凤城站日本人站长遭到义勇军攻击后,哀叹"万事休矣,现在只有待毙别无他路"。事后还心有余悸地说:"从那以后,大约一周左右根本不能入睡。"当时指挥日本守备队作战的小队长西河也承认,"那次战斗虽然不是大仗,也却是一次艰巨的战争"②。

夜袭凤城是九一八事变以后,辽东地区抗日军民对日本侵略者的第一次重大打击。这一仗打出了东北人民的志气,坚定了民族自救、抗日到底的决心。经过这次战斗,民众自卫军军威大振,声誉传遍了辽东,从而点燃了辽东三角地区抗日斗争的烈火。

民众自卫军袭击凤城之后,其司令部于1932年2月移师尖山窑(今属凤城县大营子乡)。这时自卫军队伍有了很大的发展,部队编制由大队扩编为9个团,司令部下设参谋、秘书、副官、军需、军械、军医、军法7个处和1个政治部。

邓铁梅部攻打凤城在国内引起很大震动,也得到东北民众抗日救国会的极大关注。1932年3月间,救国会派东北大学学生苗可秀到邓铁梅部任总参议兼军官学校教育长,成为邓铁梅的得力助手。不久,救国会委任邓铁梅为东北民众自卫义勇军第二十八路司令。同年夏,曾任中共满洲省委常委的邹大鹏到邓铁梅部任政务处长。他宣传党的抗日救国主张,建议设立政治部,建立教育工作制度;建议发动群众,组织农民协会,并亲自起草了农民协会章程。这些建议

---

① 《盛京时报》,1931年12月27日第4版。

② 《安奉路线遭难记》,载[日]《协和》杂志,1932年1月。

均被邓铁梅采纳，并作了一些尝试。邓铁梅的民众自卫军起自民众，扎根于民众之中，与民众有血肉般的联系，得到广大民众的支持和信任。邓铁梅提出了“抗日救国，保民第一”的口号。他常对部下说：“我们抗日救国也是救民，抗日离开老百姓不行。”自卫军十分注意维护群众利益，帮助群众解决实际问题。自卫军无粮无饷，没有救济，队伍走到哪里吃到哪里，除了打仗缴获一些粮饷外，主要靠群众供给。自卫军到群众家吃饭，不挑吃喝，不讲排场，粗粮素菜皆可充饥，残汤剩饭亦可果腹，群众称赞他们为“冷饭队”。部队有严格的纪律约束，提出：不投敌，不妥协，抗日到底；不贪财，不扰民，不调戏妇女；保民众，爱民众，不动群众秋毫。这些纪律虽未成文公布，但当时自卫军官兵共同信守，抗日区群众尽人皆知，广为传颂。

民众自卫军为了立足发展，建立了一些较固定的游击据点。从1932年开始，先后在尖山窑、三清观、沙里察、龙王庙、黄土坎等地建立据点。在这些据点里设置了战地医院、印刷厂、被服厂、饷捐局、制币厂等机构。根据斗争需要，还制定了税收、财政、粮食政策和对伪军的政策。有些政策虽然还不完善，实行时间也较短，但对于自卫军坚持斗争发挥了很大作用。

自1932年春以后，辽东一带又有大批红枪会、大刀会等农民抗日武装兴起。民众自卫军也吸收了各县农村的大刀会和红枪会参加。大刀会虽然提倡吃符、念咒，宣传刀枪不入，带有浓厚的封建迷信色彩，但其成员抗日坚决，作战勇敢，继承了中华民族抵御外侮、反抗侵略的优良传统。当时组织规模较大、战斗力较强的大刀会是鞠抗捷领导的庄河大刀会。当年夏，庄河县6个区办起大刀会，人数达6000人。大刀会成立后成为当地震慑敌人的重要力量，日伪当局不敢在有大刀会的区、村建立伪政权。

1932年夏，邓铁梅部民众自卫军与伪军展开了频繁的战斗。5

月的一天，凤城县伪警察大队下乡“讨伐”自卫军，宿营于卡巴岭三义庙内，被自卫军独立营侦知。夜11时左右，独立营营长李庆盛率部队奔袭三义庙，将伪警察包围，经一阵猛烈攻击、喊话，并佯作调动部队进攻，吓得敌人一枪未放便投降缴械，自卫军缴获了部分马匹。夜袭卡巴岭，使日伪当局十分恐慌，立即将在安东驻防的伪军李寿山部调往庄河境内的大孤山、龙王庙一带，准备“讨伐”自卫军。

龙王庙是一个有近千户人家的大镇，镇内有字号的商户120余家，是凤城南部、岫岩东部、庄河北部的粮食和其他农产品集散地。镇子周边有外壕，还有带铁丝网的围墙，敌人防守十分严密。为打击敌人的嚣张气焰，经过周密侦察，邓铁梅于7月1日清晨，率民众自卫军700余人向龙王庙伪军发起攻击。自卫军以大刀队为先导，突破北门，冲入镇内，战士们分头占领各处隘口，炸毁几个碉堡，攻进街巷。进攻发动之际，伪军正在熟睡，当发觉自卫军已到镇内时，有的来不及穿衣，赤身逃窜，有的在渡河逃跑时溺水而亡。在北门的伪军1个连，全部被自卫军击毙。伪军司令李寿山、副司令张宗援狼狈逃往大孤山。这次战斗打死伪军100多名，缴获了大量军需物资。不久，邓铁梅将自卫军司令部移至龙王庙。8月，原岫岩县县长刘景文举旗抗日之后，更壮大了辽东三角地区的抗日力量，使安东、凤城、岫岩、庄河等县方圆几百里的广大农村都成了抗日义勇军的天下。日伪当局惊呼：三角地带现为“匪军”占领。

1932年10月，伪凤城县日本参事官友田俊章、警务指导官白井成明等一行6人前往邓铁梅防地进行劝降活动，被邓铁梅下令处决。日伪当局震怒，令伪军李寿山部前去“进剿”。邓铁梅率部顽强阻敌，决定攻打敌人刚刚占据的黄土坎，委派苗可秀前往督师。10月20日晚，自卫军突然发起攻击，击毙伪军营长李怀臣等10余人，李寿山逃回大孤山。

为打击日、伪军的气焰，1932年10月26日，邓铁梅联合义勇军第五十六路刘景文部、第三十五路李春光部共2500余人围攻大孤山。大孤山镇四周设有10多公里长的城壕，壕内水深没人，壕外有铁丝网。李寿山部伪军3个团共1500余人驻守镇内，防御工事坚固，义勇军多次强攻均未能攻下，但镇内敌人也无法冲出镇外。在义勇军炮火的轰击下，伪军每日都有伤亡。前后20余天，敌人弹尽粮绝。11月17日，伪军营长赵书怡带领40多人的“敢死队”从南二道沟大板桥突围。在义勇军强大火力阻击下，赵书怡被击毙，“敢死队”大部人员被打死，少数逃回镇内。11月22日，日军天野旅团一部约500人从岫岩赶来增援，义勇军撤出战斗。围攻大孤山之役共28天，打死打伤伪军200余人。此后李寿山龟缩在大孤山镇内，轻易不敢出动。

日、伪军在连续遭到义勇军的打击后，对三角地带的形势极为关切，尤其担心三角地带抗日区的义勇军打出庄河、岫岩进入盖平县境，到达南满路（长春至大连）沿线，进而威胁其“关东州”地区的统治。1932年12月中旬，敌人调集重兵对三角地带实行规模空前的“讨伐”。从12月13日开始，日军多门二郎第二师团、坂本政右卫门第六师团各一部，独立守备队第三大队（驻大石桥）、第四大队（驻连山关）及伪靖安军共1万余人，从盖平、海城、岫岩、本溪、凤城、安东、大连等地多路出兵，向以尖山窑、龙王庙为中心的义勇军游击据点包围前进。由于敌人兵力过于强大而集中，加之缺乏应付大规模“讨伐”的经验，义勇军一开始采取分头迎击、处处设防的战法，结果分散了兵力，在敌人“讨伐”的最初几天里，龙王庙、尖山窑等许多据点相继失守，不得不暂避敌锋退到山林地带分散进行游击活动。12月16日晚，日军顾问森秀树率领伪靖安军“讨伐队”到庄河县土城子宿营。庄河大刀会侦知这一情况后，立即集合500余人，在敌人毫无察觉的情况下，于夜半时分到达土城子，立即发起攻击。敌人从睡梦中惊醒，仓促应战。大刀会会友组成一道道人墙冲杀向前，势不可挡，将伪靖安军杀得四处逃散。住宿在深墙大院内的日军顾问森秀树听到枪声，立即冲出大门，挥舞战刀指挥战斗，但伪靖安军顶不住大刀会冲杀，纷纷退进院内。森秀树见势不妙，想撤回院内，刚跑到门口就被大刀会会友当场击杀毙命。

12 月 13 日，日军第二师团天野旅团从海城出发，向岫岩义勇军进攻。与此同时，驻辽阳日军独立守备队第六大队第二中队长长冈宽率领日军 100 余人和伪辽阳县县长杨显青、日本参事官成泽直亮率领伪军 700 余人，也前往岫岩“讨伐”。12 月 17 日，当日、伪军到达岫岩城北黄花甸子、关门山一带时，突然遭到义勇军刘景文、李纯华等部的猛烈攻击。此战打死打伤日、伪军 140 余人①，日本参事官成泽直亮以下日军数名被俘，400 余名伪军被缴械。伪县长杨显青带 40 余人逃回辽阳。

12 月下旬，日、伪军调集兵力继续“讨伐”三角地带的义勇军。这次“讨伐”，敌人主要集中在哨子河以北文家街、红花岭和尖山窑一带。邓铁梅、苗可秀侦知日、伪军的兵力部署后，于 12 月 28 日黄昏率队到达文家街西南山头，占领了制高点。随后，以猛烈的炮火压制住敌人的火力。庄河的大刀会和邓铁梅的大刀队，手持大刀长矛，很快攻入文家街内。义勇军多次发起冲锋，把敌人围逼到红花岭上。黎明之后，敌人逃向何家堡子、尖山窑一带。邓铁梅、苗可秀决定乘势收复被敌人占领的尖山窑据点。12 月 30 日，义勇军向尖山窑发起攻击，邓铁梅亲自督战，翌日拂晓即攻入尖山窑镇内。敌人逃到白旗堡。几次战斗的胜利，粉碎了日、伪军对三角地带抗日区的第一次“大讨伐”，巩固了义勇军的活动区域。

---

①　温永录主编：《东北抗日义勇军史》，黑龙江人民出版社 1987 年版，第 228 页。

从1933年春开始，日、伪军又连续对三角地带义勇军进行两次“大讨伐”，均未得逞。1934年春进行了第四次“大讨伐”。这次“大讨伐”，敌人实行“归屯并户”政策断绝民众与义勇军的联系。结果，使义勇军陷于困境，不得不化整为零分散活动。在义勇军分散活动中，邓铁梅在一农家养病时，被敌人侦知抓捕，1934年9月被日伪杀害于沈阳陆军监狱。邓铁梅牺牲后，苗可秀将邓部民众自卫军改组为中国少年铁血军，继续转战在辽东三角地带。1935年，苗可秀作战负伤被俘，亦遭日军杀害。之后，队伍大部分瓦解，个别余部坚持战斗到1939年。

三、辽南抗日义勇军的斗争

1932年春，抗日义勇军在南满路（长春至大连）中段沈阳至盖平间数百里的铁路两侧，即辽南地区，开辟了辽阳、鞍山、海城、营口、盖平、台安等地活动区域。

1932年二三月间，中共河北省委、北平市委派冯基平①、林郁青、李烈生（张寿篯、李兆麟）②等人到辽阳小堡一带组织抗日义勇军。他们以东北民众抗日救国会的名义，组织“长江”、“三省”、“燕子”等小股武装和当地民团联合抗日。3月中旬在辽阳三家子组成第二十四

① 冯基平（1911—1983），又名冯乃革，辽宁法库人。中共党员。1931年奉中共北平市委派遣到辽西义勇军耿继周部任秘书长，1932年春又到辽阳组建第二十四路军义勇军。新中国成立后，曾任北京市副市长等职。1983年病逝。

② 李烈生（1910—1946），原名李超兰，在抗日部队工作时名张寿篯，抗战胜利后名李兆麟，辽宁辽阳人。1931年7月加入中国共产党。1932年在辽阳参与组建第二十四路抗日义勇军。同年末到中共满洲省委工作，为军委负责人。1933年10月参与组建珠河反日游击队工作。之后，历任东北人民革命军第三军第一团政治部主任、东北抗日联军第六军政委、北满抗联总政治部主任、东北抗联第三路军总指挥、东北抗联教导旅政治副旅长等职。抗战胜利后，任中共中央北满分局委员、滨江省副省长、哈尔滨中苏友好协会会长。1946年被国民党特务杀害。

路抗日义勇军。为便于团结小股武装，公推烟台区（今辽阳灯塔市）区长、民团首领苏景阳为司令；李烈生为联络员，实际上代行指挥的职责。1932 年 6 月，上级党组织又派共产党员魏拯民[①]和夏尚志[②]等分别到辽阳小堡和第二十四路义勇军工作。9 月间，中共河北省委派共产党员侯薪、孙乙泰到达辽阳并与中共奉天特委接上关系，然后到第二十四路义勇军统辖的第一支队沈宝林部工作。第二十四路义勇军系中共派员组建，其部队和附近农村还建立了共青团组织和反帝大同盟、反日会、农民会、儿童团等群众组织，成立了义勇军、小堡、荣官屯三个团支部。当年 7 月间由夏尚志主持成立了共青团临时工作委员会，由冯基平、夏尚志、林郁青等领导。当年年初，在沈阳南郊还建立了第二十一路义勇军，活动于苏家屯以南地区。这是距沈阳市最近的一支义勇军。

在辽南组建的另一支义勇军，是原东北军军官李纯华于 1932 年 2 月末在海城县韭菜台联合张海天、吴三胜等部义勇军成立的辽南救国军，李纯华为总指挥。1932 年 5 月，又有辽阳王全一、营口顾冠军等部加入，力量有很大发展。6 月间，按照东北民众抗日救国会的编列序号，组建了东北民众抗日救国军第二军区，东北民众抗日救国会还派原东北大学学生高鹏、纪亭榭等人到辽南救国军中工作。

在辽南活动的救国军第二军区各部义勇军控制着广大农村，频

---

① 魏拯民（1909—1941），原名关有维，山西屯留人。1927 年加入中国共产党。1932 年被党组织派到东北工作，历任中共哈尔滨市委书记、中共东满特委书记兼东北人民革命军第二军政委。1936 年后历任东北抗日联军第二军政委，中共南满省委书记，东北抗日联军第一路军总政治部主任、副总司令等职。1941 年在桦甸县病逝。

② 夏尚志（1908—1990），又名张福增，吉林镇赉人。1930 年加入中国共产党。1932 年参加巴彦游击队，历任双城县委书记、奉天特委书记、哈尔滨市委书记、大连市委书记等职。抗战胜利后任嫩江省第一军分区政委。新中国成立后，任国家经委水利资源综合利用局局长、第二轻工业部计划司司长等职。1990 年病逝。

繁袭击铁路沿线敌人控制的城镇，给敌人造成极大威胁。营口、海城一带的项青山、张海天、顾冠军各部义勇军冲破敌人“讨伐”，逐步向北发展。他们争取了驻辽中的伪军一个连官兵起义，并于5月27日占领了辽中县城，5月29日攻占了台安。6月，日、伪军重占台安，不久又被义勇军攻陷。义勇军几进几出，使日、伪军疲于奔命，损失严重，惊呼“遍地皆匪”，“剿不胜剿”。

为破坏敌人的铁路运输，义勇军各部不断袭击敌人的车站及巡逻队，破坏铁路和通讯设施。据当时“满铁”“匪情统计”，仅7月中下旬的20天内，“满铁”沿线被义勇军袭击、破坏事件就达1063起①，平均每天50余起，使敌人的铁路运输几乎陷于瘫痪。

8月初，救国军第二军区向营口、海城、辽阳等城市发起新的攻势。8月1日、2日，顾冠军部两次夜袭营口市区，与敌激战，包围了新市街。日伪兵力不足，从海上调来舰船六七艘，并运来一批日军增强防御能力。8月上旬，李纯华部义勇军四次袭击了海城车站及附近日军设施。8月7日晚，辽阳纺纱厂工人尚吉元为迎接义勇军吴宝丰部攻打辽阳县城，将纺纱厂车间点燃起火，顿时厂房内烈焰腾空。城外的义勇军因日军阻击未能攻入城内。纺纱厂的日本警察前往弹压，尚吉元毫不畏惧，用事先准备好的菜刀砍伤了两个日警，因寡不敌众，壮烈牺牲。尚吉元的一把烈火，烧毁棉花万余斤和不少机械设备，使敌人经济上受到损失。他勇于牺牲的精神极大地激发了人们抗日救国的热情。

8月下旬开始，辽南义勇军以第二十一路、第二十四路为主力，经过认真准备，连续袭击沈阳城。8月28日晚，第二十一路、第二十四路义勇军3000余人从东、南、北三面向沈阳城发起攻击。北路行至北

---

① 《盛京时报》，1932年8月23日第4版。

大营附近与敌人发生激战，击伤了日本顾问和伪警察分局长等多人，后因敌人火力强大而被阻。南路义勇军占领了药王庙、勒石胡同等处，将伪军30人缴械，击伤了前来督战的伪警察局长齐恩铭，并与日军在大南门附近对峙。东路义勇军在反正的伪靖安军王营长配合下，烧毁了敌大东航空处汽油库和飞机库，库内20余架飞机和汽油均被烧毁。而后又攻打了兵工厂，破坏了无线电台。战斗结束后，王营长率起义的一个排伪军加入了义勇军。8月29日、9月1日义勇军再次攻打沈阳，虽未能攻入城内，但在广大群众中造成了良好的政治影响。1932年11月11日，根据东北民众抗日救国会关于按照辽宁全省义勇军的整体进行分区编列的安排，将第二军区改称为东北义勇军第二军团，军团总指挥由救国会军事部长王化一兼任，副总指挥兼第一路司令李纯华，下辖9路4个支队，转战于沈阳南部、辽阳、海城、盖平、复县、营口、台安、辽中等地。

1932年冬，东北民众抗日救国会资助辽南、辽东抗日义勇军一批军火，内有弹药20余吨和迫击炮、轻重机枪等武器。11月底，义勇军第二军团代总指挥李纯华等率人从海上押运军火，在黄海岸枣儿沟（今属东港市）登陆。枣儿沟一带是邓铁梅所部义勇军防地，军火上岸后，邓铁梅和苗可秀派部队护送到凤城与岫岩交界处。此时第二军团王全一部也到达岫岩关门山一带准备接运军火。利用这个难得机会，苗可秀以救国会联络员名义邀请邓铁梅、李纯华、王全一、刘景文、李子荣等各部义勇军领导人到岫岩县境哨子河聚会，研究军火分配和商讨抗日大计。这次聚会对各部义勇军团结抗日、协同作战、一致对敌起了重要作用。转战于辽南地区的义勇军第二军团所属各部，由于该地区日伪统治严密，兵力强大，难以坚持长期活动。1933年初，第二军团各部2000余人退出辽南地区，转往热河。时值热河抗战开始，他们参加了热河保卫战。

四、东边道抗日义勇军的斗争

在辽宁东部以通化、桓仁为中心的东边道地区，1932 年春创建了辽宁民众自卫军。

1931 年 10 月，东边道镇守使于芷山公开投敌。驻防在桓仁县的辽宁省防军步兵第一团中校团副唐聚五和该县警察大队联络，秘密商讨抗日大计，东边道各县公安局长和警察大队长均愿意联合起来抗日。在唐聚五、郭景珊、李春润、孙秀岩、王凤阁①等相互联系下，经东北民众抗日救国会代表黄宇宙等奔走联络，东边道各县抗日代表 30 余人于 1932 年 3 月 21 日在桓仁开会，商定组成辽宁民众救国会，推举唐聚五、黄宇宙、王育文、张宗周、郭景珊为常务委员。辽宁民众救国会内分设政治、军事委员会，王育文为政治委员会委员长，唐聚五为军事委员会委员长。军事委员会内设辽宁民众自卫军总司令部，唐聚五任总司令，下辖 18 路义勇军。4 月 21 日，唐聚五在桓仁县师范学校召开誓师大会，正式宣布辽宁民众自卫军成立。大会发表了辽宁民众自卫军抗日暨唐聚五就职通电，内称："聚五等份属国民，兴亡有责；职为军人，尤须杀敌。今而不举，更待何时?"唐聚五还写下"杀敌讨逆，救国爱民"八个大字的血书，以表抗日决心。辽宁民众自卫军的基本成员是原辽宁省防军步兵第一团的两个营和通化、桓仁、临江等县的公安警察大队，共 5000 多人，此外还收编当地民团、绿林队伍，共编成队伍 18 路，总兵力约 3 万人。

辽宁民众自卫军第九路司令包景华，系黄埔军校第四期毕业

① 王凤阁（1895—1937），字阿亭，吉林通化人。早年在奉系军队中任下级军官，后返乡务农。1932 年 4 月，在通化组织辽东民众义勇军，任司令。1937 年被日伪当局杀害。

生，曾任国民党奉天党务特派员、辽宁省党务指导员，因参加国民党改组派被免职，返回家乡柳河县三源浦任小学校长。九一八事变后，他接受共产党的抗日主张。1932 年初，他在共产党员王仁斋[①]的帮助下组建成辽宁民众自卫军第九路。第九路义勇军允许共产党派人到其部队活动，允许共产党员任职，还允许在部队中建立共产党组织，公开宣传党的抗日主张。中共海龙中心县委按省委指示，派共产党员王仁斋、刘山春[②]等到第九路义勇军中工作，王仁斋曾任上校政治教官。此外还有一批进步青年、互济会会员、反日会会员也到该部从事反日宣传活动。

1932 年 5 月以后，桓仁、通化、新宾等县相继被义勇军攻占，辽宁民众自卫军开始向日伪控制的地区进军。日军闻讯，立即调动 200 余日本武装警察进攻通化，并命于芷山率伪军进军新宾。5 月初，汉奸于芷山率所部第三团团长田德胜、大队长邵本良两部约 3000 余人，并有日本军官数人随军督战，进逼新宾。驻守新宾的辽宁民众自卫军第六路李春润部在新开岭、老城等处阻击敌人，击毙伪军少校参谋刘芷藩以下官兵数十人，日本顾问大冢农昔也被击毙。于芷山见所受伤亡过大，即命部队向山城子、清原一带退去。

5 月 7 日，于芷山率伪军进入新宾县城。5 月 14 日，民众自卫军李春润、郭景珊部收复了新宾县城。于芷山不甘心失败，5 月 27 日又纠集两个团共 2000 余人进占新宾。6 月 1 日，李春润部再向伪军发起进攻，又攻克了新宾县城，于芷山险些当了俘虏，邵本良带伤逃跑。

---

① 王仁斋（1906—1937），原名王人增，山东文登人。1929 年加入中国共产党，从事秘密革命工作。1932 年创建海龙游击队。1936 年任东北抗日联军第一军第三师师长。1937 年在战斗中牺牲。

② 刘山春（1911—1933），山东章丘人。1929 年加入中国共产党。1931 年到东北从事党的秘密工作。1932 年春组织海龙工农义勇军。1933 年 1 月任海龙游击队政委。1933 年在战斗中牺牲。

于芷山向东撤退时，途经东昌台、三棵榆树一带，遭到王彤轩大刀队、马锦波卫队营的伏击，民众自卫军缴获了伪军大量枪支弹药，取得很大胜利。五六月间，民众自卫军王凤阁部攻占柳河县，收复金川、辉南县城，重创伪军王殿中部，将伪军田德胜团一个营全部缴械。6 月上旬，辽宁民众自卫军总部由桓仁迁到通化。这时，日军分别从朝鲜的惠山、中江、满浦、楚山、昌城等处越过鸭绿江，侵入长白、临江、辑安（今集安）等县，并继续向西进犯，妄图攻占通化。民众自卫军各部奋力御敌，日军被阻不得前进。8 月间，李春润、王凤阁、包景华各路义勇军在沈（阳）海（龙）铁路沿线活动，扒毁铁路，中断运输，先后攻占南杂木、营盘车站。民众自卫军围困海龙县城50 余日，城内伪军几乎弹尽粮绝。9 月 15 日晚，民众自卫军第十一路梁锡福部袭击抚顺市郊平顶山、杨佰堡等地，打死打伤杨佰堡采炭所日本所长渡边等多人，烧毁老虎台矿的汽油库、无线电台、安全灯房等设施，使全矿停产。自卫军撤走后，日军不敢出城追击，竟把兽性发作在老百姓身上。9 月 16 日中午，日本守备队、宪兵队及伪警察等大批兵力开到平顶山村，以该村通匪为由，将全村群众集中起来进行血腥屠杀。日军架起机枪先向手无寸铁的群众扫射，然后用刺刀、步枪对毫无反抗能力的居民进行残酷的杀戮。这次惨绝人寰的屠杀使3000 多名中国同胞死在日本侵略军的刀枪之下。这就是震惊中外的平顶山大惨案。

1932 年夏秋之际，辽宁民众自卫军唐聚五部得到很大发展，对日伪在辽东的各个据点连续发动进攻。在这些战斗中，自卫军虽然受到很大的损失，但战斗意志一直很旺盛，牵制了大批日、伪军兵力。

1932 年 10 月以后，日军调动 3 个旅团以及从朝鲜越境的日军及东边道伪军共约 3 万人向唐聚五部发动攻势。东边道地区通化、新宾、桓仁等县相继失守，被日军占领。唐聚五部向抚松一带集结，准备利用该地山高林密、交通闭塞的条件坚持斗争，但转移途中不断遭到日、伪军追击，队伍受到重大损失。在这种情势下，唐聚五把部队交与自卫军第七路司令郭景珊指挥，自己只身化装潜往北平。同年冬，部队难以坚持，在郭景珊率领下突围退往热河。也有一小部分队伍到东丰猴石一带坚持抗日，1935 年曾一度攻占东丰县城。

辽宁民众自卫军第十九路王凤阁部在 1932 年秋冬之际，转移到通化、辑安（今集安）交界的大罗圈沟一带活动。这里山高地险，易守难攻。王凤阁在这里修建了小型兵工厂、被服厂、粮食加工厂等，以保证斗争需要。1937 年春，在日军重兵“讨伐”中，队伍防线被突破，王凤阁及妻子、幼子被俘，当年 4 月 6 日在通化玉皇山下被杀害。

与唐聚五部辽宁民众自卫军联合抗日的，还有一部分朝鲜民族主义者组成的抗日队伍。这部分队伍原是 1929 年在辽宁兴京（今新宾）旺清门成立的朝鲜革命军。1931 年 12 月这支部队（朝鲜革命军）召开会议，研究如何发动东边道地区朝鲜族人民开展武装抗日斗争，不料行动被日本军警侦知，导致该部队主要领导人被捕，70 余人被日军杀害。在危急时刻，朝鲜革命军第三中队长梁瑞凤挺身而出，重整革命军，并任总司令，部队共有 400 余人。梁瑞凤还在通化县江甸子创办速成军校，先后培训学员 700 余名，其中有少数汉族青年。1932 年 3 月，梁瑞凤曾联合王彤轩所部农民自卫团组成辽宁农民自卫团，并一度占领兴京县的永陵街。后来唐聚五所部辽宁民众抗日自卫军成立，梁瑞凤所部参加辽宁民众抗日自卫军，与唐聚五部共同进行了多次战斗。唐聚五部瓦解后，梁瑞凤所率部队仍称朝鲜革命军，继续坚持抗日斗争。1934 年 9 月，梁瑞凤被叛变投敌的山林队首领“压东洋”杀害于桓仁县小荒沟。梁瑞凤牺牲后，其余部参与了东北人民革命军第一、第二军联合作战。后来有的参加了东北抗日联军第一、第二军，继续参加抗日斗争。

辽宁民众自卫军第六路司令李春润在唐聚五部大部分瓦解后，

率部分队伍转移到辽东三角地带继续抗日。1933 年 8 月，李春润为保护军火，在大李家堡子与日、伪军作战中负伤，随后牺牲。

辽宁民众自卫军第九路包景华部在义勇军溃散后，由共产党员王仁斋、刘山春收编残部，在中共海龙中心县委领导下，组成海龙游击队，以后编入东北人民革命军第一军第一师。

在辽宁省境内，还有原为国民党改组派、南京国民政府委员的朱庆澜于 1932 年夏在辽西、热河一带组建的辽吉黑国民救国军。朱庆澜自任救国军总监，收编 10 余支抗日队伍，转战于锦西、义县、北票、朝阳等地，配合辽西、辽北各路义勇军对日本侵略军作战。

辽宁省境的抗日义勇军斗争，在 1932 年夏秋之际发展到高潮阶段。抗日义勇军队伍得到了极大的发展，在辽宁各地，经东北民众抗日救国会委任的义勇军已达 58 路、27 个支队，人数达 15 万人。大刀会、红枪会等农民抗日武装也在各地相继出现，从而使武装力量急剧扩大。日军第八师团开进辽西后，加紧对义勇军进行“讨伐”，由于各路义勇军各自为战，很难形成统一集中的军事力量。东北民众抗日救国会鉴于这种情况，于 1932 年 6 月将辽宁各地义勇军划分为 5 个军区：辽西为第一军区，总指挥彭小秋；辽南为第二军区，总指挥王化一（由李纯华代理）；辽东为第三军区，总指挥唐聚五；辽北为第四军区，总指挥熊飞；辽北蒙边为第五军区，总指挥高文斌。各军区分别指挥所在地区各路抗日义勇军。1932 年 9 月，以朱庆澜为首的辽吉黑热民众抗日后援会与东北民众抗日救国会合作，又将 5 个军区分别改为第一、第二、第三、第四、第五军团，同时增编了冯占海的第六军团和冯庸的第七军团。这一期间，义勇军人数又有了很大发展，参加义勇军的不仅有广大的农民、部分城镇工人和地方上的警甲、乡团，一些开明地主、士绅，乃至县长、公安局长及商会、教育会会长等上层人物也投身到义勇军的战斗行列，初步形成了一个全民奋起联合抗日的形势。1932 年一年内，抗日义勇军在辽宁各地同日、伪军作战数以千计，毙伤日军千余人、伪军数千人。许多城镇被义勇军袭击，铁路被破坏。虽然辽宁各地义勇军在 1932 年末到 1933 年呈现失利、瓦解之势，但却充分显示了中国人民不怕流血牺牲、绝不当侵略者的奴隶、誓与国土共存亡的光荣传统和不屈不挠的斗争精神。

第三节　吉林自卫军和救国军的抗日斗争

一、吉林自卫军的组成，哈尔滨保卫战

吉林省的抗日义勇军，主要是以驻吉林省境内的原东北军组建而成，在组建过程中也容纳了一部分民众武装和绿林武装，其活动区域是松花江下游原吉林省东部（简称吉东）地区。

九一八事变时，在原吉林省境内的东北军驻军有陆军第二十一、第二十二、第二十三、第二十四、第二十五、第二十六、第二十七、第二十八旅，骑兵第七旅，东北边防军驻吉副司令公署卫队团，总兵力 9 个旅、1 个卫队团，约 6.5 万人。部队分驻省城吉林和长春、依兰、延吉、哈尔滨等地。日军进占吉林后，在熙洽诱惑拉拢下，先后有东北军 4 个旅附逆投敌，有几个旅拒绝利诱，走向武装抗日的道路。

1931 年 9 月 24 日，吉林省依兰镇守使兼东北军第二十四旅旅长李杜[①]，向其部队及所辖各县通电，呼吁军民团结一致，共同抗日。驻

---

① 李杜（1880—1956），原名李荫培，字植初，辽宁义县人。1901 年投身军旅。1928 年任吉林省依兰镇守使兼第二十四旅旅长。九一八事变后奋起抗日，1932 年 1 月成立吉林自卫军总司令部，任总司令。自卫军抗敌失败后，在上海、重庆等地继续从事抗日救亡工作。后被推举为东北抗日联军总司令。1945 年秘密加入中国共产党，为特别党员。新中国成立后，曾任全国政协委员、重庆市政协常委。1956 年病逝。

哈尔滨的邢占清第二十六旅和驻双城的赵毅第二十二旅也宣布抗日。9月25日，原驻吉林省城的张作舟第二十五旅，除一部分投敌外，全旅大部分官兵撤至榆树县城，宣布抗日。东北边防军司令部驻吉林副司令长官公署卫队团团长冯占海部约3000余人，在吉林未被日军占领前即撤至永吉县官马山一带。9月末，冯占海率部队在桦甸县境内老营盘举行抗日誓师大会，会后向吉林东部地区挺进。10月下旬，冯占海率部队渡过第二松花江，向舒兰、五常方向进发。所到之处受到人民群众的拥护与支援，许多有识之士和爱国青年加入抗日军。在吉林东部一带活动的小股绿林首领宫长海、姚秉乾等部也加入冯占海部抗日，抗日军声势大振。

1931年10月间，张学良、张作相指示原吉林省政府委员诚允在宾县重组吉林省政府，以示不承认熙洽的汉奸政权。11月1日，张学良正式委派诚允为吉林省政府代主席，李振声代吉林边防军副司令，丁超代护路军总司令，冯占海为吉林警备司令兼新编第一旅旅长。新加入抗日军的绿林首领宫长海、姚秉乾也被委为骑兵旅长，受冯占海统一指挥。抗日各部队官兵均归重新组建的吉林省政府统辖。新的吉林省政府组建后，恢复了对吉东并松花江下游地区28个县的管辖权。这样就为进一步开展抗日斗争创造了条件。

10月末，汉奸熙洽的伪吉林省政府起用了早在九一八事变前就被张作相撤职的原东北军骑兵第十六师师长于琛澂为吉林省“剿匪军”司令，马锡麟为副司令，以投降日军的原吉林军部队为骨干，重新编成5个旅伪军及1个铁道守备队司令部，每旅有日军1个小队。吉林省城原有库藏的枪支弹药尽数取出装备伪军。伪军组成后，开赴榆树、五常、舒兰等县进攻抗日军。12月末，于琛澂部伪军以优势兵力进攻驻榆树县城的张作舟第二十五旅。张部奋力抵抗，终因兵力单薄，部队伤亡过半，旅长张作舟被俘，榆树失守。冯占海部转战舒兰、五常之间，并向哈尔滨方向移动，以保卫哈尔滨市和这时设在宾县的吉林省政府。

1932 年 1 月下旬，伪军于琛澂部开始进犯哈尔滨。九一八事变前，吉林、黑龙江两省以松花江为界。由于中东铁路管理局及其中东路机构均设在哈尔滨，为国际交通中枢，故哈尔滨道里、南岗一带由东省特别区①管辖；道外设滨江道，属吉林省管辖。东省特别区长官原系土匪出身的张景惠，九一八事变后虽未公开投降，但早已和日本人勾结，进行卖国活动。1931 年 12 月以后，哈尔滨市形势日趋紧张，人心浮动。这时在哈尔滨及其附近的抗日部队有冯占海的新编第一旅，李杜的第二十四旅，邢占清的第二十六旅，丁超的第二十八旅，赵毅的第二十二旅，共约 5 万余人。驻宾县的吉林省政府通过李杜、冯占海联络滨江镇守使、第二十八旅旅长丁超抗日。1932 年 1 月 25 日、26 日，李杜、冯占海率部队开抵哈尔滨市进行布防。

1932 年 1 月 27 日、28 日，于琛澂伪军主力从五常向哈尔滨进犯，另一股伪军配合日军从哈（尔滨）长（春）线逼近哈尔滨。伪军分别向上号（今香坊）、南岗、三棵树发起攻击，李杜、冯占海所部官兵同仇敌忾，奋起反击。在抗日军排山倒海的攻势下，伪军大败，纷纷逃向阿城。抗日军的哈尔滨保卫战首战取得胜利。在 1 月 27 日作战中，日军 4 架飞机飞抵战场上空助战，其中 1 架被丁超部战士用步枪击中，飞机受创后着陆，机内的日军大尉清水下机抵抗，被抗日军击毙，飞机被焚毁。抗日军击退于琛澂伪军之后，哈尔滨市各界民众和社会团体纷纷前往慰劳，赞誉抗日军将士勇赴国难、杀敌保国的壮举，并捐献现款二万余元大洋。民众的爱国热忱极大地鼓舞了抗日军官兵。为加强对各抗日部队的统一指挥，原吉林军各抗日将领李杜、丁超、冯占海、邢占清、

① 东省特别区，系 1923 年中国政府设立的管理中东铁路沿线地带的省级行政区。

赵毅以及吉林省警务处长王之佑等，于 1932 年 1 月 31 日在哈尔滨召开了军事会议。会议决定由各抗日部队联合组成吉林省自卫军（即吉林自卫军），公推李杜为总司令，丁超为中东路护路军总司令，冯占海为自卫军副司令兼右路总指挥，邢占清为中路总指挥，赵毅为左路总指挥，王之佑为前敌总指挥。当日，吉林自卫军发表宣言，要求自卫军各部团结一致，共赴国难，卫国卫民。

粉碎于琛澂伪军对哈尔滨的第一次进攻后，吉林自卫军在军事上加强了对哈尔滨的防守，各部队分驻城内外，备战迎敌。由于于琛澂伪军进犯哈尔滨失败，日军迅速从辽西锦州调兵北上，准备再次进攻哈尔滨。1932 年 1 月 30 日，日军第二师团第三旅团开抵双城堡车站，与驻守此地的吉林自卫军赵毅所部第二十二旅发生激战。从 1 月 30 日晚到次日晨，日军以优势兵力出击，出动装甲车、坦克和 20 多架飞机参战，赵毅旅伤亡惨重，于 1 月 31 日下午退至哈尔滨。双城堡阻击战失利，通往哈尔滨的大门洞开。

日军攻占双城堡，控制了中东路哈（尔滨）长（春）线，运兵的速度大大加快。2 月 2 日，日军增调第二师团司令部、第十五旅团及铁道独立守备大队等大批兵力逼近哈尔滨南郊地区，在飞机、大炮、坦克、装甲车的配合下，采取了以日军为左路，伪军为右路的分进合击战术，向哈尔滨市内发起猛烈进攻。赵毅所部从双城堡撤退至上号一带，未及休整又投入战斗。吉林自卫军司令李杜亲临前线督战。由于日军进攻猛烈，加之哈尔滨市未能修筑防御工事，自卫军防区被迫一再收缩，渐次不支。2 月 4 日拂晓，日军发起总攻，先后突破顾乡屯、南岗防线，自卫军接连失利。2 月 5 日晨，日军又发动攻势，并于当日下午攻占哈尔滨火车站，突入道里区，迫使自卫军无力据守。自卫军将士虽死命杀敌，但终无法阻止日军进攻。2 月 5 日晚，自卫军全线撤退。北满重镇哈尔滨遂告陷落。哈尔滨失陷后，自卫军总部撤至依兰，其余各部则在巴彦、通河、方正、延寿、珠河（今尚志）、密山等地驻防，坚持抗日斗争。

吉林自卫军的抗日活动，得到了中国共产党的支持和肯定。在1932年1月30日日军大举进攻哈尔滨时，中共满洲省委发表了《为反对日本帝国主义进攻哈尔滨告士兵群众书》，号召东北军士兵兄弟们，“将军队枪械库的武装拿出来武装哈尔滨民众！与哈尔滨工农民众一致联合起来，打倒日本帝国主义走狗国民党的统治”[①]。后来满洲省委在向中共中央的一份报告里说到，“从今年一月底日本帝国主义进攻哈尔滨时，丁超、邢占清、李杜、冯占海等部下的兵士积极与日本帝国主义作战，且取得了许多的胜利，二十六旅的士兵英勇的向日军进攻……”[②]，对自卫军的斗争做了客观评价。吉林自卫军的组建及其初期抗日战斗，不仅在军事上打击了日本侵略者，也极大鼓舞了群众的抗日热情。

二、吉林自卫军在下江的抗日斗争

1932年初，中东路（满洲里至绥芬河）东段、呼（兰）海（伦）路沿线及松花江下游（简称下江）地区广大农村也兴起了义勇军的反日斗争。尤其是以农民群众为主体的带有宗教色彩的大刀会、红枪会，在斗争中相继出现。吉林自卫军各部吸收了这些民众抗日武装参加抗日，使自卫军这支基本由吉林原驻军组成的抗日队伍的内部结构发

---

① 《中共满洲省委告士兵群众书》（1932年1月30日），载中央档案馆、辽宁省档案馆、吉林省档案馆、黑龙江省档案馆编：《东北地区革命历史文件汇集》甲9，1988年印，第203页。

② 《中共满洲省委代表何成湘给中央的报告》（1932年7月20日），载中央档案馆、辽宁省档案馆、吉林省档案馆、黑龙江省档案馆编：《东北地区革命历史文件汇集》甲10，1988年印，第179页。

生变化，扩大了反日武装和活动区域，使松花江下游和吉林东部地区的抗日斗争有所发展。中共满洲省委在分析形势时指出："日本帝国主义及其新工具'独立政府'的进攻，也遇到了二十六、二十八旅士兵与各地民众义勇军的武装反抗，更在十九路军士兵的反日战争与全国反日斗争更形高涨之下，满洲的反日斗争更剧烈的发展起来"①。根据斗争需要，这时中共北满党组织派遣在兵委工作的一名工人党员带领几名同志前往冯占海部队，散发了许多宣传品，对冯部士兵产生了很大影响。

1932 年 3 月中旬，日军又调集第二师团所属第三、第十五旅团及两旅伪军向吉林自卫军各驻地发起进攻。日、伪军 3 万多人在飞机掩护下，在珠河县（今尚志市）黑龙宫，延寿县夹信子，方正县会发恒、高丽帽子、桶子沟等地从三面向自卫军围攻，双方猛烈交战，其中尤以桶子沟一役最为激烈。冯占海率第三旅士兵与日军厮杀，战斗最激烈时，日军第二师团长多门二郎亲自到前线督战。经一夜混战，日、伪军死伤逾千，丢弃 10 余门大炮及大批枪械退回高丽帽子，伪军投诚反正 2700 余人，而自卫军的伤亡也很大，战后即行撤离。

吉林自卫军撤退时，在方正南天门等地与日、伪军进行多次重大战斗。从战斗的整体看，日军武器装备精良，特别是重武器威力甚大。自卫军虽在局部取得胜利，却不能有效地阻止日军进攻。自卫军连日作战伤亡很大，弹药消耗殆尽，遂于 4 月 4 日放弃方正，退到依兰。

1932 年 4 月中旬，吉林自卫军经休整后，战斗力得到恢复。广大官兵收复失地要求甚高，纷纷要求反攻哈尔滨。下江地区的红枪会、大刀会等群众抗日武装也要求自卫军打回去。为此，4 月 20 日，自卫

---

① 《中共满洲省委接受中央关于上海事件致各级党部信的决议》（1932 年 3 月 31 日常委通过），载中央档案馆、辽宁省档案馆、吉林省档案馆、黑龙江省档案馆编：《东北地区革命历史文件汇集》甲 10，1988 年印，第 48 页。

军总司令李杜在依兰召开军事会议。会议认真分析了形势，认为天气渐暖，江河解冻，便于部队活动。加之黑龙江省的马占山已经率队反正，并于4月初在拜泉的军事会议上决定吉、黑两省抗日军联合进攻哈尔滨。这对自卫军反攻哈尔滨极为有利。且此时正值国联调查团即将到达东北之际，进攻哈尔滨无论成功与否，都有重要的政治意义。会议于是决定兵分三路反攻哈尔滨。具体军事部署是：左路总指挥马宪章率第一旅及苇河一带的红枪会由马桥河攻铁岭河、海林、一面坡之敌，然后逼近哈尔滨，并联络救国军王德林部牵制延吉之敌。中路总指挥杨耀钧率第二十六旅由依兰出发，经大小罗勒密、方正、延寿、珠河，沿途收编红枪会、大刀会向哈尔滨推进。右路总指挥冯占海率所部及宫长海等部，由依兰出发向哈尔滨挺进。李杜、丁超坐镇依兰指挥。

4月下旬，反攻哈尔滨之役拉开帷幕。进攻开始时，左中右三路大军进展顺利。4月24日右路冯占海部从依兰出发后，4月25日，先头骑兵部队一举攻克了方正县城。冯部只留少数部队驻守方正县城，主力继续前进，经过几次战斗，5月2日进逼宾州城下。5月3日，冯部配合当地红枪会，经3小时激战攻入宾县城内，伪军团长辛青山以下百余人被俘，余部溃逃。5月4日，攻克距哈东40公里的蜚克图，前锋则逼近市郊老山头、荒山嘴子一带。但冯部孤军深入，无力攻城，只能等待左、中两路大军的到来。

杨耀钧、邢占清率中路大军，沿途收编红枪会、大刀会等武装，于4月29日包围珠河县城。城内守敌有伪军1个团，车站驻有日军铁道守备队1个大队，配有铁甲车。攻城开始后，经半日激战，自卫军攻入城内，伪军大半被歼。但车站日军火力甚猛，自卫军强攻不下，形成了对峙态势。这时左路军也先后攻占了亚布力、横道河子等车站，包围了一面坡之敌。中路军经几日激战，于5月7日攻克珠河车站，歼敌数百人。自卫军及大刀会、红枪会均有重大伤亡。

正当吉林自卫军向哈尔滨挺进时，日本关东军司令部也在加紧调整军事部署。4月初，关东军司令部调第十师团到哈尔滨接替第二师团防务。第十师团抵达哈尔滨后，即于4月19日组成第八旅团村井支队，从陆路向一面坡、海林一线攻击。4月20日，又组成第三十三旅团中村支队，乘舰船由松花江顺流而下向方正一带攻击。4月29日，中村支队在方正南天门登陆，与吉林自卫军右路冯占海留驻的部队发生激战。5月7日，日军再次占领方正县城。为支援中村支队作战，日军第十师团又相继组织了第二、第三、第四船队沿江而下，到达南天门码头与中村支队会合。5月初，第十师团司令部把派到一面坡、海林一线的村井支队调回哈尔滨。一面坡、海林一线的防务则由刚从上海调到哈尔滨的第十四师团先行部队第二十八旅团接防。村井支队与第十师团司令部一起组成村井第五船队从哈尔滨出发沿江行进，5月12日到达通河。5月15日，中村、村井两支队及支援部队登陆，在第十师团长广濑亲自指挥下对依兰实行包围，中村支队到达距依兰20公里的二道河子。强敌逼近，依兰城危在旦夕。自卫军领导人李杜原以为依兰北面、西面有松花江、牡丹江作屏障，南面有崇山峻岭，没有被攻击之虞。因此部队尽皆派往前方作战，致使依兰城防守空虚。此时敌人突然攻来，自卫军总部及后方人员不得不在警卫部队的掩护下撤离，日军很快攻入城内。自卫军长期储备的大批粮食、服装、武器均落敌手，李杜率总部人员撤往穆棱县的梨树镇。日军又很快占领了汤原、佳木斯、富锦等松花江沿岸各县、市。依兰失守后，自卫军司令部与前方各部队一度中断了联系，更因前方部队粮秣弹药和服装无以补充，伤员无法治疗，自卫军士气大受影响。

在延寿、珠河地区的自卫军中路邢占清、杨耀钧等部，因给养断绝，战斗力大减。少数部队突出日军包围退至勃利、八面通一带休整。

自卫军左路因总指挥马宪章与刘万奎发生矛盾而互相仇杀,致使部队溃散。

冯占海部在宾县等待自卫军各部队反攻哈尔滨无望,又与李杜失去联系,遂于1932年5月下旬整顿队伍,改称吉林抗日救国军,公推冯占海为总指挥,李文光为参谋长。6月1日,冯占海部一部分兵力攻占哈尔滨市东面重镇阿城后,又挥师南下。7月2日,冯占海部3个旅向榆树县境内进发,进入榆树县境泗河城一带。当地群众得知抗日义勇军到来打日军,纷纷前来报告敌情和带路。经靠山屯、双榆树两次战斗,击毙日军指挥官大川、何部、草野等3人和伪军21人,俘敌500人,缴获步枪数百支、迫击炮2门、轻重机枪7挺以及大批军用物资,敌人败退至榆树县城。冯占海部挥师直扑县城,伪军刘宝麟旅不敢应战,弃城而逃。冯占海部占领榆树县城之后,稍事休整即撤出,继续前进,接连攻克五常、舒兰县城。部队攻破舒兰县城后,退据水曲柳岗休整。这时在舒兰南部活动的田霖领导的义勇军500余人参加冯占海部救国军。8月上旬,冯占海部从舒兰向吉林市挺进。8月27日,在珠琦川召开了团以上军事领导人会议,研究攻取吉林市的计划。以宫长海部组成的攻城主力部队,从9月10日至13日连续强攻,终因守敌顽抗,无法攻入市区。激战两天后,改变攻击计划,停止对省城吉林的围攻,部队转向舒兰、五常、榆树一带活动。

吉林自卫军李杜各部,从1932年5月依兰失守撤至梨树镇以后,招兵屯粮以备再起。各部队开展小规模游击活动,尚能坚持。但到1932年11月形势发生变化。这时,日军已将黑龙江的马占山、苏炳文部击溃,转而集中兵力向哈(尔滨)绥(芬河)路沿线和松花江下游地区展开"讨伐"。1932年11月下旬,日军以3个师团的兵力向松花江下游进犯。在日军强大攻势面前,丁超、王之佑先后投敌,所属部队尽被缴械。日军乘势进攻，占据八面通，直指梨树镇。丁超既降，李杜势孤难支，遂率部北移。北移途中又屡遭敌人攻击，部队伤亡很大，队伍基本溃散。12 月下旬，李杜、邢占清、杨耀钧率残部沿穆棱河北岸向虎林撤退，翌年 1 月 9 日进入苏联境内。吉林自卫军抗日活动结束。

三、吉林中国国民救国军的抗日斗争

吉林省境内这时另一支较大的抗日部队是原东北军下级军官王德林①创建的吉林中国国民救国军。九一八事变爆发后，东北军第二十七旅旅长吉兴刚投降日军，王德林就下决心走抗日的道路，但由于吉兴的牵制，一时间难以举事。1931 年 11 月间，日本急于修筑吉（林）会（朝鲜会宁）铁路，为使其早日全线通车，从敦化派测量队到瓮声砬子进行筑路测量。吉（林）会（朝鲜会宁）路修筑权是 1909 年日本帝国主义同清政府签订"间岛条约"时攫取的特权。该铁路从朝鲜会宁到中国吉林，由于遭到延边地区各族人民强烈反对，一直未能全线修通。到九一八事变时只修筑了图们至天宝山之间、敦化至吉林之间两端线路。当时日本测量队在一队日军保护下进入王德林任营长的原东北军第二十七旅第六七六团第三营防区进行测量，并占领了第三营在砬子上的哨所。王德林命令值日班长向日军开火，当场击毙日军两名。效忠日军的吉兴怕日军怪罪，急令王德林率第三营离开吉（林）会（朝鲜会宁）路线，命其到五常、舒兰参加于琛澂的"剿匪军"。为了麻痹敌人，王德林佯作服从，一面率队向五常方面移动，一面积极准备公开起事抗日。1932 年 1 月中旬他在延吉小城子（今汪清县春阳）宣布起义。

中共东满特委得知王德林的抗日义举后，立即派胡泽民、王毓民

---

① 王德林（1875—1938），山东沂水人，原系绿林出身，后被东北军收编。九一八事变前任第二十七旅第六七六团第三营营长，驻防延吉瓮声砬子（今安图县明月镇）一带。九一八事变后举旗抗日，成立吉林中国国民救国军，任总指挥。1933 年经苏联到关内。1938 年病逝。

等10多名党团员参加王部的起义活动。之后中共延吉县委派李延禄[①]参加救国军工作，国民党吉林省蛟河地方党部也派盖文华前往王德林部帮助组织抗日。1932年2月8日，在延吉县小城子，王德林率起义的全营官兵举行抗日誓师大会。大会宣布队伍名称为吉林中国国民救国军（简称吉林救国军或救国军）。王德林为救国军总指挥，孔宪荣为副总指挥，吴义成为前方司令。不久，又委任李延禄为救国军参谋长。救国军以王德林的第三营500余名官兵为基础，吸收了延吉、珲春、和龙、汪清等县警察、保安队员及各县青年农民和青年学生，总人数达1200余人。救国军成立后，中共汪清县委派遣李光组织了党员、团员、革命青年参加，救国军遂以他们为骨干编成别动队，后来成为救国军中战斗力很强、声望很高的队伍。

吉林救国军成立后，为打击敌人，扩大抗日影响，决定攻打敦化县城。敦化县城是日军修筑吉（林）会（朝鲜会宁）铁路的据点，如能攻占该城，既可破坏日军筑路计划，又斩断了朝鲜到吉林的交通，战略意义重大。1932年2月13日，王德林下达战斗动员令，同时派出一批人员到吉（林）敦（化）路附近区村发动群众破坏铁路桥梁和通讯设施，以使其与吉林的联系中断。敦化县城外有伪军曲团驻扎沙河沿，全团约1500人，其中不少下级军官及士兵对抗日军有同情感。城内驻有日军警备队长谷大尉以下200余人，分守4门炮台；还有商团及保安队近300人。2月20日早6时救国军发起攻击，经过激烈争夺，各部先后冲破东、南、北门，于7时许进攻市街，占领县署。击毙长谷大尉等18人，俘日军11人，其余日、伪军

① 李延禄（1895—1985），吉林延吉人。九一八事变前曾任延吉县官盐榷运局缉私连连长。1931年7月加入中国共产党。1932年1月被党组织派到救国军王德林部工作。曾任东北抗日联军第四军军长。1938年10月到延安。1939年11月任中共中央东北工作委员会副主任。党的第七次全国代表大会代表。新中国成立后，任黑龙江省副省长、全国人大常委会委员等职。1985年病逝。

从西门逃出城去。2月22日，由长春独立守备队步兵第一大队队副清水正雄少佐率领的日军增援部队赶到，以猛烈炮火向敦化城内轰击，致炮台被炸毁；县城上空有3架日军飞机轰炸，城内民房被炸。为了不使城内居民受炮火之灾，根据指挥部决定，救国军撤出敦化城向宁安、穆棱一带转移。此次救国军突袭敦化，对日军构成很大威胁，日军不得不加派大批兵力对吉（林）敦（化）路和敦化县城加强防守。

敦化战斗之后，吉林救国军队伍扩大到5000余人。救国军在撤退转移途中，于1932年2月下旬曾攻下敦化以北重镇额穆（今属敦化）城和宁安县沙兰镇。不久，救国军指挥部先后移驻宁安五虎林（今牡丹江市五林镇）和穆棱兴源镇等地，大部队则集中于镜泊湖附近。3月间，救国军进一步扩大，编成7个旅、2个骑兵团，总兵力达2万余人，分驻宁安、东宁、穆棱、安图、珲春、汪清等10余县。为了提高部队战斗力，又在宁安镜泊湖南湖头对部队进行整训，王德林再次强调“杀敌寇、除汉奸，收复失地、安百姓”的救国军宗旨，并派出一些人员到乡村城镇宣传抗日救国，动员民众参加抗日队伍。经过整顿，救国军大大提高了战斗力。

救国军的迅速发展，引起日本侵略者的注意。从1932年3月起，日军先后抽调汪清、延吉1个大队和独立守备队第六大队，以中佐上田为队长组成上田支队进攻敦化、宁安一带的救国军。3月中旬，日军上田支队和一部分伪军共2000余人，自敦化出发，向镜泊湖方面开进，以寻找救国军主力决战。救国军总部侦知敌意图后，决定以补充团李延禄部为主攻部队，设伏于镜泊湖南湖头墙缝一带的崇山密林中，并令其他部队予以配合，待机伏击敌人。3月18日拂晓，一大批日、伪军行至墙缝附近，被日军逼迫带路的猎人陈文起不顾个人安危，把敌人领进救国军的伏击圈中。救国军发起猛烈攻击，伪军1个营投降，日军大尉小川松本以下120余人被击毙。救国军也有很大伤亡，猎人陈文起被日军杀害。3 月 19 日晚，敌宿营于小嘉吉河上沟。救国军得此情报后，即在镜泊湖西岸再设伏兵，并派兵诱敌深入，将日军包围在一个狭长地带。双方激烈厮杀。日军上田支队 132 人被击毙[①]。被围日军在飞机的掩护下才得以逃出。第二天，救国军又先后在松乙沟、关家小铺设伏重创日军。日军连遭打击，于 3 月 21 日更加疯狂地向南湖头猛攻。救国军难以抵御，退至鹦歌岭。日军用密集炮火轰击，还用燃烧弹引燃山林，用山火围攻救国军。救国军官兵虽顽强抵抗，终因寡不敌众，连长朴重根等 71 人壮烈牺牲。后经前方司令吴义成率部队赶来救援方得解围。发生在镜泊湖地区的这一系列战斗，后被称为镜泊湖连环战。它是抗日战争初期吉林救国军以共产党员李延禄所部为主攻部队进行的一场英勇战斗，鼓舞了抗日军民的勇气和斗志，打击了侵略者的嚣张气焰，在东北人民抗日斗争历史上留下了光荣的记载。

中共满洲省委对吉东地区义勇军抗日斗争十分重视，曾先后派人前往做发动群众的工作。1932 年春，满洲省委派省委委员、军委书记周保中[②]到宁安一带，设法打入吉林自卫军或吉林救国军，争取参与领导他们的抗日斗争。5 月间，周保中在宁安活动时被吉林自卫军发现，以“日本侦探”之嫌被绑至左路军总指挥部接受审问。周保中借机申明

---

① 《国民救国军抗日血战史》，载东北抗日联军史料编写组：《东北抗日联军史料》（下），中共党史资料出版社 1987 年版，第 380—381 页。所引资料中，日军上田支队误写作山谷支队。

② 周保中（1902—1964），白族，原名奚李元，云南大理人。1922 年就读于云南陆军讲武学校。1926 年加入国民革命军，参加北伐战争，曾任少将副师长。1927 年加入中国共产党。1928 年赴苏学习。九一八事变后回国，历任中共满洲省委军委书记、东北抗日联军第五军军长、东北抗联第二路军总指挥、东北抗联教导旅旅长等职。解放战争时期历任东北民主联军副总司令、吉林省政府主席。新中国成立后，任云南省人民政府副主席、西南军政（行政）委员会政治法律委员会主任等职，是中共第八届中央委员会候补委员，第一届、二届国防委员会委员。1964 年病逝。

本人身份和经历，阐释抗日救国主张和救国方略。当时参加吉林自卫军与吉林救国军联军左路军的吉林救国军前方司令吴义成，确信他是一位有胆有识有来历的爱国者，欣然留他在左路军总指挥部宣传部工作。同年8月，吉林救国军总司令王德林聘周保中为救国军总参议。不久，王德林又委任周保中为救国军前方总指挥部参谋长，与吴义成一起工作。周保中到前方总指挥部后，即和胡泽民等党员建立了党支部，并在士兵中发展了一批党团员，成为部队骨干。此后，周保中指挥救国军进行了一系列战斗，先后攻克东京城、安图县城。9月间联合安图、桦甸义勇军再攻敦化县城，而后又一举攻克敌据点额穆。

吉林救国军的抗日活动严重威胁着日伪在东满地区的统治，日军靠第二师团第三旅团的兵力已无法维持这一地区的"治安"。于是，日本政府从1932年4月初开始，先后派遣由驻朝鲜第十九师团一部组成的以池田大佐为队长的间岛派遣队（下辖两个步兵大队、一个炮兵大队）、驻朝鲜日军国境守备队的两个中队，分别到达延吉、珲春、敦化等地。同时又增派第十九师团第七十五联队第二大队开赴天（宝山）图（们）路担任警备。日本关东军第二师团第三旅团长长谷部照也率部向敦化进攻。这样，日军以近两个旅团和大批伪军的兵力围攻王德林所部吉林救国军。为应对这一严峻形势，4月3日，吉林救国军与吉林自卫军在穆棱下城子召开联席会议，议定成立吉林抗日联合军总司令部，公推李杜为联合军总司令，原有各部建制、名称一律保留。经过协商，规定自卫军担负中东路沿线的防守任务，救国军负责吉（林）敦（化）路沿线和东满地区的防守任务。此后，救国军各部与日、伪军继续战斗。6月以后，由于青纱帐起，山林繁茂，便于活动，救国军各部再次攻打敦化城，并破坏吉（林）敦（化）路桥梁两座。8月间，破袭吉（林）敦（化）铁路18次，迫使日军不得不加强吉（林）敦（化）路的守备力量。以后继续在吉（林）敦（化）路沿线活动，曾攻克安图县城。10月末，救国军各部联合反攻宁安，几度攻入城内，与日、伪军巷战三昼夜，予敌人以很大杀伤。反攻宁安的战役持续10天，后因日军从哈尔滨、一面坡等地派第十四师团一部和混成第三十八旅团增援，救国军才撤出宁安城。到1932年秋，救国军扩编为步兵17个旅、4个补充旅、3个骑兵旅、1个卫队旅，作战部队约有6万人。到1932年冬，日军又加派兵力向救国军发动大规模攻势。11月，天气骤变，风雪交加，救国军尚无棉衣御寒，冻饿交加，处境异常困难。

日军于1932年12月中旬开始，分别从延吉、汪清、牡丹江、哈尔滨等地出动，向宁安一带进发。1933年1月1日，日军广濑第十师团以少将园部指挥的第八旅团组成园部支队，攻击磨刀石。救国军参谋长李延禄率补充团等3个团近千人的部队在磨刀石迎敌。日军发起攻击后，救国军部队在铁路南山岗居高临下，沉着应战，敌人被阻不得前进。午后，敌人装甲车开到并以重炮轰击，磨刀石防守濒临危机。李延禄率队突围，向五虎林退去，磨刀石失守，整个中东路东线被日军控制。此后，日军集中兵力进逼东宁救国军总指挥部。

1933年1月5日，日、伪军集中共6000余人，在飞机配合下，由五站分兵两路进攻东宁。救国军虽力守阵地，但终因兵力悬殊，被日军攻下，东宁外围防线相继失守。1月6日，日军又增兵攻打东宁，救国军被包围，且又弹药告罄。经各旅长商议，王德林、孔宪荣于1月9日先行避入苏联境内，由吴义成兼代救国军司令。1月14日，东宁失守。1月下旬，李延禄率领的救国军补充团改编成受中国共产党领导的救国游击军，继续在宁安一带坚持抗日活动。

由吴义成率领的救国军部队，经历敌人“讨伐”后尚未完全溃散，在汪清、安图一带活动。1933年末，吴义成所率部队只剩百余人，后转移到东宁老黑山一带。吴义成去东宁老黑山时，周保中在安图以救国军总参谋长名义组织救国军辽吉边区留守处，周保中任主任。

周保中率所部并联合其他义勇军，在汪清、安图、桦甸、敦化、宁安一带坚持斗争。

四、吉林境内其他抗日义勇军的活动

在原吉林境内，自卫军和救国军两大抗日部队的英勇战斗，极大地鼓舞和推动了各地民众的抗日斗争，促进了各地小股抗日武装队伍的建立和发展。1932 年春夏以后，相继又组成了数十支抗日义勇军队伍，其中实力较大者有十余支。

罗明星率领的“三江好”义勇军。1932 年初，吉林省九台火石岭形成一支以矿工和农民为主体的抗日武装。第一任领导人宋海山牺牲后，工人出身的罗明星组成抗日义勇救国军，对外报号“三江好”。这支队伍活动于吉林的九台、德惠、双阳、永吉、舒兰、桦甸、磐石、敦化等地，从最初几十人很快发展到七八百人，最多时达 4000 多人。队伍一组成，即投入战斗。1932 年 3 月间，“三江好”队 6 人趁夜深袭击九台敌人驻地，击毙伪连长 1 人，缴获长短枪 70 余支，伪军 20 多人反正参加抗日队伍。同年 7 月，“三江好”队 700 余人包围驻九台沐石河永衡发当铺里的敌人，缴获 70 余支枪。8 月，袭击德惠县张家湾车站，缴获长短枪 80 余支、炮弹 13 箱、子弹 1 万余发。几试锋芒，声威大振。10 月间，两破九台，捣毁伪县政府，吓跑伪县长。1933 年初，“三江好”队与“殿臣”（傅殿臣）队联合进攻永吉县岔路河镇，与日军守备队激战，罗明星腿部中弹，撤出战斗。此后，队伍不断出现在长春、吉林之间，活跃于京（长春）图（们）线两侧，对日伪政权造成极大威胁。同年 6 月，罗明星又带 4000 余人的兵力打进九台，夺取部分枪支弹药，敌人惊恐，不得不将九台县政府搬至吉林城办公。8 月间，日伪当局集中兵力 3000 之众，追击“三江好”队，企图一举歼灭。罗明星队侦知日军企图，经过周密安排，几经周旋，转到外围。待敌军人困马乏之际，“三江好”队以迅雷不及掩耳之势冲杀敌人，用大刀砍死日军9名，然后撤走。“三江好”队一直坚持抗日到1935年。后因处境极其困难，罗明星将部队化整为零，以待机再举。罗明星本人潜赴黑龙江省依安县，因叛徒告密而被捕，1939年被杀害。

宋国荣率领的抗日救国义勇军第八路。宋国荣原系驻磐石的吉林省防军第八旅第三十三团第一营营长，所率部队被称为“宋营”。九一八事变后，第三十三团团长投敌，宋国荣拒绝附逆，率部撤至黑石镇。1932年7月间，宋国荣先后收编了磐石、桦甸、双阳、伊通、海龙、辉南一带的地方武装和小股山林队，共组成4个团，并接受东北抗日救国军委任的义勇军第四战区第八路番号，宋国荣自任司令。第八路义勇军成立后，宋国荣、傅殿臣两部人马，又调动小股山林队等共2000余人，于8月25日包围双阳县城，并在双阳外围与伪警察300余人激战。9月9日，又联合磐石、双阳、永吉一带的山林队及傅殿臣等部攻打磐石县城，占领4天，选出新县长，惩处一些汉奸，夺得一批给养，对日伪政权震动很大。9月21日，宋国荣部与傅殿臣部占领双阳县城，召开群众大会。宋国荣登台讲话说：军人天职就是保土卫民，为国家人民，一定血战到底，头可断，血可流，决不甘心当亡国奴。宋国荣慷慨激昂的讲话，激励了群众抗日斗志，一些知识分子和青年纷纷加入义勇军。在双阳的共产党员肖丹峰带领部分青年加入宋部，担任宣传部长，开展党的工作。宋国荣、傅殿臣部占领双阳两个多月时间，发动抗日救国斗争，打击土豪劣绅，救济穷人。宋国荣占领双阳县城引起日伪政权极大不安。11月间，日军驻公主岭守备队一大队和大批伪军对驻双阳的义勇军部队进行围攻。为了保存有生力量，义勇军主动撤离双阳，向磐石、桦甸、辉南山区转移，并跟随在那里活动的中共党组织领导的南满游击队继续进行武装抗日斗争。

活动在宾县(今属黑龙江省)一带的“朝阳队”。“朝阳队”的创建人孙兴周,辽宁朝阳县人,又称孙朝阳,原系马占山部龙江骑兵第二旅一个营长,1932 年秋率部并联合一些绿林武装宣布抗日,成立“仁义军”,亦称“朝阳队”。“朝阳队”成立后,部队发展到近千人,活动于宾县、珠河、延寿一带。“朝阳队”成分复杂,不仅有破产农民、工人、学生,而且有一部分土匪武装,加之缺乏懂军事的人才,作战中总是处于被动。1933 年春,原巴彦游击队参谋长赵尚志①打入“朝阳队”,并为“朝阳队”出谋划策。一次,“朝阳队”受到日、伪军包围,赵尚志提出进攻宾县县城转移敌人兵力,以解敌围的建议,得到孙朝阳的赞同。赵尚志率部分精锐部队智取宾县县城,日、伪军忙于增援县城,解除了对“朝阳队”的围困,“朝阳队”乘机冲出敌人包围圈。之后,孙朝阳任命赵尚志为参谋长。1933 年 7 月,“朝阳队”在哈尔滨附近又遭日军攻击,部队仅剩百余人。在赵尚志的劝说下,“朝阳队”联合其他数支反日队伍,于 8 月 10 日再次攻打宾县城,占领伪县公署,烧毁伪警察局,逮捕数名日军和汉奸,缴获许多武器和军需品。由于二打宾县的胜利,“朝阳队”士气大振,许多反日军纷纷来投,“朝阳队”恢复到七八百人,活动于宾县、珠河、方正、阿城及哈尔滨郊区,成为哈东地区的一支重要反日部队。然而,1933 年秋,“朝阳队”发生变故。孙朝阳受敌人诱骗,不辨真伪,欲离队赴北平参加所谓义勇军首领会议,经赵尚志等人苦劝无效。孙朝阳赴北平途中,在哈尔滨被日特逮捕,后被杀害。之后,“朝阳队”士气涣散,士兵逃跑,全队只剩下

① 赵尚志(1908—1942),辽宁朝阳人。1925 年加入中国共产党。同年年末入黄埔军官学校学习。九一八事变后投身抗日斗争。1932 年任中共满洲省委军委书记,同年任巴彦反日游击队参谋长。1933 年春任义勇军朝阳队参谋长。同年 10 月,创建珠河反日游击队,任队长。后历任东北人民革命军第三军军长、东北抗日联军第三军军长、北满抗联总司令、中共北满临时省委执委主席、东北抗联第二路军副总指挥等职。1942 年与敌战斗中负重伤被俘,后牺牲。

80 余人，不久便溃散。

田霖创建的吉林人民抗日自卫军。田霖原是东北军吉林陆军第二旅一个营长，1932 年 2 月，率部在吉（林）敦（化）铁路新站镇宣布抗日，成立吉林人民抗日自卫军，田霖自任司令，后有蛟河一带的红枪会以及绿林武装加入，部队共编成两个团。哈尔滨保卫战失利后，驻守马家船口的吉林自卫军苏剑飞①部在五常县牤牛河与田霖部队相遇，加入田部。吉林人民抗日自卫军经常活动在吉（林）敦（化）铁路沿线地区。1933 年春，田霖接张学良密令率队向热河靠近，4 月抵达热河边界。此时，热河已失守，长城各口相继陷落，田霖遂决定重返辽吉东部山区，继续坚持斗争。返回途中，在清原拦路沟与日、伪军发生战斗，田霖不幸中弹牺牲，部队大部被打散。后来，苏剑飞部突出重围，并将田霖旧部 200 余人吸收，重新编为抗日义勇军游击队，共 700 余人，苏剑飞任大队长，继续活动于清原一带。

王辅臣领导的德惠县抗日义勇军。1932 年 2 月，设在宾县的吉林省临时政府代主席诚允委任原德惠县政府公职人员王辅臣为东北抗日义勇军第三路司令，所部编为 3 个团。王辅臣联络各乡“大排队”②，收编了几个山林队③，人数最多时达 2000 多人，活动于岔路口、朝阳、上河湾、沐石河以东、松花江以西地区。战士身着便装，佩红袖标。1932 年 9 月初，王辅臣与幕僚李郁华、王佐臣等研究攻打德惠县城所在地大房身。9 月 5 日，攻城战斗打响，义勇军一举冲到伪县政府大院门前，伪县长庞仙芝躲藏起来。伪县政府、警察局、财政局被

---

① 苏剑飞（1907—1935），黑龙江双城人。1926 年至 1931 年入吉林省防军第二十七旅当兵，任排长。1932 年率部参加该旅田霖营起义抗日。1933 年 8 月参加海龙游击队，不久加入东北人民革命军第一军独立师，任南满第一游击大队大队长。1934 年加入中国共产党。1935 年在战斗中牺牲。

② ”大排队“，即地主武装。

③ 山林队，即绿林武装。

捣毁。义勇军准备打开监狱，放出犯人，但由于保安总部和保安队驻在附近，凭借高墙大院严密防守，义勇军攻打不下，王辅臣决定撤出县城，到德惠、榆树、舒兰边境地区活动。此时，恰值冯占海部攻入榆树县城，王辅臣驰赴冯占海部协商，王部被编入冯占海部吉林抗日救国军，王辅臣被委任为第二十五旅旅长。由于日军大批兵力追击，王辅臣部在松花江东一带很难活动。危机中很多人动摇逃跑，队伍溃散，王辅臣经亲友帮助隐蔽起来。1933 年夏，王辅臣经人介绍认识共青团哈尔滨道外区委书记董振国，向董振国报告了德惠县义勇军建立发展和失败的经过。之后，到三肇（肇东、肇州、肇源）地区进行抗日活动。1933 年秋，王辅臣在郭尔罗斯后旗（今肇源县）被捕，经营救出狱。1934 年到松花江下游汤原一带组织抗日队伍，在战斗中负重伤牺牲。

张锡侯领导的东北民众抗日救国军。1931 年 11 月，桦川县县长张锡侯组建了东北民众抗日救国军。该部队曾发展到 1000 多人。救国军吸收了一批当地工人和知识分子。1932 年 8 月，救国军攻打富锦县城，给日军以很大打击，后撤到饶河县境继续进行抗日活动。

桦川大刀会、红枪会等组织。1932 年夏，桦川大刀会 400 余人、红枪会 1000 余人曾先后攻打佳木斯和悦来镇。其中，悦来镇一役，红枪会消灭伪军近百人，缴获山炮两门和其他武器装备。同年秋，在佳木斯一带的红枪会、黄枪会及当地民团联合围攻佳木斯，因遭日、伪军顽强反击，红枪会等死伤千余人。

宝清地区抗日队伍。在宝清地区，1932 年秋，以青龙山、太平沟、小城子沟、梨树沟的红枪会为基础，联合组成东北民众救国军武术旅，司令张志超，共 600 余人。后吸收农民、工人等加入，队伍不断壮大。

集贤县红枪会。1932 年初，集贤县爱国志士汝有才、纪振刚等在集贤镇、太平镇、兴安等地组织红枪会。1932 年春，红枪会攻打集贤镇。同年夏，红枪会在太平镇消灭日军数十人，队伍迅速发展。

海林地区的“八大队”。1932 年 3 月日军占领海林地区后，在这一地区独占山头的绿林武装“岐山队”、“双山队”、“占林队”、“飞云龙队”、“西胜队”、“长江龙队”、“四季好队”、“金龙队”联合成立“八大队”，共 400 余人。不久，“八大队”一部在敖东西沟浦家坟一带与日军作战，打死打伤多名日军。以后，“八大队”时而分开，时而联合，与日、伪军展开斗争。

延寿、珠河的红枪会、大刀队。1932 年春，在延寿、珠河山区，以从山东来开荒的农民为主，在二洪山、腰岭子、新开道、秋皮囤等地组织起红枪会、大刀队。5 月，队伍攻进延寿县城，后又与珠河红枪会联合，攻打珠河火车站和县城。以后，队伍逐渐向南活动。7 月，红枪会 100 多人到达榆树县城和向阳、土桥子、青山、黑林子等地。所到之处，又有许多农民加入，队伍扩大到 500 多人，并一度攻入榆树县城，将降日的原东北军刘宝霖旅逼出城外。后来作战失利，队伍溃散，一部分人返回延寿。

九一八事变后，活动在吉林地区的抗日武装还有一支是韩国独立党领导的韩国独立军。1931 年 11 月 2 日，韩国独立军在五常县大石河子成立，总司令李青天。韩国独立军成立后，曾派参谋长申肃到哈尔滨会见滨江镇守使兼中东路哈绥护路军司令丁超，达成协议，两军共同抗日，决定在中东路东线打击日、伪军①。1932 年春，李青天部曾与冯占海部联合参加收复宾县的战斗。嗣后，韩国独立军在五常、阿城、双城、珠河、穆棱、东宁、绥芬河一带，与吉林自卫军、吉林救国

① 吉林省社会科学院编：《中国朝鲜族革命斗争史》，吉林人民出版社 2007 年版，第 362 页。

军联合作战，打击侵略者。1933 年 10 月，由于活动困难，李青天率 20 余名干部进入关内，其余部后来参加东北反日联合军第五军。

第四节 黑龙江抗日义勇军的斗争

一、黑龙江抗日救国军的兴起

1931 年 11 月江桥抗战失利后，马占山率部退守克山、拜泉、海伦等地，收容、整顿部队，吸收民团武装和民众抗日队伍，准备再战。但是 1932 年初，马占山在抗日道路上一度发生动摇，被日本利用，使黑龙江的抗日武装斗争出现了困难的局面。从 1931 年 12 月中旬开始，日本特务机关就两次派人对马占山游说。在其影响下，1932 年 2 月 16 日，马占山到沈阳，与汉奸张景惠、臧式毅、熙洽参加了所谓“四巨头会议”。会议名为讨论“联省自治”，实为筹建伪满洲国。马占山感到自己上当，因此未在日方草拟的“建国宣言”上签字，但接受了伪黑龙江省省长职务。

马占山参加“四巨头会议”后，全国各地纷纷谴责其变节行为，其旧部不少有识之士也坚决反对，有的愤然离他而去，有的部队也不听他调动。这种状况使马占山深受触动。马占山部下李海青、张锡五在其接受伪职不久同时举行哗变，率部冲出省城。1932 年 3 月 2 日，李海青、张锡五率部于肇州城（今肇源城）东二站、薄荷台、三站等地整训，并攻占了郭尔罗斯后旗（今肇源县）旗府所在地老爷屯。此后李海青率部南下，张锡五部开往兰西、青冈、望奎等地开展抗日游击战。

3 月上旬，李海青组建东北民众自卫军，自任总司令，绿林团伙、工农群众、青年学生纷纷来投，队伍骤增至万余人。3 月中旬，所部曾一度攻克扶余县城，声势大振。3 月下旬，发兵渡过松花江，占领哈拉海子，进至农安城下，直逼伪国都“新京”。日、伪军闻讯，集结大批兵力驰赴农安。李海青正欲起兵再取农安时，传来马占山重新组织抗日政府的消息，于是决定挥师北上，与马占山会合。

3 月 9 日，马占山在长春参加了溥仪就任伪满洲国执政典礼，并被任命为伪军政部总长、伪黑龙江省省长。马占山唯恐赴任长春会失去黑龙江省的地盘和军权，因而未在长春就职便返回齐齐哈尔。他就任伪黑龙江省长之后，面对日本人的种种要挟和刁难，对于事事都要服从日本顾问，深感不快，始省悟所谓“联省自治”实为阴谋。3 月末，马占山决意反正出走，重举抗日义旗。

4 月 2 日，马占山以亲往海伦一带处理部队不稳为由，乘汽车离开齐齐哈尔。4 月 3 日，在拜泉召开军事会议，研究对日作战问题。这次会议有吉林义勇军代表参加，研究了与吉林义勇军联合反攻哈尔滨的计划。4 月 7 日，马占山返抵黑河，再组黑龙江省政府，揭露日本帝国主义制造伪满洲国的阴谋，表示“一息尚存，誓本以身许国之初衷，决不负其许之主意”，同时发表对绅商、工农市民的文告，号召各界人民积极援助爱国抗日事业。在 4 月 12 日发出的《宣布日伪内幕决心继续抗日通电》中，马占山表示了他再次抗日的决心：“虽明知势孤力薄，难支大厦，然救国情殷，义无反顾。济河焚舟，早具决心。……一息尚存，誓与倭奴周旋到底，成败利钝，在所不计。”重举抗日义旗的马占山把大刀会、红枪会等民众抗日武装编成 11 支义勇军，原有的抗日部队整编为 9 个旅，共同组成了黑龙江抗日救国军，他自任总司令。这不仅收拢壮大了抗日队伍，而且使黑龙江省反日武装斗争具有更广泛的民众基础。整编后，马占山电嘱骑兵第一旅旅长、骑兵总指挥吴松林和骑兵第四旅旅长邓文等部迅速进攻哈尔滨。4 月 27 日，才洪猷、李天德部攻打松浦镇。夜 10 时，将敌逼至松浦镇呼海铁路局和车站内。因敌顽强防守,救国军久攻不下,遂即放火烧毁机车房等处。同日,邓文率部配合松浦作战,攻击哈尔滨对岸的马家船口,俘敌15名,残敌逃往哈尔滨。邓部正欲渡江歼敌,突有日军炮舰从江南猛轰救国军,邓文恐腹背受敌,遂率部退回原防地,并留一团兵力驻守对青山、庙台子一带监视敌人。邓文所部虽未能攻进哈尔滨,但攻打松浦和马家船口之战,是马占山重举义旗之后的第一个大捷,极大地鼓舞了人民群众的爱国热情,也初步改变了人们对马占山的看法。各地群众积极行动起来支持抗战。如海伦电灯厂工人帮助制造手榴弹、改装废迫击炮弹,哈尔滨中东铁路警局爱国人士暗中提供敌人活动的情报,绥化县县长段中藩负责筹备给养、秘密派人赴哈购买弹药等等,有力地支援了义勇军作战。

5月14日,马占山在黑河举行出征誓师大会,时值国联调查团到东北调查,他电令黑龙江抗日救国军主力再攻哈尔滨。5月15日,骑兵一部300余人攻击松浦镇日军,激战两小时,双方各有伤亡。5月17日,黑龙江骑兵第一旅吴松林部1500人包围了松浦镇日军,因敌防守甚严,并有日军一个大队前来增援,救国军主动撤兵。5月20日,救国军主力在呼兰以南与日军激战一天,敌人乘船逃走。

松浦战斗后,救国军士气高涨,积极收复江北各镇,并准备进攻哈尔滨。日本关东军司令官本庄繁为对救国军发动大规模攻势,命令在吉林地区作战的第十师团主力和刚派到中东路东线的第十四师团立刻回到哈尔滨集结,并于5月23日亲赴哈尔滨,指挥日、伪军进攻马占山抗日救国军。

5月24日,日军第十师团向呼兰一带救国军发起了猛烈攻击,飞机、大炮狂轰滥炸,步兵骑兵轮番进攻。救国军吴松林、邓文、才洪猷、李云集、李天德部及大刀会、红枪会等与日军激战两天,终因武器弹药不足，于5月26日夜向绥化撤退。日军第十四师团主力和混成第三十八旅团向呼兰、绥化方向进犯。日军第十四师团第二十八旅团（平贺旅团）和第十师团第三十三旅团（中村旅团）在5月26日占领呼兰，并沿呼（兰）海（伦）路向北进攻。第十师团另一部和伪军从齐齐哈尔出发，向救国军进攻，占领安达。到6月中旬，绥化、海伦、克山、拜泉等县相继失守。

救国军放弃呼（兰）海（伦）、齐（齐哈尔）克（山）铁路及沿线城镇后，撤往农村，改变了战术。要求各部队灵活作战，不死守，不攻坚，避实击虚，掌握作战主动权。对敌人或进行袭击，或加以扰乱；或施以破坏，断其联络；或截其辎重，以充军需，机动灵活地予以打击。根据这种游击战术的要求，各部队可以因时因地独立决定部队的作战行动。这样就提高了各部队的应变能力，调动了部队的积极性和主动性。

6月11日，邓文率部攻击驻海北天主教堂的日军。以一部兵力从正面攻击，另一部兵力在海北镇天主教堂南的赵家店附近打伏击，11日至12日，两天歼敌150余人。在青冈、克山、绥棱、甘南、拜泉、海伦等地的义勇军也不断袭击敌人。

6月间，马占山将所部重编为第一、第二、第三军，第一军军长邓文，第二军军长吴松林。部队广泛开展游击战争，曾先后攻克和袭击了克山、克东、通北、东兴、通河等县城，破坏中东（满洲里至绥芬河）、洮（南）昂（昂溪）等铁路，袭击敌人修筑齐（齐哈尔）克（山）路的筑路队，使工程一拖再拖。此时马占山转移到绥棱。6月中旬，马占山决定前往松花江南，与吉林救国军领导人李杜再度协商吉黑两军联合会攻哈尔滨、肃清北满敌人的计划。但消息被日军侦知。6月24日，关东军司令官本庄繁飞抵绥化，部署捕捉和消灭马占山的方案。日军除调动第十师团、第十四师团外，又急调骑兵第一旅团和关东军野战汽车队增援。日军兵力集中于绥棱、庆城(今庆安)地区向马占山救国军进攻。战斗持续半个多月,敌人未能找到马占山的司令部。6月28日,马占山到达肇东十间房,检阅李海青旅。这时李海青部实有8000余人,大部分有枪,马占山遂委任李海青为第三军军长。6月下旬,马占山偕少将参议韩述彭(韩家麟)、卫队旅长部斌山、参谋处长容聿肃、副官杜海山、民政厅长韩树业等和随行官兵约2000人从兰西出发东行,欲联合丁超、李杜两司令会攻哈尔滨。不料此行动计划被泄露,敌跟踪追击。马占山率部经绥化、庆城、铁骊(今铁力)到达东兴一带,日军已将沿江封锁,东行计划无法实现。马占山遂派省府参议李丕祖为代表,往见丁超、李杜两司令,转达会攻哈尔滨计划。后放弃东行计划向北转进,经东兴、巴彦、木兰、庆城,7月27日到达绥棱的王荣庙与敌交战。7月28日到达十七井子与敌激战到深夜。7月29日,马占山率千余人行至绥棱与海伦交界的罗圈甸子,被敌军近万人包围。经三天三夜激战,马占山仅率少数人突围,阵亡及失踪者约500人①。战斗中,敌见阵亡的少将参议韩家麟蓄有短须并带有马占山的名章和用具,误认为马占山已死,照相登报,并报天皇邀功,大肆宣传“黑龙江的暗云扫清”,“全省治安得以恢复”。马占山率少数部下进入茫茫林海,于9月间走出山林,到达龙门(今龙镇)。之后,与苏炳文联合作战。

二、东北民众救国军的海满地区抗战

海满地区是指黑龙江省城齐齐哈尔西北的海拉尔和满洲里地区,简称海满地区。

---

① 中央档案馆、中国第二历史档案馆、吉林省社会科学院合编:《日本帝国主义侵华档案资料选编·东北“大讨伐”》,中华书局1991年版,第52页。

九一八事变前，苏炳文任黑龙江省呼伦贝尔地区警备司令兼中东铁路哈（尔滨）满（洲里）线路护路军司令、省防军步兵第二旅旅长。1931 年 11 月，马占山率部进行江桥抗战时，苏炳文旅一个团奉调参加了江桥阻击战。

日军在占领黑龙江省会齐齐哈尔之后，便意欲向海满地区进军。但因海满地区与苏联为邻，直接出兵怕引起苏联干涉，所以并未急于出兵。作为另外一手，日伪当局极力对苏炳文等海满地区的实权人物进行诱降活动。在很长时间里，苏炳文虚与日伪当局周旋，既未公开表示举旗抗日，又和日伪政权保持一定距离。日本关东军司令部曾对苏炳文许以“中东铁路护路军总司令”、“满洲国军政部长”、“黑龙江省省长”等要职相利诱，均被其拒绝。1932 年 9 月间，在如火如荼的抗日浪潮推动下，苏炳文决定奋起抗日。

1932 年 9 月 23 日，苏炳文在海拉尔召集主要军官集会，会上决定组成东北民众救国军，以苏炳文为总司令，张殿九为副司令，谢珂为参谋长，编制了总司令部各处及下属各部队和地方部队。9 月 26 日，苏炳文在海拉尔秘密部署举义行动。9 月 27 日晨，驻满洲里、海拉尔、博克图、扎兰屯、富拉尔基等各站护路军，按照总司令部命令，在同一时间一律佩戴“铁血救国军”臂章，以迅速动作解除了伪国境警察大队的武装，逮捕了日本驻满洲里领事山崎诚一、特务机关长小原重孝、伪国境警察队队长宇野和日特及走狗，并切断了与富拉尔基以东地区的联系。10 月 1 日，海拉尔各界人士及爱国官兵 4000 余人举行东北民众救国军成立和誓师大会，苏炳文、张殿九宣誓就职，同时委任谢珂为总参谋长，金奎壁为副参谋长，张玉挺为前敌总指挥，王尔瞻为呼伦贝尔警备司令。中东路苏联驻海拉尔站站长、职员等亦到会祝贺。同时向全国发出通电，表明海满军民将“消灭伪国，铲除汉奸，揭发暴寇鬼蜮之伎俩，恢复中国固有之土地”①。至此，在黑龙江西北地区又燃起了一股抗日斗争之火。

东北民众救国军誓师通电后，计划以主力渡嫩江，收复省城齐齐哈尔。不料日军侦知海满地区有变，已于10月1日在嫩江东岸布防并破坏了富拉尔基江桥，同时准备攻打救国军。10月3日，日军兵力部署就绪后，以骑兵2000余人，在炮火的配合下由齐齐哈尔以北强行渡江，进攻救国军江岸阵地。救国军张玉挺派一个营进行阻击，将敌击退，日军抛下12具尸体缩回东岸。10月6日拂晓，日军200余人在飞机、大炮掩护下乘橡皮舟强行渡江。在紧急关头，救国军急调驻碾子山步兵第二旅第一团的两个营来援。救国军官兵士气大振，英勇冲杀，敌伤亡惨重。但敌复又增兵至500多人实行强渡，救国军猛烈还击，迫敌退去。10月7日，日本关东军司令部急调第十四师团所属步兵第二联队、骑兵第十八联队、野炮兵第二十联队第一中队等组成由大佐中山健为支队长的中山支队，以全力“讨伐”苏炳文的东北民众救国军。

10月7日，日军中山支队千余人从齐齐哈尔西侧的桦木港偷渡嫩江，并于次日迂回攻击富拉尔基，妄图掩护其主力渡江西侵。救国军闻讯，用1个团兵力阻敌于朱家坎（今龙江县城）东部长川地房子村。日军在飞机配合下，向救国军发起猛烈攻击，双方死伤惨重，各自向后撤退。后经反复争夺，日军终以优势兵力攻占了富拉尔基。

10月10日，救国军总司令部在朱家坎召开军事会议。会议商定，救国军加速联系朴炳珊、李海青、邓文等部以商讨联合作战问题；同时决定，为阻止日军铁甲车来犯，炸毁前方阵地以东的富拉尔基铁路桥和昂昂溪至富拉尔基的木桥。

① 印维廉、管举先编：《东北血痕》，中国复兴学社1933年版。

三、黑龙江义勇军联合围攻齐齐哈尔

在东北民众救国军与日军激战富拉尔基之际，黑龙江抗日救国军总司令马占山，酝酿了一个反攻省城齐齐哈尔的作战计划。

1932 年 9 月 9 日，马占山重整兵力，除原有的邓文第一军、吴松林第二军、李海青第三军番号不动外，又编制了第四、第五、第六军 3 个军。第四军徐海亭为军长，第五军才洪猷为军长，第六军部斌山为军长。马占山与东北民众救国军苏炳文、张殿久部和黑龙江抗日救国军各部将领联络后，制定了四路大军围攻齐齐哈尔的作战计划，即：东路由朴炳珊部和邓文的第一军分别攻克泰安镇（今依安县依安镇）和安达站；西路由苏炳文、张殿九部由中东路西线进攻，攻克富拉尔基；南路由李海青第三军进攻昂昂溪；北路为主攻部队，由马占山亲自督率第四军徐海亭部进攻拉哈站。然后四路大军会合，攻克齐齐哈尔。

10 月 20 日，马占山亲率第四军徐海亭部进抵省城以北拉哈附近，并破坏了敌人的铁路运输。次日开始围攻拉哈站日军。由于敌人火力甚强，坚守车站站房和地窖，部队围攻八昼夜未克。10 月 31 日，用“木炮”轰垮了车站站房，又点火焚烧地窖，正欲全歼守敌，日军 4000 余人、伪军一个旅来援，义勇军遂于 11 月 10 日撤离拉哈。此役毙敌 600 余人，义勇军伤亡 900 余人。

按照围攻齐齐哈尔的作战计划，10 月 21 日，西路大军苏炳文组织救国军进攻富拉尔基之敌。各部勇猛出击，势不可挡，于 10 月 22 日攻克富拉尔基。10 月 23 日，日军第十四师团又急调洮南步兵、炮兵、骑兵各一部增援，再侵富拉尔基，与救国军展开激战。救国军前线指挥部鉴于敌军来势凶猛，而救国军已经连续血战未得休整，遂命部队主动退出城外，在离城 30 里的土尔池哈阵地布防。10 月底，救国军前方总司令张殿九指挥所部 1500 余人再次收复富拉尔基，并兵临齐齐哈尔郊外。

东路大军由朴炳珊、邓文两支部队组成。1932 年 10 月中旬，驻拜泉的原马占山旧部朴炳珊经苏炳文联络，再次举兵抗日，并就任东北民众救国军东路总指挥，后兼救国军副司令。该部 10 月下旬连克依安、克山等县城，切断了齐（齐哈尔）克（山）路，予敌以沉重打击。10 月下旬，邓文率部沿中东路进攻安达县城。经两昼夜激战，毙敌百余人，占领了县城。这时，日军及伪军檀自新等部来攻打安达。檀自新原为邓文部下，邓文闻讯，即派参谋长前去策反，檀自新当即表示愿率部起义。该部起义后与邓文部联合攻打安达站。经 5 昼夜激战，毙敌 300 余人，收复了安达站，之后沿中东路直逼齐齐哈尔。

南路大军在黑龙江抗日救国军第三军军长李海青率领下，于 10 月下旬进攻昂昂溪。因弹药不足，且有大批敌援军赶到，部队进攻不力只得退走。11 月初，李海青部 1000 余人再次进攻昂昂溪，以扫除各部义勇军攻打省城齐齐哈尔的屏障。指战员冒着敌人的炮火奋勇向前，残敌很快不支，李海青部攻克昂昂溪，对齐齐哈尔日军构成威胁。11 月中旬，正当各路义勇军不断进攻，并准备联合攻打齐齐哈尔时，日本关东军司令部从南满、吉东抽调大批兵力，统归第十四师团长指挥，向黑龙江义勇军展开空前的攻势。李海青部在昂昂溪附近阻击日、伪军进犯。激战两昼夜，敌我伤亡均严重，终因寡不敌众，被包围在车站内。后经组织反击，奋力冲出重围，伤亡达四五百人。随后，日军即扑向富拉尔基的苏炳文、张殿九部。苏炳文、张殿九指挥东北民众救国军奋勇迎敌，阻敌三昼夜，部队伤亡严重，不得不退守二线朱家坎。此时朴炳珊部在泰安作战失利，退往讷河，邓文部亦被迫回防拜泉一带。围攻省城齐齐哈尔之战遂告失败。

围攻齐齐哈尔失利后，马占山所部也相继撤离。部队由邓文率领撤回拜泉。日军第十四师团等各部分路从齐齐哈尔、依安、克山、克东、哈尔滨等处向拜泉进攻。11 月 20 日，日军发起猛攻。义勇军各部在拜泉外围奋力御敌。但因日军兵力强大，义勇军虽付出惨重代价，也未阻止住日军的攻击。11 月 28 日，各路义勇军撤到拜泉附近。这时部队严重减员，弹药无以补充，形势十分险恶。邓文召集各部领导人商讨对策，决心破釜沉舟决一死战。11 月 29 日凌晨，日军从空中飞机轰炸，并配以地面炮火，支援向拜泉发动总攻击。义勇军各部与敌血战两日，弹药用尽，无力支持。11 月 30 日晚，义勇军冲破敌围向拜泉南六大屯方向转进，拜泉失守。12 月 1 日，义勇军到达六大屯集结，尚有官兵 9000 余人。

马占山在满洲里收到拜泉失守的报告后，悲痛欲绝。12 月 3 日，苏炳文由海拉尔抵达满洲里。马占山、苏炳文二人商定，率一部分官兵乘车进入苏联。行前，马占山命所属各部转进热河继续抗日。根据马占山的命令，邰斌山率黑龙江抗日救国军第六军 1600 余人于扎兰屯附近出发向热河转进，途中与东北民众救国军 1700 人会合，经关门山、索伦山于 1933 年 1 月抵达热河，后参加了察哈尔抗日同盟军抗战。邓文率黑龙江抗日救国军 9000 余人且战且走，于 12 月 5 日到达肇东，与救国军第三军军长李海青部 3000 余人会合。1933 年 1 月中旬，两部人马经肇州、瞻榆（今通榆）等地到达热河省开鲁，后参加了热河抗战。1933 年 5 月曾参加冯玉祥组织的抗日同盟军，同年 8 月被国民党北平军分会改编。

马占山部另有程德峻、卢明谦、张云阁等部 4000 余人拟转进热河，但转移中受阻，在德都、讷河一带开展游击战争，取得一些胜利。1933 年末，张云阁作战牺牲，队伍逐渐星散。

四、黑龙江抗日义勇军余部的斗争

(一)张锡五所部坚持斗争

1932 年底,邓文、李海青等部抗日义勇军转移后,张锡五仍率余部继续战斗在青冈、望奎、兰西、肇东、肇州、安达等地。

张锡五原是青冈一带的义匪,报号“天照应”,向以“替天行道,杀富济贫”为宗旨,九一八事变前身陷囹圄。马占山出任黑龙江省主席后,了解张锡五忠勇之名,便亲自到监狱将其释放,令其召集旧部,组织民军,投身抗战。由于张锡五在战斗中英勇顽强,功绩突出,马占山委任张锡五为别动总队长副总队长。

1932 年 3 月初,马占山就任伪职不久,李海青、张锡五同时举行哗变,各自率所部冲出省城。此后张锡五部开往兰西、青冈、望奎等地开展抗日游击战。继而活动在洮(南)昂(昂溪)铁路和中东路(满洲里至绥芬河)沿线,参加了攻打昂昂溪、安达等战斗。

同年 12 月 1 日,张锡五率部活动在肇州的头台(今属肇源县),与伪军宋树声等 3 个团遭遇。张锡五率马队杀入敌阵,展开肉搏战。敌人认出率队纵横驰骋的是“天照应”,便疯狂涌来,将张锡五和一部分士兵团团围住。张锡五毫不畏惧,两支匣枪一起开火,敌人一个个应声倒下。经 5 小时激战,毙伤伪军数百人,张锡五部也付出惨重的代价。此役后,张锡五率部转赴兰西,后向明水、林甸一带转移。日、伪军尾随不放,义勇军几乎天天作战。张锡五为摆脱敌人,指挥部队忽东忽西,连日转战,有时一日不进水米,数日不得一饱,但义勇军将士坚持抗日,决不投降。

1933 年秋,张锡五率队袭击安达车站,攻进车站后缴获了一部分军用物资。正准备撤离时,突遭到伪军 3 个旅的包围。敌人狂呼乱叫,要活捉张锡五。张锡五提起一挺机枪率几名士兵登上车站房顶,居高临下猛烈扫射，掩护全队突围，他最后率卫兵杀出。此役，张锡五部损失过半，元气大伤。但是，张锡五仍不屈服，率队进入山区养精蓄锐，以图再战。

1934 年春，张锡五率部离开山区，在青冈、望奎等地开展抗日游击战。由于其队伍以马队为主，士兵久经沙场，骑术高，枪法准，抗日坚决，所以很有战斗力。敌人几次调重兵将张锡五部包围，但又眼睁睁地看着他们冲杀突围而去。

1934 年 10 月 15 日，张锡五率部由望奎、青冈绕至肇东，准备与大赉一带的义勇军会师。日、伪军发觉后跟踪追击，将张锡五部包围。敌出动飞机狂轰滥炸，逐渐缩小包围圈。张锡五部顽强反击，东杀西闯，伤亡惨重，最后张锡五仅率 10 余人脱身。战斗失利后，张锡五万分悲痛，发誓要重整兵马，为死难弟兄报仇。这时传闻下江一带共产党领导的抗日武装呈活跃之势，张锡五决定进入下江继续抗日。为避开敌人的追踪盘查，他令随从分头出发，在汤原一带会合。他只身一人化装搭车东行。不料在车上被汉奸认出，于 10 月 18 日被捕，押至黑龙江省伪陆军监狱。敌人软硬兼施劝降，张锡五大义凛然，重刑之下不皱眉头，壮烈牺牲，时年 35 岁。

（二）黑龙江抗日救国军第四军的斗争

1932 年 11 月拉哈战役后，黑龙江抗日救国军第四军军长徐海亭率部撤到讷河。这时退入讷河的原朴炳珊部 300 余人也并入第四军。为筹措军需军长徐海亭亲往黑河，将部队交由副军长程德俊和旅长卢明谦指挥。1932 年 12 月初，程德俊和卢明谦接到马占山关于救国军转进热河的命令后，当即率部出发。原计划由甘南越过中东路，沿索伦山前往热河，但在经布西到甘南时，因敌人在中东路沿线部署大批兵力，防守甚严，无法通过中东路。遂改变计划，由程德俊率一部分部队回德都，卢明谦率一部分部队退回讷河。

此时,讷河已被敌人占领。卢明谦率部猛攻讷河县城,激战一昼夜,毙敌百余人,攻克县城。日伪当局派参议朱俊卿到讷河县城对卢明谦劝降,遭卢明谦严词斥责。日伪见劝降无效,以重兵包围讷河县城。卢明谦挥军转移,乘夜赴德都、龙门,与程德俊部会合。两支队伍潜入德都山区,就地坚持游击战争,保存了部队实力,牵制了敌人的有生力量。该部坚持游击斗争半年之后,程德俊,卢明谦因盼关内出兵却渺无音信,遂于1933年6月将队伍交给旅长张云阁指挥,二人化装入关。张云阁旅长出身于绿林,自马占山抗日以后率队投入抗日行列,作战英勇,屡建战功。张云阁鼓励战士们坚定信念,坚持抗日斗争。他们以德都山区为基地,主动出击,不间断地打击敌人。1933年冬,队伍陷入弹药告绝,粮草不济的困境,日军乘机向德都山区发起大规模进攻。张云阁率部顽强抵抗,不屈不挠,在战斗中英勇牺牲,队伍星散,德都抗日游击区也陷入敌手。

(三)陈大凡、张锡侯等部的艰苦战斗

松花江、黑龙江、乌苏里江汇合处的三江地区(即三江平原),是吉林、黑龙江两省抗日义勇军的后方基地。1933年初,随着日军大举进攻,马占山和李杜等退入苏联境内,该地区的形势也发生变化,一些不坚定分子投靠敌人,群众抗日团体纷纷瓦解,白色恐怖笼罩着三江平原。

在松花江左岸的黑龙江省绥滨、萝北等地,原驻有马占山所部旅长刘滨率领的一个旅。刘滨在敌军压境的情况下向日军投降,李杜部将路永才也率一个旅投敌。这样,在绥滨、萝北一带的抗日武装只有绥滨县长陈大凡领导的绥滨县人民自卫军。

陈大凡(陈庸、陈锡勇),原是呼(兰)海(伦)铁路海伦车站站长,是受中共党组织影响的进步青年。1932年2月,在海伦车站党支部和四方台特支组织领导下,成立了海伦反日救国会,陈大凡任会长。

同年3月末，日军侵入松花江北岸松浦一带。为阻止日军继续北犯，4月28日夜，海伦反日救国会在陈大凡率领下，配合抗日义勇军，将松浦机务段和松浦机车大修厂的机车、车辆及一部分工人与职员转移到海伦。因在配合邓文等部义勇军松浦抗战中表现勇敢坚定，6月陈大凡被马占山任命为绥滨县长。陈大凡上任后，积极组织民众抗日，成立绥滨县人民自卫军，成为遐迩闻名的抗日县长。刘滨等投降后，日本宪兵司令官马上派人见陈大凡，要求他解散绥滨自卫军，并以委任汤原、萝北、绥滨三县的政治主席为诱饵，劝他投降。陈大凡断然拒绝了敌人的诱降。陈大凡坚持抗日的消息传遍松花江两岸、三江平原，许多抗日志士纷纷来投。首先来投奔陈大凡的是吉林省桦川县县长张锡侯，接着刘滨、路永才所部伪军也有不少人反正投奔人民自卫军。

张锡侯，原任吉林省同江县县长，随李杜起义抗日。1932年初，原桦川县长因系亲日派被李杜撤职，张锡侯接任桦川县长。桦川县所属佳木斯城，工商业发达，是李杜所部重要的后方基地。张锡侯治理有方，颇得李杜信任。同年6月，佳木斯失守，张锡侯率领400余人的地方武装转战于集贤、宝清、饶河等地，被任命为吉林自卫军后方警备司令。李杜撤入苏联境内后，张锡侯率部与陈大凡部会合。陈大凡、张锡侯两部会合后，陈大凡积极进行争取伪军的工作。各地大刀会、红枪会纷纷投入自卫军，队伍发展到1000余人，于是更名为黑龙江省抗日人民自卫军。

1933年3月18日，日、伪军集中优势兵力向陈大凡所部自卫军进攻。先以排炮向自卫军阵地轰击，然后将军车开出，列队示威，企图诱使自卫军投降。自卫军以缴获伪军的平射炮、迫击炮还击，击毁敌军车数辆。敌组织步兵向自卫军冲击。待敌军靠近阵地时，陈大凡一声令下，自卫军机枪、平射炮一齐开火，将敌人打退。次日晨，敌人又开始进攻，对中兴镇实行猛烈炮击，并且分兵向自卫军进行包抄，自卫军伤亡很大。傍晚时分，陈大凡身负重伤，被部下护送到黑龙江对岸苏联境内。当天中兴镇失守。

敌人占领绥滨后，张锡侯将自卫军余部分散隐蔽在各地。1933年夏，张锡侯又召集旧部进行抗日部署，旋因战斗失利，各部分散转移隐蔽。同年8月，张锡侯率一部分队伍离开绥滨到达饶河境内团山子，不久路有才率所部红枪会六七百人来投，路有才被张锡侯委任为旅长。此时高玉山、陈东山所部吉林自卫军已东山再起，张锡侯与高玉山部联络，配合抗日。1934年初，吉林自卫军再次受挫，张锡侯与高玉山、陈东山等先后退入苏联境内。

（四）海伦抗日义勇军的斗争

1932年春，中共满洲省委派李洪儒到海伦同顾旭东联系，以顾旭东之兄顾凤领导的山林警察队为基础，组织海伦抗日义勇军。在中国共产党抗日救国主张的影响和抗日义勇军抗日斗争的鼓舞下，以顾凤、顾义德、顾顺为首的海伦县山林警察队举旗抗日，改编为抗日自卫军一团，后改为海伦抗日义勇军，顾凤任总指挥，有官兵220人。这支队伍在海伦东部地区进行抗日武装斗争。

1932年6月10日，海伦抗日义勇军17人在薛洪福率领下，到肖永臻屯（今海伦市东方红乡文明村）活动，当日住宿在肖家大院。由于汉奸告密，次日黎明，40余名日军将肖家大院包围。敌人依仗人多、武器精良向义勇军发起疯狂的进攻。义勇军仅有7支步枪、2支手枪和部分土枪，在敌强我弱的情况下，薛洪福率队进行顽强反击，并派人冲出包围圈向驻扎在李栋屯（今海伦市南兴乡兴建村）的顾凤请求增援。薛洪福等经过残酷战斗冲出包围圈，向秦家岗（今海伦市东风镇文化村）方向转移。途中与顾凤率领的增援部队会合。然后顾凤率队重返肖家大院，围歼已占领肖家大院的日军。义勇军官兵英勇作战，使日军陷于重围。6月11日下午3时左右，日军指挥官被击毙。敌人军心大乱，派出一名骑兵冲出大院企图联络救兵。该骑兵行至马家岗附近时被抗日群众张清林刺死于马下。后敌又派2人化装溜出肖永臻屯。这时，指挥战斗的顾凤左胸中弹，义勇军为保存实力，向秦家岗转移。后来顾凤因伤势过重壮烈牺牲。这次战斗共击毙日军9人，是日军侵占海伦后受到当地抗日武装的一次沉重打击。肖永臻屯战斗结束后，海伦抗日义勇军转移到海伦东山里，和其他抗日队伍一起同日本侵略者进行斗争。

（五）各地红枪会的斗争

在义勇军进行抗日斗争的同时，抗日群众还组织了红枪会、黄枪会等组织进行抗日斗争。1932年10月10日，海伦一带的红枪会等抗日武装袭击了海伦县城，毙伤日军20余人，击毙伪警察局长以下9人。10月13日，红枪会等抗日武装袭击了海伦以南卢家屯的日伪驻军，敌伤亡多人。10月29日夜，红枪会又在海伦县的戴家店附近与日军警备队一部遭遇。双方展开肉搏战，红枪会员刺死日军3人，伤其4人。

当时，拜泉县万宝山的红枪会也进行了英勇斗争。拜泉县万宝山红枪会是当地农民陈久思创建的。1932年夏，这支带有浓厚宗教色彩的100多人的抗日武装，打出了“替天行道，扶正压邪”、“吞日立国，另安天下”的旗号。夏季的一天，红枪会会员手持长枪、大刀，攻进海伦县城内，以迅雷不及掩耳之势刺死守卫的日军4名，然后冲到广信公司楼下，把正在酣睡的20余日军全部刺死。海伦县城守军发觉后，凭借楼顶和庭院架起机关枪，居高临下向红枪会会员扫射。红枪会只凭手中大刀、长枪，无法与日军强大火力硬拼，冲杀中死伤60余人，会首陈久思与其子双双战死。陈久思战死后，群龙无首，队伍遂自动解散。

九一八事变之后在东北大地曾经风起云涌的抗日义勇军，人数之多，规模之大，范围之广，在中国人民抗击外敌侵略的历史上是空前的。据统计，1932 年东北抗日义勇军全盛时期，总人数达 30 万以上。东北抗日义勇军在对日作战中牺牲约 5 万人，作战失利后负伤约 8 万人；退入热河约 3 万人，退入苏联境内约 3 万人（后大部由苏方遣返至中国新疆），自动溃散者 7 万余人①。1933 年后，尚有一部分队伍保持原来的系统，或者分散活动，有的加入了东北人民革命军（包括抗日同盟军、反日联合军）继续坚持武装抗日斗争。

东北抗日义勇军的大规模抗日斗争虽然遭到挫折和失利，但它的历史作用和意义是应当予以充分肯定的。

第一，东北抗日义勇军的兴起，反映了中国人民近代反抗日本侵略的爱国热情，是民族救亡图存意识的新觉醒。中华民族在长期历史进程中，形成了勇于反抗外敌入侵、坚韧不拔、艰苦斗争的民族特性。每当外敌入侵，破坏和平自由之时，广大民众便奋起自卫，大兴义勇之师。九一八事变发生后，蒋介石和南京国民政府实行不抵抗政策，使全国人民和东北广大民众产生了极大的愤懑情绪。一方面对日本侵略者痛恨已极，一方面对南京国民政府的不抵抗政策极端不满。受创过巨，民众起而自卫，这是九一八事变后东北抗日义勇军迅速兴起的总根源。自东北抗日义勇军掀起大规模武装抗日斗争之后，在东北，在全国，抗日烽火一直在燃烧，并最终取得中国人民抗日战争的最后胜利。

第二，东北抗日义勇军的武装反日斗争打响了反对日本帝国主义侵略的第一枪，是九一八事变后最早奋起进行抗日战争的先驱。

---

①　此数字系参照 20 世纪 30 年代形成的各种资料综合而成。

它沉重地打击了日本侵略军的嚣张气焰，消灭了日军大批有生力量。九一八事变发生后，马占山的江桥抗战和辽宁、吉林、黑龙江各地义勇军即展开了民族自卫的武装斗争。从九一八事变到1933年，义勇军是东北反日战场的主要武装力量，它的主要作用在于牵制和打击了日军，延缓了日军对全东北的占领。据记载，1932年3月到12月，义勇军袭击大中城市有30余次，焚烧了沈阳、哈尔滨两地的日军飞机场，破坏了日本在抚顺的南满发电所。1932年3月份，南满路（长春至大连）、安（东）奉（沈阳）路沿线的城镇和重要车站被袭击达631次。1933年，仅辽宁义勇军就进行战斗4625次，参战46.7万人次①。另据日方非正式统计，从九一八事变到1934年，义勇军攻毁日本列车的总数不下2000次②。1933年10月3日，《盛京时报》报道：日方关于中日事件中的陆军死伤者人数，关东军战死将校99名、准士官以下1750名，共计战死1849名；关东军负伤将校243名，准士官以下4819名，共计5062名。两大项合计共死伤6911人。这个数字可以说是大大缩小的。日本侵略军一些头目自己曾供认，“日本皇军鲜血洒遍了全满洲”，可见付出的代价是沉重的。

第三，东北抗日义勇军的反日武装斗争，为中国共产党在东北提出建立武装抗日统一战线的方针提供了依据。九一八事变后，东北义勇军迅速兴起，来势猛，发动快，地域覆盖面宽，参加的社会阶层极为广泛，真正形成了全民武装抗日之势。义勇军的成分几乎包括了当时社会各个阶层。根据20世纪30年代资料记载，义勇军队伍中农村各阶层群众，包括青年、中年农民及民团武装等共占约50%，原东北军及警察部队的士兵和下级军官约占15%，绿林武装约占30%，知

---

① 《黑白半月报》第2卷，第3期，第54页。

② 《东北义勇军》，载《文摘》第1卷，第3期，1936年版，第107页。

识分子约占5%[1]。从义勇军领导人的出身看，有军官、警察、官吏、知识分子、开明地主、士绅、绿林首领和农民，其中以军官、警官和绿林首领为多数。他们在共同抗日旗帜下，自发地组织起来，与日本侵略者进行殊死战斗。东北军民联合一体，社会各阶层广泛参加，出现了共同进行武装斗争的好形势。东北抗日义勇军的抗日斗争实践证明，中国共产党领导全国各民族、各阶层建立全民族武装抗日统一战线不仅是必须的，而且是可能的。

第四，东北抗日义勇军为东北抗日游击战争培养锻炼了一批军事领导人才，积累了丰富的抗日斗争经验。东北抗日义勇军的斗争，经历了由兴起、发展到高潮、最后遭受挫折失利的过程。当义勇军的斗争转入低潮时，中国共产党及时“吸取了前一时期抗日运动失败经验与教训，提出了在东北建立全民抗日统一战线为总的策略方针，进而提出建立统一战线军队，抗日人民革命军，建立统一战线的群众团体反日会”[2]。历史的道路正是这样走过来的。1933 年以后，许多抗日义勇军部队或接受共产党创建的抗日游击队、人民革命军的改编或协同作战，或成为在中国共产党领导下的抗日武装的一个组成部分，从而把东北人民的武装反日斗争推向一个更高阶段。由于东北地区较早地实行了抗日民族统一战线这一总的策略方针，为全国抗战爆发前后抗日统一战线的形成也积累了经验，创造了条件。

1931 年 10 月东北抗日义勇军相继在东北各地兴起之后，曾以其巨大的规模和波澜壮阔之势予敌以重创，但到 1933 年初春，即出现失利受挫之势，究其原因是多方面的。

第一，东北抗日义勇军得不到南京国民政府的支援，只能坚持孤

---

① 达观:《东北义勇军抗日状况》，载上海申报馆:《申报月刊》第 1 卷，第 2 号，第 175 页。

② 黄振良:《东北义勇军血的教训》，载《时事特刊》1937 年第 6 期。

军奋战。抗日义勇军是东北地区民众和部分东北军官兵违反蒋介石国民党的不抵抗政策自发组织的民众抗日武装，一开始就没有得到政府的支持和支援。南京国民政府为实行不抵抗政策，采取将东北军部队调往关内，把军队将领召回等釜底抽薪的办法对义勇军进行限制和破坏。无论是起于民间的义勇军还是原东北军部分队伍改编组成的义勇军，全是无粮、无饷、无军服、无装备。义勇军大部分队伍都没有精良充沛的武器弹药，甚至使用大刀、长矛作战。这与装备精良的日本侵略军相比差距太大。这样的基本条件使义勇军受挫失利是不可避免的。

第二，东北抗日义勇军没有统一的领导指挥系统，组织上自由松散，缺少配合、协作。东北抗日义勇军在创建过程中的领导系统，辽、吉、黑三省各不相同。辽宁省的义勇军有两个系统：一个是东北民众抗日救国会，另一个是以原国民党改组派、南京国民政府委员朱霁青为首的辽吉国民救国军。东北民众抗日救国会是东北流亡关内的各界人士发起组织的，是一个民间抗日团体，不是军事领导机关。救国会在名义上把辽宁义勇军划分为军区、军团，实际上没有统一领导的权威。因而，各部义勇军不相统属，甚至有互相摩擦、损耗内力的现象。吉林、黑龙江两省以原东北军部队为主体的抗日武装，虽与张学良和东北民众抗日救国会有一定联系，但由于被敌军隔绝，联系不便，也无法加强统一领导和指挥。不仅吉、黑两省的抗日武装不能连成一体，统一行动，就是一省的抗日队伍也常常是各自为战，不能很好地互相配合、支援。松散而又缺乏坚强统一领导的义勇军抗日武装，尽管人数众多，但很难经得起强大敌人的进攻和各个击破，因而遭受失利挫折也是不可避免的。

第三，东北抗日义勇军没有明确的抗日救国纲领，难以凝聚各种抗日力量坚持长期抗战。东北抗日义勇军是在日本帝国主义武装侵略东北，中华民族面临危亡的紧急关头自发组织起来的爱国武装力量。参加义勇军的领导人和广大官兵、各阶层民众，具有一定的抵御外侮的民族意识，因此一开始，表现了相当强的战斗力。但是，在蒋介石国民党不抵抗政策的影响下，有些将领对抗日前途缺乏信心。他们虽然有强烈的收复失地的要求，但缺乏政治远见，要求也各不相同，不能提出明确的抗日救国纲领，不能从抗日大局出发，正确处理各方面的关系，特别是军民关系和各部队之间的关系，有时甚至相互掣肘，有的还损害群众利益。这样就不能凝聚军心、民心，难以坚持长期抗战，最后的失利也就不可避免。

第三章 中国共产党领导的反日游击队的建立及其抗日斗争

第一节 中国共产党组建党领导的抗日武装

一、中共中央、中共满洲省委关于创建反日游击队的方针

九一八事变爆发后，中国共产党在支持东北抗日义勇军进行武装斗争的同时，提出了创建党直接领导的抗日武装的重要任务。

九一八事变爆发的第四天即 1931 年 9 月 22 日，中共中央作出《关于日本帝国主义强占满洲事变的决议》，指出：要“进行广大的反对日本帝国主义的暴行的运动……提出武装群众的口号，使这些武装的群众团体变为游击队与工人自卫队”①，“加紧在北满军队中的工作，组织他的兵变与游击战争，直接给日本帝国主义以严重的打击”②。同年 10 月 12 日，中共中央又发出《关于满洲士兵工作的指示》，要求中共满洲省委派出巡视员，“帮助地方党部……深入贫民中间去，发展他们的分粮吃大户、围官衙的行动，加紧贫民自卫队的组

---

① 《中共中央关于日本帝国主义强占满洲事变的决议》（1931 年 9 月 22 日），载中共中央文献研究室、中央档案馆编：《建党以来重要文献选编》（一九二一——一九四九）第八册，中央文献出版社 2011 年版，第 567 页。

② 《中共中央关于日本帝国主义强占满洲事变的决议》（1931 年 9 月 22 日），载中共中央文献研究室、中央档案馆编：《建党以来重要文献选编》（一九二一——一九四九）第八册，中央文献出版社 2011 年版，第 569 页。

织，一直走向夺取地主武装……建立游击队”。在组织游击队的时候，“要特别注意到游击队本身政治上、军事上的巩固，在开始发动游击战争的时候，要找出群众斗争比较活跃，(敌人)统治力量比较薄弱的地方，游击队作武装斗争的前锋，群众作游击队的基础，把游击队与群众斗争配合起来，才能开辟游击区域与加强和扩大游击队”①。稍后，同年 12 月初出版的《红旗周报》发表了题为《反日帝国主义占据满洲中满洲中共党部的中心任务》的署名文章。文章明确指出：满洲党组织的中心任务“决不是仅仅笼统的提出‘罢工，罢课，罢市，反对帝国主义占据满洲……’”，“而要更切实的更抓住中心的提出满洲群众自动武装起来，赶走日本帝国主义，建立自己政权的主张”②。

根据中共中央的指示精神，中共满洲省委在支持与援助东北抗日义勇军武装抗日斗争的同时，提出了关于创建党直接领导的反日游击队的方针。

早在 1931 年 9 月 23 日，中共满洲省委在所作《对士兵工作的紧急决议》中就指出：“党应加紧领导与号召士兵群众，发动他们不让日本帝国主义军队缴械，反抗国民党长官之一切命令的斗争，以至叛变”。“叛变到农村去(最好到有工作的地方)，帮助与发动农民的斗争”，“进行游击战争”，“扩大与改编原来的队伍”③。1932 年 2 月 20 日，中共满洲省委在给中共东满特委的指示信中明确指出：“发动游击战争，是东满目前的主要任务”，要求东满党组织“坚决地去发动和

---

① 《中共中央关于满洲士兵工作的指示》(1931 年 10 月 12 日)，中共黑龙江省委党史研究室存。

② 苏广：《反日帝国主义占据满洲中满洲中共党部的中心任务》(1931 年 10 月 22 日)，载《红旗周报》1931 年第 23 期。

③ 《中共满洲省委对士兵工作的紧急决议》(1931 年 9 月 23 日)，载中央档案馆、辽宁省档案馆、吉林省档案馆、黑龙江省档案馆编：《东北地区革命历史文件汇集》甲 9，1988 年印，第 71、72 页。

领导工农群众反对日本帝国主义的经济、政治斗争，在斗争过程中去动员和组织广大群众，发动和领导游击战争”。1932 年 3 月间，中共满洲省委书记罗登贤召集周保中、杨林、冯仲云等开会，根据周恩来在《红旗周报》上发表的文章精神，起草了《抗日救国武装人民群众进行游击战争》的文件。文件指出：“只有人民群众起来，只有在群众斗争中创建党直接领导的人民武装，才能保证彻底抗日救国；同时党以这样的武装为核心力量，支持、援助和联合其他非党的一切抗日武装力量共同反抗日本侵略者”。同年 7 月 20 日，中共满洲省委给党中央的报告指出：“发动满洲游击战争，领导反日的民族战争，开辟满洲新的游击区域与苏维埃区域是满洲党目前最中心最迫切最实际的战斗任务。”①

上述一系列满洲省委文件表明，中共满洲省委虽然还受当时中央“左”倾教条主义的影响，但罗登贤等省委领导人从东北党组织当时面临的抗日斗争的实际情况出发，努力把开展和领导反日民族战争作为党的中心任务，并提出了创建党领导的抗日武装的方针。这一方针的中心内容就是：到农村去，在群众斗争的基础上，建立党直接领导的反日游击队；同时加强对分散各地的义勇军的工作，争取他们接受党的抗日主张，坚持抗日斗争，并逐步使之成为中国共产党领导的抗日武装。

二、中共满洲省委组织创建反日游击队

中国共产党建立后至 20 世纪 30 年代初，东北是党的力量较为薄弱的地区。虽然 1923 年后在哈尔滨等地建立了党的组织，但由于长

① 《中共满洲省委代表何成湘给中央的报告》（1932 年 7 月 20 日），载中央档案馆、辽宁省档案馆、吉林省档案馆、黑龙江省档案馆编：《东北地区革命历史文件汇集》甲 10，1988 年印，第 221 页。

期处于奉系军阀的严酷统治之下，党的活动经常遭到破坏，所以党组织一直是在极为困难的情况下缓慢发展。东北地区党组织及党员主要分布在沈阳、哈尔滨、大连等大城市和中东铁路、南满铁路沿线的一些城镇。1930 年 5 月后，由于大批在东北的朝鲜共产主义者陆续加入中国共产党，党员数量有了很大增加。到 1931 年年底，中共满洲省委所属党团员有 2132 人[①]。但党员中占多数的朝鲜族党员大都活动在东满各县和磐石、珠河、汤原、宁安、饶河等朝鲜族聚居的农村，而汉族和其他民族居住的广大农村，党的力量还很薄弱。中共满洲省委从这种实际情况出发，克服重重困难，发挥各地党组织和党员的积极作用，不断加紧在各地开展创建抗日武装的工作。

1931 年 11 月中旬，中共满洲省委召开会议，讨论了中央关于发动东北抗日游击战争的指示，研究了创建反日游击队、开展抗日游击战争的问题。根据东北党组织的实际情况，作出了加强党对创建游击队工作的领导、举办训练班培养游击队骨干、创办刊物指导创建游击队工作、派巡视员指导各地创建游击队的决定。会后，省委派中共大连市委书记童长荣[②]去群众反日斗争基础较好的东满地区组织与领导抗日斗争。由于当时沈阳已被日军占领，省委活动环境险恶，经济上也十分困难。11 月底，中共满洲省委机关遭到破坏，省委书记张应龙[③]等被捕，创建游击队的工作也暂时无法开展。

---

① 《满洲工作近况》（1932 年 1 月 27 日），载中央档案馆、辽宁省档案馆、吉林省档案馆、黑龙江省档案馆编：《东北地区革命历史文件汇集》甲 9，1988 年印，第 191 页。

② 童长荣（1907—1934），又名张长荣，安徽湖东（今枞阳县）人。1925 年赴日本留学，同年加入中国共产党。1928 年回国后，历任中共河南省委书记、中共大连市委书记。1931 年 11 月任中共东满特委书记。1934 年在战斗中牺牲。

③ 张应龙（1903—1934），曾用名张蒙宽、张一龙、张翔之，江苏扬州人。1924 年加入中国共产党。1931 年 2 月任中共满洲省委书记。同年 11 月在沈阳被捕。1934 年病逝于奉天第一监狱。

由于中央满洲省委在日军占领下的沈阳活动极为困难，1931 年底经中共中央批准，满洲省委机关由沈阳迁至哈尔滨。中央对满洲省委进行了改组，由中共中央政治局候补委员、中央驻满洲代表罗登贤任省委书记兼组织部长，何成湘任宣传部长，杨林①任军委书记，金伯阳任职工部长，徐宝铎任团省委书记。

中共满洲省委迁到哈尔滨后，立即召开扩大会议。会上，罗登贤分析了九一八事变后的东北形势，指出东北党组织的中心任务就是要领导民族自卫战争反抗日本帝国主义的侵略。会议确定了创建反日游击队的措施，制定了省委工作计划。之后，东北各地党组织根据省委确定的措施，派出许多优秀干部深入农村，为创建党领导下的抗日武装进行了艰苦的工作。

一、健全和加强各地党组织，以适应开展东北抗日游击战争的需要。在南满，中共吉林县委所属基层组织遭到敌人破坏后，已经不能承担领导当地抗日斗争的任务，满洲省委决定撤销吉林县委，所属农村党组织划归中共磐石中心县委领导。满洲省委于 1932 年 11 月、1933 年 1 月，先后改组了中共磐石中心县委和海龙中心县委。在东满，满洲省委于 1931 年 11 月派童长荣任东满特委书记，加强了领导。在健全中共延吉、和龙、汪清、珲春 4 个县委的同时，又建立了中共安图特支。1932 年 2 月，东满特委又派人到敦化，建立了中共敦化特支。在吉东，满洲省委于 1932 年 6 月将中共宁安中心县委改组为中共绥宁中心县委，扩大了工作范围；又先后建立了中共宁安县委和饶河中心县委。在北满，满洲省委于 1931 年末建立了中共汤原中心县

---

① 杨林（1901—1936），原名金勋，曾用名杨宁、毕士第，朝鲜平安北道人。1925 年加入中国共产党。曾任黄埔军校教官，参加过广州起义。1930 年 10 月任中共东满特委军委书记。1931 年 12 月任中共满洲省委军委书记。1932 年秋调江西中央苏区工作。曾任红十五军团第七十五师参谋长。1936 年在红军渡黄河东征战斗中牺牲。

委;1932 年 10 月,又将中共珠河县委改建为中共珠河中心县委。这些措施为创建党领导的抗日游击队奠定了坚实的组织基础。

二、满洲省委派干部到各地方和义勇军中,协助当地党组织直接领导创建游击队的工作。中共满洲省委历任军委主要负责人杨林、周保中、赵尚志、杨靖宇、吉密、张寿篯等先后到磐石、宁安、巴彦、珠河、汤原等地从事创建抗日武装的工作;又派冯仲云、童长荣、李延禄和金日成、崔石泉、金策、李红光等深入到各地开展工作。他们紧紧依靠当地党组织,与当地党的领导人一道深入农村或加入义勇军,发动反日斗争,在斗争中培养工人、农民、知识分子的骨干,夺取敌人的武器,武装自己,创建党领导的反日游击队。

三、举办军事训练班,培养军事骨干。磐石、汤原、饶河等许多地方党组织举办了多期军事训练班,培养军事骨干,作为建立游击队的核心力量。此外,中共满洲省委还创办了《红旗》等刊物,随时报道各地建立游击队的情况,指导创建游击队的工作。

经过两年多的努力,东北党组织先后在南满、东满、北满、吉东等地创建了党领导的十几支抗日游击队。

三、“北方会议”对创建抗日武装工作的影响

1932 年 6 月,中共临时中央政治局在上海召开直、鲁、豫、陕、满北方五省委代表联席会议(简称“北方会议”)。会议受中共六届四中全会以王明为代表的“左”倾教条主义影响,对北方各省党组织提出总的要求是:包括满洲在内的北方各省党组织,要反对右倾,武装起来保卫苏联,进行罢工、罢市、罢课,实行土地革命,建立苏维埃政权,建立红军。

“北方会议”要求东北党组织加强对义勇军的领导,这对东北地区党的工作是有指导意义的。但要求已被日本占领的东北也毫不例

外地进行土地革命，建立苏维埃政权，建立红军，把反日斗争与土地革命结合起来，则是不符合东北实际的。

出席会议的中共满洲省委常委、组织部部长何成湘[①]阐述了东北地区与南方省份不同的情况：东北与关内隔绝，已成为日本独占的殖民地；东北的工业基本被日本帝国主义所控制；日本在东北成立傀儡政权——伪满洲国；中共在东北的组织还很薄弱，群众基础也不广泛；东北群众的政治和文化水平低，加之日本人在东北的统治时间长，殖民统治严厉。由于这些有别于关内其他省份的特殊性，因此党在东北的工作方针也要与其他地方有所区别。

何成湘的发言反映了东北当时的客观实际情况。但会议主持者无视东北所处的特殊环境，斥责其是“满洲特殊论”、“北方落后论”。会议通过了《革命危机的增长与北方党的任务》、《开展游击运动与创造北方苏区的决议》和《关于北方各省职工运动中几个主要任务的决议》三个文件。这些文件提出东北党组织的任务是：推翻国民党的统治，建立劳苦民众的苏维埃政权，取得民族革命的胜利，求得中国民族的独立、自由、解放。在对待东北义勇军的问题上，“北方会议”要求：“必须用一切力量使义勇军的反日战争与土地革命密切地联系起来，毫不迟疑地依靠在义勇军的武装力量之上，没收地主豪绅、军阀、资本家的土地……使义勇军转变为工农红军，创造苏维埃政权。”会后，中共中央派李实到东北传达贯彻“北方会议”精神。

以罗登贤为书记的中共满洲省委曾根据东北已被日本帝国主义占领的实际情况，提出把反日斗争摆在党的中心工作的位置，积极创

---

① 何成湘（1900—1967），四川珙县人。1924 年加入中国共产党。1930 年任中共满洲省委代理书记、组织部部长、宣传部部长等职。1935 年任上海中央局组织部部长。新中国成立后，任甘肃省副省长兼秘书长等职。1967 年病逝。

建由中国共产党直接领导的反日武装的工作方针。但这一符合东北实际的正确方针却遭到临时中央的批判，罗登贤随之被撤销满洲省委书记职务，由李实任满洲省委书记。

同年7月，新一届满洲省委在哈尔滨召开省委扩大会议。在这次会议上，新省委完全接受了“北方会议”精神，会议通过了《中共满洲省委扩大会议决议——关于接受中央北方会议的决议》、《中共满洲省委扩大会议告同志书——关于开展两条战线的斗争及创建满洲的苏维埃政权问题》等文件。会后，省委的同志分别到各地基层组织传达贯彻中央“北方会议”和省委扩大会议精神，并要求各级组织和党员必须无条件执行。

在东北开展反日斗争的同时要求进行土地革命、建立苏维埃政权等“左”倾政策，给满洲省委的工作造成很大损失，使刚刚开展起来的反日斗争遭受挫折。一是在城市和工人运动中，省委一再号召罢工、罢课、罢市，组织游行示威，搞飞行集会，不顾客观实际情况在各种纪念日进行各种形式的公开斗争，结果暴露了党的组织力量，使敌人更加疯狂地对中共地下党组织进行镇压和破坏。如呼（兰）海（伦）铁路沿线车站和列车上，是中共地下党组织工作比较活跃的地方，但由于执行“北方会议”精神，经常进行散发传单、搞罢工等活动，不仅使党组织不断地暴露在敌人面前，而且使日、伪军警加强了对铁路列车的警戒和严查，造成群众不敢乘坐这条线路的列车，党的工作受到很大损失。二是在农村中开展抗租、抗债、抗捐、吃大户，以及没收地主土地等斗争，使一些有民族意识的地主乡绅恐慌起来，不但不向红军游击队提供给养，甚至与共产党产生对立。在农村中建立苏维埃政权，也不具备起码的条件。党在农村中的基础很薄弱，而日伪的统治力量却很强大，虽然在东北少数农村建立了苏维埃政权，但绝大部分地区并未实施这一计划。即使在个别地区建立起来的苏维埃政权，也很快被敌人破坏，有的则自己垮掉了。三是将共产党已经建立起来的反日游击队一律改称工农红军和赤色游击队，如把磐石工农义勇军改为中国工农红军三十二军南满游击队、巴彦工农义勇军江北骑兵独立师改为中国工农红军第三十六军江北独立师等，并要求执行土地革命和建立苏维埃政权的任务。结果原先对游击队表示同情和支持的一些地主不仅不供给游击队粮食，反过来还对游击队进行攻击。四是以“左”的态度对待各种名义的反日义勇军，认为他们是旧军阀和地主阶级手里的工具，要求共产党员向他们宣传反帝纲领与土地革命，把反帝战争与土地革命结合起来。结果使义勇军与共产党疏远起来，使刚刚建立的游击队陷入孤立境地。

总之，“北方会议”确定的“左”倾冒险主义的方针政策，给东北地区刚刚兴起的抗日斗争形势带来了诸多不良影响。但是在抗日斗争第一线指挥战斗的杨靖宇、赵尚志、周保中、李延禄等领导人和许多党团员干部采取不同形式抵制了“北方会议”精神的贯彻执行。他们为了服从上级，虽然把游击队名称改为红军，但并未完全执行土地革命政策，始终把抗日武装斗争作为中心任务，团结其他武装共同进行抗日斗争。“北方会议”这些过左的政策，使在基层从事具体工作并深知广大民众呼声的党员干部十分反感，产生了强烈的抵触情绪。无论是省委和市（区）委找一个支部同志谈话都很困难。召开支部会议更是困难，因为基层党员不敢接近省委同志，使省委的工作很难开展[①]。这一错误的方针政策直到 1933 年 5 月贯彻中共中央《一·二

① 李实：《九一八事变后，党在东北领导革命运动的回忆》（1961 年 5 月），中共黑龙江省委党史研究室存。

六指示信》后，才得以纠正。

第二节　南满地区反日游击队的建立

一、九一八事变前后南满地区的反日斗争

南满地区是指长春以南，南满铁路东侧的广大地区，大体上为今辽宁省的东南部和吉林省的南部地区。包括磐石、伊通、桦甸、西丰、东丰、海龙、通化、兴京（今新宾）、桓仁、宽甸、濛江（今靖宇）、清原、柳河、临江、金川（今划归柳河、辉南）、辑安（今集安）、西安（今辽源）、本溪、安东（今丹东）、辽阳、海城等县。该地区群山连绵，地势险峻，南满铁路贯通该地区，又与朝鲜接壤，地理位置十分重要。九一八事变前后，党组织即在该地区积极开展反日斗争活动，其中磐石、海龙是党领导的反日斗争活动中心。

磐石是吉林省中部的一个县，吉（林）海（龙）铁路贯穿其间。该县开发较晚，直至 19 世纪 70 年代才开始垦殖。1902 年始设县治。居民绝大多数是从鲁、冀、豫、晋等省迁徙过来的贫民。此外还有少部分是从朝鲜半岛逃亡过来的难民及反日人士。据 1930 年统计，全县人口约有 21 万人，其中朝鲜族约 5000 人。

磐石开垦的历史虽然较短，但土地所有权却相当集中。九一八事变爆发前，全县耕地大多为少数地主所占有，广大贫苦农民则很少有或者没有土地。由于封建地主和军阀的无情盘剥和压榨，农村经济处于凋敝状态，广大农民生活十分困苦。

1930 年前，中国共产党在磐石只有个别党员活动。1930 年初，党组织派朴奉（朴根秀）、王耿（文碧涛）、全光（吴成仑）等到磐石，以小学教员的身份开展革命活动。同年 6 月，中共满洲省委派秘书长廖如

愿[①]等人组成民族工作组到磐石进行建党工作和组建中共磐石县委工作。不久，中共磐石县临时委员会成立。临时县委直属省委领导，下辖磐东、磐北 2 个区委和 6 个支部，党员近 40 人。1930 年 8 月，在中共满洲省委巡视员陈德森的主持下，中共磐石县第一次代表大会召开。大会研究了党的组织、宣传、农民工作和共青团工作，通过了《政治决议案》、《农民斗争纲领》和《雇农斗争纲领》。这次大会正式成立了中共磐石县委。朴奉当选为县委书记，李承雨任组织部部长，安光勋任宣传部部长，金光道任军事部部长。县委机关设在玻璃河套。县委下辖磐东和磐北 2 个区委，伊通和双阳 2 个特支，以及 7 个基层支部。

中共磐石县委成立后，为了动员和组织各界群众开展反日活动，又先后成立了磐石县反日会、反日妇女会和童子团。同时，为保卫县委机关，还成立了特务队。特务队执行双重任务，一是保卫县委机关，二是同汉奸走狗作斗争。因而人们又将其称为“打狗队”。

1931 年 8 月，根据中共满洲省委的指示，中共磐石县委改组为中共磐石中心县委。全光任中心县委书记，朴奉任组织部部长，安光勋任宣传部部长。

九一八事变爆发前，磐石地方的阶级对立已相当严重。随着日本帝国主义侵略势力的步步渗透，民族矛盾也突出地显现出来。磐石人民在军阀、地主和日本帝国主义的双重欺压和盘剥下，生活更加艰难。在严重的民族危机面前，中共磐石县委在满洲省委领导下，发动群众同日本帝国主义展开了不屈的斗争。1931 年 2 月，党组织领

---

① 廖如愿（1904—1973），曾用名黄云腾、明州、黄龙云、黄龙书，湖南安化人。1923 年加入中国共产党。1929 年后历任中共满洲省委秘书长、中共东满特委书记。1931 年 11 月被捕，后被错误开除党籍。新中国成立后，在广州工作。1973 年病逝。1987 年获得平反，恢复党籍。

导民众集会，号召向一些依仗日本帝国主义势力奴役百姓的日本走狗展开斗争。同年7月，万宝山事件发生，从而引发了更大规模的群众反日斗争，更多群众加入到斗争的行列中来。

九一八事变爆发后，磐石县的“经济破产和政治混乱”，使广大农民、城镇市民的生活极为困难，广大的劳苦群众陷于水深火热之中。日本帝国主义的入侵，引起群众的愤怒和反抗。在中共满洲省委和中共磐石中心县委的领导下，反日风暴此起彼伏，相继爆发了“二·九”、“四·三”、“五·七”等较大规模的反抗日本侵略者的斗争。

1932年1月，日本帝国主义为了在东北培养亲日势力，充当他们统治和奴役中国人民的打手和帮凶，日本外务省和朝鲜总督府共同策划，在东北各地成立亲日组织“朝鲜人民会”，亦称“保民会”①。该组织依仗日本侵略者，为虎作伥，并强拉朝鲜族农民参加。2月，又在磐石设立了日本警察分署，加强了对当地反日群众的镇压。这些措施进一步激起了磐石人民的反日情绪，反日斗争日趋猛烈。2月7日，中共磐石中心县委组织汉族和朝鲜族反日群众，在磐东郭家店联合召开反日大会，揭露亲日组织“保民会”的反动本质和日本侵略者挑拨汉族、朝鲜族群众的关系，破坏民族团结的罪恶行径，并处决了一些日本走狗。反动当局极度恐慌，遂派出军警对与会群众进行镇压。2月9日，磐石“保民会”会长朴春圃等人引领60多名伪军来到郭家店，逮捕了中共磐东区委书记朴东焕及反日群众23人。为了营救被捕人员，打击敌人的嚣张气焰，中共磐石中心县委和磐东区委在很短的时间内，便召集了汉族、朝鲜族群众700余人。他们在共产党员的带领下，紧急追赶到伪军驻地。入夜，愤怒的群众把敌人驻地团团包围起来，高呼“打倒日本帝国主义”、“打杀走狗”、“无条件释放

① “保民会”建有武装，俗称“会兵”；“保民会”的办事场所俗称“会房”。

被捕群众”等口号。反日群众一直将敌人驻地围困了三天三夜。最后，慑于民众的压力，敌人不得不将被捕人员全部释放，斗争取得了胜利。

继“二·九”反日斗争后，中共磐石中心县委又领导了“四·三”斗争和“五·七”蛤蟆河子反日暴动。

1932 年 4 月 2 日，日本驻吉林总领事馆磐石警察署得到磐东东北岔特务密报，称当地有共产党和抗日游击队在活动。4 月 3 日，伪警察署巡查部长松尾等，由“保民会”副会长金汉钟等带路，带领伪军骑兵到东北岔进行逐家盘查，逮捕党团员和反日群众 9 人押往郭家店。中共磐石中心县委和磐东区委得到消息后，当即决定展开夺回被捕同志的斗争。县委派出巡视员李东光①带领赤卫队绕道堵截敌人。同时，中共磐东区委组织委员赵杰迅速发动反日妇女会员和儿童团员共 150 余人跑步追赶，在呼兰河堤追上敌人。但敌人并没有停止前进，他们一边威胁群众，一边驱赶围拢上来的人群。当走到小孤山时，疾速赶来的赤卫队员横立马前，抓住马僵绳，拦住了敌人的去路。这时，反日群众逐渐聚拢过来，将敌人马队团团围住，并不断地高呼“中国人不打中国人”、“爱国无罪”、“打倒日本帝国主义，不当亡国奴”、“释放被捕人员”等口号。这时一些妇女反日会员一面将沙子洒向马头，一面剪断捆在被捕人员身上的绳索。看到愤怒的群众要抢走被捕人员，松尾下令伪军开枪，但伪军并未将枪口对准群众，而只是朝天上开了几枪。见此情景，松尾等人只得扔下大车，骑马仓皇奔逃。为了严惩日本侵略者，反日群众继续追赶松尾马队。天黑时，松尾等人钻进三道岗林家烧锅大院。300 多名反日群众在李东光

---

① 李东光（1904—1937），原名李相俊，朝鲜族。1929 年加入中国共产党。1930 年后，历任中共磐东区委书记、中共磐石中心县委书记、中共南满省委组织部部长等职。1937 年在战斗中牺牲。

的指挥下，将林家烧锅团团围住。他们齐声高喊“快把日本鬼子交出来！”“把日本走狗交出来！”“中国人不当汉奸！”松尾慌忙派兵据守炮台，并向磐石伪警察分署呼救。入夜，反日群众在附近点起篝火，准备彻夜与日、伪军进行斗争。当大批增援伪军赶来后，中共磐石中心县委研究认为，这场斗争的目的已基本达到，坚持下去恐于我不利，于是指挥群众全部撤离。

日本侵略者侵占磐石后，当地民众的抗日斗争声浪此起彼伏，接连不断。1932 年 3 月，沈（阳）海（龙）路的铁路工人在日本侵略军向磐石进攻时，便“与农民协会的会员一起起来把铁路破坏了一大段，使日军不能前进”①。为了配合纪念五一国际劳动节，打击日本帝国主义的嚣张气焰，5 月，中共磐石中心县委决定在蛤蟆河子、七间房等处召开一系列纪念大会，并举行反日游行示威活动。5 月 7 日，此次活动达到高潮。当日，中共磐石中心县委在蛤蟆河子举行了有 500 余汉族和朝鲜族农民参加的反日大会。会上，中心县委负责人张振国②和共产党员孟杰民③、李红光④代表县委向民众发表了讲话。会后，孟杰民、李红光与反日群众组成民众法庭，对一些罪大恶极的汉奸走狗当庭审判并就地处决。然后，与会群众在吉（林）海（龙）铁路工人的

① 《满洲巡视员报告》（1932 年 8 月 30 日），载中央档案馆、辽宁省档案馆、吉林省档案馆、黑龙江省档案馆编：《东北地区革命历史文件汇集》甲 66，1991 年印，第 121 页。

② 张振国（1901—1935），原名张玉珩，又名张敬山，河南信阳人。1925 年加入中国共产党。1929 年到东北工作。1930 年任中共吉林县委书记。1932 年任中共磐石中心县委组织部部长。1935 年任东北人民革命军第三军政治部主任。同年在战斗中牺牲。

③ 孟杰民（1912—1932），原名孟庆春，吉林磐石人。1930 年加入中国共产党。1931 年九一八事变后，投笔从戎，参加抗日活动。1932 年 11 月，任中国工农红军第三十二军南满游击队总队长。不久被反动地主杀害。

④ 李红光（1910—1935），又名李红奎，朝鲜族。1930 年加入中国共产党。1932 年任磐石赤色游击队队长。1933 年 9 月后，历任东北人民革命军第一军独立师参谋长、东北人民革命军第一军第一师师长兼政委。1935 年在战斗中牺牲。

配合下，扒毁铁路数里，并将枕木烧毁，铁轨扔进山里，致使敌人的铁路运输中断了十余日。当闻讯赶来的伪军要审问群众时，孟杰民只身来到伪军连部，慷慨激昂地向伪军连长讲解抗日救国的道理。伪军连长被他的爱国精神所打动，对士兵发出了撤退的命令。

与此同时，磐东民众在磐石中心县委和磐东区委的领导下，也举行了声势浩大的反日斗争。

5 月 7 日，当中共磐东区委组织委员赵杰组织数百名反日群众处决民怨极大的汉奸申在均、朱钟兴和何根昌时，甘当日本走狗的亲日分子南仁奎却在积极筹划成立呼兰镇“保民会”。针对这种情况，磐东区委决定：5 月 8 日全区总动员，捉拿亲日分子南仁奎。翌日，四五百反日群众在赵杰的带领下，高举写有“反对日本帝国主义，打倒‘保民会’”的标语，浩浩荡荡直奔呼兰镇。但由于有大批伪军的保护，没有抓到南仁奎。于是，反日群众决定南进，捕捉其他“保民会”分子。5 月 10 日，赵杰与民众在肖家渡口召开群众大会，将抓获的“保民会”分子当场处决。

海龙同样是反日斗争开展较早的地区。

海龙县位于吉林省的西部，属于长白山脉向辽河平原的过渡地带。沈海路和吉海路贯通其间。这里的居民主要是汉、满、朝鲜族。从 1927 年起，中国共产党就在此地开展活动。1930 年 12 月，中共海龙县委成立。1931 年 8 月，中共海龙县委改建为中共海龙中心县委，领导海龙、西安（今辽源）、清原、东丰、西丰、柳河、通化等地党的工作。

1931 年 7 月，根据中共满洲省委的指示，海龙县委和清原县委共同决定于 8 月 1 日在两县联合举行暴动。斗争的主要目标是驻山城镇的日本领事馆和驻扎此地的军阀于芷山。8 月 1 日清晨，1500 多名农民手持镰刀、斧头和棍棒，浩浩荡荡向山城镇进发。他们边走边散发传单,高呼口号。沿途又有不少群众加入到暴动队伍的行列中。敌人发现后十分恐慌,调集200多军警将已到达镇东和西集场子的群众包围起来,不断地开枪,妄图驱散暴动队伍。但民众毫不畏惧,斗争情绪更加高涨,口号声此起彼伏。为了避免群众受到伤害,暴动委员会决定停止游行,分散活动。他们一面组织群众在街头散发传单,一面掩护群众撤退。这次暴动虽未取得完全胜利,但充分显示了共产党领导群众斗争的力量,鼓舞了人民群众与敌人抗争的斗志。

九一八事变后,海龙党组织在中共满洲省委的领导下,利用各种机会,通过各种形式积极组织和发动群众开展反日斗争。1931年12月,中共海龙中心县委为纪念广州暴动四周年,在清原三间房、倒木沟,海龙四八石,东丰北大沟、横道河子、四平街等地召开纪念大会,计有500余人参加。会后,有的地方举行了示威游行,沿途散发和张贴了大量反日传单和标语。此外他们还组织宣传队向铁路工人、农民做宣传工作,地方党组织在斗争中发展了5名党员。这些斗争极大地激发了广大爱国群众的抗日热情,扩大了共产党在群众中的政治影响。

磐石、海龙人民在中共党组织的领导下,经过一系列反日锄奸斗争,沉重打击了日本侵略者和亲日走狗汉奸的嚣张气焰,鼓舞了广大爱国群众的抗日斗志,为建立共产党领导的反日武装打下了坚实的基础。

二、南满地区反日游击队的建立

(一)磐石工农反日义勇军的建立

早在1930年8月,中共磐石县委建立了一支7人的武装组织——特务队,队长陈玉振。特务队归县委直接领导。其主要任务是保卫县委机关、锄汉奸、打走狗,因此又称“打狗队”。与此同时,共产党员李红光奉命在磐石、双阳和伊通三县的交界地带成立了有20余人的劳农赤卫队。这支武装组成后，积极进行镇压地主恶霸、保护农民利益的活动，因而深受广大群众的拥护和欢迎。

九一八事变后，为了组织和发动群众进行反日斗争，中共磐石中心县委决定将劳农赤卫队与特务队合并，组成磐石赤色游击队，由李红光任队长。

为加强对群众抗日斗争和创建抗日武装的领导，中共满洲省委于1932年2月，将省委驻吉林特派员张振国和中共北满特委兵运工作负责人杨君武①派往磐石，协助中心县委开展抗日工作，为建立反日游击队做准备。同年4月，中共满洲省委军委书记杨林来到磐石，具体领导创建磐石反日武装的工作。他们紧紧依靠磐石中心县委，与当地党员干部密切配合，深入发动群众，向民众积极宣传党的抗日救国政策和方针，从而为工农抗日武装的建立奠定了广泛的群众基础。他们还通过开办训练班，培养了一批具有一定政治和军事素质的干部，如孟杰民、李红光、初向辰②、王兆兰③、朴翰宗④、韩浩、李松波、李明海、崔山好等。这些年轻有为的爱国青年，在后来的艰苦抗

---

① 杨君武（1911—1970），又名杨佐青，黑龙江阿城人。1930年加入中国共产党。曾任共青团满洲省委秘书长、中共北满特委兵运负责人。1932年冬在哈尔滨做国际情报工作。1934年去苏联。新中国成立后，任黑龙江省政府外事处处长、哈尔滨市政府秘书长。1970年病逝。

② 初向辰（1910—1933），原名初向臣，吉林磐石人。1931年九一八事变后参加抗日活动，并加入中国共产党。1932年11月，任中国工农红军第三十二军南满游击队总队政治委员。1933年在战斗中牺牲。

③ 王兆兰（1910—1933），又名王学文，吉林磐石人。1931年九一八事变后参加抗日活动。1932年加入中国共产党。同年11月，任中国工农红军第三十二军南满游击队副总队长。1933年在战斗中牺牲。

④ 朴翰宗（1910—1935），原名柳青河，又名朴焕宗，朝鲜族。1930年加入中国共产党。1932年后，历任磐石工农反日义勇军第一分队参谋、南满游击队第一大队参谋长、东北人民革命军第一军独立师第一团政委、人民革命军第一军参谋长等职。1935年在战斗中牺牲。

日斗争中都发挥了极为重要的骨干作用。此外,为了壮大抗日力量,解决武器来源,他们还派出党团员到伪军中去做策反工作。如先后派孟杰民、王耿、朴亨燮等人打入驻伊通营城子的伪吉林警备军第五旅第十四团第二营第七连当兵。伪七连原是东北军步兵七连。1932年5月的蛤蟆河子大暴动,对该连具有民族意识的官兵触动很大。为了进一步了解党的抗日主张,该连王连长通过关系与中共磐石中心县委取得了联系。县委经研究认为,这是策动伪军参加抗日的有利时机,于是增派干部前往第七连,等待机会组织伪军哗变。经过一个多月艰苦细致的工作,伪七连于1932年5月16日晚10时宣布起义。但由于新调任的伪连长张静轩是个死心塌地的汉奸,他极力阻挠部队起义,于是发生了枪战。情况紧急,哗变士兵边打边撤。最后,只有30余人来到玻璃河套中共磐石中心县委的驻地。这些反正士兵受到中共磐石中心县委的热情欢迎。他们携带出来的30支步枪,成为随后成立的磐石反日游击队的主要武器装备。另外,县委派出的朴翰宗等人在伪军中开展的策反工作也取得了成效。

1932年6月4日,在中共磐石中心县委和杨林的主持下,以磐石赤色游击队为基础组织起来的磐石工农反日义勇军在磐东小孤山正式建立。随后,在三道岗小金厂举行了磐石工农反日义勇军成立庆祝大会。磐石工农反日义勇军对外称满洲工农反日义勇军第四军第一纵队,下设3个分队,共30余人。张振国任总队长,杨君武任政治委员。队员的成分主要是雇农、贫农、学生、士兵。其中朝鲜族队员占多数。6月10日,磐石工农反日义勇军发布公告,宣布“本军受全国反日军事委员会的命令,活动于磐石县境,担任清除走狗,保护民众之责,决心驱逐一切日本强盗,收复一切失地”。

磐石工农反日义勇军的建立,给磐石群众以极大的鼓舞,全体队员更是群情振奋。在中共磐石中心县委的领导下,他们协助群众进行了多次分粮斗争。仅从7月10日到8月8日所领导的分粮斗争就达16次，参加的群众计800名①。在分粮斗争中，打垮了百家长组织的300名地主会兵的“围剿”，缴获了一批洋炮、抬枪等武器，充分显示了这支人民反日武装的威力。磐石工农反日义勇军开展的一系列斗争，受到广大群众的热烈拥护和支持，政治影响也不断扩大。到8月底，队伍已发展到50余人，有长短枪50支，扩编成4个分队。在队内还建立起中共党支部，各分队建立了党小组。

中国共产党创建的这支队伍的发展、壮大，很快引起日伪当局的注意。敌人一面调集伪军对工农反日义勇军进行“讨伐”，一面派出奸细打入队内伺机破坏。1932年6月14日，敌人设计将义勇军第一分队骗到郭家店东沟，乘部队宿营，里应外合，将该分队3名队员打死，政委兼第一分队长杨君武和另一名队员负伤，并损失步枪9支、手枪1支及子弹180发。当第二、第三分队闻讯赶来时，敌人已撤走。磐石工农反日义勇军遭到了建队以来第一次损失。

在此期间，由于南满党组织贯彻“北方会议”精神，搞“打土豪分田地”，不加区分地到处斗地主、富农，没收其财产，引起有反日思想的地主的反对，一些汉奸地主借机大造谣言，说义勇军都是“高丽胡子”，以此挑拨汉族与朝鲜族之间的关系。因此，磐石工农反日义勇军在与日、伪军作战的同时，还经常遭到地主武装的袭击。不仅如此，这支义勇军对一些反日义勇军和山林队不注意团结和联合，经常发生摩擦。8月9日和16日，部队在郭家店、蛤蟆河子两次遭到地主会兵和山林队的联合进攻。磐石工农反日义勇军的处境越来越孤立。在这种情况下，部队不得不退出蛤蟆河子根据地。尽管如此，由于工农反日义勇军作战

① 《中共磐石中心县委紧急报告》(1932年7月30日)，载中央档案馆、辽宁省档案馆、吉林省档案馆、黑龙江省档案馆编:《东北地区革命历史文件汇集》甲36，1989年印，第48页。

勇敢,抗日坚决,因而得到了广大劳苦群众的拥护,队伍不断发展壮大。

为了及时向中央满洲省委汇报磐石党组织和磐石工农反日义勇军面临的严峻形势,8 月下旬,磐石中心县委派总队长张振国赴省委请求指示。总队长一职暂由第二分队长孟杰民代理。为避免与其他抗日部队冲突,便于开展抗日活动,尽快打开局面,中共磐石中心县委决定工农反日义勇军与抗日山林队“常占队”合并。“常占队”本是活动在磐石一带的一支绿林武装,该队首领“常占”(即穆荣山)具有一定的民族意识,在日本侵占东北后,便拉起队伍进行抗日活动。工农反日义勇军与其联合后,对外取消了磐石工农反日义勇军的队号,统称“常占队”。穆荣山任总队长,张振国任政委,王耿为政治部主任,全光任参谋长,总队下设 3 个大队,大队长都由共产党员担任。

1932 年 9 月初,宋国荣率东北抗日救国军第八路,决定联合在附近活动的义勇军、大刀会和红枪会等反日武装 4000 余人攻打磐石县城,合并后的“常占队”也参加了这次攻城战斗。9 月 9 日,东北抗日救国军及“常占队”等联合部队由黑石镇向磐石县城挺进,并按事前的部署从东西南北四个方向包围了磐石县城。以磐石工农反日义勇军为主力的“常占队”参加攻打东城门和西城门的战斗。9 月 10 日凌晨 5 时 30 分,联合部队发起进攻,东门首先攻破。不久,其他城门也相继被联合部队攻下。战士们手持长枪,挥舞大刀、长矛,如潮水般涌入城内。伪军被这突如其来的进攻吓得纷纷四处逃窜。驻守磐石县城的日军守备队也龟缩在工事里不敢出来。冲进城内的联合部队很快打开仓库,将粮食、衣物及其他物资悉数运出城外。他们还冲进伪县公署和监狱,焚毁了日、伪文件档案,释放了在押的抗日群众。但由于日军始终据守城内的坚固工事,联合部队几次进攻均没有攻下。战斗持续到 9 月 14 日,敌人出动了 4 架飞机前来增援。联合部队为了减少损失,于 15 日夜撤离磐石县城。

攻打磐石县城之战，共毙伤日军9人，打死伪军、汉奸20余人。虽未获全胜，却沉重打击了日本侵略者的侵略气焰。磐石工农反日义勇军在这次联合行动中得到了锻炼，同时也使磐石中心县委深刻体会到联合作战的威力，为党领导的抗日游击队的发展和斗争提供了宝贵经验。

磐石县城战斗后，“常占队”转移到伊通县的三道通。经侦察，他们决定攻打反动会兵据点何家大院。这个反动地主大院戒备森严，以前也曾数次被抗日军攻打过，但均没有攻下。经周密准备，“常占队”仅用两天时间，便打下何家大院，并获长短枪30余支和许多粮食、棉布及一些马匹。

1932年10月2日，张振国回到磐石，带回中共满洲省委给磐石中心县委的指示信。此时正是满洲省委贯彻执行“北方会议”决议精神时期，省委指示磐石中心县委把开展土地革命，创建磐石红色游击区和苏维埃政权作为中心任务，并提议将磐石工农反日义勇军改名为中国工农红军第三十二军东北游击队，指责磐石游击队与“常占队”合并是右倾投降。磐石中心县委接受了这一指示，于10月9日召开党团联席会议，作出了从“常占队”脱离出来独立活动的决定。10月21日，磐石工农反日义勇军脱离“常占队”，由郭家店转移到桦甸县常山屯和蜂蜜顶子一带，并将准备向日军投降的山林队“于司令”所部20余人缴械。

10月23日，磐石中心县委和游击队在桦甸蜂蜜顶子召开了各分队党小组代表会议，决定对游击队进行改编。改编后，全队分4个大队。总队长孟杰民，副队长钟仿服，政委张振国，政治部主任王耿，参谋长全光。第一大队长初向臣，第二大队长李万和，第三大队长刘克文，第四大队长李某。每个大队30人。全队有长短枪140余支。为了避免引起日伪当局的注意和与其他山林队产生对立，改编后，游击队对外报号“五洋”，而不公开红军游击队的旗号。10 月 24 日，游击队还把截得的600 斤食盐全部分给穷苦百姓。为此，当地群众非常高兴。有的群众称赞：“五洋队真好，中国军队都象这样，亡不了国。”①

1932 年 10 月 29 日，针对队员中存在的各种思想认识问题，在柳树河子召开了磐石游击队党的第二次代表会议。会议批判了队内由于受土匪影响而存在的各种不良行为，作出了加强队内政治思想工作的决定，并改选了党的支部和小组。

11 月 4 日，游击队又召开了党支部干事会。这次会议着重讨论了游击队的行动方向问题。因为一段时间里，队内在对回师磐石还是向东满进军有很大意见分歧。会议经过激烈争论，没有达成一致认识。最后，会议决定，在与县委取得联系之前，暂不回磐石；而在上级组织作出决定之前，也不能擅自去东满。部队暂以桦甸为临时根据地进行整训和开展游击活动，并向省委请求派干部来加强对游击队的领导。在这次会议上，决定由全光任政委。

中共满洲省委对磐石中心县委和游击队的工作十分重视。早在磐石工农反日义勇军成立之初，省委就根据中央的指示精神，几次召开会议，专门讨论研究磐石的问题，并多次发出指示信，同时还派出巡视员到磐石检查指导工作。但由于一些主客观原因，这些同志到磐石后未能解决当地党组织和游击队存在的问题。1932 年 7 月，磐石中心县委在给省委的紧急报告中认为：“目前磐石义勇军的游击工作，关系于整个工作的转变非常重大，省委应速派去富有经验的军事工作同志，去组织强有力的军委，领导义勇军的游击战争”，“目前磐石党已处在存亡的紧急关头，

① 徐学新、王德贵编：《东北抗日联军第一路军简史》，政协吉林省委员会文史资料研究委员会：《吉林文史资料》第 21 辑，1987 年内部印行，第 5 页。

省委应速派巡视员前去，召集磐石县代表会改组县委，彻底解决磐石工作问题”[1]。同年8月，中共满洲省委接到磐石中心县委和游击队的报告后，经过研究作出决定，派省委委员、省委军委代理书记杨靖宇[2]作为省委特派员到南满巡视工作，指导该地区的抗日斗争。

杨靖宇得到省委的通知后，于11月初动身从哈尔滨经吉林到达磐石。杨靖宇到南满前，尚不知道游击队已脱离“常占队”的情况。他化装成商人，辗转找到“常占队”。因此前曾发生过游击队处决“常占队”队员之事，“常占队”队员为了报复，便把杨靖宇捆绑起来，企图加害于他。杨靖宇弄清事情的原委后，对“常占队”首领穆荣山等人说：游击队那样对待你们是不对的，我这次来就是纠正这个问题。现在国难当头，我们要以民族大义为重，要捐弃前嫌，共同抗日。经过杨靖宇耐心地说服，“常占队”遂将其放行。于是，杨靖宇又返回吉林，后经过党的地下交通关系，与游击队接上头。十几天后，纪儒林、全光等人将杨靖宇接到游击队的驻地桦甸县蜂蜜顶子。

此时，游击队内部思想混乱，关于部队的行动方向还是没有形成统一意见，且士气也很低落。面对这种情况，为尽快摆脱困境，打开局面，杨靖宇首先同党团员谈心，并广泛征求战士的意见。之后，他根据了解到的情况，召开了党支部扩大会议。他说：“我们是磐石的子弟兵，在那里土生土长。我们若离开磐石，就像鱼儿离开了水，就

---

① 《中共磐石中心县委紧急报告》（1932年7月30日），载中央档案馆、辽宁省档案馆、吉林省档案馆、黑龙江省档案馆编：《东北地区革命历史文件汇集》甲36，1989年印，第54、55页。

② 杨靖宇（1905—1940），原名马尚德，河南确山人。1927年加入中国共产党。曾领导确山农民运动。1929年被党组织派往东北工作，化名张贯一，任中共抚顺特支书记。1931年后任全满反日会党团书记、中共哈尔滨市委书记、中共满洲省委代理军委书记。1933年后历任南满反日游击队政委、东北人民革命军第一军军长兼政委、东北抗日联军第一军军长兼政委、东北抗联第一路军总司令等职。1937年12月，被中央决定为中共七大准备委员会委员。1940年在战斗中牺牲。

像没有油的灯芯一样，会枯死和灭掉。我们没有根据地，就像人没有家，我们一定要回磐石去依靠家乡父老开展抗日游击活动。”经过杨靖宇生动形象的比喻和深刻的分析，大家很快统一了认识。最后，会议决定，游击队取消“五洋”的山头报号。同时，根据省委的提议，将队伍名称改为中国工农红军第三十二军南满游击队，由孟杰民任总队长，王兆兰任副总队长，初向臣任政委，李红光任参谋长。总队下辖 3 个大队。第一大队长孟杰民兼，第二大队长李万和，第三大队长刘克文。各大队设政治委员，分队设政治指导员。游击队重返群众基础较好的磐石一带活动，以进一步发展队伍，巩固和扩大玻璃河套抗日游击根据地。

整顿后的游击队返回磐石地区。途中，他们每到一地，都召开群众大会，宣传抗日救国的道理，宣传游击队的宗旨。在桦甸北头道沟，游击队把大地主陈连万的粮食分给了当地穷苦百姓。不久，他们进入磐石县境。在磐东郭家店游击队得知，当地的保卫团头子于宪庚横行乡里，鱼肉百姓，并想趁游击队到来之时收缴游击队的枪支。杨靖宇了解到这一情况后，立即指挥部队，以迅雷不及掩耳之势包围了郭家店，抓住于宪庚，召开了群众公审大会，将其处决。会后遣散了保卫团，缴获 29 支新式步枪。于宪庚被处决，游击队为当地群众除了一害，声威大震，队员的战斗情绪随之振奋起来。当游击队来到磐石石虎沟时，杨靖宇为进一步巩固队伍，清洗了混入队内的少数流氓分子和惯匪。在纯洁队伍的基础上，杨靖宇帮助和指导召开了中共磐石县第三次代表大会，改组了中心县委，并在游击队内建立了党的特别支部。之后，杨靖宇离开磐石去海龙巡视工作。游击队回到玻璃河套根据地。

杨靖宇离开不久，游击队即遭到两次严重损失。1932 年 11 月 27 日，游击队遵照中共磐石中心县委的要求，前往西集场子（今吉昌镇）

长胳膊屯解除威胁中共伊通区委工作的反动恶霸地主张辅卿的武装。总队长孟杰民由于经验不足，加之缺乏应有的警惕，结果被张辅卿杀害。游击队闻讯立即向张辅卿的土围子发动进攻，但敌人的火力太强，且有援兵赶到，游击队被迫撤出战斗。

孟杰民牺牲后，由王兆兰继任总队长。1933 年 1 月 11 日，游击队在磐东大泉眼宿营时，由于部队没有布置严密的警戒，总队部遭到汉奸高锡甲伪自卫团和驻东集场子(今呼兰镇)伪军的偷袭。游击队仓促应战，经 30 多分钟战斗，才冲出敌围，但总队长王兆兰、政委初向臣不幸中弹牺牲。一些队员也因队伍被打散而离队。游击队由 160 余人减至不足百人。为了稳定队伍，中共磐石中心县委决定，由原游击队第一大队长袁德胜任总队长，纪儒林任代理政委。

游击队遭受这两次重大挫折，“不但是游击队长重大损失，而且是全县工作上重大的危机”①，游击队的士气也因此出现低落。在此紧急关头，恰值团省委巡视员刘过风赶到，经他做细致的思想工作，部队才得以稳定。

此时在海龙巡视工作的杨靖宇，闻讯后立即结束对海龙的巡视赶回磐石。1933 年 1 月中旬，杨靖宇在西玻璃河套主持召开了中共磐石中心县委会议和游击队党的特支扩大会议，总结了遭受挫折的经验教训，批评了一些领导干部的悲观情绪，统一了党内、队内的思想，他号召大家振作精神，坚定信念，重整队伍。然后，召开了有游击队和当地群众参加的死难烈士追悼大会，号召大家向英勇牺牲的烈士学习，前赴后继，为驱逐日本侵略者奋斗不息。

南满游击队在短时间内相继失去了多名负责人，工作受到很大

---

① 《中共磐石中心县委给省委的报告》(1933 年 1 月 13 日)，载中央档案馆、辽宁省档案馆、吉林省档案馆、黑龙江省档案馆编:《东北地区革命历史文件汇集》甲 36，1989 年印，第 61 页。

损失。为使部队领导健全起来，扭转游击活动的被动局面，中共满洲省委决定，调杨靖宇到南满游击队代理政委，袁德胜仍任总队队长，李松波任代理参谋长。新设教导队，队长李明海，政委李红光。第一大队队长朴翰宗，政委严弼顺；第二大队队长韩浩，政委朴四平；第三大队队长王平山，政委王绍文。南满游击队以玻璃河套为根据地，并将游击区域扩大到桦甸、伊通、双阳等地。

南满游击队经过整顿后，展开了积极的游击战。在拐子炕，出其不意地袭击了由投降日军的土匪改编的伪军，毙敌 20 多人，而游击队则无一伤亡，队伍军心大振。很快南满游击队在磐石站稳了脚跟，并稳步发展起来。

日伪当局对南满游击队的发展极为恐惧。为消灭共产党领导的这支抗日武装，自 1933 年 1 月至 4 月，日伪当局调集日军守备队和大批伪军对游击队和玻璃河套抗日游击根据地连续发动了四次进攻。

1933 年 1 月 30 日上午 10 时，日军指挥投降日军的原土匪队“东江好”六七百人突然向游击队在三棚砬子附近的驻地进攻。游击队迅速抢占有利地势，一边用猛烈的火力打击敌人，一边对敌军展开政治攻势。队员们边打边喊话“兵士不打兵士”，“红军是穷人的队伍”，以瓦解敌人的斗志。伪军“东江好”队渐渐不支，向三棚砬子退去。正在这时，另一支伪军“毛团”及其所部“四季好”从南面向游击队包抄上来。游击队又迅速集中兵力出击，“毛团”被击退。随后，“毛团”所属的另一股伪军“白莲”对游击队的进攻也被打退。三棚砬子战斗共毙伤敌 20 余人。

三棚砬子战斗之后，游击队一鼓作气，又相继进行了一系列战斗。在吉(林)海(朝阳镇)路，游击队 70 余人袭击了日军守备队铁甲车，毙伤日军 30 余人。在庙岭，游击队 100 人与伪军 500 人作战，毙伤敌人 20 名。接着，游击队由砖庙子转移到浅草沟驻扎。2 月 28

日，不甘心失败的"东江好"和"毛团"在日军军官的率领下，以六七百人的兵力直扑砖庙子向游击队展开第二次进攻。结果扑空，转而又向浅草沟发起进攻。游击队得悉敌人来袭，迅速把主力布置在附近的山上，然后又将一支小部队派出诱敌。当敌人进入伏击阵地后，游击队突然以猛烈的火力射向敌群。这次战斗共持续 3 个小时。敌人虽组织了多次反扑，但都被游击队打退，敌死伤 20 余人。

"东江好"对南满游击队的两次进攻都以失败告终。这使日本侵略者极为震怒。于是，日军解除了"东江好"的武装。"毛团"见此情景，惟恐殃及自己，只得拉出队伍，哗变抗日。

同年 3 月底，日军守备队配以大炮、迫击炮、重机枪，气势汹汹地向磐北杨宝顶子对南满游击队展开第三次进攻。杨靖宇和李红光指挥部队从玻璃河套到杨宝顶子 10 多公里的战线上布下阵势，待日军接近阵地时，游击队员奋起反击。日军虽动用了大炮等重型武器，但游击队士气高昂，激战数小时后，敌人死伤 20 余名，其中包括日军守备队队长。游击队无一伤亡。这次战斗取得胜利，游击队员精神更加振奋，"当地广大群众也非常高兴，更清楚地知道：只有共产党领导的工农红军游击队，才是真正彻底反日民族革命的武装，并且也只有红军游击队才有这样的战斗力"①。

4 月底，日本守备队又纠集伪军奔向萝卜地，向游击队发起第四次进攻。日、伪军携带三门迫击炮，七八挺机关枪，从小城子出发，直扑萝卜地，企图包围游击队的驻地。但游击队此时早已移至大泉眼，所以当日、伪军路经大泉眼时，已经得到消息的队员们出其不意，给气势汹汹的敌人以猛烈打击。在游击队员正面迎击敌人的同时，另

① 《满洲通讯》（1933 年 6 月 15 日），载中央档案馆、辽宁省档案馆、吉林省档案馆、黑龙江省档案馆编：《东北地区革命历史文件汇集》甲 44，1990 年印，第 22 页。

有两支小部队分别在敌后和山口埋伏下来，准备在敌人逃窜时给以堵击。这时，日、伪军见正面冲锋不能得逞，侧面又受游击队包围，便急速集合，夺路逃窜。日、伪军集合时，受到山中埋伏的游击队另一部猛击，于是急向磐石县城落荒而逃，又遇埋伏部队的迎头痛击。此战毙伤敌30余人，其中击毙6名日军①。至此，日本侵略者精心策划的四次进攻均以失败而告终。

随着抗日游击运动的不断高涨，地方党组织和游击队争取和影响伪军反正哗变的工作也取得很大成绩。5月29日，驻烟筒山伪吉林警备第五旅步兵第十四团迫击炮连，在打入其内部的共产党员曹国安②、宋铁岩③以及张瑞麟的组织和策动下，击毙伪军连长，举行起义。60余名士兵携带1门迫击炮和40多支步枪及数千发子弹离开烟筒山，向南满游击队驻地玻璃河套进发。在玻璃河套，起义部队受到了抗日群众和游击队指战员的热烈欢迎。中共满洲省委代表冯仲云和磐石中心县委书记李东光在欢迎大会上发表了热情洋溢的讲话，对他们以民族大义为重，毅然走上反日道路给予充分肯定。哗变队伍被正式编为中国工农红军第三十二军南满游击队迫击炮大队。曹国安任大队长，宋铁岩任政委，张瑞麟任第一中队队长。迫击炮连的哗变，不仅壮大了游击队，而且使游击队具有了自己的迫击炮，增强了游击队的战斗力。

---

①　《满洲通讯》（1933年6月15日），载中央档案馆、辽宁省档案馆、吉林省档案馆、黑龙江省档案馆编：《东北地区革命历史文件汇集》甲44，1990年印，第22、23页。

②　曹国安（1900—1936），原名于德俊，吉林永吉人。1931年加入中国共产党。历任南满游击队迫击炮大队队长、东北人民革命军第一军独立师第三团政委、人民革命军第一军第二师师长兼政委等职。1936年在战斗中牺牲。

③　宋铁岩（1910—1937），原名孙肃先，吉林永吉人。1931年加入中国共产党。1932年参加抗日斗争。历任东北人民革命军第一军独立师政治部主任、人民革命军第一军政治部主任和东北抗日联军第一军政治部主任等职。1937年在战斗中牺牲。

烟筒山伪迫击炮连起义后，伪军第十四团军心大为动摇。不久，该团机枪连的 1 个班携带 1 挺机枪、6 支步枪和 2000 发子弹哗变。之后，又有该团的 30 名士兵携带 30 支步枪和 3000 发子弹投奔了游击队。

当时，在磐石地区活动的抗日队伍除了党领导的南满游击队外，还有很多进行抗日活动的山林队、红枪会、大刀会等。但是这些反日武装人员少，且内部不团结，各自为战。由于游击队作战勇敢，战斗力强，在这些队伍中有很高的威望。然而由于当时执行的是“左”倾错误政策，致使这些队伍不愿向游击队靠拢。这种局面，对磐石抗日斗争的发展十分不利。为此，杨靖宇和中共磐石中心县委认为：游击队要想发展壮大，抗日游击运动要想向纵深发展，就必须联合周围的抗日力量，共同对敌。于是游击队利用一切机会，派人向这些反日武装宣传共产党的抗日主张，消除他们的对立情绪，传达共同抗日的意愿。

当时活动在磐石实力较大的反日山林队有两支。一支是赵宝林为首的“赵旅”，另一支是以马立三为首的“马团”。这两支队伍抗日较为坚决，但与游击队关系不好。为了争取他们一道抗日，杨靖宇寻找机会与之接近。一次，“赵旅”和“马团”在距玻璃河套不远的板凳沟被日、伪军“讨伐”队包围，战斗非常激烈，形势对其十分不利。他们几次试图突围，但均没有成功。杨靖宇得到消息后，立即组织部队，并联合地方农民武装前去支援，从敌人背后发动攻击。赵宝林、马立三两部借机反攻，日、伪军难以招架，败退而逃。赵宝林、马立三二人对游击队不计前嫌冒死救援的行动十分感激，当即表示今后决不再与游击队为敌。杨靖宇借此机会向他们宣传日寇入侵，国破家亡，只有团结一致，同心协力，才能把日本侵略者赶出中国的道理。从此，这两支山林队与游击队建立了联合作战、共同抗日的良好关系。以此为转机,游击队加大了对其他反日队伍的争取和联合工作,磐石地区的反日斗争和南满游击队的活动出现了新的发展局面。

南满游击队在杨靖宇的领导下,运用机动灵活的游击战术,紧紧地依靠当地党组织和人民群众,在艰苦的对敌斗争中,越战越勇,越战越强。对此,中共满洲省委给予了充分的肯定。1933 年 7 月,省委在给磐石中心县委和南满游击队的指示信中说:“半年来党所领导下的赤色游击队六十余次的英勇战斗,击退了日本帝国主义及其走狗满洲国六次大的进攻,解决了不少的日本帝国主义走狗、一些民族的叛徒地主豪绅,夺取了一些武装,武装了你们自己与一部分农民群众,帮助与领导了一些群众的抢粮分粮的斗争,保卫了玻璃河套一带农民的春耕。在赤色游击队英勇的战斗中,影响了一些反日武装队伍,大大地扩大了党与游击队在南满的政治影响。赤色游击队战斗员与武装发展了三倍,在南满反日民族革命战争中,我们的赤色游击队成为主要力量之一,初步的开始形成领导的力量”,同时还“创造了吉海铁路的产业支部,组织了游击区域农民协会,建立了一部分农民赤卫队,这都是你们这个时期从斗争中所获得不可抹煞的一些成绩”①。游击队队员的思想觉悟也得到很大提高,一般队员都希望参加共产党和共产主义青年团。所有这些表明,南满游击队已成为磐石地区一支重要的抗日力量。

(二)海龙工农义勇军的建立

九一八事变后,中共海龙中心县委组织建立起一支保卫县委的武装——特务队。

1932 年春,在中共柳河县委的领导下,共产党员藺秀义在柳河县

---

① 《中共满洲省委关于目前形势任务等问题给磐石中心县委及南满赤色游击队的信》(1933 年 7 月 1 日),载中央档案馆、辽宁省档案馆、吉林省档案馆、黑龙江省档案馆编:《东北地区革命历史文件汇集》甲 14,1988 年印,第 26 页。

大清沟组建了一支反日武装柳河游击连，有队员 20 余人。因缺少武器，蔺秀义变卖了自家的大车，为游击队购买了 5 支步枪和一些弹药。同时，他们又先后在烟筒砬子、大牛沟和五道沟从伪警察和地主手里缴获了一些枪支和弹药。游击连在艰难中逐步得到发展。

1932 年 8 月，中共海龙中心县委以特务队为基础，以在辽宁民众自卫军第九路包景华部工作的部分党团员为骨干，成立了海龙工农义勇军，随后柳河游击连加入海龙工农义勇军。不久，海龙工农义勇军因独立活动有困难，参加了包景华组织的辽宁民众自卫军第九路（即第九路自卫军）。王仁斋等到队后，以上校政治教官身份，利用教课的机会向队员们宣传中国共产党的抗日主张，发展党团员和积极分子。据中共海龙中心县委 1932 年 9 月的报告称，第九路自卫军的党团员这时已有 30 余人。在共产党员的帮助下，第九路自卫军由原先的 300 余人发展到 1000 余人。由于这支部队的政治素质较高，所以，在对敌斗争中，表现得英勇顽强，多次给日、伪军以沉重打击。

1932 年 10 月，日伪当局从吉林和黑龙江调集独立守备队和第二师团一部，分四路对第九路自卫军发动猖狂进攻。由于寡不敌众，加之缺少支援，第九路自卫军不得不退至柳河县大牛沟。此时队伍的人员所剩无几，包景华解散了自卫军。在这种情况下，王仁斋、刘山春、蔺秀义等人根据海龙中心县委的决定，带领原海龙工农义勇军成员和部分党团骨干共 30 余人转移到大清沟。在这里，他们举起海龙工农义勇军的旗帜，很快由 30 人发展到 80 余人。但由于领导不力，队伍再次遭到挫折。

1933 年 1 月，中共满洲省委派杨靖宇到海龙巡视工作。杨靖宇在对当地情况了解和分析后，对海龙工农义勇军进行了整顿，于 1 月 13 日正式将其改称为中国工农红军第三十七军海龙游击队，队长王仁斋、政委刘山春，活动在清原、海龙、山城镇一带。

中共满洲省委于1933年2月给海龙中心县委发出指示信，指出：摆在海龙党组织面前的中心战斗任务是“坚决的领导群众的斗争，积极的武装民众，进行民族革命战争”。对游击队的工作，则强调“要坚决的领导群众斗争与一切反日反帝的斗争，抓紧群众春荒中迫切要求”，“在群众中进行广泛的宣传鼓动工作，发动群众的反帝斗争，采取游击战术开展游击运动”，“要改善游击队员的成分，如那些惯匪与那些抽大烟的，必须坚决的洗刷出去。游击队的领导者，也必须实行改造。扩大党的组织，建立党在游击队的领导的骨干”①。

根据中共满洲省委的指示，王仁斋率领游击队员积极开展游击活动，曾在大泉眼袭击了日军汽车，缴获伪币8000元，另有许多物资。战斗结束后，队伍转移到野猪沟活动。在这里，不幸遭到伪军的偷袭，战斗中部队被打散。此后，党组织又派人来加强队伍的建设，海龙游击队又有了较大的发展。1933年8月，刘山春率领的海龙游击队与原义勇军田霖部下苏剑飞部会合。经协商，两支队伍合并，并根据中共海龙中心县委的指示，一同北上，与南满游击队会合。

第三节　东满地区反日游击队的建立

一、九一八事变前后东满人民的反帝反封建斗争

东满大体相当于今吉林省东部的延边地区，包括延吉、和龙、珲春、汪清、安图、敦化、额穆（今属敦化）等县。东满地区东临俄罗斯，南隔图们江与朝鲜相望。长白山脉贯穿全境。居民除汉族、满族外，

---

①《中共满洲省委给海龙中心县委的指示信》（1933年2月12日），载中央档案馆、辽宁省档案馆、吉林省档案馆、黑龙江省档案馆编：《东北地区革命历史文件汇集》甲12，1988年印，第161、164、165页。

还有大批从朝鲜迁徙过来的朝鲜族。早在18世纪初，一些贫苦的朝鲜边民因不堪忍受国内的封建统治，越境进入中国的延吉一带垦殖谋生。1910年日本吞并朝鲜后，在朝鲜实行屠杀和恐怖高压政策，朝鲜人民不愿当亡国奴，为免遭日本帝国主义的蹂躏，一些朝鲜民众逃离自己的故国家园，陆续渡过图们江流亡中国，并定居在东满地区。1919年朝鲜“三一”运动①后，一批朝鲜民族主义者和共产主义者来到中国东北，东满地区的延吉、和龙、珲春、汪清等县成为朝鲜革命者进行爱国独立运动和革命活动的中心。在东满地区，日本帝国主义的直接统治势力较之其他地区更为强大，其经济政治均为日本侵略者所控制。由于东满地区各族人民深受日本帝国主义和封建军阀的压迫，加之朝鲜共产主义者宣传的影响，革命要求十分强烈。因此，东满成为中共党组织建立较早的地方之一。

早在1928年1月末2月初，中共满洲省临时委员会为加强对东满地区民众革命斗争的领导，派共产党员周东郊到延边进行建党工作。同年3月起，北平香山慈幼院40多名毕业生先后到延边从事教育工作，其中有20多名党团员。4月，省委发表了《告满洲朝鲜农民书》。8月，成立中共延边区委。从此，中共满洲省委对东满的朝鲜族工作更加重视。1930年夏，中共满洲省委巡视员廖如愿在延吉县主持召开了东满第一次党员代表大会筹备会议，为党在东满建立区域性组织进行政治和思想准备。1930年8月13日，在和龙县平岗药水洞召开了东满第一次党员代表大会，正式成立了中共延（吉）和（龙）中心县委员会。王耿任书记，韩别任宣传部部长，朴允瑞任军事部部长。中共延和中心县委隶属中共满洲省委领导，县委机关设在龙井

① 1919年3月1日，朝鲜爆发了爱国民众反对日本侵吞朝鲜，争取国家独立的大规模运动，史称朝鲜“三一”运动。

村。延和中心县委成立后，积极加强党的组织建设，先后派出党员干部到所属各县建立党组织，发展党员。到同年 8 月末，县委下设 10 个区委、61 个支部，有党员 470 多名。

如前所述，日本帝国主义在侵吞朝鲜后，便把东北视为实现其“大陆政策”的下一个目标。东满地区是中国东北连接朝鲜的重要通道，因而成为日本侵略者要霸占的首选之地。九一八事变前，日本已在东满设有总领事馆和 5 个领事分馆、19 个警察署和警察分署，驻有军警 600 余名；此外还有从事农、工等业的“在乡军人”千人左右。日本侵略者利用这些殖民统治机构，进行特务活动，挑拨中朝民族关系，欺压东满各族人民，破坏共产党组织，镇压反日活动，搜捕和杀害反日群众。

1930 年 9 月，鉴于东满工作的重要性，满洲总行委①决定以延和中心县委为基础，成立中共东满特别委员会，以加强和推动延边及周边地区的反日斗争。为此，满洲总行委给东满党组织发出指示信，强调指出：“东满各县——特别是延边是日本帝国主义侵略满蒙的根据地之一”，“反对日本帝国主义武力强筑吉会路，反对日本帝国主义侵略满蒙”是东满的“迫切的中心任务之一”。“划定延吉、珲春、和龙、汪清、敦化、安图、抚松、桦甸、额穆、长白十县，组织东满特委，直接指挥布置各县的工作”②。

1930 年 10 月，在满洲总行委代表廖如愿和杨林的主持下，中共延和中心县委召开干部会议。会上，传达了总行委关于建立中共东

① 1930 年 8 月，根据中共中央指示，中共满洲省委、共青团满洲省委撤销，成立了满洲总行动委员会（简称总行委）。同年 11 月，满洲总行委撤销，恢复设立中共满洲省委和共青团满洲省委。

② 《中共满洲总行委给东满特委的指示信》（1930 年 9 月 25 日），载中央档案馆、辽宁省档案馆、吉林省档案馆、黑龙江省档案馆编：《东北地区革命历史文件汇集》甲 5，1988 年印，第 226 页。

满特委的决定和总行委给东满特委的指示精神。根据总行委的意见，中共东满特委正式成立并组成特委军事委员会，特委委员 7 人：书记廖如愿，军委书记杨林，组织部长王耿，宣传部长朱健，交通部长李镛，青年部长李用国，妇女部长李仁活。东满特委隶属于满洲总行委，特委机关分两处，设在朝阳川和局子街（今延吉）北山。

东满特委军事委员会成立后，军委书记杨林与军委的干部一道积极开展武装工农群众的工作，在各县委都设立了军事部，整顿和组建了游击队和赤卫队，加强了党对游击队的领导。1931 年 2 月，在杨林的主持下，制定了具有指导意义的《东满游击队工作大纲》。《大纲》对游击队的性质、任务、党对游击队的领导、游击队的建设和指挥系统及其战术等方面都作了较为详细的论述。《大纲》虽然是在九一八事变前制定的，其任务也主要是为了执行土地革命方针，但它对中国共产党在东满地区建立反日武装、开展反日游击战争和开辟游击根据地发挥了一定作用。

中共东满特委成立后，派出优秀干部深入各地，进行组建和改组各县委的工作。自 1930 年 10 月至 1931 年 2 月，东满特委下属有 6 个县委、19 个区委。到 1931 年 4 月，已有党员 600 余名。

同时，农民协会、反帝同盟、青年同盟、妇女同盟等群众爱国组织相继建立起来。参加群众团体的人数也由 1930 年 4 月的 2000 人增至 10 月的 5000 余人，在党组织和群众团体影响下的群众达 5 万余人。

1931 年九一八事变爆发后，东满地区群众在党组织的领导下，掀起了轰轰烈烈的反日浪潮。其中较大的有秋收斗争和春荒斗争。

东满地区的汉族、朝鲜族贫苦农民长期以来深受封建地主的盘剥和压迫，当地各族人民从来就没有停止过反抗和斗争。在群众强大的斗争压力下，1931 年 3 月，吉林省政府公布了“三七”、“四六”减租令，但地主势力不但拒绝执行，而且还勾结封建军阀和日本势力对群众进行镇压。

为了反抗敌人的镇压，中共东满特委作出发动群众，向一切压迫和侵略者进行斗争的决定。为此，特委提出了“打倒日本走狗”、“按照吉林省政府公布的‘三七’、‘四六’的方法，实行‘三七’、‘四六’的租地法令”、“反对交纳日本金融部的高利贷的残酷的利息”、“中韩民族联合起来，反对日本挑拨中韩民族感情”等反帝反封建的口号。同时，指示东满各地党组织积极发动群众开展大规模的秋收斗争。

1931 年 9 月，中共延吉县老头沟区委发动官道口、大箕洞等地 800 多农民举行示威游行。示威农民把地主的大院团团包围起来，打开粮仓，分粮济贫。10 月，延吉区、依兰区、海兰区的农民协会联合成立了由 13 人组成的秋收斗争委员会，在中共延吉县委的领导下，动员 2000 余名群众包围了苇子沟大地主陈奎和海兰区大地主孟胡雨的庄院。在农民要求实行“三七”减租再一次被拒绝后，愤怒的群众不顾地主的阻拦，蜂拥而上，打开了粮仓，进行分粮。11 月，中共八道沟区委也动员 2000 多名农民与顽固反动的地主进行斗争。他们把当地的副区长和地主张折兰拉出来进行斗争。斗争中，“地主逃跑，群众自动把粮食分配后，又到救济会农场（日本侵略者剥削农民的经济机关）把所有的粮食都分配了”[①]。同时，局子街附近的 2000 多群众在农民协会的组织和领导下，在小营子召开誓师大会，迫使地主在“三七”减租书上签字。群众举行了游行示威，并将局子街伪警察局包围起来，抗议反动军警逮捕和镇压农民群众的罪行，强烈要求释放被捕群众。在广大民众的愤怒呼声中，当局被迫将被捕群众释放，斗争取

① 《东满（延吉）革命斗争略史材料（自“九一八”至“八一五”前）》，载中共吉林省委党史研究室编：《中共吉林历史资料丛书 · 东满抗日斗争烽火》，2001 年内部印行，第 150 页。

得了胜利。

与此同时，和龙县的大砬子、开山屯、平岗、三道沟的农民在和龙县农协会长具成泰的领导下，也开展了声势浩大的秋收斗争。在开山屯，近千名农民涌进地主的大院，打开粮仓，分了粮食。日本驻龙井领事馆出动军警对群众进行镇压，还调集江对岸驻朝日军过江配合领事馆的警察镇压群众斗争。群众与之展开了激烈的搏斗。结果，军警将共产党员、农民协会的负责人姜基范押解到领事馆。在审讯中，姜基范被拷打致死。悲愤的群众抬尸游行，示威群众到龙井领事馆，要求杀人偿命，并砸了领事馆。

在汪清县，百草沟、大小汪清等地农民在中共组织的领导下，也进行了向地主要求减租的斗争，抓获了仗势欺人的日本走狗，并召开公审大会将其处决。此外，珲春县的烟筒砬子、大荒沟等地的广大农民也积极投入到减租、抗债及清算日本走狗的斗争之中。10 月末，大荒沟等地近千名农民带着镰刀和麻袋，浩浩荡荡地聚集到清水洞，然后列队向珲春县城进发。一路上，他们高喊“实行减租减息，还我们口粮”等口号。途中，日本军警和伪军拦住了他们的去路，并将机枪对准了手无寸铁的群众……这场斗争一直持续到夜晚。

在珲春县大荒沟、三安里、烟筒砬子等地，有 1000 余农民参加秋收斗争。1931 年 11 月，中共珲春敬信区委领导农民协会和赤卫队，夜袭了圈河的反动地主高千田的大院。在解除地主武装后，没收了高家大院的粮食和财产，并召开群众大会处决了高千田。

这场规模浩大的秋收斗争持续了 4 个多月。在中共东满特委和各地党组织的领导以及农民协会、赤卫队的有力配合下，广大农民群众被充分地动员起来。他们不顾反动当局的镇压，义无返顾地投入到反抗日本帝国主义和汉奸走狗的斗争中。据统计，全东满共有 1.5 万多人参加了这场斗争，并部分实现了斗争目标。虽然由于日、伪军警的破坏和阻挠，斗争未能取得完全的胜利，但是它打击了日本帝国主义及其走狗的气焰，极大地鼓舞了人民群众不怕牺牲、敢于斗争的勇气。

继秋收斗争后，1932 年春，东满地区又爆发了更大规模的春荒斗争。

当年春天，东满地区发生了严重的粮荒，为了帮助农民渡过困难，并将反日斗争引向深入，中共东满特委根据群众的要求，领导农民群众开展了抗捐抗债、借粮渡荒、反对日本侵略者及其走狗的春荒斗争。这场斗争首先从延吉县依兰沟等地农民向地主借粮夺粮开始。中共延吉县委①为此提出了“向地主借粮度荒”、“反对日本帝国主义出兵东北”、“清算走狗”、“夺取敌人武器，开展武装斗争”等口号。2 月初，中共依兰区委组织 4000 多名群众从地主家夺回粮食分给贫苦农民。中共孤山支部的党员带领数千群众前往九龙坪日本警察分署，强烈要求释放被捕的 5 名共产党员。但在警察分署驻地，遭到保卫团和日警联合起来的压制，群众列队顽强抵抗。结果敌人向群众开枪射击，春荒斗争积极分子、赤卫队长被击伤。愤怒的群众决心报仇。3 月，中共老头沟区委发动 700 多名农民，与日本走狗进行斗争，并将其中 3 人处决。

1932 年 3 月，和龙县开山屯的四对社、四光社、晴霞社、同新社等地群众，也起来斗争反动地主，夺取粮食分配给农民。斗争中，愤怒的群众将日本走狗崔亨根处死。

在农民群众积极开展秋收和春荒斗争的同时，当地的工人和学生也进行了各种形式的反日斗争。九一八事变爆发后，延吉县老头沟、八道沟的矿工和吉（林）敦（化）、敦（化）图（们）等铁路工人便投

① 1931 年 8 月，中共延和中心县委撤销，分别成立了中共延吉县委和中共和龙县委。

入到抗日斗争中。老头沟的矿工在九一八事变后的第三天就举行了反对日本资本家积欠工人工资的罢工。他们不仅停工，而且冲破矿警的围拦，阻止天（宝山）图（们）线火车向外运输煤炭。王德林领导的救国军成立后，许多矿工纷纷投奔义勇军进行抗日斗争。八道沟金矿的矿工在党组织的领导下，建立起工会组织，积极为抗日部队筹集物资。吉（林）敦（化）、敦（化）图（们）线的铁路工人也组织了工会，他们拆毁道轨，烧毁桥梁，以破坏日本侵略者的物资运输和军事进攻。此外，一些被侵略军强抓和骗招的筑路工人也起来进行反抗，他们或逃跑，或夺取枪支，投入到抗日部队中去。此外，一些具有民族意识的民族工商业者和开明地主也积极为抗日做工作。

从 1931 年 9 月开始的秋收斗争到 1932 年的春荒斗争和各界群众的反抗斗争，使日本侵略者在延边地区建立起来的基层政权受到沉重打击。在这些斗争中，中共东满特委及所属党组织，根据党的反日斗争方针，积极发动群众，大力发展反日会、农民协会组织。延吉县的海兰区、依兰区、八道沟区、老头沟区、瓮声砬子区，和龙县的开山区、大砬子区、安图区、平岗区，汪清县的蛤蟆塘、大小汪清、腰营子、罗子沟等地，珲春县的荒区、烟区等广大农村都被农民协会所控制。在这些地方，还普遍建立了赤卫队、突击队、别动队等武装组织，有力地保卫了党的组织和农民群众。由于各级党组织紧紧把握有利的斗争形势，不失时机地组织和领导各族各阶层人民特别是农民群众进行各种形式的反日斗争，从而使中国共产党的反日斗争方针和政策在群众中得到及时和有力的宣传，为党创建反日游击队打下了坚实的思想和群众基础。

二、东满各县反日游击队的创建

九一八事变前，东满地区各县党组织贯彻当时党中央制定的土地革命方针，曾经在群众反日斗争的高潮中建立了几支小型的武装，用以保卫党的机关和革命群众。但是九一八事变后，这种小型武装已不能适应抗日游击战争的需要。1931 年 10 月，中共东满特委先后派人到汪清、珲春、延吉、和龙各县帮助地方党组织建立反日游击队。为加强对东满地区抗日斗争的领导，中共满洲省委于 11 月派童长荣到东满。童长荣到东满后按照满洲省委的指示，改组了东满特委，并担任东满特委书记。新特委整顿和加强了汪清、和龙、珲春、延吉县委的领导，将原属和龙县委的安图区委撤销，建立了安图特支。同年 12 月，童长荣在延吉县瓮声砬子主持召开了东满各县负责人和党团积极分子会议。会上传达了中共满洲省委关于加强党对创建反日游击队工作领导的指示精神，并就如何发动和组织农民群众运动、武装农民群众、建立反日游击队等问题进行深入研究和讨论。会议决定，在当前形势下，要在东满各地巩固和发展已有的反日会、农民协会、工会、妇女会、少先队、赤卫队等群众反日团体；组织兵变，打击和清算日本走狗，夺取武器，建立游击队，开展反日武装斗争。之后，在各县委领导的秋收和春荒斗争中，恢复建立了 10 余支赤卫队、别动队和突击队等武装。

1932 年 2 月，中共满洲省委给东满特委发出指示信，提出了“发动游击战争是东满目前主要的任务”，要求东满特委“在游击战争中和群众斗争中去建立与发展真正的游击队组织”①。与此同时，中共东满特委还派人到敦化，发展了 50 名党员，建立了敦化特支。同年 4 月，中共东满特委向所属各县委又提出组建反日游击队的要求。之后，延吉、和龙、珲春、汪清等县委分别召开会议，布置创建反日游击

① 《满洲省委对东满特委的工作指示》(1932 年 2 月 20 日)，见中共黑龙江省委党史研究室存《中共东北地下党和东北抗日联军文件汇集》第 14 集，第 5 页。

队的工作。

（一）延吉反日游击队的建立

1932年初，延吉县的党团员和爱国青年以少量土枪为基础，开展夺取敌人武器、创建反日游击队的斗争。他们先后从伪警察署、亲日地主的手里夺枪数十支。在此基础上，于1932年夏建立了依兰沟区游击队、老头沟区游击队和花莲里游击队。依兰沟区游击队有队员30名，老头沟区游击队有队员20余名。这几支小型游击队建立后，立即开展游击活动，袭击了依兰沟伪军营房，阻击小百草沟日军"讨伐队"，袭击桦尖子伪警察分署，袭击八道沟与铜佛寺，伏击瓮声砬子伪自卫团，在春兴街袭击日军汽车，攻打九龙坪等。这一系列战斗，既缴获了一批武器，又锻炼了队伍。除从日、伪军手里夺取武器外，还于1932年夏在石人沟建立了一所地下兵器修造厂。游击队员克服重重困难，打制出一些刀、矛等武器，修理了部分手枪和步枪，并制造出使敌人恐惧的"辣椒面炸弹"和威力较大的土炸弹即"延吉炸弹"。游击队员就是用这些土洋结合的武器，与日、伪军进行战斗，并在斗争中不断发展起来。

但游击队的创建过程并不是一帆风顺的。1932年9月，有30余名游击队员在花莲里的柳亭村突遭日军守备队的围攻，20余名队员牺牲，30名群众伤亡。此外，游击队在夺取武器的过程中也有许多损失和伤亡。但游击队员在党组织的领导下，不气馁，不妥协，总结经验教训，继续坚持战斗。不久，被党组织派到三道湾"长江好"山林队从事兵运工作的共产党员王德泰[①]带出20余名队员来到了依兰沟。

---

① 王德泰（1908—1936），原籍山东，后随家迁入吉林省延吉县。1931年加入中国共产党。曾任延吉县反帝同盟会组织部部长。1934年后历任东北人民革命军第二军独立师政委、人民革命军第二军军长、东北抗日联军第二军军长和东北抗联第一路军副总司令等职。1936年在战斗中牺牲。

随后，延吉县新成立的反日游击队、赤卫队都陆续来到依兰沟。1933年1月，以这些队伍为基础，正式成立了延吉县反日游击大队，大队长朴东根、政委朴吉。有队员130余名，其中党团员占游击队员总数的80%以上。游击队下设3个中队，有长短枪80余支。游击队分别活动于烟集岗、八道沟、依兰沟、三道湾等地。

延吉县游击队在与敌人的战斗中力量不断增强。他们与当地党组织和爱国群众一道一边与日、伪军作战，一边创建抗日游击区和根据地。从1932年冬到1933年初，在延吉县建立了依兰沟区的王隅沟、八道沟区的石人沟、老头沟区的苇子沟、瓮声砬子的三道湾四块游击根据地。

（二）和龙反日游击队的建立

在中共和龙县委的领导下，开山屯、大砬子、平岗等地先后建立了赤卫队和突击队等武装。1932年春在开山屯，以金洛英、蔡奎镇为首的赤卫队员在当地党组织的领导下，买来两支手枪，建立了手枪队。同年3月，在县农民协会具成泰的指挥下，队员李东一化装成带孝之人，大胆地前往开山区船口伪警察所，借口呈请屠宰肥猪祭祀丧父，缴了伪警察5支步枪。7月，几名赤卫队员袭击了白龙坪税关，夺取手枪1支。不久，他们又袭击石磨洞恶霸地主崔昌益庄院，枪毙崔昌益，夺取手枪2支，八连枪、步枪、洋炮各1支，并焚毁了一切贷款凭据。秋后，该队3名队员化装成牛车夫，前往怀庆街，闯进福兴东商店，夺取步枪、手枪各1支，接着又袭击了驻守该街的伪自卫团，夺取5支步枪。

在大砬子区，以赤卫队为基础，于1932年夏建立了一支游击队，又称长枪队，队长金昌涉（金昌哲）。游击队活动在金谷、龙岩、大砬子一带。在夺枪斗争中，队伍很快发展到20余人。是年秋，游击队在大砬子通往咸宝路的道路上，伏击了伪缉私队，毙敌3人，缴枪3支。

在开展对敌斗争的同时，游击队还在金谷村鹰岩洞建起一小型兵工厂。他们用简陋的工具修造武器。不仅修理许多步枪和手枪，而且还制造了大批大刀、长矛和威力较强的土炸弹。

此外，在牛腹洞南沟，当地党组织领导数名赤卫队员从土匪手里夺取了两支步枪，并以此为基础，组成三道沟游击队。

随着游击队的不断发展和对敌斗争的需要，中共和龙县委决定创建抗日游击根据地。1932 年 11 月，平岗游击队在从药水洞、长仁江向渔浪村转移的过程中，将盘踞在这一带的日本走狗和反动地主武装悉数消灭和驱逐，从而为建立渔浪村抗日游击根据地打下了基础。同年 12 月，大砬子、开山屯、三道沟区的各支游击队陆续来到渔浪村。根据中共和龙县委的指示，在几支游击队的基础上，组成了和龙县游击中队，中队长金世（金亨杰），政委金嫂（金炳洙）。下设 2 个小队，有队员 40 余名。为了配合对敌斗争，游击队还成立了后勤部，并先后建起了被服厂、武器修理厂、炸弹制造厂、后方医院、大酱厂及粮食供应处等。

和龙游击中队成立后，在中共和龙县委的领导下，队伍获得了较快的发展。到 1933 年春，已有队员 80 余人，各式武器 50 余支，不久，即扩编为和龙反日游击大队。大队长张承汉，副大队长金昌涉，政委车龙德。下设 3 个小队。活动于平岗、三道沟、大砬子、开山屯等地。

（三）珲春反日游击队的建立

1932 年 1 月，中共珲春县委建立起一支有 15 人的别动队，并夺取了一些枪支和物资。随着抗日斗争形势的发展，根据中共东满特委关于积极进行抗日武装斗争的指示，这支别动队一边在大荒沟开展活动，一边扩大队伍。1932 年 3 月，在当地党组织的领导下，在烟筒砬子西沟又成立了一支有 20 余人的突击队，队长姜一武。为了扩充队伍,突击队开展了夺取武器的斗争。4 月,夺取东拉修理公司伪警察分队 2 支步枪。5 月,3 名突击队员渡过图们江,偷袭了朝鲜庆源警察所,夺取 3 支步枪。6 月,化装袭击了敬信乡玉泉洞监狱,夺枪 10 支,并解救了 13 名革命者。不久,以这支突击队为基础,在烟筒山西沟建立了岭南游击队,队长姜一武,政委林青,有队员 30 余人。与此同时,以大荒沟别动队为基础,成立了岭北游击队。队长姜锡焕,政委朴斗南,有队员 30 名。开始只有几支土枪、猎枪。为改善武器装备,队员们化装袭击了大荒沟伪警察所,缴枪 10 余支。不久,这支队伍又与其他反日部队一起在头道沟附近袭击了敌人的运输车,缴获一批物资。

为了加快发展抗日武装,中共珲春县委在创建游击队的同时,还派出一批党团员到活动在附近的救国军王玉振部中开展工作。经过几个月的努力,在救国军第十三团团长祖耀宗的协助下,组织了一支 14 人的游击队。同年初冬,王玉振率队降日,救国军第十三团连长孔宪琛率部下 10 余人加入岭北游击队。不久,又有小股救国军士兵加入了游击队。

岭南、岭北游击队成立后,积极开展对敌斗争。1932 年 7 月,袭击了石头河子日本人经营的畜牧场;8 月,伏击了“讨伐”烟筒山的日、伪军,歼敌 10 余人;9 月,攻打了珲春县城,毙敌 30 余人,缴获巡政局 20 余支枪。此外,他们还在大荒沟的槟榔沟建立了一所兵工厂,修理枪械,打造一些原始武器。

为了加强党对游击队的统一领导,根据中共珲春县委的决定,1932 年 11 月岭南、岭北游击队合并,成立了珲春反日游击队,编为第一、三两个大队。第一大队队长林青,政委崔斗星,以烟筒砬子为根据地进行游击活动;第三大队队长孔宪琛,政委尹锡元,以大荒沟为根据地进行游击活动。1933 年 2 月,救国军溃散后,有 30 余人加入了珲春反日游击队。至此，珲春游击队有队员130名，步枪100支。1933年4月，珲春反日游击总队成立，总队长孔宪琛，政委朴泰益。活动于大荒沟、烟筒砬子、梨树沟一带。

（四）汪清反日游击队的建立

1932年初，中共东满特委派原延和中心县委军事部长金明均到汪清县委任军事部长。金明均到任后，与中共汪清县委的同志一起进行了创建党直接领导的抗日武装的准备工作。决定抽调优秀的党团员和积极分子，进行为期两个月的政治、军事训练。为了准备武器，汪清县委积极组织党团员开展夺枪斗争。同年2月，8名赤卫队员化装成救国军战士，闯进大坎子公安局，解除伪警察武装，夺枪7支、子弹6袋。尔后，他们又来到小汪清沟，挖出前朝鲜独立军埋藏的5支枪和一批子弹。以此为基础，于3月在小汪清成立了汪清反日游击队，队长金哲，政委金明均，有队员12名。与此同时，中共汪清县委又将李光等9名党团员派到王德林的国民救国军吴义成部，吴义成把他们编为别动队，后来成为汪清游击队的骨干力量。

汪清反日游击队和别动队成立后，密切配合，协同作战，仅1932年夏季的数月内就战斗18次。6月，别动队在牡丹池袭击敌人，夺枪6支。7月，游击队袭击了小马鹿沟的伪军，俘敌5人，缴枪多支。之后，游击队和别动队联合伏击了石砚伪自卫团，缴枪10余支。入秋，游击队袭击了大坎子伪警察分署，夺枪10余支。10月，游击队和别动队再次配合，在南蛤蟆塘伏击了伪军孟营一个排，毙伤敌20余名，缴枪13支。战斗中游击队长金哲牺牲。之后，游击队在继任队长李应万和政委金银植的率领下，与别动队相配合，继续与敌进行战斗。10月，袭击老松岭铁路警备队，俘敌多名。

1932年11月，汪清别动队、游击队与从宁安到汪清的一支游击队合并，正式成立了汪清反日游击大队。大队长梁成龙，政委金明均，队员90余人，编成3个中队。有长枪70余支、手枪10余支。这支抗日武装由于工人和贫雇农占绝大多数，很快就成为一支战斗力很强的抗日武装。

（五）安图反日游击队的建立

从1931年末起，中共安图区委开始着手组建反日游击队工作。安图区委隶属中共和龙县委，这里群众基础较好，反日情绪高昂。1932年初，共青团东满特委派金日成①到安图县明月沟发动群众，创建抗日武装，在安图县的兴隆村，大沙河、小沙河一带建立了少年先锋队、赤卫队等群众反日组织，培养了一批青少年反日骨干力量。不久，与金日成一起从事革命活动的车光洙、李英培、朴勋、金哲等人也来到安图。之后，他们组织起一支抗日武装，并与在安图活动的救国军于学璇部协商，成为救国军的一支别动队进行抗日活动②。从此队伍有了迅速发展。同年4月25日，在安图县小沙河正式成立了反日人民游击队，金日成任队长兼政委。反日游击队成立后，为与有较大力量的反日部队进行联合斗争，决定与活动在南满的梁瑞凤领导的朝鲜革命军合作。但游击队到达柳河三源浦与革命军接触后，并没有与其达成协议，游击队返回安图。不久，又得知王德林率国民救国军在东宁一带活动。为争取与救国军联合抗日，游击队又前往东宁。途中，游击队不断遭到日、伪军的阻击，加之气候恶劣，游击队减员很大。队伍到达罗子沟后，金日成

---

① 金日成（1912—1994），又名金成柱，朝鲜平壤万景台人。少年时随父母来到中国东北，曾在吉林毓文中学读书。九一八事变后从事抗日武装斗争。曾任东北抗日联军第二军第三师师长、第六师师长、东北抗联第一路军第二方面军指挥、东北抗联第一支队支队长、东北抗联教导旅第一营营长等职。1945年抗战胜利后返回朝鲜，任朝鲜劳动党中央委员会总书记，朝鲜民主主义人民共和国首相、主席。1994年逝世。

② 参见《马英同志访问录》（1962年9月20日），中共吉林省委党史研究室存。

得知王德林已过界进入苏联、救国军瓦解的消息，便于1933年2月率队到达汪清①。之后，编入汪清游击大队，在汪清、安图地区活动。

三、东满地区反日游击队的反“讨伐”斗争

东满各支反日游击队的建立和发展，使日伪当局极度恐慌。为了将游击队消灭在萌芽中，1932年春，驻东满的日军在“讨伐”王德林救国军的同时，也将“讨伐”的矛头指向由中国共产党领导的反日游击队。敌人除调动驻守东满地区的日、伪军外，还从朝鲜调来日军第十九师团第七十五联队，组成“间岛派遣军”，开始对东满进行为期一年的联合“大讨伐”。同年4月3日，日本“间岛派遣队”侵入延吉、龙井等地。3月17日，日本关东军独立守备队上田支队从长春向敦化扑来。之后，第二师团天野旅团一部也从宁安向东满进犯。这三支侵略军纠集当地伪军警对东满各县农村开始实行疯狂的“扫荡”和野蛮的屠杀。“讨伐队”到农村，首先把农民的家财、衣物、粮食、耕牛以至锅碗洗劫一空，强迫农民迁入“大屯”，以便受日伪的直接监视、奴役与剥削。对不服从者则拉出枪毙或者连人带屋予以焚烧。“讨伐队”在“归屯”与搜山时，用机枪扫射，大炮轰击，并有飞机掷炸弹配合。一时间，敌人所到之地，烧、杀、抢、掠，无恶不作，到处是一片悲惨景象。

1932年4月至5月，在汪清县的德源里，日、伪军“讨伐队”将中共地下工作人员金相和与韩英浩逮捕斩首示众；在和龙县的平岗、开山区、大砬子区、三道沟区进行了数次“讨伐”，杀害无辜百姓43人。敌人在对珲春县烟筒砬子的“讨伐”中，仅一个月，就烧毁村庄20多个，毁坏房屋1000多间，许多群众被杀害。4月

① 参见金日成回忆录：《与世纪同行》（2），朝鲜外文出版社1992年中文版，第160页。

27 日，敌人把中共东满特委宣传部部长曹基锡等 28 名抗日志士关进一座茅屋，然后用机枪扫射，并放火烧毁房子。在延吉县的依兰沟、八道沟、凤林洞、花莲里一带，许多村庄变为灰烬。据资料记载，从 4 月至 12 月，日伪当局在东满各县共杀害抗日军民 1200 余人，逮捕 1500 余名。

对日本侵略者对东满地区的这次“大讨伐”，中共东满特委在给中央的一份报告里写道：“日本军队来到东满就首先收缴地主与警察的武装，焚烧赤色区域附近地主的粮仓（因为武装与粮食是当时群众斗争的主要要求），开始大规模的屠杀韩国与中国的农民，焚烧农村。秋收斗争以来，日本帝国主义的‘讨伐’队以‘满洲国’和国民党军阀与中韩地主走狗做先锋，更是大规模空前的大屠杀。”“仅仅延吉湾湾沟一个地方（现在以前还是依兰区党的一个支部的范围），就屠杀了一百五十多人。日本帝国主义毁灭了无数的农村，湾湾沟二十几〔里〕长及其附近的一条沟十余里长，汪清永昌间以及其他各县的许多大小农村烧的一个房屋也不剩，他甚至把农民在房屋被烧毁临时盖的土幕（类似马架子——引者注）也烧毁”[①]。

在敌人“大讨伐”中诞生的反日游击队，怀着对日本侵略者的满腔仇恨，在各级党组织的领导下，积极投入到反“讨伐”斗争中。

1932 年 7 月，珲春县岭南游击队在得到敌情报告后，与当地赤卫队相配合，在烟筒砬子附近伏击了前来“讨伐”的日、伪军。同年秋，岭南游击队又袭击了敌人刚刚建立起来的太阳村“集团部落”，缴获 17 支步枪和 480 发子弹，烧毁了伪自卫团团部。汪清反日游击队于

---

① 《中共东满特委给中共中央的工作报告》（1933 年 10 月 7 日），载中央档案馆、辽宁省档案馆、吉林省档案馆、黑龙江省档案馆编：《东北地区革命历史文件汇集》甲 29，1989 年印，第 357—358 页。

同年7月在小百草沟伏击了日军“讨伐队”，经过半小时激战，杀伤敌人数名。10月，游击队在东山袭击了到下牡丹“讨伐”的日、伪军。11月，在队长梁成龙的指挥下，游击队与“讨伐”龙北村的日军100余人激战1小时，毙伤日军20余名。12月，游击队在党组织和群众的配合下，利用有利地形，打退了前来“讨伐”的日、伪军300多人，击毙敌人40多名。

在各级党组织的领导下，东满地区的抗日军民对日本侵略者的疯狂“讨伐”进行了不屈不挠的斗争，但由于游击队还过于弱小，反日群众和反日组织还较分散，在敌人的强大进攻下，不仅东满各县乡村群众的生命财产遭到重大损失，而且成立不久的反日游击队也受到重创。

1932年末到1933年3月，日本侵略者对东满地区又展开了冬季“大讨伐”。1933年1月，驻延吉的日本军警与伪警察、伪自卫团组成“讨伐队”，在延吉的花莲里大肆搜捕抗日干部群众。敌人采取刀劈、火烧、挖眼、开水烫、刺刀捅等极其残酷的手段，将12名中共党员、干部和爱国群众折磨致死。与此同时，驻和龙县三道沟的日本守备队纠集当地的伪警察组成“联合讨伐队”共300余人，2月12日凌晨偷袭了和龙县渔浪村游击根据地。面对敌人的残酷暴行，根据地军民同仇敌忾，拿起武器与日本侵略者进行殊死战斗。在三道沟，50名游击队员利用有利地形，伏击了敌人“讨伐队”，毙伤敌人10余名。在敌人向渔浪村进攻时，中共和龙县委决定，由和龙游击队中队队长金亨杰等12名游击队员组成3个游击小组钳制敌人，其余队员在县委书记崔相东的指挥下，护送县委机关和群众向马鹿沟方向转移。在中队长金亨杰和政委金炳洙的指挥下，3个阻击小组的游击队员利用房屋、村外的壕沟和山坡，不断地变换地点向敌人射击。共产党员李九熙等3人在房屋顶上阻击敌人，日、伪军见难以接近，就放火焚烧房屋。三勇士无所畏惧，仍坚持战斗，在房子即将倒塌时，他们准备冲出包围，但因子弹打光，不幸牺牲。中队长金亨杰和政委金炳洙在村外的壕沟打退了敌人一次又一次的进攻，壮烈牺牲。和龙县委书记崔相东在掩护群众转移时，身负重伤。他不顾伤痛，与敌人扭打在一起，并用石头向日军的头上砸去，最后英勇牺牲。这次渔浪村反“讨伐”战斗，共消灭日、伪军数十人。游击队员和县委书记崔相东等13人牺牲，后被称颂为“渔浪村十三勇士”。

1933年3月，日伪当局调集3000余兵力，在飞机、大炮的配合下，对中共东满特委所在地小汪清及延吉县的依兰沟、石人沟、三道湾，珲春县的大荒沟、烟筒砬子等抗日游击根据地进行大规模的“讨伐”。日、伪军“讨伐”的重点是小汪清根据地。敌人兵分三路，采取分进合围的战术，向小汪清进攻。面对敌人的“讨伐”，汪清县游击大队、反日别动队和从宁安前来支援的抗日救国游击军等各支反日武装在中共东满特委的直接领导下，密切配合，协同作战，埋伏在根据地周围的山上，严阵以待。

3月30日凌晨，由大肚川出发的日、伪军进入游击队在尖山子一带的伏击圈。游击队利用有利地势，立即向“讨伐队”发起猛烈射击。经过两小时激战，打退敌人数次进攻。但日、伪军依仗精良的武器，仍不断组织强攻。这时，一部分游击队员绕到敌后，向敌人攻击。日、伪军腹背受敌，只得仓皇撤退。溃退途中，与其他方向来援的日、伪军相遇，因天黑，敌人互相射击。李光领导的别动队乘势缴获伪军一个连的武器。以后接连两天，敌人在飞机、大炮的配合下，对小汪清又发动几次进攻，抗日游击队和救国军部队采取“敌进我退”、“诱敌深入”、“集中兵力，各个击破”的战术，终将日、伪军赶出根据地。

小汪清根据地保卫战，共歼灭日、伪军300余人，缴获259支枪和4门迫击炮及许多弹药。此战打出了抗日武装的威风，使根据地军民深受鼓舞，增强了抗日斗争的信心。

第四节　吉东地区反日游击队的建立

一、九一八事变前后吉东地区反日斗争形势

吉东系指原吉林省东部，大体相当于今黑龙江省牡丹江地区。该地区大部分是山区，地势东部和西北部较高，南部和中部较低。气候冬长寒冷，夏短炎热。土地肥沃，适于种植农耕，物产丰富。

这一地区中共党组织建立较早。1926 年冬，中共牡丹江支部有党员 7 名；1930 年 10 月，中共穆棱县委成立；1930 年 3 月，中共饶河县委成立，1931 年改为中共饶河中心县委；东宁县 1930 年有两个支部，19 名党员；1930 年 10 月，中共密山县委成立；1930 年，中共宁安临时县委成立，同年 6 月，成立中共宁安县委，下设 14 个支部，有党员 35 人。1932 年 1 月，中共满洲省委决定，将中共宁安县委改为宁安中心县委，书记潘庆由①，全县共有党员 114 人，下辖宁安、东宁、穆棱、密山 4 个县（区）委。1932 年 6 月，中共宁安中心县委机关移至穆棱，改名为中共绥宁中心县委，领导宁安县委、穆棱县委、密山区委、东宁特支和勃利支部。1933 年 4 月至 1934 年 6 月，中共绥宁中心县委领导宁安、穆棱、密山、东宁 4 个县委，44 个支部，有党员 293 名。其中，宁安县委机关设在八道河子，领导东京城、八道河子、南湖头、马厂、乜河南沟、铁岭河区委和横道河子等 10 个支部。1933 年 5 月，中共满洲省委吉东局在牡丹江成立，孙广英任书记，统一领导绥宁中心县

---

① 潘庆由（1891—1933），原名李起东，朝鲜平安北道人。1927 年到东北。1930 年加入中国共产党。历任中共宁安中心县委书记、中共吉东局组织部长等职。1933 年被叛徒杀害。

委、饶河中心县委和东满特委。

九一八事变爆发后，在吉东地区活动的抗日部队主要有王德林领导的救国军、李杜领导的自卫军和丁超领导的护路军。此外，还有其他形式的抗日武装。1932 年末、1933 年初义勇军抗日斗争失败后，其余部仍有数千人活动在这一地区，继续进行抗日斗争。1932 年以后，吉东地区反日会、工会、反帝大同盟、青年反帝同盟、共产少年团等群众抗日组织纷纷建立起来。其中反日会的规模最大。1932 年至 1933 年间，仅东宁县就有反日会员 5000 余人。随着各种反日组织的建立，群众性的反日斗争更加活跃。各地不断举行反日示威游行，抗议日本帝国主义的侵略罪行。

在群众抗日斗争不断发展的基础上，吉东各县(区)委采取举办训练班、派党员干部到义勇军和救国军中掌握武装等方式，经过艰苦努力，先后创建了救国游击军、反日同盟军和饶河、密山、宁安、穆棱反日游击队等抗日武装，使吉东地区的抗日游击战争进入了一个新阶段。

二、吉东地区反日游击队的创建

(一)东北抗日救国游击军的建立

1932 年秋，日本侵略者向活动在吉东地区的抗日义勇军和共产党领导的抗日武装展开全面的军事“讨伐”。11 月，中共绥宁中心县委在穆棱兴源镇召开紧急会议，县委书记潘庆由主持会议，李延禄、孟泾清[1]和张建东等参加了会议。

会议根据中共满洲省委关于在日伪加紧进攻，救国军、自卫军趋

① 孟泾清(1905—1936)，山东人。中共党员。1932 年曾任吉林国民救国军补充团党支部书记、东北抗日救国游击军政委。1935 年任中共吉东特委组织部部长。1936 年被日伪当局逮捕后杀害。

于瓦解的形势下，党必须掌握自己的抗日武装力量的指示，决定由李延禄和孟泾清带领自卫军补充第一团和补充第二团第三营，设法脱离救国军的控制，正式创建一支由中国共产党直接领导的抗日部队。会后，李延禄即向王德林提出，带补充团赴前方阻击敌人。王德林批准他的请求，并把救国军第十七团和总部卫队营交给李延禄统一指挥。12 月 28 日，李延禄率领补充第一团和补充第二团第三营 500 人、救国军第十七团 500 人和总部卫队营抵达磨刀石车站，进行了一次阻击日军的战斗，但战斗失利。

磨刀石阻击战失败后，李延禄率部连夜向五河林（亦称五虎林，今牡丹江市五林镇）转移。部队到达五河林后，立即召开党支部扩大会议，进一步讨论和研究如何贯彻中共绥宁中心县委指示精神，决定公开组织党领导下的抗日队伍，并确定了部队的编制。1933 年 1 月 4 日晚，李延禄召开全体军官会议。会议分析了日军进攻吉东的形势，说明部队与救国军总部失去联系孤悬敌后的处境，指出只有跟着共产党，继续进行抗日游击战争，才是部队的唯一出路，才能取得中华民族的独立与解放。会上宣布将部队改编为抗日游击总队，李延禄任总队队长，孟泾清任政委，张建东任参谋长。总队下设 4 个团和 1 个游击支队。第一团团长杨太和，第二团团长李凤山，第三团团长史忠恒，第四团团长邹凤翔，游击支队队长李延平。全队共 900 余人。

游击总队成立后，暂驻五河林休整。早已暗中投敌的五河林保董赵保义，一面佯装热情接待，一面暗中派人给日军送信，并组织乡勇、兵丁把守路口要道，妄图和日军里应外合消灭游击总队。在此危急时刻，总队部驻地的房东向李延禄透露了这一阴谋。李延禄立即命令各部连夜行动，分别突围，约定次日到距五河林 40 公里的柞木台子集合。部队刚一出村，守在附近山头的民团就向游击总队开了火。部队边打边撤，顺利冲出山口。由于地形不熟，又是夜晚行军，联络困难，刚刚组织起来的抗日游击总队人员散失很多。抗日不坚定分子第四团团长邹凤翔带领全团500余人离队。部队减员严重，到达集合地时只剩300余人。鉴于这种情况，游击总队党支部迅速调整行动计划：一是设法立即和上级取得联系；二是整顿部队；三是尽快解决部队物资供给；四是派杨太和率第一团去密山开展游击活动，发展队伍，总队部率第二团、第三团回宁安寻找党的组织。

1月8日夜，李延禄、孟泾清率总部200余人，越过中东路，于次日到达宁安南部的和尚屯，与在这一带活动的救国军王毓峰营和冯守臣骑兵营取得联系。1月中旬，中共宁安中心县委派团县委书记李光林和游击总队取得联系，并传达了县委指示，要他们联络收拢救国军散落部队，壮大游击队伍，积极开展游击战争。1月下旬，李延禄联合救国军王毓峰营和冯守臣部，在宁安南部的孟寡妇屯召开大会，会上宣布成立东北抗日救国游击军。中共宁安中心县委任命李延禄为总司令，孟泾清为政委，张建东为参谋长，刘汉兴为副参谋长。全军下辖3个团、1个步兵营、1个骑兵营、1个游击支队。第一团团长杨太和，第二团团长王毓峰，第三团团长史忠恒，步兵营营长李凤山，骑兵营营长冯守臣，游击支队队长李延平，全军总人数800余人。

1933年春，中共宁安中心县委曾成立了一支以党团员和积极分子为主体的抗日武装，起名为工农义勇军。10多名队员大部分为朝鲜族，队长朱守一①，副队长金根，部队活动在宁安、穆棱一带。这支队伍也被正式编入游击军。

为加强和巩固抗日救国游击军，根据中共宁安中心县委的指示，春节刚过，李延禄率领部队到宁安东南的团山子屯进行休整。次日，日军

---

① 朱守一（1905—1934），原名周子岐，辽宁沈阳人。哈尔滨中俄工业学校肄业。1931年加入中国共产党。1932年任中共绥宁中心县委书记，组建工农义勇军，后加入救国游击军。1934年任密山游击队队长、密山抗日同盟军总指挥部总指挥。同年在战斗中牺牲。

驻宁安守备队和伪军接到情报后出兵“讨伐”。李延禄等召开作战会议，决定设伏打击这股日、伪军。2 月 10 日清晨，敌人分三路进入团山子。日军守备队从正面，伪军从两翼向救国游击军发动攻击。救国游击军集中火力攻打正面日军，击毙多名日军军官，使日军无法前进。两翼的伪军在救国游击军顽强的阻击和政治攻势下很快退去。日军失去两侧掩护，孤立无援，在游击军战士们的勇猛追击下，狼狈逃走。战斗结束不久，李延禄接到情报得知，日、伪军正在八棵树屯杀猪做饭，便命令刘汉兴带领部队奔袭八棵树屯，击毙了敌指挥官风岛和几名日军。敌人不敢久留，匆匆收兵退回宁安。救国游击军首战告捷。战斗胜利后，团山子、八棵树屯的群众杀猪宰羊，慰劳部队，庆祝救国游击军取得胜利。这次战斗，不仅取得军事上的胜利，而且还扩大了党的政治影响，使人民群众的抗日信心受到极大鼓舞。

团山子战斗后，为避开敌人进攻锋芒，以利于部队休整，李延禄率领救国游击军转移到宁安南部山区的八道河子。

八道河子是距宁安百余里的一个朝鲜族村庄。该村坐落在群山之中，西面有一山口，路通宁安，此处地势险要，有“一夫当关、万夫莫开”之势。抗日救国游击军来到之后，爱护群众，严守军纪，深得百姓拥护。部队一面在群众中开展抗日宣传，一面进行军事训练，同时四处筹集给养。救国游击军部队在八道河子休整了两个星期，驻地被敌人侦知。1933 年 3 月 1 日晨，日、伪军四五百人，携带 6 门大炮进犯八道河子。救国游击军得到消息，做好应敌的准备。李延禄把第二、第三团布置于西山口两侧山头，李凤山营在中路防守，迎击进入山口之敌。晨 6 时，战斗打响，敌人依仗优势兵力和精良武器，轮番向救国游击军阵地猛烈炮击，发起一次又一次冲锋。战士们勇猛顽强，奋勇杀敌。第三团团长史忠恒负伤多处，不下火线，身先士卒。战士们在他的激励下，士气旺盛，多次击退敌人的疯狂进攻。但最后终因敌我力量过于悬殊,救国游击军弹药消耗殆尽,不得不放弃山口阵地,撤到后山。

中午时分,敌人占领八道河子,烧杀抢掠,无恶不作。逃上山的老百姓向战士们哭诉敌人暴行,战士们怒火填膺,纷纷要求下山杀敌。李延禄下令把剩余子弹集中起来,组织一支敢死队,枪上刺刀,穿过树林,出其不意地杀入屯中。愤怒的群众手持棍棒,跟在敢死队后面冲向敌人。敌人惊慌失措,在战士和群众的英勇打击下,仓皇溃逃。这次战斗击毙日军37人,缴获枪支弹药一批。

八道河子战斗后,救国游击军影响进一步扩大,当地青年纷纷要求参军杀敌,附近的一些义勇军和反日山林队也前来联络,愿与救国游击军协同作战。3月3日,中共绥宁中心县委召开会议,根据吉东和东满抗日斗争的具体情况,提出绥宁党的任务是:扩大民族革命战争,推翻日伪对东北的统治,巩固东满抗日根据地。为贯彻中心县委指示,李延禄率领部队去东满抗日根据地汪清县活动,参谋长张建东率一部分队伍留驻宁安,在南湖头、四道河子一带活动。

1933年3月中旬,李延禄、孟泾清率领第二、第三团和骑兵营共500余人,到达汪清县嘎呀河区的马家大屯,受到东满抗日根据地人民群众热烈欢迎。在这里和救国军别动队、汪清游击队两支队伍会合,极大地鼓舞了战士们和群众的抗日士气。

汪清一带抗日武装及根据地的蓬勃发展使敌人不得安宁,日伪当局一心要除掉这个心腹大患。3月下旬,日军抽调延吉、和龙、珲春、汪清四县兵力,对汪清游击根据地进行大规模的“清剿”。消息传来,战士们摩拳擦掌,决心狠狠打击来犯之敌。救国游击军和救国军别动队及汪清游击队制定了联合作战方案,各部队按照计划部署,分头埋伏在敌人必经山口,做好了伏击敌人的准备。3月30日拂晓,战斗打响。敌人在飞机大炮的配合下,从四面进攻马家大屯。守卫在四个山口的部队相继和日军开了火，战斗非常激烈，激战竟日，给敌人以重创。联合作战的部队出色地完成了保卫根据地的任务。这次战斗，共缴获敌人长短枪250余支、迫击炮4门、子弹军需物品一批。

1933年4月，李延禄派李延平率游击支队去密山，自己率余部返回宁安。政委孟泾清调地方工作，第三团长史忠恒因负伤未愈留下养伤，第三团也随之留下与汪清游击队一起活动。

李延禄率队返回宁安不久，接到了东京城送来的情报，说驻东京城的伪军军心不稳，有的伪军军官想要反正抗日，要求救国游击军派部队接应。东京城是宁安县第二大镇，地处宁安至敦化的公路线上，日军正在修建的图（们）宁（安）铁路也经过这里。城内驻有宁安伪第二保安大队300余人，队长马海山，日军守备队有39人。救国游击军几次作战获胜的消息在东京城传开后，在伪军中引起很大震动，加上城内中共地下党和反日会的秘密工作，几个下级军官正在酝酿起义。经请示中共东满特委同意，李延禄派副参谋长刘汉兴率一支小部队联合附近的几支反日山林队一起行动。由刘汉兴统一指挥，对伪军采用攻心战术，在东京城外四处张贴传单、标语，大造声势，搅得敌人惶惶不安。

5月8日，抗日救国游击军联合反日山林队近千人，包围了东京城。副参谋长刘汉兴要求各部用政治口号瓦解敌人，不见日军不开枪。战士们高喊："中国人不打中国人！""大家一同过来打日本人！""中国人不做日本人的奴才！"口号声此起彼伏。在强有力的政治攻势下，日军吓得逃离了东京城，伪保安大队队长马海山见大势已去，化装逃走。两连伪军起义，参加救国游击军，其余人自行解散。敌人苦心经营的伪宁安第二保安大队，刚成立一个多月就全部瓦解。救国游击军顺利占领东京城，缴获大量武器弹药和军需物资。此事发生后，日伪当局十分恼怒，驻吉林第二师团师团长多门二郎的派出部队尾追而来，宁安的日军守备队和伪军第一保安大队也出动"讨伐"。

此时,李延禄率救国游击军正在马莲河召开群众大会,敌人尖兵与救国游击军警戒部队遭遇。为了群众的安全,部队撤退上山,群众也得以安全转移。傍晚,日军追踪到马莲河,不敢贸然前进,就地在杨木林子和金坑宿营。李延禄召开军部干部会议分析敌情,认为敌人一路未遇阻挡,必定骄狂无备,又不熟悉地形,于是决定派出小股部队,夜袭敌人。步兵营六连连长、共产党员车振声主动要求执行这项任务。他带领小部队摸到杨木林子北山后,只带数名战士,绕开敌人的哨兵进村侦察。他们看到多数敌人毫无戒备,在院子里升火烘烤鞋袜,枪支也架在一起。车振声等悄然来到敌人的指挥部,举枪向里射击。枪声一响,敌人便盲目向山上射击。驻在金坑的敌人以为救国游击军来了,架起机枪、小炮乱打起来,枪炮声整整响了一夜。而车振声率领战士们早已安全返回。这次夜袭,消耗了敌人大量弹药,打乱了敌人的"讨伐"计划,敌人在混乱中被自己的流弹击伤多人。次日,李延禄率领救国游击军来到横道河子,准备北上密山。

(二)饶河农工义勇军的创建

饶河县位于黑龙江省东北部,南邻虎林,西接宝清、富锦,北靠同江、抚远,东隔乌苏里江与苏联相望,西南部为完达山脉。全县多半属于未开发的山林地带。地僻荒远,交通不便,主要靠水路同外界来往,对开展游击活动十分有利。饶河分4个区,人口3万余人,其中朝鲜族7000余人。

1929年末,中共北满特委派崔一山、崔石泉[①]、黄哲云(黄继兴)、

---

① 崔石泉(1900—1976),又名金治刚、崔庸健,朝鲜平安北道人。1919年参加朝鲜"三一"运动。1921年来中国上海。不久入云南陆军讲武堂学习。毕业后,担任黄埔军校教官。1926年加入中国共产党。1927年参加广州起义。1928年到东北从事革命活动。九一八事变后,创建反日游击队,曾任东北抗日联军第七军代军长、东北抗联第二路军总参谋长、东北抗联教导旅参谋长、中共东北委员会书记等职。抗战胜利后回朝鲜,曾任朝鲜劳动党中央副委员长、朝鲜民主主义人民共和国副主席等职。1976年病逝。

徐凤山等共产党员来到宝清、虎林、饶河地区，在群众中宣传共产党的革命主张，发展党员，举办青年训练班，成立反帝同盟，组织群众开展革命活动。

1930 年 3 月，中共饶河县委成立，崔一山任书记，崔石泉、黄哲云、徐凤山任委员。1931 年 3 月，根据中共北满特委的指示，在中共饶河县委的基础上，建立了中共饶河中心县委，书记朴元彬，委员崔石泉、徐凤山、李一平，领导饶河区委、抚远区委、宝清特支、虎林支部。中共饶河中心县委共有党员 123 人，其中饶河区委有党员 55 人。饶河中心县委机关曾先后设在虎林三人班、宝清七星砬子、饶河团山子和小南河等地。随着党组织的建立和发展，党在群众中的影响日益深入，开始有组织地开展革命活动和反日斗争。

九一八事变后，中共饶河中心县委根据党中央和中共满洲省委指示，为发动虎饶地区广大人民群众抵抗日本帝国主义的侵略，一方面积极发展党员，着手组织抗日武装和群众反日组织，掀起群众的反日浪潮；另一方面派党团员到义勇军中，支持他们进行抗日武装斗争。在饶河中心县委的领导下，许多村屯建立了反日会组织，反日会员有 300 多人。饶河县反日会组织迅速扩大，活动也最为活跃。徐凤山、李学福①等深入群众，广泛宣传各族人民团结起来，共同抗击日本侵略者的伟大意义，组织各族人民共同进行反日斗争，并在三义屯、爆马顶子、关门嘴子、大岱河、新兴洞、大别拉炕、小别拉炕和小佳河等地秘密发展反日会员，建立了若干个反日分会组织。在此基础上，成立了饶河反日总会，会长李阳春，外交委员李学福，宣传委员金成

---

① 李学福（1901—1938），原名李学万，又名李葆满，吉林延吉人，朝鲜族。1931 年任饶河县反日会长。1933 年加入中国共产党。1934 年 7 月任饶河反日游击大队队长。1937 年春，任东北抗日联军第七军第一师师长，1938 年 1 月任东北抗联第七军军长。同年在苏联病逝。

培，组织委员杨义凤，妇女委员方顺爱。

1932 年春，在中共饶河中心县委领导下的党团员和反日会员，多次组织群众举行反日示威游行和集会，声讨日本侵略者。饶河三义屯的数百名群众举行反日集会，并到县城进行反日游行。在抚远有 1000 多名群众参加反日大会和示威游行。大别拉炕的群众也自发召开反日大会，有 100 多名群众举行了示威游行。义顺号、三人班等地的群众也举行了反日示威游行。

同年 8 月，中共饶河中心县委为了创建反日游击队，积极开展准备工作。在宝清小城子沟里秘密创办了军政讲习所，培养反日骨干。学员有 30 多名，都是虎林、饶河、宝清、抚远等县党组织推荐的优秀青年。讲习所由崔石泉负责，郑文为教员。同年秋，日、伪军向宝清进犯，讲习所遭到破坏，中共饶河中心县委机关由宝清转移到饶河。

中共饶河中心县委一面领导当地群众进行日益高涨的反日斗争，一面着手进行游击队的创建工作。10 月，中共饶河中心县委决定，由崔石泉、金文亨负责，依靠群众，创建反日武装。崔石泉、金文亨以仅有的一支手枪为武器，与金东天、崔龙锡、许成在、朴英根共 6 名共产党员组成一支特务队，队长崔石泉，秘密开展武装斗争。特务队的首要任务是夺取枪支，扩大队伍。在崔石泉领导下，特务队以饶河为中心，在虎林、抚远等地积极开展武装斗争，从伪警察及民团、商团中夺取武器，并用获得一支枪，发展一名队员的办法，逐步扩大队伍。中共饶河中心县委还在反日力量较强、规模较大的村屯组织不脱产的义务队。其主要任务是搜集情报，配合游击队的夺枪斗争。特务队的夺枪斗争及群众的反日运动引起了日伪当局的注意。敌人出动军警镇压群众的反日斗争，逮捕了中共饶河区委书记徐凤山等，反日会活动由公开转入地下。但是，特务队在党组织的领导下，紧紧依靠人民群众，经过 5 个多月的艰苦斗争，队伍发展到 40 余人。

1933 年 2 月，中共饶河中心县委在三义屯召开会议，朴振宇当选为中心县委书记，组织委员徐凤山，宣传委员黄继兴，委员玄荣学、杨义凤、崔宇振。4 月 21 日，根据中共饶河中心县委指示，在大叶子沟，将特务队改编为饶河农工义勇军，队长崔石泉，政治部主任金文亨。下设三个小队：第一小队队长崔石峰，第二小队队长许成在，第三小队队长蔡一勋。

中共饶河中心县委为了壮大饶河农工义勇军，培养抗日骨干力量，于同年 5 月，在反日群众基础较好的饶河县三义屯再次创办了军政训练班。崔石泉为训练班主任，金文亨为大队长，李学福为班长，教员有朴振宇、金铎、杨宽镇。训练班学员有 70 余人。学员们经过两个多月的训练后，大部分都加入了饶河农工义勇军，为部队增添了新的血液。其余的奔赴各地，担任地方抗日工作。

饶河农工义勇军虽然取得了一定的发展，但崔石泉等领导人认为，只靠党领导的这支幼小的武装力量，难以取得对敌斗争的胜利，只有团结义勇军及其他各种抗日武装力量共同作战，才是壮大自己，消灭敌人的正确途径。当时在饶河最主要的抗日武装力量是高玉山领导的东北国民救国军。高玉山原为虎林县独木河保安队长，后被李杜任为战时自卫团第九大队队长。日军占领虎林后，建立伪政权，其所部被日伪收编，他任虎林县自卫团副指挥、伪警察大队第一中队队长等职。1933 年 3 月，高玉山的部下刺杀了日本参事官隐岐太郎和指导官伊藤重男，劝其抗日。中共饶河中心县委也派人来做他的工作。于是高玉山决心再举抗日大旗，派兵缴了伪警察署的枪，控制了县城的要隘，成立了东北国民救国军，高玉山为总司令。高玉山的抗日爱国行动得到了散在虎饶地区的原吉林自卫军、救国军残部的响应和拥护，附近的其他小股抗日武装也纷纷来投奔，总兵力达 2000 余人。4 月 17 日，救国军高玉山部攻打饶河县城，没有攻克。5 月 26

日，救国军联合原东北军臧景芝等部组成的义勇军部队3000余人再次攻打县城，经过激烈的战斗终于将饶河县城攻克。伪保安团团长被击毙，伪县长逃走。救国军占领饶河县城以后，饶河反日总会负责人李学福、徐凤山等与救国军第一旅建立了密切的联系，并在他们的支持下，积极领导群众开展反日工作。

救国军进驻饶河县城后，农工义勇军独立开展活动，但与救国军之间发生摩擦。为了改善与救国军的关系，通过饶河反日总会与救国军第一旅参谋长王撝卿联系，经双方协商决定饶河农工义勇军在保持独立性的原则下，加入救国军，编为第一旅特务营，营长金文亨，参谋长崔石泉，政委朴振宇，全营100余人。随同救国军第一旅移驻虎林附近。

12月上旬，金文亨、崔石泉率领特务营袭击了虎林县城附近的于保董"大排队"，缴枪70余支和一批粮食、衣物。特务营将缴获的物资交给救国军一部，获得救国军官兵的好评。

1934年1月28日，国民救国军攻打虎林县城。特务营与救国军一部被编为先锋部队，首先攻入城内，完成指定的攻占日本参事官驻地等任务。战斗中，形势突然逆转，在敌人猛烈反扑之下，救国军阵亡270余人。救国军部队迅速撤离县城，特务营也遭到严重损失，第三连连长等25人牺牲，营长金文亨等2人负重伤。

国民救国军攻打虎林失败后，部队军心动摇，高玉山准备带队过境进入苏联。救国军中一些怀有歹意的人要缴特务营的枪械。此时，救国军第一旅参谋长王撝卿转告特务营火速脱离险境。崔石泉、崔石峰等当机立断，率队迅速离开驻地，转移至饶河县大岱河一带，重整部队，独立行动。

2月3日，特务营中共组织召开会议，决定将特务营改编为饶河民众反日游击大队，全队60人，分编2个中队和1个手枪队。李学福任大队长，崔石泉任参谋长，朴振宇任政治指导员。崔石峰与许资善分别担任中队长，金东天任手枪队队长。会议确定，饶河民众反日游击大队的任务是深入发动群众，扩大部队，打击日伪统治和汉奸走狗，开辟抗日游击区和根据地。此后，饶河民众反日游击大队在斗争中不断发展壮大。

第五节　北满地区反日游击队的建立

一、九一八事变前后北满人民的反帝反封建斗争

北满系指哈尔滨以北、松花江中下游广大区域。这里山岳起伏，森林茂密，辽阔的松嫩平原河流纵横，土地肥沃。北满的经济以农业为主，绝大多数土地被地主占有。广大农民受地主的剥削和官吏的压榨，陷入贫困的境地，反对捐税盘剥、政治压迫的斗争此起彼伏。

北满地区的中心城市哈尔滨及中东铁路沿线是东北地区党组织活动开展得最早的地区。1923 年 10 月，中共哈尔滨组（亦称哈尔滨独立组）成立。1925 年夏，中共哈尔滨组改组为中共哈尔滨支部。1925 年 11 月，中共北方区委派吴丽石到哈尔滨工作，12 月建立了中共哈尔滨特别支部委员会，书记吴丽石。1926 年 4 月，中共哈尔滨特别支部委员会改组为中共北满地方委员会，书记吴丽石。至 1927 年 4 月，中共北满地委在哈尔滨市内建有 6 个党支部，在外市县建有长春、吉林、安达、牡丹江等党支部。绥芬河邮局和铁路有两个党小组。穆棱、磨刀石、横道河子、石头河子、昂昂溪、博克图等地发展有党员，北满地委所属党员有 140 余人。1927 年 10 月，中共满洲省临时委员会成立后，中共北满地委撤销，改组为中共哈尔滨市委员会，隶属满洲省临委领导。1928 年 1 月改为中共哈尔滨临时县委，9 月改为中共

哈尔滨县委。1929 年 7 月,中共哈尔滨县委改为中共哈尔滨市委。1930 年 8 月,成立中共北满特委(兼哈尔滨市委),孟坚任特委书记,领导哈尔滨市内及北满地方党的组织。中共北满特委在阿城、呼兰、珠河(今尚志)、依兰、通河、汤原、庆城(今庆安)等县先后建立了党的组织,开展了一系列反帝反封建斗争。到九一八事变前,北满特委有党员 400 余人。在党的领导下,哈尔滨和北满地区人民曾进行过声援上海五卅反帝爱国斗争、反对日本在东北修筑“满蒙五路”的斗争、中东铁路和哈尔滨铁路总工厂工人罢工等大规模反日反军阀斗争。

九一八事变爆发后,北满广大群众纷纷拿起武器,英勇抗击日本侵略者,义勇军、红枪会等抗日武装遍布北满各地。先是马占山的江桥抗战,随后是李杜、冯占海、苏炳文等领导的义勇军抗战。义勇军大规模的抗日武装斗争一直持续到 1933 年初。上述各种形式的抗日斗争,为北满地区创建共产党领导的抗日武装准备了良好条件。

1931 年底,中共满洲省委机关由沈阳迁到哈尔滨。此后,哈尔滨成为东北地区抗日斗争的领导中心。在中共满洲省委的直接领导下,各地党组织纷纷组织起反日救国会、互济会、反帝大同盟等群众团体,进行反日爱国宣传,发动募捐,动员群众,以人力、物力支援各地的抗日武装斗争。在群众斗争的基础上,中共满洲省委不仅加强了对各地抗日义勇军的工作,同时还为创建共产党直接领导的抗日武装做了大量艰苦的工作。

二、北满地区反日游击队的创建

(一)巴彦反日义勇军的创建及失败

日本帝国主义的侵略激起全国人民极大愤怒,广大爱国学生纷纷投入到抗击日本侵略者的洪流中。1932 年春,原北平清华大学学生、中共党员张甲洲[1]，联络在北平的东北籍学生回家乡组织反日武装。1932年5月，张甲洲与张文藻、张清林、郑炳文、于九公（于天放）、夏尚志等人，化装成商人，来到哈尔滨，很快与中共满洲省委取得联系。省委指示他们要开展武装斗争，并将人员做了分工。张甲洲、张文藻、张清林和郑炳文等去巴彦组织反日武装，于九公回家乡呼兰开展工作，夏尚志另有任务留在哈尔滨。

张甲洲回到家乡巴彦后，立即投入到组建反日武装的工作中。他利用各种社会关系，通过联系县保卫团团总王家善，中学校长孔庆尧，镇东村、洼兴村自卫团长侯振邦、陈维新、米秀峰等，在半个多月的时间里，很快就组织起一支一二百人的反日队伍。5月16日，在巴彦县北七马架[2]召开反日武装成立大会。队伍命名为巴彦反日义勇军，张甲洲任总指挥，王家善任副总指挥，孔庆尧任参谋长，张文藻任文书兼交通员。张清林和郑炳文负责政治工作。队伍下设两个中队，有100余人[3]。

反日义勇军成立伊始，即遭到地方反动势力的极端仇视。他们诬陷游击队为“红匪”，采取各种手段挑拨队伍领导者之间的关系，调集地主武装进行围攻，致使这支队伍刚一建立内部就出现分裂，王家善、孔庆尧等人离队而去，队伍减员一半。为了挽救这支队伍，张甲

---

① 张甲洲（1907—1937），化名张进思，黑龙江巴彦人。1930年8月加入中国共产党。9月考入清华大学政治系，并先后任中共北平市委宣传部部长和代理书记等职。1932年5月组织巴彦反日游击队。1933年赴富锦，以从事教育工作为掩护，进行抗日活动。1937年前往东北抗日联军第十一军途中与敌遭遇，在战斗中牺牲。

② 《中共巴彦县委关于反日会情形、建立模范队伍和一般群众工作问题的报告》（1932年11月），载中央档案馆、辽宁省档案馆、吉林省档案馆、黑龙江省档案馆编：《东北地区革命历史文件汇集》甲38，1990年印，第494页。

③ 《仲云巡视满洲的报告第二号》（1932年6月13日），载中央档案馆，辽宁省档案馆、吉林省档案馆、黑龙江省档案馆编：《东北地区革命历史文件汇集》甲10，1988年印，第381页。

洲将队伍报号“平洋”，联合当地的山林队“绿林好”，坚持进行反日斗争。

中共满洲省委非常重视这支抗日武装，于6月初陆续派省委军委书记赵尚志和共产党员夏尚志等人协助张甲洲工作。赵尚志（化名李育才）到巴彦后，与张甲洲共同研究了面临的形势和游击队的发展。赵尚志根据部队存在的问题，建议张甲洲整顿队伍，严明纪律，改善部队与人民群众的关系。为提高部队战斗力、培养干部，赵尚志提议“建立中心队伍”。张甲洲接受了赵尚志的建议，对部队进行了整编，建立东北工农义勇军江北骑兵独立师，由张甲洲任师长，赵尚志任参谋长，下辖3个大队及模范队（后称少年连）。第一大队队长张清林，第二大队队长夏尚志，第三大队队长呼青山，赵尚志兼任模范队队长。此外，还成立了教导队、宣传队，为加强党对部队的领导，队内秘密成立了党的干事会①。

随着反日斗争的开展，巴彦反日游击队逐渐壮大起来。为了从敌人手中夺取武器，歼灭敌人的有生力量，部队决定攻打龙泉镇。龙泉镇有伪警察署、伪自卫团和天增泉烧锅共百余人武装，镇内有围墙和炮台，防卫力量较强。7月攻打龙泉镇的战斗取得胜利。巴彦反日游击队名声大振，许多农民及当地小股武装纷纷投奔。为进一步开展抗日斗争，振奋民众抗日斗志，打击日本侵略者，张甲洲和赵尚志决定联合义勇军、山林队等抗日队伍攻打巴彦县城。8月30日，巴彦反日游击队和原马占山抗日救国军余部才鸿猷团（简称“才团”）、山林队“绿林好”分别从南、东南、东北三面攻进巴彦县城。城内自卫团溃不成军，伪军营长沈某被击

---

① 《中共巴彦县委关于反日会情形、建立模范队伍和一般群众工作问题的报告》（1932年11月），载中央档案馆、辽宁省档案馆、吉林省档案馆、黑龙江省档案馆编：《东北地区革命历史文件汇集》甲38，1990年印，第502页。

毙,伪县长程绍濂逃出城外时被俘,县城遂被占领。部队进城后,立即下令严守群众纪律,不许骚扰、抢夺城内居民财物,派出战士开展宣传工作,撒传单、贴标语、组织演讲团,揭露日军的罪行和南京国民政府的不抵抗政策,号召群众起来抗日。并打开伪县公署粮仓,赈济贫民。镇内青壮年纷纷要求参加抗日队伍,巴彦反日游击队迅速发展。然而进城后不久,"才团"首领采取封官许愿的办法,串通"绿林好",要吞并巴彦反日游击队。张甲洲和赵尚志及时识破他们的阴谋,率队撤出巴彦县城,到达巴彦县北部姜家窑七马架一带进行整训,准备进行新的战斗。

中秋节前后,部队接到情报,称呼(兰)海(伦)路康金井车站敌人防务空虚,于是决定前往袭击。康金井车站是呼(兰)海(伦)路上的一个车站。张甲洲和赵尚志挑选100名精明强干的战士,组成一支轻骑队,长途奔袭康金井车站,将车站伪警护队打得狼狈逃窜,使呼海路沿线敌人为之震惊。此后,反日游击队赴西集厂一带活动,又陆续收编一些山林队,队伍扩大到700余人,编成第一、第二、第三、第四、第五、第六队及少年队、教导队和洋炮队。队里建立了党的干事会,设有书记和组织、宣传干事。还建立了士兵委员会和反日同盟会等组织。

1932年10月,中共满洲省委派巡视员吴福海到巴彦反日游击队,传达贯彻省委关于执行"北方会议"决议精神和省委指示。其主要内容是:(1)将东北工农义勇军江北骑兵独立师改编为中国工农红军第三十六军江北独立师。(2)成立军事委员会,张甲洲为司令,赵尚志为第一政委,吴福海为第二政委,两人都是省委代表。(3)执行土地革命政策,实行打土豪、分田地。此后根据"北方会议"和省委的指示,巴彦反日游击队即打起红军的旗号,在北满地区的呼兰、绥化、兰西、安达等地进行活动。

红军第三十六军江北独立师为开辟新的游击斗争区域，解决枪支和部队御寒物资筹集的问题，做好冬季斗争的准备，联合“绿林好”所部于10月29日一起攻打东兴设治局（东兴正式设县之前为设治局）。由于独立师采取声东击西的战术，敌人毫无防备，仓促应战，被联合部队迅速击败。守敌从东门撤出，逃进山里，部队顺利占领东兴。占领东兴后的第三天，敌人便开始疯狂反扑。由于独立师领导人缺乏对敌斗争经验，没有彻底清除城内残敌，敌人乘机挑动红枪会和地主武装向独立师进攻，激战中，部队伤亡很大。赵尚志左眼负伤，夏尚志左腿负伤，30余名战士牺牲，最后部队不得不突围撤出战斗。

东兴战斗后，赵尚志离队治伤。红军第三十六军江北独立师西进呼兰，经兰西、青冈到达安达县境活动。12月上旬，部队向西行进，以图汇合马占山所属邓文、李海青义勇军部队，共同开展抗日斗争。当部队到达泰来时，得知马占山所部已溃败退入苏联境内，邓文、李海青义勇军部队自拜泉失守后向西开去，难以与之汇合，江北独立师不得不回师东归，欲去汤原活动。独立师由泰来，经林甸，过明水，进依安，入拜泉，当行至拜泉县三星镇附近时连续遭到“大排队”、红枪会的袭击，受到损失。部队到达海伦，正值寒冬季节，战士们顶着刺骨寒风，踏着厚厚的冰雪，由海伦到绥棱和庆城（今庆安），进入铁骊（今铁力）县境。在队伍东进途中，赵尚志归队。这时年关已近，许多来自农村的战士思乡心切，离开部队。在铁骊筹集给养时，一部分战士违反少数民族政策，误缴两名鄂伦春族猎人步枪，结果遭到鄂伦春武装“索利营”和伪自卫团200余人的连续追击，部队遭受很大损失。接着又遭到伪军曹荣部队及地方反动武装的袭击，使部队受到沉重打击，以致前往汤原的计划无法实现，部队领导只好决定返回巴彦。当队伍辗转到达巴彦县骆驼砬子山时，只剩下五六十人。

自从巴彦反日义勇军贯彻执行“北方会议”精神，改编为红军独立师之后，部队执行土地革命任务，建立苏维埃，没收地主财产，领导农民抗租、抗债，分地主家的粮食、财物。由于执行“左”倾错误政策，使部队严重脱离群众，队伍内部也产生分化，原来各地地主大户对游击队的反日行动是支持的，在物资方面曾给予游击队帮助。但自从执行土地革命政策打土豪、分田地后，一些地主大户与游击队产生敌意，不但不再支持，而且还常常攻击游击队，致使游击队四面受敌。在部队中的部分地主子弟也对此不满，离队而去。一些与游击队联合作战的义勇军、山林队对游击队宣传的“武装保卫苏联”等政治口号和没收地主财产的做法也不满意，不愿再与红军独立师合作。红军独立师成立后，随着队伍的扩大，成分也越来越复杂。但是，部队没有建立起健全的党组织，思想政治工作跟不上，致使部队思想混乱；下属一些部队在战斗中违反党的民族政策，使一些少数民族对游击队产生误解甚至对抗；在队伍内部领导层之间，因对省委指示存有不同意见，张甲洲、赵尚志与吴福海等领导之间产生了矛盾，有了隔阂，致使部队在活动方针和政策执行上常常产生严重分歧。所有这些，使红军独立师面临严重困境。

1933 年初，巴彦县已建起各级伪政权，日、伪军警遍布城乡。在敌我力量悬殊的形势下，为避免所剩部队被敌人围歼，张甲洲、赵尚志等义勇军指挥部人员决定，部队化整为零，分散隐蔽，听令再集。实际上，红军江北独立师以失败而告终。随后，赵尚志等到中共满洲省委汇报工作，满洲省委以赵尚志执行右倾机会主义路线，拒绝检查错误为由，将其开除党籍。以后赵尚志到哈东一带从事创建抗日武装工作，张甲洲到富锦一带进行秘密抗日活动。

（二）创建汤原反日游击队的三次挫折

汤原县位于黑龙江省东北部，西、北依小兴安岭，东、南濒松花江,以境内汤旺河而得名。全县总面积为两万多平方公里,山区面积占总面积的89%,且全部被茂密森林所覆盖。汤旺河、黑金河、格节河、亮子河、梧桐河等20多条河流流经境内。这里平原地带土质肥沃,盛产水稻、大豆、玉米。

1928年春,崔石泉受中共党组织的派遣来到汤原县福兴屯开展工作,在这里建立了党组织,发展了一批党员,领导人民群众开展反帝反封建斗争。1929年,中共汤原县委在鹤立附近七号屯成立,李春满任县委书记,崔贵福任组织部部长,丁咸平任宣传部部长。1930年底,县委所辖基层支部有16个。1931年,中共汤原县委改组为中共汤原中心县委,直属中共满洲省委领导。九一八事变后,中共满洲省委为了加强党对群众反日斗争的领导和组织抗日游击战争,在依兰、通河、鹤岗、萝北、富锦、佳木斯等地建立了党组织。中共汤原中心县委所在地成为松花江下游抗日游击战争的领导中心。1932年4月,李春满被调往安邦河组织反日游击队,由裴治云接任中共汤原中心县委书记。此时,中共汤原中心县委下属有:鸭蛋河、梧桐河、大小古洞、黑金河、格节河、古城岗、半截河7个区委及佳木斯、依兰2个特支,党员110名。至同年秋,汤原县党员达208人。反日会、青年救国会、儿童团等群众抗日组织也普遍建立起来。

九一八事变后,中共汤原中心县委积极领导松花江下游人民群众进行抗日救国斗争,组织了一支80余人的"化妆反日宣传队"。这支宣传队在裴治云的带领下,踏遍汤原各地。全体宣传队员通过演剧、舞蹈、讲演、歌咏等多种形式,揭露日本帝国主义侵略中国的滔天罪行,在松花江两岸遍撒抗日救国的火种,有力地促进了下江人民的觉醒,扩大了中国共产党的政治影响。

1932年4月,日军向松花江下游的通河、汤原、依兰、佳木斯等地发动进攻，所到之处村庄被烧毁，百姓遭杀戮，日军暴行激起松花江下游汤原等地人民的满腔义愤。以工农群众为主体，并有学生、士兵和部分地主参加的各类抗日武装纷纷而起，英勇抗击日本侵略军。在这种形势下，松花江下游地区迫切需要一支由党直接领导的抗日武装。同年 10 月，中共满洲省委派全满反日总会党团书记冯仲云①以满洲省委驻下江代表的身份到汤原，帮助地方党组织发展党员，组建游击队，开展抗日武装斗争。他在县委所在地举办党的积极分子学习班，培养了夏云杰②等一批抗日骨干。

1932 年 10 月 10 日，在中共汤原中心县委的领导下，在汤原城北半截河子，以汤原反日同盟会员为基础，由 40 名党团员（其中朝鲜族 33 名），组成了一支名为中国工农红军第三十三军汤原民众反日游击中队（简称汤原反日游击队）的抗日武装，中队长李福臣，参谋长李仁根。中队下设 3 个小队，戴鸿宾③任第一小队队长，颜庆林任第二小队队长，孙盘铁任第三小队队长。最初，游击队只有 20 余支简陋的枪

---

① 冯仲云（1908—1968），江苏武进人。1926 年考入清华大学数学系。1927 年加入中国共产党。1930 年被党组织派到东北从事革命工作。九一八事变后，先后担任全满反日会党团书记、中共满洲省委秘书长等职。1934 年后，历任哈东支队政治部主任、东北人民革命军第三军政治部主任。1936 年任中共北满临时省委书记，后为省委常委、宣传部部长兼东北抗日联军第六军政治部主任。1940 年任东北抗联第三路军总政委。抗战胜利后任松江省政府主席。新中国成立后，任水利部副部长等职。“文化大革命”中，1968 年被迫害致死。1977 年得到平反。

② 夏云杰（1903—1936），山东沂水人。1926 年逃荒到黑龙江省汤原县。1927 年在黑金河金矿做工。九一八事变后，投身抗日斗争。1932 年加入中国共产党，任汤原县委军事委员。1933 年末创建汤原反日游击队。1934 年任汤原游击总队政委。后任东北人民革命军第六军军长、东北抗日联军第六军军长。1936 年与敌人战斗中负重伤牺牲。

③ 戴鸿宾（1911—1968），辽宁抚顺人。1932 年加入中国共产党。1933 年后历任汤原游击队总队长、东北抗日联军第六军军长、东北抗联第三路军第十二支队队长等职。抗战胜利后，任合江军区副司令员。新中国成立后，曾任吉林市政协副主席。1968 年病逝。

械，是全县的党团员及反日会员集资购买的。就在汤原游击队建立之时，日军第十四师团占领和控制了松花江下游交通要道和重要城镇，日本侵略者不断加强对三江地区的殖民统治，汤原地区形势越来越紧张。同时由于游击队打的是红军和苏维埃的旗号，群众对这支队伍还缺乏认识和了解，因此游击队得不到人民群众的支持和援助，活动极为困难，处境不利。为了搞到武器，武装队伍，游击队于 10 月 13 日缴了汤原县石场沟杨家屯自卫团的 5 支枪，游击队员大受鼓舞，增强了信心。

1932 年 10 月中旬，李福臣率领汤原游击队前往敌人统治薄弱的萝北县活动，准备夺取福丰稻田公司自卫团的武装。由于斗争经验不足，将缴来的枪支集中存放在一个百姓家的地窖里，游击队员则徒手散居在群众家中，结果被突然闯来的一伙土匪发现，将枪支弹药抢掠一空。李福臣、戴鸿宾冒着生命危险前去交涉，要求返还枪支，但没有成功。武器尽失，队员情绪也产生较大波动，导致第一次建队受挫。

汤原反日游击队受挫以后，中队长李福臣被调往他处，中共满洲省委派老杨（姓名不详）接任汤原反日游击队中队长。中共汤原中心县委总结失败教训，又拟定策动驻鹤立岗伪军迫击炮排士兵哗变组建游击队的计划。这个伪军迫击炮排内有一个姓杨的上士，是抗日救国会会员，汤原中心县委派人与他约定了哗变时间。11 月 2 日晚，老杨带领 40 名徒手游击队员前往鹤立岗，接应伪军迫击炮排起义队伍。不料，游击队按时到达指定地点，却不见伪军兵营的动静。原来，计划哗变的当天，由于杨上士缺乏经验，受一个班长的欺骗，将哗变计划泄露，因此伪军连长事前进行了部署。游击队刚一接近敌人营房，即遭到伪军的阻击。杨上士也因计划泄露被敌人杀害。策动伪军士兵哗变未成，徒手游击的队员返回汤原。

此次行动失利后，中共汤原中心县委又派党员王永江到另一支伪军中工作，秘密成立了哈东义勇军，但不久该队领导人孙仁率队向日军投降，争取伪军的工作再次遭到挫折。

1933 年 1 月，根据中共满洲省委指示，以戴鸿宾等游击队员为基础，吸收一部分反日会员，共 60 余人，配备党团员和部分进步群众捐款买来的 10 余支枪，在鹤立北七号屯重建了汤原反日游击队。张福林为队长，王永江为党代表，李仁根为参谋长，戴鸿宾等仍为小队长。为便于联合其他抗日武装共同行动，部队对外报号“仁合”队，对内称反日游击队。反日游击队成立后，开赴敌人统治比较薄弱的萝北县活动。为共同打击敌人，反日游击队先后吸收了于九江和孙玉刚两支山林队。但是游击队收编于、孙两部后发现，于九江、孙玉刚二人恶习不改，屡犯纪律，经常严重侵害群众利益，败坏游击队声誉，甚至分裂革命队伍。由于游击队缺乏改造山林队的经验，在队内没有进行细致的说服、教育的情况下，便处死于、孙二人，结果游击队与收编队的矛盾激化。于九江的亲信“老来好”背后串通收编队员，伺机报复。当游击队在格节河孙把头炭窑宿营时，“老来好”将党代表王永江、支部委员裴锡哲、机枪射手老韩杀害，中队长老杨身负重伤，枪支被“老来好”匪队全部劫去，游击队又一次遭受挫折。

中共汤原中心县委领导创建游击队的工作，三次遭到挫折。县委同志在挫折中认真总结经验教训，继续为建立反日游击队进行不懈的努力。

(三)海伦游击队的创建

海伦县位于黑龙江省中部，地处由小兴安岭山地向松嫩平原过渡地带，属松嫩平原的一部分，是一个以农业为主的县份。

1931 年冬，中共海伦车站支部成立，胡启任支部书记，共有 5

名党员。1932 年冬，中共党员、原东北民众自卫军华兴亚学生团排长雷炎①离开抗日义勇军李海青部，回到家乡海伦县，进行建立党组织、创建抗日游击队的工作。海伦曾是马占山抗日救国军抗日斗争的根据地。马占山抗日失败撤离后，海伦在日伪的统治下满目疮痍，抗日分子遭到血腥镇压。雷炎回海伦后，为了争取地方警备队的士兵，创建抗日武装，加入了海伦警备队某中队当司务长，准备利用群众（抗日会）的关系，建立士兵委员会、红军之友等组织，发动士兵哗变。同时，为打开反日斗争新局面，雷炎深入到群众之中，秘密宣传抗日救国道理，揭露日军侵占中国领土、欺压劳苦大众、杀害中国同胞的罪行，号召人民共赴国难，抗击日本侵略者。

1933 年 4 月 1 日，中共海伦支部成立，雷炎任支部书记。机关设在“三三医院”。这是雷炎利用父亲的房子开设的一所医院。按照中共满洲省委的指示，海伦支部继续领导反日斗争，动员和组织海（伦）克（山）路 200 余名建筑工人举行罢工，提出了反对压薪、克扣工资、打骂工人的口号以及选举工人成立伙食管理委员会的要求，迫使官方答应了工人的条件，罢工取得了胜利。

4 月，中共满洲省委派满洲总工会负责人赵一曼②到海伦巡视工作，与海伦支部共同研究，决定派共产党员孙余久到义勇军“全

---

① 雷炎（1911—1939），原名李辉，黑龙江海伦人。九一八事变后参加自卫军学生团。1932 年加入中国共产党，不久被党组织派回海伦工作。1934 年在上海武装自卫会工作。1936 年任东北抗日联军第三军留守团政治部主任。后任东北抗联第三军第五师参谋长、第九师政治部主任、北满抗联第四支队队长。1939 年在战斗中牺牲。

② 赵一曼（1905—1936），原名李坤泰，四川宜宾人。1926 年加入中国共产党。1927 年到莫斯科东方大学学习。1928 年回国工作。1932 年到东北工作。1933 年任哈尔滨总工会代理书记。1934 年任中共珠河中心县委委员、道北区委书记。1935 年秋任东北人民革命军第三军第二团政治部主任。同年 11 月在与敌战斗中负伤后被俘。1936 年被敌人杀害。

支”队进行工作。7 月，海伦支部改为海伦特别支部。在中共满洲省委的直接领导和具体指导下，海伦特支加强对游击队的领导，使海伦游击队有了较快发展。满洲省委巡视员当时的一份报告在反映海伦游击队的情况时说，到 1934 年 2 月，“游击队工作有相当成绩，在二百多武装队员中，第一大队里有一个党员……已有二十个队员加入反日会。第二大队中有二个党员（一个是派去的工人，另一个在里面发展的），在两个党的同志领导下，也有二十多个士兵加入反日会。在第二大队中，我们派去负主要领导责任的 × 同志，他在队里作了一个时期的工作，除山里的根据地以外，在山外开辟了二十多个屯的游击区域，群众对于游击队的关系都很好”①。1934 年秋，海伦特支决定由孙余久动员“全支”队从东山里到海伦西部活动。队伍到达海伦西部后，击毙了伪自卫团团长郭占山，但立即遭到数百伪军警的跟踪追击，几经激战，余部返回东山里。这支部队在党内被称为海伦反日游击队。

当时，活动在海伦、铁骊（今铁力）、大青山等地的反日山林队，如“大龙”、“老北风”、“黑雕”、“老来好”等有六七百人的武装力量，在中国共产党领导的抗日武装影响下，纷纷要求联合作战，共同对敌。中共海伦特支向这些山林队发出联合起来共同抗日的号召，并在大青山召开了联合作战会议，同时请示中共满洲省委派人来帮助重建海伦反日游击队。1936 年 11 月，一份党内文件中说：“在海伦游击队过去已没有了，在最近前两月有相当发展，不过力量非常小，只有四十余人。可是在第二军（应为第三军——引者注）第 × 师活动，过去联合到一起打了几次胜仗，得了敌人两尊炮、两架重机、四箱子弹及

① 《中共满洲省委巡视员关于呼海路各地政治经济状况和党的工作情况的报告》（1934 年 2 月 2 日），载中央档案馆、辽宁省档案馆、吉林省档案馆、黑龙江省档案汇编：《东北地区革命历史文件汇编》甲 17，1989 年印，第 360 页。

百余支大枪、十几支小枪……在海伦一带的武装队及非武装队（大刀会、红枪会四百余人）、山林队……都加入了我们的队伍了，海伦游击队最近扩展到六百余人。”①

海伦游击队在以后抗日游击战争中，其指战员一部分与日、伪军战斗时牺牲，一部分失散，大部分参加了东北抗日联军。

在东北抗日义勇军奋起抗日的同时，中国共产党在东北进行了创建反日游击队的艰苦斗争，各反日游击队是中国共产党直接创建和领导的抗日武装。这些抗日武装活动在南满、东满、吉东和北满地区，与抗日义勇军一起英勇地打击日本侵略军。党领导的反日游击队的诞生和进行的抗日武装斗争，扩大了中国共产党的政治影响，给广大群众以极大的鼓舞。特别是在义勇军斗争受挫失利后，党创建的游击队便逐渐成为东北抗日战场的核心力量。党领导的反日游击队从其建立开始，就表现出鲜明的特点：在政治上，它贯彻中国共产党武装反对日本帝国主义侵略的斗争纲领，有明确的政治目的；在组织上，它完全置于中国共产党的统一领导下，队员骨干开始时多数是党团员，他们服从命令，听从指挥，组织纪律性强，并能团结其他抗日武装和广大群众并肩战斗；在军事上，它具有旺盛的战斗力。反日游击队在初创阶段显露出来的特点，展示了它的广阔前途。但是，反日游击队在初创时期人数一般较少，力量薄弱，并且分布不平衡，还未能成为东北反日游击运动的主要力量。

东北反日游击队在初创阶段表现出来的不足和特点，一方面是东北党组织缺乏创建和领导武装斗争的经验；另一方面主要是党内

---

①《诚启给林同志的信》（1936 年 11 月 4 日），载中央档案馆、辽宁省档案馆、吉林省档案馆、黑龙江省档案汇编：《东北地区革命历史文件汇集》甲 28，1989 年印，第 327 页。

"左"倾错误，特别是在"北方会议"后，执行脱离东北实际的"左"倾政策，使游击队严重脱离了群众，阻碍了游击队的迅速发展。一些游击队是几经挫折才建立起来的，有的成立后发展缓慢甚至遭受失败。这种不利于武装反日斗争的现状，迫切要求党组织及时调整对东北武装反日斗争的领导策略，必须放弃在东北建立苏维埃政权和红军、实行土地革命的政策，提出灵活的实行全民族反日统一战线的策略。

第二编

东北抗日联军组成，
抗日斗争的新形势

（1933 年 5 月—1937 年 7 月）

第四章　中国共产党关于反日统一战线方针的提出，东北人民革命军的建立

第一节　日本帝国主义强化对东北的殖民统治

一、操纵伪满政权，设置殖民统治机构

1932年末，东北地区除少数边境城镇和各抗日义勇军余部及中国共产党领导的反日游击队活动的地区外，辽宁、吉林、黑龙江三省的大部分城镇已被日本侵略军占领。自1933年初开始，日本侵略军在继续进攻东北各地抗日部队的同时，又调集兵力向热河、察哈尔和关内进行新的侵略扩张。1月3日，日军占领山海关，打开了入侵华北的大门。日本侵略者公然宣称热河是"满洲国"的一部分，长城是"满洲国"的国界，为其扩大侵略制造舆论。2月21日，日、伪军进犯热河，3月4日占领承德，热河全省沦陷。日军继而向长城一线进攻。中国军队在长城各口奋起抵抗日军侵略，使全国人心振奋。然而，当国民党军队中的爱国官兵纷纷请缨杀敌时，蒋介石竟宣称，在"剿共"前线的将领"若复以北上抗日请命，而无意剿匪者"，"决不稍加姑息"；"侈言抗日"者，"立斩无赦"①。由于南京国民政府顽固坚持"攘

---

① 蒋介石：《告各将领先清内匪再言抗日电》（1933年4月6日），《中华民国重要史料初编——对日抗战时期绪编》（三），中国国民党中央委员会党史委员会1981年版，第35—36页。

外必先安内”政策，长城抗战的中国军队得不到有力支援，5 月，被迫相继放弃长城各口。长城抗战失败后，张学良被迫下野，军政部长何应钦兼代军事委员会北平分会委员长。日军侵占察哈尔省多伦、张北等 7 个县和河北省密云、平谷、唐山等 22 个县，战火危及北平、天津。1933 年 5 月末，日本侵略者迫使南京国民政府军委会北平分会与日本关东军签订了屈辱的《塘沽协定》。根据这一协定，南京国民政府实际上承认了日本对东北三省与热河省的侵占，还承认中国不得在察哈尔北部和冀东地区驻军，从而不但使整个华北门户洞开，为日军进一步扩大侵略提供了有利的条件，而且使东北的抗日战争与关内的抗日救亡运动从此处于隔绝状态，使东北人民的抗日武装斗争陷入孤悬敌后的困难境地。

《塘沽协定》签订之后，日本侵略者便逐步加强了对中国东北和热河地区的全面统治。

为全面控制占领区的边境口岸，日本帝国主义在进攻长城各口和侵占冀东沿海各地的同时，又增派海军至旅顺，在该地设立日本海军省“要港部”，进一步控制东北沿海港口及其与关内的海上交通。6 月，伪满政府公布外国人“入境取缔规则”；翌年 4 月，又发布“取缔外来劳工法令”。同时，日本关东军在长城各口遍设关卡。所有这些措施的主要目的在于割断东北与关内的联系，以利其在中国东北建立殖民统治。

为封锁东北与苏联的边境，迫使苏联放弃中东铁路，日军除陈兵边境外，在侵占中东路西端的边境城镇满洲里后，于 1933 年 3 月 28 日强行关闭满洲里车站轨道转辙器，断绝中东铁路与苏联西伯利亚铁路的联运。日军侵占中东铁路东端的绥芬河后，不顾苏联的抗议，又于 5 月 31 日强行关闭了绥芬河车站，切断与苏联乌苏里铁路的联运。与此同时，在日本的指使下，伪满洲国建立江防舰队，受日本临时驻伪满洲国海军部管辖，并于7月下旬试航黑龙江。从此，日本侵略军对伪满洲国与苏联边境实行了全面封锁。

为加强对伪满洲国的控制，日本内阁于1933年8月8日制订了《满洲国指导方针要纲》。该《要纲》规定，要“把满洲国作为与大日本帝国有不可分的关系的独立国家”，即日本既要把中国东北变为独占的殖民地，又要使其在外表上保持“独立国家”的假象。统治的方式采取“在现制关东军司令官兼驻满帝国大使的内部统辖下，主要通过日本人官吏来实质地进行”。1934年3月1日，日伪当局又伪造民意，演出了一幕“改行帝制”的丑剧，扶植溥仪称帝，宣布“满洲帝国由皇帝进行统治”。实际上，日本侵略者将溥仪完全禁锢在“皇宫”中，使其成为十足的日本帝国主义卵翼下的傀儡。

根据《满洲国指导方针要纲》的规定，在伪满洲国中央政府内要维持以“总务厅”为中心的现行制度。即日本帝国主义对伪满洲国的统治，一切均由日本政府通过日本关东军司令官兼驻伪满洲国大使付诸实施，而日本关东军司令官兼驻伪满洲国大使的“统辖”，又主要是通过由其派往伪满洲国中央和各级政府的日本官员实际进行“内部控制”。日本关东军司令官兼驻伪满洲国大使是伪满洲国的最高决策者、统治者，充斥伪满洲国的从“中央”到地方的各级政府的日本官员，则是伪满政权的实际操纵者。因此，伪国务院这一“中央政府”，虽由日本侵略者选择的汉奸充任总理和行政各部部长，但实际上日本人充任的伪国务院总务厅厅长和各部的总务司司长（后为各部日本人次长）才是真正的掌权者。该《指导方针要纲》明文规定：伪国务院总务厅长必须遵照日本关东军司令官的意图行事，并任免日本人官员。因而，凡一切决策，包括法律、预算、条约和须由伪国务院会议议定的议案在内，均须经日本人总务厅长官、各部总务司长组成的总务厅、司长会议（后为“次长会议”）事先作出决定。日本人总务厅长还直接掌握行政各部局的人事和财政大权。此即“总务厅中心主义”和“次长制”。

地方省、市、县伪政权也如法炮制。1934 年 10 月，日伪当局为严密控制整个东北的地方伪政权，改变行政区划，将原有辽宁、吉林、黑龙江和热河 4 省划分为奉天、吉林、龙江、黑河、滨江、安东、三江、间岛、锦州、热河 10 省，后另设兴安东、西、南、北 4 省。开始各省亦设总务厅，由日本人任厅长，后来改设日本人次长操纵伪省府，最后有的伪省长则由日本人直接充任。各县均设置日本人参事官，后又改为日本人副县长，一切政务均由日本人直接控制。

1933 年 6 月 8 日，日本关东军为建立殖民秩序、加强军事统治，提出所谓“治安第一主义”，妄图实现“全满治安”。日本侵略者持续增兵东北，至 1935 年，驻东北日军增至 5 个师团、11 个骑兵联队、一个混成旅团、3 个飞行联队和 4 个独立守备队，并把兵力分散配备到东北各地。同时，对伪军也进行了直接控制与调整。1933 年 9 月，由日本陆军中央部制定《满洲国陆军指导纲要》，规定伪满洲国军队必须在“驻满”日军指挥官的“实质性控制下”，负责维持“满洲治安”，成为“日本国防之补充要素”。为此，除由日本关东军派出之伪军政部顾问外，还调派大量日本现役军官和退役军人到伪军军事机关和部队中去充任顾问和军官，直接控制伪军。经过整顿，1934 年伪军已近 8 万人。同年 7 月，以原设置的奉天、吉林、黑龙江、热河等 4 省伪警备司令部为基础，增加哈尔滨伪警备司令部，改设为 5 个军管区，另在伪兴安 4 省各设警备司令部。

除伪军外，日伪当局在东北各地还普遍设置伪警察机构，实行法西斯高压统治。在伪民政部设警务司，各省设警察厅，各县设警务局，在警务局下设警察署、派出所。此外，还设警察军事力量：特殊警察队、县警察队、森林警察队。1935 年末，伪警察已达 7 万人。在各级警察机构和警察队普遍配备日本人警务指导官，以加强控制。1934年3月，日伪当局重新公布经过修正的《警察治安法》，进一步限制、剥夺了居民的结社、集会等自由。

为弥补伪军警统治之不足，日本侵略者还普遍推行反动的保甲制度，编制伪自卫团，对城乡居民实行严密的监视和压迫。1934年3月，经修正重新公布的《暂行保甲法》，将城乡居民一律纳入根据居住区域划分的牌、甲、保组织之中，实行“十家连坐”。凡牌内出现“动乱者”，各户均负连带责任。伪保甲还组建由伪警察署指挥和控制的伪自卫团，以保护牌、甲的所谓安全。同时，日伪还根据《暂行武器取缔法》，于1934年开始大力收缴散在民间的枪支，借以防止民众反抗或落入抗日武装部队手中。据日伪统计，至1935年底，已收缴枪支98.11余万支，子弹996.62余万发①。

日伪当局为配合其对于东北各地抗日武装的军事“讨伐”，从1933年3月开始推行“集团部落”政策。日伪当局在东北最早建立“集团部落”是1933年3月在伪间岛省延吉县北蛤蟆塘，接着在该县其他村屯以及和龙、珲春县推行。这一年共建立了8个“集团部落”。1934年12月3日，由伪民政部发布“集团部落建设”文告，在伪间岛省先后修筑36个“集团部落”。此后，开始在东北普遍推行这一严酷的统治措施。日伪当局首先在抗日武装力量活跃的农村地区实施“集家并屯”，修筑“集团部落”。初期在伪吉林、奉天、间岛等省13个县和伪三江、滨江等省部分县份重点推行，其中又以东北人民革命军第一、第二军活动的兴京（今新宾）、清原、辉南、抚松、金川（今划归柳河、辉南）、柳河、东丰、宽甸、桓仁、通化、辑安（今集安）、临江、长白等

① 吉林省公安厅公安史研究室、《东北沦陷十四年史》吉林编写组编译：《满洲国警察史》，1990年版，第244页。

县为重点目标。

“集团部落”实际上是集中营。敌人在选定的地址，强迫农民在部落外四周掘壕注水，同时在壕外侧架铁丝网，内侧筑起很高的土墙，初期的“集团部落”规模较小，四周每一边约长100—200米，四周设置炮台。在“集团部落”内，中心设伪警察派出所和村公所，用以监视居民。每一“集团部落”可容纳50—100户。居民出入须持有身份证明；农民从事生产活动也限制在距“集团部落”不远之处。发现有“抗日反满”和援助抗日军队者，便予以严厉“制裁”，甚至处死。日伪当局实施的这种反动政策，使各地抗日武装和抗日游击根据地遭受严重破坏，抗日部队和人民群众的联系被阻隔，其生存和发展受到严重威胁。

日本侵略者为使东北成为其永久性的殖民地和继续扩大侵略的基地，除动员大批日本军警现役和退役人员充塞到伪军、警、宪、政各种殖民统治机构任职外，还策划由日本向东北农村实行武装移民。日本侵略者将向中国东北武装移民视为日本的“民族膨胀运动”和决定日本能否成为东洋强国的关键。当日军刚刚占领东北的铁路沿线城市时，日本拓务省与关东军便于1932年1月急急忙忙举行有关移民问题的会议。2月，即由日本关东军司令部统制部制定了《移民方策案》等文件，认为：“日本移民以在满洲国内扶植日本的现实势力，充实日满两国国防，维持满洲国治安，并建立以日本民族为指导以谋求远东文化之成就为重点”[①]。实际上，日本帝国主义将日本移民作为实现在中国东北建立日本民族统治的重要“国策”。

1932年10月1日，日本关东军《关于向满洲移民要纲案》出笼。

---

① 日本关东军司令部统制部：《移民方策案》（1932年2月），转引自［日］满洲移民史研究会编、孟宪章等译：《日本帝国主义在中国东北的移民》，黑龙江人民出版社1991年版，第11页。

在日本国内，从同年9月1日即已开始启动移民动员，仅经过19天的训练，在移民团长、退役陆军中佐市川益平率领下，“总数423名的‘第一次武装移民’10月3日从东京出发”[①]，于10月14日到达佳木斯。翌年2月，转到桦川县孟家岗永丰镇（今属桦南县）。1933年7月，第二批日本武装移民455名[②]，到达依兰县七虎力河右岸，再迁湖南营（今桦南县城）。1934年10月，第三批“特别移民”259户、614人到达绥棱县北大沟，建起“瑞穗村”移民团。第四批日本移民458户、982人，于1935年10月出发，翌年3月到达密山县城子河和哈达河两地。1936年7月，第五批日本移民1292户、2177人相继抵达林口至密山铁路沿线的永安屯、朝阳屯、黑台村、信浓村[③]。此外，在这期间尚有较小数量的日本移民到达舒兰县城子河（200户）、汤原县四合屯（200户）、宁安县镜泊湖畔（100户）、宁安县仙洞（150户）、阿城县天理村（100户）、通辽县一棵树（55户）等，合计890余户，约4000人。至1936年7月止，共有大小18批次日本移民到达东北，计3777户，11300人[④]。这期间的日本移民尚属试验阶段，自1936年8月，日本关东军便计划进行大规模向中国东北移民，制订“百万户移民计划”，准备在20年内向东北移民100万户、500万人（占当时日本本土

---

① ［日］满洲移民史研究会编、孟宪章等译：《日本帝国主义在中国东北的移民》，黑龙江人民出版社1991年版，第31页。

② ［日］满洲国史编纂刊行会编、黑龙江省社会科学院历史研究所译：《满洲国史（总论）》，黑龙江省社会科学院历史研究所1990年版，第439页。

③ 根据日本有关武装移民法令规定，凡移民户第一年仅限一人移民中国东北，第二年开始允许移民家属迁至移民地。人数即为移民家属移居后的统计数，且仅为动态统计数。参见中央档案馆、中国第二历史档案馆、吉林省社会科学院合编：《日本帝国主义侵华档案资料选编·东北经济掠夺》，中华书局1991年版，第652—653页；［日］满州移民史研究会编、孟宪章等译：《日本帝国主义在中国东北的移民》，黑龙江人民出版社1991年版，第31—41页。

④ 高乐才：《日本“满洲移民”研究》，人民出版社2000年版，第363—404页。

全体560万农户的18%)。

日本侵略者规定，移民每户拥有约20公顷(相当于中国300亩)耕地、牧草地和菜地等。日本移民每户得到如此大量的土地，难以自力耕种，于是便雇佣附近被强制剥夺了土地的中国贫苦农民为其耕种，有的日本移民干脆将土地出租给中国贫苦农民耕种。因此，一些日本移民很快成为了富农和小地主。日本移民所占用的土地，多半是无偿强占，少量以廉价强行收买。结果，中国农民土地被强占强买，使大量中国农民流离失所以至妻离子散，或沦为日本移民的雇农。

不仅如此，日本移民还具有明显的军事性质。日本侵略者动员大量在乡军人(即退役军人)来东北建立“移民村”。移民村团长多为退役军官担任，并在移民村配置“警备指导员”多名，由关东军发给轻机枪、步枪、手枪、子弹等，组成武装队伍。这些武装移民村多半设在铁路交通沿线、边境地区和抗日游击区的边缘。它实际上是日本侵略军的军事后备力量和占领军的补充，是镇压东北人民反抗的别动队。这种武装移民政策的实施，给东北的广大农民带来无穷的灾难，也对抗日部队的活动造成极大的困难。

二、实行经济统制，垄断经济命脉

日本帝国主义侵占东北，其目的是使之成为日本垄断的商品和资本输出地并获取高额利润的场所，战略物资和工业原料以及粮食的稳定产地，残酷压榨群众和获取巨额财政收入的来源，借以弥补日本资源、财力的不足，使之成为日本独占的殖民地和进一步扩大侵略的战略基地。

中国东北幅员辽阔，物产丰富。日本实行军事占领之后，为了迅速而有效地攫取各种资源，既满足侵略战争和继续扩张的需要，又使日本从其本国的经济危机中摆脱出来，并为它的长远的经济发展服务，日本关东军和“满铁”经多次策划，于1933年1月由关东军特务部(原统制部)制定出《满洲国经济建设纲要》，于3月1日由伪满政府予以公布。该《纲要》囊括了交通、农业、矿产、工业、金融、商业等各个方面。日伪当局宣称，该《纲要》的根本原则是:实现“东亚经济之融合”，“置重心于‘日满’两国之协调，使相互扶助之关系愈益紧密”;“开发举国天赋所有之资源，谋经济各部门之综合发展，特于重要之部门施以国家之统制”。实际上，就是使东北经济与日本经济实现“一体化”，将东北经济作为日本经济的附庸，为日本经济服务。《纲要》的重点在于掠夺东北“所有的资源”，满足日本的需要;办法就是实行“经济统制”，加强控制。为此，1933年10月23日，日本关东军特务部发布伪满洲国经济由“国家统制”的根本大纲，宣布实行“国家统制”的企业包括“国防上重要产业”、“公共事业”、“一般产业和基础产业”。这些企业必须由“国营”、“公营”和“特殊公司”经营，或经许可方可经营。这类企业几乎全部是军需工业、重工业和基础工业。此外，所谓“自由经营”的产业则仅限于农业、轻工业等。

日本侵略者为适应其军事侵略、建立殖民统治秩序，以及商品运输和掠夺原料的急切需要，在九一八事变后不久，便亟不可待地采取军事强占、接管，“谈判”签订新合同、协定等多种手段，攫取了除早已为日本所有的南满铁路及其支线安(东)奉(沈阳)、大(连)营(口)、奉(沈阳)抚(顺)铁路外，全部东北原有各条铁路，包括沈(阳)海(龙)、沈(阳)山(海关)、吉(林)长(春)、吉(林)敦(化)、吉(林)海(龙)、四(平)洮(南)、洮(南)昂(昂溪)、齐(齐哈尔)克(山)、洮(南)索(伦)、呼(兰)海(伦)等铁路的所有权与经营权。日本还获得了它久已渴望的大量新铁路，包括敦(化)图(们)、吉(林)五(常)、拉(法)(哈尔)滨和齐(齐哈尔)克(山)路与呼(兰)海(伦)路连接线、齐(齐哈尔)克(山)路延长至黑河的线路等的修筑权。后来又获得了图（们）佳（木斯）、凌（源）承（德）、叶（柏寿）赤（峰）等铁路的修筑权。

1933 年 9 月，吉林至朝鲜会宁铁路通车，翌年 9 月这条铁路北与拉（法）（哈尔）滨路连接通车，1935 年 10 月又东通朝鲜罗津港。从此由日本隔日本海经朝鲜罗津港至中国东北的第三条铁路交通大动脉建成。这样，使由日本大阪、东京至中国哈尔滨的路线比经过大连或朝鲜釜山—新义州的路线缩短了 900—1100 余公里，从而成为日本侵略者在军事上、政治上和经济上侵略北满和整个东北的捷径。

1935 年 3 月，日伪当局又自苏联购得了中东铁路及其支线及附属财产。九一八事变后，苏联政府为维护其远东的安全和原在中国东北地区的中东铁路的权益，竟同意由伪满政权取代中国原有对中东铁路的权利，继续与日伪“合办”经营中东铁路。但是日本并不满足于此种“合办”方式。1932 年 8 月末，日本向苏联提议让出中东铁路路权。1935 年 3 月，苏联政府不顾中国政府的严正抗议，以 1.4 亿日元和 7000 万日元苏联职工遣送费，将中东铁路完全出售给伪满洲国。日本迅即将中东铁路改称北满铁路。此后，日伪当局将东北的所有铁路经营与新建项目，全部“委托”日本国家资本“满铁”统一管理。

其他航空、内河船运，以及电话电报也都为日本资本所垄断。1932 年 9 月设立了“满洲航空公司”，1933 年 8 月设立了“满洲电信电话会社”，同年 10 月设立了“大安汽船会社”等。

日本垄断资本很早便侵入东北的铁矿和炼铁业，分别由日本财阀大仓和“满铁”以“中日合办”的名义，攫取了中国东北最大的本溪和鞍山的铁矿与冶铁企业。1933 年 5 月，日本政府批准由“满铁”在鞍山设立“昭和制钢所”，合并原有鞍山铁矿和制铁所，收买弓长岭铁矿，垄断了东北的钢铁工矿企业。1935 年生产生铁 47 万吨、钢坯钢材30余万吨，其中生铁39万吨被运往日本，约占年产量的83%。

“满铁”这一日本国家垄断资本集团，在日俄战争后便强行夺取了抚顺、烟台（今辽阳铧子矿）等煤矿开采权并控制了新邱（今阜新）煤矿、本溪和西安（今辽源）煤矿的矿权。九一八事变后，“满铁”除扩大抚顺等煤矿外，又兼并了原为中国民族资本的蛟河煤矿，并以“委托”名义取得延吉老头沟等煤矿的开采权。1933年10月，“满铁”成立了“满洲炭矿会社”（简称“满炭”），对煤炭生产实行垄断。日本侵略者为加强对煤炭生产的控制，采取日伪合资形式，于1934年5月成立“满洲炭矿公司”，其中，“满铁”投资占50%，控制了公司的实权。至1935年，以日本资本为主的“满铁”与“满炭”这两大垄断资本集团，将年产1000余万吨煤中的351.6万吨，运往日本。

石油是现代工业和战争的战略物资，而缺乏石油资源恰是日本的致命弱点。九一八事变前，“满铁”就已经在抚顺炼制页岩油。日本侵占东北后，在日本军部的直接控制下迅速扩建炼油厂，至1935年，年产粗油达到14.5万吨。同时，从1934年开始进行煤炭液化试验。东北的石油业完全由日本垄断资本所独占。1934年2月成立“满洲石油株式会社”，以垄断石油开发与销售，同年11月，伪满政府实施石油专卖。1935年抚顺炼油厂生产6.6万吨石油，其中即有6.28万吨供日本海军所用。此外，还利用东北丰富的粮食等作为原料设置酒精制造业，以弥补液体燃料的不足。1933年11月，成立了“大同酒精公司”。

电力工业在九一八事变前实际上就为“满铁”所独占。东北沦陷后，“满铁”对东北电力企业的独占完全“合法化”了。1934年9月，伪满政府设立“满洲电业会社”，控制全东北的电业，但实际上东北的电力工业完全由日资所垄断。其中，由“满铁”控制的电力企业的纯利润，以前每半年平均为100万元，到1934年4月至9月的半年内扣除400万元的特种准备金后，纯利润仍达150万元。

日伪当局对东北的其他矿业，如金矿、铝矿、菱镁矿等也完全实行“统制”，同样也多为日资所垄断。其中，铝是航空和军事工业的重要原料，是日本本土所稀缺的。1933年日本设立的日棉铝会社，将该社本部设在日本富山县，而由“满铁”资本设立的“满洲铝会社”在抚顺加工生产半成品后，再运至日本日棉铝公司制成成品。1933年冬，由“满铁”、住友等财阀合作成立菱苦土开采公司，在东北开采菱镁矿原料，加工厂则设在日本山口县，产品供给日本的炼钢厂和兵工厂。1934年5月，日伪设立“满洲采金会社”，垄断并疯狂地掠夺中国东北的金矿。

因各项军事工程建设和工矿企业急需大量水泥，伪满政府于1933年10月将水泥工业列为“统制”项目。但这种有利可图的水泥工业也多半为“满铁”和日本小野田会社所垄断。

此外，日伪当局对汽车、棉纱、棉线、棉布、酒、面粉等工业，也都列入“统制经济”范围。

随着军事侵略的推进，日本垄断资本加强对中国东北经济的控制，日本的金融资本也迅速涌入东北这一新侵占的地区，并通过各种手段控制了东北的金融机构。1932年6月，日伪当局决定将原有东北三省的东三省官银号、边业银行、吉林永衡官银号、黑龙江省官银号合并建立伪满“中央银行”，其实权完全由关东军、日本正金银行、日资朝鲜银行和“满铁”的代表所操纵和把持。伪满中央银行是日本帝国主义对东北进行殖民掠夺的重要工具。它垄断货币发行，集中信贷管理，控制国民经济，积极为日本侵略和战争政策服务，代表了日本金融寡头的利益。

日本帝国主义侵占中国东北后，不仅原在东北的“满铁”垄断资本急剧膨胀，而且从日本新投入的资本大量涌入，迅速地垄断了东北的军需工业、重工业和其他基础工业。尽管这些工矿业多半属于原料工业，但却是为日本经济服务的。

在这种情况下，中国东北的民族工商业一直受到日本垄断资本的排挤、压抑和损害。东北的民族工商业原本比较薄弱，且多半集中于农产品加工和交易方面，诸如油坊、烧锅、火磨、粮栈等。这些民族工商业因受世界经济危机影响和日本垄断资本的排挤，一直处于慢性萧条之中。“满铁”依靠把持铁路运输机构的条件，调整运费政策，将中国人经营的工商业生产的豆油、面粉等成品运价抬高，使之难以出口。相反却降低特产大豆运价，使之源源不断地运抵大连港。同时，日伪当局鼓励利用新技术，使出油率高的日资大型榨油企业相继在大连建立起来，并将其分厂设立于东北各地，与东北中国民族工业相竞争，结果使民族资本较为集中的营口和哈尔滨两地油坊急剧衰落。其中哈尔滨的中资油坊数量至1935 年较过去兴盛时期减少了一半。面粉业也同样遭此厄运。九一八事变前的 1930 年，北满的民族资本火磨业生产面粉 21 万吨，1933 年下降到 14.6 万吨。同一时期，长春火磨业生产面粉由 5.2 万吨下降至 0.3 万吨，从此一蹶不振。而日资新技术面粉厂生产的面粉则由 3 万吨猛增至 28.7 万吨。东北民族工商业随着日伪“经济统制”的步步紧逼而一落千丈。因此，东北地区的民族资产阶级对日伪殖民统治深为不满。

日本侵略者对东北的经济掠夺也逐步深入农村。其一方面继续维护中国已有的封建土地制度和剥削制度；另一方面则令伪满政府允许日本人从 1933 年起，可以自由购买或租种东北土地，并享有土地所有权。结果，日本侵略者攫取土地的活动日益加剧，大批中国农民被剥夺了土地这一最重要的生产资料。日伪当局除将无主的可耕地无偿分配给日本移民外，对有主的已耕地虽然名义上说是“收买”，但实际上是强取豪夺。1934 年 1 月，日本侵略者开始了“收买”数以百万公顷土地的行动。其中，在吉林省依兰县（今属黑龙江省），不论熟地、荒地出价每垧（约0.67公顷）一律1元。而当时依兰县上好熟地每垧价格为120元，次等熟地也有50余元。荒地中，上等地价为40—60元，都以每垧1元“收买”，与强占无异。日本侵略者的强占土地行动，不但引起广大中国农民的反对，而且使小地主、富农深受其害，因而他们也同情支持抗日斗争。

日伪当局的各种税收和公债发行，是日本侵略者对中国东北实行经济掠夺和对东北人民普遍进行搜括、剥削的主要形式之一。其数额逐年迅速增长。日本侵略者1932年6月即行公布税制，加紧税收。除“中央”税外，还附加了各种地方税。1932年税收达到2400万元，1934年增至4600万元。1932年发行公债350万元，1933年增至509万元，1935年增至681万元，并强行摊派认购。

鸦片专卖，是日本侵略者为达到“以战养战”目的所采用的搜括和毒害东北人民极其毒辣的手段之一。1932年9月，日伪当局即以保证财政收入为由，成立鸦片专卖筹委会，11月公布“鸦片法”。侵占热河后，日本用飞机在热河省上空散发传单，公开鼓励在热河大力种植鸦片，但须全部卖给伪满政府。后来，又令伪奉天、四平、吉林和兴安西省也种植鸦片。1939年鸦片年产量达500余万两。1933年，日伪当局成立了鸦片专卖公署，下设专卖署和分署32处。1941年东北各地的管烟所已达1631个。在奉天设鸦片加工厂1处，后来又在铁岭、绥化增设鸦片加工厂。鸦片专卖政策名为“禁毒”与“专卖”，实际上却造成了烟毒泛滥，吸毒者与日俱增。1933年登记的吸毒者为5.68万人，到1939年被鸦片毒害的人数猛增至99.9万余人。日伪当局从鸦片专卖中获取了大量收入。1932年专卖鸦片年收入为1940.96万余元，1936年鸦片收入即猛至12119.75万余元之巨。

日本帝国主义在东北大规模纵毒，不仅使吸毒者整天醉生梦死，身体残弱，严重者成为丧失劳动能力的废人，甚至死亡，而且还使许多人丧失民族意识、民族气节和反抗侵略的斗志。日本侵略者实行的明禁实纵的鸦片政策，是用杀人不见血的鸦片来毒害中国人民，企图让中国人永远做日本殖民统治之下的亡国奴。

三、摧残中国文化，推行奴化教育

日本帝国主义为了销蚀东北人民的民族意识与抗日斗志，使东北人民成为任其驱使和剥削的“顺民”，除在政治上、军事上、经济上进行残酷的统治、镇压和掠夺外，还在思想和文化方面极力推行愚民政策，摧残中国民族文化，实行殖民地式的文化统治。

九一八事变后，日本侵略者便将一切文化、宣传事业尽皆操纵在日伪当局控制的文化机构中，并首先控制了新闻、广播、出版、电影等宣传工具和各种文化、教育机构。1932 年 10 月 24 日公布了伪《出版法》，规定凡是危及日伪统治、“惑乱民心”的读物一律禁止出版，对带有民族意识的出版物或进步书报一律查禁。凡发现此类书刊，无论过去出版者或现在发行者尽皆销毁。据伪文教部记载，1932 年 3 月至 7 月 5 个月内，即焚毁图书 650 余万册。1934 年 6 月 29 日，伪民政部第五号通令，禁止 36 种报刊输入东北。其中，除苏联的《真理报》、《消息报》等外国文报刊 18 种外，其余均为关内出版发行的《大公报》、《申报》、《时报》、《新闻报》、《北平晨报》、《上海民报》、《益世报》等。至于马克思列宁主义理论书籍和中国共产党的有关著述，更属严禁之列。一旦发现此类书籍，不仅出版物被没收，而且持有者亦即被逮捕、监禁。

与此相反，日本宣扬军国主义、殖民主义的报刊、图书却大量输入东北，泛滥成灾。这些书刊，其政治内容反动、荒诞无比，有的如同希特勒一样制造种族优越论，宣扬所谓“大和民族统治论”；有的将日本帝国主义的侵略暴行和一些沾满中国人民鲜血的战争罪犯美化为“皇军光荣”的战斗历程，并戴上“英雄”的桂冠；有的伪造历史，胡说“满洲”一直是“独立国家”，甚至把东北纳入日本的历史，企图把东北与关内分离开来，为日本吞并东北编造“历史根据”；有的把日本侵略者用武力制造的伪满洲国，美化成“王道乐土”和“民族协和”的“新国家”、“新天地”，掩饰其殖民统治的罪恶，等等。

日伪当局为实施伪《出版法》，还建立了专门的舆论统治机构。1933 年 2 月，在由日本人掌权的伪国务院总务厅内设立“情报处”（后改名“弘报处”），作为伪满洲国言论、文化的中心统治机构，在日本关东军的指使下，统一管理新闻、出版、通讯、广播等重要文化部门，进行思想文化统治。1932 年 12 月 1 日，日伪当局成立伪满洲国通讯社（简称“国通社”），隶属于关东军司令部。之后，日本将原有的通讯社统一组成日本同盟社。这两个通讯社垄断了东北的新闻通讯事业。它们采集、编辑、发表新闻稿件，向东北各地的报纸、无线电台提供，而且规定有些新闻稿是必须予以刊登的。

1933 年 8 月，伪满洲国成立“满洲国电影国策研究会”，聚集了关东军、“满铁”、协和会等各方面人员，严格控制电影的制作和发行、放映。同年 9 月建立的“满洲电信电报股份公司”，不但垄断了东北四省的电报电话，而且完全控制了沈阳、长春、哈尔滨的广播电台，所有广播稿件、节目均须通过各省邮政管理局电政科审查批准后方能播发。

1933 年，日本侵略者又成立了“满日文化协会”，下设调查部和编辑部等机构。所谓调查，实际上是搜集情报，对东北和苏联的政治、经济、地理、资源、历史、宗教、文化、民俗等进行调查，为日本对东北的政治、经济决策提供现实的和历史的依据，为日本殖民统治和侵略战争服务。

日本侵略者在东北所推行的教育政策是典型的殖民地式愚民教育。日本侵占东北后，对东北原有教育事业肆意进行摧残。东北原有教育设施本来比较落后，九一八事变前，共有各类学校1.27万余所，学生84万余人。其中，小学1.24万余所，学生75万余人；中等学校（包括职业学校）约200所，学生8.3万余人；大专院校29所，学生3630人。九一八事变后，日本侵略者认为学校历来是排日运动中心，下令学校一律停办，许多校舍被日、伪军警强占为军营。虽然自1932年3月伪满政权建立后，学校有所恢复，但在校学生数量连续5年低于九一八事变前的水平。其中，小学学生在1933年6月统计仅有50万人。这一年，大学仅恢复了奉天和哈尔滨医学专科学校两所。

与此同时，日本侵略者对各类学校的中国原有文科教材大部分予以废除，对具有排日、民主思想或民族意识内容的教材一律查禁和焚毁，同时组织人力赶编体现奴化教育、愚民教育的“新教材”。但“新教材”一时难以编辑和出版，日伪当局即下令暂以“四书”、“孝经”代替。在课程设置上，“日语”被列为各类学校的主课，课时增加，中国语文被称为“满语”，课时则逐渐减少。教学内容着重灌输“王道乐土”、“五族协和”、“忠孝仁爱”，以及与日本“共存共荣”，要与日本“盟邦、亲善”等等。其目的是使学生成为日本忠顺的奴才和任其奴役的劳动力后备军。

日伪政权建立后，对学校师生的思想和行动严加监视与控制。1934年正式推出了日本特务机关批准的《统制学生思想方案》。该案要求调查学生的思想和在校外的行动，并随时加以“纠正”。实际上是对具有爱国思想和从事反日活动的学生进行监视、控制和制裁。

日本侵略者为摧残中国文化，推行奴化教育和愚民政策，对于传播文化知识、启蒙青少年民族意识和进步、爱国思想的中国知识分子和教师，动辄以“思想犯”等罪名加以迫害和血腥镇压。1933年，由于日本侵略者对东北广大爱国中小学教师实行大逮捕和血腥屠杀，使教师数量减少9000余人。其中，小学教师从日本侵占前的2.44万余人降至1.72万余人，减少30%；中学教师从1932年的3100余人降至1300余人，减少58%。

日本侵略者推行奴化教育，摧残中国文化，极大地伤害了中国人民的民族感情，激起了广大民众的民族义愤，从而使更多的人走上了抗日道路。

第二节　中国共产党在东北地区抗日斗争策略方针的转变

一、《一·二六指示信》的传达贯彻

1933年初，义勇军的抗日运动遭受挫折，许多领导人离开东北，大部队伍溃散，但剩下的许多小股队伍仍散在各地，有的集结在东部边境一带坚持抗日战斗，有的散在山林成为反日的绿林队伍。此外，抗日的红枪会、大刀会等民众武装到处可见。但这些队伍缺乏统一领导，面临着被日本侵略军完全击溃的危险。同时，中国共产党直接组建和领导的10多支反日游击队，力量也很薄弱，尚未成长为抗日武装斗争的主要力量。

此时，日本侵略军已攻占山海关，正向热河、察哈尔进犯，渗透冀东，威胁华北。东北各地的抗日斗争和热河、冀东危急的现状，要求中国共产党必须迅速改变冒险主义和关门主义的错误方针，特别是迫切要求对已被日本帝国主义直接侵占的东北地区迅速制定出切实可行的正确方针政策。

成立于九一八事变之后的中共中央临时政治局（又称临时中央），由博古负总责。中央临时政治局继续执行“左”倾教条主义的冒险方针，致使党在国民党统治区各地党组织和工作遭受极大的破坏，中央临时政治局也被迫于1933年1月由上海迁往中央革命根据地的瑞金。此后，在上海设立中央局，作为中央临时政治局的派出机关，负责指导国民党统治区和东北沦陷区的工作。上海中央局仍然继续执行冒险主义方针。至于中共满洲省委，在中央临时政治局领导和上海中央局指导下，很难摆脱冒险主义、关门主义的束缚，所以依然实行土地革命路线，反日游击队依然四面出击：既打日、伪军，又收缴农村“大排队”枪支；既强行收编山林队，又在抗日义勇军中组织哗变。结果陷于孤立，使建立不久的反日游击队和抗日游击根据地处于危急状态和被动局面。战斗在抗日前线的东北地区党组织和游击队领导人，通过各种渠道向上级党组织提出改变错误方针的强烈要求，以便进一步发展、壮大党直接组建领导的反日游击队，团结东北各阶级、各族人民和各类抗日武装，坚持和发展东北抗日游击战争。

中共满洲省委根据东北已经完全被日军占领的新情况，向中共中央提出希望改变党对东北的工作方针。但是，这一要求在“北方会议”上遭到严厉批评。之后，满洲省委通过设在苏联远东海参崴的红色工会国际太平洋书记处[①]向共产国际反映了上述意见。1932年上半年，红色工会国际太平洋书记处负责人，先后与赴海参崴同该书记处进行联系工作的中共满洲省委常委兼职工部长金伯阳[②]、

---

① 旧译为赤色职工国际太平洋秘书处。

② 金伯阳（1907—1933），原名金永绪，辽宁金县人。1925年加入中国共产主义青年团，1929年加入中国共产党。历任中共满洲省委候补委员、常委兼职工部部长。1933年在战斗中牺牲。

中共东满特委负责对外联络的朱云光[①]等人进行了深入的谈话，了解了许多有关东北抗日战争和中共满洲省委及各地共产党组织的重要情况，了解了他们对改变中共中央在东北推行的错误指导方针的要求。该书记处立即给红色工会国际东方殖民地部、共产国际执委会主席团和政治书记处等部门写信[②]，建议：除派遣在苏联受过理论教育并具有实际工作经验的中国干部，去加强中共满洲省委和抗日游击区党组织的领导力量外，还必须向满洲党组织写信，提出指导这一民族革命战争的明确指导方针和前景，具体指出通过工农群众加入各类抗日义勇军和游击队、掌握这些队伍领导权的工作方式，以及建立工农骨干力量的方法。该书记处还动员在海参崴的中国工作人员林伯渠、杨松[③]等积极整理有关东满游击队、满洲问题等书面材料，上报共产国际领导机关提供参考。

1932 年 8 月 27 日至 9 月 15 日，共产国际执委会召开第十二次全会。会议从“保卫苏联”的现时局势出发，肯定了同年 6 月 28 日共产国际给中共中央电报中已经提出的对满洲地区工作的指示内容，即

---

① 朱云光（1911—1934），又名朱恩光，山东黄县人。1928 年加入中国共产主义青年团，1930 年加入中国共产党。后任中共珲春县委宣传部部长、中共东满特委巡视员。后历任中共珲春县委书记、东满特委秘书长兼东北人民革命军第二军独立师独立团政委。1934 年在战斗中受伤，被俘后牺牲。

② 见《维经斯基给福京的信》（1932 年 6 月 11 日）、《维经斯基给琼森的信》（1932 年 7 月 21 日）、《维经斯基给皮亚特尼茨基的信》（1932 年 8 月 16 日），载中共中央党史研究室第一研究部译：《共产国际、联共（布）与中国革命档案资料丛书》第 13 卷，中共党史出版社 2007 年版，第 167、187、197 页。

③ 杨松（1907—1942），原名吴兆镒，又名华西里、吴平等，湖北大悟人。1926 年加入中国共产主义青年团。1927 年到莫斯科中山大学学习。1929 年 1 月加入中国共产党。1931 年在海参崴任红色工会国际太平洋工会书记处中国部主任，兼负责中共驻共产国际代表团与满洲省委联络工作。1933 年夏秋调共产国际东方书记处工作，1934 年后在东北任中共满洲省委巡视员、吉东特委书记。1935 年赴苏，在中共驻共产国际代表团负责满洲工作。1938 年回国，在延安任中共中央宣传部副部长、《解放日报》编辑部主任等职。1942 年病逝。

“开展游击运动，在满洲提出建立农民委员会、抵制（伪）政府的捐税和命令、没收汉奸的财产、组织人民政权的选举”①的方针，从而对中国东北地区提出了不同于指导中国南方革命的政策。尽管这一方针仍存在模糊之处，但是同不久前“北方会议”决议所提出的冒险主义方针相比，却有了原则区别。

共产国际对中国东北工作方针的这一改变，当时一方面迅即由共产国际和中共驻共产国际代表团（以下简称中共代表团）转达给设在海参崴的红色工会国际太平洋工会书记处。同年 11 月，由该书记处中国部负责人兼中共驻共产国际代表团负责与中共满洲省委联络的杨松，将这一新的精神转达给当时正在海参崴向红色工会国际太平洋工会书记处报告工作的中共满洲省委委员、吉东巡视员孙广英②。杨松与孙广英共同研究后，一致同意共产国际对东北工作方针的新指示。同时，杨松还通过孙广英向中共满洲省委提出中共代表团关于建立吉东局组织的意见，以便统一指导绥宁中心县委、东满特委、饶河中心县委等领导下的吉林省东部地区的抗日斗争和党的工作。

另一方面，为贯彻共产国际执委会第十二次全会的决议，共产国际执委会政治书记处于 1932 年 11 月末至 12 月末期间举行会议，根据全会决议的总方针，为各国共产党制定具体的方针政策。在会议前夕，为研究贯彻共产国际提出的在中国东北实行的新政策，共产国际执委会东方书记处召开会议，中共代表团团长、共产国际执委会主

---

① 中国社会科学院近代史研究所翻译室编译：《共产国际有关中国革命的文献资料》第 2 辑，中国社会科学出版社 1982 年版，第 185 页。

② 孙广英（1908—1985），原名朱长德，辽宁新民人。1927 年参加中国共产党。曾在莫斯科共产主义劳动大学学习。1931 年回国，任中共满洲省委委员兼省委吉东巡视员，后任满洲省委吉东局书记。1934 年 5 月吉东局被敌人破坏后脱党。1985 年病逝。

席团委员王明,在会上作了《关于满洲形势》的主旨报告,指出中国共产党在东北的革命任务主要是反对日本帝国主义的侵略,并要采取新的、广泛的反日反帝统一战线的方针。

1932 年 12 月 5 日，由东方书记处作出决定，组成五人专门委员会，在王明的报告和东方书记处讨论的基础上，起草关于满洲问题的信。与此同时，1932 年 12 月，中共驻共产国际代表团邀集了在苏联工作和学习的许多中共党员，在莫斯科召开了第一次研究满洲问题的会议。会议根据共产国际执委会有关对中国东北地区工作的新精神，分析了中国的政治局势，着重研讨了东北抗日斗争形势和调整党的策略方针等问题。会议认为，东北地区已经完全变成了日本的殖民地。中国共产党在这一地区的首要任务是反对日本帝国主义的侵略，保卫中国的独立和主权完整。会议认为，东北党组织的中心任务首先是激发民众的抗日反满思想，通过实施反日民族统一战线的策略方针，发动工农群众，联合东北抗日义勇军和反日山林队，开展民族革命运动。为此，提出在东北建立民众抗日军和人民革命政府的政策，取代脱离东北现实的建立满洲苏维埃、工农红军和开展土地革命的口号。同时，会议认为，日本侵略军在占领东北以后，已经开始侵入华北，扩大侵华战争，妄图灭亡全中国；而蒋介石南京国民政府不仅继续坚持对日不抵抗主义，极力压制民众的抗日运动，还在动用大批军队进攻中国工农红军和革命根据地。因此，中国共产党必须调整政策，准备在停止进攻苏维埃区域、保证民众的民主权利、武装民众等条件下，由中国工农红军与国内任何武装部队订立对日作战协定，联合对日作战。

1933 年 1 月,共产国际执委会政治书记处和东方书记处经过反复研究,形成并批准了 1 月 17 日的《中华苏维埃临时中央政府、中国工农红军革命军事委员会宣言》(简称《一・一七宣言》)和 1 月 26 日的《中共中央给满洲各级党部及全体党员的信——论满洲的状况和我们党的任务》(简称《一·二六指示信》),并通过中共代表团向中共中央和中共满洲省委发出。

《一·一七宣言》首次向全国提出:“在下列条件之下，中国工农红军准备与任何武装部队订立作战协定，来反对日本帝国主义的侵略:(一) 立即停止进攻苏维埃区域，(二) 立即保证民众的民主权利（集会、结社、言论、罢工、出版之自由等)，(三) 立即武装民众创立武装的义勇军，以保卫中国及争取中国的独立统一与领土的完整。”① 宣言号召：中国民众和士兵联合一致进行民族革命战争，争取中国的独立统一与领土完整。并要求将反对日本及一切帝国主义的斗争与反对国民党军阀的投降卖国斗争结合起来，进行民族革命战争。

《一·二六指示信》根据日本帝国主义占领东北后阶级关系的变化和中日民族矛盾十分尖锐的状况,提出了中国共产党在东北的迫切的战斗任务、策略方针和目前的中心工作。其主要内容是:

(一)信中指出,由于“日本帝国主义用全部的力量,企图把满洲变为他垄断的殖民地”,使得东北广大各阶层群众的政治经济地位日益恶化、工商业破产、农民土地被抢夺,造成了城乡工人、农民、贫民失业者大量增加。结果,“不仅满洲的工人、农民、苦力、小资产阶级(小手工业者、学生、城市贫民)对日本侵略者及其走狗表示极端敌视,而且有一部分的有产阶级直到现在对侵略者抱敌视态度”。信中根据东北的这一基本事实,规定了共产党的主要任务是领导东北各

① 《中华苏维埃临时中央政府、中国工农红军革命军事委员会宣言——为反对日本帝国主义侵入华北，愿在三个条件下与全国各军队共同抗日》(1933 年 1 月 17 日)，载中共中央文献研究室、中央档案馆编：《建党以来重要文献选编》(一九二一——一九四九) 第十册，中央文献出版社 2011 年版，第 28 页。

阶级人民进行抗日斗争，提出了党为实现这一历史任务而必须采取的总的策略方针，即在满洲群众性抗日运动的现有基础上，“尽可能的造成全民族的（计算到特殊的环境）反帝统一战线来聚集和联合一切可能的，虽然是不可靠的动摇的力量，共同的与共同敌人——日本帝国主义及其走狗斗争”[①]。从而明确地提出了党在东北地区建立反日民族统一战线的策略方针。

（二）信中具体分析东北抗日战争中存在的四种抗日武装部队的阶级性质、特点，提出了共产党在执行反日统一战线策略方针时应根据不同的对象，应采取的实行上层统一战线和下层统一战线的具体政策，指出：要依靠和发展共产党组建和领导的赤色游击队，使其成为抗日武装斗争的基本力量；团结具有广泛群众性的和基本上属于旧式农民武装的各种抗日武装力量，如大刀会、红枪会和吉林救国军等群众性义勇军，可与之结成反日联盟；争取那些处于动摇状态的主要由旧东北军改编而成的武装部队，可与之订立反日作战协定，以便反对日本帝国主义这一共同敌人。信中所提出的争取建立全民族反日统一战线的这一方针，突破了共产国际和中国共产党过去所采取的单一的下层统一战线政策。

信中根据对于可能参加反日民族统一战线的各个阶级、各种武装集团的复杂性和他们行动走向的分析，明确提出必须坚持“无产阶级在这统一战线中的领导权”，中国共产党无论在什么时候，都坚持和保存自己政治上和组织上的独立性的极端重要；指出建立和发展广大的工人、农民、小资产阶级的革命组织，是坚持反日统一战线的必不可少的条件。

---

① 《中共中央给满洲各级党部及全体党员的信——论满洲的状况和我们党的任务》（1933 年 1 月 26 日），载中共中央文献研究室、中央档案馆编：《建党以来重要文献选编》（一九二一——一九四九）第十册，中央文献出版社 2011 年版，第 36、37、43 页。

（三）信中提出共产党在目前的中心工作，是没收日本帝国主义及一切民族叛徒的财产；保障工人、农民和小资产阶级及朝鲜、蒙古等少数民族的基本权益，改善群众生活；在伪军中组织兵变；在反日武装斗争中由最好的游击队编成民众革命军；建立选举的民众政权和反日会等能够联合广大民众的组织。指示信放弃了过去"北方会议"提出的在东北也必须普遍地在城市组织工人罢工，在农村发动农民没收一切地主土地，在军队中实行兵变，组织红军，建立苏维埃政权等不符合实际的主张。

《一·二六指示信》发出时曾有一附注。该附注指出："北方五省联席会议决议中对于满洲问题的决定及中央和代表团过去所研发的关于满洲问题的文件，在策略上有许多严重的错误。望各级党部根据中央这封信重新审查自己的策略，根据这一封信的原则来重新计划自己的工作。""相信满洲党根据这些新策略来积极进行工作，一定能得到伟大的新胜利。"①

当然，这一指示信是中国共产党转变策略方针的开始。它还不够彻底，仍存在着一些"左"倾政策，诸如：对东北地区的某些抗日将领、对一些中间势力，仍然缺乏具体分析和区别，一律要求打倒；对于提出反对日本帝国主义的同时，还要求反对其他帝国主义；对于在反日统一战线内部仍强调下层统一战线，而对上层统一战线依然存在某种疑虑；对于在反日统一战线可能发生分化时，还要准备"满洲苏维埃革命胜利的前途"，等等。所有这些，都使反日统一战线策略的

① 见1933年1月26日《中央给满洲各级党部及全体党员的信——论满洲的状况和我们党的任务》原件的附注。目前所见的这一信件附注，是1933年6月9日上海中央局在中央机关刊物《斗争》第44期刊出这一信件时，未将原有信件的附注一起发表，而另行加的附注。为此，共产国际执行委员会政治书记处在发现这一情况后，于同年7月又以《对中央给满洲各级党部及全体党员的信〈论满洲的状况和我们党的任务〉的说明》为题，重新印发了原信的附注，以示督促。

贯彻受到一定影响。但是无论如何，《一·二六指示信》总的方针适应东北形势发展的要求，明确提出了反日统一战线的总的策略方针，起到了转变路线的重要作用。

1933 年初，中共代表团决定派参加“满洲问题”会议的海参崴中国列宁学校校长李耀奎①去中共满洲省委工作，负责向省委传达并协助省委贯彻中共代表团“满洲问题”会议和《一·二六指示信》的精神，纠正省委所执行的关门主义、冒险主义方针的错误。

随后，红色工会国际太平洋书记处责成中国部负责人杨松，向东北传达《一·二六指示信》。杨松通过国际交通局邀中共满洲省委职工部部长金伯阳、中共东满特委联络员朱云光等到海参崴，同正在此地的中共满洲省委吉东巡视员孙广英一起听取传达《一·二六指示信》的内容。然后，他们分别返回东北向中共满洲省委、中共绥宁中心县委、中共东满特委传达这一指示信的精神。

1933 年 4 月上旬，李耀奎抵达哈尔滨，向省委口头传达了《一·二六指示信》的主要精神。曾参加“北方会议”的何成湘仍然心有余悸，认为：中共代表团会议和这一信件的内容，同中央“北方会议”精神不符，表示怀疑。4 月 16 日，在孙广英将由海参崴带来的《一·二六指示信》抄件和红色工会国际太平洋书记处给中共满洲省委的信件交给省委后，省委立即又认真进行研究，才消除了顾虑，表示同意信上的指示内容，并上报中共中央临时政治局。

1933 年 4 月下旬，经省委临时常委会决定：将 1932 年 7 月省委

---

① 李耀奎（1903—1987），原名王达理、王日新，辽宁辽中人。1925 年加入中国共产主义青年团，8 月转为中国共产党党员。1926 年在莫斯科中山大学学习。1929 年在海参崴列宁学校任校长。1933 年初被中共代表团派到中共满洲省委任省委常委兼宣传部部长、省委代理书记。新中国成立后，任大连商检局局长。1987 年病逝。

扩大会议为贯彻中央“北方会议”决议而暂设的省委临时常委实行改组，由李实任省委书记，何成湘任组织部部长，李耀奎任宣传部部长（同年9月，李实被上海中央局调至上海工作后，李耀奎任代理省委书记），金伯阳任职工运动委员会负责人，吉密任军委书记，并由以上五人组成省委常委会。此后，中共满洲省委开始受上海中央局和中共驻共产国际代表团的双重领导。同时，为了在党的东北反日民族统一战线这一新方针指导下，开拓抗日斗争新局面，省委决定新建南满特委，由已派往磐石任省委特派员的省委执行委员杨靖宇任特委书记；决定按中共代表团方面的建议设立吉东局，统一对吉东、东满地区党组织的领导，并保持省委与红色工会国际太平洋书记处和中共代表团的密切联络，由省委执行委员孙广英任吉东局书记；决定由省委候补执行委员杨德如（杨一辰）①任奉天特委书记。此外，还拟在北满的汤原、巴彦和中东铁路东西两段新设若干中心县委，全面加强该地区党的领导。

1933年5月中旬，中共满洲省委在哈尔滨道里召开了省委扩大会议。参加会议的有在哈尔滨的中共满洲省委、共青团省委委员和各部门主要负责人，哈尔滨东、西两区区委书记，新任吉东局书记与奉天特委书记，珠河中心县委代表，李实、何成湘、李耀奎、金伯阳、孙广英、杨德如、刘明佛②、何成德等。会议经过认真讨论，于5月15日通过了《中共满洲省委关于执行反帝统一战线与

---

① 杨德如（1905—1980），又名杨一辰、刘孟平，山东金乡人。1927年参加中国共产党。历任中共满洲临时省委组织部部长、奉天市委书记、哈尔滨市委书记、满洲省委候补执行委员、奉天特委书记等职。新中国成立后，任中共中央华南分局副书记、第二商业部部长等职。1980年病逝。

② 刘明佛，生卒年不详，又名刘明夫、刘英、胡滨、胡彬。早年加入中国共产党。1927年在中共河南省委工作。1928年底任中共河南省委常委。1932年后历任中共满洲省委组织部部长、共青团满洲省委书记。1934年4月被捕叛。后死于狱中。

争取无产阶级领导权的决议》。《决议》内容主要有：（一）检查贯彻“北方会议”的冒险主义、关门主义方针所犯的错误及其在工作中所造成的损失，肯定了共产国际和中共代表团代表中央向中共满洲党组织所提出的建立东北反日民族统一战线，并争取无产阶级领导权这一策略方针的正确性。（二）根据建立反日民族统一战线的新方针，提出了东北党组织当前的中心任务：1. 积极开展对抗日义勇军的工作，在坚决反日、不侵犯民众利益和民主权利、不反对共产党等条件下，党所领导的反日游击队可同任何抗日武装建立下层和上层的反日统一战线。视具体情况，可采取反日联盟、成立抗日联合军指挥部，或订立反日作战协定，共同进行抗日斗争。2. 在广大城乡建立反日会等各种群众组织，作为反日统一战线的群众组织基础。3. 发展与扩大党直接领导的反日武装部队，并以最好的游击队为基础建立人民革命军，使之成为目前抗日游击战争的组织者、领导者和主要力量。4. 在一定的地区创造游击区，建立选举的民众政府；没收日本帝国主义及其走狗的一切土地和财产，充作反日经费。5. 联合东北地区内的蒙古、朝鲜等少数民族共同抗日。6. 加强对伪军的工作，领导伪军反正的哗变运动。7. 发展、巩固共产党、共青团组织。

中共满洲省委的决议，表明省委根据九一八事变以来领导东北抗日斗争的实践，认真地总结了经验教训，接受了《一・二六指示信》的方针，基本上纠正了“北方会议”的关门主义政策，提出了贯彻落实东北反日民族统一战线方针的更为切实的各项政策和任务，对于东北反日斗争的发展具有重要的推动作用。

共青团满洲省委在省委扩大会议前后举行了三次会议，传达、讨论《一・二六指示信》，结合检查过去的工作，统一认识，于5月28日作出了《团满洲省委关于接受中央一月二十六日来信的决议》，并立即派傅世昌①去吉林、海龙、磐石等地团组织进行传达。同时，从珠河调团县委书记马宏力、从汤原调团县委书记贾雨时到团省委接受指示，再返回原地传达《一·二六指示信》和党、团省委决议的精神。

中共满洲省委在向各地党组织传达《一·二六指示信》和省委扩大会议决议后，针对贯彻执行指示信和省委扩大会议决议中存在的一些问题，又于同年 7 月 1 日作出了《中共满洲省委关于接受中央指示、改正五月十五日决议中几个模糊认识和错误问题的决议》。团省委也在同一日作出《关于〈接受中共中央一月二十六日来信的决议〉的决议》。9 月 10 日，省委又向各地党组织发出《中共满洲省委致各级党部及全体同志的信》，一再阐述这一指示信的内容，以求得正确地贯彻执行。

《一·二六指示信》所提出的中国共产党关于在东北地区建立反日民族统一战线的策略方针，消除了党内过去存在的许多疑虑，有力地推动了东北抗日斗争形势的发展，使东北各地的抗日游击战争呈现出蓬勃发展的大好形势。

东北各地党组织在积极贯彻《一·二六指示信》提出的反日民族统一战线总的方针政策过程中，1934 年 1 月中华苏维埃第二次全国代表大会在瑞金召开。中共满洲省委常委、组织部部长何成湘作为东北代表出席会议。此次会议上，杨靖宇被选为中华苏维埃共和国中央执行委员会委员。会议期间，何成湘向中共中央提交了《中共满洲省委关于最近满洲工作报告》，并口头向中央领导汇报了东北情况。1934 年 2 月 22 日，中共中央根据中共满洲省委的报告和何成湘

---

①　傅世昌（1909—1938），原名傅天飞，黑龙江双城人。哈尔滨商船学校毕业。1930 年 5 月加入中国共产主义青年团，1931 年转为中国共产党党员。曾任共青团满洲省委委员。1933 年 5 月任共青团满洲省委巡视员去南满工作，历任中共磐石中心县委委员、东北人民革命军第一军第一师第四团政委、中共桓仁县委书记等职。1938 年被捕后在狱中牺牲。

的汇报，发出了《给满洲省委指示信》（简称《二月指示信》）。该信对东北党组织贯彻执行中央的《一·二六指示信》后，在建立反日民族统一战线和抗日斗争中取得的成绩给予了充分肯定，并重申中央的《一·二六指示信》作为"一般的总方针，在今天依然是有效的"；强调要加强创造在共产党领导下的人民革命军，使之成为一切反日队伍的中心力量；并要求中共满洲省委"必须把建立和扩大革命政权与革命根据地的任务，提到实际的日程上来"。这些指示对东北的工作是有指导意义的。

但该信从当时国内总形势出发形成的认识，受到中共六届五中全会精神影响，忽视了东北地区反日游击运动的特点，在贯彻统一战线政策方面，批评满洲省委犯了"右倾曲解的错误"，"只是上层联合，放弃艰苦的下层统一战线的群众工作"，脱离实际地强调统一战线内部的阶级斗争。信中片面强调下层统一战线，批评一些地方建立"抗日联合军总司令部"是"上层勾结代替了下层统一战线"。该信还提出东北党组织应"把反日游击运动提到土地革命阶段"的要求①。这些"左"的错误要求和不恰当的批评，对于当时东北抗日民族统一战线工作的进一步发展在一些地区产生了消极影响，造成了损失。这说明，在贯彻《一·二六指示信》抗日民族统一战线总政策中并非一帆风顺。

二、东北人民革命军第一军独立师建立，南满抗日联军总指挥部成立

中共满洲省委在1933年5月扩大会议前，即派省委秘书处长冯

① 《中共中央给满洲省委的指示信》（1934年2月22日），载中共中央文献研究室、中央档案馆编：《建党以来重要文献选编》（一九二一——一九四九）第十一册，中央文献出版社2011年版，第240—243页。

仲云前往磐石、海龙传达《一·二六指示信》精神。冯仲云于6月初到达，开始传达指示信精神。省委于5月下旬召省委特派员、南满游击队代理政委杨靖宇回哈尔滨，研究在南满贯彻《一·二六指示信》的工作。

杨靖宇到达哈尔滨后，省委扩大会议开过不久，他向省委汇报了巡视磐石、海龙两中心县委和磐石、海龙两支游击队的工作以及南满抗日斗争现状。除口头汇报外，还在5月31日写出一份《关于磐石游击队和党团工作情况报告》，提交省委。这期间，杨靖宇认真学习《一·二六指示信》和省委扩大会议决议，省委领导同杨靖宇共同研究了南满地区党和游击队的工作，着重研究了今后在南满贯彻党的建立反日民族统一战线方针等问题。随后省委正式任命杨靖宇为省委代表并兼南满游击队政委，派其重返南满开展反日统一战线工作，进一步团结各抗日义勇军、反日山林队共同抗日，发展南满抗日斗争新局面。同时，根据省委扩大会议决议中关于将最好的红军游击队改编为人民革命军的提议，决定将磐石和海龙两支红军游击队改建为东北人民革命军第一军，首先成立该军第一独立师，为党在东北改组红军游击队为人民革命军工作迈出第一步。

为进一步贯彻《一·二六指示信》，纠正南满党组织过去工作中"左"的错误，中共满洲省委于1933年7月1日发出了《中共满洲省委关于目前形势任务等问题给磐石中心县委及南满赤色游击队的信》。省委要求：（一）县委和游击队要坚决贯彻中央的《一·二六指示信》中关于反日民族统一战线的策略方针，克服目前的主要危险——关门主义错误倾向。（二）县委和游击队今后的具体战斗任务：1. 巩固与发展赤色游击队，树立党和游击队在统一战线中的领导权，在游击战争中将党所领导的反日游击队发展为"南满的游击运动中领导和团结一切反日势力的基本的和左右全局的力量”①,并在发展中将红军第三十二军南满游击队改为东北人民革命军第一军,首先编成一个师;要注意团结和加强对于一切抗日武装力量的领导,要很好地利用抗日联合军司令部这一反日民族统一战线的军事领导机关,建立党与赤色游击队在其中的领导;要“善于运用游击战术,绝对肃清保守与死守硬御与硬打的现象”②;要扩展游击战争并建立抗日根据地。2. 组织与领导群众的反日斗争,广泛武装民众,建立工会、农民委员会、农民协会、反日会等群众反日组织。3. 发展党员和党组织,巩固党的领导。省委提出要立即建立扩大的南满中心县委,统一领导磐石、海龙等广大地区的地方党组织和抗日斗争。

早在《一·二六指示信》精神传达之前,南满游击队在对敌斗争的实践中,便已经开始注意联合周围的其他抗日义勇军和反日山林队,协同对敌作战,并建立了抗日部队联合领导机构抗日联合军事委员会,参加部队人数约1000余人。这反映了联合抗日已是客观要求。

杨靖宇自省委返回磐石后,南满地区抗日斗争形势出现了一些新的情况。1933年5月,南京国民政府与日本关东军签订《塘沽协定》,日本关东军开始自长城前线调回更多的兵力,采取“分散部署”的体制,镇压东北人民的反抗斗争。6月下旬,日、伪军出动近2000人的兵力,对南满地区的各种抗日武装进行第一次“讨伐”,使包括南满游击队在内的各类抗日部队均受到威胁。

杨靖宇立即依据《一·二六指示信》和中共满洲省委指示精神,

---

① 《中共满洲省委关于目前形势任务问题给磐石中心县委及南满赤色游击队的信》(1933年7月1日),载中央档案馆、辽宁省档案馆、吉林省档案馆、黑龙江省档案编:《东北地区革命历史文件汇集》甲14,1988年印,第33—34页。

② 《中共满洲省委关于目前形势任务问题给磐石中心县委及南满赤色游击队的信》(1933年7月1日),载中央档案馆、辽宁省档案馆、吉林省档案馆、黑龙江省档案馆编:《东北地区革命历史文件汇集》甲14,1988年印,第35页。

力求进一步团结周围各个义勇军部队联合反击日、伪军的进攻。南满游击队以抗日联合军事委员会的名义，首先动员义勇军“马团”、“赵旅”参加进攻磐石与伊通两县边界的大兴川战斗。战斗在 1933 年 6 月 25 日夜打响，南满游击队组织的冲锋队已攻至距伪军营房仅 20 余米的一栋房屋处，但因计划不周，联合进攻的其他部队未能及时跟上，失去了有利的战机，结果被敌发觉据守炮台顽抗。第二天拂晓，联合部队主动撤走。此次战斗，共毙伤伪军 10 余人。次日，伪军即放弃营房撤至营城子。这次战斗是贯彻《一・二六指示信》后南满游击队与义勇军的第一次联合作战。战斗中游击队员作战勇敢，纪律严明，受到马、赵两部官兵的称赞，因而大大提高了南满游击队的威望。

此后，许多义勇军、反日山林队主动要求与南满游击队联合作战。其中，包括过去曾多次进攻南满游击队、当年 3 月刚反正抗日的“毛团”（毛作彬部）和山林队“殿臣”。“毛团”反正后的一段时间，依然与南满游击队为敌。1933 年 6 月间，一次“毛团”被南满游击队包围，游击队完全可以将其全部缴械，但杨靖宇鉴于“毛团”已经反正抗日，未向“毛团”发一枪一弹，还向“毛团”官兵发表讲话，阐述南满游击队抗日救国的宗旨，对他们表示不念旧恶，愿意与之团结抗日。杨靖宇的讲话，使“毛团”官兵深受感动，确信南满游击队是真正抗日的好队伍。还有一次，正值“毛团”在板凳沟被敌人包围，处境危险。杨靖宇率游击队紧急来援，使敌军腹背受敌，不得不慌忙撤走，“毛团”得以转危为安。经长期耐心的团结教育工作，终于使“毛团”积极向南满游击队靠拢。

不久，杨靖宇进一步联合“毛团”、“宋团”（宋国荣部）、“马团”、“赵旅”、“殿臣”等 1000 余人的抗日部队，在 7 月 12 日夜向伊通县营城子伪警察队两个中队发起进攻。7 月 13 日晨攻下该镇，伪警察被俘6人，负伤2人，其余逃走。抗日部队缴获现款数千元。联合抗日部队乘胜前进，于7月20日，又打响了进攻永吉与桦甸边界的七区、八区的战斗。联合部队共1500余人攻占八道河子，迫使伪军一个连哗变。战斗中缴获了大量马匹和物资。在此期间，南满游击队还联合义勇军部队进行攻打三道沟、破袭吉（林）海（龙）铁路等战斗。

在南满游击队与各个抗日武装的联合对敌作战中，各部相互增加了解，杨靖宇又善于团结各部抗日武装，使原有抗日联合军事委员会的扩大有了可能。杨靖宇因势利导，于1933年7月下旬，邀请在磐石及周边各县活动的“马团”、“赵旅”、“韩团”、“三江好”（罗明星部）、“四季好”、“许团”和“毛团”、“殿臣”等部抗日义勇军和山林队领导人70余人，在桦甸八道河子举行会议，共商联合对敌作战的问题。其中，还特别邀请了“常占队”首领穆荣山与会。磐石工农义勇军与“常占队”合作时，因受关门主义错误影响，认为与“土匪”合作是右倾，工农义勇军便主动与其分离，相互间还发生过误伤。此次南满游击队主动诚恳欢迎“常占队”参加联合抗日会议，双方取得了谅解。会议达成协议，组成了“联合参谋部”。会上推选拥有兵力较多的“毛团”司令毛作彬为总指挥，南满游击队政委杨靖宇为政治委员长，教导队政委李红光为参谋长。参加“联合参谋部”的部队约有3000余人。这一“联合参谋部”是南满地区出现的武装抗日统一战线的早期组织形式，是党在南满贯彻反日统一战线方针的一种尝试，对于团结抗日武装共同抗日起了积极作用。通过“联合参谋部”达成的共同协议，中共磐石中心县委和南满游击队得以派出政治工作人员和党员、团员到各支义勇军中去工作，帮助教育和改造这些部队，从而在南满游击队周围团结了一大批抗日武装力量，为党贯彻反日统一战线方针积累了经验。

1933年8月13日，为检阅和锻炼联合抗日武装的战斗力，“联合参谋部”决定发起进攻东集场子的战斗。抗日联合部队集中1600余人，连续围攻三昼夜，被围敌人急切要求县城派兵增援。正当“联合参谋部”下达总攻击令时，敌援兵迫近，担任阻击敌增援部队的“赵旅”虽打退一次200余名敌人援军，但敌后续援军陆续赶到，终于突破抗日联合军阵地，被围敌人乘机反扑，使正在进攻的南满游击队陷于敌人夹击之中。在联合部队纷纷各自撤退之后，南满游击队也撤出战斗。这次战斗，共击毙敌保卫团大队长高希甲、日本军官中岛等7人，击伤16人，南满游击队牺牲3人。不久，南满游击队伏击由东集场子去磐石县城领取给养、弹药后返程的伪军车队，又毙伤其10余人，截获一批军需物资。

与此同时，中共磐石中心县委和南满游击队加紧发展自己的部队和筹建东北人民革命军的工作。中共满洲省委派省委常委金伯阳等人前来巡视，帮助进一步贯彻《一・二六指示信》精神，并协助建立人民革命军工作。金伯阳带来省委起草的《东北人民革命军独立师政纲》等文件，并起草了《东北人民革命军第一军第一独立师成立宣言》。杨靖宇到各抗日义勇军部队进行联络，并宣传南满游击队即将改编建立人民革命军的意义，取得参加“联合参谋部”的义勇军、反日山林队的支持。中共磐石中心县委和游击队党的组织分别在群众中和部队内部进行广泛的宣传和组织动员，积极准备在九一八事变两周年纪念日完成组建东北人民革命军第一军独立师的工作。

经过准备和酝酿，1933年9月18日，由中共磐石中心县委和南满游击队在西玻璃河套举行隆重大会，宣布将中国红军第三十二军南满游击队改编成立东北人民革命军第一军独立师。会议发表了《东北人民革命军第一军第一独立师成立宣言》，公布了《东北人民革命军独立师政纲》、《东北人民革命军独立师暂行规则》、《东北人民革命军士兵优待条例》；同时还发表了《告反日义勇军战士弟兄书》。上述文告郑重宣布：东北人民革命军第一军独立师“是东北三千万民众的武装力量”。全体指战员“誓与日本强盗及走狗‘满洲国’斗争到底”，要为“驱逐日本一切海陆空军出满洲，收复东北而战，为中国民族独立解放与国土完整而战，为推翻‘满洲国’统治，建立民众自己的政权而战，为东北三千万民众的利益而战”①。文告中严格要求人民革命军指战员绝对不许损害群众利益，否则将严加惩处。文告还宣布人民革命军愿与其他抗日部队在下列条件下结成反日作战同盟。这三个条件是：（一）不投降，不卖国，反日到底；（二）允许民众言论出版集会结社等自由；（三）允许民众武装起来，共同进行反日战争。

同一天，中共磐石中心县委为庆祝东北人民革命军第一军独立师成立，在全县10余处抗日游击队活动据点，分别举行了共约2000余人参加的群众大会，广泛宣传了东北人民革命军的性质和它诞生的重大意义。

东北人民革命军第一军独立师组建了司令部，内设政治部、参谋处、军需处、军医处和政治保安连。师长兼政委杨靖宇，参谋长李红光，政治部主任宋铁岩。独立师暂编两个团：第一团，团长袁德胜，政委朴翰宗，参谋长李松波②；第三团，团长韩浩③，政委曹国安，政治部

---

① 《东北人民革命军第一军第一独立师成立宣言》（1933年9月18日），载中央档案馆、辽宁省档案馆、吉林省档案馆、黑龙江省档案馆编：《东北地区革命历史文件汇集》甲44，1990年印，第33—34页。

② 李松波（1904—1935），吉林磐石人，朝鲜族。1930年加入中国共产党。历任磐石工农义勇军大队长、代理参谋长、东北人民革命军第一军独立师第一团参谋长、第一军第二师参谋长等职。1935年在战斗中牺牲。

③ 韩浩（1905—1935），原名金翰浩，朝鲜族。1930年加入中国共产党。1932年参加磐石工农义勇军，历任南满游击队大队长、东北人民革命军第一军独立师第三团团长、第一军第一师副师长、师长。1935年在战斗中牺牲。

主任李明山。政治保安连，连长崔山好，政委程斌①。加上南满游击大队 80 人，全师共 380 余人。9 月 30 日，中共满洲省委为人民革命军第一军独立师的成立发来了贺信。同年 10 月，依据共青团中央关于创建“少共国际师”的号召和团省委的提议，独立师又设立了少年营，由共青团员和青少年战士组成。

东北人民革命军第一军独立师的成立，是中共满洲省委在南满地区贯彻反日统一战线方针的重要体现，它不但标志着中国共产党领导的抗日武装力量在南满地区的迅速发展，而且从此以人民革命军第一军独立师为中心，联合许多抗日部队共同对敌，使南满抗日武装力量日益增强，抗日游击区不断扩大，南满抗日游击战争呈现出新的面貌。

第一军独立师成立后，部队士气高昂，积极开展抗日战斗，获得许多新的胜利。1933 年 9 月 20 日，独立师第一团联合“马团”、“天虎”等部挥师西南，进入东丰、西安（今辽源）县境，分别攻进夹信子、沙河子街，沿途的“保民会”会兵等反动武装闻风而逃，部队缴获部分越冬物资。9 月 27 日，独立师第三团一部在吉（林）海（朝阳镇）铁路柴河至烟筒山段伏击伪军铁路警备第五旅第十四团一支巡逻队，毙伤伪军 6 人，俘虏 5 人，缴枪 10 支。

第一军独立师的建立和积极作战，引起日伪统治者的不安。从 1933 年 10 月 1 日开始，日伪当局调动日军第十师团一部、1 个骑兵旅团、独立守备队和飞行队计 2000 余人和伪军吉林第二教导队、黑龙江省伪骑兵第一旅和伪新京骑兵 1 个团，共 1 万余人，对吉（林）海（龙）

---

① 程斌（1912—1951），原名程杰，另名程志平，吉林伊通人。1932 年参加磐石工农义勇军并加入中国共产党。历任东北人民革命军独立师保安连政治指导员，第一军第一师政治部主任、师长；东北抗日联军第一军第一师师长。1938 年 6 月在本溪率部叛变投敌。1951 年被人民政府逮捕处决。

铁路两侧磐石、伊通、桦甸等抗日游击区和根据地进行了持续40天的秋季“大讨伐”。敌人此次“讨伐”的目的在于一举消灭刚成立不久的东北人民革命军第一军独立师，破坏这一地区的联合抗日武装力量，彻底摧毁以玻璃河套为中心的磐石抗日游击根据地。敌人采取以伪军从四面围攻，遍地设营驻守，以日军为主，逐步向根据地中心推进，分割围攻、各个击破的战术，对根据地的村屯进行毁灭性的烧杀血洗。玻璃河套、拐子炕等根据地的房屋几乎被烧光，人民群众或被杀或外逃，几至一空。日本侵略军驻西集场子三日，群众被杀害200余人，磐石县城和烟筒山一周内被杀300余人。敌人在磐石、烟筒山、伊通、永吉、海龙等地几乎天天杀人。据不完全统计，仅上述城镇陈尸即达2000余具。在根据地以外，中共磐石中心县委与独立师所设的秘密据点也大都被破坏。

与此同时，为分化抗日武装力量的联合，彻底孤立东北人民革命军第一军独立师，敌人对抗日义勇军、反日山林队除采用军事打击外，还实施诱降政策，致使一些山林队投降。日军对于投降的队伍，一般不予信任，实施集中缴械遣散，首领则处死或遣返原籍并加以监视。

针对日、伪军大规模的围攻，杨靖宇根据敌我力量对比过分悬殊的状况，采取了避实击虚，联合其他抗日义勇军，伺机打击敌人的积极防御作战方针。当日、伪军的“大讨伐”开始向玻璃河套抗日游击根据地包围进攻时，独立师即自吉（林）海（朝阳镇海）铁路路东到达路西，摆出进攻西集场子的态势，在外围调动敌军，欲解除根据地和中共磐石中心县委面临的威胁。但独立师抵西集场子附近时，发现该镇已被敌先机占据，便转攻八棵树屯一营伪军。经两小时战斗，击毙伪军5人。此时天已大亮，再战不利，独立师主动撤出战斗。这支伪军未敢追击，翌日撤走。独立师此时发现磐石西部各城镇几乎已布满日、伪军，便改变行动方向，留独立师第三团坚持路西的斗争，司令部则率第一团过路东寻找战机。部队在跨越铁路时，在小火石磊遭敌伏击，中共独立师特支书记刘用国和一名副官牺牲。此时义勇军各部除被击溃者外，多已离开磐石，独立师联合退敌计划已无法实现。

鉴于敌我力量对比悬殊的情况，独立师司令部与中共磐石中心县委按照中共满洲省委此前下达的关于“赤色游击队目前主要的任务不是死死的守住那个很狭小的根据地，而是要扩大游击运动，开展反日的游击区域，扩大赤色游击队政治影响”①的指示精神，以及县委关于游击队“必须活动到辉南、桦甸、金川、柳河、海龙等地”②的指示，经研究决定，为保存实力，以利再战，杨靖宇率领独立师司令部、政治保安连、第三团跨越辉发江（今辉发河）南下，至辉南、柳河、奉（沈阳）海（龙）铁路沿线伪奉天省境内，汇合南满第一游击大队，开辟新游击区。第一团和少年营继续坚持磐石、伊通、永吉、桦甸老游击区的斗争。

1933 年 10 月 27 日，杨靖宇率独立师司令部、政治保安连、第三团从磐石东南黑石镇附近徒步涉过辉发江南下。时值深秋，白露横天，指战员们虽然身无棉衣，却个个精神抖擞，趟过冰冷的河水，奋勇挺进，沿途宣传中国共产党和人民革命军的抗日救国纲领，受到广大群众的热烈欢迎。杨靖宇率部过江后，与苏剑飞率领的南满第一游击大队会合。

南满游击大队之一部的海龙游击队，长期在柳河、金川、清原一

---

① 《中共满洲省委关于目前形势任务等问题给磐石中心县委及南满赤色游击队的信》（1933 年 7 月 1 日），载中央档案馆、辽宁省档案馆、吉林省档案馆、黑龙江省档案馆编：《东北地区革命历史文件汇集》甲 14，1988 年印，第 36 页。

② 《中共南满中心县委决议》（1933 年 8 月 27 日），载中央档案馆、辽宁省档案馆、吉林省档案馆、黑龙江省档案馆编：《东北地区革命历史文件汇集》甲 36，1989 年印，第 87 页。

带活动。由于中共海龙中心县委和游击队执行关门主义错误政策及敌人的严厉“讨伐”，部队始终未有较大发展。1933 年 8 月 14 日，海龙游击队在柳河县大牛沟与吉林抗日人民自卫军田霖旧部苏剑飞所部东北抗日义勇军游击大队会合后，共同北上辉南，欲同杨靖宇领导的南满游击队会合共同抗日。南满游击队即派人去辉南将海龙游击队、苏剑飞所部义勇军合编为南满第一游击大队。但由于两支部队合并后时常存在一些不同认识，因此，在第一军独立师成立后，原海龙游击队政委刘山春到磐石，要求独立师派遣部队南下领导辉发江南的抗日斗争，并解决南满游击大队领导人之间的意见分歧。10 月 25 日，在独立师渡江之前，独立师司令部曾决定将海龙游击队与南满游击队合编为独立师第二团，并经杨靖宇同意由金伯阳去南满第一游击大队了解情况，进行调解。在南下部队与第一游击大队会合后，经过协商，将前海龙游击队编为独立师江南游击第一连，将苏剑飞部编为独立师南满第一游击大队，并经大队长苏剑飞同意，将独立师政治部主任宋铁岩调往该游击大队兼任政委，以加强共产党对这支部队的政治领导。不久，独立师政治部主任一职暂由党、团满洲省委特派员小孟(韩光)①代理。

独立师南下，受到广大群众的热情欢迎。所到之处，群众杀猪置酒，请求部队留下在当地活动，以保护民众免遭日本侵略军蹂躏之苦。此时，独立师司令部为扩大抗日游击区、发展部队，计划首先由金川县、柳河县奔袭三源浦镇，回头再攻孤山子，借以调动敌人，然后

---

① 小孟(1912—2008)，原名孟宪林，化名晓梦，又名韩光，黑龙江齐齐哈尔人。1930 年加入中国共产主义青年团，1931 年转为中国共产党党员。任共青团满洲省委常委兼秘书长。1933 年秋任党、团省委特派员。1934 年任珠河游击队哈东支队第三总队政委、哈东支队代理政治部主任、共青团珠河中心县委书记。新中国成立后，任黑龙江省省长、中共中央纪律检查委员会常务书记等职。2008 年病逝。

扫荡敌伪各小股武装，打开辉南、金川、柳河的抗日局面。1933 年 11 月 15 日，当行军至金川县旱龙湾碱水顶子北部（今属辉南县）时，远离主力的独立师后卫部队突遭跟踪而至的伪军混成第六旅独立团第三营邵本良部的袭击。战斗中，独立师后卫部队打退敌人，击毙伪军 7 人，击伤 6 人，缴枪 7 支。但随军活动的中共满洲省委常委金伯阳等 4 人牺牲，3 人负伤。

碱水顶子战斗后，独立师全师上下一致发誓为烈士报仇，奋力杀敌。当独立师部队行军途中，靠近伪军兵站基地凉水河子（今属柳河县）时，伪军第三营营长邵本良将该营驻守三源浦等地的部队急调凉水河子加强防守。杨靖宇得知这一情报后，立即采取声东击西的战术，绕过凉水河子，出敌不意，按原有计划远道奔袭柳河县三源浦，于 1933 年 11 月 24 日乘虚攻入该镇。独立师部队进城后，捣毁梅河口至通化铁路的铁路工程局、伪警察署和伪军兵营，击毙企图顽抗的日本驻通化领事馆的总稽察等 4 人，没收大批棉被、服装等物资，解决了部队的冬装。战斗中，原海龙游击队政委刘山春不幸牺牲。独立师部队在镇内热情向群众进行抗日救国宣传，张贴布告、标语。人民革命军纪律严明，对街内商号秋毫无犯，受到广大群众的称赞。当部队撤离时，大小商号自动杀猪备酒，民众送饭送水热情慰问，还给独立师送米送面，热烈欢送子弟兵。

三源浦被独立师占领后，邵本良自知中计，慌忙集中 3 个连伪军自凉水河子火速回援三源浦。此时，杨靖宇令部队绝对隐蔽行踪撤至大小荒沟一带深山密林之中，休整部队，伺机袭击敌人。在伪军望风扑影地搜寻独立师徒劳无功之后，自诩诡计多端的邵本良为查明独立师的所在地，并诱使独立师上钩，写了一封给驻在通化的伪军第六混成旅旅长廖弼辰的假信。信中说，该营正在柳河县东部堵击革命军独立师，并故意将信落入独立师部队手中。杨靖宇发现敌通讯兵不经大道去通化送信，而是经过独立师的活动之地,马上识破了敌人的计谋。遂将计就计,也写了一封给在磐石正欲渡江南下的独立师第一团团长袁德胜的信,意谓得知邵本良部伪军正在柳河东部活动,司令部将率部队去回头沟歼敌,令第一团火速前来参战。并且也有意使信落入伪军第三营之手。邵本良见到此信后,因求功心切竟忘乎所以,迅即率领所部东去回头沟,妄图围攻独立师。杨靖宇经侦察得知该营伪军确已去回头沟后,立即抄近路直趋回头沟北部的敌兵站基地金川县凉水河子,并联合义勇军"老常青"部,于 12 月 23 日一举攻下该地,击毙伪军 20 人,俘虏 10 余人,缴获一些枪支和大量其他军需物资。金川县伪军第五旅骑兵团和伪警察队闻讯后即刻出动,邵本良部伪军也急速北上回援。独立师并未久留此地,而是同"老常青"部绕道直插临江县境,沿途佯称:独立师前往进攻柳河、通化两县边境的柞木台子。伪军第三营在凉水河子扑空后,得知人民革命军攻击柞木台子的消息,又将所部伪军西调柞木台子,防止独立师进入通化。杨靖宇率领独立师部队乘此时机,联络当地的"老常青"、"四海山"等义勇军、山林队,准备共同进攻临江县八道江(今属白山市)。

此时,留在辉发江北磐石地区坚持战斗的独立师第一团和少年营会合"天虎"、"马团"等义勇军部队正欲南下,与独立师司令部会合,到江南开展游击战争。

自独立师司令部率第三团等进军辉南、金川、柳河后,磐石抗日游击区已被日、伪军严重破坏。日伪当局又将大批日、伪军调往吉(林)敦(化)铁路沿线"讨伐"抗日武装,留下吉林伪军第二教导队 700 余人,在日本指导官指挥下组成"讨伐红军游击队",协调、配合各地驻军,专门进攻人民革命军。敌人采用游击战术,行动诡秘,突袭独立师第一团和少年营部队。同时,利诱已收编但不坚定的抗日义勇军,破坏义勇军与人民革命军的团结,离间群众同独立师的关系;利用豪绅地主编保甲、立户口,成立伪自卫团,建立敌伪统治机构。

在这种严峻的情况下，独立师第一团和少年营为适应形势，开始化整为零，分成三部分行动：一部去伊通、磐石边境，一部继续在磐石北部，一部在桦甸活动。

1933 年 12 月 1 日，敌人再次集中 2000 余人兵力，准备在辉发江北寻歼独立师第一团。为削弱敌人在磐东的“讨伐”兵力，第一团决定策动伪军哗变。12 月 9 日，第一团利用磐石中心县委派去磐东呼兰镇伪军吉林第二教导队骑兵第八连从事瓦解工作的内应，成功组织了该连伪军哗变。日本教官和伪军连长被击毙。哗变队伍一部分自愿参加独立师。第一团共缴获枪 28 支、战马 30 余匹。之后，第一团留下第一连 1 个排和少年营坚持磐北地区的斗争，该团主力渡辉发江南下。不久，少年营在磐北墙缝沟的对敌战斗中损失严重，少年营营长和县团委书记等 8 人战死，3 人负伤被俘。为保存力量，独立师第一团第一连的这个排和少年营余部及“马团”、“天虎”等部义勇军一同渡江南去临江，同独立师司令部会合。

1934 年 1 月 17 日，独立师司令部集中第一、第三团，南满游击大队，江南游击第一连和义勇军一部共 700 余人，根据杨靖宇的部署，兵分三路，攻入临江县八道江镇，毙敌 10 余人，收缴一批物资。进城的抗日武装秩序井然，注意保护群众利益。拂晓，联合部队主动撤出八道江。之后，独立师各部西进，在报马桥、抢马船、横虎头和辉南县三岔相继与伪军第六旅廖弼辰、邵本良等部展开战斗，共毙伤敌数十人，使敌人对人民革命军更加不敢轻视。邵本良部伪军说，同“这路红军八天打了四仗，我们什么都没得着，还死伤五六十，日本子还死几个，可是红军 ×〔却〕未怎的”①。

---

① 《韩光关于南满抗日游击运动的报告》（1934 年 4 月 23 日），载中央档案馆、辽宁省档案馆、吉林省档案馆、黑龙江省档案馆编：《东北地区革命历史文件汇集》甲 18，1989 年印，第 372 页。

东北人民革命军第一军独立师在江南地区联合抗日义勇军各部取得许多对敌战斗的胜利,开辟了新的游击区域,使独立师的影响迅速扩大。周围义勇军、山林队相继前来接头,要求改编为人民革命军。独立师逐渐成为南满一带抗日武装力量的中心。

1934 年 2 月 14 日(农历春节),独立师因势利导,邀集众多义勇军队伍至临江县三岔子附近城墙砬子休整、集会。到达的各抗日武装约 1600 余人。2 月 21 日,杨靖宇即召集与会的 17 支抗日部队代表举行会议。会上,杨靖宇宣讲了中国共产党的抗日主张和政策,并用过去各抗日部队联合对敌易于取得胜利,否则易于被各个击败的鲜明事例,强调了各抗日部队联合起来抗击日本侵略者的重要性。他的讲话得到与会抗日部队首领的赞同。会议经过共同协商,决定成立东北抗日联军总指挥部。选举杨靖宇为总指挥,"老常青"部首领隋常青为副总指挥(后为赵铭思),李红光为参谋长,宋铁岩为政治部主任,其余各部队首领皆为参谋委员。会上通过了《东北抗日联军斗争纲领》,并决定由总指挥负责起草《抗日联军宣言》。会上决定除独立师原有编制不变外,将自愿改编的人数较多的江南抗日义勇军部队共编为 8 个支队,即:第一支队"老常青"、第二支队"四海山"、第三支队"臣军"、第四支队"朱司令"、第五支队"双胜"、第六支队"保国"、第七支队"东边好"、第八支队"赵参谋长"。人数较少的义勇军则编为游击连。会上还划分了各抗日武装的活动区域,以便各负其责。

此时,江南新游击区已扩大至辉南、金川、柳河、濛江、通化、临江等 6 县。在独立师周围共同参与联合对敌作战的抗日义勇军约有 5000 人,约占辉发江两岸抗日武装的一半。

通过这次会议,独立师实现了与江南各抗日武装团结对敌作战的目的。会议决定成立的南满地区东北抗日联军总指挥部,巩固了中国共产党领导的东北人民革命军第一军独立师对于南满抗日部队的领导地位，表明南满地区的抗日民族统一战线已经初步形成。

抗日联军总指挥部成立后，正值日、伪军发动1934年第一期“讨伐”。结合这次“讨伐”，日伪当局普遍收缴民间枪支，对凡是不被信任的由投降武装编成的伪军一律缴械。重新装备死心塌地投靠日本侵略者的邵本良、王殿斌、于泽甫等3个支队，使其专事跟踪追击人民革命军第一军独立师等抗日武装。重要据点和战略要地一律驻以重兵，设置炮台，经常出动百人左右的兵力对抗日武装实行袭击。“讨伐军”由伪奉天省警备司令部于芷山的伪混成第二、第三、第六旅和邵本良部等3个支队组成，妄图一举消灭东边道地区东北人民革命军第一军独立师等抗日部队。

针对敌情，南满地区抗日联军采取避实击虚方针，各个部队迅速分散返回各自活动区域开展反“讨伐”游击战，迎击敌人。独立师第一团、少年营和“天虎”等部重返江北磐石老游击区活动；第三团、江南游击第一连、第二连和其他义勇军联合部队，在金川、柳河、通化、临江等西南地区战斗。南满第一游击大队在辉南、桦甸、濛江中部地区游击作战。杨靖宇根据中共满洲省委关于独立师的“总方向应当向西南发展”的指示，带领独立师司令部政治保安连、卫队连等直属部队往返驰骋于奉（沈阳）海（龙）铁路东西和梅（河口）辑（安）大道两侧指挥全局。

1934年4月，杨靖宇率领独立师司令部直属部队、“老常青”和“赵参谋长”等支队，连续进行了通化水曲柳和夹皮沟、临江三岔子、金川大荒沟、临江林子头等战斗，歼敌20余人。5月，独立师一部和“老常青”、“赵参谋长”等支队在金川梨树沟子、横虎头南沟，同伪军邵本良支队作战获胜。

5月15日，中共满洲省委致信南满人民革命军政委、政治部，根据中央《二月指示信》精神，批评所谓关门主义及忽视统一战线内部阶级斗争、放弃下层统一战线、作“上层勾结”的错误。对此，杨靖宇与磐石中心县委注意调整统一战线工作方式方法，号召抗日山林队、义勇军与人民革命军联合作战，反对随意解除山林队武装，积极与抗日山林队、义勇军结成“合局不合财”的共同战线，继续坚持团结联合，共同对敌战斗。

7月，杨靖宇率部两次西进清原、西丰、兴京（今新宾）、桓仁，联合抗日义勇军苏子余等部进攻兴京县城，在桓仁县八里甸子、四道岭子、大清沟同伪军进行了一系列战斗。当伪军第六旅等急速赶到桓仁时，杨靖宇又突然率队经通化县境北返，令敌人扑空。队伍途经通化，适逢在临江、辑安、通化地区活动的抗日义勇军将领王凤阁前来会见。两军达成联合抗日协议。此时，独立师第三团等部曾攻入伪军邵本良支队的老巢柳河县孤山子。8月9日，该部进攻清原县草市途中，在山城镇附近公路伏击一支日军汽车队，击毁汽车数辆。8月26日，又攻入草市镇，击伤伪警察、自卫团员3人，俘虏16人。经一年多的英勇战斗，东北人民革命军第一军独立师直属部队和第三团，联合其他抗日义勇军终于打退了日、伪军对南满辉发江以南新开辟游击区抗日武装的“讨伐”。

同时，独立师第一团和义勇军“天虎”部于1934年3月重返辉发江北磐石老游击区后，仍然分开活动。第一连在磐石北部和桦甸，第三连和少年营移师伊通。1934年4月3日，团长袁德胜率第一连在磐北对子沟，突袭伪军第十四团和磐石伪警察大队各一部，击毙伪军连长和伪警察共5人，之后迅速撤走。6月20日，第一连会同义勇军一部于永吉八区平岭伏击一支伪军，击毙击伤伪军连长和士兵计数十人，缴获部分枪支和军服。活动在伊通的第三连和少年营，夜袭二道沟，缴获壮丁团14支枪。之后，袭击各地敌伪会房武装，缴枪几十支，重建少年营第二排和第二连一个排。6月29日，该部又联合义勇军共400人在二道沟伏击自长春到达的伪军刘团“模范骑兵连”，将敌人击溃，缴获马枪12支，俘虏伪军2人。7月27日，重建不久的第二连和少年营在磐北围攻据守成德隆烧锅的敌会兵30人。8月2日，第三连也返回磐石，在西集场子伏击伪警察队，歼敌7人。8月10日，第一连、少年营一部和义勇军联合在永吉双河镇袭击伪警察和会兵，毙伤20余人。

其间，1934年5月16日，独立师第一团联合“四季好”、“马团”、“天虎”等部抗日义勇军成立了江北抗日联合军指挥部，成功地开展了联合对敌作战。独立师第一团和少年营已发展至120余人。不久，还在伊通、磐石拐子炕、磐南和磐东、桦甸、吉林四区共收编了6支抗日队伍。

在中部地区活动的南满游击大队，于6月中旬联合部分抗日义勇军攻下桦甸会全栈，袭击几处敌会兵。7月12日，又联合义勇军“两省”部攻入濛江县城。然后进军辉南，向群众进行抗日宣传。

总之，东北人民革命军第一军独立师自1933年9月成立后，在杨靖宇的指挥下，在战斗中不断锻炼成长。部队不仅编制完整，而且兵力、装备也成倍增加。师司令部下辖教导连、保卫连，除原第一、第三团外，又新建第五团和经常随同第一团活动的少年营。此外还有南满游击第一、第二大队和10余支游击连队。至1934年9月，独立师共有700余人。同时，独立师还联合并团结了一大批抗日义勇军、反日山林队经常共同对敌作战，独立师在辉发江南北的游击区已遍及19个县的广大地区。人民革命军第一军独立师已经成为南满抗日武装的主力，南满抗日游击区已成为东北抗日武装斗争的重要地区之一。

三、东北人民革命军第二军独立师建立,东满抗日联合军指挥部组建

东满地区传达《一·二六指示信》较早。1933 年 3 月,中共东满特委联络员朱云光应召前往海参崴杨松处听取了关于《一·二六指示信》的传达。4 月初返回东满,首先向中共东满特委书记童长荣等口头传达这一指示信的新精神。但是,朱云光所带回的《一·二六指示信》抄件,经解密技术处理字迹仍难以显现,仅凭朱云光的记忆和理解进行的口头传达,不仅挂一漏万,而且把指示信关于建立反日民族统一战线这一核心内容漏掉了。

而当时,东满各县党组织还在贯彻执行"北方会议"决议和中共满洲省委给东满的指示精神,在各县抗日根据地搞土地革命、建立区级和村级的苏维埃政府。对照新传来的《一·二六指示信》精神,中共东满特委书记童长荣感到东满过去的工作犯了错误。这时虽然还没有见到指示信的完整文本,但童长荣仍然认为有必要立即贯彻中央的新精神,纠正东满工作中的错误。于是,他从 4 月中旬到 5 月中旬,在东满特委机关刊物《两条战线》上连续发表了《满洲的情形和我们的错误》、《民众政权和苏维埃的关系》等多篇文章,阐述中央新指示精神,要求中共东满党组织转变策略,停止执行土地革命的方针,把各县赤色游击队统一改为中韩反日游击队(自卫队)[①],扩大反日游击战争,各民族人民团结起来,共同反抗日本帝国主义。但是由于没有把握中央新指示精神关于建立反日民族统一战线这个核心,因而在许多政策问题上界限不清。有的文章中将过去东满党组织执行土

① 童长荣:《为什么将赤卫队改为中韩自卫队》(1933 年 5 月中旬),载中共延边州委党史研究室编:《东满地区革命历史文献汇编》上册,2000 年版,第 127 页。

地革命方针所犯错误的原因之一归结为朝鲜民族主义分子、派争分子和“民生团”的破坏，要求各级干部检查和揭露过去的错误，并将策略转变与反“派争”首领及反“民生团”斗争结合起来，从而使贯彻《一・二六指示信》的工作走了一段弯路。

1933年6月初，中共满洲省委代表团杨波、潘庆由等在东线巡视到达汪清后，中共东满特委书记童长荣看到《一・二六指示信》的全文和中共满洲省委的决议，才对指示信的精神有了全面了解。但是，当时东满的对敌斗争形势严峻，特委机关仅有童长荣一人留守，其余特委委员皆分散在部队和各县工作，无法召开特委会议。因此，童长荣与省委代表团成员商定去各县分别传达《一・二六指示信》精神，同时发表《告民众书》等，宣传《一・二六指示信》精神。6月4日，童长荣和省委代表在汪清召开县委扩大会议，作出了接受《一・二六指示信》的决议。之后，东满特委和省委代表团成员分两路贯彻《一・二六指示信》精神。童长荣和潘庆由于1933年7月初到达珲春，召开中共珲春县委扩大会议，传达贯彻指示信精神；省委代表团成员杨波到延吉进行传达贯彻。

1933年9月中旬，中共东满特委召开特委第一次扩大会议，特委成员和与会的领导干部开始较为深入地理解了《一・二六指示信》中提出的党在东北建立反日民族统一战线的新方针及其意义。并在实际工作中予以贯彻，纠正冒险主义和关门主义的错误，从而使东满各县的抗日斗争局面有了初步改变。这次会议改组了特委领导机构，童长荣任特委书记，组织部部长李相默①，宣传部部长王中山②，军事部部长王德

---

①　李相默（1905—1938），朝鲜咸镜北道人。1932年参加中国共产党，历任汪清游击队政委、中共延吉县委书记、东满特委组织部部长，1935年因“民生团”嫌疑逃跑。1936年被捕叛变。1938年病死于吉林敦化。

②　王中山（1910—1958），原名王景福，吉林延吉人。九一八事变后参加依兰沟工农游击队，1932年加入中国共产党。历任中共延吉县委书记、中共东满特委代理书记。1958年病逝。

泰，执行委员梁成龙。会后，各县普遍撤销了各级苏维埃政府，代之以人民革命政府和农民委员会；废除了“没收一切地主阶级的土地”的口号，代之以“没收日本帝国主义和走狗的土地”，“分给农民”的主张；取消了游击区内曾实行的“共同劳动”、“共同生活”的集体农庄等制度，实行鼓励农民从事各种生产事业，成果归个人的政策；消除了“赤区”与“白区”对立的状态，开辟了城镇的工人工作和敌占区的工作；开始肃清关门主义错误，改善了“赤色游击队与别的部队间险恶关系”，与其他抗日义勇军“成立了攻守同盟”，并在联合对敌斗争中以作战英勇、纪律严明的实际行动提高了共产党领导的反日游击队在其他抗日部队中的威望，扩大了影响。反日游击队成为东满地区抗日部队中的核心和基本力量。

中共中央关于东北反日统一战线的方针在东满各县传达、贯彻过程中，各县反日游击队便注意改善与本地区各支吉林救国军余部以及抗日山林队的关系，争取与之联合对敌作战。7 月 29 日，延吉游击大队联合“双声”等 8 支反日山林队 400 余人，围攻八道沟日本领事分馆，不久又联合 13 支抗日武装再次袭击八道沟，前后共击毙日本警察和“保民会”武装数十人。

9 月 6 日，汪清、珲春两县游击队 110 余人组成突击队，与救国军吴义成、柴世荣①、史忠恒②等部联合共 3000 余人，围攻东宁县城三岔

---

① 柴世荣（1894—1943），原名柴兆升，山东胶县人。1929 年任吉林省和龙县二道沟公安分局巡长。九一八事变后举旗抗日，后参加吉林救国军任第四旅司令。1934 年 2 月参加绥宁反日同盟军，同年冬加入中国共产党。历任东北反日联合军第五军副军长、东北抗日联军第五军军长等职。1940 年 12 月率队入苏联境内，参加整训。1942 年任东北抗联教导旅第四营营长。1943 年牺牲。

② 史忠恒（1906—1936），吉林永吉人。曾在吉林步兵第二十七旅第六七六团第三营当班长。1931 年 10 月 8 日随同营长王德林起义抗日，任吉林救国军补充第一团营长，并加入中国共产党。历任救国游击军第三团团长、第十四旅旅长，东北抗日联军第二军第二师师长等职。1936 年在战斗中负重伤后牺牲。

口。守城的有日军石田部队约500人和景团长率领的伪军一个团。战斗中，一些救国军部队畏缩不前，共产党所领导的这两支部队在金日成、白一平的指挥下，英勇顽强，首先攻下西山炮台，然后向县城西门碉堡进攻。敌人机枪火力十分猛烈，且城壕注水，攻城难度很大。但汪清和珲春游击队队员仍奋不顾身向前冲锋，跳入水深及腰的城壕，连续发动10余次冲锋，浴血战斗一天，终于攻入城内。由史忠恒指挥的救国军一个团也攻入县城。后因伪军集中兵力反扑，救国军代理总司令吴义成等首先撤退，县城未能全部攻下。汪清、珲春游击队和史忠恒部救国军攻入城内的部队遭敌军猛烈反击，又经艰苦的突围作战，救起身负重伤的史忠恒，突出重围。汪清、珲春游击队的战绩博得所有参战部队官兵的称赞，极大地提高了中国共产党领导的反日游击队的威望。此次战斗，击毙日、伪军150余人，伤其70多人，伪警察死伤5人。救国军和游击队阵亡51人，伤19人。

11月下旬，日伪当局又调集5000余人兵力，分多路对各县抗日游击根据地进行"第一期讨伐"。一路敌军南自珲春、汪清边界大荒崴向绥芬大甸子（罗子沟）进击；一路敌军西自小汪清向大汪清进攻，妄图将汪清游击队驱逐至绥芬大甸子一带予以围歼。向珲春大荒沟、烟筒砬子进犯的敌军，迫使珲春游击队向汪清转移；另一路敌军向延吉县王隅沟、三道沟根据地进犯，企图断绝延吉与汪清两支游击队的联络，并将延吉游击队向和龙、安图压迫，逐出延吉原有根据地。日、伪军将"讨伐"的重点置于汪清抗日根据地。汪清游击队与救国军史忠恒旅分成两路，一路在大荒崴正面奋力抗击，并组织群众向大甸子撤退；另一路在金日成的率领下绕到日、伪军后方袭击图们至汪清铁路沿线的敌人据点凉水泉子、北高丽营、大头川等地，迫使敌军撤离。日、伪军进攻延吉县石人沟、王隅沟的一路，在进犯王隅沟时，延吉游击队与之展开游击战，前后约20天，日、伪军被歼60余人后撤走。珲春游击队在大荒沟和小五道沟战斗中先后毙伤敌人近50人之后转移。

自1934年元旦开始，日、伪军出动6000余兵力对游击根据地进行“第二期讨伐”。敌人此次“讨伐”仍以延吉和汪清抗日根据地为重点，企图将两地抗日游击队驱赶至绥芬大甸子予以围歼。中共东满特委决定采取避敌锋芒、选择敌弱点伺机进行袭击的作战方针，打破敌人的“讨伐”。根据这一方针，延吉游击队于2月间在三道湾根据地先后与敌军作战20余次，毙伤敌人150余人。同时还派出部队袭击天宝山铜矿，缴获一批矿警队的枪支和矿山的炸药，迫使日、伪军撤走。1934年2月中旬，日、伪军向中共东满特委所在地汪清十里坪进攻，特委率部分部队和群众转移至大北沟一带。3月21日，特委书记童长荣及战士被包围，本已长期患重病的童长荣在战斗中又负重伤，终因流血过多，不幸牺牲。和龙与珲春两支游击队为配合延吉、汪清游击队的反“讨伐”斗争，和龙游击队迂回敌后，两次夜袭八家子，珲春游击队主动出击哈达门，迫敌撤退。

经过1933年秋和1934年春连续打退日、伪军的第一、第二期“讨伐”后，东满4县反日游击队经受了战斗的锻炼，兵力得到扩充，由1933年10月的700余人增至900余人，武器装备也有了很大改善，已经成为东满地区各种抗日队伍的中坚力量。在此期间，中共满洲省委曾一再向东满党、团特委和反日游击队提出：以汪清、延吉、珲春、和龙4县的现有反日游击队为基础，建立东北人民革命军第二军第一独立师，开展创建人民革命军第二军的工作，动员大批爱国青年参加人民革命军。

中共东满特委和各县反日游击队根据中共满洲省委的指示，经过酝酿，于1934年3月下旬，在延吉县三道湾张芝营召开了中共东满特委、各县县委和反日游击队负责人会议。特委委员兼组织部部长李相默和特委委员兼军事部部长、延吉游击大队政委王德泰主持会议。参加会议的有特委委员、延吉游击大队大队长朱镇[①]等10余人。会议决定建立东北人民革命军第二军第一独立师。东满特委任命朱镇为师长,王德泰为政委。由延吉游击大队改编为第一团,由和龙游击大队并吸收部分义勇军部队改编为第三团。还拟定由延吉县“平日军”等义勇军编为第二团。会议同时决定俟机再以汪清游击大队和珲春游击总队各编成1个团,组成第二独立师。会议决定独立师执行满洲省委于1933年10月9日修订的《东北人民革命军斗争纲领》。

会议还研究了刚接到不久的中共满洲省委于1933年12月3日给东满党、团特委和游击队的信中关于游击队行动方向和采用游击战术的指示。中共满洲省委认为,根据当时东满抗日根据地和第二军独立师等部队已被敌人分隔的形势,游击队的行动方向“应当向西向北发展”[②],并改变固守游击区与敌人拼消耗的保守观念,采取游击战术,积极向敌占区发展。会议决定,东满东部珲春、汪清两个游击大队向汪清东北部、东宁、宁安等北部各县发展,与绥宁反日同盟军和救国军余部联合战斗;西部延吉、和龙的两个团向安图、敦化方向发展,与南满东北人民革命军第一军独立师取得联络。后来,由于情况发生变化,拟建第二独立师和改编“平日军”等山林队的计划无法实现,最终只组编了东北人民革命军第二军第一独立师。延吉、和

---

① 朱镇(1905—1945),原名朱白龙,朝鲜族。1930年加入中国共产党。1932年参加延吉游击队。历任延吉游击大队大队长、东北人民革命军第二军独立师师长。1935年初,因被怀疑为“民生团”关押审查,乘机逃走。后被敌警宪逮捕叛变。1945年在吉林安图被人民政府处决。

② 《中共满洲省委给东满党团及游击队同志的信》(1933年12月3日),载中央档案馆、辽宁省档案馆、吉林省档案馆、黑龙江省档案馆编:《东北地区革命历史文件汇集》甲16,1989年印,第110页。

龙、汪清、珲春4县游击队先后改编为第一独立师第一、第二、第三、第四团。1934年夏，又从第一、三团中各抽出一个连为骨干，组成独立团。第一团团长金顺德，政委崔学哲；第二团团长孟昭祥，政委车龙德；第三团团长赵春学，政委南昌益；第四团团长何德润，政委金铉；独立团团长刘长久，政委朱云光。全师共900余人。

东北人民革命军第二军独立师的建立，是中共满洲省委贯彻《一・二六指示信》精神，发展抗日武装和抗日统一战线的又一成果。第二军独立师的成立，标志着东满地区各县在中国共产党领导下，反日游击队由分散状态成长为有统一指挥的人民革命军部队，从此改变了过去游击队在反“讨伐”战争中完全被敌军分割围攻的不利局面。

但是，1934年春，因反“民生团”斗争严重扩大化，致使中共东满特委和东北人民革命军第二军独立师面临严重困难。

“民生团”成立于1932年2月。它是由一伙朝鲜的亲日政客在日军侵占东北后，借日本关东军唆使东北各省亲日汉奸脱离与南京政府关系宣布“自治”之机，以实现在日本统治下间岛（延边）地区“韩人自治”为目的的亲日团体。它公开拥护日本侵占东北，积极协助日军“讨伐”抗日部队，反对共产党；它鼓吹在日本占领下“间岛韩人自治”，破坏中朝人民的抗日联合，为维护日本帝国主义的殖民统治效劳。因此，“民生团”这一反动组织刚一出现，中共东满特委就彻底揭露其险恶用心和反动本质，并号召中朝民族团结起来，予以坚决打击。“民生团”的日本走狗面目在社会上暴露无遗。同时，在1932年3月伪满洲国成立后，日本殖民当局感到“民生团”提出的“韩人自治”的主张，已不利于它在中国东北的统治，并威胁它对朝鲜殖民统治的稳定，于是在同年7月14日即迫使“民生团”公开登报宣告解散，关闭其机构，停止其活动。“民生团”仅存在5个月便狼狈宣布解散。当时中共东满特委和所属各地党组织领导的这场在社会上反“民生团”的斗争是及时的、正确的。

但是，1932年11月，发生了前中共老头沟区委秘书宋老头被敌人逮捕后又被释放的事件。不久，从抓获的日本宪兵队翻译的口供中得知，宋老头是被日本宪兵队派回的特务。后经严刑审问，宋老头承认他加入了“民生团”，并胡乱供出20余名在党、团组织内部的“民生团分子”。结果，事情开始发生逆转。当时敌我斗争异常严酷、尖锐，战场上公开的敌人易于识别，混入党、团组织和军队内部的敌人难以辨认，在敌人统治下和战争环境里又难以进行调查核实；而且，暗藏的敌人对革命营垒内部危害又十分严重和恶劣，使人无由等待；加之东满特委受党内“左”倾思想的影响，认为“民生团”已开始混进党团内部，不适当地夸大了敌情，将反“民生团”斗争列为党内头等重要任务；同时，东满党组织缺乏肃反斗争的经验，分不清党内斗争与肃反斗争的界限，又片面地依据在反“民生团”斗争中出现的过去在朝鲜共产党内曾参加“派争”的人的“揭发”，在没有调查分析的情况下就把一些参加过“派争”的分子视为“民生团”分子，而且采用严刑逼供的手段，“残酷斗争”，“无情打击”——这种种原因，使反“民生团”斗争走入了歧途。这场内部肃反斗争由延吉县延伸至整个东满各县，由地方党、团组织扩大到人民革命军独立师，接连发生不少“案件”，令人痛心地误杀了许多党政军干部和战士，弄得人心惶惶。

1934年春，中共东满特委领导开始认识到“反民生团斗争”方式不妥，错杀了不少好同志，因此把斗争方式改为教育和“自服”(即“自首”)的方法。同时，东满特委要求省委对反“民生团”问题给予指示。

中共满洲省委得知东满的情况后，于1934年10月1日发出《中共满洲省委为反民生团斗争给东满特委与人民革命军及全体同志信》，并决定由省委和团省委各派一人前往东满巡视和指导工作。团省委所派特派员先期赴东满，并携带省委的上述信件，经宁安，于10月底到达汪清。在汪清工作一个月后再转到延吉县境内的东满特委机关。

团省委特派员到汪清、延吉后，发现东满特委和人民革命军第二军独立师在执行统一战线政策和反“民生团”斗争中都存在严重问题。在统一战线问题上，贯彻《一・二六指示信》后，与其他反日部队的关系一般都有改善，经常进行共同作战，但在建立联合指挥部的问题上犹豫不决。如汪清救国军柴世荣部曾主动提议与独立师共同组成抗日联合军指挥部时，独立师认为这是柴世荣自己要当司令而采取的拉拢、分化人民革命军的手段，借机壮大自己的力量，因而加以拒绝。至于对待一些尚具土匪习气的抗日山林队，则仍视之为“胡子”。认为他们表面上是反日的，实际上他们比日本帝国主义压迫群众还要厉害（胡捐乱绑交不出钱活活打死）；在各个反日部队内还存在着四分之三以上烟匪、惯匪、流氓、土棍和其他的反动分子。对此，特委和人民革命军毫无办法。为解决这些问题，在团省委特派员的指导下，经东满特委研究，并与救国军余部史忠恒、柴世荣等协商后，规定了收缴山林队枪械的三个条件：“①凡在山林队里边光吃老百姓的饭不出来打仗的缴。②向老百姓开捐绑票的缴。③不加入人民革命军和反日义勇军的缴。”[①]独立师各团按照这一规定，先后将危害群众利益，企图投敌的小股山林队“访友”、“忠良”、“关营长”、“双胜军”、“同山好”、“占山”、“东边好”、“东山好”、“中国”、“长顺”、“长江”、“马团长”等予以缴械，并将“访友”与“同山好”的首领枪决。结果，引起了一些义勇军和山林队的严重不满。

---

① 《团满洲省委特派员（钟）巡视东满工作的报告》（1935年），载中央档案馆、辽宁省档案馆、吉林省档案馆、黑龙江省档案馆编：《东北地区革命历史文件汇集》甲21，1988年印，第195页。

与此同时，东满地区的反“民生团”斗争，自转入共产党、共青团组织和人民革命军独立师内部以后，发生了严重扩大化错误。尤其1934年9月5日，在延吉日本宪兵队策划下，一些前朝共叛徒、日本走狗特务和投敌分子组建了特务组织——“间岛协助会”，之后，“协助会”特务分子有计划、有目的地实施反间计，以“民生团”名义，向共产党、团组织和军队内散布大量谣言，写假信制造假象，致使东满党组织中了敌人奸计，误认为“民生团”已大量混入革命队伍内部，便进一步在党团和军队内部开展反“民生团”斗争，结果造成了更为严重的损失。

尽管中共满洲省委在1934年10月1日给东满特委和第二军独立师全体同志信中，针对上述问题，强调指出东满在反“民生团”斗争的策略与方法方面出现了许多错误，提出要建立经常的肃反委员会和民众革命法庭，以防止斗争的失控。并且提出，必须防止和纠正在反“民生团”斗争中已经出现的“党内互相猜疑和不信任及恐怖的倾向”、不信任朝鲜族党员和军队的干部战士和要求“改造民族成分”的错误主张。但是，由于省委对“民生团”问题缺乏正确的了解和认识，仍然强调反“民生团”斗争“是东满目前工作中一个非常严重的问题”，甚至认为“许多派争的领袖分子是民生团”，“民生团”与“派争”同是反革命组织，因而主张反“民生团”斗争必须与反“派争”结合起来。到东满贯彻省委指示的团满洲省委特派员认为，东满在反“民生团”斗争中采取“自首”的方法，是犯了右倾错误，应该纠正。他错误地认为东满游击区内十分之六七是“民生团”，进而认为“目前东满的党组织和人民革命军是在‘民生团’的领导之下”。由于这样的错误估计，结果使东满党团组织和人民革命军内部的反“民生团”斗争再度升级，致使许多党团员、人民革命军干部战士被打成“民生团分子”，很多人被错杀。因反“民生团”斗争而损伤的党、团组织受害严重，党团员数量明显减少，出现干部危机。

东满地区反“民生团”斗争的严重扩大化，对东满地区党的建设和抗日斗争的发展造成了重大损失。

1934 年春，敌人重点进攻延吉和汪清游击根据地，对抗日部队的“讨伐”日益频繁，修筑“集团部落”的数量越来越多，独立师各部原有游击根据地日益缩小或被迫撤离，在老游击区活动日趋困难。因此，第二军独立师各部便依据中共满洲省委和中共东满特委的指示，决定分别向新区发展。其兵力部署情况是：第一团继续在游击区坚持斗争，第二团主力向安图进军，第三、第四团转战汪清北部和宁安、东宁地区。

1934 年 4 月 7 日和 18 日，坚持在延吉游击根据地的独立师第一团一部为支援汪清反日游击大队的反“讨伐”斗争，多次袭击汪清县百草沟正在修筑的“集团部落”和新安屯伪自卫团，新安屯一战缴获 20 余支枪。4 月 22 日，该团一部袭击延吉县茶条沟，并击溃自明月沟前来增援的敌军，毙伤敌 10 余人。同时，该团还曾两次袭击延吉县八道沟金矿，捣毁电厂、机械房。5 月 9 日，该团联合抗日山林队一部袭击了正在延吉县三道湾修筑“集团部落”的伪自卫团，缴枪 11 支。5 月 21 日，该团两次袭击延吉县依兰沟伪警察署。6 月至 9 月期间，第一团曾相继袭击延吉县倒木沟、烟集岗、岛安洞等“集团部落”和天宝山、老头沟矿山，缴获枪支一部分和许多物资。还出击延吉、汪清两县交界的吉青岭伪军据点、驻和龙县头道沟伪军，获得胜利。在攻袭吉青岭战斗中，独立师第一团团长金顺德牺牲，由朴东根继任团长。

1934 年 4 月下旬，独立师第二团主力自和龙县移师安图县，首战攻下和龙与安图两县边界的车厂子。5 月 2 日，该团联合义勇军一部围攻安图县大甸子（今万宝），经 4 天战斗攻下该镇，毙伤敌数十人。5 月中旬，第二团与救国军秦文元部共同进攻安图县城，交战多日未克，遂撤离。6 月，该团联合抗日山林队一部进攻桦甸县大蒲柴河，毙伤敌 40 余人，缴枪 20 余支。之后，独立师政委王德泰率刚组建的独立团到达安图。7 月中旬，王德泰指挥第二团、独立团和义勇军一部共 800 余兵力，再次联合围攻大甸子。围攻部队切断电话线，断绝敌军与外界的联络，经 11 昼夜围攻，敌军弹尽粮绝开始突围。围攻部队发起猛攻，一举攻克该地，并占领 1 个月之久。8 月上旬，第二团联合义勇军一部南攻大沙河镇（今永庆），毙伤伪军 30 余人，俘虏 70 人，缴枪 100 余支。中旬，王德泰率独立团、第二团和义勇军一部乘胜南下围攻安图县城。途中在清沟战斗中，第二团政委车龙德牺牲，金洛天继任政委。在围攻安图县城的战斗中，仅攻占了街市一部，计毙伤敌军 15 人，俘敌 10 人，缴枪 7 支，迫使伪军 300 余人哗变，其中一部加入第二军独立师。独立师部队牺牲 4 人。经上述战斗，独立师在西部安图、和龙等县开辟了车厂子、大甸子、太平沟、大沙河等新游击区和车厂子游击根据地，并发动群众，建立了反日会、农民协会等群众组织，军民联合开展抗日斗争。

独立师部队在西部的战斗中，注意宣传、贯彻党的反日民族统一战线政策，积极联合抗日义勇军、山林队共同对敌作战，因而在这些队伍中享有很高的威望，许多义勇军部队主动要求人民革命军收编。1934 年秋，东满特委和第二军独立师联合 10 余支义勇军部队组建了东满（西部）抗日联合军指挥部，王德泰被推选为指挥，朱云光为副指挥。参加联合军指挥部的部队约 1000 余人。这一抗日统一战线军事组织的建立，推动了东满地区抗日斗争的发展。

因珲春、汪清原有游击根据地相继被日、伪军的“讨伐”所破坏，第二军独立师第三、第四团除留少量部队坚持旧游击区斗争外，主力部队向北部汪清、东宁、宁安 3 县边界区域转移，开辟新游击区。1934 年 5 月 7 日，独立师第三团联合救国军史忠恒等部将马贵林部伪军壮丁团缴械，获步枪 33 支。下旬，独立师第三团、第四团与汪清反日游击大队在汪清、东宁边境会合，随即联合救国军史忠恒部围攻驻东宁县二道沟的伪军，毙敌 30 余人，俘虏 100 余人，缴获迫击炮 2 门、重机枪 2 挺、步枪 100 余支。

1934 年 6 月下旬，独立师第三、第四团与应中共东满特委和第二军独立师邀请而来的绥宁反日同盟军周保中所部及救国军史忠恒、孔宪荣、柴世荣、李三侠等部 600 余人共同围攻绥芬大甸子一个营伪军。6 月 26 日战斗打响。第一天，第二军独立师第三、第四团等部队采取诱敌出城战术，歼敌 30 余人。第二天，部队开始分三路围攻大甸子。第二军独立师第三、第四团，绥宁反日同盟军以及孔宪荣、柴世荣、李三侠各部奋勇出击，一举攻入镇内，占领了伪警察署、西山炮台等处。就在这时，敌人援兵赶到，攻城各部遂退出战斗。这次战斗显示了统一战线的威力，独立师部队缴获 18 支枪，也大大提高了独立师的威信。

1934 年 7 月下旬，第二军独立师第三团联合史忠恒部救国军，在汪清小东沟伏击敌运输队，毙伤敌 80 余人，缴枪 50 余支和大量粮食及军需物资。此后，第二军独立师第三、第四两团部队便经常与绥宁反日同盟军、救国军余部联合作战，开辟了汪清、东宁、宁安边境新的游击区和根据地。

1934 年夏季，坚持老游击区战斗的第三、四团各一部，在反“讨伐”战斗中也取得一些胜利。1934 年 6 月，第四团一部在珲春大小六道沟一带伏击日军 40 余人，缴获物资一批。第三团一部在汪清县大汪清大房子与伪军一部战斗，毙伤敌 15 人。7 月，第三团联合救国军一部在汪清县十里坪与日军守备队发生战斗，毙伤日军 10 人。第四团一部在珲春县梨树沟伏击一支伪军运输车队，毙伤伪军 4 人，缴获 12 辆马车物资。

东北人民革命军第二军独立师建立后，联合其他抗日友军，同日、伪军进行了激烈的战斗。据敌人统计，自1934年4月至10月，东满抗日武装共出击103次、3537人次，其中独立师出击53次、1350人次[①]。独立师通过顽强的战斗，不仅突破了敌军的分割包围，使敌人的“全歼”阴谋破产，而且在战斗中成长，开辟了新的游击区。

在此期间，中共东满特委机关因特委书记童长荣牺牲，于1934年4月在汪清县大荒崴召开会议，决定由王中山任特委临时书记。不久，特委机关经腰营沟转移至延吉县王隅沟南洞。6月2日，经特委会议决定建立中共东满特委临时工作委员会。由王中山、李相默、王德泰、朱镇组成常务委员会，王中山任书记。

1934年7月13日，东满特委收到中共中央《二月指示信》和中共满洲省委关于五中全会讨论提纲等一批文件。因开展反“讨伐”战争，特委委员分散各地，无法开会，未能及时向下传达贯彻。同年10月底，团满洲省委派特派员在东满工作中，传达了中央《二月指示信》精神。按照指示信精神，东满特委作出了关于收缴反日山林队枪械的三项规定。根据这些规定缴了一些山林队的枪械，一度造成反日山林队与人民革命军的严重对立，使东满的抗日斗争受到了不良影响。

四、东北人民抗日革命军和密山游击队的建立

1933年5月中共满洲省委举行扩大会议，通过贯彻中央《一·二六指示信》的决议后，6月1日发出了《中共满洲省委给绥宁中心县委指示信》，认为中共绥宁中心县委过去主动贯彻共产国际执委会第十二次全会精神，要求改变组织苏维埃与红军、没收一切地主土地分给

① 《满洲评论》第8卷第7号《在间岛抗日军与共产党势力的展望》，1935年2月出版，载吉林省社会科学院：《东北抗日斗争史论丛》第一辑，1983年编印。

农民、创建满洲苏维埃区域的错误方针，提出发展民族革命战争和组建民选政权等主张是完全正确的，而年初省委给绥宁中心县委的信是省委贯彻关门主义错误方针的体现，违反了中央《一·二六指示信》的新精神，因而宣布撤销年初省委给绥宁中心县委和孙广英的指示信，并指示绥宁党组织要根据中央的新指示信和省委扩大会议新决议，进行当前的工作。同时，要求将中央和省委转变工作方针的新精神，及时传达给在吉林救国军中工作的周保中和李延禄。为解决中共满洲省委同东线党组织因交通不便难以保持经常联系的困难，便于设在海参崴的红色工会国际太平洋书记处、中共驻共产国际代表团人员与中共满洲省委的联系，决定成立中共满洲省委吉东局，由孙广英担任吉东局书记。出席会议的孙广英随即携带省委新的指示信返回绥宁中心县委所在地穆棱，组建吉东局，并传达贯彻《一·二六指示信》、省委扩大会议决议和省委对绥宁党组织的新指示。

5月下旬，中共吉东局成立，书记孙广英，常委潘庆由（后为赵志刚）、吴赤峰（吴福海）。机关设在穆棱县下城子，后迁至穆棱镇。中共吉东局分管中共绥宁中心县委、中共饶河中心县委和中共东满特委。同年10月，吉东局撤销中共绥宁中心县委，陆续成立中共穆棱县委、中共密山县委，连同原有的中共宁安县委，一并由吉东局直接领导。

同年6月，李延禄率领救国游击军在宁安活动时，中共吉东局派巡视员李光林①向李延禄传达了中央《一·二六指示信》精神和吉东局要求李延禄率部尽快开赴密山活动的意见。这时，许多吉林自卫军余部在李杜过界进入苏联后散在密山境内，但群龙无首，几

---

① 李光林（1910—1935），朝鲜族。1929年加入中国共产主义青年团，1931年加入中国共产党。历任共青团绥宁中心县委书记、共青团吉东局书记、中共吉东局委员、东北反日联合军第五军第二师政治部主任。1935年在战斗中被俘后牺牲。

度联合攻打密山县城（知一镇）而未果。救国游击军第一团亦在此地活动。因此，李延禄决定北上密山，与第一团会合，联合当地反日义勇军，结成反日民族统一战线共同对敌。但部队开赴密山的消息一传出，队内便出现思想混乱。救国游击军多数战士是东满和宁安出身的农民，乡土观念浓厚，反对部队开赴密山。李延禄对战士们进行思想工作，并根据实际情况，留一部分队伍划归第二军，并对部队进行了整顿。时值中共吉东局派遣刚从苏联学习归来的张文偕①和张奎②到救国游击军分任代理政委和参谋长职务，部队的领导力量得以加强。7 月，救国游击军到达密山县南部平阳镇（今属鸡东县）附近与该部第一团会合。不久，参谋长张奎即被派到平阳镇伪军中从事兵运工作，代理政委张文偕去穆棱向吉东局汇报工作，又被吉东局派往饶河。

救国游击军部队到达密山后，周围各义勇军和反日山林队立即慕名前来联系，表示愿意接受收编或协同作战。经游击军军部研究后，在驻地郝家屯召集附近的“小白龙”（苏衍仁部）、“赵队长”、“金山”（赵金山部）、“常山”等队首领会议。会上一致决定：坚决打击日本侵略军和汉奸走狗，不投降，抗日到底；保护游击区贫苦农民的利益，从敌人手中夺取武器子弹和给养。经过这次会议，救国游击军与周围各支义勇军、山林队建立了初步联系，鼓舞了密山抗日军民的士气。

救国游击军初到密山，环境生疏，加之部队党组织不健全，不能完全掌握部队，不久在郝家屯遭到来自半截河（向阳镇）日本人队长

---

① 张文偕（1907—1934），原名王修穆，山东掖县人。工人出身，在大革命中参加中国共产党。后去苏联海参崴列宁学校学习。1933 年 6 月回国，任东北人民抗日革命军代理政委。1934 年 5 月任饶河反日游击大队大队长。同年在战斗中牺牲。

② 张奎（1899—1936），山东掖县人。青年时在俄国当华工，并在苏联加入中国共产党。1933 年回国，历任救国游击军参谋长、密山游击队队长、东北抗日联军第四军第二团团长。1936 年带领所部渡牡丹江时坠江牺牲。

箕浦率领的30名日军和伪军警备旅宫团的突然袭击，军部迅速转移，第二团牺牲15人。游击军随即派人与中共吉东局和密山县委分别取得联系，在吉东局常委吴赤峰的协助下，在部队中进行了思想政治工作，建立了党、团组织和反日会，发展了一批经过战斗考验的指战员加入党团组织，使部队稳定下来。同时，再次召集反日部队会议，议定各支抗日武装要协同作战，发展抗日游击区。在会上，李延禄根据《一·二六指示信》关于建立人民革命军的精神，提出了建立东北人民抗日革命军和统一的指挥机构的倡议，得到与会者一致同意。会议公推李延禄任抗日革命军的负责人。会议决定各队统一编制，平时独立活动，战时协同作战。东北人民抗日革命军的建立，是党在吉东地区建立抗日民族统一战线武装部队的尝试，是以共产党领导的救国游击军为骨干，联合其他抗日武装形成的抗日民族统一战线的一种组织形式。

抗日革命军为瓦解伪军和筹集武器弹药，通过张奎同驻平阳镇伪军郭宝山骑兵第四旅机枪连连长、地下共产党员胡伦①建立了联系。不久，中共吉东局委员吴赤峰也去平阳镇协助胡伦开展伪军工作。胡伦利用职务之便，给抗日革命军递送情报，并帮助解决了一批武器弹药。1933年9月初，抗日革命军为解决冬装和给养，决定各部联合攻打平阳镇。但由于消息走漏，集结于郝家屯和二人班等地的抗日革命军和其他抗日武装，突然遭到驻半截河（今向阳镇）伪军和地方伪"大排队"的袭击。李延禄指挥部队击退了进攻郝家屯的敌人。此次战斗，抗日革

---

① 胡伦（1900—1977），原名胡明德，又名胡志敏，四川广安人。1919年赴法国勤工俭学。在法国加入共青团旅法支部，后转为中共党员。1933年受中共组织指派到驻防在密山县平阳镇的伪吉林警备骑兵旅进行地下工作。1934年秋，组织骑兵旅机枪连反正，携带武器和装备参加抗日部队。1935年10月，任东北抗日同盟军第四军参谋长。新中国成立后，任重工业部有色金属局主任、重庆市政协副主席等职。1977年病逝。

命军政治保安连连长戴启发等34人牺牲，刚编入抗日革命军的原自卫军李秀峰一营500余人被迫退入苏联境内，被苏方解除了武装。战后，副参谋长刘汉兴①带警卫员回到宁安，加入周保中率领的绥宁反日同盟军。

时值冬季将至，部队冬装和给养均无着落，部队情绪不稳。抗日革命军第二团团长王毓峰认为，只有返回宁安才能稳定部队。于是第二团和骑兵营400余人在干部战士的坚持要求下，经军部同意，返回家乡宁安开展游击战争，后来参加了周保中领导的绥宁反日同盟军。

1933年9月下旬，抗日革命军获悉驻密山县城知一镇的伪军去虎林，城内兵力空虚的消息。李延禄决定联合反日山林队一部攻打密山县城。为出敌不意，部队采取声东击西战术，事先通知半截河商会，令其筹集棉花、布匹，限期交付，否则攻城。同时派出一支小部队去半截河活动，使敌人产生错觉。敌人信以为真，迅速派兵集中防守半截河。1933年10月6日夜，抗日革命军攻城部队急行军北上，乘夜攻击密山县城知一镇。杨泰和②指挥第一团攻西门，李延平③率游击支队攻北门，山林队"赵队长"部攻南门，第一团第一营等部攻东

---

① 刘汉兴(1910—1958)，又名陈龙，辽宁抚顺人。1933年1月加入救国游击军，任副参谋长，后参加绥宁反日同盟军，并加入中国共产党。历任东北反日联合军第五军第二师参谋长、东北人民革命军第二军参谋长。1936年5月去莫斯科东方大学学习。1938年回延安，在中共中央社会部任科长。1945年冬到东北，先后任中共北满分局社会部部长、东北局社会部副部长。新中国成立后，任公安部副部长等职。1958年病逝。

② 杨泰和(1904—1935)，又名杨景荣，吉林省吉林市人。1932年参加吉林救国军，加入中国共产党，后任救国游击军第一团团长、东北人民抗日革命军和东北抗日同盟军第四军第一团团长。1935年在战斗中牺牲。

③ 李延平(1903—1938)，祖籍山东。九一八事变后，随同李延禄参加吉林救国军，加入中国共产党。任救国游击军游击支队队长。后去莫斯科东方大学学习，1936年春回国，历任东北抗日联军第四军代理军长、军长兼第一师师长、中共吉东省委委员。1938年秋，指挥东北抗联第四军西征。同年被叛徒杀害。

门。杨泰和争取了把守西门的保安队打开城门，首先攻入城内，其他各路也急速跟进。随后，杨泰和指挥第一团主力围攻伪警备营营部，将一个连的伪军全部缴械。就在战斗进行之中，密山县反日会的同志找到部队，带领他们去没收敌伪资产和装运工商界筹集的300匹布和一批棉花。此战共缴获100余支枪、子弹万余发，筹集了大量越冬物资，并在城中广贴抗日传单。部队于次日凌晨3时撤出县城。

抗日革命军军部与第一团共60余人，在李延禄率领下转移至南山里穆棱县黄窝集休整。

抗日革命军自到密山后，几经挫折，减员很大。其主要原因在于，中共密山县委对这支党领导的部队不甚了解，仍以救国军残余部队看待，未能给予积极支持和领导；而中共吉东局又将主要干部调走；加之部队初到密山，同当地人民群众还未建立起密切的联系，耳目不灵；部队中党员数量较少，组织不健全，党组织尚不能完全掌握部队。

为摆脱部队的困境，改善东北抗日武装与关内隔绝的处境，寻求援助，1934年2月，李延禄辗转进入关内。部队暂由第一团团长杨泰和与军部副官陈荣久①负责指挥。同年7月，李延禄自关内返回东北。

1934年4月，由于共青团满洲省委被破坏，导致中共吉东局机关和交通站被敌人破坏，吉东局书记孙广英脱党逃跑。中共满洲省委早在同年2月1日《给吉东党全体同志信》中就认为："吉东党没有获得可观的成绩，主要原因是吉东党在吉东局领导之下，执行可耻的右

---

① 陈荣久（1904—1937），原名刘长发，黑龙江宁安人。曾在东北军当兵，九一八事变后带一部士兵起义抗日，参加吉林国民救国军，任连长。后参加救国游击军。1933年6月参加中国共产党。1934年去莫斯科东方大学学习，1936年秋回国，任东北抗日联军第七军军长。1937年在战斗中牺牲。

倾机会主义路线”。省委还把李延禄领导的抗日革命军在密山的一时受挫的原因归结为吉东局“曲解反日反帝统一战线”方针，执行“勾结上层领袖放弃下层艰苦工作的右倾机会主义路线”的结果。同时，吉东局自成立后的一年多工作中，因日伪当局的严密统治，与满洲省委的联系经常受到阻隔，在工作中就近同中共驻共产国际代表团设在海参崴的联络机构的联系比较多，吉东局对中共中央和满洲省委的一些“左”的错误指示也有所保留。所以省委对吉东局工作不满意，曾提出过批评。此次吉东局机关被敌人破坏，主要负责人消极逃跑，中共满洲省委于同年6月作出《关于取消吉东局的决定》，原由吉东局管理的东满特委、饶河中心县委和绥宁地区各县县委改由省委直接领导。这期间，密山反日游击队在县委领导下建立。

党在密山的活动开始比较早。1927年，王栖真、苏子元等共产党员先后来到密山，开展反帝反封建斗争，传播马列主义。1928年7月，中共密山支部在密山煤矿建立。1930年9月，中共北满特委从宁安派共产党员池喜谦、张山海来密山，在当壁镇建立了中共密山县特别支部。同年10月，改为密山县委，并建立当壁镇、五道岗、二道岗、一撮毛和龙王庙5个党支部。12月，县委组织武装暴动，被敌人发觉，党组织遭到严重破坏。1931年，中共饶河中心县委领导人崔石泉派金刚天、蔡基范来到密山，恢复和重建党组织，在当壁镇、柞木台子、一撮毛等地组建3个党支部。1932年1月，中共密山区委成立，金刚天为区委书记。1932年冬，绥宁中心县委为了加强密山工作，派朴凤南、张墨林、李成林、李槿淑等到达该县，将中共密山区委改为密山县委，张墨林为县委书记，朴凤南为副书记，李成林为宣传部部长。在中共密山县委的领导下，密山人民反日活动蓬勃发展起来，普遍建立起反日会、妇女会和儿童团等群众反日组织。1933年3月6日，密山县反日总会在哈达河头段正式成立，密山县委书记张墨林、宣传部部长李成林等为总会负责人，下设组织、宣传、妇女各部。

经过一段艰巨的准备工作，在密山县委领导下，1934 年 3 月 20 日，在密山哈达河沟里张老畲菜营以共产党员和青年团员为骨干，吸收溃散的前吉林自卫军士兵参加，正式成立了密山反日游击队，对外称民众抗日军，游击队队长由张宝山代理，副队长金百万。队员 34 人。

密山反日游击队成立伊始人员较少。为顺利开展对敌斗争，有效打击日、伪军，游击队首先派人在密山、勃利、林口一带的反日山林队中进行工作，并与“大鸣字”、“交得宽”、“亮山”等部建立了协作关系，一致对敌。同年 3 月下旬，密山游击队到杨树河子一带开展游击活动，突然与 150 余名伪军遭遇，游击队虽属初次进行战斗，却利用有利地形隐蔽迎战，击毙伪军营、连级军官各一名，击伤伪军数名。傍晚时伪军撤走，游击队也分别由队长、副队长率领撤离阵地。代理队长张宝山原是吉林自卫军第二十六旅士兵，在该旅投降时同原来参加该旅的共产党员金百万一起离开，表示愿意继续抗日，并一同找到中共密山县委参加抗日工作，密山游击队成立时被委为代理队长职务。张宝山发现游击队生活艰苦、斗争艰巨，便发生了动摇，恰好此次由他单独带领 14 名游击队员撤走，便欲胁迫队员叛逃为匪。密山县委立即联合订有抗日协定的抗日山林队进行搜寻，结果仅张宝山一人携枪逃走，其余枪支陆续追回。不久，中共吉东局得到消息后，立即从宁安县委调派前县委书记朱守一继任密山反日游击队队长。

不久，中共密山县委得到依兰县土龙山农民暴动和组成民众救国军开展抗日斗争的消息，在密山也准备举行反日暴动。经过与密山反日总会联络，在哈达河一带组织各阶层要求抗日的群众和“大鸣字”、“交得宽”等抗日山林队，成立了“民变指挥部”，同时又号召各种抗日武装力量组建抗日同盟军指挥部，公推密山反日游击队队长朱守一任总指挥。5 月间，应邀参加抗日同盟军指挥部的各部队集中在哈达河一带，准备举行反日暴动。但由于参加同盟军的各部队意见不一致，一些地方“大排”武装不同意参加暴动。同时由于暴动的消息走漏，坚持暴动的部队突然遭到来自哈达街的约50余名日军的进攻。本来，进攻的日军已为抗日武装所包围，并有几名日军被击毙，却因张家大院的反动地主张老四打开院门接纳日军，使日军得以负隅顽抗，不久敌人援军到来，游击队和山林队不得不分头撤退。密山反日游击队队长朱守一在哈达河指挥战斗中不幸牺牲，反日暴动遭到失败。

与此同时，中共密山县委指示在平阳镇的伪军第四旅机枪连中共地下党员胡伦、张奎，乘这支伪军增援密山县城之机举行了哗变。但因时间仓促、工作酝酿不成熟，哗变后大部分士兵另立山头离去，只有胡伦、张奎等少数骨干到达密山县委所在地。县委随即派张奎接任密山反日游击队队长。

此后，在一次反日部队集会上，中共密山县委书记对反日山林队“亮山”违反群众利益提出批评，引起该队不满。后来，张奎率领游击队一个分队与“亮山”共同攻击一个敌视游击队的地主大院，战斗结束在一起宿营时，被该山林队乘机缴械。至此，密山游击队仅剩七八支枪，使抗日活动陷入困境。

1934年7月6日，中共满洲省委发出《给密山县委和勃利区委的信》。信中批评密山县委在组织民众暴动中“投降地主豪绅，作地主豪绅的尾巴”，犯了“右倾机会主义的严重”错误。又批评县委组织抗日同盟军是“没有进行下层群众工作，只有与上层领袖作可耻的勾结”①。由于密山县委和人民抗日革命军遭受满洲省委的批评，活动也少有成效。

8月17日，密山县委召开扩大会议，研究贯彻中共中央《一·二六指示信》和《二月指示信》的精神，县委书记对满洲省委的某些指责有

---

① 《中共满洲省委关于组织和领导反日反满的武装暴动，巩固扩大赤色游击区等问题给密山县委及勃利区委的信》（1934年7月6日），载中央档案馆、辽宁省档案馆、吉林省档案馆、黑龙江省档案馆编：《东北地区革命历史文件汇集》甲19，1989年印，第39、43页。

不同意见，但在与会的省委巡视员督促下，还是通过了接受中央、省委指示信的相关决议。同年 9 月，中共满洲省委吉东巡视员吴平来到密山。在他的指导下，密山县委召开三次县委会议，总结过去工作，纠正了县委和游击队工作中存在的“左”倾关门主义错误。不久，密山游击队加入了李延禄领导的抗日同盟军。

五、绥宁地区抗日武装联合抗日，绥宁反日同盟军建立

1932 年以后，绥宁党组织在中共满洲省委领导下，在广大农村发动群众、武装群众，建立党直接领导的反日游击队的同时，还派出得力干部和党团员到抗日义勇军和各种反日队伍中进行工作。

1933 年初，救国军溃败，王德林率主力部队退入苏联，原救国军前方司令吴义成代理总司令，周保中担任总参谋长。周保中整顿队伍，在士兵中进行了大量的思想政治工作，使士兵们逐步认识到只有共产党才能领导抗日斗争走向胜利。

王德林救国军瓦解之后，周保中根据 1934 年中共满洲省委以及吉东局的决定，“在保持旧有的救国军形式下”，同王德林、孔宪荣、吴义成脱离关系①，着手建立中国共产党直接领导下的绥宁地区反日同盟军。1934 年 2 月 1 日，中共满洲省委又指示吉东地区党组织，要以周保中率领的部队为中心，号召并联合其他抗日部队组建联合指挥部，开展抗日武装斗争。周保中根据《一・二六指示信》和省委的这一指示精神，一方面提出“复兴救国军”的口号，另一方面提出成立“反日同盟军办事处”的建议，并以吉林救国军总参谋长名义，号召、联络绥宁地区各抗日部队联合起来共同抗日。

---

① 《东北反日联合军第五军报告书》（1935 年 4 月 30 日），载中央档案馆、辽宁省档案馆、吉林省档案馆、黑龙江省档案馆编：《东北地区革命历史文件汇集》甲 45，1990 年印，第 47 页。

此时，在中共宁安县委领导下已有平南洋反日游击总队在宁安县东北部平日坡（今新城林场施业区内）一带活动。这支队伍是李荆璞[①]在九一八事变后，于沙兰镇营城子组织的一支农民抗日队伍，并加入王德林领导的中国国民救国军，被编为一个连。1932 年初，中共宁安县委派共产党员于洪仁到该队开展工作。在救国军瓦解时，李荆璞和于洪仁率原有部队单独进行抗日活动。1932 年 11 月，该队伍改称平南洋反日游击总队，在宁安一带开展抗日活动，李荆璞任总队长，于洪仁任副总队长。不久，队伍扩编成 3 个大队，人数最多时达千余人。1933 年 5 月，于洪仁经与中共宁安县委联系，宁安县委正式派其在该队开展党的工作，并将这一部队改称宁安工农义务队。全队 200 余人，李荆璞任队长，于洪仁任副队长。队里成立了党支部，于洪仁任支部书记，李荆璞也加入了中国共产党。至年底，该队已有党团员 13 人。

中共宁安县委又陆续派王光宇[②]、陶净非[③]、陈翰章[④]等共产党员

---

① 李荆璞（1908—2000），原名李玉山，黑龙江宁安人。九一八事变后，成立平南洋反日游击队。1933 年加入中国共产党。1934 年 2 月加入绥宁反日同盟军。历任东北反日联合军第五军第一师师长、东北抗日联军第五军第一师师长。后去苏联学习。抗战胜利后，任牡丹江军区司令员、合江军区副司令员等职。1955 年被授予少将军衔。2000 年病逝。

② 王光宇（1911—1938），原名王明堂，吉林德惠人。九一八事变后，从事抗日斗争。1933年 6 月被宁安县委派到宁安工农义务队工作，同年冬加入中国共产党。历任东北反日联合军第五军第一师第一团政委、第二师政治部主任，东北抗日联军第五军第二师师长，中共吉东省委委员。后调东北抗联第四军任副军长。1938 年在战斗中牺牲。

③ 陶净非（1912—1942），原名陈世有，化名陈名亚，吉林德惠人。1932 年加入中国共产主义青年团，同年转为中国共产党党员。后被派往宁安工农义务队工作。历任东北抗日联军第五军第二师第四团政委、第二师政治部主任。1938 年冬东北抗联第二路军西征失利后，率第二师余部坚持战斗。1942 年在战斗中牺牲。

④ 陈翰章（1913—1940），吉林敦化人。九一八事变后，参加吉林救国军，1932 年加入中国共产党。后曾任宁安工农义务队政治指导员、东北反日联合军第五军第二师参谋长等职。1936 年调任东北抗日联军第二军第二师参谋长、师长，中共吉东省委委员，东北抗联第一路军第三方面军指挥。1940 年在战斗中牺牲。

到这支部队做政治工作，加强领导。

1934 年 2 月 16 日，周保中率所部辽吉边区军第一、第三连 80 余人到达平日坡，与李荆璞的宁安工农义务队 150 余人会合。并以这两支队伍为骨干，联络由密山返归宁安的原抗日革命军第二团王毓峰[①]部 10 余人和在汪清的救国军余部柴世荣旅 80 人、傅显明[②]团"占中华"所部 200 余人，在镜泊湖南湖头的王汝起[③]团 10 余人、裴振东团 50 人，以及党所领导的八道河子自卫队 17 人等，在宁安县东南山召开会议，成立宁安东南山救国军第一游击区同盟军办事处（简称反日同盟军办事处），部队统称绥宁反日同盟军，兵力近 500 人。会上还决定扩大联合宁安县境内所有抗日队伍，如南湖头、西北山的"金龙"、"飞云龙"等部，划分游击区域，全面开展抗日游击战争。不久，为适应抗日部队扩大联合的需要，又将反日同盟军办事处改称反日同盟军联合办事处，周保中任办事处主任。办事处内设军事委员会、经济委员会和总政治部。其中，军事委员会由参加同盟军的各部队派代表组成，定期召开会议，讨论决定军政问题，军事委员会由周保中兼任主席。

同年 3 月 8 日，中共吉东局提出《反日同盟军纲领》，规定同盟军

---

① 王毓峰（1897—1938），黑龙江宁安人。1926 年曾任东北军副连长。九一八事变后率一排人起义抗日，不久加入救国游击军，任第二团团长，并加入中国共产党。历任东北反日联合军第五军第一师第二团团长，东北抗日联军第五军第一师参谋长、第四军第二师师长。1938 年被叛徒杀害。

② 傅显明（1900—1936），黑龙江双城人，满族。原东北军士兵。九一八事变后在宁安组建抗日武装，后加入吉林救国军。1934 年加入绥宁反日同盟军，曾任东北反日联合军第五军第二师师长，并加入中国共产党。1936 年在战斗中牺牲。

③ 王汝起（1935—1940），山东黄县人。九一八事变后在宁安组织红枪会抗日。1932 年加入吉林救国军，后加入绥宁反日同盟军。1936 年加入中国共产党。历任东北反日联合军第五军第二师副师长、第七军第一师师长，东北抗日联军第二路军第二支队支队长。1940 年在战斗中牺牲。

办事处仍属救国军系统。队伍继续打出救国军旗帜，并由周保中以救国军总参谋长名义相号召，其目的是使用救国军这面已为群众和各抗日部队所熟悉的抗日旗帜，便于团结更多的抗日武装，节制散在各地的救国军余部。绥宁反日同盟军的组建，标志着吉林省东部地区一支由中国共产党直接领导的抗日部队的正式形成。这也是建立抗日统一战线的一种尝试。

绥宁反日同盟军组成之初，主要活动在宁安县各地。1934 年 3 月初，同盟军军委会第一次会议决定进攻新官地以解决军需问题。3 月 20 日，工农义务队和边区军一部在伪军中的内应配合下，围攻新官地伪军，击毙伪团长，缴获 22 支枪，遣散了伪壮丁团。4 月初，由于叛徒告密，同盟军办事处平日坡密营遭到日伪警察大队 200 人的进攻。战斗中，同盟军击毙伪警察中队长以下 20 余人，击伤 15 人，但敌人仍攻占了密营，同盟军部队不得不向南转移。4 月 7 日，同盟军柴世荣部在八道河子沟口伏击前来进攻的日军守备队和伪警察队 80 余人，毙伤 7 人，敌被迫撤走。1934 年 4 月下旬以后，宁安工农义务队和边区军先后收缴光棍屯、大荒地、上马莲河等处的反动“大排”武装，解散伪壮丁团，缴步枪和洋炮 20 支。5 月 7 日，又进攻卧龙屯，火烧伪警察署，活捉伪署长，缴枪 21 支。这期间，八道河子自卫队、王毓峰团和“四季好”部进攻小城子、八城子街，缴获伪军的一些枪支。经战斗锻炼，绥宁反日同盟军的战斗力得以增强。

在同盟军部队积极对敌作战的影响下，绥宁地区的其他抗日武装也活跃起来，打击日伪势力。“张祥队”在镜泊湖东部庙岭截击日军汽车，击毙日军 20 余人，缴枪 20 余支。活动在南湖头的“陈旅”、西北山的“双山”和“青山”等部也开展了进攻南湖头日军兵营等战斗。

但是，这一时期由于日、伪军警的春季“讨伐”日益频繁，斗争环境日益艰难，同盟军刚建立不久，周保中忙于同盟军各队之间的团结统一工作，部队内部思想政治工作薄弱，部队情绪产生了波动，一部分边区军欲返回家乡。1934 年 5 月，日、伪军集中兵力向东南山区的同盟军集结地带发动进攻，边区军第一、三连在向南湖头转移途中，连长张蓬印在前吉林救国军军官的影响下，借士兵欲归安图的要求，乘机发动离队事件，将主张坚持在宁安战斗的七八名党团员缴械，并擅自带领 30 余人回安图活动。

与此同时，刚刚成立不久的宁安游击队也遭受严重挫折。中共满洲省委认为绥宁反日同盟军中的边区军和宁安工农义务队仍属义勇军性质，还不够“赤色游击队”的条件，要求宁安县委另行直接建立工农游击队，使之成长为同盟军的骨干力量。县委经过月余的组建工作，并由反日同盟军援助一批缴获敌人的枪支，于 1934 年 5 月 20 日在卧龙河正式成立了宁安游击队，队长白殿贞，队员共 26 人，分成 2 个小队，其中 1 个小队为青年义勇军。5 月 26 日，宁安县委令这支刚成立的游击队去唐头沟与宁安工农义务队取得联系。宁安游击队队长白殿贞即率领 1 个小队前往。第二天突遭一部日军围攻，游击队初战失利，白殿贞等 4 人牺牲，2 人负伤，2 人失踪。不久，在宁安县委的领导下，以七八名游击队员为基础，又补充进一部分八道河子农民自卫队队员，重新组建了宁安游击队。

这期间，经中共吉东局决定，将穆棱游击队编入绥宁反日同盟军部队建制。穆棱游击队是 1933 年 5 月由中共吉东局先后派胡仁①、

---

① 胡仁，生年不详。中共党员。历任穆棱游击队队长、东北反日联合军第五军政治部主任、党委书记。1936 年失踪。

宋一夫[①]、张镇华[②]，在中共穆棱县委协助下建立的。由胡仁任游击队长，宋一夫任政委，张镇华任参谋长，活动在以狍子沟屯（今河西乡福兴村）为中心的穆棱地区。这支队伍在战斗中不断成长壮大，成功地策动了八面通伪治安队、穆棱县伪县署警卫队起义反日，取得了夜袭三道崴子金矿矿警队、袭击车家亮子伪森林警察队等战斗的胜利，队伍发展为3个连100余人。不久，胡仁被调至绥宁反日同盟军工作，宋一夫调任中共穆棱县委书记，穆棱游击队在张镇华率领下仍在穆棱地区独立活动。

此时，绥宁反日同盟军建立了党委会和政治部，以便加强对同盟军各部的领导和思想政治工作。党委书记由周保中担任，政治部主任由胡仁担任。时逢中共东满特委来信，要求同盟军部队去汪清参加抗日武装联合进攻绥芬大甸子。同时，宁安县委也要求同盟军去中东铁路沿线的石头河子，联合西北山抗日义勇军进行活动。1934年6月15日，经宁安县委与同盟军党委决定，同盟军除留少量部队坚持宁安游击区斗争外，其余部队分成两支派遣队分头活动。一支由周保中率领，包括宁安工农义务队第一、第三大队，边区军特务班和已在汪清的柴世荣旅、傅显明团，组成东部派遣队，去汪清与第二军独立师联合进攻绥芬大甸子；另一支是以宁安工农义务队第五、第十一大队，王毓峰团和宁安游击队组成的西北派遣队，由李荆璞、胡仁

---

① 宋一夫（1913—1946），原名宋效贤，山东莱芜人。1933年参加中国共产党。历任共青团宁安县委书记、中共道北特委书记、东北抗日联军第五军政治部主任、中共吉东省委书记、东北抗联第二路军政治部主任。1938年率队西征时逃跑投敌。1946年被人民政府处决。

② 张镇华（1909—1940），祖籍河南。中共党员。1932年由中共宁安县委派遣至穆棱县组建抗日武装。历任穆棱游击队参谋长，东北反日联合军第五军军部警卫连连长、营长，东北抗日联军第五军第一师参谋长。后任东北抗联第五军第三师副师长、师长。1940年被捕后牺牲。

率领,赴西北山石头河子一带活动。

1934 年 6 月 20 日,东部派遣队到达绥芬大甸子附近,与中共东满特委和东北人民革命军第二军独立师议定共同攻占大甸子街,目的是以此作为东北人民革命军第二军和绥宁反日同盟军的抗日根据地,并使这一行动成为下一步夺取东宁县城的准备;同时夺取守敌伪警备旅一个营的武器装备和粮食、物资,作为冬季斗争的准备。参战部队以人民革命军第二军独立师第三团、第四团和绥宁反日同盟军为主力,联合救国军史忠恒旅以及孔宪荣、柴世荣、李三侠等部共 600 余人。联合部队于 6 月 26 日攻入大甸子街。此战俘敌 19 人,缴枪 12 支、子弹 2000 余发。因这次围攻战斗集结部队数量较多使消息泄露,伪军早有准备,援兵又至,围攻部队主动撤离。这次围攻虽未实现预定目的,却给予日伪统治者以极大的震动,扩大了绥宁反日同盟军、人民革命军和其他抗日武装的影响,特别是增进了绥宁反日同盟军与东北人民革命军第二军之间的联络与信任,为以后两军的联合对敌作战创造了有利条件,鼓舞了各军的斗志。

西北派遣队的目的是联合西北山、中东铁路东段沿线地带的反日山林队,策应伪军哗变,共同打击日伪势力。这一派遣队先后在六道河子和新官地收缴地方伪"大排队"50 余支枪和一批子弹。其中宁安游击队余部在苇河县石头河子地方党组织的帮助下,与驻石头河子伪军中的共产党员马连山配合,成功地策动一连伪军哗变,40 余人加入了游击队,使宁安游击队人数增加到 61 人。1934 年 7 月 29 日,游击队在模范山与一支日军作战中,毙伤敌 7 人。8 月 6 日,宁安游击队宣布恢复建制,暂设 1 个中队,下编 4 个小队,中队长由在石头河子率伪军起义的马连山担任,政治指导员由陈翰章担任。此后,宁安游击队成为绥宁反日同盟军的骨干部队。

1934 年 8 月,两支远征派遣部队相继回到宁安东南山一带根据地休整。

一个时期以来，中共满洲省委认为绥宁反日同盟军和宁安工农义务队仍是由抗日义勇军、山林队向赤色游击队过渡的抗日武装。7月10日，省委按中央《二月指示信》精神，竟批评周保中领导成立的反日同盟军办事处是“上层的空架子”，是十足的“上层勾结的模型”。省委指示要以“最大的限度巩固和扩大赤色游击队”，要求“游击队尽量吸收工农分子，特别是工人雇农分子及农民武装自卫队到队伍里来”①。省委的批评，对宁安县委和周保中在执行统一战线政策方面带来很大压力。

1934年5月，中共宁安县委和绥宁反日同盟军党委为强化部队党的领导，纯洁队伍，在宁安工农义务队中注意加强进行政治工作和整顿工作。宁安工农义务队原有第一、第三、第五、第九、第十一共5个大队，经过短时间的整顿，将匪习难改的第九、第十一两队相继清除出工农义务队，该队剩50余人。但仍有几个土匪头目和不良动摇分子没有及时清理。他们在队内散布谣言，并暗中与已被清除继续为匪者相勾结，预谋叛变。8月21日，宁安工农义务队在大唐头沟活动时，他们策动暴乱，党支部书记、副大队长于洪仁被叛匪杀害。党团员和抗日坚定战士25人被驱逐出队，其余被裹胁去当土匪。这一叛变事件使宁安工农义务队几乎陷于瓦解，给绥宁反日同盟军造成重大损失。

事件发生后，中共宁安县委认为宁安工农义务队在宁安颇有影响，是由抗日山林队较早转入共产党领导下的抗日武装，是反日同盟军奠基者之一，必须予以重建。同年8月末至9月初，由县委从八道

---

① 《中共满洲省委关于开展两条路线斗争、巩固扩大游击队、组织反日反满的群众斗争等问题给宁安县委的信》（1934年7月10日），载中央档案馆、辽宁省档案馆、吉林省档案馆、黑龙江省档案馆编：《东北地区革命历史文件汇集》甲19，1989年印，第53—55页。

河子农民自卫队、宁安游击队等部调入部分队员,连同该队余部,又重新组建起宁安工农义务队,队长仍为李荆璞。最初只有20余名队员,随后经过宁安县委和反日同盟军的大力扶植,很快又恢复发展成为同盟军中一支有战斗力的骨干队伍。

1934年8月间,绥宁反日同盟军联合办事处改组为绥宁反日同盟军军事委员会,周保中任军委会主任。同时还改组了党委会,继续由周保中任党委书记。9月,周保中在三道河子召集东南山和西南山抗日义勇军、山林队会议,决定各抗日部队划分区域开展游击战争。反日同盟军为准备抗击敌人即将进行的“讨伐”所必需的装备等物资,曾在团山子与敌军作战,还攻取了日本修筑图们至牡丹江铁路的若干工棚和仓储地,缴获了大量过冬物资。

绥宁反日同盟军在中共宁安县委的直接领导下,虽几经挫折,但终于克服困难,在战斗中恢复、壮大起来,为迎接新的战斗任务准备了条件。

六、饶河游击队的发展,开展饶河、虎林地区游击战

饶河民众反日游击大队成立不久,1934年2月上旬,中共吉东局派人到饶河中心县委和游击队传达中共中央《一·二六指示信》和中共满洲省委的决议精神。2月下旬,中共饶河中心县委在大岱河召开县委第一次扩大会议。会议认真讨论了中央指示信和满洲省委决议的精神,认为县委过去对中央、省委和吉东局的工作指示缺乏认真的研究,对中央关于在东北所采取的反日民族统一战线策略方针理解不深,至今仍然受到“左”倾错误的影响。因此,县委与游击队虽然对救国军进行过抗日统一战线工作,争取其联合抗日,但由于没有广泛深入地在汉族、朝鲜族和其他各民族群众中进行宣传与发动工作,加之对救国军与保卫团的某些部队强行缴械的行动,结果使自己的处

境比较孤立。会议决议：改组中心县委，选举县委委员 5 名，书记由朴元彬担任，以加强县委领导；广泛深入地开展各界群众工作，动员群众支援游击战争；加强对救国军余部和山林队的工作，建立反日民族统一战线；加强对游击队工作的领导，加紧夺取日、伪军和一切走狗的武器装备和资材，为建立人民革命军做好准备；反对日本侵略者挑拨民族关系，加强民族团结；在有条件的地方建立根据地。这次会议对于巩固和发展游击队，建立反日统一战线，广泛开展饶河、虎林地区的抗日斗争，具有重要意义。

县委扩大会议后，为了加强对其他反日部队的团结工作，中共饶河中心县委派郑鲁岩去做王旅的工作，派吉东局巡视员赵子岗到山林队工作，派方英武到“武阳队”工作。

饶河游击队的发展使日伪统治者深感不安，急欲将其消灭在青纱帐起之前。因而自游击队转入饶河境内大岱河一带活动后，日、伪军接连追踪袭击。1934 年 2 月 15 日，饶河游击队得知 200 余名的一股伪军乘马爬犁前来进攻的消息，游击队长李学福和参谋长崔石泉研究决定，在十八垧地附近设埋伏待敌。

十八垧地是个只有十几户人家的小山村。其地形东、北两面是大山，西面是较矮的山岗，只有南北向的道路通向十八垧地；路两旁和住户附近均是平地农田。在积雪没膝的冬天，敌人只有通过这条道路才能进入十八垧地。2 月 15 日上午 9 时许，这支伪军吵吵嚷嚷进到屯外三四百米处，下了爬犁，徒步向屯里行进。当敌人行至离屯百米左右时，游击队在李学福和崔石泉的指挥下，集中火力向敌群猛烈射击，毙敌 10 余人。伪军遭此突然打击，顿时惊慌失措，一片混乱。经两个小时的战斗，游击队共毙敌 30 余人，其余伪军仓皇败走。此次战斗极大地增强了游击队战胜敌人的信心和勇气。

1934 年 4 月，游击队为在四合川、大叶子沟等地建立抗日根据地，曾派中队长许资善向大叶子沟民团进行抗日救国的宣传，争取其共同抗日，但被拒绝。该民团还整修炮台、围墙，坚持与游击队为敌。游击队经准备，突袭了大叶子沟，民团狼狈溃逃，游击队进驻大叶子沟。

1934 年春，中共吉东局派遣密山人民抗日革命军代理政委张文偕到饶河中心县委和游击队驻地大叶子沟。张文偕根据吉东局指示，将游击队领导成员重新进行了调整，加强领导力量，由张文偕任饶河民众反日游击大队大队长，崔石泉任政治部主任，朴振宇①任政治指导员，李学福任军需长。游击队下设：第一连，连长金龙化；第二连，连长许资善；手枪队，队长金东天。饶河民众反日游击大队共 90 余人。张文偕领导游击队后，进一步贯彻反日统一战线策略方针，使周围抗日义勇军和山林队积极靠拢游击队，在较短时间内便联合数支抗日队伍，扩大了游击队在抗日军中的影响。

同年 6 月 3 日，为了消灭盘踞在爆马顶子和大别拉炕两地破坏抗日、残害群众的苑福堂、李喜山两支敌伪武装，张文偕率领一支由游击队和其他抗日武装联合组成的 100 余人的部队，一举击溃苑福堂所部 60 余人，占领爆马顶子。另一支由崔石泉指挥的 50 多名游击队员乘黑夜袭击大别拉炕，李喜山部被击溃逃走，游击队缴获 10 支枪和 20 多匹马。爆马顶子地势险要，易于防守，距饶河县城较远，周围敌人兵力薄弱，饶河中心县委即决定以此处为中心建立抗日游击根据地，县委也由大叶子沟迁至此地。从此，爆马顶子便成了十八垧地、大叶子沟方圆 40 公里的饶河抗日游击根据地的中心。不久，游击队又取得了攻占小佳河、小西山等战斗的胜利。7 月初，饶河游击大队

---

①　朴振宇（1908—1935），朝鲜族。1931 年加入中国共产党。后历任中共饶河中心县委书记、东北抗日同盟军第四军第四团（东北抗日联军第七军前身）副团长。1935 年在战斗中牺牲。

远征抚远县别拉基小街，击溃60余名守敌，缴获枪17支和一批物资。此时，饶河民众反日游击大队已发展到140余人，成为虎饶地区一支重要的抗日部队。

在此期间，游击队根据中共饶河中心县委第一次扩大会议决议，在队内加强思想政治工作，深入贯彻反日统一战线政策，使游击队员了解只有各民族人民团结抗击日本帝国主义侵略，才能共同获得解放；只有各阶级、各种抗日武装力量联合起来，才能驱逐日本侵略者出中国，获得国家独立的道理。因此，不仅游击队内增加了汉族成分，而且分散在饶河、虎林等地的大小抗日武装，如“西久星”、“九龙”、“得胜”、“常山”、“鲁司令”等山林队也纷纷靠拢游击队，要求改编，或共同抗日。饶河游击大队为团结众多的抗日武装，加强对他们的领导，于1934年7月15日在宝清县义顺号召集各支愿意联合抗日的武装部队代表举行会议。与会者有“姜尚平”、“访贤”、“九龙”、“得胜”等反日山林队首领，代表300余名队员。会议经协商达成协议：互不侵犯，共同抗日救国；没收日伪走狗财产，战利品按参战部队人数分配；不许损害人民群众利益；如有投敌行为，各队随时予以缴械。会上，各抗日部队一致表示接受饶河游击大队的领导，也要求自己的队伍编入游击队。游击队根据各队情况，将“得胜”、“常山”等经常跟随作战的少数队伍编入了游击队基本队，其余编为收编队，从而形成了以饶河游击大队为中心的反日统一战线武装部队。

尔后，张文偕率领游击队和联合部队到虎林县境打击敌人，收缴枪支、子弹和物资，决定首战进攻三人班敌据点。7月19日，游击队和另两路义勇军先后到达三人班附近，时值雨天，部队隐蔽不好被敌人发觉。次日晨，攻击部队突遭大批敌军包围，双方激战6小时。为免遭被敌全歼，张文偕决定率队突围。突围时张文偕不幸中弹牺牲。7月23日，部队在崔石泉的指挥下，化悲痛为力量，终于攻下三人班，敌军被迫逃向独木桥。8 月 1 日，游击队和联合部队回师饶河，途中攻袭了五林洞伪军，击毙日本教官和伪军 10 余人，缴枪 10 余支和手榴弹 200 余枚。8 月 7 日，又夜袭小佳河，击溃伪军 1 个连，“大排队”30 余人被全部缴械。

1934 年 9 月，中共饶河中心县委决定由饶河民众反日游击大队军需长李学福继任游击队大队长职务。饶河游击大队返回爆马顶子根据地，随即动员部队深入发动群众，广泛侦察敌情。部队在稍事休整后，抓紧进行军事政治训练。10 月 10 日，中共驻共产国际代表团派到吉东的省委巡视员吴平，以中共满洲省委吉东局名义发出《致饶河中心县委的信》。信中明确提出，饶河中心县委必须彻底纠正过去存在的认识上和政策上“左”的错误，认清目前阶段东北党组织面临的政治任务和应采取的正确策略方针。信中指出：要“动员党的和群众组织的一切力量，联合一切反日队伍，巩固和扩大反日统一战线，以击溃日满匪军的‘讨伐’”。为此，要巩固各地已经建立的抗日联合军总指挥部组织，“这个总指挥部不能叫做上层勾结，它正是目前统一战线的机关”①，要在义勇军和山林队中实施上层和下层统一战线策略；要开展对伪军的工作，促使其哗变，参加抗日游击队；要广泛发动各阶层群众组建反日会，提倡有钱出钱，有枪出枪，有力出力；要在政治上巩固抗日游击队，改善游击队员的物质生活，积极开展游击战争。入冬后，敌人的冬季“讨伐”将要开始，因河川冰冻，敌人可用汽车、马爬犁纵横无阻，快速追击，而游击队只凭两条腿，行动极为困难。游击队学习猎人脚穿滑雪板追打野兽的办法，将年轻的游击队员专门组成滑雪队，灵活地利用天时和有利地形袭击敌人。部队经

---

① 《中共满洲省委吉东局致饶河中心县委的信》（1934 年 10 月 10 日），载中央档案馆、辽宁省档案馆、吉林省档案馆、黑龙江省档案馆编：《东北地区革命历史文件汇集》甲 22，1988 年印，第 168 页。

过紧张训练，准备随时打退敌人新的进攻。

1934 年 11 月，日、伪军发动了冬季“大讨伐”，企图乘大雪封山，游击队活动不便之机，一举消灭饶河抗日武装。此次进攻，敌“讨伐队”以伪军为主，日军为辅，采用分进合击的战术，以饶河游击根据地爆马顶子为主要进攻目标。当时，饶河游击大队分别守卫爆马顶子、大叶子沟、十八垧地、大佳河等游击根据地和重要山口。当敌军来犯时，李学福指挥 70 余名战士主动出击，阻敌前进。但因敌众我寡，爆马顶子仍为敌军占领。此时，守卫其他根据地的饶河游击大队便展开机动灵活的游击战与敌军周旋。手枪队队长金东天指挥 60 多名游击队员采取游击队擅长的夜袭扰敌战术，使进攻大叶子沟的敌军不得安宁，疲劳不堪陷于混乱。饶河游击大队政委李斗文①率 30 余名战士在十八垧地截击来犯之敌，歼灭伪军 25 人。守卫大佳河根据地、由杨官俊指挥的 30 余名游击队员，截击来犯之敌，缴获 10 支步枪。敌人费时一个半月，妄图消灭饶河游击大队的阴谋最终落空，除占领爆马顶子几处空空的营舍外，一无所获。

饶河游击大队通过这一时期的斗争，战斗力大为提高，同时还团结了更多的义勇军、山林队，如接纳“访贤”、“安邦”等义勇军队伍为游击队基本队，编为第三连。游击队发展至 200 余人。饶河游击大队成为饶河、虎林地区抗日武装的核心力量。

七、珠河游击队诞生，反日联合军总司令部建立，哈东支队编成

珠河县（今尚志市）位于哈尔滨东南部，东临苇河县（后并入珠河县），西与阿城相连，南靠五常县，北部与宾县、延寿、方正县接壤。珠

① 李斗文（1905—1935），朝鲜族。北京宏达学校毕业，读书时加入中国共产党。九一八事变后，去莫斯科东方大学学习。1934 年秋回国。历任饶河反日游击大队政委、东北人民革命军第四军第四团政治部主任。1935 年在战斗中牺牲。

河县地处山岳地带，地势东高西低，耸立于县东部的张广才岭山脉横贯南北，有无数起伏的丘陵和茂密的森林。全县较长的河流是蚂蚁河（又称蚂蜒河）及其支流东亮珠河。河流两岸土地肥沃，盛产水稻、玉米、大豆、高粱。中东铁路的东线横穿而过，把全县分成道南和道北两部分，县域内还有10条森林铁路。珠河地区的自然条件，为九一八事变后中国共产党领导人民开展抗日斗争和建立游击根据地提供了有利条件和物质基础。

珠河县是中国共产党开展革命工作较早的地方。1930年10月，中共珠河县委成立。1931年11月，中共珠河县委改为中共珠河特支。1932年7月，根据中共满洲省委指示，中共珠河特支改建为中共珠河中心县委，县委委员5人、候补委员2人，县委书记池喜谦（池活），组织委员崔东范，宣传委员金石辉，妇女委员李秋岳，军事委员金策①。9月，珠河中心县委改组，书记金凤祥，组织委员金钟台，宣传委员池喜谦。全县共有党员47名，县委机关设在朝鲜族居住较集中的蚂蚁河东。

九一八事变后，珠河各族群众纷纷自发地组织起反日武装，开展反对日本帝国主义侵略的斗争。红枪会、义勇军、山林队、大刀会、民团等群众性反日武装遍地兴起，其中红枪会的发展最为广泛。红枪会会员平时除参加农事活动外，还另择时间练功习武，有敌情时到指定地点集合，接受战斗任务。红枪会纪律严明，会员有统一的衣着。但珠河人民自发的反日武装斗争兴起不久，即遭到敌人的残酷镇压。

中共珠河中心县委根据中共中央和中共满洲省委尽快建立党所

---

①　金策（1903—1951），朝鲜咸镜北道人。1930年加入中国共产党。1933年后历任中共珠河中心县委秘书长、东北人民革命军第三军第四师政治部主任、东北抗日联军第三军政治部主任、中共北满省委常委、书记及东北抗联第三路军总政委等职。抗日战争胜利后回朝鲜，曾任朝鲜民主主义人民共和国内阁副首相、朝鲜人民军前线司令官。1951年病逝。

领导的抗日武装、开展抗日游击战争的指示精神，在群众斗争的基础上，开始了创建党直接领导的抗日游击队的工作。珠河中心县委曾计划改造红枪会，试图在红枪会的基础上建立党领导下的抗日武装，并派人到红枪会进行了3个月的艰苦工作，但没有成功。1933年初，县委又派共产党员李福林等收编地主“大排队”的武装，以建立自己的抗日队伍，也没有成功。与此同时，中共珠河中心县委先后派朱新阳、邹光平、小孟（韩光）等9名党员干部到驻苇河伪军温团中进行兵运工作，准备在条件成熟时，举行兵变，夺取武装，建立游击队。

温团原是被日伪当局收编的东北军残部。收编以后，因日伪当局的歧视与军官的克扣，士兵经常衣食无着，军心动摇，对日伪当局十分不满。1933年3月，在党的影响下，温团中队长于洪泽和机枪连宋连长以及进步士兵120余人，于13日晨打死亲日团长温秀峰，发动武装哗变。哗变队伍很快发展到250余人，枪支齐备，弹药充足，又发展了8名新党员，建立了党支部。中共珠河中心县委为将这支哗变队伍改造成党领导的抗日武装，特选派张连科、李启东、金策等到该队工作。这支部队的哗变在珠河、苇河一带轰动一时，影响很大，但是部队领导权没有掌握在共产党员手中，未建成党直接领导的基干队伍，指挥权落到了旧军官章上校手里。部队党组织即决定再次举行哗变，并于4月25日率领50余名官兵发动又一次兵变。但由于准备工作不充分，行动仓促，兵变后队伍仍不稳固，在一些旧军官的煽动、唆使下，队内的党团员和抗日积极分子被驱逐出队，改造伪军的工作遂告失败。与此同时，中共珠河中心县委还派李福林、李泰、尹二胖等到访贤队、西省队等山林队中进行哗变工作，也都没有成功。

为创建党领导的抗日武装，中共珠河中心县委于1933年6月19日召开第四次扩大会议，总结了前阶段创建游击队工作失败的经验教训，并按照《一·二六指示信》和满洲省委的决议精神，重新部署、积极开展群众抗日斗争和建立抗日游击队的工作。县委派出党员团员到一些义勇军、山林队和红枪会中去，团结抗日士兵，为组建党领导的抗日武装做准备。

其中，派出李启东、李根植等投入孙朝阳部抗日义勇军进行工作，并与在巴彦游击队失败后进入该队任参谋长的赵尚志结识，共同进行宣传教育、团结队员的工作。不久，孙朝阳队处境危急，日特借机挑拨，鼓动孙朝阳加害赵尚志等人。赵尚志得到消息后，便与李启东、李根植、王德全等 7 人，于 1933 年 10 月 4 日夜，一起携带 1 挺轻机枪和 11 支长短枪离开孙朝阳队，到达珠河县中东铁路道南六道河子。珠河中心县委得到这一消息后，马上派出李福林①、朱新阳等 6 名党团员加入赵尚志带的队伍。中共满洲省委认为，可以以这支队伍为基础在哈东建立党直接领导的抗日游击队，于是派省委军委负责人张寿篯（李兆麟）前往珠河巡视工作。张寿篯向赵尚志等传达了《一・二六指示信》精神。之后，县委和张寿篯、赵尚志等共同研究了建立游击队的计划。

1933 年 10 月 10 日，在珠河县铁道南的三股流，珠河东北反日游击队宣告成立。队员 13 人，赵尚志任队长，李福林任政治指导员，李启东任经济部长。参加游击队成立大会的有中共珠河中心县委和珠河反日农民自卫队，以及当地抗日武装的代表。会上发表了珠河反日游击队成立宣言和斗争纲领，通过了致东北人民革命军第一军独立师的贺电。会上，游击队员庄严宣誓："我珠河东北反日游击队全体战士，为收复东北失地，争回祖国自由，哪怕枪林弹雨，万死不辞，

---

①　李福林（1907—1937），又名崔东范，朝鲜族。1930 年加入中国共产党。历任中共珠河中心县委组织部部长、珠河反日游击队政治指导员，东北抗日联军第三军第一师政治部主任兼哈东游击队司令，中共北满临时省委委员、组织部部长，北满抗日联军依东办事处主任等职。1937 年在战斗中牺牲。

赴汤蹈火，千辛不避，势必武装东北三千万同胞，驱逐日寇海陆空军滚出满洲，为中华民族的独立解放奋斗到底。”从此，哈东地区建立起一支由中国共产党直接领导的抗日武装。

珠河游击队成立后积极开展对日、伪军警作战，收缴反动“大排队”枪支。1933 年 12 月初，罗家店一战，打退 40 余名日、伪军组成的一支队伍的进攻。不久又在火烧沟反击战中击溃 100 余名日、伪军的进攻，击毙敌大队长等 20 余人。12 月底，为解决游击队越冬物资和弹药，珠河游击队北上宾县七区，在七区党的地下组织帮助下，消灭了反动地主兼保卫团长刘林祥的武装。战斗中，少年队长李根植冲锋在前，率先攻入刘林祥大院，为后续部队开辟了道路。此战缴 13 支枪和 1000 余发子弹。随着抗日游击战的开展，游击区域逐步扩大，形成了以三股流为中心的中东铁路道南游击区。至 1933 年底，珠河游击队已发展至 60 余人，在珠河有了一定的影响。

为了更好地贯彻统一战线方针，中共满洲省委于 1933 年 12 月 31 日发出《给珠河县委及游击队同志信》。信中指出，游击队应联合一切抗日义勇军共同抗日，扩大反日统一战线，或与其他抗日队伍缔结反日作战协定，“在巩固和扩大现有游击队的基础上，把现有游击队造成珠河一带反日游击战争和群众斗争的领导者和组织者”①。并指出游击队尚存在不善于团结其他抗日武装共同作战的缺点。同时信中指示，游击队要采取游击战术，扩大游击区。1934 年 2 月 25 日，珠河中心县委召开扩大会议，检查贯彻《一·二六指示信》的情况，总结执行党的反日统一战线方针的经验教训。会议决定：游击队积极开展游击战争，开辟附近新游击区；坚决纠正反日统一战线工作中的

① 《中共满洲省委给中共珠河县委及游击队同志信》（1933 年 12 月 31 日），载中央档案馆、辽宁省档案馆、吉林省档案馆、黑龙江省档案馆编：《东北地区革命历史文件汇集》甲 20，1989 年印，第 3 页。

错误倾向，召开义勇军代表会议建立联合指挥部；开展瓦解“大排队”的工作等。根据中共珠河中心县委决议，同年3月，珠河反日游击队联合抗日义勇军“青林”等部一同来到铁道北，在侯林乡召开了有“青林”、“爱民”、“北来”、“好友”等部抗日义勇军、山林队首领参加的会议。根据中共满洲省委提出的三项条件（不投降、不卖国，收复失地，反日到底；没收日本帝国主义及其走狗的一切财产和土地充作战费；保护民众利益，武装群众共同抗日，允许群众反日组织的自由），成立了东北反日联合军总司令部，推选赵尚志为总司令。虽然这是一种初步的抗日武装联合的形式，但它说明珠河反日游击队已经成为珠河、宾县、延寿一带抗日武装力量的核心。

1934年4月初，珠河反日游击队接连攻下老虎窝、新开道、古扎子3处伪警察分驻所，共缴获40余支步枪。4月下旬，又攻占秋皮囤，消灭了那里的反动“大排”武装。在秋皮囤，赵尚志以反日联合军总司令的名义召开了义勇军首领会议，决定游击队与“北来”等抗日义勇军联合作战，进攻延寿二区的黑龙宫（今属尚志市）。黑龙宫地势险要，是日伪设在中东路道北地区的一个重要据点，由当地有名的炮手黄英（民众称之为“黄炮”）的亲日民团和一支“大排队”据守，成为珠河反日游击队在道北发展的障碍。战斗开始后，游击队从清沟子后山进攻，“北来”等从侧面攻击。珠河反日游击队的李根植、朴德山等首先冲破敌人的火力网冲入敌阵；联合部队也奋勇冲锋，打得敌人狼狈逃窜，“黄炮”民团、延寿伪警察队逃跑，赵维甲“大排队”投降。5月初，珠河游击队又攻下北围，占领五区小街，在道北建立了以侯林乡、秋皮囤、黑龙宫为中心的新游击区。此时，珠河游击队在战斗中已成长为有5个中队、130余人的部队，影响进一步扩大。附近“白龙”、“铁军”、“双胜”等几支山林队向游击队靠拢。一度与游击队相对立的孙朝阳队之一部“容易”也前来表示和解。同时，败逃的“黄炮”民团和延寿伪警察队朱万金一部也慑于游击队的威力前来表示投诚。珠河反日游击队当即召集大会表示欢迎他们一同参加联合军总司令部，共同抗日。之后，赵尚志率领500余名反日联合军总司令部所属部队进军宾县七区，准备围攻宾县县城宾州。

宾州是哈东重镇，距哈尔滨60公里，是日伪当局在哈东地区的重要据点之一。该镇城防坚固，周围设有炮台、暗堡，城壕之上有电网。因附近的新开道已有义勇军活动，并进至对店屯，宾县伪警务局长将在外“讨伐”抗日队伍的警备大队全部调回，以增加城防力量。

伪宾县县长得知抗日联合部队将要攻城的消息，惊恐异常，即派日本参事官木谷吉弥赴哈尔滨求援，同时加强了城内的警戒。

1934年5月9日上午10时许，珠河反日游击队来到县城南杨家烧锅驻扎，但宾县伪警备队在日军指导官指挥下尾追而来。赵尚志率队在城南驼腰岭采取诱敌战术与敌人展开激战，占领北小岗有利地势，向敌人猛烈射击，毙敌10余人。并趁势追击逃敌，直至宾州城下。此时，反日联合军将县城包围，敌人据守顽抗。惊恐万分的城内守敌在1小时内7次打电话向哈尔滨求援。战斗中联合军用木炮轰城。随着一声巨响，城墙被轰毁一角。硝烟未散，游击队少年连的战士率先冲进城内，但大部队未能跟进，少年连旋即撤出。第二天上午，日军岩越师团1个大队和伪军近千人，从满家店驰援宾州。为避免遭受更大损失，赵尚志下令部队撤离。宾州之战，敌人死伤70余人，游击队战死、负伤6人。“木炮打宾州，声威震敌胆”，成为在民众中流传的传奇佳话。

此时，反抗日本殖民统治的勃利县连珠岗民变、依兰县土龙山农民反日暴动的消息接踵传来。中共满洲省委在5月19日指示珠河中心县委，要求珠河游击队联合义勇军各部采取打击敌伪的积极行动，以示呼应。珠河游击队随即在宾县西部活动，逼近哈尔滨近郊，使日伪当局十分惊慌，调集日、伪军警进攻抗日武装。

1934 年 6 月 7 日，反日联合军来到宾县七区三岔河，动员地主大户支持抗日，号召大户人家献枪、献子弹，有钱出钱，有物出物。但由于警戒不严，汉奸告密，部队突然遭到来自珠河、宾县和哈尔滨的日军和伪警备旅约 700 名敌人的围攻。

三岔河位于宾州镇东 15 公里处。联合军开进三岔河后，即分别驻在三门高家、三门柴家、三门王家等村屯。这里的几家大地主都有高墙大院，设有炮台，并配备很多枪械。战斗首先在八里岗打响，战斗十分激烈。敌人发炮 180 多发，其中院内就中五六发。由于联合部队大部稍战即退，结果赵尚志及所部被包围在王家大院。此时，敌人的大炮、机枪集中火力向王家大院轰炸、射击，驻守东院的联合部队"铁军"见势不好，冲出院内撤走，东院被伪警备旅第四教导队占领。驻守在中院的赵尚志及所率骑兵队和一中队已成孤军，处境十分危险。在赵尚志的指挥下，战士们英勇抵抗，并夺回了东院。战斗中，骑兵队长李根植十分英勇，为了夺取敌人的机枪，冲入敌阵，胸部连中三弹，壮烈牺牲。战士们继续顽强战斗，一次次击退了敌人的进攻，坚守着自己的阵地。

此时夜幕降临，赵尚志指挥骑兵队和一中队奋勇突围。恰在此时，副大队长张寿篯率领增援部队赶到，联合军"九江队"也赶来增援。敌人遭两面夹击，终于退去，游击队脱离险境。次日敌人又来袭击，游击队和义勇军经激战，退至靰鞡草沟。第三天敌人又来进攻，与"九江队"交火，赵尚志率队前往支援，敌人望风而逃。

三岔河突围战是珠河游击队建立之后进行的一次最为激烈的战斗。此战击毙日、伪军 80 余人，其中日军占一半，另伤 30 余人。游击队伤亡 5 人。这次战斗打出了游击队的威风，粉碎了敌人"抗日军已被消灭"的谣言，鼓舞了人民群众的抗日斗志和胜利信心。

经过这一时期战斗后，珠河游击队在珠、宾、延地区威名远扬。

队伍经过整顿，编为 3 个大队，兵力已达 180 余人。此外，在道南已组成基本队 80 余人尚待编入。

1934 年春，珠河、延寿、宾县的抗日斗争形成高潮，珠河反日游击队的实力增长，影响日益扩大。哈尔滨日伪当局悬赏 1 万元抓捕赵尚志，这更令周围许多抗日义勇军对珠河游击队和赵尚志佩服有加。此时，不但原有参加反日联合军总司令部的“北来”、“铁军”、“容易”、“黄炮”、“朱万金”等部要求直接编入珠河游击队，而且还有一些新近跟随游击队一同战斗的山林队，如“白龙”、“闯江南”、“压满洲”、“压东洋”等部也积极要求直接加入游击队。此外，一些地主“大排”和伪自卫队，如宾县七区“大排”队长王甲三、三岔河“大排”队长李靖远等，慑于游击队声威也率队反正，与游击队取得联络，要求随同珠河游击队一起共同抗日。

一时间，各种武装队伍都换上了标志抗日的红袖标。在这种情势下，为了将这些成分复杂的队伍统一编制起来，纳入中国共产党和珠河游击队的有效领导之下，并予以教育和改造，中共珠河中心县委和游击队根据省委有关在抗日义勇军中开展统一战线工作和扩大游击队的指示精神，决定采取以珠河反日游击队为骨干，收编自愿加入游击队的抗日义勇军的方式成立东北反日游击队哈东支队。为此，1934 年 6 月 28 日，中共珠河中心县委召开了党、团珠河县委扩大会议。中共满洲省委巡视员张寿篯、团省委特派员小孟和游击队队长赵尚志参加了会议。会上讨论和通过了改编抗日义勇军、山林队，扩大游击队的原则和计划，作出建立哈东支队的决议。

1934 年 6 月 29 日，参加改编的各支抗日部队全体人员大会召开，宣布东北反日游击队哈东支队正式成立。哈东支队设司令部，由赵尚志任司令，张寿篯任代理政委兼政治部主任，梁佐术任参谋长。下编三个总队：第一总队，总队长赵尚志兼任，政委张寿篯兼任，副总队长王甲三；第二总队，总队长黄英（即“黄炮”），政委马宏力，副队长梁佐术兼任；第三总队，总队长曹德生（前“黑龙宫”保卫团团长），政委小孟，副队长李靖远。每个总队下编3个大队。珠河游击队原有3个大队成建制地分别编入哈东支队3个总队，以便起骨干作用，并团结改造其他新编入的部队。此外，还编有骑兵队、少年先锋队、教导队和迫击炮队，直属司令部。全支队共计450人。哈东支队是一支以珠河游击队为骨干与核心，收编多支抗日义勇军、山林队编制而成的由中国共产党领导、具有统一战线性质的抗日部队。

哈东支队建立后，根据当时斗争形势的需要，将全支队分为三部分开展游击战争，拓展游击区域。赵尚志率第一总队和司令部直属部队共200余人，坚持在宾县三岔河、九千五（今宾县宁远镇）一带活动。1934年7月初，第一总队西出满家店，该地伪军闻风而逃。随后，伪吉林警备二旅司令李文炳坐镇宾县，调动500余名伪军进攻哈东支队。赵尚志率队在乾松顶子布阵迎敌，当地农民反日自卫队也自动参战。部队在夜幕掩护下向伪军展开猛烈射击。伪军队伍散布于10余里的狭长浅山沟，首尾不能相顾，且夜幕之下不知游击队之所在，竟自己互相射击。战斗经时，伪军被击溃。之后，赵尚志又于8月4日集合活动在松花江南北的义勇军，在宾县新甸松花江上游10公里处，袭击了停泊在江中的日军江上警备队“广宁”号战舰，日军伤亡惨重。

第二总队一部约80余人，以哈东支队路南游击大队名义被派回道南，支援先遣部队肃清扰乱游击根据地的敌伪武装。7月6日，赵尚志派路南游击大队联合“考凤林[①]”、“压东洋”等抗日山林队400

① 考凤林，生卒年不详。1931年九一八事变后组织抗日队伍。1936年任东北抗日联军第三军第八师师长。1938年叛变投敌。

余人共同进攻五常县城。战斗中，路南游击大队的队员们有如猛虎下山，率先从南门攻入城内，砍倒电线杆，割断电话线，并逼近“满铁”社员寄宿的五常旅馆及日军某部司令官佐藤的官舍门前。“考凤林”队也从北门攻入城内。但由于日、伪军拼命抵抗，加之“压东洋”山林队按兵不动，致使先行攻入城内的游击队遭受较大损失。在这种情况下，联合部队撤出县城。

在此期间，小孟带领第三总队和第二总队一部约 100 余人，在道北游击区筹款做军装，肃清残敌，频繁袭击敌人列车，破坏敌通讯设施。仅 1934 年 8 月份，哈东支队及其他抗日武装共袭击铁路 91 次，造成脱轨、翻车 16 次；破坏线路 41 起，破坏桥梁 31 起，破坏通讯设施 18 起；毙伤敌人 50 余人。同时，还与延寿、方正等县之反日山林队取得联络，扩展游击区。哈东游击战争不断向前发展。

哈东支队成立不久，珠河中心县委接到中共满洲省委于 1934 年 6 月 30 日给县委的来信。信中批评县委和游击队“以可耻的上层勾结代替下层统一战线——各义勇军部队中没有任何下层群众工作”。同时也批评了“关门主义非常浓厚”的错误。对这种批评，县委和游击队领导人之间存在不同认识，因此常常引起争论。赵尚志反对这种批评。后来省委派代表刘焜①帮助解决争议问题。他支持了赵尚志的主张，使争议得到解决。

1934 年夏，日伪当局提出“专打赵尚志，不打反日军”的口号，在这种挑拨诱骗下，出现了于九江、“黄炮”等脱离哈东支队的叛逃逆流。于九江本系惯匪，与珠河游击队一度联合是当时形势所迫。当

---

① 刘焜（1904—2002），又名赵毅敏，河南滑县人。1926 年加入中国共产党。1930 年后历任中共满洲省委常委、宣传部部长、组织部部长等职。1934 年任哈东支队政委。1935 年去莫斯科，后去延安。新中国成立后，曾任中共中央对外联络部副部长、中共中央纪律检查委员会副书记等职。2002 年病逝。

赵尚志率哈东支队第一总队自宾县回师东行欲攻延寿之际，于九江趁机带队至宾南游击区乱抢乱夺，将哈东支队收编的武装队缴械，扩充自己的势力，还将哈东支队创造的道南道北游击区擅自划分给各山林队作为各自势力范围，造谣、破坏哈东支队与各抗日武装的关系，等等。为此，哈东支队立即公开发表《告反日抗满义勇军书》，揭露于九江等破坏抗日统一战线的行为，号召义勇军各部队坚持抗日联合，反对投降。于九江随即公然写信挑战，并首先向哈东支队开枪，导致双方在靰鞡草沟发生了武装冲突。随后“黄炮”队也公开叛变。“黄炮”过去也是迫于形势与珠河游击队联合，因不满哈东支队主张对民众不抢不夺，生活艰苦，纪律严格，在哈东支队与于九江发生冲突后已自动离开哈东支队。不久，“黄炮”又勾结于九江队公然破坏道北抗日游击区，宣布取消儿童团、妇女会、青年义勇军，收缴农民自卫队枪支，并带队袭击抗日根据地模范村侯林乡，被群众武装武卫队击退。9 月 16 日，“黄炮”队又第二次进攻并占据侯林乡，烧杀抢掠无所不为，搜捕杀害哈东支队伤病员和党团员。于九江、“黄炮”等掀起的反叛逆流，遭到哈东支队的有力回击。

这段时间，一些义勇军、山林队与游击队的关系开始疏远，有的甚至离去，其中原因极其复杂。主要是：这些队伍本来就是动摇的力量，是被抗日潮流裹挟进来的；日伪为了孤立珠河游击队，对这些队伍加紧收买拉拢；游击队未能采取有效措施积极予以教育，在一些问题的处理上也未适当照顾他们的利益。哈东支队对收编队伍的清理整顿过急、方式简单，甚至对一些山林队进行缴械，也是其中重要因素。这些事实教育了珠河县委和游击队领导人，用简单收编的方式建立抗日联合部队，建立抗日统一战线，并非可靠的途径。稍后，中共满洲省委在《为粉碎冬季大讨伐给全党同志的信》中指出：“改编只有在一定条件下”才能成为义勇军和山林队加入人民革命军或游击队的办法之一。这种条件，即是我方在政治上和军事力量上居于绝对的优势，在政治工作与编制工作方面要有有力的措施。否则不能急于改编，更不宜采用一律收编的方式。同时，对于同盟者必须慎重对待，既要予以善意又要有严肃的批评及必要的、讲究方式方法的斗争，又应适当照顾他们的基本利益，不可稍有违反共同纲领之事即行缴械，简单从事。

为了摆脱一时的困境，重新打开局面，用新的军事胜利巩固哈东支队和老游击区，开辟新区，振奋抗日群众和抗日同盟军的士气，解决部队武器装备和物资补给，1934 年 8 月 5 日，哈东支队自道南向五常新区发展。首要攻击目标是五常县城北部约 15 公里的五常堡（今常堡乡）。五常堡城防坚固，40 多年未被兵匪攻破过。城内驻有伪警察队、商团兵和“大排队”共约 300 余人。为麻痹敌人，哈东支队在进攻前佯称再次进攻五常县城，并以一部设伏在拉（法）（哈尔）滨铁路方向，阻敌之援军。8 月 15 日夜，在赵尚志指挥下战斗打响。16 日晨 1 时 20 分攻入城内。战斗之激烈程度令敌军丧胆，敌慌忙逃出城去，“阵亡十余，伤不详”①。此战哈东支队姚万春大队长等 3 人牺牲，1 人负伤。哈东支队入城后，军歌响亮，秩序井然，将日伪机关和防守设施尽行焚毁。凡属敌人物资均由没收队统一负责查收，对民众秋毫无犯。不久，敌援军和逃敌会合反攻，哈东支队遂安全撤至牤牛河北岸。这次攻克五常堡战斗，共缴获长短枪 40 余支和大量子弹以及布匹、胶鞋、面粉等大量物资，显示了哈东支队的战斗力和纪律性，倍受群众称赞，军队声誉传至哈东各地。因而哈东支队在移师小山子、兰采桥等处时，不打自开，捕捉走狗 90 余人。支队返回四道河子，将缴获的布匹一部分为部队做冬

---

①　《中共满洲省委巡视员霞珠河巡视报告（第二次）》（1934 年 9 月 28 日），载中央档案馆、辽宁省档案馆、吉林省档案馆、黑龙江省档案馆编：《东北地区革命历史文件汇集》甲 20，1989 年印，第 225 页。

装，一部分给了当地群众，一部分送回根据地给儿童团、妇女会和地方工作人员做冬衣。当地民众立即被发动起来，不久便组织了300余人的农民自卫队和50余人的青年义勇军，保卫家乡，支援哈东支队作战。

随后，哈东支队为扩大游击区，又联合“压东洋”等义勇军向西直驱双城东部八家子、康家炉，迫使“大排队”投降。9月25日，攻下梨树沟。10月初，又东向小山子、威虎岭、方贤沟发展，打击伪军和破坏日本移民村。

与此同时，哈东支队一部在中东铁路东段及中东路南部线两侧与一些抗日义勇军联合行动，频繁破坏铁路，袭击敌人军事列车，使敌人交通运输受到严重破坏。据1934年7月30日伪满《大同报》报道：7月28日8时40分一列西行列车在乌吉密附近，因线路被破坏，列车颠覆。8月30日23时，自哈尔滨南下的旅客列车在双城县五家子附近出轨，遭抗日武装进攻。

哈东支队经过在五常与珠河的战斗，提高了声威，壮大了队伍，拓展了游击区域，打击了日伪的嚣张气焰，冲破了由于于九江、“黄炮”叛变后在义勇军和山林队中出现的投降逆流和动摇状态，从而在政治上、军事上又呈现了一个新的局面。

哈东支队为迎接更艰巨的战斗，1934年9月在威虎岭重新进行了整编。支队司令仍为赵尚志，政治部主任由小孟担任。部队缩编为第一、第三、第五、第七、第九共5个大队，由许亨植①、张连科②、姜

---

① 许亨植(1909—1942)，又名李熙山，朝鲜族。1930年加入中国共产党。九一八事变后，在宾县、汤原、珠河等地参加抗日活动。1934年后历任哈东支队大队长，东北人民革命军第三军第二团团长、第三师政治部主任，东北抗日联军第三军第一师政治部主任、东北抗联第九军政治部主任、东北抗联第三军军长、东北抗联第三路军总参谋长。1942年在战斗中牺牲。

② 张连科(？—1938)，生年不详。1933年10月参加珠河反日游击队，历任东北人民革命军第三军第三团团长、东北抗日联军第三军第三师师长等职。1938年牺牲。

德山、刘海涛①、李福林分任大队长，此外尚有政治保安队、骑兵队和少年队。全支队共470余人，另有农民自卫队3000余人。支队整编后，成立了党委会，李福林任书记。党委和支队司令部总结了过去斗争的经验和教训，于10月12日发表了《东北反日游击队哈东支队告反日抗“满”义勇军书》的文告。文告指出：由于哈东支队同抗日义勇军开展反日游击战争取得了伟大的成绩，日伪便疯狂地利用一切力量和手段“讨伐”抗日武装，使用一切办法挑拨离间哈东支队与其他抗日武装的关系，达到其分化瓦解、各个击破抗日部队的目的。文告揭露“黄炮”等破坏抗日统一战线，屠杀抗日民众，是适应日伪反动统治的需要，实际上已成为日本帝国主义的走狗。文告再一次强调各种抗日力量联合对敌的重大意义。同时，哈东支队表示“公开承认和纠正自己的错误”，重申在不投降、没收日本帝国主义及其走狗的财产、保护人民利益等三项条件下，与任何不愿当亡国奴的抗日武装订立临时反日军事协定，或结成反日同盟。文告呼吁各抗日部队：“谁是朋友，谁是敌人，我们应当分别清楚”②，表明哈东支队对于只要一分钟还是反日的、都要与他们携手，一分钟后向敌人投降、就把他们当做民众的敌人这一鲜明的政治态度。

1934年9月28日，中共满洲省委在《给珠河县委及游击队的信》中，对哈东支队这一时期的斗争给予了充分肯定。认为哈东地区最

---

①　刘海涛（1907—1941），原名刘保仁，山东东阿人。九一八事变后，带队加入孙朝阳队抗日，随后参加珠河反日游击队并加入中国共产党。历任哈东支队骑兵队指导员，东北人民革命军第三军第一团政委、团长，第一师师长等职。1935年被派赴苏联。回国后，历任八路军山东纵队第六支队司令员、鲁中军区司令员。1941年在山东沂水战斗中牺牲。

②　《东北反日游击队哈东支队告反日抗“满”义勇军书》（1934年10月12日），载中央档案馆、辽宁省档案馆、吉林省档案馆、黑龙江省档案馆编：《东北地区革命历史文件汇集》甲44，1990年印，第193页。

近这一时期游击战争获得了许多新的成绩，部队扩大，游击区域扩展三倍，群众组织和群众武装扩大，使哈东支队为完成创造人民革命军，粉碎敌人的一切“讨伐”，巩固和扩大游击区，建立人民政府等中心任务，获得了更顺利的条件和强有力的基础。

八、汤原游击队重建，联合其他抗日武装再燃松花江下游游击战火

中共汤原中心县委在汤原地区建立抗日游击队的工作，历经挫折。1933 年 4 月，中共满洲省委派往汤原的代表冯仲云自汤原长途跋涉返回省委汇报工作，寻求省委指示。在省委接到中共中央《一·二六指示信》并经初步研究后，中共满洲省委于 5 月 3 日发出了《为在民族统一战线中取得领导建立民众政府给汤原中心县委的指示信》。信中检查了省委贯彻“北方会议”错误方针给东北和汤原抗日斗争所造成的损失，指示汤原党组织必须将创建、发展共产党独立领导下的抗日游击队，并使其“成为聚集与联合一切反日力量的组织者”，作为一切任务中的重要环节；将联合一切反日力量同日本帝国主义进行斗争，作为运用反日统一战线新策略的当前最中心的任务。

1933 年 7 月末，中共满洲省委派出省委常委兼军委书记吉密（胡世杰）作为省委代表，同省委职工运动委员会委员王亚堂一起，携带省委 7 月 25 日起草的关于“抗日战争的策略与任务问题”给县委的新指示信到达汤原中心县委，再次传达中央《一·二六指示信》和省委决议精神。8 月 2 日，汤原中心县委召开扩大会议。会议根据中央《一·二六指示信》和省委的指示精神，分析了过去创建游击队的工作多次受挫的原因，总结了经验教训。县委负责人从中对关门主义的危害以及中央《一·二六指示信》的新

方针有了新的认识。会议根据中共满洲省委指示，改组了汤原中心县委，选出王亚堂任书记的新一届汤原中心县委员会。会后，县委同仍在“青山”、“占中央”等义勇军中工作的共产党员戴鸿宾、宋瀛洲、徐光海[①]等人分别取得联系，指示他们在各抗日义勇军和山林队中积极开展工作。

1933 年 8 月上旬，在中共汤原中心县委的协助下，汤原地区的几支抗日武装联合组成立了东北民众联合反日义勇军。反日义勇军设指挥部，下设政治部、参谋部和秘书处。在召开的反日义勇军联席会议上，推选“青山”队首领为总指挥，张裕堂为参谋长，张文藻（中共党员）为政治部主任，宋瀛洲（中共党员）为秘书长。全军共计 550 人。8 月 14 日，这支部队又联合其他抗日武装共 1400 余人进攻汤原县城。“青山”、“占中央”两队首先攻入城内，但遭遇日、伪军的顽抗。因后续部队进攻迟缓，未能攻克伪县公署大院，不得不退出县城。之后，各部义勇军又分散活动，各行其是。至同年末，东北民众联合反日义勇军已徒具虚名，不宣而散了。

1933 年 10 月，前汤原中心县委书记裴治云等 12 人被日本宪兵逮捕杀害，县委书记王亚堂恐惧逃跑，县委机关仅有县委成员、县军委负责人夏云杰一人坚持工作。夏云杰立即主动承担起县委领导工作，汲取教训，经过一段艰苦斗争，使汤原地区党的组织和抗日群众组织得以逐渐恢复，并以隐蔽在鹤立岗北七号屯的共产党员和前游击队员作为基本力量，再次进行组建由党直接领导的游击队的工作。

1933 年 11 月，夏云杰派团县委书记于永顺和党员徐振江携带仅有的两支手枪，利用社会关系混进鹤立岗东部的黄花岗屯伪自卫团

---

① 徐光海（1907—1938），又名徐炳仁，朝鲜族。九一八事变前参加农民运动，加入中国共产党。后参加抗日义勇军进行争取工作，1934 年 10 月率义勇军一部参加汤原反日游击总队。1937 年 2 月，任东北抗日联军第六军第一师政治部主任。1938 年在战斗中牺牲。

团部，通过里应外合将伪自卫团全部俘虏和缴械，获得14支枪。夏云杰立即以这些枪支在七号屯建立起一支新的汤原民众反日游击队，由徐振江任代理队长。同年末，戴鸿宾、宋瀛洲等从各义勇军中相继退出，并被派到游击队工作。这时，汤原民众反日游击队由宋瀛洲任队长，戴鸿宾任副队长，张兴德任政治部主任，李仁根任参谋长。游击队分编为2个小队，共计50人，内有女队员7人。根据夏云杰的指示，游击队在格节河（今格金河）三号木营建立了后方基地，进行政治军事训练。夏云杰派宋瀛洲和裴敬天到格节河上游杨把头碓营进行抗日宣传工作，争取了格节河金矿经理及其领导的护矿队，在给养、药品等物资上给予游击队支持。汤原反日游击队成立后，在汤原地区机动灵活地开展抗日游击战争，队伍迅速扩大。

1934年3月，汤原民众反日游击队自汤原向毗邻的萝北县城凤翔镇进军。此时，驻该镇伪军已前往肇兴，凤翔镇内防守空虚。3月22日，中共鸭蛋河区委书记李凤林带领几名游击队员以佯装打架斗殴、找伪自卫团团长评理为由，混入凤翔镇伪自卫团部，将伪自卫团全部俘虏，缴得14支枪。接着，又陆续俘虏了前来伪自卫团开会的地方势力代表，缴获长、短枪13支，最后胜利返回汤原县游击队驻地七号屯。3月25日，伪军涂旅一个骑兵连跟踪而至，占据附近制高点向游击队阵地发起攻击。游击队对涂旅的跟踪早有所料，发现敌情后沉着地进入密林深处，瞄准来犯之敌猛烈射击。毙敌5人，伪军退走。这是汤原游击队重建以来首次取得胜利的战斗，鼓舞了游击队的士气，提高了游击队在群众中的威望。不久，汤原游击队抵达格节河三号木营中共汤原中心县委所在地。伪军涂旅一个连又一次来犯。游击队利用进入三号木营必经之葫芦脖子这一咽喉地带的有利地形进行阻击，击毙伪军10余人，余敌狼狈逃走。

中共满洲省委一直关注汤原中心县委领导的汤原地区的抗日斗

争，认为这里是除南满、东满以外建立反日游击队较早的地区，也是建立东北人民革命军最有希望的地方之一。为了加强游击队的工作，中共满洲省委于 1934 年 5 月 19 日发出《关于开展下江一带抗日武装斗争及目前党的任务给汤原县委及游击队全体同志信》。信中指出：为了把赤色游击队建设成“下江一带反日反‘满’力量的唯一领导者与组织者”，“首先必须坚决打击党内和游击队内对于反日民族革命战争没有决心悲观失望的右倾机会主义”；同时，重申《一·二六指示信》精神，“要在坚决反对‘左’倾关门主义的基础上，去团结一切反日反满的力量。首先是团结那些与我们关系较好的反日武装力量”。另外，信中还根据当时各部义勇军的具体情况指出：“特别要开展反投降运动”①。这些指示，对于汤原游击队的发展起到积极作用。同时，在组织上，中共满洲省委于 1934 年四五月间指示夏云杰负责游击队的整顿建设工作。

1934 年 5 月，夏云杰到达游击队后，为锻炼队伍，扩大游击队的政治影响，亲自率游击队深入太平川平原开展活动。6 月 15 日，夏云杰率领游击队从三面包围并攻打太平川伪警察分驻所，使敌人惊恐不安，不敢出击。6 月 19 日，游击队西去攻下黑金河金矿，缴获一批物资。6 月 21 日，夏云杰率领游击队攻打了太平川西大岗反动地主盘踞的“连环窑”②。他们先克黑金河通向太平川的敌据点姜家屯，后破格节河通向太平川的二道岗。在进攻二道岗的战斗中，夏云杰头部负伤不下火线，坚持指挥战斗，极大地鼓舞了战士们的斗志。战士们一鼓作气攻下了伪自卫团据守的炮台，缴获长短枪 10 余支。随后，

---

① 《中共满洲省委关于开展下江一带抗日武装斗争及目前党的组织任务给汤原县委及游击队全体同志信》（1934 年 5 月 19 日），载中央档案馆、辽宁省档案馆、吉林省档案馆、黑龙江省档案馆编：《东北地区革命历史文件汇集》甲 18，1989 年印，第 149—150 页。

② 东北农村相邻的地主大院，筑有炮台进行“联防”，称为“连环窑”。

又联合冯治纲①所部“文武队”攻破了太平川长发屯地主田玉清大院。游击队这些战斗的胜利，使太平川的反日斗争形势发生了重大变化。汤原县原教育局局长刘显（刘铁石）热情投入抗日宣传，并为游击队购买枪支弹药，还把家中的5支枪全部捐献给了“文武队”；有民族气节的地主黄有、贾有，献出了家中的全部钱财，并自带枪马参加了汤原游击队。此时，游击队经过多次战斗的锻炼，战斗力提高，人数增加，由原来的2个小队扩编为3个小队。

中共满洲省委为加强汤原反日游击队的领导力量，提高游击队领导人的政治与军事领导水平，于1934年7月调夏云杰到哈尔滨汇报工作并进行短期集训，学习中央的有关指示，总结游击队建设中的经验教训。集训结束后，夏云杰被任命为汤原反日游击队政委。1934年8月4日，中共满洲省委又向汤原游击队发出了《给下江反日游击队政治委员及全体同志信》。信中根据《一·二六指示信》的精神，批评了汤原游击队的同志们此前对反日民族革命战争新阶段估计不足的“右倾机会主义”和放弃群众工作以及没有与许多反日义勇军部队建立联系并结成统一战线的关门主义错误。该信指出，目前“反日游击队的总任务，是把游击队造成下江一带反日游击战争及反日广大群众斗争的组织者和领导者”。信中还着重指出：“赤色游击队的主要任务之一，是在积极游击战争中来创造游击区。”②该信根据《一·二六指示信》的精神还特别提出了创造游击区的条件，即解除

① 冯治纲（1908—1940），吉林怀德人。九一八事变后在格金河金矿参加护矿队抗日，不久组织“文武队”继续抗日活动。1935年9月率“文武队”加入汤原反日游击总队，并加入中国共产党。历任第四中队队长、东北人民革命军第六军参谋长、东北抗日联军第三路军第二支队队长、龙北指挥部指挥等职。1940年在战斗中牺牲。

② 《中共满洲省委给下江反日游击队政治委员及全体同志信》（1934年8月4日），载中央档案馆、辽宁省档案馆、吉林省档案馆、黑龙江省档案馆编：《东北地区革命历史文件汇集》甲19，1989年印，第107页。

地方上敌人的一切武装来武装广大民众；把抗捐、抗税等斗争提高到反日游击战争阶段；武装广大民众，保护群众利益，组织广大群众的各种反日团体，特别是农民委员会。

夏云杰从哈尔滨回到汤原后，召开了全体游击队员大会，传达了省委 1934 年 8 月 4 日来信的精神，并宣布汤原反日游击队扩编为汤原反日游击总队，戴鸿宾为总队长，李仁根为参谋长，下辖 4 个队。全队共 150 余人。

会后，夏云杰根据省委的指示，为加强游击队自身建设，努力提高部队的政治、军事素质和战斗力，采取了一系列有效措施：第一，贯彻执行《东北人民革命军及赤色游击队暂行条例草案》，把游击队置于中国共产党的绝对领导之下，确定政治委员为游击队中党的代表，纠正了部队内的极端民主化和绝对平均主义思想。第二，执行主动进攻策略，扩大反日游击区，决定夏云杰和戴鸿宾分别率队向亮子河、格节河、黑金河等金矿和吉兴沟、大眼沟、仙马沟、佛爷砬子等地进行游击活动。游击队所到之处，伪警察、特务和反动地主闻风而逃；而广大人民群众则对游击队表示热烈欢迎，许多青年踊跃报名参加游击队。第三，游击队认真贯彻反日统一战线政策，加强了同义勇军的团结。8 月末，游击总队与“文武队”联合进攻了几个反动地主大院之后，又与“青山”、“中侠”几支山林队联合解除了黑金河金矿附近的一个伪自卫团的武装。

1934 年 9 月初，游击队打开了太平川地区二道岗。9 月 10 日，游击总队再次联合冯治纲的“文武队”义勇军分别解除了同抗日武装敌对的太平川南部长发屯和姜家屯的反动地主武装，共缴获 100 余支枪和洋炮（土枪）。一时间，附近表示同情抗日的中小地主富户纷纷献枪给游击队。同时，汤原中心县委与游击总队还进一步开展了瓦解敌军和统一战线工作。10 月，为推动太平川地区抗日斗争的进一步开展，县委决定争取此地有较大影响的伪自卫团长张传福①参加抗日斗争。先是通过地下党员和抗日救国会与张传福的私人关系，对他进行教育与争取，然后由游击队长戴鸿宾约他谈话，当面晓以民族大义。张传福决心弃暗投明，并约定时间组织太平川伪自卫团反正，由游击队负责接应。11 月 9 日晚，游击队兵分两路，一路由戴鸿宾率领接应张传福自卫团的反正，一路由夏云杰率领伏击敌人的追击，结果张传福率自卫团反正成功。翌日，在格节河，汤原反日游击队将该部单独编为一个中队，任命张传福为中队长。

太平川伪自卫团反正抗日事件，使日伪当局为之震动，不久即从佳木斯等地调集日军一部和伪军涂旅第三十八、第三十五团，自太平川至格节河金矿一线向汤原游击队进行“讨伐”。游击队避实击虚，迅速撤入山区，利用峡谷地形巧妙打击敌人。此战日军伤亡 30 余人，伪军畏缩不前，“讨伐”失败。汤原反日游击总队在战斗中成长起来，成为中国共产党在松花江下游江北建立的又一支抗日劲旅。

此时，经常与汤原反日游击队在一起联合作战的部队，除冯治纲的“文武队”外，还有李华堂②为首的中国自卫军吉林混成旅第二支队。该队是李杜吉林自卫军的余部，共有 3 个营，约 400 人。该部原在依兰南部刁翎、三道通一带活动，1933 年末来到汤旺河沟里。中共汤原中心县委认为这支部队以旧吉林军为骨干，仍坚持抗日立场，应

---

① 张传福（1902—1938），吉林公主岭人。曾任汤原大平川伪自卫团长。1934 年冬起义加入汤原游击队，任中队长。不久加入中国共产党。后历任东北人民革命军第六军第三团团长、东北抗日联军第六军第二师师长等职。1938 年在战斗中受重伤后牺牲。

② 李华堂（1886—1946），河北滦县人。九一八事变后参加自卫军，任该军混成旅第二支队支队长，后与东北人民革命军第三军组成东北反日联合军，任副总指挥，1937 年 1 月任东北抗日联军第九军军长，同年加入中国共产党。1939 年 7 月在方正县大罗勒密投敌。抗日战争胜利后，组织反动武装，被国民党委任为东北挺进军第一集团军上将司令。1946 年在刁翎附近被东北民主联军俘虏，死于押解途中。

当进行争取团结，共同抗日。县委经李华堂同意，选派3名干部到自卫军支队开展工作。李华堂因见义勇军大部队业已瓦解，共产党领导的抗日游击队却日益成长，考虑到自己所率部队将来有困难时需要共产党的帮助，因此该部在汤原活动时与汤原反日游击队关系较为密切，能够联合对敌作战。1934年以后，李华堂支队在日、伪军不断打击之下，因缺少坚强的领导，队伍出现溃散现象。1934年10月仅剩100余人枪，部队在汤旺河沟里已站不住脚，只得返回松花江江南继续活动。

九、土龙山农民反日暴动与民众救国军的建立

日本帝国主义为实现其向中国东北移民计划，1933年2月，第一批武装移民转到桦川县孟家岗永丰镇（今属桦南县）定居，成立“弥荣村”移民团，计432人，共强占约1万公顷已耕地和可耕地。同年7月，第二批日本武装移民到达依兰县七虎力河右岸，再迁土龙山附近湖南营，成立“千振村”移民团，共455人，亦强占大量民地。这些武装移民所到之处，骚扰中国农民，强迫原住农民离开久居的家园和耕种的农田，强占农民土地、财物、耕畜和农具，鸠占鹊巢，不仅一般贫苦农民身受其害，就是地主、富农也不能幸免。日本关东军拟在依兰县和勃利县征用土地，分别占该县已耕地和可耕地的75%和97%。所谓“收买”价格，不论熟地和荒地一律1元，只相当于熟地市价的1.25%和荒地市价的3.3%，无异于公开掠夺。农民将日本武装移民称为“屯匪”。广大农民除了反抗，已别无生路。

1934年2月，勃利县城西北部连珠岗首先爆发了反抗日伪暴政的斗争。当时，日本计划修建的图们经牡丹江至佳木斯铁路从这一带通过，日伪官吏强迫收缴地照，筑路建桥，广收苛捐杂税，强奸妇女，已经引起民众的普遍不满。加之又当春节年关，日、伪军警到各

户翻箱倒柜严厉收缴民间枪支，更引起群众激愤。连珠岗一带，包括上下杏树沟、大小连珠岗、大四站1000余名民众，经过串连酝酿，于2月26日举行了反日暴动。他们当场砸毁日伪汽车数辆，并成立了暴动指挥部，组成200余人的武装队伍，准备进攻勃利县城。此举使日伪当局十分震惊，遂即采用软硬兼施手段，一面收买民变上层不坚定分子，许诺退还已收缴的地照、枪支，藉以缓和民众情绪；同时，立即调集伪警察大队和县壮丁团进行武装镇压，相继枪杀60余人。结果，当地民众反日暴动暂时陷于失败。

但是，反抗并未停止。勃利县连珠岗民众发生反日暴动的消息，迅速传遍周围的依兰、桦川、密山以至珠河各县。同样遭受日本武装移民侵害的依兰县三区土龙山（今属桦南县）一带早已愤怒至极的农村各阶层群众，揭竿而起，反抗日本侵略者的暴行。土龙山五保甲长景振卿等在农民的拥护下积极联络农民群众，首先以当地壮丁团为骨干组建一支农民武装队伍。曾担任过吉林自卫军土龙山骑兵旅第二团团长的五保保董兼自卫团长谢文东①，也在农民武装的裹胁之下，参加并领导这一反日暴动。

1934年3月8日，依兰县日伪当局得知这一消息后，立即派一连伪军骑兵进驻太平镇（今桦楠县土龙山镇），并通知各保保董到太平镇听取伪县长训示。3月9日晨，各路农民武装约2000余人涌入太平镇，进入伪警察署解除20余名伪警枪支，袭击伪县长带领的伪军，击毙伪军10余人，将伪县长和骑兵连包围在一家商号大院内，并在镇

① 谢文东（1887—1946），辽宁宽甸人。1934年3月组织依兰县土龙山农民暴动后任东北民众救国军司令。1935年与东北人民革命军第三军组成东北反日联合军总指挥部，任军事委员长。1936年9月任东北抗日联军第八军军长，1937年加入中国共产党。1939年3月率残部投敌。1945年8月组织反动武装，被国民党委任为第十五集团军上将总司令。1946年被东北民主联军俘虏，公审后处决。

西白家沟设下埋伏严阵以待，迎击援敌。

白家沟是太平镇西面的一个小村屯，离该镇只有四五公里，南靠横岱山，北对土龙山，东西是高低起伏的广阔平原。这里是通往太平镇的必经之地。

3月10日，驻依兰县主持日本武装移民事务的日军第十师团第六十三联队长、大佐饭塚朝吾在伪警备司令部宋参谋长和伪警察大队长盖文义的陪同下，带一队日、伪军警分乘5辆卡车和2辆小汽车直驱太平镇。10时许，敌人的汽车驶进蔡家屯，被暴动农民的瞭望哨发现，伏击队伍立刻做好战斗准备。当敌人的汽车冲上白家沟后岗并徐徐向下滑行，被迫在路障前停住时，埋伏在田家大院的暴动队伍首先向敌人发起攻击。刹时间，伏兵四起，密集的子弹射向敌群。敌人被打得晕头转向，乱成一团。驻扎在太平镇内及其附近的暴动农民听到枪声，从四面八方赶来支援。在暴动农民的猛烈冲杀中，日、伪军只有招架之功，没有还手之力。恼羞成怒的饭塚朝吾指挥敌军进行顽抗，被暴动农民乱枪打死。整个战斗仅用1个小时。此战击毙日军大佐饭塚朝吾、少尉铃木以下17人，伪警察大队长盖文义被击毙，另有26名伪警察被俘虏，共缴获轻机枪5挺、步枪10余支。

土龙山农民暴动是一次震动中外的反日壮举，是对当时日本侵略者正在导演的傀儡溥仪称帝丑剧的当头棒喝，它有力地推动了东北各地农民的反日斗争和抗日游击战争的开展，在政治和军事上给日本侵略者以沉重打击。

1934年3月12日，土龙山农民武装撤至半截河子整编，宣布起义，部队称为东北民众救国军，编为6个大队，号称2000余人，推举谢文东为司令，景振卿为前敌总指挥。之后部队转移至大八浪活动。

这时，九里六屯汉奸保董王喜信将民众救国军驻扎九里六屯的消息报告了驻湖南营日军。与此同时，当地老百姓也将汉奸告密的消息送给了民众救国军。当晚，民众救国军总部决定派景龙潭中队前往九里六屯阻击来犯之敌。

九里六屯是距依兰县城90公里一个偏僻的小山村，三面环山，一面临水，与勃利县毗邻，全屯几十户人家。

3月19日，得到消息的日军指挥官平岗立即带领日军部队乘坐57辆汽车从湖南营出发，直奔九里六屯。担任阻击任务的景龙潭中队这时已经来到这里，选择保甲所、孙兴元小铺、石家店3个较为坚固的院套作为阻击阵地。中午时分，瞭望哨报告：日军汽车大队正从屯子的西南方疾驰而来。敌人不知屯内有埋伏，长驱直入。当敌人的汽车驶进第一道防线时，埋伏在院套内的民众救国军和村内的自卫团以及村民，出其不意地向敌人发起了猛烈的射击。顿时，日军部队被截成数段，尸横遍地。日军知道中了埋伏，旋即抢占制高点向民众救国军还击。战斗十分激烈。敌人炮击和冲锋轮番进行，但始终未能前进一步。天黑后，日军停止了进攻，但却封锁了民众救国军的出路。民众救国军几次突围都没成功。夜间，屯内群众给民众救国军送来干粮，运来石头，帮助堆砌倒塌的院墙。孙兴元小铺的老板还把埋在地下的2000发子弹送给民众救国军。夜间10时许，民众救国军在老百姓的掩护下，终于突出重围。此战共击毁日军汽车17辆，毙伤日军大尉北川以下数十人。民众救国军中队长景龙潭负重伤，28名队员牺牲。不久，敌人对九里六屯进行凶残的报复，将村民全部杀死，焚烧房屋，全屯被夷为平地。

九里六屯战斗后，民众救国军回师土龙山。1934年4月10日，民众救国军北上围攻孟家岗日本"弥荣村"武装移民团。4月23日，又联合一些抗日山林队等攻克驼腰子金矿，歼灭日、伪军60余人，缴获大批枪支和物资。5月1日，这支农民武装进攻湖南营日本"千振村"武装移民团，战斗中，前敌总指挥景振卿牺牲。5月下旬，在日伪实施重兵围攻和分化之下，谢文东率部分队伍东去虎林，企图寻求苏联援助，未果。后经饶河游击队队长张文偕等劝告，要其丢掉幻想，依靠群众，坚持战斗，谢文东于1934年7月底重返土龙山，部队减员至300余人。此时，分散在土龙山的农民武装在日、伪军警的“讨伐”下，业已溃散。10月12日，民众救国军在桦木岗被日军第三师团阿久津部围攻，损失严重，然后向牡丹江东岸深山转移，途中又遭日军小柴部袭击。谢文东仅率10余名亲信进入勃利县吉兴河深山中，民众救国军的斗争遭受严重挫折。

在土龙山农民反日暴动中，一直活动在桦川、依兰地区的抗日山林队“明山”队，也积极呼应暴动并参加了暴动队伍。“明山”队是1933年6月桦川县驼腰子（今属桦南县）金矿工人反日暴动中产生的一支抗日队伍。领导人祁致中①，队名东北山林义勇军，报号“明山”。这支队伍以梨树沟为根据地，在附近地区给日、伪军警以不断的打击，且从不损害群众利益，因而在矿工和农民中享有很高威望。

1933年7月，祁致中率队在距太平镇70公里的杨马家店公路东侧伏击了日军7辆汽车，击毙日军14人，缴获了一部分武器弹药及其他军用物资。同年8月间，祁致中又率队在范家店北截击了运送黄金的5辆马车，击毙伪军五六人。1934年春，当得知土龙山农民暴动的消息后，祁致中立即带队前来助战，编入民众救国军的行列，成为其中的一支重要力量。在白家沟伏击战中，祁致中率队据守横岱山，击毙日军骑兵30余人。在九里六屯伏击战中，祁致中率

① 祁致中（1913—1939），原名祁宝堂，山东曹县人。桦川县驼腰子金矿工人。1933年6月，率领金矿工人举行反日起义，组建东北山林义勇军，报号“明山”。后参加土龙山农民暴动队伍。1935年秋编为东北人民革命军第三军方（正）依（兰）游击团。同年冬加入中国共产党。1936年后历任东北抗日联军独立师师长、东北抗联第十一军军长。1937年冬，去苏联寻求援助被扣押。1939年7月获释，返回东北抗日战场，不久被错杀。抗战胜利后被确定为烈士。

队配合景龙潭中队狠狠打击了敌人。祁致中还率队参加了攻取驼腰子金矿的战斗，并负责攻打驼腰子西门的王八脖子炮台，这次战斗歼敌60余人。在攻击湖南营日本移民团“千振村”的战斗中，祁致中带领“明山”队和红枪会、大刀会共500余人，很快攻破东门，冲入镇内，为其他各部开辟了前进的道路。当谢文东带队东去虎林时，祁致中仍率队坚持在公心集、横岱山、二道河子、蚂蚁浪与日军周旋。1934年秋，抗日山林队“占中央”百余人加入“明山”队，部队扩大。不久，“明山”队联合大刀会再次攻击孟家岗日本武装移民团“弥荣村”，缴获一批枪支。

然而，“明山”队等武装力量的斗争难以改变总体上不利的局势。到1934年10月，历时7个月的土龙山农民反日暴动及在暴动中建立的东北民众救国军，由于领导人谢文东等在政治上缺乏明确的抗日纲领，在军事上采取消极退守的方针，在日伪当局分化瓦解和频繁追击下，遭到暂时的失败。

第三节　东北人民革命军建立，反“讨伐”斗争的新形势

一、中共满洲省委关于建立东北人民革命军和反“讨伐”斗争的指示

中国共产党领导的东北抗日武装自贯彻《一·二六指示信》后，经过1933年夏至1934年秋一年多的英勇战斗，逐步成长壮大，使东北抗日游击战争的形势呈现了新的面貌。据不完全统计，党直接领导的抗日武装总人数约达3000余人。在各地，有组织的农民自卫队、青年义勇军等群众抗日武装还有5000余人。随着党的反日统一战线

政策的深入贯彻，东北各地区各自形成了不同类型的抗日统一战线组织，在南满、东满和哈东地区，与抗日义勇军、反日山林队建立了几个区域性的抗日联合军指挥部或司令部，党领导下的统一战线部队有吉东的密山人民抗日革命军、绥宁反日同盟军。与此同时，在东北还形成了南满、东满、哈东、绥宁、汤原、密勃、虎饶等大小 7 个抗日游击区和若干游击根据地。

党领导的抗日武装力量及其所开展的抗日游击战争，对日伪统治形成严重威胁。对此，日本侵略者也不得不承认，自 1934 年 3 月后，虽经“日满军肃清工作”的进行，东北的反日武装力量的总数量虽然减少，其质量却有很大的提高，并且行动更为积极，更为活跃①。

1934 年秋，日伪当局为消灭抗日武装积极策划展开冬季“大讨伐”。

根据东北抗日武装力量发展变化和所面临的敌人冬季“讨伐”的实际，1934 年 10 月 20 日，中共满洲省委发出《为粉碎冬季“大讨伐”给全党同志的信》。信中对前一时期东北军民的抗日斗争进行了总结，充分肯定了人民革命军和反日游击队在抗日游击战争中取得的成绩，指出：（一）共产党领导的各地人民革命军和抗日游击队的迅速成长壮大，已经成长为“目前满洲抗日队伍中最坚强和最有战斗力的队伍”。许多抗日义勇军和反日山林队要求共产党和人民革命军、反日游击队加强对他们的领导或予以改编，中国共产党及其领导的抗日部队实际上已经成为各抗日部队的领导者与核心。（二）各地人民革命军和反日游击队执行反日统一战线方针，与其他许多抗日武装队伍建立了抗日联合军指挥部或临时作战协定等方式的抗日联合战

① ［日］岗部善修：《满洲国治安小史》，伪满警察协会 1944 年版，第 48 页。

线，团结了大量抗日义勇军和山林队于自己周围共同对敌作战，胜利地粉碎了日、伪军多次大规模的“讨伐”。（三）人民革命军和抗日游击队努力说服、教育，并以身作则影响其他抗日义勇军部队，坚决执行没收日本帝国主义及汉奸走狗财产充做抗日战费政策，保护人民群众利益，改善了抗日部队与群众的关系，获得了广大农民的支援，提高了抗日部队的抗日热忱。（四）由于人民革命军和抗日游击队作为骨干的东北抗日武装部队的存在及其所取得的许多抗敌战果，鼓舞了人民群众的抗日斗志和勇气，使“民众反日运动发展到更高的形势〔式〕——民众的地方武装暴动”①。

基于上述对东北抗日武装力量发展变化的基本估计，针对日、伪军开展的 1934 年秋冬季“讨伐”的严峻形势，信中提出下列任务：（一）目前党的中心任务是进一步扩大反日民族统一战线，动员最广大群众开展抗日反满斗争，反对敌人的冬季“大讨伐”，扩大游击战争，巩固与扩大游击区域，使人民革命军、抗日游击队形成一切抗日队伍的中心力量和领导者。（二）在粉碎敌人的“大讨伐”中，各中心游击区域应完成下列具体任务：1. 南满成立健全巩固的人民革命军两个师，正式完成创造东北人民革命军第一军的光荣任务；2. 东满新建一个师，正式成立东北人民革命军第二军；3. 珠河应迅速将东北反日游击队哈东支队建立为东北人民革命军第三军独立师；4. 汤原、宁安应以目前抗日游击队为基础，迅速地巩固与扩大部队，为建立各该地的东北人民革命军准备前提条件；5. 海伦应建立强健的抗日游击队。（三）要与一切抗日队伍结成反日统一战线，“坚决的打击轻视义勇军和对于建立统一战线估计不足的倾向，必须清楚的了解，团结一

① 《中共满洲省委为粉碎冬季“大讨伐”给全党同志的信》（1934 年 10 月 20 日），载中央档案馆、辽宁省档案馆、吉林省档案馆、黑龙江省档案馆编：《东北地区革命历史文件汇集》甲 20，1989 年印，第 64 页。

切反日武装力量，向共同的敌人斗争，是粉碎敌人大‘讨伐’的主要条件”[①]。既要防止急于改编义勇军、山林队，过早破坏统一战线而产生的与某些义勇军发生敌视、对立，以至武装冲突现象，又要纠正只进行上层联合，忽视建立下层基础的倾向。（四）在有比较稳定的强健的武装部队和比较稳定的游击区域的地方，特别是在南满与东满，应将建立民选的抗日民众政权的任务提到日程上来。（五）必须开展广大工农群众的各种抗日斗争。在开展群众斗争的基础上，运用广泛的统一战线方针，把广大群众组织起来，建立最广大群众性的反日会等组织。

信中还要求人民革命军在反“讨伐”战争中，必须广泛地采取游击战术，攻击敌人的弱点，袭击敌人的后方，集中力量消灭敌人的进攻部队，开展广大的游击战争。但此信中还存在一些不切实际的冒险主义的提法，如“不让日‘满’匪军侵入游击区域一步”等。

此外，为加强、巩固党对人民革命军和抗日游击队的领导，强化部队政治工作，建立健全政治委员制度，中共满洲省委在这封信中还重申：各地党组织和部队必须坚决贯彻执行 1934 年 6 月 16 日省委制定的《东北人民革命军及赤色游击队政治工作暂行条例草案》。该《条例草案》指出：东北人民革命军是东北民众抗日反满的武装组织，是东北各民族抗日反满联合的一种形式，又是工农联合的一种形式。因此政治工作必须巩固人民革命军中的各民族联合和工农联合，并在这一联合中建立与加强无产阶级的领导权。《条例草案》强调：东北人民革命军为完成其历史性的伟大任务，必须接受无产阶级的先锋队——中国共产党的领导，彻底执行抗日反满的民族革命战争纲领。《条例草案》

① 《中共满洲省委为粉碎冬季“大讨伐”给全党同志的信》（1934 年 10 月 20 日），载中央档案馆、辽宁省档案馆、吉林省档案馆、黑龙江省档案馆编：《东北地区革命历史文件汇集》甲 20，1989 年印，第 68 页。

规定:政治工作的目的,是巩固人民革命军的战斗力,扩大抗日民族革命战争。政治工作的主要内容,是实施抗日反满的民族革命教育和无产阶级的阶级政治教育,使人民革命军的指战员了解其所负民族的阶级的政治责任和所从事的对敌人作战的意义,以及对于地方民众的民族的、阶级的友爱和对敌人的仇恨,使每个指战员成为最有纪律的自觉的革命战士。《条例草案》进而规定:为加强共产党对人民革命军的领导,在部队中设立政治部和政治委员、政治指导员制度。政治委员是党在部队中政治路线及纪律的执行者。规定团以上设政治委员,连设政治指导员①。军、师两级成立共产党委员会,设专职党的书记。团及其以下各级设党支部和党小组。

中共满洲省委的上述指示,成为东北各地建立人民革命军和开展反"讨伐"斗争的重要指针。随着指示的贯彻,南满、东满、北满、吉东抗日部队在反"讨伐"斗争中不断发展。1934 年冬至 1935 年,在东北地区先后建立了东北人民革命军第一、第二、第三、第六军,东北抗日同盟军第四军,东北反日联合军第五军等 6 个军,东北抗日游击战争发展到一个新的阶段。

二、东北人民革命军第一军成立,南满游击战的广泛开展

1934 年 9 月 1 日,日、伪军对活动在南满地区的东北人民革命军第一军独立师等抗日武装开始进行秋季"大讨伐"(即所谓"第二期讨伐")。此次"大讨伐"除伪军外,还动用了日军本间、浅野、川村、板津、胁坂、岩永等支队,由三毛任司令官统一指挥。"讨伐"军穷凶极恶,到处杀人放火,并狂言,对独立师等抗日武装,"今后不出十日,即

① 《东北人民革命军及赤色游击队政治工作暂行条例草案》(1934 年 6 月 6 日),载中央档案馆、辽宁省档案馆、吉林省档案馆、黑龙江省档案馆编:《东北地区革命历史文件汇集》甲 44,1990 年印,第 102 页。

可完全扫荡净尽矣。”

面对敌人的“大讨伐”，人民革命军第一军独立师在杨靖宇指挥下，毫不畏惧，采取避实击虚的作战方针，同敌人展开机动灵活的游击战争。自1934年9月至11月初，在2个月内便同敌军进行了150余次战斗，取得许多胜利。其中，9月2日，独立师一部和“臣军”等义勇军部队在金川样子哨东南毙伤伪警察2人，俘虏17人。9月5日，又进攻柳河县柞木台子伪警察署，歼敌20余人。9月16日，在通化七区通新村附近伏击由21辆汽车组成的日、伪军汽车队，击毙日、伪军14人，击伤15人，击毁汽车多辆。9月21日，独立师后方指挥部动员金川、柳河、通化、临江各县农民抗日自卫队300余人，围攻金川大荒沟三昼夜。9月24日，又设伏柳河县大牛沟，颠覆敌人汽车1辆，毙敌17人。在此期间，杨靖宇率独立师司令部直属部队再次南下桓仁，在八宝沟一战，毙伤伪军22人，俘虏8人，缴获步枪15支、子弹1000余发。后转移至兴京。10月1日，在库仓沟与日军守备队激战。10月8日，在大北沟与驻兴京骑兵连部分日军及伪警察队交战。10月底，独立师司令部率部队返回金川河里根据地（今柳河境内）。

此时，在辉发江北活动的独立师第一团和少年营，为保存实力以利再战，再度向江南转移与独立师司令部会合。

东北人民革命军第一军独立师在辉发江南北新老游击区与敌人的战斗中，部队有了较快发展，战斗力也有了很大提高。同时，由柳河、通化、金川（今划归柳河、辉南）、清原等县群众抗日武装农民自卫队编成的东边道游击队也迅速扩大。抗日游击区由以磐石为中心的8个县，扩展到以柳河、通化、金川、临江为中心的20余县。随着东北人民革命军第一军独立师兵力的增加和活动区域的扩大，南满地区的党组织及反日会、妇女会、青年义勇军、儿童团等反日群众组织也得到较快的发展。

中共满洲省委非常重视南满党组织、军队和抗日游击根据地的建设工作，曾多次指示南满党组织及军队，尽早建立南满特委，正式成立东北人民革命军第一军。1934 年 10 月 19 日，中共满洲省委在敌人“大讨伐”期间，发出了《给南满党、人民革命军杨同志的信》，要求在反“讨伐”斗争中，在战略战术上，“一方面还必须采取游击战术来开展广大的游击战争；另一方面在大的战斗方面，总的军事行动上，必须加强司令部对于各团各游击队的领导，各部队的行动应当取得适当的配合，这样才能更有力的打击敌人，粉碎冬期大‘讨伐’”。在巩固和扩大人民革命军方面，要求“在积极改造南满第一第二游击队、海龙和忠良游击队以及其他新‘收编’的部队的基础上面，把这些分散的小的部队编制起来，真正形成三三制的师的编制，……成立强有力的人民革命军”。同时，满洲省委这封信非常重要的内容，是再次提出了贯彻中央《二月指示信》的问题。信中指出：“我们必须引起你们严重注意到中央所指出的过去盘石（即磐石——引者注）建立指挥部的错误，坚决的改正，真正执行中央关于这一问题的具体指示”；“我们对于义勇军的正确的基本策略路线不是‘改编’，而是依靠下层统一战线巩固的建立，揭破一切反革命派别与领袖的欺骗一直到孤立他们，争取其群众在党与无产阶级领导之下来”，否则“便是勾结上层作了那些反动领袖的利用与工具”。同时再次提出，要“把民族革命提高到土地革命的阶段”，要求“开展农民反地主豪绅，二八分粮，以至抗租、分粮的斗争”。信中除要求迅速建立南满特委、对扩大后的南满抗日游击区和根据地工作加强领导外，强调要坚决贯彻《二月指示信》和与之相关的省委 5 月 15 日指示，重申“五月十二（应为五月十五日——引者注）省委的指示仍然全部有效与适用”①。

① 《中共满洲省委给南满党、人民革命军杨同志的信》（1934 年 10 月 19 日），载中央档案馆、辽宁省档案馆、吉林省档案馆、黑龙江省档案馆编：《东北地区革命历史文件汇集》甲 20，1989 年印，第 51—59 页。

随后，根据中共满洲省委的指示精神，南满地区党组织于 1934 年 11 月 5 日至 10 日，在临江县四道二岔召开了中共南满第一次代表大会。中共磐石、海龙两中心县委及其所属县委、区委、特支代表，共青团磐石、海龙两中心县委代表，东北人民革命军第一军独立师党委、团委代表共 32 人出席大会。大会听取了杨靖宇关于目前形势和党的方针任务的报告，李东光关于中共磐石中心县委的工作报告，吴振山关于中共海龙中心县委的工作报告，韩震关于东北人民革命军第一军独立师的工作报告。会上，各地代表还分别介绍了南满各地的情势。大会总结了过去南满工作的经验和教训，检查了工作中的缺点，其中说："对抗日军工作，大半是向上层领袖，忽视争取下层群众的工作。"分析了当前南满抗日斗争的形势，确定了今后南满的斗争任务。大会通过了《中国共产党全南满第一次代表大会之决议》。《决议》指出：目前南满全党的中心任务"是千百倍的加强我们的革命的群众工作，用一切的力量来扩大巩固人民革命军，最大限度的扩大反日游击区战争，领导和扩大反日反'满'的群众政治经济的斗争。在正确的运用反日统一战线策略的基础上，把一切抗日反'满'力量团结和统一起来，冲破敌人第二期'讨伐'，创造临时人民革命政权与根据地，并在这个运动中争取巩固无产阶级的领导权"①。

大会还通过了杨靖宇代表中共满洲省委提出的关于正式成立东北人民革命军第一军和组建中共南满临时特委的提议。杨靖宇特别向大会代表说明，因军务繁忙，他不拟就任中共满洲省委早已指定的中共南满特委书记职务。大会选举李东光、纪儒林、宋铁岩和西安（今辽源）煤矿工人代表老张、吉（林）海（龙）铁路工人代表程明等 5 人为临时特委委员，李东

---

① 《中国共产党全南满第一次代表大会之决议》（1934 年 11 月 5 日通过），载中央档案馆、辽宁省档案馆、吉林省档案馆、黑龙江省档案馆编：《东北地区革命历史文件汇集》甲 33，1990 年印，第 51 页。

光、纪儒林为常委，李东光为代理书记。1935 年 2 月 19 日，中共满洲省委在关于南满特委组成人员的批复中，仍指定杨靖宇为特委常委。南满特委下辖磐石、通化 2 个中心县委，西安、江南、清东（清原、东丰）3 个特支。后又建立了桓兴（桓仁、兴京）县委。

在中共南满第一次代表大会期间，还确定了第一军暂设两个师的建制及干部人选。1934 年 11 月 7 日，东北人民革命军第一军正式成立，杨靖宇任军长兼政委，朴翰宗任参谋长，宋铁岩任政治部主任兼党务，马占元任军需处长。军部直属保卫队和两个教导连。第一军下辖两个师。第一师，师长兼政委李红光，副师长韩浩，政治部主任程斌，军需部长及党委书记韩震①。第一师下设第三、第五、第六团，由原第三团、第五团、东边道游击大队和第三团所属游击大队及少年连编成。第二师，师长兼政委曹国安，参谋长李松波，政治部主任张云志。第二师拟以原第一团、少年营及江北各游击连编成第七、第八、第九团，后因第一团人数减少，江北各游击连多数瓦解，只编成第八团。此时，全军已达 800 余人。此外，东边道游击队尚有 1000 余人。

中共南满第一次代表大会闭幕后，新成立的南满临时特委于 1935 年 1 月 10 日发出《给南满全体同志的信》，努力贯彻大会决议。东北人民革命军第一军根据中共南满第一次代表大会关于“最大限度的扩大反日游击战争”的精神，划分了游击区域，开展机动灵活的游击战。第一师以龙岗山脉为后方根据地，主要活动在通化、临江、金川、柳河和兴京、桓仁等地；第二师以濛江（今靖宇县）为后方根据地，主要活动在磐石、西安（今辽源）、海龙、伊通、东丰和永吉、桦甸等地；军部率领直属部队转战于柳河、濛江、通化、金川地区，协调指挥

① 韩震（1900—1936），朝鲜族。1930 年加入中国共产党。九一八事变后，历任特支书记、区委书记、东北人民革命军第一军独立师第三团政委、东北抗日联军第一军第一师军需处长兼党委书记、东北抗联第一军第一师第四团政委等职。1936 年在战斗中牺牲。

开展游击战争。但在之后的游击活动中，由于受到中央《二月指示信》的影响，在与义勇军上层联合方面存有一定顾虑，因而不再以联合军指挥部名义组织作战，并出现对一些山林队进行缴械的现象。

1934 年 11 月 25 日，军长杨靖宇率第一师第五团、第三团及少年连各一部，在通化三岔河围歼伪军邵本良部、伪公安队及三源浦日军守备队各一部共 30 余人。12 月 3 日，杨靖宇率第一师一部奇袭伪军邵本良部老巢孤山子，歼敌 20 余人。12 月 9 日，又在临江秃尾巴沟与日军井上部队、伪军混成第二旅一部激战 5 小时，获得胜利。之后，杨靖宇率军部与第一师分开活动。

1934 年 12 月间，第一军第一师师长李红光率第一师一部南下，渡过鸭绿江进入朝鲜境内作战，一举攻占罗山城，受到当地民众的热烈欢迎，有 10 余名朝鲜青年加入第一师。次日，第一师返回鸭绿江北岸。1935 年 1 月 8 日，副师长韩浩率第一师第三团，在通化二密河附近伏击日军胁坂支队一部和伪军 1 个连，毙伤敌 20 余人。

1935 年 1 月 11 日，第一军军部从地方党组织得到消息：伪靖安军李寿山部一个骑兵连将从临江县红土崖去濛江换防，军长杨靖宇和参谋长朴翰宗遂率部队 100 余人，冒着严寒，于当日夜到达距红土崖东 15 公里的一处险要地段设伏。此地一侧为高山，另一侧为陡峭的河崖，部队埋伏在路边的灌木丛中。次日中午，伪靖安军骑兵进入埋伏圈后，杨靖宇立即指挥部队向敌人猛烈射击，毙伤敌 10 余人。敌人慌忙下马应战，第一军指战员冲入敌群，俘伪靖安军 30 余人。此战缴获冲锋枪 1 支、步枪手枪 40 余支、战马数十匹。在战斗中，第一军参谋长朴翰宗等 3 人不幸牺牲。此后，杨靖宇指挥第一军军部直属部队和第一师一部继续转战临江、通化、兴京、桓仁等地，并利用缴获的马匹将军部直属部队编成骑兵。3 月上旬，第一军部队从地方党组织得悉伪通化县长徐伟儒去伪新京开会将于 15 日返回、并有伪军护送的消息。杨靖宇和李红光决定袭击这股敌人。3 月 15 日,杨靖宇、李红光率部在柳河县驼腰岭截击敌人汽车 2 辆,伪通化县长徐伟儒、伪警务局加藤富雄被俘,19 名伪警察被解除武装,伪县长被就地处决,加藤乘隙逃走。3 月 22 日,杨靖宇率军部直属部队智取红土崖。杨靖宇事先将部队化装成伪军公开进入红土崖镇内,一枪未放即俘敌 40 人,缴获全部枪支和 70 发迫击炮弹。日伪惊呼:“近来通化附近红军匪大势猖獗。”

1935 年 4 月,第一军军部将保卫队和两个教导连扩编为教导团。第一师也增编了机枪连。第一师各部分别开展游击活动。师长李红光率第三团一部及机枪连、少年连,以柳河、兴京、清原为中心,并向宽甸、本溪发展;副师长韩浩率第三团一部和第五团,以兴京、桓仁为中心,与师长李红光所部相呼应;第六团以通化、柳河为中心开展活动;第三团第九连、第十一连及红枪队一部在通化东部、临江西部、金川南部活动,保卫抗日游击根据地。

5 月初,杨靖宇与李红光率部南进,于 5 月 5 日攻占兴京县城附近的东昌台,缴枪 30 余支。此后,第一师与原梁瑞凤领导的朝鲜革命军余部取得联系,共同开展游击活动。5 月 11 日,第一师一部在兴京县老爷庙岭附近为组建骑兵,夺取日、伪军马匹,与一支 200 余人的日伪骑兵发生激战,师长兼政委李红光在指挥战斗中不幸身负重伤,于次日牺牲。

5 月,敌人又开展春季“讨伐”。日伪当局调动千余人的兵力围攻第一军部队。5 月 16 日,杨靖宇率军部直属部队和第一师一部在桓仁县歪脖望突破日、伪军重围,经过岗子岭、都岭,于 5 月下旬返回临江县三岔子一带。6 月,第一军军部和第一师第五、第六团等在临江、通化一带开展游击活动。

第一军第二师于 1935 年 2 月由濛江转战到桦甸、抚松等地。3 月,为开辟新游击区和打通与东满的联系,第二师师长曹国安率机枪连、少年营和南满第一游击大队、南满第二游击大队来到桦甸县溜河和抚松县西北地区一带活动，成立了共同指挥部，由南满第一游击大队大队长苏剑飞任总指挥，第二师师长曹国安和南满第二游击大队大队长臣军任副指挥。4 月 5 日，第二师与南满第二游击大队联合攻打日资经营的桦甸夹皮沟金矿，缴枪 10 余支，获伪币数万元。4 月 12 日，第二师又同南满第一、第二游击大队袭击了日资经营的桦甸老金厂金矿，毙伤俘日军七八人。随后，又收缴二道溜河反动地主武装。这一系列战斗的胜利，鼓舞了当地群众，许多被解放的矿工参加部队，使第二师增编 1 个连。4 月 18 日，第二师拟与南满第一游击大队联合攻打抚松县万良村。因南满第一游击大队途中在三道砬子与伪公安队发生遭遇战，未能如期赶到，此时万良村敌军又增加了兵力，因而进攻万良村的第二师只俘虏了十几名汉奸，缴获两支手枪和一些物资即撤出战斗。战斗中，少年营政委等两人不幸牺牲。1935 年 4 月 19 日，刚赶到的南满第一游击大队在万良村附近宿营时，因警戒不慎，深夜突然遭到伪公安队的偷袭，大队长苏剑飞等 20 余人牺牲。不久，第二师一部返回磐石；一部留在濛江，准备与东满打通联系。南满第二游击大队到辉南等地开展游击活动。

1935 年 6 月下旬，中共南满特委和东北人民革命军第一军军部在金川县河里王六沟召开联席会议，决定集中对人民革命军的师级干部进行政治、军事培训，以适应抗日斗争新形势的需要。7 月之后，军部首先调第一师副师长韩浩、政治部主任程斌带队到后方，总结游击战争的经验教训，研究在农村建立反日统一战线问题，纠正干部中的旧军阀作风的影响和单纯军事观点。经过短期培训后，任命韩浩为第一师师长，程斌为政委，胡国臣①为政治部主任，率主力部队前往兴京、桓仁、宽甸、辑安、本溪

① 胡国臣，生卒年不详。中共党员。1936 年 7 月，任东北人民革命军第一军第一师政治部主任，同年 10 月任东北抗日联军第一路军军需部长。1938 年初叛变投敌。

等地活动，另一部在沈海铁路沿线开展游击活动。

随后，军部又调第二师师长曹国安和南满第一游击大队领导人到临江板石沟进行整训，总结游击战争经验，并将南满第一游击大队余部改编为军部第二教导团，任命杨俊恒①为团长，周建华②为政委。

曹国安在军部培训期间，第二师分两部活动。一部由参谋长李松波率领，与新组建的磐石游击队会合后，在磐石、桦甸一带活动。7月5日，在磐东德祥沟与伪警察第二队交战，毙伤俘敌16人。不久，李松波在桦甸红石战斗中牺牲，部队由新任参谋长丁守龙率领，继续在磐石、西安、东丰一带活动。第二师另一部由第八团团长李永浩率领，在桦甸、濛江、抚松北部一带活动，曾一度远征到桦甸东部大蒲柴河一带，以图与第二军部队取得联系。不久，曹国安归队，带来由军部协助组建的第二师警卫连，使第二师兵力增至300余人。

1935年8月后，敌人开始进行秋季“讨伐”。在“讨伐”中，敌人一面加紧收降、瓦解各路抗日义勇军、山林队，以孤立人民革命军；一面调动伪军集结在抗日游击区周围，随时准备对人民革命军实施多路围攻。为粉碎敌人阴谋，人民革命军决定避敌锋芒，分别向桦甸、濛江、通化、金川、临江、柳河、桓仁等县山林地带收缩。在反“讨伐”战斗中，新任第一师师长韩浩在通化县刘家街小三道沟对敌作战中牺牲。为打破敌人围攻，第一军军部决定先脱离被敌压缩地区，摆脱被动局面，采取向东、西两面突破，再伺机回师作战，以开辟新游击

---

①　杨俊恒（1910—1938），吉林人。青年时在东北军当兵。九一八事变后，率部分士兵起义抗日。不久，参加田霖、苏剑飞部义勇军。1933年9月，任南满第一游击大队中队长、大队长，并加入中国共产党。后任东北抗日联军第一军第二教导团团长、第一军第三师师长等职。1938年在战斗中牺牲。

②　周建华（1913—1937），原名邓晓村，吉林双阳人。1932年春加入中国共产党。历任东北人民革命军第一军独立师南满第一游击大队政治部主任、第二教导团政委，人民革命军第一军第三师政委，东北抗日联军第一军第三师政委。1937年在战斗中牺牲。

区、保卫老游击区。

8月20日，军部率教导团约150人，联合抗日军100余人，由临江板石沟向柳河转移，在柳河县黑石头大道旁伏击一支约500人的伪军步、骑兵和伪公安队，激战半小时，将敌击溃，毙伤伪军50余人，俘伪军10余人，缴获步枪50余支、迫击炮1门、子弹3000发及大量军用品。在这次战斗的影响下，东边道地区的抗日义勇军、山林队几乎全部参加了江南的东北抗日联军总指挥部，与第一军协同作战，不少队伍还要求改编为人民革命军。同时，第一军第二师去辉发江北活动的部队，又联合江北抗日山林队“七侠”、“登山好”等11支部队重组东北抗日联合军江北总指挥部，共同对敌作战。9月11日，杨靖宇指挥军部直属部队30余人在金川旱葱沟设伏，截击了伪军第六旅步兵团运送军需物资的车队，击毙伪军官兵10人，伤15人，缴获步枪30支、子弹万余发及大量棉衣、鞋帽等军需物品。被俘伪军及伪军眷属经教育后释放。日伪当局称此次战斗“异常激烈”。《盛京时报》曾以《官匪大战金川》为题报道此次战斗“为剿匪以来未有之恶战”①。11月24日，第二师一部远道奔袭防守空虚的伊通县营城子伪军第十三团驻地，缴获重机枪2挺、步枪10支和子弹2万余发。

经过一年的战斗，到1935年底，第一军总兵力达到1600余人，比1934年增加了1倍。

在此期间，活动在濛江的第一军第二师第八团部队，与来自东满的东北人民革命军第二军第二团西征部队于1935年8月底在濛江北部那尔轰胜利会师。早在1935年春，中共驻共产国际代表团（通过吉东特委）、中共满洲省委曾向南满和东满特委、人民革命军第一军、第二军部队发出指示，要求当时抗日武装力量较为强大的辽吉边区，选择较为

① 《盛京时报》，1935年9月15日第4版。

稳定的抗日根据地召集东北人民代表大会、建立东北人民革命政府和东北抗日联军总司令部。南满和东满两地党组织与军队对此十分重视,并作出了相应安排。第一、第二两军均采取了主动的军事行动。同年七八月间,第一军司令部委派在濛江、桦甸、抚松一带活动的第二师部队积极东向桦甸进军,以联络第二军部队。为了同一目的,中共东满特委和人民革命军第二军党委也决定派该军政治部主任李学忠[①]率部队西征南满。1935 年 8 月,在李学忠率领下,由第二军第二团第二、第三连 150 余人组成的西征部队,从安图车厂子抗日游击根据地出发,经抚松向濛江挺进,于 8 月底到达濛江县那尔轰抗日游击根据地,实现了与南满第一军第二师第八团的胜利会师。

第二军西征部队到达那尔轰后,受到第一军干部、战士和根据地群众的热烈欢迎。9 月 3 日,那尔轰反日会举行盛大的军民欢迎大会,到会者达 2000 余人。9 月 18 日,南满反日总会印发传单,欢迎第一军与第二军西征队会师。第一军政治部编印的《人民革命画报》九一八纪念专号,专门刊载了图文并茂的《东满人民革命军西征队已接头南满人民革命军》的专题报道。

1935 年 10 月 4 日,杨靖宇亲率第一军军部及所属教导团,自金川河里根据地来到濛江县那尔轰,在那尔轰老龙岗西坡黑瞎子望于家沟举行了两军会晤式和军民联欢大会。参加大会的有 1000 余抗日军民,规模盛大。会上,杨靖宇和李学忠分别代表第一、第二军在大会上讲话。李学忠首先报告了东满地区的抗日斗争形势和第二军的发展历程。杨靖宇发表了鼓舞人心的讲话。他说:“第一、第二军会

---

① 李学忠(1910—1936),又名李宗学,山东人。九一八事变后加入中国共产党。后去苏联海参崴列宁学校学习,又去莫斯科参加训练班,1934 年冬回国。历任中共东满特委常委兼组织部部长、东北人民革命军第二军独立师政治部主任、东北抗日联军第二军政治部主任、中共南满省委委员。1936 年在抚松老碱厂密营养伤时遭敌突袭牺牲。

师后，我东满、南满游击区打成一片，一、二、三、四、五、六军与各抗日军，共同组织东北抗日联军，更能集中力量，统一领导，顺利地打击日匪。”①会上，两军相互赠送礼品，演出文艺节目和投弹、射击表演。会议异常热烈，军民同受鼓舞。

联欢会后，杨靖宇、宋铁岩代表第一军党委和中共南满特委，李学忠等代表第二军党委和中共东满特委，举行了第一、第二军党委和南满、东满特委联席会议。会上，双方交流了南满、东满抗日游击运动的经验，并就开辟以安图为中心的辽吉边区抗日游击根据地，召开东北人民代表大会，建立东北人民政府和东北抗日联军总司令部等问题交换了意见，决定在适当时机联合进攻安图县城，作为抗日军事与政治根据地。两军代表还决定开展军事竞赛，相互鼓励。

第一、第二军的那尔轰会师具有重要意义。首先，两军会师打通了南满、东满长时期相互隔离的局面，使两地共产党组织和抗日军队取得了直接联系，并使南满与东满抗日游击区连结起来，给日伪当局的反动统治以更大的威胁。第二，第一军不仅与第二军取得了直接的联系，而且通过第二军东部部队与吉东地区第五军也取得了联系，与第三、第四军也取得了间接的联系，并开辟了与中共驻共产国际代表团的联系渠道。第三，两军胜利会师，进一步扩大了中国共产党及其领导下的抗日武装的影响，使更多的抗日义勇军团结在第一、第二军的周围，有力地推动了反日统一战线工作的开展。

三、东北人民革命军第二军成立，东满游击战的开展

1934年冬，正当东满的抗日斗争形势处于十分严峻的关头，中共满洲省委在已派出共青团满洲省委巡视员后不久，又派中共哈尔滨市委书记

① 东北人民革命军第一军政治部编印:《人民革命画报》(1935年10月6日)。

魏拯民赴东满工作。魏拯民途经吉东时，曾同中共满洲省委巡视员吴平（杨松）会面。吴平向他介绍了东满在执行反日统一战线方针和在反“民生团”斗争中存在的严重问题，详述了中共代表团关于东北反日统一战线的方针，并就贯彻统一战线方针的具体问题交换了意见。1935 年 1 月下旬，魏拯民到达延吉县三道湾张芝营根据地。

东满党内和人民革命军中在反“民生团”斗争中出现的严重问题，引起吴平的重视。吴平在周保中处了解到东满反“民生团”斗争中出现的问题之后，便与当时正在吉东活动的金日成等进行了详谈，进一步了解情况。这时，他又收到团满洲省委特派员关于东满情况的两份报告。吴平认为东满的问题极为严重。于是，他于 1935 年 2 月 10 日以中共满洲省委吉东巡视员名义给东满特委写信，对东满特委在反日统一战线工作和反“民生团”斗争中所犯的严重错误提出了尖锐的批评，并就贯彻反日统一战线方针和反“民生团”斗争政策提出了具体意见。关于反“民生团”斗争，信中指出：“某同志估计游〔击〕区内十分之六、七是民生团，是过分的估计。假若游击区内绝大多数群众是民生团，那么这些游击区域老早就被日本消灭了”。信中认为“在游击区群众中和人民革命军中有少数民生团分子，但是基本群众是站在反日战线方面的”①。

吴平给东满的信和在魏拯民途经吉东时吴平向他传达的中共代表团新的指示精神，对扭转东满抗日斗争的被动局面具有重要意义。

魏拯民到达延吉县张芝营后，了解到在团满洲省委特派员主持下，东满党团特委的同志为召开党团特委扩大会议已经做了准备工作。为了开好这次会议，魏拯民分别与东满特委、人民革命军的干部、根据地群众谈话，召集有关人员座谈，了解东满党、团组织工作情

---

① 《中共满洲省委吉东巡视员（吴）致东满特委的信》（1935 年 2 月 10 日），载中央档案馆、辽宁省档案馆、吉林省档案馆、黑龙江省档案馆编：《东北地区革命历史文件汇集》甲 21，1988 年印，第 49 页。

况和在反日统一战线、反“民生团”斗争中存在的问题。在此基础上，他起草了东满党团特委扩大会议决议和反“民生团”斗争的决议草稿。在做好这些准备工作之后，相继召开了中共东满特委、共青团东满特委扩大会议和人民革命军第二军独立师政委联席会议。

1935 年 2 月 27 日至 3 月 2 日，东满党团特委第一次联席扩大会议在汪清县大荒崴召开。会议由魏拯民主持。与会者有魏拯民、王德泰、王中山、李学忠和金日成等 26 人。会议听取并讨论了东满临时工委的工作报告，通过了《关于执行中央政治路线与敌人斗争及今后斗争任务的决议》和《反民生团斗争的决议》，改组了党、团特委和所属县委的领导机构。

会议决议提出东满党团目前的迫切任务是：“动员我们所有的一切力量，再运用统一战线的策略，团结所有的反日力量，冲破敌人的围剿、封锁与讨伐；运用正确的策略消灭民生团的组织，肃清民生团影响，把东满的党、团从敌人的内外夹攻之下挽救出来，巩固起来，扩大起来。”决议要求：要巩固和扩大人民革命军，团结一切同情和赞成抗日的部队和力量，共同反对共同的敌人。决议还指出：在反“民生团”斗争中必须禁止逼供信和仅相信被捕者口供的错误做法；要区分“民生团”的头目和下层分子，对一般分子要以教育为主；决定成立由东满特委直接领导的肃反委员会，专门负责处理“民生团”问题。

会议改组了东满党团特委。改组后的中共东满特委由 7 人组成，魏拯民、李学忠、李宋一为常委，王润成①、黄贞烈为委员，王中山、马

---

① 王润成（1910—1965），又名马英，黑龙江宁安人。1930 年加入中国共产党。九一八事变后到吉林救国军工作。历任中共汪清县委宣传部部长、珲春县委书记、东北人民革命军第二军第四团政委、东北抗日联军第二军第二师政委等职。1936 年底去莫斯科东方大学学习，后被苏联内务部逮捕入狱，1946 年被释放。1954 年回国后，任吉林省舒兰矿务局副局长。1965 年病逝。

进金为候补委员。魏拯民为特委书记。团的特委由5人组成，周树东任书记。

为贯彻落实东满党团第一次联席扩大会议的决议精神，1935年3月21日，中共东满特委和第二军独立师在汪清腰营沟召开了东北人民革命军第二军政委联席会议。特委书记魏拯民、第二军独立师政委王德泰、师政治部主任李学忠以及第一团政委林水山、第三团政委金日成、第四团政委王润成、党特委宣传部长李宋一、共青团满洲省委特派员钟子云、团特委书记周树东等11人参加会议。会议听取了独立师各团的报告，肯定了独立师的工作成绩，总结了武装斗争经验，着重指出尚存在破坏反日统一战线的关门主义和政治工作薄弱的缺点。会议还讨论了《东北人民革命军政治工作条例》，通过了《东北人民革命军战士待遇暂行条例》，以加强部队的思想政治工作和尽可能保障指战员生活待遇，提高战斗力。会议决定独立师1935年的活动计划，即除坚持原有根据地外，再创建安图和绥芬大甸子新的抗日根据地，以便分别向敦化、桦甸和东宁、宁安、穆棱等县发展，另派部队分别向中苏、中朝边境活动。会议还决定，争取在4月成立东满抗日联合军总指挥部。会议根据独立师经过一年的战斗，数量有了很大增长的实际，对独立师战斗序列和领导干部重新进行了调整。决定由王德泰任独立师师长，李学忠任政治部主任。独立师下设4个团：第一团，团长林盛奎，政委林水山；第二团，团长张蓬印，政委金洛天；第三团，团长方振声，政委金日成；第四团，团长何德润，政委王润成。第二军独立师已有兵力1000余人。

大荒崴会议和腰营沟会议后，东满党的组织和独立师的编制得到了健全，为成立东北人民革命军第二军准备了条件。但这两次会议尚未完全解决反"民生团"斗争中出现的错误。虽然东满特委逐步控制了斗争局势，并开始纠正反"民生团"斗争的错误，但是又出现了“间岛协助会”的大特务头子金东汉给中共东满特委肃反委员会主席李宋一送信事件[①]，特委又一次中了敌人的奸计。于是，李宋一等一批干部被错误地逮捕处决。东满地区党和人民革命军内部持续两年多的反“民生团”斗争，直到1935年5月之后才逐渐平息。

1935年5月末，魏拯民前往苏联向中共驻共产国际代表团全面汇报东满地区的抗日工作，并出席共产国际第七次代表大会。确定由朱明[②]代理中共东满特委书记。

根据中共满洲省委正式成立东北人民革命军的指示，中共东满特委和独立师于1935年5月30日发表《东北人民革命军第二军军部正式成立宣言》，宣布东北人民革命军第二军正式成立。《宣言》郑重宣告：“东满人民革命军是中高工农及爱国志士的武装力量”，“是东满一切反日部队的中心部队”。其主要任务是：“组织民众、武装民众，用武装并配合一切反日力量，驱逐日本强盗一切势力出满洲，保障中国领土完整，收复东北失地，推翻傀儡政府‘满洲国’，建立东北廉洁的人民政权，求得中华民族独立解放与自由。”第二军全体指战员通过《宣言》庄严宣誓：“愿牺牲一切，奋不顾身与日‘满’匪人作最后的战争，担负和完成抗日救国的伟大任务”，尽中华民族一分子的责任[③]。

同时，第二军政治部还发表了《告民众书》和《告各反日部队书》，

---

① 1933年末，中共东满特委的反“民生团”斗争逐渐平息。但1935年春，日伪的间岛协助会又给中共东满特委发了一封离间信，结果导致将特委常委、宣传部部长兼肃反委员会主席李宋一误认为“民生团领袖”而错误处死。

② 朱明（1904—1936），原名陈洪章，山东平度人。1924年加入中国共产党，后去苏联。1935年春被派至东满工作。1935年6月，任中共东满特委代理书记。同年10月在汪清县绥芬大甸子被敌人逮捕变节。1936年被东北人民革命军第二军军部处决。

③ 《东北人民革命军第二军军部正式成立宣言》（1935年5月30日），载中央档案馆、辽宁省档案馆、吉林省档案馆、黑龙江省档案馆编：《东北地区革命历史文件汇集》甲45，1990年印，第120、121、123页。

号召广大民众和反日部队联合起来，开展各种形式的反日斗争，把日本侵略者赶出东北，赶出中国。第二军政治部发出在东满成立抗日联合军指挥部的号召，指出："凡是反日的人员和部队，不分党派、不论军头，都联合起来成立抗日联合军指挥部，集中一切反日力量，统一东满的军事指挥和政治领导，加紧抗日救国的政治教育工作，在一致的行动和指挥之下，完成我们抗日救国的伟大任务。"①

第二军由王德泰担任军长，魏拯民兼任政委，李学忠任政治部主任，刘汉兴任参谋长。军部下设四个团，第一团，团长安凤学②，政委周树东；第二团，团长张泉玉，政委曹亚范③；第三团，团长方振声，政委金日成；第四团，团长侯国忠④，政委王润成。另设机关枪连、教导队和游击大队。游击大队大队长钱永林，政委金山浩。全军总兵力1200余人。

第二军成立后，于1935年6月发表了《东北人民革命军第二军为成立东满抗日联合军指挥部致各反日部队的信》，再次发出成立东满抗日联合军指挥部的倡议。信中总结了过去东满抗日部队各自为

---

① 《东北人民革命军第二军政治部告各反日部队书》(1935年5月30日)，载中央档案馆、辽宁省档案馆、吉林省档案馆、黑龙江省档案馆编:《东北地区革命历史文件汇集》甲45，1990年印，第117页。

② 安凤学(1910—1936)，原名安正燮，朝鲜族。1930年加入中国共产党，历任东北人民革命军第二军第一团团长，东北抗日联军第二军第一师师长、第四师师长。1936年叛变投敌，后被日本宪兵打死。

③ 曹亚范(1911—1940)，又名曹青山，北京人。1928年由香山慈幼院到和龙任小学教员。1931年加入中国共产党。历任中共和龙县委书记、东满特委秘书长、东北人民革命军第二军第二团政委、东北抗日联军第二军第三师政委、东北抗联第一军第二师师长、东北抗联第一路军第一方面军指挥等职。1940年被叛徒杀害。

④ 侯国忠(1904—1939)，吉林珲春人。1932年参加吉林救国军，1933年加入珲春游击队，不久加入中国共产党。先后任东北人民革命军第二军第四团团长、东北抗日联军第二军第五师副师长、中共道南特委候补委员、东北抗联第一路军第三方面军副指挥等职。1939年在战斗中牺牲。

战，常被敌人各个击破的教训，指出东满各反日部队要团结起来，成立东满抗日联合军指挥部，“有计划、有组织的指挥和领导东满的反日革命战争，是目前抗日救国的唯一紧急任务”。并提出了抗日联合军的宗旨：“第一，不投降、不卖国、抗日到底、恢复失地。第二，不分义勇军、人民革命军、救国军、自卫军、反日山林队、红枪会，不分党派（国民党、第三党、共产党），不分民族（中、高、蒙），不问宗教信仰如何，联合起来共同抗日救国。第三，没收日本及其走狗们的财产充用抗日战费。第四，允许民众言论、出版、结社、集会、武装自由，联合民众共同抗日救国。”①

大荒崴会议和腰营沟会议后，第二军军长王德泰、政委魏拯民为提高第二军指战员的政治军事素质，进一步加强部队的建设，在各团、连健全了党的组织，配备了政治工作人员：团配备政委，连配备指导员；同时认真贯彻《东北人民革命军政治工作暂行条例》，积极开展思想政治工作。为培训军政干部，第二军成立了随营学校，并于1935年5月20日发出了招生广告，招收18—35岁的爱国青年进行3—6个月的训练。第二军还创办了《东满民众报》、《人民革命报》、《反日周刊》、《战旗》等报刊，用汉、朝两种文字油印发行，宣传党的方针政策，报道抗战消息，总结斗争经验；还编印了《东北人民革命军工作纲领》、“游击战法”、“革命歌集”等小册子，供干部战士学习使用。在连队还成立了“政治讨论会”、“士兵委员会”、“识字班”、“娱乐团”，利用战斗间隙、集会进行学习宣传。这些活动的开展，提高了干部战士的文化水平，活跃了部队生活，起到了良好作用。

东北人民革命军第二军正式成立前后，各团根据东满党、团特委

---

①《东北人民革命军第二军为成立东满抗日联合军指挥部致各反日部队的信》（1935年6月），载中央档案馆、辽宁省档案馆、吉林省档案馆、黑龙江省档案馆编：《东北地区革命历史文件汇集》甲45，1990年印，第159页。

第一次联席扩大会议决议精神，分别以三分之二的兵力开辟新游击区，以三分之一的兵力留守老游击区。开辟新游击区的部署是：由第二军军长王德泰直接指挥第一、第二团坚持向西北、西南发展，其中第一团挺进敦化、额穆地区，第二团转战安图、桦甸地区；由第二军参谋长刘汉兴率领第三、第四团依然向东、向北发展（中共东满特委书记、第二军政委魏拯民去莫斯科中共代表团，随行一段进入苏境），进军绥宁地区的东宁、宁安、穆棱等地，分兵开展游击战争。

1935 年 4 月末，第一团主力部队从安图县车厂子抗日游击根据地出发，到敦化、额穆一带开辟新游击区。5 月 2 日，第一团第四连一部和第五连 30 余人联合抗日义勇军"天良军"、"平日军"、"明山好"等部 170 余人，共计 200 余人，在京（长春）图（们）铁路哈尔巴岭至大石头间将铁路甩弯处的路轨拆毁，并在路两侧设下伏兵。由朝鲜清津开往伪新京（长春）的第 202 次国际列车于当日凌晨行至此处时被颠覆，之后部队集中火力向车上的日、伪军猛烈射击，毙敌 10 余人，俘虏日、伪军政要员 10 余人，其中包括一名"满铁"要员，缴获大量物资和钱款。该事件在日伪统治者中引起极大震动，日伪各大报纸均以大字标题报道，称其为"京图线开车以来发生的最大惨事"。而后，第一团主力部队继续西进。敌人立即调兵遣将，跟踪追击。5 月 12 日，第一团在敦化县沙河掌伏击尾追之日军吉良"讨伐队"，毙伤敌 50 余人。6 月，第一团团长安凤学、政委周树东率部在额穆县青沟子与日军"讨伐队"150 余人遭遇，第一团部队用一部兵力正面迎击敌人，另派一部兵力绕至敌人背后，两面夹击，敌人溃不成军，日军伤亡近百人，被俘 15 人，仅 30 余人逃跑。此战缴获轻机枪 6 挺，步枪近百支。之后，第一团主力返回安图游击区，留下一部继续在敦化、额穆境内活动。7 月，留下的第一团远征队一部在敦化县新开岭与日、伪军 150 余人发生战斗，歼敌多人。另一部在敦化、额穆两县交界的威虎岭同日军守备队交战，歼敌 10 余人；

8月19日、20日，在京（长春）图（们）铁路南沟至亮兵台间连续颠覆开往朝鲜的第291次货车及前来增援的敌装甲列车，缴获棉布、大米、白糖、烟草等大批物资。9月23日，又在京（长春）图（们）铁路二道河至黄松甸间颠覆一列自伪新京开往朝鲜清津的国际列车。第一团在京（长春）图（们）铁路东部沿线进行的破袭战，破坏了敌人的运输线，缴获了大量物资，补充了部队的物资储备。

第一团主力部队返回安图游击区后，与第二团一起继续展开了一系列战斗。7月上旬，第一、第二团共400余人在葫芦细子同300余日、伪军发生激战，歼敌10余人。本月，第一团在柳树河子伏击伪军运输队，缴获白糖、面粉等大量物资。8月29日，又联合抗日义勇军及两江口起义的伪警察队共700余人围攻安图县城，经5日激战攻克该城，毙伤敌数十人，缴获100余支枪及大量军需品。这期间，第二军政治部主任李学忠率部队西征到达南满，与第一军部队胜利会师。

为使东满游击区与吉东游击区连接起来，第二军参谋长刘汉兴及第三团团长方振声、政委金日成和第四团团长侯国忠、政委王润成率领第三、第四团组成的北征队，准备于1935年6月初从汪清绥芬大甸子抗日游击根据地出发向宁安县挺进。此时，得知驻东宁县老黑山伪靖安军1个连，在日人连长的驱使下疯狂与抗日武装为敌，残害群众，附近农民恨之入骨，恳请第二军部队消灭这股敌人。第二军部队领导人接受群众的要求，即刻前往歼灭这支伪靖安军，但这股伪靖安军固守据点不出。金日成、侯国忠等采取引蛇出洞的战术，令一支小部队前往骚扰，引诱敌人。主力部队埋伏于距老黑山10公里之头道沟两侧的有利地形。当敌人追兵进入第二军北征队埋伏圈时，北征队发起猛攻，一举歼灭伪靖安军1个连，共击毙敌连长以下10余人，击伤十七八人，俘虏20余人，缴获迫击炮1门、轻重机枪2挺、步枪40余支、战马8匹及若干粮食等物资。战斗后，部队把缴获的粮食、马匹分给当地农民。群众纷纷送来米面、猪肉慰劳北征部队。

老黑山战斗后,第三、第四团返回绥芬大甸子(罗子沟)抗日游击根据地稍事休整,留下第三团第一、第二、第三连和第四团第四连坚持老游击区的斗争,其余部队第三团第四、第五连,第四团第一、第二、第三、第五、第六、第七连及第四团领导下的青年义勇军共340余人,于1935年6月下旬北上宁安。

1935年7月,当北征部队到达宁安县城东20余公里的老青沟山东屯时,敌人闻讯,从东京城调集数百兵力前来进攻。于是第二军北征队打响进军宁安的第一仗,经半日激战,将敌击溃。不久,第二军北征部队开至镜泊湖南湖头,与东北反日联合军第五军周保中所部会师。8月,第二、第五军领导干部举行会议,研究了两军配合作战问题,决定将第二军东部部队分成三部分:金日成率领第二军第三团第四连、第四团第二连和青年义勇军参加第五军第一师西部派遣队,前往额穆、敦化一带开辟新区,并打通与第二军西部部队的联络;刘汉兴、侯国忠指挥第二军第三团第五连,第四团第三、第五连转战宁安,与第五军军部共同活动;王润成带领第二军第四团第一、第六、第七连返回汪清、珲春老游击区,会同留守部队坚持斗争。此后,第二军东部部队在第五军军部的统一领导下,在以宁安为中心的广大地区广泛开展游击活动。

金日成率队参加西部派遣队后,与第五军第一师协同作战,进入敦化、额穆地区。从1935年9月至1936年1月间,先后进行了额穆青沟子六号屯战斗,额穆老道口战斗,敦化官地通沟岗子战斗,额穆索镇、敦化黑石屯等一系列战斗,击毙日本指导官、教官、宪兵等30多人,毙伤伪军、伪警察近百人,开辟了额穆新的游击区,还在宁安、额穆两县边界地区建立了后方密营。

在第二军各团主力部队分别开辟敦额、绥宁抗日游击区的同时,各团留守部队在老游击区积极开展游击活动，策应主力部队行动。1935年9月中旬，日、伪军将东满和绥宁地区作为重点，发动了秋冬季“大讨伐”，第二军各部英勇地展开反“讨伐”斗争。10月初，日、伪军向车厂子抗日游击根据地疯狂进攻，第一、第二团留守部队在重创来犯敌人后，主动撤离车厂子，第一团主力撤至安图县迷魂阵，第二团主力转移到安图县奶头山创建新的抗日游击根据地。11月间，日、伪军800余人又向奶头山进犯。王德泰指挥留守根据地的两连兵力和后勤机关人员，经多日激战，击退敌人，胜利地保卫了根据地。

与此同时，1935年9月，王润成率第四团第一、第六、第七连返回汪清，与留守的部队会合。10月，在东宁县头道沟与日军守备队战斗，毙敌8人，缴枪8支。又在珲春县密江附近伏击日军汽车1辆。12月，在小汪清袭击伪协助会特工班。1936年1月，在汪清县大甸子石头河子与伪军交火，袭击塘石沟日资木材场，缴获一批物资等。

1936年2月上旬，在日、伪军的残酷“讨伐”下，汪清绥芬大甸子抗日游击根据地遭到破坏，第三、第四团留守部队穿过数百里原始森林，分别转移到宁安、穆棱第五军游击区，继续开展游击战争。与此同时，日、伪军再次对奶头山抗日游击根据地发动猖狂进攻。第二团留守部队顽强反击，但是敌众我寡，形势对第二团十分不利。为保存实力，第二团留守部队于2月21日主动放弃东满地区抗日游击根据地。之后，第一、第二团部队继续在安图、敦化、桦甸转战，先后在安图县两江口、大酱缸，敦化县三道河子、四道河子，桦甸县会全栈等地与日、伪军多次战斗，英勇地回击了日、伪军的1935年秋冬季“大讨伐”。

四、东北人民革命军第三军成立，哈东游击战争进一步开展

1934年10月，日伪当局为消除抗日武装对哈尔滨的威胁，将哈尔滨以东各县列为所谓“第二期讨伐”的重点地区。伪军第四军管区

司令郭恩霖于10月下旬到帽儿山、珠河、一面坡等地督战指挥。为彻底破坏哈东抗日根据地，肃清抗日游击区和消灭哈东支队，敌人调用重兵，以驻滨江地区日军吉本、宫荻原、横山三支守备队为主力，并从伪第四军管区抽调涂旅、邓团、王团和李营及伪警察大队等共3000余人组成“讨伐队”，采取把守城镇、交通要道的同时，集中兵力分期分批包围抗日武装和抗日游击根据地的方法，妄图一举消灭抗日部队。敌军将“讨伐”的主要矛头对准中国共产党领导的东北反日游击队哈东支队，扬言“专打赵尚志，不打胡子”，企图破坏抗日统一战线，孤立哈东支队。

1934年10月20日，中共满洲省委发出关于粉碎敌人冬季“讨伐”的指示，提出了珠河在反“讨伐”战争中要扩大抗日游击队和抗日游击区等许多正确的部署。但也提出了“不让日‘满’匪军侵入游击区域一步”等脱离实际的错误口号。对此，赵尚志认为，敌我力量相差10倍，不准敌人进入游击区一步是不切实际的，应该采取灵活机动的游击战术打退敌人的进攻。按照这一思想，哈东支队制定了粉碎敌人冬季“讨伐”的计划。决定首先扫除敌人在游击区附近的军事据点、军用农场、兵营，把哈东抗日游击区向东扩大到方正县一带，将珠河、宾县、延寿、方正等县游击区连成一片；广泛联合抗日义勇军、山林队，发展哈东支队的力量，为早日建立第三军第一师做好准备。

哈东支队经过整顿后，将部队分成三部分：第一、第三大队坚持中东铁路以南老游击区的斗争；第五、第九大队在铁路以北开展游击战；第七、第十一大队前往延寿、方正县开辟新的游击区。各部队刚刚开始分头行动，日、伪军2000余人即将路南卧虎岭、访贤岗包围，搜索哈东支队主力。哈东支队第一、第三大队与抗日义勇军“三省”部队，在敌军包围圈内奋战一周，利用熟悉地形地貌的有利条件，终于巧妙地突围出去，敌人却丝毫没有发觉，以为抗日武装尚困在密林中。待两周后，敌人误认为反日游击队不冻饿而死也已经失去战斗力，便进山搜索，结果连一个游击队员的踪影都未发现。敌人不得不承认：这是一支“难以消灭的游击队”。此时，哈东支队第一、第三大队已开赴板子房，将被群众所痛恨、依仗日伪势力重新恢复起来的刘甲长“大排队”20 余人全部缴械遣散。此后，原准备恢复的各地“大排队”便不敢重建了。

在分头行动中，赵尚志直接指挥哈东支队第七、第十一大队直奔一面坡大青川，将日本稻田公司供日军食用的 2000 石稻谷焚毁。敌人闻讯前来时，哈东支队却北上延寿。敌军追到宾县八区，又扑了个空。这时哈东支队已过延寿县孙菜营子，并缴了延寿四区七保“大排”的枪支，在延寿、方正县边境中和镇一带开辟新的游击区。随后，赵尚志命令刘海涛率第七大队留在当地活动，巩固这一新开辟的游击区，他则率部又折回向西，到中东路北宋家店、黑龙宫，烧毁了伪军营房，粉碎了敌人在游击区设立军事据点围攻哈东支队的计划。11 月下旬，队伍由方正西进宾县。赵尚志率部队纵横驰骋，使敌军晕头转向，疲于应付。此时，哈东支队第五、第九大队在路北游击区也多次打退日、伪军的进攻，击毙日军 6 人，击伤 2 人。据日伪报纸报道，哈东支队自 1934 年 11 月 22 日至 12 月 2 日，10 日之内与敌“讨伐队”交战 6 次①。其中就有著名的肖田地战斗。

1934 年 11 月 25 日，哈东支队 200 余人自延寿返回铁道南游击根据地，途中夜宿方正与宾县毗邻的腰岭子附近的肖田地，突遭日军望月部队和伪军邓云章团 800 余人的围攻。面对强敌，哈东支队指战员顽强战斗，击退敌人数次轮番进攻。在激烈的战斗中，支队司令部青年科长宋阶平、陈秘书及 2 名队员牺牲；赵尚志左肘被流弹所伤，流

---

① 《泰东日报》，1934 年 12 月 14 日。

血不止，被战士扶下火线。部队在刘海涛大队长的沉着指挥下乘夜冲出重围，返回路南根据地。是役，经过 8 个小时的激战，日、伪军伤亡达 120 余人，哈东支队伤亡 5 人。日军官望月对游击队作战之英勇、退却时纪律之严整、行动之敏捷、且能巧妙地越过他布置的“堵击队”更是惊奇，称这是“德国式联军的退却”，认为“此中必有名将指挥”①。之后，哈东支队在三股流又与伪军一个连发生战斗，毙伤伪军连长以下 19 人。由于日、伪军寻求与哈东支队主力决战一再受挫或扑空，损兵折将，只好暂时结束所谓哈东冬季“大讨伐”。

同年 11 月，中共满洲省委组织部部长刘焜以省委代表身份来到珠河游击根据地指导县委和游击队的工作。他和中共珠河中心县委的负责人研究后，向省委提出了恢复赵尚志党籍的意见。根据赵尚志多次关于恢复党籍的申请，中共满洲省委经过考察和研究，认为 1933 年春省委根据巴彦游击队失败而开除赵尚志党籍是错误的；同时，根据一年多来赵尚志在创造和发展珠河游击队和游击区的斗争中作出的贡献，于 1935 年 1 月 12 日作出《关于恢复赵尚志同志党籍的决议》。这时，哈东支队一方面派人去五常县冲河、向阳山一带，调查了解建立新的游击根据地和抗日人民政府的可能性；另一方面即按省委要求积极地筹备建立东北人民革命军第三军第一师的工作。

1934 年底，中共满洲省派冯仲云到珠河，代表省委领导哈东地区工作。中共珠河中心县委召开会议，研究成立东北人民革命军第三军第一师的问题。1935 年 1 月 2 日，冯仲云将讨论的意见向省委报告，省委批准了这一报告。根据中共满洲省委的批示，1935 年 1 月 28 日，在纪念上海抗战 3 周年的日子里，东北反日游击队哈东支队在珠河县道南半截河，宣布改编为东北人民革命军第三军。第三军司令

① 熙文：《英勇战斗的东北抗日联军第三军》，载巴黎《救国时报》，1937 年 9 月 18 日。

部下暂编第一师。全军共500余人。由赵尚志任军长兼第一师师长，冯仲云任军政治部主任。第一师编3个团，每团3个连。第一团，团长刘海涛，政治部主任张寿篯；第二团，团长李熙山（许亨植），政治部主任金策；第三团，团长张连科，政治部主任马宏力（由李泰代理）。军部设有直属的保安营和少年连。在第三军的成立会上，过去经常同哈东支队在一起活动的“五龙”、“爱民”、“压东洋”等队伍的代表也前来表示祝贺。

东北人民革命军第三军宣告成立，鼓舞了哈东地区各种抗日武装和广大群众的抗日士气，把哈东一带的抗日游击战争推向了新的高潮。

1935年农历春节前，日伪当局从一面坡、呼兰等地调集伪军孙团、褚营、李营等部，以王旅为主力向宾县、珠河、延寿一带的抗日军进攻；调马旅、延寿警察大队、独立团，向延寿、方正和中和镇一带的抗日军进攻，敌总兵力共1000余人。

人民革命军第三军联合其他抗日武装立即开展反“讨伐”作战。1935年2月初，第三团号召“爱民”、“五龙”等山林队一同向访贤岗、十八里甸子的伪警察和“大排队”进攻，伪警察和“大排队”闻讯逃跑。同时，第三军司令部直属队在赵尚志率领下，突然南下五常攻占方城岗和小山子，摧毁几处“大排”防所，然后北上宾县，在3小时内连续围缴了三道街、包家岗、四道河子等三地反动“大排队”，缴获30余支枪。继而在农历正月初二（2月5日）又缴获了驻财神庙的反动“大排”“占北平”的50余支枪。而后横扫延寿，先后缴了花砬子“大排”武装，烧毁靰鞡草沟、姜家崴子伪警察所，再渡蚂蚁河至敌人统治势力较强的马鞍山、金坑一带。人民革命军第三军取得的一系列战斗的胜利，使延寿日伪统治者大为震惊。

1935年2月4日春节当天，第三军第二、第三团各一部在亮珠河店附近与伪军孙团发生战斗,击毙敌参谋长等人,敌军溃逃。2 月 26 日,第三团一部联合“野狼”、“占北”等部山林队,化装伪军在帽儿山站以西沿线连续围攻三处“大排队”,缴获 100 余支枪和一批子弹。该部又在蜜蜂站附近袭击一支日、伪军,击毙日军 7 人、击伤日军 5 人。部分伪军在战斗中哗变。

此时,刘海涛指挥第一团在延寿的中和镇附近关门嘴子痛击伪军马团,继而又在新开道将伪“大排”13 人缴械,再与援敌常罗锅带领的延寿伪警察大队和“大排队”150 余人发生战斗,敌人死伤 10 余人,老三区“大排队”队长李清被击毙,日本指导官则利身负重伤,回城即死。第一团乘胜追击,敌人以马驮尸而逃。

正在第一团冲破伪军涂旅对延寿、方正游击区的进攻时,在附近活动的“明山”部山林队主动协同第一团对敌作战。第一团从“明山”队得知民众救国军谢文东率残部正在方正东南部二和尚庙隐蔽徘徊。该团政治部主任张寿篯即前往会见谢文东,鼓励其坚持抗日立场,并当场揭露敌人派来策反的奸细林茂彬,予以处决,使民众救国军余部转危为安。不久,赵尚志率第一团等部东进,到达方正县大罗勒密,与谢文东、李华堂两部会合。

此前,谢文东自 1934 年 10 月率领残部转入依兰深山后,陷入绝望之中。曾经参加民众救国军的祁致中“明山”队,去山中看望并告之其处境危险,谢文东部遂与“明山”队到刁翎游击,收集散失的余部,再转方正活动。1935 年 1 月,同样处于困境中的自卫军支队长李华堂率部前来与谢文东部会合,劝说谢文东和他共同请求刚成立不久但威名远扬的东北人民革命军第三军帮助重整部队。当时,军长赵尚志认为,民众救国军虽然遭受了敌人的严重打击,部队所余无几,但是土龙山农民反日大暴动的影响,在东北特别是在松花江中下游一带还是深远的,协助这一部队的整顿和恢复,对东北的抗日事业是有益的。因此，承诺予以帮助。

1935 年 3 月初，赵尚志在方正大罗勒密与谢文东、李华堂再次会见后，经过三方协商，决定在共同反日、保障民众民主权利和不反对共产党的三项条件下，成立东北反日联合军总指挥部，推举赵尚志为总指挥，李华堂为副总指挥，谢文东为军事委员长，张寿篯为总政治部主任。3 月 25 日，以东北人民革命军第三军司令部、东北反日联合军总指挥部名义发布布告，号召“一切反日队伍联合一起”，“结成共同战线”①，来完成反日救国的光荣事业。

为了庆祝东北反日联合军总指挥部成立，扩大反日联合军的影响，指挥部决定共同攻打方正县城。3 月 9 日凌晨，东北人民革命军第三军一部、自卫军支队、民众救国军和“明山”队联合部队共 450 人，在赵尚志的指挥下长途奔袭，突然包围了方正县城。拂晓时，分四路攻城。守城伪军警 200 余人依仗城墙和炮台进行顽抗。至中午 12 时，第三军从东门突入城内，打开伪警察署，毙伤伪警察 6 人，俘虏伪警务股长 1 人，缴枪 15 支，焚烧了日本参事官、指导官住宅。但伪县署与西大街因敌人顽抗未能攻下。其他各部亦均有缴获。为免遭敌人援兵的袭击，联合军攻入方正 12 小时后撤出。敌人急从通河、宾县调兵救援。当敌援军抵达方正县城时，攻城部队已经安全撤退。

同年 3 月 7 日，第三军第二团在王惠同②、金策指挥下，联合大小义勇军 10 余部约 370 余兵力，将延寿二区小黄烧锅（今兴隆屯）攻下，将日本农场及其建筑物悉数烧毁。

---

① 《东北人民革命军第三军司令部、东北反日联合军总指挥部布告》（1935 年 3 月 25 日），载中央档案馆、辽宁省档案馆、吉林省档案馆、黑龙江省档案馆编：《东北地区革命历史文件汇集》甲 44，1990 年印，第 442 页。

② 王惠同（？—1935），生年不详，原名王惠童。中共党员。1935 年春，任东北人民革命军第三军第二团团长。同年率所部在突围战斗中受伤被俘，后被敌人杀害。

不久，赵尚志率第三军司令部自方正西返，会合第二团，大军西进至离宾县25公里之三岔河、元宝河一带积极活动，宾县日伪当局极为恐慌。

东北人民革命军第三军联合抗日义勇军各部所取得的胜利，振奋了抗日义勇军的士气，一扫冬季的沉闷气氛。各部义勇军也主动与伪军、“大排队”作战。“八合”、“爱民”等部攻下夹板站，“北来”、“吕绍才”攻进了二道河子等地。

哈东各县抗日游击战争再度活跃，严重威胁了日伪的反动统治。1935年3月下旬，日伪当局开始发动春季“大讨伐”，欲消灭中国共产党领导的人民革命军第三军。3月25日，第三军司令部在老黑顶子召开义勇军、反日山林队会议，到会首领40余名。由于前阶段联合对敌所取得的成果，各部为粉碎敌人新的进攻，认为有继续联合战斗的必要。经协商同意，分别成立了延方、路北、路南3个联合军指挥部，分别由刘海涛、王惠同、张连科担任指挥。决定由各抗日部队分区保卫抗日游击区，从而进一步将许多抗日义勇军部队团结在人民革命军第三军周围，联合各种抗日力量共同抗击日、伪军的春季“讨伐”。

日、伪军在这次“讨伐”中采取了步步为营的方针，在宾县、珠河到处建立军事据点，同时集中一批兵力专门重点追击第三军主力部队和第三军司令部。第三军司令部针对这一敌情，决定部队仍有计划地分开作战，既分散牵制敌人，又避免部队集中一地被敌人聚歼。司令部率第一团、民众救国军、自卫军支队等部去延寿、方正作战，第二团仍在路北游击，第三团继续坚持路南战斗。随后，赵尚志率军部直属队和第一团在延寿蚂蚁河东金坑一带冲破伪军邓云章团和伪警察、“大排”900余人的围攻。刘海涛指挥100余骑兵强行冲过曹家屯南岗敌人封锁线，步兵大队抢占东山，迅速摆脱了敌军，继而折向苇沙河远征，并与活动在宁安西北山区一带的东北反日联合军第五军互为呼应。结果，敌军因失去目标而撤军，第三军部队在苇沙河东山得以休整。

1935 年 4 月 23 日，赵尚志率第三军司令部和第一团重返方正，在延寿中和镇北部会合了民众救国军谢文东部、“明山”队和义勇军王营长部共230 余人，决定联合进攻大罗勒密。此地是延、方、珠、宾、五等哈东抗日游击区与依兰、勃利抗日游击区的连结点，战略地位重要。大罗勒密驻有伪特别警察队等共150 余人。四周有 4 个炮台，敌军有迫击炮、轻机枪等武器，火力相当强。4 月 24 日晚开始攻击。敌人集中力量死守，步枪、机枪、迫击炮一齐发射，但黑夜中敌人的火力难以奏效。在第三军部队勇猛攻击下，敌人未能挡住攻势，夺路逃跑。进攻部队没收了日本侵略军组建的木业公司的大量马匹和布匹等，天亮时撤出。第三军司令部和第一团部队返回延寿。5 月，第三军部队在中和镇、夹信子附近收缴半截河、新开道等地新成立的伪壮丁团枪支，进攻老五团局所，伏击延寿伪警察队，获得多次胜利，给予延、方游击区境内敌伪势力以很大打击。

同年 5 月下旬，日、伪军又发动夏季“讨伐”。赵尚志根据满洲省委和珠河中心县委“红五月”工作提纲，决定率领第一团，联合谢文东、李华堂所部东征牡丹江流域，牵制敌人对珠河等老游击区的进攻，并相机扩大新游击区。5 月 23 日，赵尚志率东征部队攻占苇河县（今属尚志市）楼山镇，烧毁敌防所。随后在龙爪沟击败一支俄人森林警察队，焚毁日本近藤林业公司原木堆场和森林火车 1 列，缴枪 7 支，击毙俄人森林警察 11 人。然后翻越张广才岭到达三道河子满天星，会合李华堂、王营、“东来好”等部。6 月 7 日夜，各部联合进攻三道通。东征部队根据群众报告得知三道通敌人共有 80 余人。半夜，东征部队各部选出勇士开始向三道通发起攻击，烧毁了第六区伪警察署。敌人在齐家大院据守顽抗。因院墙炮台坚固，未能消灭敌人。

6 月 11 日,伪军赫团尾追来到三道河子东征部队附近。敌人登上山地,占领了有利地形,机枪、迫击炮齐射,但未奏效。经 3 小时激战,第三军等击退伪军赫团的攻击,伤敌 3 人。抗日部队没有损失。此次东征战斗的胜利,破坏了敌人设在牡丹江沿岸的若干砍伐木业组织,打击了日本侵略者对东北木材资源的掠夺,鼓舞了当地群众的抗日斗志。

此时,敌人乘第三军主力部队向牡丹江流域活动之际,已有计划地在哈东游击区修筑"集团部落"和"警备道路",架设"警备电话",蚕食第三军游击区。留守的第二、第三团对于敌人的动向缺少了解,依然采取东西出击的老办法,曾联合 300 余人的义勇军远道迂回高丽帽子,企图打退敌人的进攻,但收效甚微。抗日联合军又合攻中东铁路九站未果。后来,第二团进攻乌吉密移民团缴得 16 支枪,第三团联合义勇军进攻蜜蜂站等地获得少量枪支和布匹。赵尚志得知珠河出现的新情况后,决定由张寿篯、刘海涛率第三军一团继续在依兰、方正一带活动,自己率第三军司令部返回珠河游击区。途中,攻占延寿反动地主张家大院,缴枪 20 余支。7 月 7 日,第三军司令部在道北会合第二团,袭击帽儿山。8 日,又颠覆自阿城来援之敌轨道铁甲车一辆。然后赵尚志率部经海沟南下会合第三团和义勇军"双龙"部,向五常、双城边境一带活动。

"双龙"部首领汪雅臣①,原为东北军第二十六旅第三十四团的一名士兵。该团投敌后,汪雅臣带领要求抗日的少数士兵一起脱离伪军,组成山林队,报号"双龙"。后来参加五常县著名的山林队宋德林

---

① 汪雅臣(1911—1941),又名王景龙,山东蓬莱人。九一八事变后组织反日山林队"双龙队"。1933 年 2 月独立组成反满抗日救国义勇军。1935 年加入中国共产党。1936 年初任东北人民革命军第八军军长。同年秋人民革命军第八军改称东北抗日联军第十军,任军长。1941 年在突围中负重伤后牺牲。

部，编为该部第四支队。不久，汪雅臣又脱离宋德林队伍，另行组建反满抗日救国义勇军，以五常县九十五顶子山为根据地进行抗日活动。1935 年春，曾配合第三军第三团进攻蜜蜂车站。此时，又与第三军司令部和第二团会合共同战斗。

1935 年 7 月，南京国民政府与日本方面签订《何梅协定》后，日本侵略者从长城前线调回日军主力，在东北各地向抗日武装力量进行大规模进攻。伪滨江省和第四军管区在帽儿山设立了宾县、五常、双城、阿城、珠河、延寿 6 县办事处，统一调动和指挥 3000 余日、伪军警兵力，从 7 月 20 日起，先后对中东铁路南北两侧抗日游击区实行“大讨伐”。敌人这次“大讨伐”与以往历次“讨伐”有着不同的特点：军事“讨伐”时间比以往延长二三倍；以日军为主，全面包围抗日游击区，并在区内设置若干日军防所和基地，形成分割包围线，用精锐兵力在区内搜索、追击、堵截，妄图将抗日武装一网打尽。同时，疯狂地推行灭绝人性的“三光”政策，普遍地将山区民房烧毁，强迫农民“归屯并户”，迁入敌人便于控制的“集团部落”内，实施彻底破坏、毁灭抗日根据地和游击区，叫嚣要“毁灭赵尚志根据地”。中共珠河中心县委 8 月 11 日在给中共满洲省委一份报告中说：敌人“以日军及警察队为主力，保护着治安工作班，……首先以十站为兵站，继则以蜜蜂站为兵站，来游击区普遍焚烧。现在路南游击区三分之二以上已成一片焦土，仅离铁道线十余里地之地方未被焚烧，并申言发散布告毁灭赵尚志根据地，禁止住户，否则一律讨伐屠杀”①。县委在 9 月 14 日报告中又说，路北东青川、老黑顶子、对面山、马才沟、秋皮囤等地也先后被焚烧，沿山一带几乎没有人家，一片废墟，除大亮珠河外，路

① 《中共珠河县委关于敌人活动及县委工作情况的报告》（1935 年 8 月 11 日），载中央档案馆、辽宁省档案馆、吉林省档案馆、黑龙江省档案馆编：《东北地区革命历史文件汇集》甲 38，1990 年印，第 201 页。

北已经组织起的反日区被毁约在“三分之二以上”①。此外，敌人强迫群众修筑警备道路，架设电话线，以便日、伪军迅速沟通情报和调动兵力进行“讨伐”。还组织“工作班”、“宣抚班”，对群众进行欺骗宣传，分化瓦解抗日义勇军与山林队。同时在经济上实行毒辣的严厉封锁政策，企图使抗日武装冻饿而死。东北人民革命军第三军的活动日渐困难。

1935 年 8 月 29 日，中共珠河中心县委机关从十三堡沿大青山转移途中，在娄家窝棚突遭敌军袭击，满洲省委派到珠河任第三军政治部主任的张敬山（张玉珩）和团县委书记周毅夫、团县委秘书金凤生等 3 人牺牲，县委宣传部部长冯仲云受伤。县委书记张兰生以及冯仲云率县委机关和第三团部分战士退入珠河南部和五常边沿地区，发动群众建立反日会组织，一直坚持抗日斗争。

这一时期，由于敌人的重兵“讨伐”，一些抗日义勇军和山林队也动摇不定，时有反复。又由于第三军司令部下令缴取活动在双城东部地区与第三军作对的山林队“压东洋”等部枪械的影响，一些义勇军部队与第三军的关系更加疏远，一度使第三军部队陷于孤立，更增加了第三军活动的困难。

面对如此严峻的局面，中共珠河中心县委于 1935 年 9 月 10 日召开县委执委扩大会议。第三军军长赵尚志出席了会议。会议根据吉东特委转来的《王康指示信》②精神，总结了在执行抗日民族统一战线问题上的经验教训，认为不能把统一战线理解得过于狭窄，决定调整

---

① 《中共珠河县委关于游击区情况及县执委会会议讨论事项的报告》（1935 年 9 月 14 日），载中央档案馆、辽宁省档案馆、吉林省档案馆、黑龙江省档案馆编：《东北地区革命历史文件汇集》甲 38，1990 年印，第 238 页。

② 《王康指示信》，即《王明、康生给吉东负责同志的秘密信》，详见本书第六章第二节第一目有关说明。

过去执行的较“左”的政策，纠正对义勇军、反日山林队要求过高过严、拒绝来投的关门主义。为此，要在义勇军中进行不投降的签名活动，号召一切义勇军反对投降，扩大反日联合军。对要求改编与靠近人民革命军的反日队伍，将其编为反日联合军或收编为人民革命军第三军直属系统。会议研究了整个哈东的政治形势和为反对日伪秋季“大讨伐”所采取的斗争策略，通过了《关于目前哈东政治形势与我们任务的决议》。《决议》指出：敌人烧毁广大群众（包括地主富农在内）房屋，并迫使他们离开抗日游击区，归入大屯，失掉土地财产，势必激起群众的普遍仇恨与反抗。党的任务即应广泛地武装民众，组织反对敌人烧杀和归大屯的斗争。同时，由于敌人毁灭抗日游击区，使各个义勇军、山林队失去了“粮窝子”和驻军之地，势必使其更向人民革命军靠拢。党的任务是扩大抗日统一战线，广泛地收编义勇军，或将其编入人民革命军，或使之参加抗日联合军，便于团结更多的抗日武装对敌作战。会议决定：鉴于“目前路南北游击区以〔已〕被全部焚毁，且象敌人讨伐之中心地带，没有必要集中大部力量于游击区”①，故在坚持旧游击区的同时，第三军司令部率主力部队向松花江北木兰、东兴、庆城、铁骊（今铁力）、巴彦转移，或向依兰、勃利发展，建立新的根据地；另以一部向珠河南部及五常发展，并相机恢复旧游击区。

根据珠河中心县委的决定，为适应新的斗争任务的需要，东北人民革命军第三军部队进行了扩编，在原有3个团的基础上，新组建了第四、第五、第六3个团，即：原在路北、路南的第二、第三团战士编为第四、第五团；以原来的第二、第三团的团级干部为基础，补充地方青

① 《中共珠河县委关于游击区情况及县执委会会议讨论事项的报告》（1935年9月14日），载中央档案馆、辽宁省档案馆、吉林省档案馆、黑龙江省档案馆编：《东北地区革命历史文件汇集》甲38，1990年印，第243页。

年义勇军，成立新的第二、第三团；第一团基本队伍不动，从中抽出一部与方正、延寿游击队合组第六团。此外，将“明山”部义勇军编为第三军方（正）依（兰）游击团（约70人）；将路南青年义勇军和收编的山林队编为第三军独立营。第三军扩编后，各团主要干部是：第一团，团长刘海涛，政治部主任张寿篯；第二团，团长王惠同，政治部主任李熙山（后为赵一曼）；第三团，团长张连科，政治部主任侯启刚（后为李熙山）①；第四团，团长郝贵林②，政治部主任金策；第五团，团长尹庆澍；第六团，团长孟广才，政治部主任祁占海③。全军750余人。

珠河中心县委执委扩大会议结束后，第三军各部分别开始行动。原活动在延寿、方正游击区的第一团，此前即得悉由李延禄率领的东北抗日同盟军第四军一部已由密山西来方正活动。9月初，第三军第一团相继在方正县的李树园和大罗勒密的三家子与吉林自卫军支队李华堂部、第四军李延禄部会合。经三部会议协商，为打开通往方正、依兰各县的通道，1935年9月7日共同攻下松花江沿岸之洼洪，歼敌一部。然后，渡过牡丹江向刁翎前进，途中会合第四军第二团和民众救国军谢文东部。9月16日，联合攻下刁翎，毙敌5人，缴获7支枪。9月19日，又联合攻入林口。10月7日，第三军第一团同自卫军支队在牡丹江畔的喀上喀截获伪军第二十九团运输船，缴得棉军装300余套、单军装30余套，13支枪，若干子弹和面粉、现款等。

---

① 侯启刚（？—1939），生年不详，中共党员。1934年后历任哈东支队秘书处长、东北人民革命军第三军第三团政治部主任、人民革命军第八军政治部主任、东北抗日联军政治军事学校代理教育长、东北抗联第三军第三师政治部主任等职。1939年牺牲。

② 郝贵林（1900—1937），热河人。1934年参加珠河反日游击队，后加入中国共产党。历任哈东支队政治保安队队长、东北人民革命军第三军第四师师长、中共北满临时省委委员、东北抗日联军第三军第四师师长。1937年在战斗中牺牲。

③ 祁占海，生卒年不详，又名祁振满。中共党员。历任东北人民革命军第三军第六团政治部主任、东北抗日联军第三军第六师政治部主任。率部队在铁骊、海伦一带活动时牺牲。

1935年10月22日，赵尚志率第三军司令部和第四、第五团部队在大罗勒密东南二道河子孟二爷屯，与在这里活动的该军第一团会师。赵尚志听取了张寿篯和刘海涛关于第一团在方正、林口等地的活动情况，特别是与第四军部队共同战斗、生活情况的汇报，对第四军和李延禄有了详细了解。因此，赵尚志决定亲自率领第三军主力部队前往五道河子会见李延禄。在张寿篯的安排下，两位军长相见。在亲切的交谈中，相互之间增进了了解，消除了过去的误会。赵尚志还在第四军司令部看到了中共中央的《八一宣言》。

同年11月，为了贯彻《八一宣言》和《王康指示信》精神，第三军司令部在勃利西青山里九龙沟（今林口县青山乡）召开会议，依据《八一宣言》和《王康指示信》的精神，决定：（一）赵尚志率第三军军部和第五团赴松花江北，与谢文东、李华堂、李延禄等部一起会合汤原反日游击总队，将过去的东北反日联合军指挥部扩大建立东北抗日联合军总司令部，使之成为北满反日游击运动统一的军事领导机关。（二）帮助汤原反日游击总队改编为东北人民革命军第六军，使之成为松花江北的抗日骨干部队。（三）背靠小兴安岭广泛开辟江北抗日游击区，联合抗日义勇军和山林队扩大抗日统一战线。（四）利用小兴安岭深山密林建立抗日联合军训练所，培养军政工作人才，以适应各军对干部的需要。（五）金策、郝贵林率第三军第四团活动于江南一带，以便打通与第五军东部派遣队的联络，帮助饶河游击队改编为第七军，并尽可能对第四军部队进行帮助，使之成为抗日基本队伍。

依据上述决定，第三军第四、第五团立即分别行动。赵尚志率司令部、第五团和李华堂部队一起重返方正县大罗勒密。赵尚志在此处与李延禄再次会面，共同决定，赵尚志率第三军一部、李延禄率第四军一部和谢文东、李华堂等部相继渡松花江北上。1935年12月12日夜，赵尚志率第三军司令部和第五团以及李延禄所率第四军部队跨过冰封的松花江，先后袭击了通河县六方屯保安队和二道河子伪警备队、警察所，缴了60余名伪军警的武器装备，计轻机枪2挺、马步枪57支和手枪3支、子弹1万余发以及棉军装300余套，解决了部队所需冬装。不久，第三、第四军和谢文东、李华堂部相继到达汤原，于1936年1月与汤原反日游击总队会师。

留在珠河、五常坚持斗争的第三军新组建的第二、第三团，在极为艰苦的环境中开展游击战争，以与远征方正、汤原的部队相呼应。1935年10月下旬，第三军第二团在小九站南方凉子山附近遭伪军第二十三团夜袭，双方交火数小时，第二团迅速转移；继而在黑龙宫附近八里岗与日军伊藤部队发生遭遇战，互有死伤。11月15日，第二团50余人在路北五区春秋岭被日、伪军警横山、冈田等部500余人重重包围。经一天激战，第二团击毙日军机枪队长大谷清一等3人，击伤日、伪军30余人。但第二团也损失严重，团长王惠同因重伤被俘，后遭杀害。突出重围的7名指战员辗转路南与该军第三团会合。道北区委书记兼第二团政治部主任赵一曼在战斗中身负重伤，后在隐蔽养伤期间被俘。赵一曼被俘后，敌人先是在伪珠河县公署对她进行严厉审讯，赵一曼坚强不屈，义正词严地揭露和批驳日本侵略者散布的“王道乐土”、“日满一德一心”等谎言。当赵一曼的伤势越来越严重时，敌人为迫其投降，将她送往哈尔滨，关押在哈尔滨伪滨江省警务厅地下室的看守所里。敌人对赵一曼软硬兼施，企图从她口中得到第三军以及地方党组织的情报。赵一曼誓死如归，坚贞不屈，最后敌人施加酷刑，使赵一曼的身体遭到极大摧残。敌人为取得重要口供又送她去医院治疗。在敌人严密监管下，赵一曼教育争取了看守董宪勋和护士韩勇义，在他们的帮助下一同逃离虎口。不幸，在赴游击区途中又被敌人抓捕。1936年8月2日，赵一曼在珠河县小北门英勇就义。

此时，珠河路南游击区和根据地也几乎全部遭受破坏。中共珠河中心县委转移到大泥河北十三堡的密林中。第三团在团长张连科、政治部主任李熙山的带领下过大泥河到五常县活动。1935年10月中旬，在五常县西20公里的兴隆镇同伪军第二十二团一个营发生遭遇战。后来，第三团同汪雅臣部义勇军以及其他抗日山林队联合对敌，基本部队有所扩大。同时，该军第二团余部在第三团的帮助下，逐渐恢复了战斗力，与第三团一起坚持战斗。

在第三军1935年反对敌人历次“大讨伐”的战斗中，由于敌人集中优势兵力、采取极其野蛮的“三光政策”，哈东各县抗日根据地遭受严重破坏。但是，珠河中心县委和第三军司令部采取在坚持原有游击区斗争的同时派遣主力部队向松花江下游江北发展开辟新游击区的方针，运用灵活机动的游击战术与敌人巧妙周旋，并采取广泛收编抗日山林队的措施，不仅使抗日游击区扩大发展，而且使部队实力又有了较大的发展，为第三军后来的发展奠定了坚实基础。

五、东北抗日同盟军第四军成立，向勃利、方正伸展游击

1934年7月，东北人民抗日革命军负责人李延禄自关内返回密山，继续领导抗日斗争。9月中旬，李延禄率领抗日革命军部队到达穆棱河北与密山游击队会合。此后，两支队伍在穆棱河两岸共同开展游击活动，打击敌人，曾先后在锅盔山、老道沟同敌军作战。一次，两支部队共驻老道沟，日、伪军闻讯前来“讨伐”，抗日革命军和游击队鉴于敌军兵力几倍于我，遂化整为零，跳出敌军包围圈，伺敌弱点予以有力袭击。在这次战斗中，游击队员表现机智勇敢，在守卫一座山头时，发现敌人自山头的两面登山进攻，游击队在向两面射击一阵后，从侧面隐蔽撤离山头阵地，引起敌人登顶时互相残杀。此次战斗，抗日革命军与游击队共击毙日军官兵4人、伪军8人，抗日革命军负伤1人。

为了加强对东北工作的领导，1934 年 9 月上旬，中共驻共产国际代表团派吴平与杨春山到海参崴正式建立代表团驻海参崴联络站，以保持与国内上海中央局和东北党组织的联络。同时，代表团还派吴平以中共满洲省委巡视员的名义直接去吉东地区工作。其任务是：负责在政治上纠正吉东局领导的错误；重建中共吉东特委，改造各地党的领导机关，正式建立海参崴联络站与中共吉东特委间的交通联络。

吴平首先到达密山，经过对中共密山县委工作和该地区的抗日部队、抗日斗争情况的深入了解后，召开中共密山县委扩大会议。会上，吴平传达了中共驻共产国际代表团关于广泛团结各种抗日武装和爱国力量，建立反日统一战线，积极开展抗日游击战争的新的指示精神。会议根据这些新的精神，肯定了县委过去在组织群众、发展反日会组织和领导密山游击队斗争等方面的成绩。同时批评了县委过去工作中出现的失误，主要表现在未能认真贯彻党的反日统一战线方针，因而不仅对待抗日义勇军、反日山林队普遍不信任、政策过“左”，发展群众性反日会组织的条件过严，甚至认为李延禄率领的东北人民抗日革命军是救国军残部，不抢不夺是右倾，不去积极领导和援助该军。会上改组了密山县委会，张墨林仍任中共密山县委书记，县委宣传部部长李成林①调勃利区委任书记，由李发任宣传部部长，组织部部长由一名农民党员担任。县委扩大会议赞同吴平的提议，将密山游击队并入东北人民抗日革命军，编为第二团；依据县委原有酝酿建立抗日同盟军的设想，正式组建抗日同盟军司令部，任命李延

---

① 李成林(1904—1936)，原名金东植，朝鲜族。1926 年到广州黄埔军校学习，1930 年加入中国共产党。九一八事变后，被党组织派入吉林救国军工作，任吉林救国军总部宣传部长。后历任中共密山县委宣传部部长、中共勃利区委书记、中共勃利县委书记。1936 年被土匪杀害。

禄为总司令。为加强这支抗日部队的领导力量，会议决定选派一批党员干部，如朴凤南、李槿淑、黄玉清①、胡伦、康山等到抗日同盟军中工作，充实部队的骨干力量。

中共密山县委扩大会议后，吴平到达穆棱河北人民抗日革命军驻地巡视工作，同李延禄具体研究部队改编问题。考虑到这支部队原是由吉林救国军余部在共产党的领导下改编而成，仍属抗日联合军部队性质，根据中共代表团新的指示精神和密山县委扩大会议决议，决定部队名称改为东北抗日同盟军。按照中共满洲省委的统一建军部署，南满与东满已建立起东北人民革命军第一、第二军独立师，珠河的哈东支队建立第三军，便将东北抗日同盟军编为第四军。由李延禄任军长，胡伦任参谋长，不久任命从苏联学习归来的何忠国②为政治部主任。东北抗日同盟军第四军暂编第一师，师长、参谋长、政治部主任分别由李延禄、胡伦、何忠国兼任。第一师编3个团、1个独立营。第一团团长杨泰和；第二团团长张奎，政委何忠国兼任；第三团团长苏衍仁（"小白龙"）；独立营营长文荣（"打东洋"）。另设卫队连。全军共231人，其中骑兵137人。

不久，吴平通过海参崴联络站又陆续派遣由苏联学习归国曾任穆棱县委书记的李守中担任第一团政委，由邓化南③任第三团政委。

---

① 黄玉清（1899—1940），原名黄亨镐，朝鲜族。1930年加入中国共产党，曾任中共穆棱、密山县委委员。1934年秋后历任东北抗日同盟军第四军政治部主任，中共吉东省委委员，东北抗日联军第二路军总指挥部政务处主任、总指挥部政治部代主任。1940年在战斗中牺牲。

② 何忠国（1909—1935），湖北人。1927年加入中国共产党。长期从事工人运动。后被派至莫斯科东方大学学习。1934年秋归国，任东北抗日同盟军第四军政治部主任。1935年在战斗中牺牲。

③ 邓化南（？—1936），生年不详。1934年10月从苏联回国，被吉东特委派往东北抗日同盟军第四军第三团任政委。后任东北抗日联军第四军第三师政治部主任。1936年在战斗中牺牲。

第四军设党委会，党委成员有李延禄、何忠国、朴凤南、胡伦等，由朴凤南任党委书记，该军第二团设党支部，党员数量也有增加。

从此，东北抗日同盟军第四军在中国共产党的领导下，军政素质有了很大提高，认真执行党的抗日民族统一战线政策，积极联合周围抗日义勇军和山林队开展游击战斗，并努力在伪军和大排队的爱国官兵中进行策反、争取教育工作，使部队有了较快发展。

1934 年冬，日伪当局为控制吉东地区民变不断的局势并“讨伐”刚成立不久的东北抗日同盟军第四军，向中东铁路东段以及穆棱通往密山、虎林大道沿线派驻大量日、伪军，同时采取放缓缴枪缴照的姿态，企图麻痹人们，并趁势以民间枪支组成伪民团，使敌伪势力深入到抗日游击区与抗日武装对抗。1934 年 12 月，日军开始向抗日同盟军第四军和密山县委根据地哈达河沟里进攻，袭击张老畲菜营，沿途烧毁山区住房，驱赶农民、猎户，实行经济封锁，使第四军部队在这一带继续活动发生困难。同时，中共勃利区委为进一步发动群众，迫切要求第四军部队分兵前往支持和协助。为此，李延禄带领第四军军部和卫队连于 12 月 20 日由杨木峡沟出发向勃利转移。途中于大通沟会合该军第二团，经商定该团一部由军政治部主任兼该团政委何忠国带领，随同军部去勃利活动。从此，第四军部队便将抗日游击战争扩展至密山、穆棱、勃利 3 县，一面伺机打击敌人，一面宣传、组织群众，建立抗日救国会。

第四军第一团在军参谋长胡伦、团长杨泰和、团政委李守中领导下，以密山与勃利县交界处的锅盔山、茄子河（今属七台河市）一带为游击根据地，经常活动于穆棱河两岸（今鸡东县境），或向穆棱县境游击。在此期间，第一团还积极开展联合其他抗日武装的统一战线工作和瓦解伪军的工作。1935 年 5 月上旬，伪军第二十六团机枪连 1 个排长带领 8 名士兵携带轻机枪 1 挺、步枪 18 支、子弹 5600 发，加入同盟军第一团。不久，伪军第十五团驻二人班的1名班长带领全班士兵，击毙反动排长后哗变，携13支枪和2000余发子弹辗转前来参加第一团。密山县反日会和第四军第一团在茄子河召开欢迎会，欢迎他们反正抗日。同时，第一团联合了抗日山林队"占高山"部50余人共同战斗。在游击战争中，还吸收了数十名志愿参军的抗日群众入伍。该团由30余人迅速发展至200余人。1935年6月16日，杨泰和率第一团翻山越岭，到达林（口）密（山）线上的滴道车站，准备攻打驻该站的一个作恶多端的日特工作班。午夜时分，第一团部队将该站包围并发起突然袭击，俘虏全部守站伪军，缴枪10余支、子弹3000余发。因日特工作班已于前一日撤走，侥幸逃脱。此战，该团有1人负伤。第一团破坏了站内设施和部分线路，使这条铁路运营中断数日。

第四军第二团一部在团长张奎率领下，与留在密山的第一团一部配合开展游击战斗。另一部随军部向勃利进军，途中于1935年1月在方家沟进攻伪军第二十九团赫奎武部一支骑兵，击毙伪军20余人，第二团负伤2人。同年春，到达勃利县青山沟，同该军第三团会合，并与中共勃利区委取得联系。4月，敌人开始春季"讨伐"，军长李延禄令第二、第三团部队在军政治部主任何忠国率领下进入依兰县境活动。首战攻打土城子伪警备团，毙敌8人，伤6人，缴枪10余支。4月27日，第四军部队在阁凤楼同一个伪军警备连发生战斗，击毙伪军20余人，缴枪30余支，余者逃走。部队将在镇内缴获和没收的物资一部分给贫苦群众，接受一批农民入伍。在依兰活动期间，第二团发展至100余人。

第四军第三团和独立营一直在勃利青山里、河口一带活动。1935年初，根据勃利区委书记送来的日资木场"清水木业组合"的情报，李延禄令第三团和独立营进攻由伪森林警察中队守卫的日本"清水木业组合"木场。2月6日，第三团团长苏衍仁和独立营营长文荣率队攻打“清水木业组合”。战士们勇猛冲锋，用手榴弹和刺刀杀敌，击毙伪警察7人，其余溃逃，第三团3名战士负伤。此战缴获步枪10余支和大量马匹，除装备部队外，将余下的马匹分给附近农民。战后许多伐木工人自愿参加抗日同盟军，第三团迅速扩大到300余人。该木场也成为第三团的营地。4月，第三团同第二团一起去依兰活动。5月，第三团和独立营袭击龙爪沟自卫团和勃利日资“东稻田公司”，缴获步枪22支和一批子弹。6月18日，第四军政治部主任何忠国率第二、第三团与山林队“自来好”李天柱部，围攻闯入奎山附近何家屯的一股日军，击毙6人，仅2人逃走，缴获机枪1挺、掷弹筒1个和步枪6支。第三团立即转移至马鞍山北沟刘家屯宿营，却遭跟踪而来的日军奎山守备队200余人的围攻。部队突围时，军政治部主任何忠国牺牲。之后，部队返回青山里休整。六七月间，第四军将长时间随同配合作战的义勇军“自来好”李天柱部、“海乐子”孙成仁部、“北侠”宫显庭[①]部，相继改编为该军第五、第六、第七团。

第四军在勃利县活动期间，与来自方正的谢文东部民众救国军、李华堂部自卫军支队会合。中共吉东特委得知这一情况后，便通过勃利区委和第四军以勃利抗日救国总会名义，争取将谢文东部改编为东北人民革命军第六军，被谢文东婉言谢绝。谢文东与李华堂表示可同李延禄部第四军联合对敌作战。之后，李延禄同谢文东、李华堂协议联合成立东路反日联合军指挥部，李延禄任总指挥，共同在勃利、依兰、方正地区开展抗日游击战争。

1935年6月末，李延禄率第四军军部离开勃利青山里向依兰、方正活动，在大罗勒密山区陈家亮子一带建立了军部密营。不久，收编

---

① 宫显庭（？—1939），生年不详。曾为报号“北侠”的反日山林队首领。1935年秋该队改编为东北抗日同盟军第四军第七团，任团长。后任东北抗日联军第四军第三师师长。1939年牺牲。

山林队“海龙”部为第四军独立第五旅，旅长郭德福。通过该旅的协助，与当地驻军伪警备旅一部秘密订立互不作战协议。同时，广泛开展统一战线工作，与周围的一些伪军警、自卫团建立秘密联络，使他们向第四军提供情报，提供枪支、子弹。

1935 年 9 月初，第四军军部同到达方正县三家子的第三军第一团和吉林自卫军支队李华堂部会合。经三方协议，决定共同进攻方正县洼洪，以便打通方正、依兰和汤原各县间的联络通道。9 月 7 日，各部共 200 余人围攻洼洪，全歼伪军关团 1 个排和“大排队”，缴枪 30 余支。此时，第四军第二团和民众救国军谢文东部也西来大罗勒密会合。经各部协商，由第四军第二团、独立第五旅、第三军第一团、自卫军支队、民众救国军共 600 余人进攻勃利县刁翎（今属林口县）。9 月 16 日战斗打响，各部迅速攻下刁翎，伪军守备队段营反正，加入谢文东部民众救国军。随后，乘敌军增援刁翎之机，抗日军各部又奔袭林口，缴获军马近百匹和一批粮食、子弹。在此期间，第四军第三团于 9 月 2 日在勃利县马鞍山同北征的第五军派遣队会师，并在 9 月 29 日奉军部之命联合第五军派遣队，共同在林口至勃利大道上进行了截击敌人增援林口的军车等战斗。

1935 年 10 月上旬，刁翎、林口战斗结束后，李延禄率第四军部队返回方正县五道河子，准备召开第四军干部会议。这时，军部得知，该军第一团部队在团长杨泰和、政委李守中率领下赴五道河子途中，在勃利县缸窑沟与敌军发生遭遇战，杨泰和牺牲。部队由李守中带至五道河子军部。

东北抗日同盟军第四军在五道河子干部会议前，已相继从中共吉东特委（经勃利县委）接到了《王康指示信》、《八一宣言》，并进行了讨论。与会的第四军干部进一步了解了中国共产党关于广泛团结各种抗日武装和爱国力量建立东北反日统一战线，积极开展抗日游击战争的精神。之后，根据《王康指示信》的精神和吉东特委的意见，东北抗日同盟军进行了整顿，共编成7个团、2个独立旅。其中，1935年8月组成的第四团，是根据中共吉东特委的建议由饶河游击队改编而成的，仍独立活动在饶河、虎林地区。第四军经过整顿，军长仍由李延禄担任，政治部主任由罗英①代理，参谋长仍由胡伦担任。第一团团长满景堂，政委李守中；第二团团长张奎，政委郑洪涛；第三团团长苏衍仁，政委邓化南；第四团团长李学福，政治部主任李斗文；第五团团长李天柱；第六团团长孙成仁；第七团团长宫显庭；独立第二旅旅长老来红；独立第五旅旅长郭德福。另设军部卫队连。全军总兵力达1600余人。会后，第四军除第一团随军部活动外，其余各部均返原游击区活动。

1935年10月30日，第四军第三团在勃利西九龙沟活动时，同第三军军部和该军第四团会合。11月初，当第四军第三团团长苏衍仁半夜调动部队准备外出活动时，第三军误认为其欲带队投敌，于是第三军第四团将第四军第三团团部和部分队伍缴械，缴械过程中击伤团长苏衍仁，后死亡。经第三团政委邓化南进行解释，并拿出共产党内部的文件，方发现事出误会。第三军离开九龙沟后，第四军第三团机枪连连长宣某和第三团团部几个苏衍仁的亲信，打死了留在九龙沟养伤的第三军第五团政治部主任张一武和第四军军部原卫队连连长崔成浩（金百万）后叛变投敌。之后，他们充当牡丹江宪兵队的密探，带领日本宪特到处搜捕中共地下党员和抗联干部，并带领日、伪军警把第四军在大罗勒密街上建立的各种秘密关系和据点悉数

---

① 罗英（1906—1937），原名韩心平，山东寿光人。中共党员。1933年任中共满洲省委委员。1934年春任东北人民抗日革命军反日党团书记，后任东北抗日同盟军第四军第二团政治部主任、第四军代理政治部主任。1936年2月被捕叛变。1937年被中共吉东省委下令处决。

破坏。

1935 年 11 月，日、伪军开始冬季“讨伐”。敌人严密封锁松花江和牡丹江沿岸，企图以重兵对方正、依兰、勃利一带的第三、第四军及其他抗日武装进行围攻。此时，第四军军部与西来的第三军司令部于方正县五道河子会师。赵尚志与李延禄再次会面时，就第三军第四团误缴第四军第三团枪械一事当面向李延禄作了解释，并将缴得的枪支全部移交第四军第二团，消除了误会。之后，两军领导人面对敌人大举进攻的严峻形势，经协商，共同制订了对敌作战方案。决定第四军第二团、第三军第四团坚持方正、依兰、勃利地区游击战争；第四军第五团开赴桦川、集贤一带活动，借以分散敌人目标；第四军军部及该军第一团与第三军司令部及该军第五团，联合谢文东所率民众救国军部、李华堂所率自卫军支队，共同突围跨过松花江北上，会合汤原反日游击总队，根据《八一宣言》精神共同组建东北反日联合军总司令部和东北反日联合军临时政府。

1935 年 12 月 12 日，第四军部队在李延禄指挥下，与第三军北上部队，自方正跨过封冻的松花江，抵达通河县境东六方屯，袭击了当地保安队，缴获其枪支和部分棉军装。同时得知位于此屯东北方的二道河子伪警备队和伪警察所也刚发下冬装。李延禄与赵尚志研究决定智取二道河子。二道河子伪警备队和伪警察所共驻一个大院，大院四角设有炮台，高墙厚壁，不易强攻。便由第三、第四军各选几十名指战员，穿上刚缴获的伪军服装，由东六方屯雷保董带路，到达伪警备队大门前，雷保董向守护院门的伪军喊话要求开门。大门一开，第四、第三军部队迅速控制了院中各炮台据点，击毙负隅顽抗的日本指导官，将全部伪军警俘虏、缴械。然后，两军共同挺进汤原。1936 年 1 月到达汤原太平川，与汤原反日游击总队会师。

六、东北反日联合军第五军成立，绥宁地区游击战的扩展

1934 年 9 月，日、伪军将绥宁抗日游击区列为秋季“大讨伐”的重点区域。这次“大讨伐”，在军事上以日军和伪靖安军为主力，以其中一部驻守城镇和交通要道，以另一部采取四面包围、重点进攻的战术，专门进攻、追击抗日武装。在政治、经济上，实行加强控制和经济封锁政策，强迫山区农民“归屯并户”，制造“无人区”，断绝人民群众同抗日武装的联系，并配合欺骗宣传，提出“专打平南洋和游击队，收降土匪”的口号，破坏各种抗日队伍的联合斗争，妄图孤立中国共产党所领导的绥宁反日同盟军。

日、伪军这次秋季“大讨伐”开始后，活跃在宁安西北山的 8 支山林队因敌人的进攻，遭受很大损失，死伤 200 余人。余者埋枪分散，队伍几乎全部瓦解。东南山八道河子自卫队在保卫根据地的斗争中，也遭到严重损失。不久，敌人集中兵力在绥宁抗日游击区和根据地围攻反日同盟军。这时，刚刚组建的绥宁反日同盟军队伍尚不健全，其战斗力并不强大；已承诺加入绥宁反日同盟军的原救国军柴世荣旅、傅显明团等部尚在汪清；西南山区王毓峰、王汝起两团和张祥队兵力较弱；同盟军中的基本部队宁安游击队刚刚建立，宁安工农义务队恢复不久，虽然经过整顿，清除了隐患，但兵力还不足 100 人，力量薄弱。鉴于上述情况，反日同盟军只能力求避敌锋芒，采取灵活的游击战术，寻机打击敌人。9 月 23 日中秋节，同盟军在团山子与一支日军作战，击毙日军 8 人，伤其 10 人。当日军继续深入东南山区向八道河子抗日根据地进攻时，同盟军化整为零转移至西南山区，使敌人欲围歼宁安游击队和宁安工农义务队的图谋落空。

1934 年 11 月，敌军又向同盟军展开新的进攻。此次“讨伐”，日军龟缩城镇，以伪靖安军为主力，在伪警察队和自卫团配合下开始向

东南山区、西南山区实行分割包围，企图将反日同盟军各个击破。这时，东北人民革命军第二军独立师应绥宁反日同盟军的请求，派该军第三团第四连和第四团第五连，由金日成率领从汪清前来宁安联合作战。绥宁反日同盟军与第二军派遣队继续采取避实击虚的游击战术与敌军周旋。12 月初，宁安游击队在东南山区狍子沟与伪警察队发生战斗，打死宁安二区警察队第二中队长马志超。宁安工农义务队在岔沟伏击一支伪靖安军，击毙 10 余人，击伤 20 余人，俘敌 2 人，缴枪 5 支、子弹近千发。战斗中，宁安工农义务队追击残敌约 5 公里，令伪靖安军胆战心惊。12 月 15 日，第二军派遣队 150 余人在石头河子迎击伪靖安军，击毙敌军 30 余人。反日同盟军的顽强战斗引起敌人的注意。1935 年 1 月中旬，日军前方司令部集中日军百余人和伪靖安军 1 个团以及伪警察队、伪自卫团等共 2000 余人，并以飞机配合，围攻、"追剿"反日同盟军。

针对这种形势，反日同盟军与第二军派遣队采取化整为零、分别冲出敌人包围，开辟新区的作战方针，将同盟军部队分为 4 个部分进行分区作战：第一部分，以宁安工农义务队、第二军派遣队第四团第五连为一部向宁安以东发展；第二部分，以宁安游击队为一部去西北山开展游击活动，与第一部分之东进部队互为掎角之势，便于相互呼应；第三部分，王毓峰团与张祥队仍返南湖头活动；第四部分，第二军派遣队第三团第四连返回汪清作战，借以分散敌人兵力。此时，东南山区抗日游击区仅有白狍子屯至马厂不足 20 公里的一条线。反日同盟军一部与第二军独立师一个连组成的东进部队，过天桥岭进入东南山的根据地。临近春节时，敌以 700 余名步、骑、炮兵部队向东进部队发动围攻，包围二三道河子、天桥岭、平日坡。东进部队 6 天内与敌军作战 7 次，歼敌 15 人。此时，因部队疲劳，进入八道河子大顶子密营暂作休整。不久，敌军跟踪而至，大顶子密营失守，东进部队掩护群众立即翻越老爷岭进入汪清。第二军独立师第四团第五连回归第二军建制，绥宁反日同盟军的工农义务队在协同第二军第四团攻打小三岔口后重返宁安。

由宁安游击队、第二军派遣队与反日同盟军张祥队组成的西进部队于1935年1月在东京城附近猴石屯与一支伪靖安军作战，毙伤敌24人。西进部队平均四五天作战一次，战斗十分频繁。1月17日，西进部队之宁安游击队在东京城西长岭子，将东京城伪自卫团一支12人的运输队缴械。此后，西进部队受阻停留在西南山区，同王毓峰团分别打击伪靖安军与伪自卫团，获得一些胜利。至此，日、伪军的秋冬季"大讨伐"被粉碎。绥宁反日同盟军也在逆境中渡过难关，既坚持了抗日游击战争，部队也得到了发展。

在此期间，1934年12月10日，中共宁安县委在东南山区石头河子召开县委扩大会议。与会者有中共宁安县委书记李范五[①]、绥宁反日同盟军军委会主任兼党委书记周保中、团宁安县委书记张中华[②]、前团吉东局书记李光林和关书范[③]以及工农义务队政治指导员陈翰章、刚从中共满洲省委返回的同盟军政治部主任胡仁等。会上由胡

① 李范五（1912—1986），原名李福德，又名张松，黑龙江穆棱人。1932年加入中国共产党。历任中共穆棱县委书记、宁安县委书记、吉东特委代理书记等职。1936年去莫斯科东方大学学习。1938年回延安，历任中共中央东北工作委员会秘书长、中共合江省工委书记、合江省政府副主席、松江省政府副主席。是党的第七次全国代表大会代表。新中国成立后，历任林业部副部长、黑龙江省省长等职。1986年病逝。

② 张中华（1912—1937），吉林永吉人。1932年加入中国共产党。1934年底任共青团宁安县委书记，后任共青团吉东特委组织部长、中共宁安县委书记、东北抗日联军第五军政治部主任、中共道南特委书记兼东北抗联第五军宁安留守处主任、中共吉东省委委员等职。1937年在战斗中负重伤被俘，在狱中被杀害。

③ 关书范（1913—1939），黑龙江宁安人。1930年加入中国共产主义青年团。曾任共青团吉东局书记、团宁安县委书记，其间加入中国共产党。1935年后历任东北反日联合军第五军第一师政治部主任，东北抗日联军第五军第一师政治部主任、师长。1939年1月，因有投敌行为被中共吉东省委开除党籍并下令处死。

仁传达了中央《二月指示信》精神。同时，就反日同盟军办事处是不是"上层勾结"，要不要取消的问题，出现不同意见。周保中坚决反对取消反日同盟军办事处。会议决定，这一问题待上级派人来后再做处理。《二月指示信》精神的传达，使县委领导怕犯"上层勾结"错误，不敢做义勇军上层的团结工作。会议强调，为巩固部队，同盟军军委会领导干部和党团员必须深入基层和士兵中去工作。会议选举胡仁任同盟军党委书记，组成新一届党委会。

1934 年 12 月 20 日，省委吉东巡视员吴平到达中共宁安县委，立即召集了县委扩大会议。吴平传达了中共驻共产国际代表团关于广泛开展反日统一战线工作和积极发展游击战争的指示；传达了红军冲破敌人包围、有计划地退出瑞金西进到贵州、四川已取得胜利的讯息和强调了根据红军作战经验正确开展游击战争的战术问题①；传达了中共代表团拟将中国共产党领导的东北人民革命军等抗日部队统一改编为抗日联合军性质的部队，以便贯彻《中国人民武装自卫委员会纲领》，在东北建立广泛的抗日统一战线武装部队的指示。根据这一指示精神，吴平与宁安县委、绥宁反日同盟军党委共同决定，将绥宁反日同盟军改编为东北反日联合军第五军。同时，健全了宁安县委组织。会议针对日、伪军发动的冬季"讨伐"和宁安东南山抗日根据地急剧缩小的危急形势，决定绥宁反日同盟军各部同东满人民革命军第二军一部，分散转移，冲出包围，开辟新区。

1935 年 1 月，吴平前往宁安东南山区会见绥宁反日同盟军军委会主席周保中，传达了中共代表团的指示精神和宁安县委扩大会议决定，共同商议组建东北反日联合军第五军等事宜。关于建立东北

---

① 《中共宁安县委扩大会议决议案——关于"左"倾关门主义错误及目前工作任务》(1934 年 12 月 20 日)，载中共档案馆、辽宁省档案馆、吉林省档案馆、黑龙江省档案馆编：《东北地区革命历史文件汇集》甲 39，1990 年印，第 275—281 页。

反日联合军第五军的决定，首先获得了原绥宁反日同盟军柴世荣、傅显明两部的赞同，又得到活动在西南山的王毓峰、王汝起、张祥等部的响应，遂于1935年2月20日，发表《绥宁反日同盟军改组为东北反日联合军第五军成立宣言》。《宣言》声明：最近由绥宁反日同盟军改编成立的东北反日联合军第五军“是中国人民反日救国自己救自己的武装。这支军队是东北有历史的反日军队，在绥宁各地有过很显著救国成绩”。“这次我们改编为反日联合军第五军，与珠河延寿的第一军（应为第三军——引者注），密云〔山〕一带的第四军是一个系统，并且和南满的人民革命第一军，东满的第二军，订结密切联系。这样办，就是要更容易反抗日本强盗，统一反日力量，推展救国运动。”①

东北反日联合军第五军于1935年1月至3月期间先后编成了2个师、7个团，共936人。周保中任军长，柴世荣任副军长，胡仁任政治部主任，张建东任参谋长。第一师，师长李荆璞，政治部主任关书范，下辖3个团：第一团，团长李荆璞（兼），政委陈翰章（兼）；第二团，团长王毓峰，政委高凤仪；第三团，团长王汝起，政委伊俊山②。第二师，师长傅显明，副师长姜振荣，政治部主任李光林，参谋长陈翰章。下辖3个团：第四团，团长傅显明（兼），政委冯朴；第五团，团长姜振荣（兼）；第六团，团长胡嘉泉；第七团为军部直属，团长于戴江。另有独立营、警卫连等。

① 《绥宁反日同盟军改组为东北反日联合军第五军成立宣言》（1935年2月20日），载中央档案馆、辽宁省档案馆、吉林省档案馆、黑龙江省档案馆编：《东北地区革命历史文件汇集》甲44，1990年印，第398、399页。

② 伊俊山（1908—1964），原名伊绍宗，黑龙江五常人，满族。北平大学肄业。1934年参加绥宁反日同盟军，加入中国共产党。后任东北反日联合军第五军、东北抗日联军第五军第三团政委，东北抗联第二军独立旅政委，东北抗联第一路军第一方面军政治部主任、第二方面军政治部主任。新中国成立后，任沈阳桥梁厂厂长等职。1964年病逝。

绥宁反日同盟军之一部的穆棱游击队被编为东北反日联合军第五军警卫连，由原穆棱游击队参谋长张镇华任连长，姜东秀任指导员。

东北反日联合军第五军成立之初，主要活动在宁安县境内。此时，日、伪军对宁安、汪清的“讨伐”正在进行。1935 年 3 月中旬，第五军第一团一部自东满汪清归来，与前去迎接的该团另一部会合。3 月 16 日，在师长李荆璞指挥下，该团在东南山区二道河子沟里石门子设伏，将进入伏击圈的伪靖安军第一团一个连和日军宫藤部队 200 余人击溃。此战，中尉宫藤受重伤，曹长田中被击毙，毙伤日、伪军 10 人，俘虏 5 人，缴获轻机枪 2 挺、步枪 5 支、子弹 2000 余发及其他军用品。同日，第二团一部在东京城西长岭子与一支 60 人的伪靖安军发生遭遇战，毙伤敌 5 人。3 月 21 日，该团另一部与山林队“久战”部联合击溃驻蛤蟆河子伪军，随后又打退来自上马莲河的一支敌援军。是役敌死伤 10 余人，其中 1 名日本军官受重伤后毙命。3 月 27 日，第一师一部进攻二道河子日军守备队，击毙日军 9 人，俘虏 7 人，缴获 10 支枪、子弹 1000 余发。4 月 2 日，第一团一部进攻卧龙屯伪自卫团，缴获其全部枪支。4 月 3 日，第一团联合山林队一部在官地南沟伏击伪军第二十七团一支骑兵。是役毙伤伪军 3 人，缴获军马 5 匹和步枪 1 支。在此期间，第一师各团在狼窝、关门嘴子、苇子沟、横道河子和江北二站西沟的战斗均取得相当胜利。这期间，第五军各部与日、伪军进行了数十次战斗。

伪军、伪靖安军在反日联合军第五军的连续打击和宽大俘虏政策的影响下，接连发生哗变，加入第五军。1935 年 2 月，在缸窑沟，伪军 12 人击毙日本人排长和伪军班长，携机枪 1 挺、步枪 20 余支哗变。3 月 27 日，伪靖安军第一团第四连班长吴铁钢、白义江在拐弯子携枪投入第五军第一团。4 月初，在反日联合军的接应下，驻卢家屯伪军一个班长击毙一日本人副营长后参加第五军。这些伪军哗变反正事件令敌人坐卧不安，伪靖安军第一团第一、第四连及迫击炮连因此有被监视者、有被解除武装者，最后竟不得不将全团调回奉天。

1935 年 4 月上旬，第五军第一团一部被军部派往西北山区活动。途中在陡沟子附近袭击一支由俄人组成的伪警察队，然后又同日军守备队交火。4 月 10 日，该部在宁安至敦化大道袭击由东京城南下的一支伪军，歼其大半。部队到达西北山区后与在此活动的第五军第七团取得联络，将原八大队溃散时埋藏的机枪 1 挺、匣枪 8 支、步枪 50 余支取出，并使潜伏的抗日山林队“占林”、“靠天”等部恢复活动，攻袭烧毁敌防所，解除伪保甲武装。该部随后转向西南山区活动。4 月 15 日，在上马莲河西乡围歼一支日本人“农村工作班”。4 月 30 日，在葡萄沟突遭一支日军攻击，战斗 4 小时后日军撤走，第一团牺牲 3 人。不久，第一团一部在镜泊湖东庙岭与日军“讨伐队”发生遭遇战，击毙日军 7 人，击伤 12 人。第一团牺牲 2 人，负伤 3 人。5 月 4 日，第五军第三团夜袭六道河子车站获胜。

第五军第二师第四、第五团部队长期在汪清活动。1935 年 4 月初，军政治部主任胡仁前往汪清与副军长柴世荣、师长傅显明将部队加以整顿后，返回宁安。不久，第四团在筑路工人的协助下，袭击蛤蚂河子图宁铁路工程局获胜。第五团在宁安东北部屡创伪警察队，使之不敢轻易出动。5 月 2 日，第四团袭击二道河子马厂伪国道局，击毙日军 5 人，俘虏日军 5 人，缴轻机枪 1 挺、步枪 10 支。4 日，第五团袭击图宁铁路上的石头车站，歼灭日军守备队 10 余人，焚毁该火车站站房。

1935 年 1 月至 4 月，第五军与日、伪军警共发生战斗 30 余次，粉碎了敌人的冬季“讨伐”。

东北反日联合军第五军在绥宁地区经过半年多的战斗，获得了许多胜利，部队从1934年的危境中重新发展壮大起来，并开辟了新的游击区，使绥宁地区的抗日局面有所改观。但是，第五军部队几乎全部集中在宁安县狭小区域内，距离敌人的东部统治中心城市牡丹江很近，中东铁路和正在修筑的图们至佳木斯铁路交汇其间。敌人视此地为军事要地，集结于这一带的日、伪军和警察武装达3000余众。鉴于这种形势，1935年5月7日，刚建立不久的中共吉东特委和宁安县委写信给第五军党委，指出为避免孤军作战和被敌军聚歼的危险，进一步扩大游击活动区域，创造广阔的抗日局面，第五军应分别与南满的第一军、东满的第二军配合作战，同哈东第三军，密山、勃利的第四军取得联络，以期各军协调配合作战，相互牵制敌军，化被动为主动。根据吉东特委和宁安县委的这一建议，第五军军部于5月15日召开所属第一、第二师领导干部会议。会议经研究，决定实行分兵作战，除军部留置一部分部队在宁安活动并指挥全军行动外，将主要作战部队组成东西两支派遣部队：东部派遣队由宁安东出穆棱、密山、勃利，联络第四军；西部派遣队由宁安向西部活动，以苇河与中东铁路沿线为目标，兼及西南额穆、敦化，以期联络第三军与第二军、第一军。

1935年5月28日，东部派遣队组成。该派遣队由第一师第一团、第二师第四团各一个连和军部警卫连组成，由对这一地区较为熟悉的第五军政治部主任胡仁率领，自宁安出发，越宁安、穆棱边界，跨中东铁路东进，深入勃利县大小杨木背、半截沟、龙爪沟等地，又转至勃利、穆棱边界之小穆棱河、黑老婆沟、土顶子等地开展游击活动。6月，东部派遣队在福禄屯胡家甸子和亮子河相继袭击和伏击了穆棱县伪警察大队，歼敌30余人，缴步枪20余支。7月7日，东部派遣队与中共穆棱县委取得联系，协助重建穆棱游击队。同时，东部派遣队沿途还与集聚于此地的抗日山林队“徐司令”、“九彪”、“大金山”、

“小金山”等部取得联系，向他们宣传抗日救国主张，许多义勇队和山林队都表示愿意随同东部派遣队一起作战。7 月，胡仁与“徐司令”等部队在杨木背开会，共同协商建立反日联合军指挥部以及妥善筹集给养和税收等问题。

由于穆棱地区日伪势力薄弱，前吉林自卫军溃散后，抗日义勇军与山林队多集聚于此，第五军所到之地与敌军发生的战事不多。1935 年 9 月 2 日，第五军派遣队在勃利县马鞍山同东北抗日同盟军第四军第三团会师，联合共同打击敌人。9 月 29 日，两支部队去林口至勃利大道截击日本运货汽车，途中在马鹿沟遭敌伏击，部队虽然最后冲出敌人的包围，但牺牲连长 1 人、队员负伤 1 人。敌军追击部队被第四、第五军的留守部队打退，敌亡 7 人、重伤 4 人。第四军第三团负伤 1 人。9 月末，第五军第一团一部在小穆河与一支 16 人的伪军部队发生战斗，一举将敌包围缴械。此时，第五军东部派遣队已从刚出发时的 70 余人，发展至 140 余人。

1935 年 10 月，东部派遣队将“天福”、“访友”等部改编为第五军第八团，“小金山”部也加入了第五军警卫连。许多村屯的伪自卫团和“大排”也前来报告敌情，送粮食、鱼、肉等物。本月，东部派遣队同新编的第八团在亮子河将前来偷袭的伪警察队给予狠狠打击，敌落荒而逃。事后，伪警察心惊胆战地说：“人家抗日军在宁安把满洲国的‘皇军’——靖安军都打得落花流水，何况我们这些破烂兵呢?”吓得穆棱伪警察大队长从此不敢出战。

从 10 月开始，敌人从牡丹江铁岭河、下城子等地调集大批兵力，对勃利、穆棱地区的抗日武装进行了秋冬季“讨伐”。第五军东部派遣队与敌人展开频繁的战斗。10 月 21 日在杨木背收集给养时，第五军部队将勃利县一支 11 人伪军解除武装，缴枪 13 支。11 月间，在黑老婆沟伏击木材运输车队，击毙日军 2 人。在南沟、小杨木背等地，第五军部队连遭敌人的偷袭，出现一些伤亡。同时，部分抗日山林队也遭受很大损失。为转移敌人进攻的目标，东部派遣队除留少量部队在下城子至穆棱铁路路西游击区，进行建设部队过冬密营和收集服装、给养等工作外，将大部分部队派往铁路以东地区开展游击战，牵制敌人对铁路西的“讨伐”。1936 年 2 月，在白石砬子养伤的第五军伤员被白石砬子自卫团捕去，东部派遣队为救伤员立即出动，将该处的伪自卫团包围，救出伤员，缴获 17 支枪。3 月，东部派遣队于勃利县清沙河，在内应的引导下突袭日军营房，击毙日军 7 人，缴获 6 支枪和一些子弹。不久，东部派遣队又将距穆棱县城约 4 公里的四合屯反动自卫团缴械，缴获步枪 10 余支。然后用先后缴获的约 20 支枪重新装备了穆棱游击队和青年义勇军，这 2 支计有 60 余人的地方抗日武装，积极配合第五军对敌作战。

东北反日联合军第五军东部派遣队在穆棱、勃利县境的活动，扩大了中国共产党和反日联合军的政治影响，分散了敌人的兵力，减轻了敌军对宁安第五军部队的压力，并为后来第五军与第二军部分部队的北征开辟了道路。

1935 年 8 月，东北反日联合军第五军第一师第一团第一连（仅一个排）与第三连、第二团和第二师第四团第二连组成西部派遣队，由第五军副军长柴世荣、第五军第一师师长李荆璞、政治部主任关书范率领向西南的额穆县进发。就在此时，由金日成等人率领的东满第二军北征部队第三、第四团共 8 个连到达宁安第五军军部，组成第二、第五军联合指挥部，并派金日成率领其中的第三团第四连、第四团第二连和青年义勇军，随后赶上第五军西部派遣队共同西征。

8 月 8 日，西部派遣队渡过镜泊湖抵达额穆县境内。8 月 16 日，西部派遣队一部在靠山屯伏击伪军一队骑兵，毙伤敌连长等 10 人，第五军战死 2 人。此时，第五军第三团也加入西部派遣队。10 月 5 日，活动在官地附近四方头的西部派遣队一部突遭敌军袭击，死伤11人。11月3日，西部派遣队在额穆县青沟子（今属敦化市）附近与一小队日本兵遭遇，立即予以围歼，击毙其10人，缴轻机枪1挺、步马枪8支、手枪2支、子弹600余发。西部派遣队牺牲3人。在青沟子发生战斗时，附近还有一支伪军，西部派遣队战士向他们高喊："中国人不打中国人，我们专打日本兵！"伪军受到感召，未去支援被围的日军。事后伪军传说："红军真勇敢，专打日本鬼子，这才是真正救国的。我们不能打红军。"11月5日，西部派遣队在额穆的老道口突遭日军松井"讨伐队"一小队和伪自卫团的攻击，部队立即反击，并全歼该敌，计中村军曹等9人被击毙，2人重伤，伪自卫团人员全部被击伤，缴获许多枪支子弹。

西部派遣队作战勇敢，遵守群众纪律，获得群众的热情拥护，同时注意对地方保甲武装的教育和争取，结果部队经常收到地方送来的粮食、服装等，部队全部冬装得以解决。群众不时向部队报告敌情，还有许多农民参加西部派遣队，部队人数日有增加。第一团第一连仅20人的一个排发展至30人，师部决定将其扩大为2个排。第二团也由一个连扩大为2个连，人员增至40余人。第二军第四团第二连原来全部由朝鲜族队员组成，这时已有一半成员是汉族。西部派遣队由原来的200人增至300人。

1935年12月6日，西部派遣队党的工作委员会会议根据敌人对额穆地区发动"讨伐"的情况，决定由第五军第一师师长李荆璞和第二军第三团政委金日成共同率领西部派遣队第五军第一团一个连、第三团和第二军的两个连，共百余人向黄泥河、威虎岭及敦化附近发展，以便同第二军西部部队取得联络，并联系当地几支抗日山林队，袭扰吉（林）敦（化）铁路运输线；由第五军第二师政治部主任关书范率第五军第一团、第四团各1个连加上军部新派来的第七团1个连，共80余人,折返宁安向西北山海浪河上游进军,以便与第三军取得联络;第五军第二团留守额穆与驻宁安的第五军军部保持联系,并开展伪军工作。西部派遣队再次分兵行动的目的在于牵制敌军力量,动摇敌人在这一带的反动统治。

12月7日,李荆璞与金日成所率部队攻克官地,然后伏击来自通沟岗子的援敌,歼敌一部。1936年1月7日,攻占黑石屯伪警察大队和自卫团,除死伤者外全部投降。当天继续南进,攻占沙河沿。9日,又攻下额穆索小街。西部派遣队逼近敦化。

第五、第二军西部派遣队在额穆、敦化一带的积极战斗,开辟了新的游击区域,打击了敌伪统治,并与第二军在西部活动的部队相互呼应,扩大了中国共产党和第五、第二军的政治影响。

第五军留守宁安的部队由第一团一个排,第三团一部,第四团第二、第三连,第五团组成。第六、第七团在西北山区活动,其中第七团有时就近去额穆活动。由汪清前来的第二军第三团第五连和第四团第三、第五连也在第五、第二军联合指挥部统一领导下,共同打击敌人。但是,由于敌人用重兵在宁安进行"讨伐",留守的部队又多由改编不久的山林队组成,处境十分不利。其中第五军第二师第五、第六团在东北岔、山东屯等地接连遭受严重损失,第二师政治部主任李光林英勇牺牲。留守部队一度处于危险状况。第五军急调东部派遣队中的第四团第一连由胡仁带领返回宁安,重新整顿第二师部队,保卫宁安游击根据地。

在此期间,第五军军部相继接到由中共吉东特委转来的《王康指示信》和《八一宣言》,并根据吉东特委的指示在部队中予以贯彻。

一年多以来,东北反日联合军第五军在中共吉东特委、宁安县委和军长周保中的领导下,在战斗中经受了锻炼和考验,部队得到很大发展,游击区扩展至绥宁地区。

七、汤原、萝北游击战争的开展，东北人民革命军第六军成立

汤原反日游击总队建立后所展开的积极游击战争，引起了当地敌人的恐慌。1934 年冬初，日伪当局除调日军外，又调动伪军涂旅和伪警察队等 500 余人兵力，对汤原游击根据地进行围攻，并布置全县伪自卫团守住各山边沟口，狂妄声称："三个月保打北大山"，企图一举消灭汤原反日游击总队。

为了打破敌人的围攻，汤原游击总队决定首先向东挺进，主力部队避开敌锋转移到毗邻的萝北县境，在县城凤翔镇附近、史家亮子一带，示形于东，威胁萝北县城，迫使敌人自汤原游击区退兵。当游击总队进入萝北县境后，驻凤翔镇的伪军涂旅第三十八团一个骑兵连，在五间房向游击总队发动攻击。游击总队当即迎战，同时以一个中队迂回敌后将伪军骑兵连拦腰切断，使其首尾不能相顾，伪军骑兵队伍顿时大乱，伪军骑兵连长等 3 人被击毙，其余仓皇撤走。随后，游击总队又折回汤原县境南部洼大岗和桦川县火龙沟一带活动。由于汤原游击总队采取机动灵活的游击战术，打得赢就打，打不赢就走，同日、伪军进行了大小 10 多次战斗，狠狠打击了日、伪军的嚣张气焰，一些伪军警部队更不敢与游击总队作战。敌人在汤原的冬季"讨伐"宣告破产。

但是，日本侵略者并不甘心失败，反而迁怒于伪军的动摇。1934 年 12 月，日伪当局从佳木斯派出一支 50 人的日军部队到汤原，解除了在冬季"讨伐"中遭到失败的伪军涂旅一部武装，同时极力扩大反动的地方伪自卫团，迫使伪军死心塌地为之卖命。然而适得其反，该旅伪军受尽日军欺凌，旅部在莲江口公开号召伪军士兵防备和反抗日军缴械，伪军涂旅一个排在凤翔镇杀死该部日本指导官和翻译官，举行哗变。日军惧于形势不稳，暂时停止了对伪军的缴械行动。日

本侵略者企图迫使伪军继续“讨伐”的打算再次破产。在此期间，各地中共党组织发动群众纷纷缴除地方伪自卫团的枪械，武装自己，敌伪武装普遍动摇。汤原游击总队的威望迅速提高。

1934 年 12 月 4 日，游击总队政委夏云杰在率领部队进攻太平川二道岗的战斗中负重伤，随后离队休养 5 个多月。这期间，部队内部的政治思想工作一度受到削弱，出现无组织无纪律状态，战斗力受到很大影响。中共满洲省委和吉东巡视员吴平了解到这种情况后，于 1935 年 5 月派田学文到汤原反日游击总队代理政委职务，加强政治工作，整顿部队。

此时，安邦河区党组织领导 20 余名朝鲜族青年在一次夺枪战斗中失败，加入汤原反日游击总队，增强了游击队的骨干力量。6 月 5 日端午节，田学文率领游击队向汤原北部转移，在距汤原县城西北 15 公里处与一支伪警察队遭遇，战斗中田学文中弹牺牲。7 月，省委留守人员小骆派前汤原游击队杨中队长携带信件返回汤原，协同夏云杰一起在队内开展思想政治工作，加强全体游击队员的团结，整顿了组织，加强和充实了干部队伍，迅速扭转了部队的精神面貌，战斗力大大增强，部队又恢复到 400 余人。不久，中共满洲省委留守人员小骆又调中共珠河中心县委组织部部长白江绪①为省委特派员到汤原，协助中共汤原中心县委工作，并在游击总队内建立党委会和各级党的组织，加强党的领导，从而使汤原游击总队政治上更为坚强，成为松花江下游一支抗日劲旅。

汤原游击总队为巩固与扩大太平川游击根据地，决定拔掉根据地区域内的太平川伪警察署、耿家小铺、耿家围子、乔玉柱屯等地几

---

① 白江绪（1904—1979），山东日照人。早年在中东路亚布力车站当工人，1928 年加入中国共产党。1935 年后历任中共珠河中心县委委员，汤原中心县委委员、书记，下江特委书记。1937 年返回山东，继续进行抗日斗争。1979 年病逝。

个敌伪据点。

1935 年 8 月 16 日，在夏云杰、戴鸿宾和老杨率领下，汤原游击总队乘打入伪警署内部的 1 名救国会会员换岗交接班之机，里应外合，进入设在万发和商铺院内的伪警察署，迅速占领炮台，同时冲进正在酣睡中的伪警察宿舍，一枪未放，俘虏了伪警察署长和全部伪警察共 30 余人，缴获 30 余支枪和 1000 余发子弹。之后，一部分游击队员穿上伪警察服装，令俘虏充当向导，又顺利解决了耿家小铺、耿家围子和乔玉柱大院伪军据点，收缴了伪自卫团等的武器装备。8 月 24 日晨，游击总队在莲江口附近八号车站颠覆自佳木斯开往鹤立岗的一列工程火车。9 月，中共汤原县委指示游击总队派出一支 20 余人的小部队到安邦河，协助区委筹建地方武装。队长戴鸿宾率领这支小部队夺取当地伪自卫团 40 余支枪，组建了一支地方抗日游击队。

此时，原由冯治纲领导的格节河金矿矿警队改编的抗日义勇军“文武队”，在与汤原游击总队长期联合抗日斗争中，经过夏云杰等的不断启发和教育，冯治纲对中国共产党的抗日救国宗旨有了进一步的了解，主动向夏云杰提出加入汤原游击总队的要求。1935 年 9 月，汤原游击总队接受冯治纲的请求，将“文武队”单独编为汤原游击总队的 1 个中队，并任命冯治纲为中队长。

这时，汤原游击总队由 1 个中队扩编为 5 个中队。汤原游击总队的队长和政委分别由戴鸿宾、夏云杰担任。第一中队，中队长王居选，下设 3 个小队；第二中队，中队长王秀芝，下设 2 个小队；第三中队，中队长裴敬天，下设 2 个小队；第四中队，中队长冯治纲，下设 2 个小队；第五中队，中队长张传福，下设 2 个小队。全总队约 700 人。

1935 年 12 月中旬，东北人民革命军第三军、东北抗日同盟军第四军和东北民众救国军、吉林自卫军支队等相继到达汤原，与汤原游击总队会师，准备召开会议成立东北反日联合军总司令部。一时间，汤原的抗日形势发生显著变化，人民的抗日情绪高涨。

为了增强汤原游击总队的实力，进一步扩大小兴安岭地区的抗日游击战争，建立后方基地，赵尚志、李延禄、夏云杰经研究决定，拔除亮子河金矿伪军据点。

亮子河金矿位于汤原县亮子河中上游，是日本侵略者掠夺的汤原县三大金矿之一。这里除设有 30 余人的矿山警察队外，还驻有伪军第三十八团第一营第一连。1935 年 12 月 25 日，赵尚志、李延禄、夏云杰率领 200 余人的队伍到达亮子河金矿附近驻扎。他们通过当地一位姓单的开明士绅邀请伪军孟连长赴宴，趁此机会对其进行抗日救国的教育，宣传中国共产党的抗日政策，指明了摆在他面前的只有爱国和叛国两种前途。在大军压境的情况下，孟连长同意下令全连放下武器。赵尚志、李延禄、夏云杰所部几乎没有受到抵抗，即顺利地缴了 2 挺机枪、100 余支步枪和 2 万余发子弹。当时就有数十名矿工和矿警参加了游击总队。其余伪军官兵发给路费遣散回家。其间亮子河金矿反动经理率 30 余人的矿警队试图反抗，立即遭到汤原游击总队的猛烈反击，也不得不放下武器缴械投降。游击总队又获得一些枪支弹药。经赵尚志和李延禄共同决定，把此次收缴的武器全部交给汤原反日游击总队，用以改善装备，扩大队伍，为将该队编成人民革命军做好准备。

1936 年 1 月 26 日至 28 日，第三军、第四军和民众救国军、自卫军支队在汤原县吉兴沟（今伊春市浩良河经营所）召开东北民众反日联军军政联席扩大会议，宣布成立东北民众反日联军总司令部和东北民众反日联军临时政府。1 月 30 日，在第三军和第四军的帮助下，经东北民众反日联军总司令赵尚志的建议，在汤原县温家屯，将汤原反日游击总队改编为东北人民革命军第六军。夏云杰任军长，由东北民众反日联军总司令部总政治部主任张寿篯兼任代理政治部主任，秘书长黄吟秋①。全军编为4个团：第一团，团长王秀芝；第二团，团长戴鸿宾，政治部主任裴敬天；第三团，团长冯治纲，政治部主任周云峰②；第四团，团长张传福，政治部主任徐文彬③；军部设保安连，连长李显明。全军1000余人。

随后，发表了东北人民革命军第六军成立宣言。宣告："四年多被日本帝国主义压迫下的东北民众，不但没有在当奴隶的统治中屈服着，没有甘心做亡国奴，反而激起东北反满抗日的怒潮日益澎湃起来。"宣言表示，东北人民革命军第六军全体指战员"为恢复东北失地而战！为实现东北各民族彻底解放而战！"

东北人民革命军第六军的成立，标志着松花江下游地区抗日游击战争进入了新的发展时期。

八、东北人民革命军第四军第四团建立，饶河、虎林游击战的开展

自1934年11月开始，敌人在两个月的冬季"讨伐"中，动员了饶河、虎林地区的全部日、伪军，向饶河游击根据地发动进攻。几处根据地虽然遭到破坏，但饶河反日游击大队却在反"讨伐"战斗中越战越强。敌人为了消灭这支活动于中苏东部边境地区的抗日武装，又

---

① 黄吟秋（1906—1989），化名李德言，辽宁台安人。1927年加入中国共产党。1933年到汤原民众反日游击队工作，历任中共汤原县委组织部部长、东北抗日联军第六军政治部主任兼秘书长。1937年2月任中共北满临时省委特派员。1938年3月被捕，后保释出狱，在牡丹江从事革命工作。1989年病逝。

② 周云峰（1900—1946），山东人。早年加入中国共产党。曾任中共汤原县委书记。1936年后历任东北人民革命军第六军第三团政治部主任、第三师师长兼政治部主任、东北抗日联军第三路军第九支队政委等职。1940年被捕叛变投敌。1946年被哈尔滨市人民政府处决。

③ 徐文彬（1908—1994），原名徐振基，北京人，满族。1930年加入中国共产党。1936年后曾任东北抗日联军第六军第二师政治部主任。1938年赴苏联，同年8月被遣送新疆。新中国成立后，历任乌鲁木齐工农速成中学校副校长、乌鲁木齐第一师范学校副校长、昌吉师范学校副校长。1951年重新入党。1994年病逝。

于 1935 年 1 月，从佳木斯等地调动 800 余人的日军步骑兵前往饶河，继续进攻饶河反日游击大队。

这时，饶河反日游击大队大队长李学福总结经验，改变战术，把分散几处的队伍集中到大旺砬子一带，在敌人的必经之路选择有利地形进行埋伏，以逸待劳准备迎击敌人新的进攻。1935 年 1 月 29 日，敌人果然向游击队埋伏的地方进犯。游击大队在李学福和崔石泉的指挥下，派几名队员边打边退，诱敌深入。同时，令几十名滑雪突击队员埋伏在积雪较深的险要地段，以便出奇制胜。当敌军进入游击队伏击圈时，指战员们立即发动猛烈射击，敌人纷纷死伤倒地，其余敌人不得不在毫无遮掩的雪地上卧倒还击。此时，游击队滑雪队迅速出击，勇猛冲杀，敌人阵势大乱。游击队立即发起全面攻势。战斗持续一天，毙伤敌包括冻伤在内约百余人，缴获步枪 5 支。游击队员负伤 6 人。2 月 10 日，李学福又率领游击队乘胜夜袭爆马顶子，经 3 个小时激战，击毙伪军连长等 10 余人，对其余 50 余人全部缴械，缴获 60 余支枪和许多军需物资。游击队收复了爆马顶子游击根据地。

至此，日、伪军的冬季“讨伐”又以失败告终。饶河游击大队不但保住了根据地，而且部队发展到 250 余人，战斗力进一步增强。游击队反“讨伐”战斗的胜利，鼓舞了民众和其他抗日武装的抗日斗志和胜利信心。

饶河反日游击大队粉碎敌人“讨伐”后，仍以爆马顶子为后方根据地，向周围扩展游击活动，扩大抗日游击区。第一连在小佳河、老鹰沟一带活动；第二连南向大岱河一带游击；第三、第四连在关门嘴子一带不断打击敌人。1935 年三四月间，第二连在大岱河活动时，得知敌人调集驻四合顶子一支伪军到大叶子沟配合日军进攻游击队的消息，第二连便埋伏在伪军必经之地，一举歼灭这支毫无戒备的 40 余人的伪军。

1935年6月，饶河游击大队为解决夏季服装和补充枪支、子弹，进军虎林县境。部队在虎林县腰营沟、兴隆沟、三人班等地积极开展对伪军、伪警察和地方保董的工作，向他们宣传抗日救国道理，争取他们支持反日游击队，对敢于顽抗的伪军警则坚决予以打击。7月初，游击大队前进到马鞍山西卡子时，驻该地的伪军营部所辖的一个排伪军主动与游击队联络，表示愿意帮助游击队解决给养。游击队在此短暂停留期间，这个排的伪军杀猪慰劳游击队，不仅供给给养，还送来500发子弹。

游击大队在马鞍山休整后，兵分两路开展游击活动。一路挺进虎头，一路前往黑嘴子游击。1935年7月中旬，饶河反日游击大队联合“武洋”、“君子仁”、“马占”、“长兴”等抗日义勇军和反日山林队各部攻打黑嘴子。队伍在行至距黑嘴子5公里处，同日、伪军150余人遭遇。双方激战一天，最后敌人在援军的接应下退走。这次战斗，日、伪军死伤13人，饶河反日游击大队和山林队3人牺牲，11人负伤。游击队和义勇军等在这一带解决了夏季服装后，返回马鞍山。向虎头进军的部队，因雨天受阻中途返回马鞍山。8月，部队全部返回大叶子沟游击根据地，发动群众筹款，征收粮食。其间，游击队一部在关门嘴子宿营，曾遭日、伪军偷袭，互有损伤。游击队还派1个连去乌苏里江畔团山子袭击日军汽艇，致日军死伤6人。

同年8月，中共饶河中心县委接到中共吉东特委关于将饶河反日游击大队改编为东北人民革命军第四军第四团的指示，随即把饶河反日游击大队全部集中在大叶子沟。8月20日，饶河中心县委在这里召开第三次扩大会议。会议就中心县委的建设和工作的扩展、青年团、反日会和游击队工作等作出相应的决定。会议决定将饶河反日游击大队扩编为东北人民革命军第四军第四团，李学福为团长，朴振宇为副团长，崔石泉为参谋长，李斗文为政治部主任，崔荣华①为秘书长，吴福林为党委书记。第四团下设4个连，另设保安连。兵力共250人。关于党的建设，会议指出：县委要成为战斗的司令部，要加强与各地支部的联系，要严肃党的纪律；要派得力的干部加强抚远和虎林的工作。

1935年9月18日，东北人民革命军第四军第四团在大叶子沟召开大会，发布了第四团《为纪念“九一八”第四周年纪念日对民众宣言》和《饶河游击队为改编成东北人民革命军告民众书》。《告民众书》指出：“我们游击队，从东三省沦亡以后，起义救国，与日本帝国主义及其走狗‘满洲国’血战已经有三年多的历史了！”饶河反日游击大队已经不是一个枪械简陋、力量弱小的队伍，已变为一支不可忽视的抗日武装。声明自改编为东北人民革命第四军第四团之后，“更要加倍我们的精神，去夺取新的胜利”②。

按照中共吉东特委的要求，东北人民革命军第四军第四团须在乌苏里江左岸几个县普遍地开展抗日游击战争，扩大游击区，并与第四军主力部队打通联系。1935年9月20日，由李学福等指挥第四团主力150余人自饶河向抚远县挺进。部队经过小南河、小西山时，攻打各处大排队，缴获20余支枪和一些粮食。部队继续前进途中，得悉团山子日军将乘船经乌苏里江、松花江转赴哈尔滨的消息，第四团部队迅即转向乌苏里江畔的新兴洞，准备截击敌船。这时，第四团的行动被敌人侦知，9月26日，当部队刚到达新兴洞北屯西北一小岗上休

---

① 崔荣华（？—1936），生年不详，朝鲜族。中共党员。历任东北人民革命军第四军第四团秘书长、第四军第二师政治部主任。1936年在战斗中牺牲。

② 《饶河游击队为改编成东北人民革命军告民众书》（1935年9月），载中央档案馆、辽宁省档案馆、吉林省档案馆、黑龙江省档案馆编：《东北地区革命历史文件汇集》甲45，1990年印，第231页。

息时，遭到100余日、伪军的突然袭击。第四团副团长朴振宇指挥战士选择有利地形，居高临下痛击来犯之敌，迫使敌人躲在塔头墩子下面不敢露头。敌军处势不利，开始撤退。但此时伪军第三十五团增援之敌300余人从第四团的背后发动攻击，日军重新反扑，第四团腹背受敌，形势逆转。在激烈的战斗中，第四团副团长朴振宇不幸牺牲。政治部主任李斗文奋不顾身亲自向伪军喊话："我们是抗日军，专打日本鬼子兵！""中国人不打中国人！"伪军听到后便抬起枪口朝天空放枪，第四团乘机突围。突围中，一颗炮弹在李斗文身边爆炸，李斗文牺牲。这次战斗，日军中尉高木多作等12人被击毙，17人被击伤，伪军死伤10余人。第四团朴振宇、李斗文等16名指战员英勇牺牲，吴福林等10人负伤。日军撤走时放火烧毁了新兴洞。

新兴洞战斗，东北人民革命军第四军第四团虽然遭受很大损失，但部队敢于同装备精良、人数众多的日军作战，并且给予重大杀伤，这在饶河地区抗日作战史上是空前壮举。这一战斗不仅极大地鼓舞了第四团指战员的斗志，同时也增强了其他抗日部队抗击日军的信心，使人民革命军第四军第四团的声威远震饶河、虎林一带。新兴洞战斗后不久，许多青年农民前来参加人民革命军，第四团很快补充了50多名新战士。同时，不少抗日义勇军、反日山林队要求改编为人民革命军，第四团因势利导，陆续收编了邹其昌、贾瑞福等反日山林队，使第四团由原有的4个连扩大为7个连。1935年11月7日，第四团在大别拉炕召开"九胜"、"东胜"、"天军"、"治国"、"德山"、"庄稼人"等反日山林队首领会议，按照党的反日统一战线政策，将这些队伍统一收编为第四团独立营。该独立营有110余人。

东北人民革命军第四军第四团的积极活动和迅速发展，引起日伪当局很大不安。1935年11月21日，敌人调集佳木斯、富锦、同江、抚远、虎林、宝清和饶河等7县日、伪军1500余兵力，开始冬季"讨伐”。“讨伐”目标仍集中在爆马顶子、大叶子沟一带的抗日游击根据地。敌人所到之处烧杀掠夺，妄图毁灭游击根据地和肃清游击区内的一切抗日武装。根据敌我情势的变化，第四团采取化整为零，避敌锋芒，骚扰敌军，伺机歼敌的作战方针，投入到反对敌人冬季“讨伐”的斗争中。1935 年 11 月末，新任政治部主任崔荣华率领第一、第四连部队再次北上抚远活动，参谋长崔石泉率一部转战虎林，以牵制敌军，策应第四团在饶河地区的战斗。团长李学福则带领一支部队坚持在饶河，采用声东击西的战术与日、伪军周旋。他们在小北沟、小南河一带收缴了 12 支枪，并故做攻击城镇姿态，迫使敌人出城“讨伐”的部队迅速撤回团山子加强防守。日、伪军在饶河游击区“讨伐”两个月，未发现第四团踪影，反而被拖得疲惫不堪。伪军到处抱怨说：“看不见一个人，打谁呀？”伪军官则谎报说：“没有一个胡子了，都打没了！”日、伪军的“讨伐”只好宣告结束。

第五章　创建农村抗日游击根据地，各地人民反日斗争的开展

第一节　东北各抗日游击区和游击根据地的形成与扩大

一、中共中央和中共满洲省委关于建立抗日根据地的指示

1932年春夏之际，在中国共产党领导下建立起来的十几支反日游击队，尽管在开始阶段流动性比较大，但毕竟都开辟了一定的抗日游击区域和藉以休整的根据地。

对于在东北农村建立抗日根据地问题，中共满洲省委开始提出的在东满、磐石、宁安、汤原、巴彦和珠河（今尚志）等地发展抗日武装斗争、开辟游击区域的要求，是同“北方会议”提出“创造北方苏维埃”联系在一起的。因此，一些地区在根据地建设方面出现了偏差。1933年《一·二六指示信》提出在东北实行全民族反日统一战线策略方针，抗日游击队有了相当发展，中共满洲省委开始重视在东北农村开辟抗日游击区和建立根据地问题。

1933年8月10日，中共满洲省委在工作决议中提出：要开辟磐石、汤原、吉东（包括东满和绥宁）、哈埠近郊“四大中心赤色游击区”的计划，认为“这四大赤色游击区要成为团结和吸收一切反日武装力量和哗变队伍的中心领导力量，这一任务的完成，需要我们党很灵敏

的运用统一战线的策略和坚决的到处拥芦〔护〕农民的斗争”①。随后，中共满洲省委就开辟抗日游击区与建立根据地必须同发动广大农民、开展农民斗争密切结合问题，发出了专门指示。1933 年 9 月，中共满洲省委在所作《秋收斗争决议及秋收斗争纲领》中提出：“在有赤色游击队的区域（盘石 <即磐石——引者注>、汤原、东满等）”，要“把秋收斗争与反日民族革命战争密切的联系起来”，“在开展反日游击运动中去扩大与巩固这些地方的赤色游击区域”②。1934 年，中共中央《二月指示信》特别强调建立革命根据地问题。中共中央这份指示信同意中共满洲省委“把磐石、间岛、汤原、绥宁、珠河等五个游击区当作我们工作的中心”，批评了过去“省委认为，提出建立革命根据地问题在今天是过早的”错误观念，指出：“在满洲现在情形之下，要防止死守根据地不发展，但并没有任何根据可以反对在可能条件下争取革命政权和根据地的建立”，“满洲党必须把建立和扩大革命政权与革命根据地的任务，提到实际的工作日程上来”③。

抗日民主政权的建立是抗日根据地形成的重要标志。同年 6 月 10 日，中共满洲省委发布了《临时东北人民革命政府政纲草案》。这一政纲草案规定东北人民革命政府的性质，是东北广大民众抗日反“满”政府。它的根本任务是“驱逐日本及一切帝国主义势力出东北，打倒日本走狗‘满洲国’，收复东北失地，不做亡国奴，以保全中国领

---

① 《中共满洲省委关于“九·一八”、“九·三”、“八·二九”工作决议》（1933 年 8 月 10 日），载中央档案馆、辽宁省档案馆、吉林省档案馆、黑龙江省档案馆编：《东北地区革命历史文件汇集》甲 14，1988 年印，第 101、102 页。

② 《中共满洲省委秋收斗争决议及秋收斗争纲领》（1933 年 9 月 3 日），载中央档案馆、辽宁省档案馆、吉林省档案馆、黑龙江省档案馆编：《东北地区革命历史文件汇集》甲 15，1988 年印，第 35、36 页。

③ 《中共中央给满洲省委的指示信》（1934 年 2 月 22 日），载中共中央文献研究室、中央档案馆编：《建党以来重要文献选编》（一九二一——一九四九）第十一册，中央文献出版社 2011 年版，第 240—242 页。

土完整与中国民族之独立解放”。1935年2月1日，中共满洲省委指示各地党组织积极筹备建立各级抗日政权。4月1日，又进一步要求各地党组织和抗日部队，在红五月工作中建立起东满、南满、哈东、吉东等4个特区政府与汤原县政府，以期在同年8月1日召开全满人民代表大会，建立全满人民革命政府。

关于在农村抗日根据地建立的基层政权的组织形式，中共中央和满洲省委都有原则指示，认为“农民委员会”是适合“满洲的特殊环境”的政权形式。“这个农民委员会应该成为实际的乡村政权机关，并成为民众政权宽广的和强大的基础之一。”①并且指出这一农民委员会的性质是“广泛统一战线的组织，虽然它最基本群众是贫农、中农、雇农，但手工业者、学生、商人、卖零工的、人民革命军、游击队及义勇军里的战斗员等等，无论男女，不分种族（中国人、韩国人、蒙古人、鞑靼人等）都可以参加选举和被选为农民委员会委员，只有那些卖国贼、走狗、反革命分子、勾结日‘满’反对群众的地主豪绅没有权利选举”。在农民委员会同其他群众组织的关系问题上，认为“农民委员会的建立，反日会、农民协会，雇农工会等群众团体，不但不能取消，相反的更要大大发展起来，使农民委员会有坚强的巩固的基础”。关于农民委员会的任务，规定为：“发动并领导广大群众反日反‘满’的政治的经济的日常斗争，并把这些斗争提高〔到〕武装斗争和游击战争，来创造和扩大游击区域”；“最大限度的武装民众，组织农民自卫队和游击队，发动和扩大游击战争”；“彻底执行抗日反‘满’的斗争纲领，尤其要坚决没收日本帝国主义及一切卖国贼的全部财产（包括土地在内）和武装”；“调节游击队和广大群众之间的关系，保证游

① 《中共中央给满洲各级党部及全体党员的信——论满洲的状况和我们党的任务》（1933年1月26日），载中共中央文献研究室、中央档案馆编：《建党以来重要文献选编》（一九二一——一九四九）第十册，中央文献出版社2011年版，第47页。

击队的给养”；“管理游击区里一切行政上、司法上的事情，严厉镇压游击区内一切反革命的活动和阴谋，把农民委员会造成农村里的真正政权机关”①。

中共满洲省委为了广泛发动并组织东北城乡人民的抗日斗争，还指示各级党组织在各地组建“反日会”。这一组织，在各地的抗日政权尚未建立之前，同农民委员会一样曾经执行过抗日政权的职责。反日会是一个具有广泛群众性的抗日团体。1934 年中共满洲省委公布了《东北反日总会章程》，其宗旨是：“以彻底抗日反满不做亡国奴，团结满洲三千万民众中一切反日分子进行一致反日斗争，将全体中国人及其他被压迫民族居住于满洲境内之民众从日本的奴隶统治之下彻底解放出来。”该《章程》规定：“凡有赞成本会宗旨，不分男女，老幼，职业，宗教，籍贯，贫富，党派，只要是不愿做亡国奴，而自愿加入本会为实行本会宗旨之一项而工作者，概得成为本会会员。”②东北反日总会在东北的抗日战争中，团结了东北千百万群众从事反抗日本帝国主义侵略的斗争，作出了重要的历史性贡献。

根据东北各抗日游击根据地长时期被敌人分割，迫切需要加强党的领导的情况，1933 年中共中央在《一·二六指示信》中指出：“顾虑到了军事的环境及在满洲省委和地方党委员会间时常没有必须的联系，省委须在各地建立起强健的和有独立及自动的工作能力的党委员会”。1934 年中共中央《二月指示信》中又重申了这一指示内容。东北农村地区原党的组织吉东局、东满特委和磐石、海龙、

---

①　中共满洲省委：《农民委员会与民众政府》（1934 年 6 月），载中央档案馆、辽宁省档案馆、吉林省档案馆、黑龙江省档案馆编：《东北地区革命历史文件汇集》甲 19，1989 年印，第 252—262 页。

②　《东北反日总会章程》（1934 年），载中央档案馆、辽宁省档案馆、吉林省档案馆、黑龙江省档案馆编：《东北地区革命历史文件汇集》甲 20，1989 年印，第 139、140 页。

珠河、汤原、饶河 5 个中心县委组织，根据上述指示精神，1934 年至 1935 年期间，在中共满洲省委领导下撤销了吉东局，新建立吉东特委、南满特委，撤销海龙中心县委，建立通化中心县委，保留磐石中心县委、东满特委，以便直接加强党对各地抗日游击战争和根据地工作的领导。

1933 年至 1935 年，在中共满洲省委和各地党组织的领导下，随着东北抗日游击战争的发展和抗日斗争逐步由低潮转向高潮，东北各地的抗日游击区和农村游击根据地也在不断扩大，并发生了新的变化。至 1935 年末，东北已经形成了 7 块较大的抗日游击区。这 7 块抗日游击区是：南满抗日游击区，东满抗日游击区，哈东抗日游击区，绥宁抗日游击区，汤原抗日游击区，密、勃、依、方抗日游击区，饶河与虎林抗日游击区。地域包括哈尔滨至大连铁路线以东、第一松花江两岸，东至中苏国境，南至中朝国境的吉林省、辽宁省东部、黑龙江省东部，大约 60 余县的范围。每一抗日游击区都有一块、数块游击根据地，以中国共产党领导的某一军（师）部队和当地抗日义勇军、反日山林队为主，同时由于联合对日作战的需要，其他游击区的抗日武装也时常相互穿插其间。

东北各地的抗日游击区和农村游击根据地，多半是在 1932 年至 1937 年全国抗日战争爆发前建立起来的。当时东北地区与关内特别是南方相比，社会形势和相关条件是有所不同的，主要表现在：（1）东北已是日本帝国主义独自完全占领的区域，在铁路、公路、重要河道等交通沿线和大小城镇，处处有日、伪军驻防，遍设伪警察及日伪统治机构。（2）敌人在东北频繁进行各种规模的军事“讨伐”，采取“三光”政策，彻底摧毁抗日根据地、密营的毒辣手段，使抗日军队的根据地很难在某一地区有长期存在的可能。（3）敌人在东北强制广泛推行“集团部落”政策，“集家并屯”，经济封锁，以割断抗日军民联系，使抗日军队失去兵员补充和最低的物资给养的来源。(4)东北的抗日武装长期孤军奋战于敌后，已与关内和国外隔绝，本地区内各地的抗日武装也被日、伪军分割包围，以致敌我力量对比极为悬殊。(5)东北地区冬季严寒，最低气温达零下摄氏三四十度，且时间漫长，一年中冬季约六七个月，山区极少人烟，抗日军队的衣食很难解决，等等。

由于以上因素，在东北建立巩固的抗日根据地极其困难。建立和保卫根据地的过程，不仅与抗日军民反日、伪军"讨伐"的斗争紧密相联，也是抗日军民同敌人推行"集团部落"政策进行坚决斗争的过程。尽管面对重重困难，东北党组织领导抗日武装以及人民群众还是经过艰苦努力，在九一八事变后数年间，在南满、东满、北满、吉东等游击区中先后建立起20余处抗日游击根据地。

东北抗日游击根据地的特点可以概括如下：(1)有中国共产党的领导，建立了相当数量的抗日军队并战胜了敌人，发动、组织人民群众开展抗日斗争，建立有抗日团体、群众抗日武装以至抗日政权。(2)抗日游击根据地的周围均为抗日武装活动频繁、敌人统治不十分稳固的抗日游击区。(3)这些抗日游击根据地坚持的时间较短，少则半年至一年，长则三至五年，具有临时性。(4)抗日游击根据地随着军队的转移而转移，具有很大的流动性，故称之为抗日游击根据地。(5)根据地的范围较小，多为一县之内的沿边山区，或二三县相邻的山区。(6)根据地内建设的各种抗日群众组织以至政权机构尚不完整，根据地的典型性不突出。(7)1936年以后，当根据地在敌人的"讨伐"中被破坏，甚至变为敌人的"集团部落"后，抗日部队便在深山密林中广建临时性军事根据地或军事密营，发挥后方基地的作用，以支持游击战争。

总之，中国共产党领导东北抗日军民所创建和开辟的这些抗日游击区和游击根据地，是东北抗日游击战争的主要战场和东北抗日斗争的中心和依托。

二、南满抗日游击区和根据地的创建与扩大

九一八事变后，南满地区的中共磐石中心县委积极发动群众进行反对日本侵略者和伪满暴政的斗争，并在多次群众反日暴动的基础上，利用早已掌握的少量武器，较早地建立了磐石工农反日义勇军，开展武装斗争。随着反日游击战争的展开，磐石党组织和南满游击队于 1932 年冬开始创建抗日游击根据地。经过几个月的艰苦工作，在磐石西部红石砬子附近的山林地带，建立了方圆数十公里的抗日游击根据地。红石砬子游击根据地北至明城、集场子，南至拐子炕，西至朝阳山，东至蛤蟆河子，西南部有红石砬子山，西北部有太平山、西玻璃河套，东南部有马鬃岭，是个易守难攻的地方。红石砬子抗日游击根据地是中国共产党在南满地区创建的第一块抗日游击根据地。随着红石砬子抗日游击根据地的建立，磐石西部、伊通东南部、双阳南部一带成为抗日游击区。到 1933 年 9 月，游击区由磐石、伊通、双阳交界一带扩展到磐石全部及永吉南部、桦甸西部、西安东北部、东丰北部、海龙北部一带。游击根据地由磐西扩大到磐北、磐东，形成了以红石砬子、西玻璃河套、石虎沟、驿马泊子为中心的磐石抗日游击根据地。

1933 年 10 月下旬，东北人民革命军第一军独立师主力进军辉发江以南地区，又先后开辟了辉发江南、辽宁东部山区 10 余县的广大游击区，连同辉发江北老游击区在内，南满抗日游击区已达 20 余县。在开辟新游击区的同时，又选择地处各县交界，山高林密，交通闭塞，日伪统治力量薄弱，便于隐蔽与作战的地区，先后建立了金川县河里抗日游击根据地、濛江县那尔轰抗日游击根据地和辽宁东部山区的老

秃顶子、和尚帽子抗日游击根据地。

河里抗日游击根据地，位于龙岗山脉中段的哈泥河上游地区，大部分属金川县（现已撤销，划入柳河、通化等县）所辖。这里地势复杂，位于金川与柳河、通化、临江、濛江等县交界地区。游击根据地以金川河里为中心，包括金川县的凉水河子、回头沟、大甸子、哈泥河、大荒沟，临江县的太平沟、板石沟等地，方圆达几十公里。这块根据地大体于1934年夏建成，是东北人民革命军第一军独立师师部直属部队、第三团和后来第一军军部直属部队、第三师的根据地。

那尔轰抗日游击根据地，位于濛江县北部的龙岗山脉那尔轰河上游地区。这里山峦起伏，距县城较远。自1933年末开始，东北人民革命军第一军独立师第三团、师部直属部队及南满第一游击大队、南满第二游击大队和后来编成的第一军第二师经常在这里开展游击活动，于1934年夏建成那尔轰抗日游击根据地。这块游击根据地以那尔轰为中心，包括东南岔、西南岔、西北岔、沙河子、东大沟、河南、三角卧石、五斤顶子等地，方圆在50平方公里以上。

老秃顶子、和尚帽子抗日游击根据地，位于龙岗山脉南段，老秃顶子、和尚帽子分别在桓仁与兴京县、宽甸与本溪县交界处。这里山势险峻，群众基础好。1935年春，中共南满特委在这里建立了中共桓兴县委，东北人民革命军第一军第一师和军部直属部队也经常来这里开展游击活动，并以这两座大山为中心，开辟了老秃顶子、和尚帽子抗日游击根据地。这块游击根据地的范围较大，方圆150平方公里左右，包括老秃顶子周围的仙人洞、高俭地、川里、海青火洛、八里甸子与和尚帽子周围的碱厂、二道沟、三道沟、外三堡、大地、蒲石河等地。这块根据地是第一军军部直属部队和第一师经常驻守的根据地。

南满各抗日游击根据地自创建以来，在党的领导下，依靠抗日根据地军民，根据南满抗日斗争的客观实际，进行了游击根据地的各项建设工作。

中共磐石中心县委、南满特委在根据地和游击区内，为了支援东北人民革命军第一军独立师作战和解决部队的军需，发动群众、组织群众开展对敌斗争，积极巩固抗日根据地，保卫群众已经得到的利益，解决群众的生产和经济生活问题，并注重进行建立抗日政权的工作。这一抗日政权的组织形式，一般为农民委员会、农民协会或反日会。这些组织实际代行抗日政权的职能。各级农民委员会、农民协会与反日会均设立经济部与军事部等部门，解决支援部队、群众日常斗争与生产、生活问题。

磐石游击根据地首先在各地建立起反日会组织，然后建立农民协会和农民委员会。自 1933 年夏贯彻《一・二六指示信》以后，在西玻璃河套一带各村普遍建立了反日会，建有 1 个区农民委员会和 3 个村农民委员会，石虎沟、驿马泊子等地也建有农民委员会。到 1933 年 9 月，已有农民委员会会员 1200 人，农民协会会员 290 人，反日会会员 3660 人，妇女会会员 400 余人。当时每户会员只报户主 1 人，实际代表 1 户。磐石地区 80% 的农户都已加入农民协会或反日会。1933 年冬，独立师挺进辉发江南的广大区域后，作为联合各阶层抗日群众的统一战线组织反日会，不仅会员人数增加很多，而且建立反日会的地域也有新的扩大。为了加强抗日统一战线，更好地开展群众反日运动，支援人民革命军开展抗日游击战争，中共磐石中心县委根据中共满洲省委的指示精神，于 1934 年 8 月 20 日在磐石北部游击区召开了南满反日总会成立大会，一致通过了《南满反日总会第一次代表大会决议案》、《南满反日总会第一次代表大会宣言》和《南满反日会斗争纲领》、《南满反日会章程》等。大会选举成立南满反日总会执行委员会，负责领导南满各地反日会的工作。

南满反日总会成立后，南满地区各级党组织及东北人民革命军第一军独立师各部队在各地继续建立和发展反日群众组织。到1934年11月，南满地区的反日会会员达到6000余人，其中妇女反日会员700人。反日会组织遍布于南满地区的磐石、伊通、双阳、桦甸、海龙、柳河、金川（今划归柳河、辉南）、临江、通化、辉南、濛江（今靖宇）、抚松、西安（今辽源）、东丰、西丰、桓仁、兴京（今新宾）、清原等18个县。同时，南满各地已建立农民委员会300余个。南满各地反日会和农民委员会及其他反日群众组织的建立与发展，为进一步建立南满人民革命政府打下了坚实基础。

1935年2月19日，中共满洲省委在给南满临时特委的信中指出："目前特委最中心的任务是真正把新开展的游击区域从组织与实际上去把他巩〔固〕起来，以人民政府纲领为群众运动的中心，立即开始建立南满特区政府的准备工作。"[①]根据这一指示，南满临时特委积极开展筹建南满特区政府工作，于1935年5月初决定，首先在临江县境浑江一带，抚松、濛江、第二松花江东部一带，桓仁、宽甸、兴京一带等3个地方分别建立地方特区政府。经过几个月的准备工作，于同年8月17日，在金川县河里地区召开民众代表大会，成立了临时东北人民革命政府南满特区政府筹备委员会，通过了《临时东北人民革命政府南满特区政府组织条例（草案）》和《临时东北人民革命政府南满特区政府筹备委员会暂行条例》。

南满特区人民革命政府筹备委员会成立后，在南满各地迅速展开筹建各级人民政府的工作。1935年9月15日，南满特区人民革命政府筹备委员会发表宣言指出：临江、金川、柳河、通化、濛江、磐石、西安、海龙、辑安（今集安）、桓仁等地群众已自发地为筹建区政府积

---

① 《中共满洲省委给南满特委的信》（1935年2月19日），载中央档案馆、辽宁省档案馆、吉林省档案馆、黑龙江省档案馆编：《东北地区革命历史文件汇集》甲21，1988年印，第66页。

极奔走。1935 年 8 月成立了桓仁特区政府。9 月 18 日,成立了临(江)金(川)柳(河)特区人民政府。到 10 月,南满各地已建立 15 个乡政府,56 个区政府。10 月,在柳河县吴家沟建立了柳河县人民革命政府,县长孙建国,副县长刘文阁,下辖4 个区政府。政府机关分别设在大清沟、头道河子、水曲柳川和四道河子。县政府内设财粮、文教、武装 3 个科和妇女会。

抗日政权的首要任务是建立群众性抗日武装组织——农民自卫队、青年义勇军。1933 年 9 月,磐石组织有 220 名队员的农民自卫队,青年义勇军 16 个小队。后来,在河里抗日游击根据地及周围游击区以柳河、通化、临江、金川、清原等县农民自卫队为基础改编成立的东边道游击队,成立了总队部,下设 6 个大队,人数达 1000 余人。那尔轰抗日游击根据地的农民自卫队称为南满游击大队濛江农民自卫队,有 40 余人。到 1934 年 9 月,那尔轰抗日游击根据地与周围的濛江、桦甸、辉南一带,共有农民自卫队和青年义勇军 120 余人。老秃顶子、和尚帽子抗日游击根据地与周围的桓仁县仙人洞、海青火洛、哈塘沟、岔路子等地都组织了青年义勇军。桓仁六区于 1935 年 6 月组成桓仁农民反日自卫队。还有一部分农民自卫队被编成东北人民革命军第一军第一师第四团。农民自卫队和青年义勇军担负游击根据地的站岗放哨,监视敌探,侦察敌情,维护治安等工作,并配合人民革命军对日、伪军作战,成为人民革命军的有力助手和后备力量。

抗日政权的另一项重要任务,是在各抗日游击根据地普遍设置粮食仓库、医院、修械所、被服厂等,以保障军队的需要。早在磐石建立根据地时,即在西玻璃河套的生财沟设有武器修理所和炭窑,在红石砬子山上的八家沟设有武器修理所和被服厂。修械所除修理枪支外,还曾制造出土炮。被服厂为游击队制做军服、子弹袋等。后来在辉发江南各抗日游击根据地普遍建有粮食仓库、医院、修械所、被服厂等。河里抗日游击根据地将暂时用不了的粮食、枪械、军服、药品等，装在大缸或木板仓里埋起来以备后用。修械所和被服厂主要设在水曲柳川、迎门岔、王六沟、西南岔、轱辘屯、会家沟等地。其中水曲柳川修械所有几十名工人，负责修理枪支、配制零件、翻造弹药。水曲柳川被服厂有缝纫机4台，工人7名，负责制做军服、军帽和子弹袋等。迎门岔被服厂有3台缝纫机和6名工人。简易医院共有5处，设在回头沟、高丽沟、头道河子、大牛沟和大青沟。每个医院有一两名医生和三五名护士，药品的来源有从山上采集的中草药、设法购买的药品和在战斗中缴获的药品。游击根据地内还设有印刷厂，印制南满特委和东北人民革命军第一军编辑的报刊及一些宣传品。还开办学校与干部训练班等。那尔轰抗日游击根据地的秘密粮食仓库设在东大沟、沙河子北岭、新胜北岭、那尔轰口子、两江口、干沟子、西南岔、三角卧石等地；修械所设在双沟子、西南岔、错草顶子、五斤顶子、那尔轰等地；被服厂设在小西北岔、双沟子、西南岔等地；医院设在小西北岔、沙河子、小东沟、三角卧石等地。印刷厂设在红石砬子西沟。1935年底，由于敌人“讨伐”，游击根据地军民转移到濛江县东南部的白江河、二道花园河一带。在那里又建立了一些秘密粮食仓库、医院、修械所和被服厂。

抗日政权还有一项重要任务，便是组织群众的经济生活和开展文化、教育工作。中共南满特委在筹建抗日政权时，对满洲省委拟定的临时人民革命政府政纲中关于“没收地主阶级土地”的条文提出了修改意见，认为“仍以没收走狗等土地为相当”，否则将“过早破坏统一战线”，并在实际工作中对一般地主实行减租减息政策。在根据地内，凡日伪一切捐税尽行废除，农民的生活有所改善。

在游击区内，由于敌人“讨伐”蹂躏和土匪骚扰，缺少耕畜，无法用犁耕地，农民多半用镐头刨地，每户所耕土地不多，生产的粮食仅足温饱，歉年即比较困难。为了解决农民春耕生产的困难，人民革命军部队抽出军马帮助群众耕种土地。为了解决粮食困难，抗日政权还注意控制粮食的外流。1933 年，磐西区农民委员会规定“向区外卖粮，只限大豆、小麦、大麦三种”，余者可在根据地内调剂。1935 年 10 月 1 日，南满特区人民革命政府筹委会发布“通告令”，规定：在游击区内，农民所种之粮，不准运出游击区境外，大豆、苏籽、烟、蒜等须由政府许可，得以自由买卖。

1935 年，南满特区人民革命政府筹委会规定：在政府内民众按其收获量之 1/10，应纳军粮。协助抗日之地主，其租粮可与佃农当面酌商之。凡抗日队员家属，概免缴纳一切军粮之义务。

在根据地内，还尽可能地开展文化、教育和宣传活动，活跃军民生活。南满党、团特委和人民革命军第一军政治部在极端困难的条件下，先后出版了《东边道反日报》、《人民革命报》、《反日民众报》、《青年义勇军》、《列宁旗》等报刊，颇受军民欢迎。

中共南满特委和各县党的组织，十分重视南满抗日游击区和根据地内党组织的建设。1933 年夏至 1934 年，在南满游击区内已有磐石、海龙两个中心县委。磐石中心县委先后下设桦甸县委及磐东、磐西、磐南、磐北、玻璃河套、伊通等区委和吉（林）海（龙）铁路、西安煤矿、江南等特支。海龙中心县委下设柳河、清原、开原县委及西安、金（川）通（化）等特支。1934 年 11 月，中共南满第一次代表大会成立中共南满临时特委，下辖磐石中心县委、通化中心县委（1935 年 7 月，通化中心县委遭破坏后，又组成柳河县委），还设西安特支与江南特支。1935 年春，在老秃顶子、和尚帽子根据地还建立了中共桓（仁）兴（京）县委等组织。这些党组织在组织根据地和游击区人民开展抗日斗争，建立抗日群众团体和支援抗日武装斗争等方面发挥了领导作用。

南满地区的抗日游击根据地是东北人民革命军第一军开展抗日游击战争的重要后方基地。抗日游击根据地不仅是部队贮存粮食、物资，进行休整、训练的可靠后方，而且是南满党组织及人民政权组织发动群众参加与支援抗日游击战争的战略基地。因此，抗日游击根据地既是南满抗日游击战争的重要依托，又是东北人民革命军第一军发展壮大的革命摇篮。南满抗日游击根据地军民为东北抗日游击战争的胜利作出了重要贡献。

三、东满抗日游击区和根据地的创建与变动

东满各县是多民族杂居地区，其中朝鲜族占多数。日本侵略势力以各种借口较早地侵入这一地区，压迫、剥削各族人民。因而自 20 世纪 20 年代开始，这里屡次爆发直接反抗日本侵略势力的斗争，人民经受了长期抗日斗争的锻炼，具有革命传统。

九一八事变后，在中国共产党的领导下，东满地区人民较早开展反抗日本帝国主义侵略的斗争，各地迅速建立起抗日游击队，打击日本侵略军，在抗日武装斗争洪流中开辟了抗日游击区，建立了若干游击根据地。1932 年夏秋，东满形成了延吉、和龙、汪清、珲春四大片游击区，主要包括延吉县的北部与中部、和龙县的西北部与东部、汪清县的南部与中部及珲春县的西北部与东南部。在这些游击区内，各县中共党组织领导游击队和抗日群众，选择敌人统治薄弱、群众斗争活跃、有利于进攻退守的偏僻山村，开辟抗日游击根据地。自 1932 年冬至 1933 年春，先后建立了延吉县的王隅沟、石人沟、苇子沟、张芝营，和龙县的渔浪村、牛腹洞，汪清县的小汪清、马村、嘎呀河、腰营沟，珲春县的大荒沟、烟筒砬子、潘家窑、河南等 10 余块抗日游击根据地。这些游击根据地每块的范围多在方圆 30 平方公里到 50 余平方公里之间，人口少的六七百人，多的达一二千人。游击根据地的人口

总数约为 2 万人。

在 1932 年冬至 1933 年春的反“讨伐”斗争中,东满抗日游击根据地规模小、过于分散、力量不集中的问题显现出来。为解决这一问题,东满党组织曾领导根据地军民积极扩大游击根据地,试图将各游击根据地连成一片。但由于敌人对游击根据地进行不断的“讨伐”,扩大游击根据地的计划未能实现。

经过一年多的反“讨伐”斗争,原有抗日游击根据地虽然有的有所缩小。但大部分保留下来,同时又开辟了新的游击根据地。至 1933 年末、1934 年初,东满各地抗日游击根据地尚有延吉县的王隅沟、石人沟、张芝营,和龙县的渔浪村,汪清县的小汪清、嘎呀河、腰营沟,珲春县的大荒沟、烟筒砬子、河南、潘家窑等。在 1933 年冬至 1934 年春的反“讨伐”斗争中,小汪清抗日军民于 1934 年 1 月撤离根据地,同时又开辟了大荒崴抗日游击根据地。大荒崴位于汪清、延吉、敦化 3 县交界,地处偏僻山区,住户较少。行政区域属延吉县(今属汪清县),组织上由中共汪清县委领导。小汪清、王隅沟等地党员、群众转移到大荒崴后,正式建立了抗日游击根据地。大荒崴抗日游击根据地创建于对日伪的反“讨伐”斗争中,在东满抗日游击战争的艰难时期发挥了重要作用。

1934 年冬至 1935 年 3 月,第二军独立师各团在反“讨伐”战争中为保存实力,更有效地打击敌人,与各县共产党、共青团组织一起,主动撤离部分已被敌人严重破坏的抗日游击根据地,转移到新区开展游击活动。在延吉县撤出王隅沟、石人沟、三道湾,大部转移到安图县车厂子,一部向宁安县南湖头等地转移;在和龙县撤出渔浪村,转移到安图县车厂子一带;在汪清县撤出大荒崴转移到腰营沟,尔后又转移到绥芬大甸子;在珲春县继 1934 年夏撤出大荒沟、烟筒砬子后,又从河南、潘家窑经梨树沟、杜荒子转移到火烧铺、金仓一带。东北人民革命军第二军部队转移到新区后，于1935年间，与当地群众一起先后建立了安图县车厂子、汪清县绥芬大甸子和奶头山抗日游击根据地。

车厂子抗日游击根据地，位于和龙、安图两县交界处（今和龙县卧龙乡和安村）。这里山高林密，交通不便，敌人统治比较薄弱。1933年冬，中共和龙县委派人深入到车厂子开展工作，在当地群众和救国军中建立了较好的基础。1934年末至1935年初，延吉、和龙县内各抗日游击根据地的军民先后转移到车厂子，建立了车厂子抗日游击根据地。车厂子抗日游击根据地有人口千余人。

绥芬大甸子抗日游击根据地，位于汪清县城东北100公里处，与吉东的绥宁地区相连，便于第二军向北发展。早在1930年，这里就建立了中共罗子沟区委，领导各族群众开展反日、反军阀斗争。九一八事变后，区委又领导当地军民与日、伪军进行了英勇的斗争。从1934年冬开始，汪清、珲春县内各抗日游击根据地的第二军部队陆续转移到绥芬大甸子，中共东满特委也转移到这里。1935年3月，建立了绥芬大甸子抗日游击根据地，总人口达万余人。

奶头山抗日游击根据地，位于安图县二道白河镇东南25公里的奶头村。东面2公里左右处有南北流向的三道白河。整个游击根据地隐藏在崇山峻岭之中。1935年10月，东北人民革命军第二军为保存实力，冲破日、伪军疯狂的军事“讨伐”和严密的经济封锁，主动撤离车厂子，王德泰率第二团主力转移到奶头山一带。在这里，王德泰认真贯彻党的民族政策和抗日统一战线政策，带领人民革命军指战员，依靠和发动当地群众，进行创建游击根据地的工作。车厂子、绥芬大甸子和奶头山抗日游击根据地，是中共东满特委和东北人民革命军第二军在东满游击区最后开辟的3块较大的游击根据地，在第二军坚持东满抗日游击战争，向南、北方向发展开辟新的游击区的斗争中，发挥了重要作用。

1936 年 2 月上旬，在日、伪军的残酷“讨伐”下，汪清绥芬大甸子抗日游击根据地遭到破坏，第二军第三、第四团留守部队分别转移到宁安、穆棱的抗联第五军游击区，继续开展斗争。与此同时，日、伪军对奶头山抗日游击根据地发动猖狂进攻。第二团留守部队虽然进行了顽强反击，但由于敌众我寡，形势对人民革命军十分不利。为保存实力，第二团留守部队于 2 月 21 日主动放弃东满地区最后一块抗日游击根据地，向抚松转移。

长白根据地位于长白山西麓长白县境内。在东满特委领导下，1936 年 5 月，第二军军部和第二军第三师来到抚松县东岗，在第二军军长王德泰的主持下，召开了第二军干部会议，研究了第二军军部和第二军第三师的活动方向以及开辟新的根据地问题。东岗会议后，第三师第七团和第九团经抚松、临江向长白地区挺进，取得了大德水、小德水战斗的胜利。之后，金日成派第六师（由原第三师改成）党委组织科长权永碧等 30 多名共产党员到长白县各地开展群众工作，同时在长白山西麓密林中建立了长白山、红头山、横山密营群。

随着东满各抗日游击根据地的相继建立，中共东满特委及各县县委根据东满抗日游击战争的实际状况，在各抗日游击根据地建立、发展中共党的基层组织，领导开展了游击根据地的各项建设工作。中共东满特委机关先设在王隅沟游击根据地，后迁驻中共汪清县委机关所在地小汪清、腰营沟等游击根据地，使这几个根据地一度成为东满抗日斗争的指挥中心。中共延吉县委机关先后设在王隅沟、三道湾等游击根据地，中共珲春县委机关先后设在大荒沟、烟筒砬子等游击根据地，中共和龙县委机关曾设在渔浪村游击根据地，这些根据地也分别一度成为各自所在县抗日斗争的指挥中心。同时，在各游击根据地普遍建立了党团区委及所属党团支部，积极慎重地发展党团员，并带领群众开展游击根据地的各项建设与保卫工作。东满各级党组织曾有共产党员1000余名、共青团员800余名。后因敌人的频繁“讨伐”与反“民生团”斗争的错误，根据地内党员数量减少，各县县委建制撤销，分别组建延吉、汪清、珲春等特支。同时，根据西部抗日军民转移至安图车厂子根据地、东部第二军部队转移至绥芬大甸子根据地的情况，为加强对新开辟的根据地的领导，又分别建立了中共安图工作委员会和绥芬大甸子工作委员会，领导开展根据地建设工作。

各抗日游击根据地普遍建立抗日政权。1932年11月至1933年2月，先后在延吉县王隅沟、石人沟，汪清县嘎呀河、小汪清，珲春县大荒沟和烟筒砬子成立了6个区苏维埃政府，下设20余个村苏维埃政府。1932年冬至1933年春，相继在延吉县的三道沟、花莲里、苇子沟、南阳村，和龙县的渔浪村、牛腹洞，汪清县的腰营沟、蛤蟆塘、绥芬大甸子等地成立了代行苏维埃政府职能的革命委员会。区、村苏维埃政府和革命委员会中设有总务、经济、粮食、教育、军事、法政等办事机构，负责处理各种事务，并颁布实施一些法令。但建立苏维埃政权之后实行共同劳动、共同生活的错误做法，侵犯了富农、中农的利益，致使根据地人口减少。1933年夏东满党组织贯彻《一·二六指示信》后，把苏维埃政府改为人民革命政府，并纠正了“左”的错误政策，使根据地的建设工作得到加强。

1934年末，王隅沟、八道沟、瓮声砬子的人民革命政府转移到车厂子，成为车厂子抗日游击根据地的领导机构，下设经济部、粮食部、通讯部、青年部。1935年5月，绥芬大甸子抗日游击根据地召开了反日会成立大会，反日会由各地方群众代表、各抗日义勇军代表和大甸子街商民代表组成。反日会内设农民自卫部、粮食部、妇女部、司法部、财政部、经济部、交通部、义勇军部。农民自卫组织有农民自卫总队，担负保卫根据地的任务。反日会是绥芬大甸子抗日游击根据地的实际政权机关，为群众做了很多有益的事情，深受群众拥护。

1936 年 11 月，奶头山村民开会宣布废黜伪区长，建立了农民委员会，行使政府职能。组织了妇女会和儿童团，建立了党的组织，还设立了被服厂、兵工厂、后方医院等。

各抗日游击根据地还注意建立与扩大反日群众组织和群众反日武装。东满各级党组织与游击根据地政府广泛发动各阶层群众，建立并扩大了反日会、互济会、儿童团、少先队、妇女会等反日群众组织，建立了农民自卫队、青年义勇军（主要以少先队为基础建立的）等群众抗日武装。到 1933 年 9 月，东满共有反日会员 1.9 万余人，有农民自卫队员和少先队员 1600 余人。在共产党的领导下，这些反日群众组织和群众抗日武装，踊跃参加根据地的生产、支前、护理伤病员、站岗、防奸、侦察、通讯、宣传等活动，并积极配合游击队作战。1935 年，车厂子抗日游击根据地成立了反日会、农民委员会和妇女会、儿童团等反日群众组织，还组织有六七十人的农民武装自卫队。绥芬大甸子抗日游击根据地也成立了妇女会和儿童团。1936 年 2 月，奶头山抗日游击根据地成立了妇女会。东满各游击根据地的抗日群众组织和抗日群众武装，为东满抗日游击战争的发展作出了重要贡献。

各抗日游击根据地为适应抗日游击战争的需要，开展了必要的经济工作。一些游击根据地曾一度宣布废除封建剥削制度，实行分配土地，取消高利贷、苛捐杂税等项经济政策。但是，由于敌人的军事“讨伐”和经济封锁，粮食问题成为游击根据地生存的突出问题。因此，1933 年贯彻《一·二六指示信》后，根据地共产党组织和政府把粮食生产作为经济工作的头等任务，积极发动和组织群众参加生产。规定凡在游击根据地居住的党团员和群众，都必须参加生产劳动。游击队也抽调相当的人力、物力，帮助群众解决生产所需要的牛马、种子、口粮等问题。由于发展了农业生产,在一定程度上缓解了部分游击根据地的缺粮问题。与此同时,各个游击根据地还创办了一些小型的兵工厂、被服厂、印刷厂,用以修理枪械、制造弹药,缝制军服,印刷课本、传单、报刊等工作。在东满各游击根据地,共有小型兵工厂4个,技术工人18人;被服厂4个,技术工人36人,缝纫机25架;印刷厂4个,油印机十七八台。1935年,车厂子抗日游击根据地也开设了兵工厂、被服厂、印刷所。兵工厂有6名工人和各种锻冶工具,可以制造和修理枪支弹药。被服厂有7名工人,4台缝纫机,专门为人民革命军和其他抗日部队缝制军装。在奶头山抗日游击根据地创建时,车厂子的兵工厂、被服厂、印刷所等后方设施也相继转移到奶头山。这些工厂规模虽小,但在解决军民供给,支援战争等方面起了重要作用。

抗日游击根据地为适应战时需要,开展了一定的文化、教育、卫生、宣传等项工作。在教育工作方面,东满各级党组织比较注意群众的教育工作,各游击根据地创办了一些小学校和儿童俱乐部,对少年儿童实行免费教育;开办了成人的扫盲班、夜校和党员、干部训练班。在文化工作方面,东满党组织十分重视对抗日军民的宣传工作,在一些游击根据地成立了歌唱队、宣传队,排演抗日剧目,对群众进行爱国教育,配合部队进行战地宣传鼓动和慰问。在卫生工作方面,在游击根据地里开设几处医院,有医生七八人,护士10余人,利用简陋的设备、器具及药品为游击队员和当地群众医治伤病。在宣传工作方面,各级党组织创办了一些报纸和刊物,其中有中共东满特委机关报《斗争》、《两条战线》,游击队和群众组织的报纸《战斗日报》、《反日报》、《少年先锋》等。通过开展文教、宣传、卫生等方面的工作,使游击根据地军民在艰苦环境中,始终保持旺盛的抗日热情,积极参加和支援抗日游击战争。

1933 年至 1937 年的抗日游击战争中，东满各游击根据地都作出了很大贡献。它曾经是抗日游击队和人民革命军第二军的依托和发展的基地，是东满地区各民族的希望所在。

四、哈东抗日游击区和根据地的建设和发展

1933 年底，中共珠河中心县委和珠河东北反日游击队在中东铁路东段路南的珠河县南部、中心县委所在地，建立了以三股流抗日游击根据地为中心的路南抗日游击区。这一游击区包括乌吉密、四方顶子、苇塘沟、石头河子、二排、柳树河子、娄家窝棚、六道河子等地。1934 年春，珠河游击队前后三次向中东铁路路北和宾县七区、延寿二区伸张，建立起以侯林乡、黑龙宫、秋皮囤和宾县三区为中心的路北游击根据地，游击区随之扩展至珠河、宾县、延寿边界一带。

1934 年 6 月，东北反日游击队哈东支队成立后，随着游击战争的开展，哈东抗日游击区又分别向西、南方向扩大至双城、五常和阿城一带，年底又扩大到方正与珠河边界。形成东西 100 余公里、南北近 175 公里范围，人口达 10 余万人的中东铁路南北两大片游击区域。这一地域属于哈东农业区，为游击队开展游击活动提供了充足的给养；茂密的山林地带，则为游击队提供了良好的自然环境；众多的人口，则是游击队的群众基础。

1935 年 1 月，东北人民革命军第三军成立后，部队曾先后东向苇河、海林和方正、勃利发展，又将游击区推进至牡丹江下游地区。

1935 年 7 月以后，日、伪军在珠河路南、路北老游击区和根据地，疯狂地实行毁灭性的大肆烧杀，游击区遭到严重破坏，东北人民革命军第三军主力部队再行东去方正、依兰、勃利一带开辟新的游击区。1936 年 1 月，第三军跨过松花江到达江北的汤原，会同东北人民革命军第六军共同创建汤旺河后方根据地。

在珠河反日游击队成立之前，1933 年 8 月，中共珠河中心县委扩大会议决定“普遍建立反日会、农委会、妇女会”。9 月，珠河县即建立起 4 个反日会。9 月 11 日，在三股流召集各反日会代表开会，成立珠河反日总会，选举沙永振为总会委员长。珠河反日游击队建立后，在根据地和游击区内较为普遍地建立了各级农民委员会。同年 7 月，珠河县农民委员会成立，吴景才①任会长。至同年 9 月，仅路南根据地和游击区内便建立起 23 个农民委员会。不久，路北也相继建起农民委员会。农民委员会实际上都执行了抗日政权的职能，尚未建立农民委员会的村屯则由反日会代行政权职能。农民委员会下设生产部、侦探交通部（亦称拥军部）、自卫部（或武装部）、肃反部、妇女部等机构，任务是组织农民武装、保卫根据地和游击区群众利益，拥护抗日军队和照顾抗日军属。

1934 年 6 月，中共满洲省委指示珠河中心县委和东北反日游击队哈东支队，要“巩固和扩大游击区与建立民众政府”②。1935 年，中共满洲省委号召各地普遍召集东北人民代表会议成立人民革命政府以后，同年 5 月下旬，珠河中心县委召集各地 30 余名代表举行筹备会议，成立了珠河人民代表大会筹备会办公处。6 月初，各地即开始选举筹备会的代表，仅路南游击区便选出代表 80 余人。9 月 10 日，珠河中心县委决定在 10 月底完成建立双城、珠河、延寿 3 县县政府的准备工作。经积极准备后，在日、伪军对珠河游击根据地进行毁灭性“讨伐”的战火中，县委在三股流、半截河一带召开群众大会，宣布珠

① 吴景才（？—1938），生年不详，山东沂州人。1934 年参加抗日斗争并加入中国共产党。历任珠河县农民委员会总会会长、珠河县人民革命政府主席、东北抗日联军第三军第三师和第二师政治部主任。1938 年在战斗中牺牲。

② 《中共满洲省委关于坚决执行中央及省委的正确路线给珠河县委及游击队全体同志的信》（1934 年 6 月 30 日），载中央档案馆、辽宁省档案馆、吉林省档案馆、黑龙江省档案馆编：《东北地区革命历史文件汇集》甲 19，1989 年印，第 9 页。

河县人民革命政府建立,吴景才被推选为县人民革命政府主席。1936 年春发布《大中华民国珠河县人民革命政府布告》,号召人民在革命政府的领导下,积极参加抗日活动,发挥各种反日群众组织和抗日武装的作用,支援人民革命军反击日、伪军“大讨伐”的斗争,开展春耕工作。

在农民委员会和反日会的直接组织下,在抗日根据地和游击区内普遍建立了农民反日自卫队、模范队、青年义勇军等地方武装。这些农民武装的主要任务是:保卫地方,肃清汉奸敌特,巩固根据地;配合游击队和人民革命军对敌作战和为部队输送兵员。这些农民武装是人民革命军的有力助手和后备力量。其中的模范队,是由精干人员组成的半脱产武装组织,可直接补充人民革命军部队;农民反日自卫队则是不脱产的群众武装;青年义勇军类似模范队,但全部由青少年组成,由共青团领导。例如,路北侯林乡由农民反日救国会组建的农民自卫队,共有 4 个队,每队 30 人,以洋炮(土枪)、扎枪(红缨枪)为武器,哈东支队曾向其援助一些步枪。侯林乡农民自卫队又选拔青壮年分别组成半脱产的模范队和青年义勇军。侯林乡农民武装具有一定的战斗力,小股敌军或土匪不敢进犯根据地。1934 年 9 月,“黄炮”队叛离哈东支队进攻侯林乡时,即遭到农民反日自卫队和联合武术队的抵抗,“黄炮”队被击伤数名,侯林乡根据地免遭破坏。与此同时,当哈东支队去路南进攻五常堡敌人时,路南根据地的模范队主动前往助战,起到了积极的配合作用。

农民武装是游击队和人民革命军的可靠后备力量。珠河游击队成立时仅 13 人,但几个月内便由农民自卫武装补充了 50 余人。后来,路南地区的农民武装有三分之二被选拔补充游击队,成为部队的基本力量。据不完全统计,至 1934 年 9 月,路南农民自卫队 1000 余人,路北根据地农民反日自卫队有 3000 余人,其中仅五区一带即有

23个队、1600余人；黑龙宫一带有四五百人。至同年末，哈东游击根据地农民反日自卫队队员达到5000余人。另有15个模范队和青年义勇军，即：五区模范队、五区青年义勇军、路南模范总队、路南青年义勇军、苇塘沟青年义勇军、二排模范队、三股流模范队、三分所模范队、四道河子青年义勇军、四道河子模范队、黑龙宫模范大队、黑龙宫青年义勇军、大亮珠河模范队、天龙模范队、老段模范队等，共968人。

此外，根据地的其他群众组织，如反日妇女会，多是由游击队、人民革命军和地方干部的家属组成，她们同军队心连心。每当队伍战后归来，妇女会会员便主动为战士缝洗衣服，护理伤员。据1934年年底统计，珠河根据地的妇女会会员有450余人。另有儿童团为游击队、人民革命军站岗放哨，探听敌情，传送情报，也是根据地不可忽视的力量。

珠河抗日游击区和根据地内，由于取消了日伪当局的一切苛捐杂税，农民生活有很大的改善。在游击队、人民革命军和农民自卫武装的保护和影响下，土匪不敢骚扰。路南游击区的土地，多数属于伪哈尔滨警察厅厅长金荣桂和北满汉奸大地主司林大柜所有，他们不敢到抗日游击区收租。汉奸地主的土地一律没收，根据地内实行减租。这种情形与周围敌伪统治区形成鲜明的对照。因此，不少在珠河游击队初起时，由于不明真相而迁出抗日游击区的农民纷纷返回游击区；而且，由于羡慕游击区和根据地农民生活改善，由临近地区迁入的农民数量也急剧增加。1935年春，仅路南统计，就迁入2000户之多。结果，熟地已告缺乏，又开垦了荒地。因根据地多为山区，虽以农业为主，粮食尚不能自给，故农民委员会和反日会不准粮谷出境，但豆类允许与境外调剂。

游击队、人民革命军和农民委员会、反日会以及农民武装的经济来源，除在战争中缴获敌军的军火、装备，没收日本侵略者及其走狗的财产外，便由部队和农民委员会、反日会统一征收反日特捐即地亩税等解决一部分。反日特捐是按照统一累进税办法办理，5 垧地以下农户，每垧纳现洋 0.5 元；6 垧至 20 垧者，每垧纳 1 元；21 垧以上者，每垧 2 元。对贫苦农民不收税，实际上贫农、中农税收低微。不少地方，如宾县三岔河的一些地主自动向游击队、人民革命军纳税，人民革命军开具税票，其他义勇军、山林队武装不敢再来重复收税，他们的财产得到了保护。

抗日根据地内军属较多，为支援战争，军属的土地多由农民委员会或反日会组织义务代耕。广大群众热情参军，甚至连妇女也积极申请参军。

在珠河中心县委领导下，在三股流、秋皮囤南沟、花砬子、腰屯南沟等地，建立了简单的兵工厂、被服厂、印刷厂；在四方顶子、苇塘沟还创办了后方医院。

在珠河根据地创建之初，地方党组织和反日会对文化教育工作就比较注意，曾在太和北沟建起了革命小学。1935 年 1 月，还在蜜蜂园子办起小学校，第三军派政治工作干部侯启刚担任教员，教材由军司令部编写油印，不收学费。此外，县委还在老五区街上、双城九区板子房南沟办了两所贫民学校，招收贫苦农民子弟入学，学文化，学抗日救国道理。党的干部张寿篯、赵一曼等均曾给学生们讲过课。

此外，游击队、人民革命军和珠河中心县委还十分注重根据地和游击区内的宣传工作，各级农委会、反日会内都设有专职宣传干部，除经常利用召开群众大会时机，宣讲有关抗日的政策，宣传抗日战争的胜利消息，揭露日本侵略者的罪行外，还经常开展识字，学政治，教唱抗日歌曲等活动。珠河中心县委还发行了《哈东人民革命报》，报导抗日军事斗争与政权建设等方面的情况，颇受干部、战士和群众的欢迎，扩大了共产党、人民革命军和抗日根据地的影响。

在中共珠河中心县委的领导和积极工作下，在游击区内建立了若干党支部组织。珠河县内设有板子房、娄家窝堡、六道河子、二排、半截河、黑龙宫、蜜蜂园南沟等支部。宾县县城和七区各有 1 个支部、九千五(今宾县宁远镇)有 1 个党小组。1935 年在路南、路北、亚布力、河南(五常)、双东、延方建立了区委和通河特支。在苇河还建立了县委，成为珠河中心县委对外联络的机关。据统计，除人民革命军内的党员外，地方上共有 200 余名共产党员。广大党员在抗日斗争中起了先锋模范作用。

哈东抗日游击区和抗日游击根据地对于东北抗日战争的贡献是重大的。仅珠河县区从 1933 年至 1935 年 10 月，在农民委员会和反日会的主持下就为游击队和人民革命军提供了 20 万市斤以上的粮食，输送参加抗日部队的战士 1000 人以上。因此，哈东群众称抗日根据地是“红地盘”，而敌人则哀叹抗日根据地是“共匪的哈东乐园”。

五、绥宁抗日游击区和根据地的重心转移

1933 年 5 月，中共中央《一・二六指示信》在吉东传达贯彻后，同中共宁安县委建立正式关系的平南洋反日游击总队改编为宁安工农义务队，主要活动在宁安县东部大、小唐头沟和东南部的二道河子、三道河子一带。东南山区的八道河子(今红旗林场)是中共宁安县委很早活动的据点之一，后来一度成为较为稳固的游击根据地。八道河子党支部是坚强的战斗堡垒。八道河子农民自卫队在宁安县委直接领导下，成为保卫八道河子根据地的一支重要武装力量。

1934 年初，周保中率吉林救国军辽吉边区第一、第三连部队与工农义务队在唐头沟汇合。根据中共吉东局的决定，于同年 2 月成立绥宁反日同盟军办事处，欲联合其他抗日武装，筹建绥宁反日同盟军，建立一支在中国共产党领导下的抗日统一战线武装。不久，这支部

队的游击区域便由宁安东南山区扩展至西南山区、镜泊湖一带。同年5月,由宁安县委另行组建的宁安游击队也诞生在宁安东南山区,东南山区便成为绥宁反日同盟军最早的游击根据地。同年6月,反日同盟军分兵活动时,绥宁抗日游击区又扩展至宁安西北山区一带。

宁安东南山八道河子游击根据地建立有农民委员会,宁安其他各地均建立了反日会。其中以东京城和卧龙屯所建反日会较早。1933年秋,原中共穆棱县委书记李范五调任宁安县反日会会长后,反日会工作得到加强。同时,绥宁反日同盟军在开展游击活动中,每到一地都积极开展群众工作,如在罗圈沟建立了1个反日会,会员40多人,还建立了1个反日会妇女部。据1934年6月的不完全统计,在宁安东南山区和西南山区(即二区、三区)和牡丹江江西、江北部共建立了11个反日分会,共有700名左右会员①。青年反日会有10个分部;反日会妇女部有六七个分部,八九十名会员,其中朝鲜族会员20余名②。

1934年12月,中共宁安县委召开扩大会议,总结贯彻《一·二六指示信》以来的工作,指出:“首先要纠正过去关门主义的错误,要把反日会变成工农兵商学等的群众团体。它是一个反日统一战线的机关”③。随之修改了反日会纲领和章程,在政治上转变了过去“太红”的错误,在组织上纠正了关门主义,反日会工作有了突飞猛进的

---

① 《中共宁安县委给满洲省委的工作报告》(1934年6月8日),载中央档案馆、辽宁省档案馆、吉林省档案馆、黑龙江省档案馆编:《东北地区革命历史文件汇集》甲39,1990年印,第187页。

② 《李光林关于宁安县团的工作、群众工作情况给满洲省委的报告》(1934年8月25日),载中央档案馆、辽宁省档案馆、吉林省档案馆、黑龙江省档案馆编:《东北地区革命历史文件汇集》甲39,1990年印,第383页。

③ 《中共宁安县委扩大会议决议案》(1934年12月20日),载中央档案馆、辽宁省档案馆、吉林省档案馆、黑龙江省档案馆编:《东北地区革命历史文件汇集》甲39,1990年印,第276页。

发展。

1935 年夏以后，中共宁安县委又将反日会普遍改建为抗日救国会，以便团结各民族更广泛的抗日阶层和群众参加抗日斗争。这一年，仅宁安一县就发展 3 万以上的会员。该县的东京城区有 70% 以上的人都加入了抗日救国会。同东北其他各抗日根据地和抗日游击区一样，农民委员会、反日会和抗日救国会虽属群众抗日组织，却均执行了抗日政权的职权。宁安各地反日会和抗日救国会为协助抗日部队，在机构内部普遍设立交通部门，负责代部队传递信件，报告敌情；侦察部门负责搜集日伪当局和军队的动向；“打狗部”担负调查、逮捕汉奸走狗、特务等各项任务。

反日会和抗日救国会还负有组建地方武装的责任。东南山区八道河子自卫队是绥宁反日同盟军最早的组成部分之一。开始时，该自卫队是由十四五名朝鲜族青年组成的，有六七支钢枪、五六支别力弹克枪、十七八支洋炮，队员都很勇敢。当宁安游击队和工农义务队受挫时，八道河子自卫队均拨出人员和武器给予积极的支援，使其恢复了战斗力。八道河子自卫队作战勇敢，有效地保卫了反日同盟军的根据地。

此外，宁安游击区还组建了青年义勇军。八道河子组建有两队青年义勇军，共 20 人。其中一部后来在宁安县委组建宁安游击队时被编入游击队。

宁安抗日游击根据地和游击区内组建的反日妇女会，为抗日部队做军衣、军鞋，洗衣服，护理伤员，对反日部队给予了有力的支援。抗日儿童团组织在根据地内外也有发展。根据 1934 年 8 月的统计，儿童团员有 130 余人，其中朝鲜族 20 余人。宁安儿童团的工作很有特色。一是有较为系统的组织，建有 4 个“中队部”，县里有儿童局负责儿童工作；二是制定了《宁安县抗日儿童团章程》和斗争纲领。《儿童团章程》规定：儿童团的宗旨是“援助反满抗日的民族革命运动，养成最勇敢、最忠实的青年革命战士”。《儿童团斗争纲领》规定：“援助反满抗日的中华民族革命运动（当交通、侦探、站岗等）”；“中韩民族联合起来，去共同反对日本帝国主义”。抗日儿童团在根据地和抗日部队集结地站岗放哨，传送信件，探听敌人消息，成为反日会的有力助手。

反日会和抗日救国会的重要工作之一，是协助各抗日部队筹款、筹粮，或代为筹办、购买军队需用的给养物资和枪械子弹等。绥宁反日同盟军为开辟部队的经费来源，除采取没收日本帝国主义及其走狗的财产充作军费以外，还提出：“有钱出钱，有粮出粮，有力出力，共同抗日救国”的口号。具体办法是通过救国会或村长向地方提出一定数量的物资要求，由部队派人按期提取。1934 年 5 月，周保中在宁安县卧龙屯召开抗日救国会和抗日部队军民大会，动员各界群众为抗日部队筹集粮食和衣物。之后，各地群众相互转告，积极为绥宁反日同盟军捐送给养和物资。据不完全统计，东京城救国会经于贵堂先后送给绥宁反日同盟军 7000 余市斤粮食；马莲河救国会经刘全贵给抗日武装送了 4000 余市斤粮食、10 市斤豆油、20 市斤盐；于家屯救国会经陈喜昌给抗日部队送了 1500 余市斤粮食、27 套棉衣、27 双鞋、27 顶帽子、250 市斤肉、20 市斤盐；金坑救国会员孟发将自己家 300 余市斤粮食送给了抗日部队；莲花村救国会员朱德彩送了 1200 市斤粮食。还有许多救国会员冒险去县城为抗日部队采购棉布、胶鞋等物资，混过敌人岗哨，送到抗日部队密营。

当时，不少被迫担任伪甲长、牌长者，同时又是反日会、救国会会员，实际上形成了“内红外白”的两面政权。例如，腰岭子的刘甲长除代抗日部队筹款、筹粮外，还派人去县城为部队购买衣服和鞋等难以买到的物资，同一些城内的商号和客栈联系好，保证进城采购物资农民的安全。勃海保被日伪当局称为“模范保”,但这里的保长、甲长和广大爱国群众,绝大多数都积极热情地支援反日联合军。其中很多人都冒着被杀头和坐牢的危险从事抗日工作。东京城城内、城郊22个甲长,除城内3个甲长外,郊区的19位甲长在1935年冬都因从事抗日工作而被日伪警察机关逮捕,其中2人被枪杀,其余均被严刑拷打致伤致残。对此,日本侵略者不得不承认:“与其说是‘为匪团(敌人对抗日部队的诬称)武力所迫的不得已行为’,莫如说是一种主动的有意识的同情反满抗日匪的倾向。”[①]

在宁安抗日根据地和游击区,中共宁安县委还注意基层组织的建设。虽然由于抗日军队力量较弱,流动性大,但仍然建立了5个地方党支部,共有92名党员。团的组织,据1934年8月统计,三区江西有5个支部,30余名团员;二区有3个支部,团员20余人;八道河子支部,团员7人;塔街(宁安县城)支部,团员7人[②]。

1935年2月,绥宁反日同盟军改编为东北反日联合军第五军后,除以一部坚持宁安老游击区,特别是西南山区外,还以一部向东北的穆棱、密山、勃利等县和中东铁路北发展,另以一部向西南部的敦化、额穆等县和京(长春)图(们)铁路进军,东北反日联合军第五军的游击区在宁安的重心,不仅从东南山区转向镜泊湖东岸、西南山区,而且还开辟了以额穆为中心的新游击区和恢复了穆棱、密山、勃利边界一带新老游击区。

穆棱县横跨中东铁路东段,交通便利。九一八事变后,是吉林自

---

① 李铸等译:《中华民国史资料丛稿·关于东北抗日联军的资料》(内部资料)第一分册,中华书局1982年内部版,第228页。

② 《李光林关于宁安县团的工作、群众工作情况给满洲省委的报告》(1934年8月25日),载中央档案馆、辽宁省档案馆、吉林省档案馆、黑龙江省档案馆编:《东北地区革命历史文件汇集》甲39,1990年印,第386页。

卫军、吉林救国军集中活动区之一。该县下城子先后是中共宁安中心县委和绥宁中心县委所在地，中共穆棱县委所属马桥河、下城子、兴源、穆棱、八面通、梨树镇等区委组织比较健全，党领导下的抗日活动十分活跃，早在1932年2月就建立了穆棱县反日总会，同年3月以后，又陆续建立了几支抗日游击队及其游击根据地——悬羊砬子、新安屯、狍子沟等，形成绥宁地区另一抗日中心区域。1934年11月，中共满洲省委巡视员吴平抵达中共穆棱县委，传达关于发展反日会的指示，还帮助穆棱县委制定了《穆棱县抗日总会章程》和《宣传行动纲领》。穆棱县的反日会迅速发展。

这一时期，宁安抗日根据地和抗日游击区，虽然因部队流动性大不够稳定，但是根据地和游击区对于绥宁反日同盟军和东北反日联合军第五军的抗日游击战争，还是起到了十分重要的支撑作用。

六、汤原抗日游击区和根据地的建立与发展

1934年春汤原游击队创建初期，中共汤原中心县委为开辟太平川游击根据地进行了不懈的努力。太平川地区是汤原县的粮仓，周边有黑金河、格节河等金矿，市街繁华，又是汤原通往佳木斯、鹤立（今属汤原）、萝北的必经之处。占据这一地区，不仅能够解决游击队的给养，而且对游击队依托小兴安岭山区，向汤原、佳木斯、萝北开展游击战也十分有利。

为了开辟太平川游击根据地，中共汤原中心县委派党员干部刘铁石等到太平川开展抗日宣传工作，争取了当地爱国青年冯治纲率领的抗日武装“文武队”，成为党领导的队伍。之后，汤原中心县委委托戴鸿宾与张传福会晤，策动太平川伪自卫队队长张传福率队起义，顺利解除了伪警察署和反动地主的武装，扫除了建立游击根据地的障碍。汤原反日游击队由此开进太平川，受到当地群众的热烈欢迎。

太平川从此成为汤原反日游击队的可靠后方。

1934 年 7 月中共汤原中心县委改组之后,县委分别在群众基础较好的地区,通过群众集会或举办训练班等方式,向群众和抗日积极分子宣传抗日救国道理,发展抗日救国会组织,建立群众抗日武装,群众踊跃参加。在格节河七甲的群众会议上,经中心县委动员后,群众纷纷报名申请参加抗日救国会和农民自卫队。这两个组织当即分别宣布成立。抗日救国会下设宣传部、肃反部、青年部、儿童部、妇女部、互济部和运输部等,实际是抗日政权的雏形。据统计,1935 年秋至 1936 年,仅汤原、依兰两县的抗日救国会会员即达 3.5 万人。至此,以太平川为中心的格节河、石场沟的汤原县西北部、中北部地区成为游击队较为稳定的抗日游击根据地。不久,游击区又扩展至西部汤旺河流域的格金河、亮子河、大眼沟、佛爷砬子、吉兴沟,形成了以太平川为中心的第六军汤西游击根据地。1936 年 7 月,戴鸿宾率第六军第四团进入汤西游击区,捣毁了伪汤原县"兴农合作社"建立的"出荷粮"仓库,不久又击退了前来"讨伐"游击区的伪汤原县治安队。游击根据地进一步得到巩固。

第六军部队同汤原游击区和根据地的群众始终保持鱼水般的密切关系。该军的许多战士和干部都是汤原的子弟。1936 年春,汤原中心县委在汤原南三甲召开了有 300 人参加的工、农、商、学各界代表会议,成立了下江人民政府,选举王永昌为人民政府主席。1936 年 8 月,汤原格节河区区委先后将经过训练的青年游击连队员 100 余人输送至第六军部队。汤原、依兰等抗日游击根据地的扩大,进一步推动了松花江下游地区抗日运动的发展。

在开辟太平川游击根据地的同时,中共汤原中心县委派人到敌人统治比较薄弱的萝北县开展抗日宣传工作,并建立了中共鸭蛋河区委。1934 年冬,汤原反日游击队为粉碎日伪当局的"讨伐",东进汤原县东部和萝北县境，使游击战火燃烧至东部地区。1935 年初游击队主力撤离后，仍留下部分党员干部在这里坚持抗日活动。

1936 年 9 月，第六军参谋长冯治纲率领第六军第五团狠狠打击萝北、绥滨的伪军和伪警察，有力地配合了地方党组织开展抗日救国的宣传活动。1936 年七八月间，中共汤原中心县委再次派王永昌到绥滨县领导群众的抗日斗争，并建立了中共帘区区委，在农村组织进步青年建立了青年游击连。由此形成了小兴安岭东麓、与三江平原接壤的包括绥滨、萝北在内，与汤原太平川连成一片、方圆 500 公里的汤东游击区和游击根据地。

1936 年春，东北人民革命军第六军成立后，中共汤原中心县委即派人去松花江南岸的依兰东部开展群众工作。不久，人民革命军第六军即派部队渡江开辟依东游击根据地。依东游击根据地位于松花江南依兰、桦川县境内，以西湖景为中心向四周发展，北至宏克力，东到土龙山、金沙河，南至倭肯河的团山子、百子沟、黑瞎子沟等地，形成了方圆近百公里的“红地盘”。汤原中心县委在游击区和游击根据地内，开展建立抗日政权、抗日群众团体和地方抗日武装等工作，同敌人进行了针锋相对的斗争。敌人到处设立伪保甲，汤原中心县委和第六军即到处建立抗日救国会，并争取教育具有爱国思想的伪保甲长，使其表面上应付敌人，暗地里同抗日救国会保持联系，为抗日部队服务。

在抗日游击根据地内，凡适合加入游击队的青年，首先参加到青年义勇军和游击连等半脱产的武装组织中。他们担负抓走狗、破坏敌人各种设施等保卫游击根据地的任务，战时配合反日游击队作战，并随时向部队输送战士，是汤原反日游击队可靠的后备力量。此外，为保卫家乡，各村还组建了不脱产的农民自卫队。

在游击根据地内，游击队保护群众，群众热烈支持反日游击队和抗日游击战争。抗日救国会、妇女会等积极组织群众承担为游击队侦察敌情,当向导,传送信息,运输战利品和其他物资,筹办粮食,收容、护理伤病员等项服务。据统计,1936 年 7 月,仅依东抗日救国会用群众捐款买的布匹,就为第六军做了约 400 套军服。

东北抗联第三、第六军于 1937 年在位于今伊春南岔区、依兰县和汤原县交界的四块石建立了密营。这里地势险峻,易守难攻,是东北抗联第三、第六军的后方基地。四块石密营建有被服厂和后方医院。北满抗联总司令部和中共北满临时省委机关也曾设在这里。

根据 1936 年 1 月东北民众反日联军汤原会议的决定,在伊春河畔成立了东北抗日联军政治军事学校,赵尚志兼任校长,先后由张寿篯和侯启刚负责学校的教务。雷炎、张德、王玉升、张文廉等任教官。曾陆续在今伊春双子河畔、乌敏河畔、翠峦河畔和绥棱白皮营等地举办了三期训练班。学员由各军选送。他们在后方根据地相对平稳的环境中,集中精力学习战略战术,进行军事操练;学政治课,提高政治水平,坚定抗日救国决心;还学习必要的文化课。这所学校先后为北满抗日部队训练和培养了 200 余名军政干部,第三、第六、第九军的许多团级干部和地方主要负责干部都曾在这里学习过。后来成为东北抗联第十一军军长的祁致中、第六军第三师师长的王明贵①等都曾是这里的学员。

1936 年 7 月,在巴兰河谷张木营子建立了一所联军电信学校,由东北抗联第三军的于保合②任校长和教官。学校在极简陋的条件下开

① 王明贵(1910—2005),吉林伊通人。1934 年 5 月参加抗日斗争,1936 年加入中国共产党。历任东北抗日联军第六军第三师第八团团长、第三师师长,东北抗联第三路军第三支队队长、东北抗联教导旅第三营营长等职。抗战胜利后任嫩江省军区司令员。新中国成立后,任黑龙江省军区副司令员。2005 年病逝。

② 于保合(1914—1985),别名王富俊、万内,吉林伊通人,满族。1936 年加入中国共产党。1937 年后历任东北抗日联军第三军留守团政治部主任、东北抗日联军第二路第二支队宣传科科长兼电台报务主任等职。新中国成立后,历任湖北省宜昌市电信局局长、国防部第六研究院器材部副部长、第三机械工业部副局长等职务。1985 年病逝。

办，学员们刻苦学习，掌握了收发报技术，为抗日部队培养了宝贵的专业电信人才。1936 年秋，在帽儿山后方根据地还建立了被服厂兼后方医院。这所医院占地300 平方米。夏嫂（夏云杰之妻）、冯嫂（冯治纲之妻）、金伯文（张寿篯之妻）、李在德等十几名抗联战士不仅完成了大量缝制军服、子弹袋等任务，还协助医生护理许多伤病员，使其重返前线。

在岔巴气的原伪警察哨所原址，还设立了兵器修理厂。在设备不足，工具落后，材料缺乏的极端困难条件下，修理人员靠拆取收集来自战场上的枪支零件，修复了许多枪支，翻造了一批子弹。后方根据地还收集存储一些粮食、食盐、被服等物资，以供部队不时之需。第三、第六军汤旺河后方根据地的各项事业，为支持北满的抗日斗争作出了重要贡献。

七、密、勃、依、方抗日游击区和根据地的形成与变迁

密、勃、依、方游击根据地，包括密山、勃利、依兰、方正、桦川、富锦等地。1933 年秋，李延禄率救国游击军自中东铁路东段到达密山县南部穆棱河南一带山区（今属鸡东县），改称东北人民抗日革命军，建立了抗日游击根据地。1934 年 3 月，中共密山县委领导下组建的密山游击队在密山县西部穆棱河北哈达河沟里（今属鸡东县），建立了另一抗日游击根据地。同年秋，东北人民抗日革命军和密山游击队会合于穆棱河北，不久，统一编为东北抗日同盟军第四军，部队壮大，密山抗日游击区也随之扩展至穆棱河两岸，并向南北方向伸展。

1934 年春，随着土龙山农民暴动的掀起，在依兰、勃利、桦川、富锦、宝清等地，抗日武装活动也十分活跃。民众救国军、抗日义勇军“明山队”等，在这一地区开辟了抗日游击区。1934 年冬，穆棱河北哈达河根据地失守之后，东北抗日同盟军第四军根据中共满洲省委吉东巡视员吴平提出的关于扩大抗日游击区建议，留下部分部队坚持

密山、穆棱游击区抗日斗争，主力部队逐步西向勃利县发展，并以该军第三团活动的青山里（今属林口县）为根据地向依兰活动。1935年夏，李延禄率第四军军部直属部队继续向方正县活动，在大罗勒密一带建立了军事密营和新的游击根据地。从此，第四军各部及其他抗日部队共同开辟了东至密山、宝清、富锦，西到方正、依兰，北至桦川，南至勃利、穆棱的大片抗日游击区和游击根据地。

1933年3月16日，中共密山县委在哈达河成立了密山县反日总会，由李成林任会长。在哈达河、西大林子、柞木台子、白泡子、平阳镇、半截河、知一（密山县城）东门外、当壁镇等地设立分会或小组。当时，反日会活动处于秘密状态，且不断遭受日、伪军警破坏。自同年秋救国游击军和密山游击队在穆棱河南北建立根据地后，反日会的活动开始公开。抗日根据地的反日会员对抗日部队积极予以支援。1934年春，密山哈达河抗日救国会员募集120元，购买1支匣枪和3梭子子弹，送给游击队。西大林子抗日妇女会买了1架望远镜送给游击队。哈达河抗日救国会员还节衣缩食租种15垧水稻田，将全部收获所得支援游击队。但由于当时刚刚开始组建反日会，县委对参加反日会会员的条件要求过严，使这一反日群众组织未能得到广泛发展。

1934年秋，在进一步贯彻《一·二六指示信》精神之后，情况发生了改变。同年8月，密山发展反日会员300多人，青年反日会员七八十人，还建有儿童团、反日会妇女部。1934年10月17日，密山县抗日总会召开代表大会，通过《密山抗日总会的宣传和行动纲领》，号召“有钱的出钱，有枪的出枪，有粮的出粮，有人力的出人力，共同抗日救国，争取中华民族的独立、平等和国家的统一”[①]。

---

① 《密山县抗日总会的宣传和行动纲领》（1934年10月17日），载中央档案馆、辽宁省档案馆、吉林省档案馆、黑龙江省档案馆编：《东北地区革命历史文件汇集》甲27，1990年印，第369页。

1934 年 12 月，第四军主力撤离密山、穆棱河北后，在密山、穆棱、勃利 3 县山区活动，一边深入发动群众，一边伺机打击敌人，并和三县地方党组织于 1935 年 1 月下旬建立起 47 个反日会，会员达 300 余名。其中，密山成立有 5 个反日分会，会员人数增加 100 人；妇女反日会员增加 30 人。中共密山县委还成立 1 个训练班、4 个读书组；印发了反日会纲领、章程，人民革命政府纲领、告"满军"书、告同胞书等宣传品。中共勃利区委成立了勃利县反日总会，开展群众性抗日斗争。勃利反日总会于 1935 年春出版了《先锋报》，报导第四军的抗日军事斗争，发表反日宣言，还有日文的对日军传单。

1935 年夏，第四军军部直属部队向方正县展开活动，开始在大罗勒密山区建立抗日游击根据地。之后，第四军部队便在方正、勃利、依兰一带广泛开展抗日游击战争。第四军军部在方正陈家亮子、前五家子屯周围通过宣传和发动，很快在群众中组建了抗日自卫队、反日会、妇女会、儿童团等抗日群众组织。著名的第四军小英雄何畏①当时就是五家子屯儿童团团长。为了进一步发展抗日武装斗争，结合当地实际情况，还建立了"内红外白"的两面政权。前五家子自卫团，就是表面上应付敌人，而暗中却是保卫根据地的群众抗日武装。李延禄运用"内红外白"的统战关系，在大罗勒密镇上对裕芳木材公司经理张景隆、伪森林警备中队队长陈云山等人进行争取并给予爱国教育，使之为抗日部队服务，提供敌人的情报，支援武器弹药，代购布匹、服装、胶鞋、药品等。此外，还协助他们开办了小药店和邮政代办所，作为第四军的联络站。

1935 年 8 月，中共勃利县委成立，领导群众积极开展各项抗日工

---

① 何畏(1922—1938)，原名何永祥，黑龙江宾县人。8 岁时随父母迁居方正大罗勒密。1935 年参加儿童团任团长。1936 年任东北抗日联军第四军军长李延平警卫员。1938 年牺牲。

作。1935 年 8 月 16 日，中共勃利县委发出致各地党部及全体同志的信，就政权与根据地问题提出："在已有抗日会的相当基础而且游击队经常活动的×××、××等地方，将敌人的保甲制度粉碎，地方自卫团的武装完全解除，而将该地方抗日会组织更扩大发展起来，变成当地的实际政权机关，将该地作为根据地。对于根据地的了解，我们应当肃清象过去延吉党部等之苏区或赤区等观念，而主要的是以游击队的活动为前提，不一定是死守一域，百攻不破的根据地"①。据此，第四军在勃利青山里等地建立了抗日游击根据地，其范围分布于勃利、依兰、桦川等地。勃利青山里抗日游击根据地向采伐木业者征收"救国捐"，借以筹款，解决第四军的军费。各经营木场的资方按采伐木材数量缴纳税款，第四军则负责保护伐木业的安全。对拒交"救国捐"者，即按盗采罚款。对来往运输的大车，征收车捐，在游击区内插旗行驶，否则予以罚款。这种"救国捐"制度，受到普遍欢迎，使第四军的经济状况有了相当改善。

1935 年夏，第四军在依兰活动时，与在此地活动的第三、第六军密切配合，建立了抗日会，进一步发动群众，在道台桥、三道岗、团山子、宏克力等地开辟了抗日游击根据地。

1935 年春，中共勃利区委协助在桦川活动的祁致中所部抗日义勇军"明山队"改编为东北抗日联军独立师后，该部在依兰、桦川、勃利等地积极开展对日、伪军作战，同时不断加强根据地建设。1936 年秋，在桦川七星砬子密营中建立了兵工厂。

七星砬子山位于完达山支脉，在今桦南、集贤县、双鸭山市交界处，方圆 50 余平方公里。山中有哈达河、柳树河流过，水源充足。山

---

① 《中共勃利县委致各地党部及全体同志的信》（1935 年 8 月 16 日），载中央档案馆、辽宁省档案馆、吉林省档案馆、黑龙江省档案馆编：《东北地区革命历史文件汇集》甲 37，1990 年印，第 95 页。

上多为原始森林，地形隐蔽、险要，易守难攻。七星砬子修械所在筹建时，独立师主管后方工作的经济部主任崔振寰和中共下江特委设法请到原奉天兵工厂的失业工人、共产党员胡志刚等 7 人，不久又动员 10 余名失业工人前来参加工作，并设法先后从各地置办 3 台机床、发电机和各种工具，利用河流用水轮带动发电，在勃利至佳木斯的铁路车站夺取钢轨等为原料，从开始修理枪支转为制造枪支、子弹和手榴弹，逐步建起修械、制枪和弹药等 3 个车间，扩大成为兵工厂。影响所及，抗联第三、第五、第六军也在附近设立修械所，相互协作，直至将七星砬子兵工厂发展成北满抗联兵工厂，为抗日斗争作出了重要贡献。

此外，独立师在桦川县笔架山南部和双鸭山西部分别建立了被服厂和军政学校。被服厂为部队制做军装、子弹袋等。自办军政学校为部队培训了一些连排级干部，解决了部队对基层干部的迫切需要。

八、饶河、虎林抗日游击区和根据地的坚持与发展

1934 年春，重新组建的饶河民众反日游击大队，为坚持长期抗日游击战争，在中共饶河中心县委的领导下，以敌人统治力量薄弱、地势险要、易于防守的爆马顶子为中心建立游击根据地。经过深入的群众工作，在同年夏终于建立起以饶河县爆马顶子为中心，包括大叶子沟、十八垧地、大佳河等在内的方圆约 25 公里的游击根据地。中共饶河中心县委随后也迁来根据地领导抗日斗争。此后，饶河反日游击队又向抚远和虎林等县开展游击战争，扩大抗日游击区。1934 年七八月间，饶河游击大队连续攻打了三人班、五林洞、小佳河以及虎林三人班等地敌人据点，取得了胜利。游击根据地周围的反日武装，纷纷向游击大队靠拢，抗日统一战线进一步扩大，为游击根据地的进

一步巩固奠定了坚实基础。

在中共饶河中心县委的领导下，游击根据地内的党团组织和反日会等群众组织也有较大发展。到同年 8 月，共有中共党员 104 名，其中汉族党员 29 名，朝鲜族党员 75 名(其中女党员 6 名)；共青团员 101 名，其中汉族团员 6 名，朝鲜族团员 95 名(其中女团员 35 名)。

饶河反日总会建立后，在县内的关门嘴子、小北沟、小南河、西南岔、苇子沟、小佳河、大别拉炕、小别拉炕等地设立了反日会分会。许多地方还建立了农民委员会。至 1935 年，饶河反日会会员已有 600 余人，其中汉族 470 余人、朝鲜族 129 人，共设 17 个分会。在虎林的黑嘴子、独木河、九十牌、大旗杆也建立了反日会，共有 160 余名反日会会员，其中汉族 130 余人、朝鲜族 30 余人。饶河与虎林的反日会与农民委员会在中共饶河中心县委的领导下，执行了抗日政权的职能。

在反日会的领导下，各地成立了青年救国会和妇女联合救国会等青年和妇女群众组织。

军队所需的粮食和服装物资等，除在战场缴获和没收日本侵略者及其走狗的财产外，大部分依靠救国会来解决。人民群众不顾敌人严密的经济封锁，想尽一切办法购买棉花、布匹，为军队缝制军服；不顾生命危险，为军队运送粮食。此外，传送信件、情报，医治伤员，都为群众所自愿承担。

1934 年 11 月，日、伪军对爆马顶子游击根据地进行“大讨伐”。饶河游击大队在大队长李学福的率领下与敌人展开激战。由于寡不敌众，爆马顶子游击根据地被敌人占领。在大叶子沟、大佳河等地，游击队员在金东天率领下，击退了敌人的进攻，保住了根据地。1935 年 1 月，饶河游击大队在李学福和崔石泉的指挥下，在大旺砬子伏击来犯之敌，毙伤敌百余人。随后，夜袭爆马顶子，击毙伪军连长，将伪军全部缴械，收复了爆马顶子游击根据地。

以爆马顶子为中心的游击根据地为游击队坚持虎、饶地区的抗日游击战争起到了重要作用。

由于敌人的严酷封锁、军事“讨伐”和实行“集团部落”政策，自1936年下半年，特别是1937年以后，东北抗日联军的游击根据地遭到严重破坏。为了坚持抗日游击战争，抗联各军依托山区密林，相继建立起一批后方密营，作为军队休整、训练、屯粮等的后方基地。如抗联第一军在南满的桓仁、抚松、临江等地，抗联第二军在安图、汪清、长白、桦甸等地，抗联第四、第五军在宁安、东宁、密山、穆棱等地，抗联第三军和第六军在小兴安岭密林里，分别建立了许多密营。在汤原汤旺河谷、老白山、帽儿山等地，曾经建立数十处密营。此后，抗联在安邦河上游，庆城（今庆安）老金沟、十六道岗，绥棱张家湾、白马石、大仙堂，北安南北河、半截河、欧根河、大砬子，海伦、绥棱交界的八道林子，通河北部青峰岭、石门、东山等地都建起大批密营。

密营一般建在比较偏僻、人迹罕至的深山老林之中。建营选址，多是地势险要，靠近水源，进可攻、退可守的隐蔽之处。敌人一般不敢冒险进入。密营的形制多为木刻楞式、地窨子式、马架子式、窝棚式，大都依山傍水而建，也有利用天然山洞作为密营的。密营内建有火炕，顺山搭有烟道；屋顶多用树枝、柴草掩盖，不易被人发现。根据密营的地理位置、交通条件、规模大小，设置有党、军领导机关、交通站、兵营、被服厂、后方医院、军械修理所（兵工厂）、军校（干部培训班）、粮食仓库、物品仓库等。密营附近还有屯垦地。密营周围皆修有战壕、掩体、瞭望哨位等工事，以利于密营的保护。这些位于深山密林中的大量秘密营地，是东北抗日战争中特殊形式的根据地。密营虽然设备简陋、条件有限，但在敌人极力推行“集团部落”政策，实行“归屯并户”，原有根据地被破坏，日伪当局妄图把抗联部队困死、饿死、冻死的严峻形势下，为保存抗日武装实力，补充给养、休整部队、医治伤员、培训干部、议事决策，使之能够坚持长期坚苦的抗日游击战争，起到了十分重要的作用。

第二节　东北各地工人和城镇人民的反日斗争

一、中共地下组织的恢复和各地工人的反日斗争

1933 年初，东北抗日义勇军因战事失利，相继退入苏联或撤往关内，日本侵略军占据了东北三省的绝大部分城镇，中共地下组织有的被破坏，有的不健全，活动陷入困难。但是，城镇中，中共党组织领导各界群众反抗日本殖民统治的斗争并未停息，并且与广大农村地区的抗日游击战争互为呼应，推动与鼓舞着党领导的抗日武装斗争的开展。

中共满洲省委为宣传中国共产党关于反日统一战线的新方针，于 1933 年 9 月 1 日发表了《中共满洲省委关于纪念“九一八”两周年的宣言》和告工人、农民、学生、灾民、市民、伪军士兵、警察书。其中提出：“扩大工农兵士学生革命军官反日统一战线，扩大反日民族革命战争，驱逐日本及一切海陆空军出满洲，收复东北失地，争取中国民族独立与领土完整。”“打倒日本走狗‘满洲国’，建立民众自己选举的政府！”①

为鼓舞群众的抗日斗志，中共满洲省委在五一节、俄国十月革命节、广州起义等革命纪念日以及九一八事变国耻日，在各地组织党、团员上街，举行飞行集会，向群众发表讲演，撒传单，贴标语，进行宣

① 《中共满洲省委关于纪念“九一八”两周年的宣言》(1933 年 9 月 1 日)，载中央档案馆、辽宁省档案馆、吉林省档案馆、黑龙江省档案馆编：《东北地区革命历史文件汇集》甲 15，1988 年印，第 5 页。

传鼓动,向民众指明抗日斗争必胜的前景,号召群众投身抗日武装斗争。或者组织小型室内集会,向抗日志士宣传中国共产党的反日民族统一战线的新方针,增强他们争取抗日胜利的信心。1933 年 4 月 29 日深夜,中共哈尔滨东区区委书记张敬山(张玉珩)和工人杨兆顺、柴好等在火车站前日伪刚立起的伪满建国纪念碑上,用红色油漆书写了“打倒日本帝国主义”大字标语,引起市民的轰动和敌人的恐慌。在吉林,5 月 6 日晚,中共吉林特支和共青团特支动员党团员在市内大街小巷同时散发《为“五七”、“五九”国耻纪念告吉林同胞书》等传单,号召群众参加抗日部队,进行抗日斗争,驱逐日本侵略者。

中共满洲省委为贯彻党的反日统一战线新方针和适应形势的需要,自 1933 年 5 月以后陆续整顿或恢复了哈尔滨、奉天和大连等大城市的党组织以及珠河、磐石、汤原、海龙等中心县委和若干县委组织,还成立了中共满洲省委吉东局,领导东满特委、饶河中心县委和穆棱、密山、宁安县委,并负责沟通与中共驻共产国际代表团的联系。同时,加强哈尔滨、齐齐哈尔、奉天、大连等中心城市和中东、呼(兰)海(伦)、奉(沈阳)山(海关)、吉(林)海(龙)等重要铁路,以及鹤岗、穆棱、本溪、西安(今辽源)等矿山的反日工作。各地中共党组织和共青团组织在领导反日斗争中,还注意考察并积极吸收一批经过斗争考验的工人、学生和抗日人士加入党团组织,壮大了党团组织的力量。群众性反日组织反日会等也有发展。

1933 年 4 月,中共哈尔滨临时市委撤销,分设东、西 2 个区委,由中共满洲省委直接领导。1934 年 4 月,因共青团满洲省委宣传部长杨波(杨安仁)和书记刘明佛(胡彬)相继被捕叛变,导致中共满洲省委、哈尔滨两区委、吉东局以及双城、伪新京、奉天、珠河等地和呼(兰)海(伦)铁路的共产党、共青团和工会组织的大破坏,主要干部 40 余人被捕,发生了震动东北的四月事件,使党的组织和抗日事业遭受严重损失。之后,哈尔滨市两个区委合并为一个区委,由魏拯民、陈印章、夏尚志等先后担任区委书记。

1933 年 5 月,中共满洲省委派杨德如任中共奉天特委书记。经过中共奉天特委的艰苦努力,市内党组织及其所领导的大连市委和台辽县委,本溪、新民、辽阳、抚顺、安东(今丹东)、北镇特支等逐步得以恢复,并迅速开展抗日反满宣传,加强了对伪军的争取与瓦解工作。不久,中共本溪特支工作暴露,奉天特委和本溪特支在 6 月中下旬遭到破坏,特委书记杨德如等 37 人被捕。7 月以后,中共满洲省委先后委派张适(张有才)等重组奉天特委,又连遭日伪当局破坏。1934 年秋,中共满洲省委派夏尚志到奉天任特委书记,恢复、重建兵工厂等几个党支部。同年 12 月,中共奉天特委改组为中共奉天市委。

1933 年 10 月 7 日,中共大连市委因叛徒告密遭到破坏,25 人被捕。翌年 1 月,中共满洲省委派张敬文到大连恢复组织,重建市委。1935 年 10 月,中共满洲省委派夏尚志到大连任市委书记。此时大连市委已在“满铁”、码头、印刷厂、火车站等建立起秘密党支部,先后发展党员 30 余名,开展了反满抗日工作。

中共吉东局在 1934 年的四月事件中被破坏,吉东局书记孙广英脱党逃走。1934 年 9 月,中共驻共产国际代表团派吴平至吉东各县整顿党组织,于 1935 年 2 月建立中共吉东特委,吴平任特委书记,领导饶河中心县委和密山、穆棱、宁安等县委和勃利、东宁区委组织。不久,吉东特委机关由穆棱迁至牡丹江城内,继续进行秘密反日斗争。

据统计,1934 年 5 月,东北三省中国共产党党员数量约为 2500 人,共青团员 2000 余人。

为了加强工人的反日斗争,中共满洲省委根据 1933 年 5 月红色工会国际太平洋书记处的建议,将满洲省委职工部改组为满洲总工会筹备委员会，由省委原职工部部长金伯阳任负责人。8 月，正式设立满洲总工会党团，由黄维新（王其青、老曹）任党团书记并任满洲省委常委，赵一曼任满总党团组织部长兼哈尔滨市总工会代理书记。他们积极开展工会工作，领导工人的反日斗争。

各地党组织十分注意开展工人工作，领导工厂、矿山的工人进行反日斗争。1933 年至 1934 年，东北三省工人为反对日伪统治和残酷压迫、剥削，举行了数十次较大规模的罢工、怠工斗争，参加人数达几万人。

1933 年 2 月 1 日，中共磐石中心县委职工部派县委委员陈万福在吉（林）海（龙）铁路建立了吉（林）海（龙）铁路总工会，随后又在该路一些道拨房建立了工会分会。同年 3 月初，该路 31 号和 32 号工棚铁路工会会员协助南满游击队，将老爷岭隧道洞口北侧铁路的 15 根道钉拔掉，使列车脱轨，并袭击了伪铁路警护团。3 月 25 日至 4 月上旬，吉（林）海（龙）铁路工人又协同南满游击队多次破坏烟筒山至取柴河路段的铁路，使日、伪军车数次脱轨并遭到袭击。

1933 年春，在哈尔滨市总工会和电业党支部的领导下，哈尔滨爆发了电车工人大罢工。4 月 2 日晚，哈尔滨电车 2 号线上，伪宪兵王文昌依仗日本人的势力，上车不买票，还将向他要票的车掌（售票员）张鸿渔拉到宪兵队毒打一顿。电业当局慑于宪兵队淫威，声言要将张鸿渔开除。电业党支部决定利用这一事件发动电车工人举行罢工，并将此事报告中共满洲省委和总工会领导人冯仲云、黄维新、赵一曼等。省委和总工会立即决定领导这次罢工斗争。赵一曼亲自到电车厂指导罢工斗争，成立了由党团员和工会会员组成的罢工委员会。晚 10 时，罢工委员会召集有 200 余名工人参加的会议，组成了纠察队、组织部、宣传部具体领导罢工斗争。电业党支部委员张兰生负责宣传工作。罢工委员会宣传部连夜起草了《电车工人告哈尔滨市民书》及其他各种宣传材料,写出标语,画了漫画,揭露伪军警宪特殴打工人的暴行。《电车工人告哈尔滨市民书》向全市民众说明罢工的原因,呼吁各界市民支持工人的斗争。随后,工人们把这些宣传品贴遍大街小巷和电车行车路线。第二天,工人代表向电业局总办高文垣提出给受伤者抚恤金、撤换宪兵队长、交出打人凶手等 5 项要求。罢工进行了 2 天,市内交通陷于瘫痪。日伪当局对电车工人罢工极为震惊,采取利诱、分化的手段破坏工人斗争,后又以武力相威胁逼迫工人复工。但工人们毫不畏惧,坚持罢工。最后伪警察队长被迫声明"决不逮捕工人"。罢工取得了胜利。这次罢工后,张兰生等一批工人积极分子在党组织的安排下,投奔珠河抗日游击根据地,参加了游击队。

1933 年 5 月,在中共海伦地下党组织的领导下,海(伦)克(山)铁路海北段 200 余名修路工人举行罢工。20 余名工人夺取日军机枪后,参加抗日队伍。1933 年六七月间,中共海伦支部发动土木工人举行罢工,反对把头克扣工资。罢工中办了小报向社会进行宣传。

1933 年 5 月 13 日,在鹤岗矿山地下中共党组织和煤矿工会的领导下,500 余名矿工举行了反对日伪矿主克扣工资、打骂工人的罢工;6 月 20 月,又组织了搬运工人和机电工人反对莲江口鹤岗煤矿事务所的日本工头无故扣押工人的联合罢工。同年 9 月,又有 300 余名矿工为索要欠薪举行罢工。6 月 27 日、7 月 1 日,在中共党组织的领导下,为反对路局开除工人,哈尔滨中东铁路 1000 余名工人发动两次罢工,导致铁路交通混乱。路局被迫收回裁减工人的决定。

1933 年 6 月,伪新京相继发生 51 个砖窑 6000 名工人的同盟罢工和 11 个油坊 3000 名工人为反对欠薪发起的同盟罢工。日伪当局惊呼是"满洲建国以来从未有过的大罢工"。7 月 8 日,长春 1000 名建筑工人为反对工头侵吞工资举行罢工。同年 6 月,延吉八道沟金矿几十名工人参加了延吉游击队。同年,西安(今辽源)煤矿工人为要求发还欠薪，在中共西安煤矿特支领导下发动3000名工人罢工，并取得胜利。

同年6月，奉天纺织厂工人为要求增加工资，发生3000余人的怠工斗争，取得了胜利。奉天铁路机务段工人为反对开除工人，举行3000人罢工。10月，大连码头工人1000余名，要求发清欠薪举行罢工。12月2日，大连市政清扫工人150人要求发还欠薪举行罢工。

1933年6月，呼(兰)海(伦)铁路工人50名为反对路局强迫学日语，举行罢工。7月，中东铁路下城子站工人50名为反击日伪当局认定该站工人“通匪”(即协助抗日武装)，在工会领导下举行罢工。

1934年6月13日，吉(林)海(龙)铁路工人配合东北人民革命军第一军独立师第一团，破坏了该路第31号工棚附近的铁路。7月，吉(林)海(龙)铁路第27号工棚工人将鸡冠山附近靠山崖的铁路道钉拔出，并错开铁轨，致使自磐石驶回烟筒山的压道车出轨，翻入山涧，汉奸监工等被摔死。8月，吉(林)海(龙)路第11、第20号工棚工会小组工人又将双河镇至取柴河路段的铁路破坏，使一列运输日、伪军需物资的军车颠覆。

1934年6月，沈阳伪军政部被服厂3000余名工人为反对解雇1000余名工人而举行罢工。12月，沈阳太利胶皮工厂215名职工，为反对厂方减少工资举行罢工。

1935年3月末，鞍山东亚铅锌株式会社中国工人为反对日本资本家扣发工资而举行罢工，历时15天，取得胜利。4月，大连甘井子建筑工人近4000人，为要求按时发放工资并给因工伤死亡工人发抚恤金，举行罢工。随后搬运工人、化工厂工人也参加了罢工。罢工工人捣毁了当地伪警察派出所。罢工历时一周，取得胜利。此外，在大连由爱国者组成的“放火团”从 1934 年起，即对大连日伪经营、控制的码头、油场、石油公司、军用仓库等，连续进行多次放火，烧毁敌人大量物资和房屋。

同年夏，中共通化县委领导修筑山城镇至通化公路的筑路工人 280 余名举行罢工，要求发放工资，罢工历时两天。中共西安煤矿特支领导工房工人为反对昼夜连班生产进行斗争。9 月 21 日，吉林市马车与洋车工人举行联合罢工。

东北三省较大规模的工人斗争中，由共产党组织和满洲总工会筹委会以及各地工会领导、有明显反对日伪统治的斗争为数不少，具有索要欠薪的自发性质的经济斗争也居相当数量。后者虽属为改善工人自身生计状况的斗争，但在当时日伪反动统治情况下，众多工人群众参加反剥削、反压迫的斗争，自然也具有反对日伪统治的性质。由于日伪在城镇的统治日趋严密，工会活动受到控制，东北沦陷区城镇的工人斗争规模日趋缩小，参加的人数也大为减少。但它是东北抗日斗争的一支重要方面军，对于鼓舞城镇人民和抗日武装开展反日斗争具有重要意义。

二、教育界、文艺界的反日斗争

中共满洲省委及其所属党组织在领导东北抗日斗争中，在依靠工人、农民这一抗日基本力量的同时，还注意团结一切其他阶层的爱国力量共同抗日。其中，特别重视爱国知识分子和青年学生的桥梁和先锋作用。

九一八事变后，中共满洲省委、共青团满洲省委和各地党团组织，派遣一批共产党员、共青团员知识分子和青年学生，投入正在兴起的各地抗日义勇军队伍，或参加党领导的在农村组建的工农义勇军、抗日游击队，拿起武器同日本侵略军战斗。其中不少人在抗日武装斗争中经受了锻炼，后成为人民军队的各级领导骨干。

早在东北抗日义勇军的抗日斗争刚刚兴起时，一些大、中学校的学生党员、团员和爱国青年就奋起参加了各地抗日义勇军队伍的抗敌斗争。齐齐哈尔省立第二交通学校学生雷炎等在马占山举旗抗日时，参加该部学生团。在北平的辽宁爱国学生李烈生（张寿篯，李兆麟）和几位党团员返回家乡辽阳后，在建立东北民众自卫义勇军第二十四路和对敌战斗中，发挥了重要作用。延边地区珲春县东关中学学生、共青团员周树东，在该地驻军举行抗日起义组建救国军时，毅然参加吉林救国军抗日。同时，还有更多的学生党团员和爱国青年则直接参加了中国共产党组建的工农义勇军和抗日游击队。在磐石中学师范班学习的中共党员孟杰民、共青团员初向辰等6名学生，参加了磐石工农义勇军的筹建工作。北平清华大学学生、中共党员张甲洲也联络同学张文藻、于天放等人，返回家乡组织了由中共党组织领导的反日武装——巴彦反日义勇军。哈尔滨第一中学学生党员陶净非联络同乡同学王光宇，毅然放弃学业，受中共党组织派遣赴宁安参加了宁安工农义务总队的抗日斗争。同时有些学生还辗转打入伪军内部从事瓦解工作，待机组建抗日武装。其中，曾在北平中国大学就读的学生宋铁岩（中共党员）、曹国安，返回家乡永吉县后，打入伪吉林警备军第五旅第十四团迫击炮连，后来率该连伪军举行起义，参加了磐石的南满游击队。

这些热血青年学生在民族存亡的危急关头，放弃学业，奋不顾身地投入抗击日本侵略者的斗争洪流，是众多参加抗日的东北地区学生的优秀代表。他们中的许多人在民族解放事业中为国捐躯。

在东北地区的抗日斗争中，大中小学的爱国教师也作出了突出贡献。他们中有的弃教从戎，参加抗日部队；有的利用职业的便利，想方设法启发学生的民族意识，引导他们走上抗日的道路。

九一八事变发生时，中共党员王仁斋、刘山春正在柳河县三源浦小学任教师，他们根据中共海龙中心县委指示，相继组建柳河游击连和海龙工农义勇军。来自北平香山慈幼院在延边各县任教的一批教师积极投入抗日斗争，其中中共党员白一平在珲春县第一小学任教，他根据中共珲春县委指示先参加吉林救国军队伍，后参加了党领导的珲春中韩工农游击队。与白一平一起到延边的曹亚范，在和龙县开山屯泉平养正小学任教，也积极投身中共东满特委领导的建立抗日游击队的斗争。与此同时，任敦化文庙小学教师的陈翰章，当日本侵略军侵占敦化后，毅然参加吉林救国军抗日，后加入中国共产党并参加绥宁反日同盟军。中共党员李成林九一八事变时正在宁安县中学师范班任教，当吉林救国军到达宁安时，他立即参加救国军进行抗日斗争。后来，他相继任中共密山县委宣传部长、中共勃利县委书记，对密山游击队的建立和对东北抗日联军第四、第五军的支援作出了突出贡献。

在哈尔滨，冯仲云以商船学校教授的身份在中共满洲省委秘书处从事秘密工作，并在学校中引导傅天飞、范廷桂等进步学生参加抗日斗争。

在汤原县，九一八事变前任县教育局局长的刘铁石，在日本侵略军侵占汤原后，愤然辞职，参加抗日活动，并于 1934 年春参加汤原反日游击队，在全县教育界引起很大震动。姚新一①和张耕野②都是大

---

①　姚新一（1907—1939），原名唐吉昆，字瑶圃，吉林永吉人，满族。就读于吉林高等师范。1929 年加入中国共产党。九一八事变前后，曾在桦川中学、吉林省立二师、依兰中学任教员。其间任中共依兰县委书记。1937 年任中共吉东省委秘书长。1939 年在战斗中牺牲。

②　张耕野（1901—1938），原名张宗儒，黑龙江双城人。毕业于吉林高等师范。1932 年加入中国共产党。曾在桦川中学任教，并任该校中共党组织负责人。后任中共佳木斯市委组织部部长。1938 年参加东北抗日联军第三军第四师。同年在战斗中牺牲。

学生，九一八事变时，二人均在佳木斯的桦川中学任教。姚新一较早参加了中国共产党。九一八事变后，他立即带领学生投入抗日救亡运动中，组织全校学生上街游行示威，进行抗日宣传、募捐，支援抗日义勇军。他教育培养了一些青年学生成为共产党员，并走上抗日的道路。后来任中共下江特委书记和东北抗联第三路军第三支队政委的高禹民①，即是姚新一的学生。张耕野曾派桦川中学学生马克正去汤原梧桐河金矿策反金矿矿警队，举行抗日武装起义成功，后参加了东北抗日联军第六军。此外，张耕野还在佳木斯和桦川中学积极发展共产党员，为抗联部队培养输送了10余名干部。著名的“八女投江”英雄群体中的抗联第五军妇女团政治指导员冷云，就是桦川县悦来镇小学教师，在佳木斯桦川县女子中学学习时加入中国共产党，并从事抗日工作，后来参加抗联第五军。

中共党员张甲洲，在巴彦反日游击队失败后赴富锦，化名张进思，任富锦中学教师、校长，继续秘密从事反日斗争。他将巴彦反日游击队时的战友于天放等调入富锦中学，向学生进行抗日反满教育，教育学生不做亡国奴，要有“国家兴亡，匹夫有责”的志向，培养了孙士录（孙为）、张凤阳、田时雨（天澍）、刘自国等10余人走上革命道路。张甲洲还为汤原反日游击队购买物资，解决部队急需。

在日伪殖民统治下，东北广大教师对日本帝国主义和伪满洲国的反动统治极为不满，抵制日伪的奴化教育和愚民教育，引导学生不甘于屈服和走上抗日反满的道路。其中一部分人还冒着生命危险秘密联络教师组建抗日救国会等组织，团结爱国力量，开展抗日救国活

① 高禹民（1916—1940），原名高升山，山东高密人。依兰县中学学生，1935年加入中国共产党，并任该校中共支部书记。后任中共依兰县委书记、下江特委书记、东北抗日联军第三路军第九支队政委、第三支队政委等职。1940年在战斗中牺牲。

动，为抗日部队购买军需物资，支援抗日游击战争。

东北地区的广大知识分子和青年学生奋起抗日，向群众进行反日救国宣传，并同群众一起拿起武器投入武装反日斗争的洪流，引起日伪当局的注意。日伪统治者采取血腥镇压的手段，妄图从肉体上除去这些民族意识和爱国思想的重要传播者。但是，广大教师忠于祖国的赤诚之心始终不变。

吉林毓文中学是私立中学，办学历史较久，一些中共党员和思想进步的教师曾在这里工作，金日成等革命青年曾在该校读过书。1935 年，时任该校校长的李光汉经过串连，在吉林市教育界秘密建立了救国会，李光汉任会长。救国会员有吉林省第一师范学校训育主任刘继瀛、教务主任娄少石、女子师范学校校长萧汝纶和第一中学、毓文中学、永吉县第一中学等校校长或教务主任、训育主任，以及部分教师。该会的活动主要是向师生宣传抗日救国思想，揭露日本侵略者和汉奸的罪恶言行，以唤起师生的爱国思想和抗日热情。但是，因事机泄露，同年 7 月 5 日，日本宪兵队将吉林教育界救国会破坏，李光汉、萧汝纶、魏辅周、娄少石等救国会成员等 20 余人逮捕，并查封了毓文中学。被捕的爱国人士虽被酷刑折磨，却坚贞不屈，视死如归，其中李光汉、娄少石、魏辅周等多人牺牲于狱中。

1936 年 11 月至 1937 年 1 月，日本侵略者制造了以安东（今丹东）为中心的镇压东边道东北民众抗日救国会的教育界大惨案。早在 1932 年，安东原林业中学校长李献廷在北平接受东北民众抗日救国会的建议，返回安东开展筹组抗日救国会，进行抗日活动，并得到林业中学校长秦有德和伪安东省教育厅长孙文敷、安东县教育局长邓士仁的大力支持，在林业中学秘密组建了安东抗日救国会，由孙文敷任名誉会长、秦有德任会长。此后，在桓仁、凤城、庄河、宽甸、岫岩、辑安（今集安）、通化、临江等县都相继秘密组建了抗日救国分会组织，利用各种机会积极开展抗日救国活动。1936 年秋，桓仁县绅士金巨庭为救国会捐款之事被人密告日本宪兵队，金巨庭被捕。敌人首先在桓仁县逮捕各界人士 115 人。11 月 12 日起，又在安东城内逮捕 97 人，其中包括孙文敷、邓士仁、秦有德和一些中小学校长及安东总商会会长孙荣明等人。此外，日伪当局还在通化、宽甸、凤城、岫岩、庄河、辑安、临江、长白等县陆续逮捕了 99 人。此次事件共被逮捕 311 人。敌人对被捕的爱国人士进行了严刑逼供，致使邓士仁等惨死在酷刑之下。仅桓仁县被捕的人中，即有 14 人在刑讯中被折磨致死。此次被捕者中有 40 余名中共党员在狱中惨死或被判死刑杀害，还有许多教育界爱国知识分子被判无期徒刑或 5 年以上有期徒刑。安东抗日救国会负责人孙文敷、秦有德被押赴刑场途中，大义凛然，高呼“中华民族万岁”，从容就义。

敌人的残暴并未使东北地区的爱国教师屈服，相反更加激起了广大知识分子和青年学生对日伪统治的愤恨，激励他们以更隐蔽而有效的形式继续从事反抗日本侵略者的斗争。

日本帝国主义侵占中国东北之后，在军事上、政治上进行残暴的殖民统治的同时，还加紧从思想上、精神上奴役东北人民，强行灌输“日满亲善”、“共存共荣”、“王道乐土”等奴化意识，欺骗东北人民，腐蚀中国人民的民族精神和民族文化，借以维护其反动的殖民统治。

中共满洲省委和哈尔滨市委等党组织为反对日伪这一思想统治的罪恶行径，动员一些共产党员文学艺术家运用多种文艺形式，积极开展抗日爱国宣传活动。在中共满洲省委的领导下，中共党员罗烽[①]、

---

① 罗烽(1909—1991)，原名傅乃奇，笔名洛红、彭勃、罗迅、克宁等，辽宁沈阳人。1928 年加入中国共产党。九一八事变后指导创办了《夜哨》、《文艺》周刊和“星星剧团”。全国抗日战争爆发后，先后参加上海文艺界战时服务团、作家战地访问团。历任陕甘宁边区政府文化工委秘书长、东北文协主任委员、东北作协副主席。1958 年被错划为“右派”，后得到改正。1991 年病逝。

金剑啸[①]、舒群[②]、姜椿芳[③]等，联合团结一批爱国文学艺术家，如白朗[④]、萧军[⑤]、萧红[⑥]、达秋、金人、阎述诗、田贲、王秋萤、李克异、牛平甫等，形成东北爱国作家群体，构筑起抗日反满文艺阵地。他们创办了许多文艺社团或报刊，同时利用日伪报刊的文艺副刊等专栏，用曲折隐晦的笔法，发表抗日反满的爱国诗歌、小说、散文、戏剧、音乐等作品。这些文艺作品对于振奋东北各阶层人民群众的抗日斗志，捍卫中华民族的尊严，发挥了重要作用。

九一八事变后，中共北满特委以进步人士吴雅泉名义创办的《哈尔滨新报》为阵地，开展抗日救亡宣传，揭露日本帝国主义的侵略罪行和南京国民政府的不抵抗政策，报道东北各地抗日斗争的消息，宣传中国共产党的抗日主张，动员民众积极参加抗日斗争。该报开辟

---

① 金剑啸（1910—1936），原名金承栽，笔名金剑、剑、巴莱、健硕等，辽宁沈阳人。1931年加入中国共产党。参与创办《夜哨》、《文艺》周刊、“星星剧团”、“白光剧社”，主编《大北新报画刊》、《黑龙江民报》副刊《芜田》。1936年被敌人杀害。

② 舒群（1913—1989），原名李书堂，又名李春阳、李旭东，笔名黑人，黑龙江阿城人。九一八事变后参加抗日义勇军，1932年加入中国共产党。历任八路军总司令朱德临时秘书、延安鲁迅艺术学院系主任、东北文艺工作团团长、东北文联副主席、中国作协理事长等职。著有《没有祖国的孩子》等。1989年病逝。

③ 姜椿芳（1912—1987），江苏武进人。1932年加入中国共产党。历任共青团满洲省委宣传部长、中共满洲省委宣传部干事。主编《满洲青年》、《满洲红旗》，曾任上海时代出版社社长。建国后历任中共中央马恩列斯著作编译局副局长、中国大百科全书出版社总编辑、中国翻译工作者协会会长等职。1987年病逝。

④ 白朗（1912—1994），原名刘东兰，曾用名刘莉，辽宁沈阳人。1933年开始在哈尔滨从事抗日文艺工作，曾任《国际协报》副刊《文艺周刊》主编。1938年在重庆参加作家战地访问团。1945年加入中国共产党。新中国成立后，曾任中国作协理事、全国妇联委员等职。1994年病逝。

⑤ 萧军（1907—1988），原名刘洪霖，笔名三郎，辽宁锦县人。1928年考入东北陆军讲武堂。九一八事变后从事文学创作。1933年写出《八月的乡村》。1934年去青岛，后去上海从事左翼文化活动。新中国成立后，曾任中国作协理事。1988年病逝。

⑥ 萧红（1911—1942），原名张乃莹，笔名悄吟、田娣，黑龙江呼兰人。1932年在哈尔滨为报刊撰稿。1934年进关后，同西北战地服务团辗转各地。代表作有《生死场》、《呼兰河传》等。1942年病逝。

文化副刊《新潮》专栏，以此团结进步的爱国文学艺术工作者，并通过文艺作品进行反日斗争。1932 年 2 月 5 日哈尔滨沦陷后，该报被迫停刊。

1932 年夏，共青团满洲省委宣传部部长姜椿芳创办团省委机关报《满洲青年》（后改为《东北青年》），宣传中国共产党的抗日方针和报道东北各地抗日义勇军和反日游击队武装抗日的消息。1933 年后，姜椿芳又办了《东北人民报》。为了丰富该报的内容和提高宣传效果，他还请共产党员金剑啸任美术编辑，提供画稿。

1933 年 7 月，中共满洲省委为扩大宣传阵地，决定由罗烽、金剑啸等创办“星星剧团”。这一公开的艺术表演团体，由罗烽负责组织领导，金剑啸任导演兼舞台美术设计。成员有萧红、萧军、白朗、舒群等人。剧团在极为艰难的条件下，编排了 3 部话剧，但因日伪的恐怖统治，话剧无法上演，剧团被迫解散。

1933 年 8 月初，罗烽、金剑啸等受党的指派，与进步作家萧军、萧红等一起，通过日伪官办的长春《大同报》编辑陈华的关系，在该报创办了《夜哨》文艺副刊，意为在日伪黑暗统治下进行斗争的前哨阵地。主要撰稿人为金剑啸、罗烽、萧军、萧红、白朗等人。《夜哨》自 1933 年 8 月出刊至同年 12 月停刊，共出刊 21 期，发表了许多文学作品。他们用曲折、隐晦、影射的手法，揭露了在日伪统治下的社会黑暗现实，暗示人们只有进行抗日反满斗争才有出路。萧军的《下等人》、《证据》，萧红的《夜风》，罗烽的《口供》、《胜利》，白朗的《只有一条路》，金剑啸的《星期天》等小说和罗烽的《两个阵营的对峙》、金剑啸的《穷教员》等话剧作品，在读者中影响都很大。后来，该刊因连载李文光创作的以抗日斗争为主题的小说《路》，引起日伪当局的注意，被迫停刊。

1934 年 1 月，哈尔滨的爱国作家群体，又通过白朗担任哈尔滨出版的《国际协报》副刊编辑的机会,在该报创办了《文艺》周刊,由罗烽、金剑啸、萧军、萧红、金人、达秋等一批文学艺术家为该报撰稿。1934 年 1 月,白朗又主编《文艺周刊》,成为哈尔滨爱国作家群的新阵地。如白朗、金剑啸、萧红等人的作品《逃亡的日记》、《云姑的母亲》、《麦场》、《一个雨天》、《星散之群》等都在《文艺》周刊陆续发表,反映了在日伪黑暗统治下农民的苦难境遇和反抗斗争。该刊共出 47 期,至同年底被迫停刊。

1933 年 12 月,金剑啸任《大北新报画刊》编辑后,利用画刊不受日伪新闻检查的条件,发表题为《结束吧〈文艺〉周刊》的短文,抒发因《国际协报》、《文艺》周刊被迫停刊而产生的愤怒。短文认为:“一个《文艺》算了什么,难道说,我们就再不会冒出个什么《艺文》吗?”“只要下种,就会长苗,垂死的狗屁,不会喘延几天!”号召战友们,再接再厉鼓起勇气同敌人继续战斗。他在画刊发表的一篇短文《谣》,以小儿骗人的故事,讽刺和揭露日本侵略者编织的“王道乐土”、“共存共荣”、“满洲乐园”等欺骗民众的谎言。金剑啸还说服该画刊负责人,在该画刊上刊登斯大林的照片和木刻“攻打冬宫”、“列宁在讲演”等画幅,宣传俄国革命。金剑啸的这些活动引起报社日本人对他的不满和怀疑。1935 年 4 月,金剑啸被迫辞职。

在此期间,1934 年 4 月,中共满洲省委和共青团满洲省委被破坏,叛徒带领日伪宪兵、特务到处捕人。经中共党组织研究决定,为保护爱国文学艺术家,萧军、萧红和舒群等先后离开哈尔滨去青岛、上海开展工作。不久,罗烽被敌人逮捕入狱。哈尔滨的爱国作家群被迫分散。

1935 年 4 月,在哈尔滨成立了进步文艺社团口琴社。同年 8 月,该社成立口琴队,共青团员侯小古为队长,任震英(中共党员)和金人等 30 余爱国青年参加。1935 年冬至 1936 年 8 月,在哈尔滨先后举行两次大型口琴音乐演奏会，演奏聂耳的《大路歌》、《开路先锋》等进步歌曲，引起日本宪兵队的注意。口琴社于 1936 年冬被迫解散。

1935 年 4 月，金剑啸由白朗推荐，从哈尔滨到齐齐哈尔，与中共党员、《黑龙江民报》社长兼总编辑王甄海（王复生）商妥，创办该报文艺副刊《芜田》，意即开发北满这块荒芜的土地，播撒抗日的火种，联系并帮助当地爱国青年作者成长。同时，金剑啸还借《黑龙江民报》举行庆祝发行该报 2000 号之机，在齐齐哈尔创办"白光剧社"。剧社曾公演金剑啸创作的话剧《黄昏》、《母与子》和由他改编的美国作家高尔特的《钱》及俄罗斯作家奥斯特洛夫斯基的《大雷雨》等。不久，金剑啸在《黑龙江民报》又开办了《艺文》周刊。在民报的两个副刊上，金剑啸曾先后以巴莱为笔名发表了剧本《车中》、短篇小说《王二之死》、《瘦骨头》和文艺杂感《布谷鸟又叫了》及长诗《兴安岭的风雪》等作品。《车中》等作品反映了在日本侵略者民族压迫之下人民的苦难，揭露了日本殖民统治下的残酷和黑暗。《兴安岭的风雪》热情歌颂了英雄的东北人民，在中国共产党的领导下，克服重重困难，组成人民革命军，同日本侵略者进行艰苦卓绝的斗争；表现了人民革命军与人民群众亲如一家、团结战斗的骨肉情谊；赞扬了东北军民前赴后继夺取胜利的革命乐观主义精神和不屈不挠的英雄气概。金剑啸在齐齐哈尔文艺界的积极活动和他的作品所具有的强烈抗日反满倾向，引起日伪特务机关的注意。敌人开始侦查金剑啸的活动，金剑啸被迫离开齐齐哈尔返回哈尔滨。

金剑啸在哈尔滨得到姜椿芳、金人、侯小古和任震英等的大力协助。1936 年 4 月 20 日重新出版《大北新报画刊》。金剑啸利用这一刊物不受敌人审查的有利条件，以诗、文、照片、漫画等文艺作品，曲折隐晦地向读者揭露、讽刺日伪统治的黑暗，呼唤人民群众起来与之进行斗争。画刊曾报道长征中的萧克、贺龙指挥工农红军进军云南大理,蒋介石军队在山西“围剿”东渡黄河的抗日红军失利,东北抗日联军第一军进攻兴京县城等消息,激发了群众的反日情绪。金剑啸还将自己的杂文《挂羊头卖狗肉与说漂亮话》、短诗《哑巴》、独幕剧《咖啡馆》等作品发表在该画刊上,受到广大读者的欢迎。但这些作品也引起日本领事馆的警觉,金剑啸、姜椿芳和画刊编辑部人员因此被捕入狱,《大北新报画刊》随之停办。

在沈阳、大连、抚顺和长春等地,也先后出现了一些爱国文学社团的反日活动。其中较有影响的有冷雾社、飘零社、LS(鲁迅)文学研究社以及文学刊物《文选》等。飘零社是1933年由抚顺文学爱好者王秋萤、陈因等创办的。该社借《抚顺民报》出刊《飘零》副刊,发表进步和爱国的文学作品。后来,王秋萤进入《沈阳民声晚报》工作,创作了《雪地的嫩芽》等短篇小说,表达了作者对抗日爱国志士的崇敬。1937年后,王秋萤相继在长春伪《大同报》和沈阳《盛京时报》任编辑,在此期间与陈因共同组织“文选刊行会”,创办大型文艺刊物《文选》,陆续发表了揭露日伪黑暗统治,反映人民痛苦挣扎和反抗日本侵略者的作品。LS(鲁迅)文学研究社是盖州小学教师花喜露(田贲)等6名爱国青年于1934年在辽南盖平秘密创办的。其宗旨是以鲁迅为榜样,以笔为刀枪与敌人战斗。他们出版文艺刊物《行行》(后改名《星火》),发表反日文艺作品。《星火》虽屡遭查禁,有的成员惨遭杀害,但花喜露等仍然坚持对敌斗争。1937年卢沟桥事变爆发后,王秋萤、花喜露和李季风组织读书会继续从事抗日反满文学活动,但在日本法西斯残暴统治下,他们相继落入敌人的魔爪,被投入黑牢。

转移至上海等地的罗烽、白朗、萧军、萧红、舒群等人,仍活跃在抗日的文坛上,写出大量反映东北抗日斗争的文学作品。萧军利用舒群向他转述的南满人民革命军的斗争事迹,写出了著名的反映人民革命军抗日斗争活动的《八月的乡村》一书。这部著作“使人们看到了在满洲的革命战争的真实画图，人民革命军是怎样组成，又是怎样活动的”，展现了“为自由而战的战士们的英雄精神”[①]。萧红写出了反映东北农民走上反日道路过程的小说《生死场》。书中揭露了日本侵略者在东北烧杀奸污的罪行，明确写出“人民革命军在磐石”，“要组织起来革命军”。《八月的乡村》和《生死场》两部著作都由鲁迅先生作序，作为《奴隶》丛书广泛发行，社会反响很大。《八月的乡村》一书曾传到南满，东北抗联第一军的指战员读后受到很大鼓舞。

东北爱国文艺战线，是东北抗日斗争中的一条不可缺少的重要战线。它在敌人的白色恐怖统治下，团结了一批爱国的文艺青年。他们的反日活动和作品，冲破日伪的严酷统治，传达了中国共产党的抗日号召，鼓舞了人民群众的抗日斗志，有力地配合了东北抗日联军的抗日武装斗争。

---

① 《时事新报》，1936年9月25日。

第六章　东北抗日联军的组建，抗日游击战争的高涨

第一节　《八一宣言》的发表，日伪对东北抗日运动的残酷镇压

一、华北事变，《八一宣言》的发表

1935年3月23日，苏联与日本、伪满签订了售、受中东铁路及其一切附属财产的协议。此后，苏日之间因售路谈判矛盾而互相在中苏边境地区集结军队向对方施加压力而造成的紧张局势暂时得到缓解。日本帝国主义在排除了苏联在中国东北的势力、建立起对东北的全面殖民统治的同时，加紧了对中国华北地区的侵略步伐，不断地提出“分离华北”、“华北特殊化”等侵略扩张要求，在华北地区制造各种事端，向南京国民政府施加压力，妄图在华北建立一个忠实贯彻日本要求的傀儡政权。

同年5月，日本华北驻屯军参谋长酒井隆为制造借口，派人刺杀了汉奸报纸《国权报》和《振报》两报社长，制造了所谓“河北事件”。之后，日本驻屯军的坦克、装甲车在河北省政府和天津市政府门前武装示威，日本关东军所属独立混成第十一旅团、骑兵第四旅团和独立混成第一旅团、第十六师团各一部集结于山海关、古北口长城一线，向中国政府施加压力。6月9日，日本华北驻屯军司令官梅津美治郎

向主持北平军分会的何应钦提出了包括取消河北省和平、津两市国民党党部，撤退驻河北的中国军队，撤换河北省主席及平、津两市市长，禁止全国的抗日活动等严重损害中国领土主权的无理要求。7月6日，经南京国民政府同意，何应钦复函梅津美治郎，表示日军所提各项对华北统治权的要求“均承诺之”。此即丧权辱国的“何梅协定”。

与此同时，日本关东军又在察哈尔以日军方人员在张北受到中国军队的“无礼盘查”为借口，制造了“张北事件”。6月27日，迫使察哈尔省代主席秦德纯与日军代表土肥原贤二以换文方式达成了“秦土协定”。南京国民政府承诺从察哈尔省撤走中国驻军和国民党党部，解散抗日机关和抗日团体，并“招聘”日本人为军事、政治“顾问”。

南京国民政府的软弱退让，更加助长了日本侵略者的嚣张气焰。10月，日本收买汉奸举行暴动，占据香河县城，鼓吹“防共自治运动”。11月25日，日本扶植的汉奸殷汝耕在通县成立“冀东防共自治政府”，宣称冀东22个县脱离中国政府管辖，实行“自治”，从而制造了华北事变。翌日，南京国民政府即行决定撤销北平军分会，派何应钦为行政院驻北平办事长官。10月5日，日军派15架飞机到北平上空低空盘旋，制造战争恐怖，向何应钦施加压力。12月7日，南京国民政府又决定在北平设立冀察政务委员会。这个委员会以国民党军第二十九军军长宋哲元为委员长，其委员在日本军方推荐的人员中产生。以此作为日方要求“华北自治”的妥协办法。民族危机达到空前危险的程度。

在此期间，日本加紧对华北进行经济扩张。华北的铁、煤、盐等军需资源和交通运输、电力设备以及纺织、面粉等企业，多为日本资本所控制。日本还通过大规模武装走私，使日货充斥华北市场。它不仅严重地威胁着已经处于衰退状态的中国民族工商业，影响了南京国民政府的税收，同时也损害了英国、美国等在华的经济利益。

日本帝国主义进一步向华北地区的侵略扩张，使中国和日本的民族矛盾更加激化而上升为社会的主要矛盾，国内阶级矛盾下降为次要矛盾。同时，把中国同其他帝国主义之间的矛盾也转到次要地位。在中华民族面临亡国灭种的严重局势下，不仅东北沦陷区的军民正在与日本侵略者艰苦奋战，而且关内广大工人、农民、城市小资产阶级也坚决要求抗日，甚至中国民族资产阶级以及农村的富农、中小地主的政治态度也发生变化，他们对南京国民政府的对日妥协退让政策表示不满，抗日的要求日渐增长。

在中华民族危机空前严重的关头，为挽救民族危亡，联合国内各阶层尽可能多的力量进行抗日斗争，中国共产党顺应时代的要求，适时地提出了建立并扩大抗日民族统一战线的主张。这一主张的提出，同当时共产国际战略策略的转变也有直接的关系。

1935 年 7 月 25 日至 8 月 20 日，共产国际召开第七次代表大会。大会制定了关于组建反法西斯统一战线和反帝统一战线的方针。在共产国际第七次代表大会召开前夕，由即将出席会议的以王明为首的中共代表团，根据共产国际关于组建反法西斯统一战线和反帝统一战线精神及指导东北地区建立抗日统一战线的经验，针对华北事变以来民族危机加深的新形势，起草了《为抗日救国告全体同胞书》，并于 10 月 1 日以中国苏维埃政府和中国共产党中央委员会名义在法国巴黎出版的《救国报》发表。因发表时签署的时间是 8 月 1 日，因此又被称为《八一宣言》。

《八一宣言》分析了日本的侵略和南京国民政府的不抵抗、对日妥协所造成的民族危机局势，指出中华民族已处在生死存亡的关头，抗日救国是每个中国人民的首要任务。宣言提出："抗日则生，不抗日则死，抗日救国，已成为每个同胞的神圣天职!"宣言强调建立包括上层和下层在内的广大群众抗日民族统一战线的必要性,呼吁全国各党派、各军队、各界同胞,都应当停止内战,集中一切国力去为抗日救国而奋斗。宣言提出了组织全中国统一的国防政府和抗日联军的主张,并郑重表示:中国共产党、苏维埃政府和东北各地抗日政府、工农红军和东北人民革命军愿意充当这一国防政府和抗日联军的发起人和首先加入者。《八一宣言》最后提出了抗日救国十大纲领。

《八一宣言》指出,中日民族矛盾在全国已上升为社会的主要矛盾,向全国宣布了中国共产党关于组建抗日民族统一战线的方针,表明中国共产党继在东北地区纠正关门主义、开始改变政策之后,又在全国范围内实行政治策略的转变。

《八一宣言》于1935年10月经中共吉东特委传递到东北党的组织和抗日部队,进一步推动了东北抗日斗争的发展和东北地区抗日统一战线的建立。

与此同时,中共中央率领中央红军陕甘支队,战胜了数十万敌军的围追堵截和无数艰难险阻,胜利地完成了震惊中外的二万五千里长征,终于到达陕北,与陕北红军会师。中央红军长征的胜利,宣布了蒋介石妄图使用武力消灭中国共产党和革命军队的企图破产,同时也宣布了主张抗日的中共中央和中央红军终于到达及接近抗日前线的事实,使全国人民对结成全民族抗日统一战线产生了希望。

在华北事变和中华民族危机的严重局势下,当华北人民得知中国共产党《八一宣言》的内容和中央红军长征胜利的消息后,莫不欢欣鼓舞。在冀察政务委员会即将成立的时刻,12月9日,在北平爆发了著名的一二九爱国学生运动。在中共北平临时工委的领导和推动下,北平数千学生冲破国民党军警的重重阻挠,举行了大规模的抗日集会和示威游行,喊出了为国民党当局一向所禁止的“打倒日本帝国主义”、“反对华北自治”、“停止内战,一致抗日”、“武装保卫华北”等口号，随后，各校学生宣布总罢课。学生抗日爱国运动得到全国各大中城市民众的响应，并迅速扩展为有各阶层民众广泛参加的抗日救亡运动。各地学生罢课，工人罢工，各界救国会纷纷成立，发表宣言和通电，要求南京国民政府停止内战，出兵抗日。从此，全国抗日民主运动出现了新的高潮。

1935 年 11 月中旬，中共驻共产国际代表团派张浩（林育英）由苏联回国到达陕北瓦窑堡，向中共中央传达了共产国际关于建立广泛的反法西斯统一战线的精神和《八一宣言》的内容。共产国际七大战略策略的转变，中共驻共产国际代表团的明确态度，对中国共产党抗日民族统一战线策略方针的制定，起了积极的推动作用。随后，中共中央于 11 月 28 日发表了与《八一宣言》内容基本相同的《中华苏维埃共和国中央政府、中国工农红军革命军事委员会抗日救国宣言》。12 月下旬，中共中央政治局会议在瓦窑堡召开。会议相继通过了《中央关于军事战略问题的决议》与《中央关于目前政治形势与党的任务决议》。会议认为，党的总任务是以坚决的民族战争反对日本帝国主义进攻中国，党的战略方针是把国内战争同民族战争结合起来，工农红军的中心任务应是打通抗日路线，同时巩固现有苏区。会议通过了党的建立抗日民族统一战线策略方针的决议。会后，毛泽东在党的活动分子会议上作了《论反对日本帝国主义的策略》报告，批评了党内存在的“左”倾关门主义错误，提出了建立抗日民族统一战线的理论和策略。会议决议和毛泽东的报告，解决了党的政治路线问题。

瓦窑堡会议后，为实现上述党的总任务和贯彻党的战略方针，中共中央决定红一方面军以中国人民红军抗日先锋军名义实行东征，向华北发展，同日军作战。

由于敌人的阻隔，在东北沦陷区的共产党组织和抗日部队虽未及时得到中共中央关于组建全国抗日民族统一战线的决议，但是，

《八一宣言》和红军长征的胜利及全国抗日救亡运动的高涨,对东北抗日统一战线的扩大和抗日游击战争的发展,都起到重大的推动作用,使东北抗日武装斗争的发展进入了一个新的时期。

二、日本关东军三年"治安肃正计划"出笼,对东北抗日运动的残酷镇压

1934 年至 1936 年春,东北抗日战场的形势出现了新的变化。一方面,东北抗日义勇军的大部队已经基本瓦解,中国共产党领导的抗日游击队和人民革命军力量还不够强大,日本侵略者以为不足为患;另一方面,日本关东军为准备对苏作战,以及为准备侵入华北扩大战争,需要集中军力,将关东军主力师团、旅团集结于战略要地待命。因此,在东北,日本侵略者将过去实施的以日军主力师团、旅团分散配置"讨伐"抗日武装的方针,改变为以日军独立守备队和伪满军警部队为主"讨伐"各地抗日武装的方针。但是,由于中国共产党反日统一战线策略方针的实施,东北抗日联军业已在各地开始组建,中国共产党领导的东北抗日武装力量和抗日游击战争日益增强和扩大,加之伪满军警部队战斗力低下,日伪统治受到严重的威胁。

1935 年 12 月,日本关东军参谋部在一份关于 1935 年"秋季治安肃正工作概况"的文件中哀叹:虽历经数年之"讨伐",东北抗日武装由 30 万已减少至 3 万左右,"然大小匪团散在广大地区,巧妙的避开警戒网……阻碍王道乐土之建设。特别是共产思想之影响,日益扩大和日益加深,实乃治安维持上极为忧虑的事情。"①为什么出现让日伪当局"极为忧虑"的情况,究其根本原因,在于中国共产党领导的抗

① 《关东军参谋部关于昭和十年秋季治安肃正工作概况》,载东北抗日联军史料编写组:《东北抗日联军史料》(下),中共党史资料出版社 1987 年版,第 811 页。

日军队与人民群众的关系极为良好，得到人民群众的热情支持与援助。所以该文件认为："民众对匪贼之认识是极为良好的，并不是我们所认为的那样有不共戴天之仇，更甚一点说，三千万民众之中，在精神上与匪贼无大差别者尚为数不少，大多数的民众尚没有与匪贼完全分开，如果从精神影响来说，假定匪军有三万，其精神上的匪军之友军，尚不知有几倍或几十倍。这些匪贼的精神上的友军，虽不敢持枪反抗我们，却是培育匪贼之母体，从来在讨伐上得不到效果的最大原因，就在这里。"①为了消灭东北的抗日武装，日本关东军司令部经过长期的研究和策划，制订出 1936 年 4 月至 1939 年 3 月的"满洲国治安肃正计划"。日本侵略者妄图在三年内实现彻底肃清在东北地区的中国共产党组织及其领导的抗日武装的目的。

日本关东军三年"治安肃正计划"规定，第一年（1936 年 4 月至 1937 年 3 月）"肃正"重点地区为伪三江、滨江、吉林、间岛四省和安东、奉天两省部分地区。拟以铁路沿线和县城为中心，对其周围一日行程内之地区，实行彻底"肃正"。第二年（1937 年 4 月至 1938 年 3 月）要对第一年的重点地区距铁路沿线和县城二三日行程内之地区进行"肃正"，并为全"满"开展"肃正"工作做好准备。第三年（1938 年 4 月至 1939 年 3 月）则对特殊地区予以彻底的"肃正"，大致确保全"满"治安的实现。为此，还确立了军队、伪政府和"协和会"协同一致的体制，而军队则在日本关东军（包括主力师团、旅团和独立守备队）的统一指挥下，以伪满军警部队为主力进行"讨伐"，必要时日本关东军实行出击。

这一"治安肃正计划"的特点，在于改变了过去单纯偏重武力"讨

---

① 《关东军参谋部关于昭和十年秋季治安肃正工作概况》，载东北抗日联军史料编写组：《东北抗日联军史料》（下），中共党史资料出版社 1987 年版，第 811 页。

伐”的原则，采取整体推行武力“讨伐”的“治标工作”与“治本工作”、“思想工作”并行的三位一体的反动方针。所谓“治标工作”，就是使用日、伪军对抗日部队进行疯狂的军事“讨伐”。采取“狗蝇子战术”，对凡被发现的抗日部队实行跟踪追击，直至摧毁抗日部队的所有栖居场所，务期一举歼灭；对尚存在的抗日武装部队，采用“篦虱战术”，以密集兵力搜捕、“讨伐”，消灭抗联部队。所谓“治本工作”，就是在沿山地带广为设置“集团部落”，制造“无人区”，组织“自卫团”防守“集团部落”；修筑“警备道路”交通网和扩充警备通讯网，提高“讨伐”的机动能力和快速反应能力；严厉实行经济封锁，切断抗日部队的物资供应，从而达到彻底断绝抗日部队和人民群众的联系，从根本上断绝抗日部队基本生存条件。所谓“思想工作”，就是强化警察、特务组织，加强反动宣传，妄图“从根本上排除赤化思想”，镇压、清除共产党、共青团组织和抗日反满团体；对被俘、被捕的抗日人员和投降人员进行“安抚”，力求改变其政治态度并尽量录入“特殊工作队”或“讨伐队”，充当策反或“讨伐”抗日部队的鹰犬。

日本关东军三年“治安肃正计划”制定后，日伪当局即在各抗日游击区和抗日游击根据地开始大肆烧杀，“归屯并户”，变本加厉地修建“集团部落”和制造“无人区”。自 1933 年至 1937 年，在伪满洲国境内修建的“集团部落”逐年急剧增加。1935 年以前建成 1529 个；1936 年建成 4195 个；1937 年建成 4922 个，合计建成 10646 个。其中，在东北抗日联军活跃的重点地区，如伪吉林省修建的“集团部落”，在上述期间分别为 760 个、892 个、663 个，合计 2315 个；伪滨江省在此期间分别建成 246 个、971 个、2167 个，合计建成 3384 个。此外各省区，至 1937 年止，伪龙江省建成 1110 个；伪三江省建成 175 个；伪牡丹江省建成 404 个；伪间岛省建成 138 个；伪通化省建成 103 个；伪安东省建成 227 个；伪奉天省建成 614 个；伪兴安西省建成 797

个；伪兴安南省建成1245个[1]。

日伪当局修筑“集团部落”，大多选址在靠近铁路、“警备道路”附近便于其实施统治的地方。日伪当局用武力烧杀等残暴手段，强行驱逐周围的农村居民抛弃原有的家园、耕地，集中迁入“集团部落”。凡拒绝搬迁的农民，实行杀光、抢光、烧光的“三光政策”，房屋被焚毁，人员被杀害，物品被抢走，鸡犬不留。1936年11月至1937年2月，日、伪军对东北抗日联军第三、第六军原太平川抗日根据地“讨伐”期间，把庆余屯、姜家屯等12个村屯的279户农民强迫迁入太平川“集团部落”。在此次强行并屯中，太平川原有500多户农户中的370户被迫逃往它处，太平川的1608栋、4490间农屋被毁[2]。在此次野蛮并屯中，驻太平川日军守备队出动两次，沿村屯抓捕、杀害不愿离开家园的无辜农民。第一次捕杀农民30余人，第二次又抓捕农民108人，押至县城日军守备队驻地，使用酷刑折磨，其中62人被迫害致死，尸体被塞进汤旺河冰窟中和水井中[3]。在桦川县南部，曾发生过土龙山农民反日暴动。在敌人“归屯并户”中被烧毁村庄120余处，毁掉民房2.4万余间，被杀害和因冻饿而死者达1.3万余人，损失牲畜4800余头，有2100余垧土地被荒废[4]。

1936年春，在东北人民革命军第三军主力部队自珠河抗日游击根据地和哈东游击区向方正、依兰和松花江北的汤原陆续转移、开辟新的

---

① 中央档案馆、中国第二历史档案馆、吉林省社会科学院合编：《日本帝国主义侵华档案资料选编·东北“大讨伐”》，中华书局1991年版，第173页。原载满铁总裁室弘报课：《满洲特殊自治制度》弘报资料第55号（1938年10月）。合计数字，为引用者核对后的数字。

② 中央档案馆、中国第二历史档案馆、吉林省社会科学院合编：《日本帝国主义侵华档案资料选编·东北“大讨伐”》，中华书局1991年版，第199页。

③ 中国人民政协黑龙江、辽宁、吉林省委员会文史资料研究委员会编：《不能忘记的历史》，黑龙江人民出版社1985年版，第190—192页。

④ 中国人民政协黑龙江、辽宁、吉林省委员会文史资料研究委员会编：《不能忘记的历史》，黑龙江人民出版社1985年版，第198页。

抗日根据地后，留下少量部队坚持战斗在老游击区。此时，敌人成立哈东五县“联合治安肃正办事处”，强行“归屯并户”，修建“集团部落”，制造“无人区”。仅在该“办事处”所在地帽儿山周围的蜜蜂园子、张家店等地，便建立了10余个“集团部落”。为此，该“办事处”曾动用大量伪警察和伪自卫团，采用极其残暴的刀砍、枪刺、火烧等手段，将周围50公里范围内包括抗日根据地的东蜜蜂园子、西蜜蜂园子、板子房、双马架、三股流等54个村庄尽皆烧毁，变成无人的废墟。原有3219户、12585人失去家园，其中1000余户被迫迁入“集团部落”，其他2000余户四处逃亡，流离失所。这次浩劫，共有房屋4101间被毁，荒废耕地12948垧。而被迫迁入“集团部落”的农民，住的是临时搭起的马架子和地窨子等简陋居所，缺衣少食，饥寒交迫，传染病时常蔓延，非正常死亡的人到处可见。1936年通化县“集团部落”传染病患者达1132人，死亡153人；金川县（今划归柳河、辉南）传染病患者1508人，死亡137人；柳河县传染病患者为4385人，死亡305人。整个东北，因“归屯并户”而受害的农民约有500万人。

这一时期，日伪当局在“集团部落”内，除加强伪警察派出所和村公所对农民群众实行监控外，还普遍加强了对“集团部落”的警备。在一般村屯推行保甲法，编组伪自卫团。在抗日游击区则派“治安队”或日、伪军驻守。例如，1936年春，在东北抗联第二、第五军活跃的宁安县，日伪当局在该县第二区中的6个“集团部落”里，嘎斯沟村驻1个连“治安队”，大唐头沟村等5个村各驻守1个连伪军。在该县第三区的7个“集团部落”里，小朱家屯等两个村各驻1个排或1个连“治安队”，金坑、光古屯等4个村均各驻守1小队的日军[①]。敌

① 中央档案馆、中国第二历史档案馆、吉林省社会科学院合编：《日本帝国主义侵华档案资料选编·东北“大讨伐”》，中华书局1991年版，第189页。

人采取大量修建“集团部落”和制造“无人区”等一系列极其毒辣的措施，即所谓“匪民分离”的反动目的，就是妄图彻底隔绝抗日武装部队与人民群众的血肉联系，断绝人民群众对抗日部队的物资支援和人员补充，使抗日部队陷于孤立、饥寒交迫的境地，从而在根本上丧失作战和生存能力。

与此同时，日伪当局为增强日、伪军警镇压抗日军民的机动和快速作战能力，还强迫群众修筑“警备道路”网和“警备电话”网。三年“治安肃正计划”一经制定，“就据之也制定了警备道路的三年计划。同时编造了三年连续的改建预算，总工费为 1872.4 万元，分配给各省。在康德 3 年新建 35665 公里，康德 4 年新建 56825 公里，康德 5 年新建 25223 公里。与此同时，也有相当数量的一般道路由民工建成，其总长达 117723 公里”①。干线通信网三年计划始于 1937 年，到 1939 年“警备电话的预算共为 1665397 元，向各省下达新建的线路，合计为 10121 公里”②。

1936 年 7 月，根据日本关东军三年“治安肃正计划”，为准备于同年秋冬进行军事“大讨伐”，日伪当局将全东北沿哈尔滨至大连铁路以东的所有抗日游击区划分为 5 个“防卫区”。其中：“东北防卫区”，包括依兰、桦川、勃利、佳木斯、富锦、宝清各县市；“东防卫区”，为饶河、虎林、密山、穆棱、牡丹江、宁安、东宁、汪清、珲春等县市；“中防卫区”，包括方正、苇河、延寿、珠河、宾县、五常、双城各县；“东南防卫区”，为舒兰、额穆、敦化等县和延吉、和龙、安图、永吉、桦甸各县之一部；“南防卫区”，为本溪、兴京（今新宾）、桓仁、宽甸、凤城、安东（今

---

① 吉林省公安厅公安史研究室、《东北沦陷十四年史》吉林编写组编译：《满洲国警察史》，1990 年版，第 236 页。

② 吉林省公安厅公安史研究室、《东北沦陷十四年史》吉林编写组编译：《满洲国警察史》，1990 年版，第 223 页。

丹东)各县和辽阳、抚松县各一部。由日本关东军第九师团和日军第一、第二、第四、第五独立守备队统一指挥，同时调动大量伪满军警部队并以后者为主，对上述5个“防卫区”分别进行“治标”、“治本”工作。先以“治本”为主，秋冬季到来后，则为达到“治标”目的集中兵力进行军事“大讨伐”。

在敌人对抗日部队进行“讨伐”过程中，还以“通匪”、“援匪”、“知匪不报”等罪名，对手无寸铁的民众肆意杀害，制造了无数的流血惨案。同年7月26日，驻金川县大荒崴(今属通化县)日本守备队一小队率领伪警察一部50余名，到白家堡子及横山头一带搜索抗日部队，途中遭受业已埋伏守候的抗日联军部队的突然袭击，当场有11名日军被击毙。日本守备队中队长中山大尉得到报告，立即迁怒于当地民众“通匪不报”，将白家堡子列为“通匪区”。第二天便率全中队日军和伪警察包围白家堡子，强迫368名男女老少村民齐集东南山麓，日军伪警先用刺刀挑，后用机枪扫射，予以集体屠杀。翌日，又勒令残留村民就地挖掘9个大坑，将尸体掩埋，并将全村房屋焚毁为一片废墟。1936年2月5日，原岫岩抗日义勇军第五十六路刘景文余部曹国仕率一部分抗日战士，在岫岩县城西北四道河进行抗日游击活动，被驻王家堡子的日本守备队侦知。守备队长新泽大尉通过伪警察派出所，转告四道河村公所及周边各村屯屯长、牌长等，命令他们侦察曹国仕部的行止，并立即报告。第二天，日军守备队得到村公所有关曹国仕部抗日武装撤向别处的报告。新泽即认为这是该村村长马玉珍及所属各村屯长、牌长“通匪不举”，迅即亲自带日军和伪自卫团出动，抓捕各村屯长、牌长50余人，施用酷刑逼供。最后分3批处死53人，并将四道河附近村屯的130余户农民的房子放火烧毁，造成“无人区”。

日本侵略者在残酷镇压人民群众，实行法西斯殖民统治的同时，为制造细菌武器，进行细菌战争，还惨无人道地用中国人做“活体实验”。早在1932年、1933年，日本关东军即在黑龙江省肇东县满沟和五常县背荫河设立秘密的细菌武器研究基地，用活人进行细菌实验。背荫河基地被东北人民革命军第三军发现后遭到袭击。1935年至1936年，关东军又在东北设立两个细菌部队和大型基地。一个是建立在哈尔滨市郊平房车站附近的“关东军防疫给水部”，即1941年改称的臭名昭著的“满洲第七三一部队”；另一个是建在长春附近孟家屯的“关东军兽疫预防部”，后来改称“满洲第一〇〇部队”。日本细菌战争罪犯、中将石井四郎是细菌武器研究的主要主持者。日军细菌部队灭绝人性地用大量的活人进行“活体实验”。这些被用来实验的人，多半是中国的战俘和抗日爱国青年，无辜的工人、农民，还有少量苏联战俘。后来，这支细菌部队去关内撒播细菌，酿成传染病广为流行，给中国人民造成重大伤亡。

日本侵略者为了加紧对中国共产党地下组织和秘密抗日团体的镇压和破坏，根据关东军三年“治安肃正计划”，强化所谓“警务统制”。1936年春将先前设置的“警务联络委员会”改为“警务统制委员会”。“中央警务统制委员会”，委员长由日本关东军宪兵司令官东条英机担任，各地设置地方警务统制委员会的委员长，也均由当地的日本关东军宪兵队司令官充任。各地警务统制委员会下均设若干“特别搜查班”，广置密探、特务网，以专门破坏共产党和抗日爱国团体。1936年春，哈尔滨日本宪兵队、齐齐哈尔日本宪兵队先后侦知，哈尔滨、齐齐哈尔两地的学校师生、新闻界和文艺界有中国共产党和抗日反满团体在活动。海拉尔日本宪兵队首先从对哈尔滨嫌疑者的调查中得到线索，后经逮捕嫌疑者并审讯后得知，在中东铁路沿线的满洲里、博克图、扎兰屯、昂昂溪、齐齐哈尔、哈尔滨、牡丹江等城镇中，有共产党和抗日团体的秘密活动。日伪当局遂对实行大逮捕进行了充分准备。6月10日，东条英机下令，限在6月13日午后3时，在哈尔滨、齐齐哈尔、海拉尔、牡丹江等地，组织日本宪兵、特务、伪警察同时出动实行大逮捕。6月13日当天各地共逮捕149人，此后又陆续逮捕百余人，是为六一三事件。此次被捕者中，有前共产党员、黑龙江《民报》社社长王甄海（王复生），共产党员、东北著名文艺、新闻界抗日斗士、哈尔滨《大北新报画报》社编辑金剑啸，还有省立日语专修学校教师麻秉均，省立师范学校教师王柱华，黑龙江《民报》社编辑阎达生，伪龙江省教育厅长王宾章等。其中，爱国人士王宾章在敌人审讯时，因反抗而遭日本宪兵当场枪杀。其余人员经过长达数月的酷刑折磨，于同年8月15日、10月13日分别在齐齐哈尔、哈尔滨两地宣判，王甄海、金剑啸等20人被判处死刑并立即执行，其他人则被判处刑期不同的徒刑。六一三事件，仅仅是大规模镇压共产党和抗日爱国团体的一个例证。

1936年11月27日，经伪新京日本宪兵队侦察得知，磐石、伊通县有中共南满省委所属中共磐石中心县委人员进行抗日活动。敌人随即在两地出动近300名日伪警宪，于拐子炕、大安屯等地逮捕81人。经刑讯后，分别将其中的48人在磐石、长春两地处死。此后，日伪当局的搜捕行动并未停止，反而变本加厉地扩大规模。1937年1月下旬，中共磐石中心县委书记陈文彬在伊通被捕叛变，致使中共磐石中心县委所属党员和抗日群众先后被捕304人，使中共磐石中心县委及所属组织遭到全面破坏。同年2月，日伪当局又在伊通的伪军驻伊通山炮连和驻大孤山山炮连中逮捕8名地下共产党员，中共党组织被破坏。与此同时，柳河县山城镇日本宪兵分队经“长岛玉次郎特别工作班”几个月的侦察，在三源浦、五道沟、孤山子等地共逮捕中共柳河县委书记冯剑英（后叛变）等县委成员和东北抗联第一军第三师第五团所属的柳河游击队等约120人，其中多数被杀害。中共柳河县委及所属组织均遭破坏。

不久又发生了四一五事件。1937 年 3 月,中共哈东特委宣传部部长傅景勋向哈尔滨宪兵队自首叛变,供出中共哈尔滨特委、中共哈东特委及国际交通局满洲里交通站等组织机密。日本宪兵队于 4 月 15 日在各地实施大逮捕,是为四一五事件。哈尔滨特委书记韩守魁被捕后叛变,向敌人做了详细供述,使中共哈尔滨特委、中共奉天市委、中共大连市委、中共海伦县委和各特别支部、中共哈东特委、国际交通局及所属满洲里、博克图、密山等所有交通站全部被破坏。据 1938 年 2 月 12 日《满洲日日新闻》报道,此事件中被逮捕 482 人,其中 85 人被处死,67 人被判有期徒刑。

在"四一五"大逮捕中还接连制造了法政大学事件和哈尔滨口琴社事件。在日伪宪警破坏中共哈尔滨特委时,从被捕者中得悉原哈尔滨政法大学毕业生、时任《大北新报》记者于维范等 3 人是中共党员,即予以逮捕。在搜查两人的住房时,敌人获得一份哈尔滨政法大学的同学录和结拜"金兰谱",便认为是共产党的名单,又逮捕了 12 名政法大学毕业生,其中多数是无辜者。后来 7 人被处死。哈尔滨口琴社是个进步的群众文艺团体。过去,金剑啸等共产党员曾参加口琴社的活动。日伪当局将该口琴社 10 余名无辜人员当成共产党案犯一并逮捕,并将其中 1 名队长处死。

四一五事件是东北地区党组织遭受的最大的一次破坏。从此,东北大城市和城镇中的共产党组织损失殆尽,无法恢复活动;抗日游击根据地、游击区的党组织和抗日部队因失去城市中共党组织、抗日爱国团体的支援帮助,很难获知有关敌人的重要情报。

第二节　中共代表团对东北工作的新指示,中共东北党组织的改组

一、《王康指示信》及其补充信在东北的传达贯彻

1934年以后,日伪对东北的统治进一步加强,“归屯并户”、“集团部落”逐步推行,日、伪军对抗日武装的残酷“讨伐”日趋频繁。在这种形势下,迫切需要加强东北党的组织、政治建设和对东北党组织的领导,以统一思想,进一步扩大反日统一战线,发展抗日游击战争。

这时,共产国际正在准备召开第七次代表大会,实行建立广泛的反法西斯统一战线的策略转变,纠正只搞下层统一战线的关门主义错误。中共驻共产国际代表团也根据共产国际正在酝酿的新精神和东北党组织在贯彻反日统一战线中出现的一些新问题,研究对东北工作的新指示。在这种情况下,王明、康生于1934年9月16日致信中共中央政治局,指出:我们正在给满洲起草新的文件,希望中央在此之前,不要再给满洲省委写有关游击运动等策略问题的文件①。

由于共产国际第七次代表大会推迟,对整个策略方针的改变尚未最后确定,因此,中共代表团起草的对东北党组织的指示信直到1935年6月共产国际七大召开前夕才定稿,之后以《王明、康生给吉东负责同志的秘密信》(简称《王康指示信》,又称《六·三指示信》)的名义发至中共吉东特委。1935年8月,吉东特委按照中共代表团的指示,将这一指示信抄转东北各地党组织和抗日部队。

---

①《王明、康生给中共中央政治局的信(第4号)》(1934年9月16日),中央档案馆复印件,中共黑龙江省委党史研究室存。

《王康指示信》的主要内容是：

（一）提出了东北抗日游击运动的新策略。信中指出：目前的状况“不是最后决定胜负的时期”，而是“准备争取最后胜利条件的时期”。“因此，我们的策略现时不是将所有的反日力量孤注一掷，而是要更大的准备群众，蓄积力量，保存和发展游击队的实力，培养大批的军事干部，以作为准备将来的更大的战争和更大事变的基础。”

（二）提出要进一步扩大全民反日统一战线。信中指出“要打破各地的关门主义，吸收一切愿意参加武装反日的分子来扩大游击队的组织”，“使其成为强有力的、能够影响一切反日武装力量的中心队伍”。同时，为了扩大游击队伍，除正规武装外，还要建立不脱产的农民武装。这种游击队“应当在非游击区或游击队退出的地方，由在业的反日民众来组织”。“要实行全民的反日统一战线”，“要普遍的与各种反日武装队伍建立下层与上层统一战线，团结一切反日武装共同抗日”。“在各地建立抗日联军总司令部是正确的，如认为是上层勾结或者说只有有了巩固的下层基础，才可以结成上层战线是错误的”。“上层的统一战线不是与下层统一战线对立，而是更顺利于下层群众工作的进行。自然不利用这些可能去加紧下层群众工作，这也是危险而有害的。”

（三）提出要加强游击根据地建设。信中指出，东北抗日游击区成立的地方人民政府和反日会、农民委员会等地方政权，“虽然是初步的形式，但是在东北及全中国民众中起了极大的影响”。要求党在各地广泛开展群众运动，“准备召开反日代表大会，成立或改选地方的反日政权机关”。

（四）提出要注意游击战术问题。信中指出：要“用灵活的游击战术反对敌人的‘讨伐’”，“不与敌人强大的兵力作正面的冲突，运用灵活的游击战术袭击敌人的弱点，扰乱他们的侧面和后方”；“集中一切游击队形成主力，消灭敌人的办法是异常危险和有害的”。要“在斗争中扩大与保存游击队的实力，不要固守根据地而牺牲实力”。

（五）提出要进一步加强群众工作。信中指出：“党必须加强群众中的工作。要把中国民族武装自卫委员会的六大纲领，根据东北的具体情况，在东北一切民众中，作极广大的通俗的解释，号召一切同意这个纲领的民众，团结起来共同抗日救国，收复失地。”

（六）提出关于伪军士兵工作的方针。信中指出：“士兵工作在目前战争环境中，占党的工作第一等的重要地位”，“你们应该集中最好的力量到伪军中开展工作”，“只要能打入进去，有时牺牲一部分地方党部和支部工作都是值得的”。

（七）提出要改造满洲省委和党的地方工作机构，以进一步加强党对抗日武装斗争的领导。信中指出：“必须彻底的转变党的工作”，“加强游击区党的领导”。“要使党的组织能够强有力的领导游击运动，就必须将党的机关一部分要设立在游击区里，改造党组织庞大的结构（尤其是上层领导机关），缩小管理的区域，使之能灵活的、巧便的独立工作，适合于战争的环境。”

《王康指示信》的基本精神来自于共产国际七大的策略转变，其主导思想与《八一宣言》是相一致的。东北各地党组织和抗日部队，大体上于1935年秋冬之际，先后接到《王康指示信》。吉东、北满、南满、东满党组织和抗联部队，都先后普遍地贯彻执行了这两个文件的基本精神。这一指示信，对东北地区进一步纠正关门主义倾向，扩大反日统一战线，组建抗日联军，发展抗日游击战争，起到了积极作用。

在东北各地党组织贯彻《王康指示信》过程中，中共代表团和海参崴联络站从1935年11月至1936年10月间又先后发出《吉东特委给珠河中心县委及三军负责同志信》（简称《吉特补充信》）、《中央驻东北代表致珠河党团县委及三军司令部的信》（简称《中代信》）和《新政治路线》信。

这三封指示信在建立反日统一战线的形式、对伪军的策略、对日伪保甲和集家并屯的策略、改造东北党组织机构等问题上,对《王康指示信》进行了补充和进一步说明。之后,三封指示信在东北各地传达贯彻。

《王康指示信》及其补充信,在指导东北党的工作和抗日斗争发挥积极作用的同时,也带有明显的教条主义和主观主义成分,有的政策提法不当或有错误。例如,在《王康指示信》中,把对伪军和地主武装的士兵工作,不适当地提到"占党的工作第一等的主要地位";在《新政治路线》信中,把党在关内实行的"抗日反蒋不并提"的方针演绎为"不要把抗日反满并提";在《吉特补充信》和《中代信》中,关于对付敌人的"集团部落"、"保甲制度"的政策规定和对游击区划分、部队建制等指令性的安排,也不大切合当时的实际斗争情况。这些不适当的或错误的部分,给东北部分党组织和抗联部队在思想上政治上造成不少混乱,产生了消极作用。

二、中共满洲省委的撤销与哈尔滨特委的建立

九一八事变后,中共满洲省委领导东北人民同日本侵略者进行了英勇的斗争,创建了党领导下的抗日游击队和人民革命军,开辟了抗日游击根据地。

但是,由于日伪的残酷统治和严密封锁,设在大城市哈尔滨的中共满洲省委,很难对处于东北各地边远农村的抗日游击区和党组织及其领导的抗日部队实行有效的领导。因此早在《一・二六指示信》中就已经提出要改变东北党组织的结构的主张。

中共代表团为了加强对东北工作的领导,于 1934 年 9 月派吴平以满洲省委巡视员的身份到吉东地区工作。他整顿了吉东各县的党组织,贯彻执行了代表团新的指示精神,恢复了中共代表团与东北党

组织的联系,并写信给满洲省委,传达了代表团关于在东北建立4个特委(珠河、磐石、吉东、东满特委);省委常委只设3人,废除宣传部和组织部的各干事等指示。

对于在东北各游击区内建立有独立工作能力的、坚强的党的工作委员会的问题,中共中央、中共驻共产国际代表团和中共满洲省委之间的意见是一致的。对建立吉东特委,满洲省委也没有异议。但是,对吴平在吉东所执行的中共代表团关于将东北人民革命军改称东北抗日联军的新指示精神,满洲省委认为是违背中央过去在《一·二六指示信》中关于建立东北民众革命军(即满洲省委决议中所指的东北人民革命军)的指示精神,并对吴平提出了批评,同时向中央报告了自己的意见,认为"在目前很明显是南满珠河在省委直接领导之下是照以前的方法在执行工作,在吉东(并开始用巡视员的名〔义〕对东去指示信了),对东满是胡萍(即吴平——引者注)所执行的另一个方法,这个问题的严重性是关系路线的问题"①。对于这种不协调的状况,中共代表团海参崴联络站负责人杨春山也向代表团写信,提出:"省方问题不能再延迟,必须要迅速解决!"②

1934年9月,中共代表团已经接到中共中央关于在东北设中央代表和上海中央局关于在东北设中央局和分设几个省委的指示。中共代表团为了直接了解满洲省委的工作状况,以便讨论满洲工作,先后通知满洲省委常委以上领导干部速去莫斯科出席讨论满洲工作的会议。通知中还令省委将所有文件一律销毁,仅留省委秘书长一人

① 《云给中共中央的报告》附件:《满洲来信两件》(1935年3月24日),载中央档案馆、辽宁省档案馆、吉林省档案馆、黑龙江省档案馆编:《东北地区革命历史文件汇集》甲66,1991年印,第328页。

② 《程字通信第四号》(1935年3月5日),载中央档案馆、辽宁省档案馆、吉林省档案馆、黑龙江省档案馆编:《东北地区革命历史文件汇集》甲21,1988年印,第355页。

留守。省委代理书记杨光华①等接到通知后，经研究认为，省委只留下刚刚担任省委秘书长工作的一个女同志，对工作不利，便决定省委常委、团省委书记小骆②一并留守省委，维持与各地党组织的联络；同时考虑到如果将文件全部销毁，将来向中共中央和东北党组织交代省委过去的工作缺乏依据，决定选择部分重要文件交由国际交通局转交中共代表团，其余销毁。但是这些重要文件却被国际交通员遗失，并落在日本宪兵队手里。

杨光华和谭国甫③在出发前，按中共代表团的指示于 1935 年 4 月 5 日发出《中共满洲省委临时通知》，要求各地党、团组织按照中央指示精神，独立地、自主地进行工作。4 月底，杨光华经满洲里附近过界入苏联，5 月 5 日到达莫斯科。不久，谭国甫也到达莫斯科。杨光华到莫斯科时，正值共产国际七大召开前夕，中共代表团拟召开的满洲工作会议推迟到共产国际七大闭幕后的 9 月份。

1935 年 9 月，共产国际七大闭幕后，中共代表团举行了满洲工作第二次会议，主要研究改组党组织和组建抗日联军等问题。会前，代表团得知上海中央局遭到严重破坏，领导人李竹声、盛忠亮相继被捕叛变，因此对此后上海中央局派到满洲省委任职的杨光华产生严重

---

① 杨光华（1908—1991），又名子才，湖北嘉鱼人。1927 年加入中国共产党。后参加沔阳秋收起义，历任中共沔阳县委书记、湘鄂西临时省委书记、上海中央局组织部部长、江苏省委秘书长。1934 年 10 月任中共满洲省委书记，1935 年 5 月受中共驻共产国际代表团和共产国际的审查，被错误处理并遭流放。1956 年回国，任湖北省政协委员等职。1991 年病逝。

② 小骆（1911—　），原名张文烈，别名胡权、叶琛、菲野，山西人。1931 年 5 月加入中国共产党。曾任共青团河南省委书记，1935 年 1 月调到东北，任中共满洲省委常委、共青团满洲省委书记。1936 年夏去海参崴联络站。后下落不明。

③ 谭国甫，生卒年不详，曾用名唐国夫、谭国夫、谭果夫、米亚、米东、杨大嫂，湖南人。中共党员。早年在湘鄂西做党的工作。1933 年 3 月后，在中共上海中央局工作。同年 11 月任中共满洲省委常委、宣传部部长。1935 年 7 月奉命赴莫斯科。1937 年后，曾参与巴黎《救国时报》工作。后客死异国。

怀疑；加之满洲省委文件丢失和他在江苏白区工作中犯有“严重错误”，受过严厉处分，便武断地认为杨光华有“内奸”嫌疑。因此，杨光华到莫斯科后并未出席这次会议。会后，代表团根据中共中央和前上海中央局在东北设中央代表和分设几个省委的指示，决定撤销中共满洲省委，成立南满、东满、吉东和松江 4 个省委和哈尔滨、奉天（或大连）特委，由中共代表团直接领导。

1935 年 11 月 26 日，中共代表团将撤销满洲省委和成立 4 个省委的具体办法通知海参崴联络站。同时，要求联络站给各地党委和军队党组织转发满洲省委内部“有奸细”、令各地特委和部队党组织立即中断与省委的关系并独立工作的通知。

1935 年 12 月，中共代表团派韩守魁（金赤民）①、张德（林潜）②、傅景勋（傅有）③三人分别由苏联回到东北，落实代表团关于设立哈尔滨特委等决定。韩守魁于 1936 年元旦到达哈尔滨。他的任务是结束满洲省委并组建哈尔滨特委。1 月 7 日，他从满洲省委留守人员小骆处接收省委与各方面的一切关系。但韩守魁根据代表团指示，未将结束省委的事告诉小骆，使之继续维持“省委”名义。2 月，韩守魁组建了中共哈尔滨特委，准备交由代表团指定的特委书记张德主持工

① 韩守魁（1914—1937），化名金赤民，吉林扶余人。九一八事变后，为苏联从事情报工作。1934 年加入中国共产党并到莫斯科中山大学学习。1936 年 2 月任中共哈尔滨特委书记。1937 年被捕变节，旋被枪杀。

② 张德（1910—1988），原名陈万言，又名陈维哲，化名林潜，黑龙江哈尔滨人。1932 年加入中国共产党。1933 年到莫斯科东方大学学习。1936 年 1 月回国，历任东北抗日联军政治军事学校教官、东北抗联第三军留守团政治部主任、第三军第七师政治部主任。1938 年初随部队过境进入苏联，不久被遣送新疆。新中国成立后，1953 年重新加入中国共产党，任锦州市医院副院长。1988 年病逝。

③ 傅景勋（1912—　）又名傅有、傅贤明、王守一，黑龙江依兰人。1934 年加入中国共产党，同年 6 月去苏联学习。1935 年 12 月派回东北，曾任中共苇河县委书记、哈东特委宣传部部长。1937 年 3 月叛变投敌。

作。1 月 25 日，张德到达哈尔滨后，发现被敌人跟踪无法工作，只得将特委书记一职交由韩守魁担任，他去汤原游击根据地工作。中共代表团规定哈尔滨特委的任务，是专做日本占领区城镇党的秘密工作，同时保持与中共代表团和海参崴联络站的通讯联络。哈尔滨特委经过一段工作，恢复了哈尔滨市委，改组了大连市委、海伦县委，并同奉天市委和宾县、巴彦、陶赖昭、呼兰等特别支部恢复了关系。

1936 年 3 月至 5 月，中共珠河中心县委派人经过苇河县委（亦即珠河中心县委白区工作部）的关系先后两次到哈尔滨找到前省委留守的小骆。这时，小骆才发觉中共代表团在杨光华去莫斯科后，尽管自己在近一年中多次致信海参崴联络站和中共代表团却不给回信的原因，是代表团怀疑前省委主要干部中有"奸细"，切断了同省委留守人员的联系。他写信要求到中共代表团去弄清楚问题。同年 6 月，小骆设法越境去了海参崴。他临走之前特意致信珠河中心县委、汤原中心县委声明：省委留守人员中没有"内奸"，并告诉珠、汤两中心县委对由吉东转来的文件大胆执行毋庸犹疑；同时指出，所谓"省委有奸细"，纯属谣言。究其原因：1. 敌人于去年即造谣。2. 吉东特委有奸细，但不敢武断地说有。3. 中共代表团有误会。同一信中还宣布："从现（在）起旧省委正式取消。"①

中共代表团撤销满洲省委另成立 3 个省委后，一直没有在东北设立中央局或中央代表，使东北各地党组织和抗日联军失去了统一的领导机关，并一度造成组织关系的混乱。对此，北满、吉东、南满地区党组织和军队的领导人深感忧虑。他们先后向中共代表团表达了在东北建立总的领导机关的愿望。

杨光华、谭国甫、小骆等满洲省委主要领导人在苏联受到严厉的

---

① 《满洲旧省委代表菲野（小骆）给珠、汤中心县委信》（1936 年 6 月），中共黑龙江省委党史研究室存。

审查，身心受到摧残，有的被流放西伯利亚。其中只有杨光华一人于1956年回国，得到平反，其他人则下落不明。

三、中共南满、北满、吉东省委的建立

中共满洲省委被撤销后，各地党组织按照中共代表团关于在东北四大游击区建立南满、东满、吉东、松江4个省委的指示，结合本地实际情况，先后建立了南满省委、北满临时省委、吉东省委等三个省委，领导各游击区的抗日游击战争。

（一）中共南满省委的建立

中共南满第二次代表大会之后，1936年7月上旬在金川县河里会家沟，由杨靖宇和魏拯民共同主持召开了中共南满、东满特委和抗联第一、第二军主要领导干部联席会议（亦称"河里会议"）。魏拯民在会上传达了共产国际七大精神和中共代表团有关撤销中共满洲省委、组建4个省委和建立统一的东北抗日联军以及各军，分区配合对敌作战等指示。会议经过充分讨论，考虑到东满与南满抗日斗争、党的工作开始联接在一起和领导干部缺少的实际，决定将中共代表团原计划分别建立中共南满省委和东满省委的建议予以改变，将东、南满党组织合并，统一组建中共南满省委。魏拯民任省委书记，杨靖宇、王德泰、李东光、宋铁岩、王仁斋、李学忠、周树东、陈翰章、曹亚范、王润成等13人为省委委员。

南满省委的下属党组织有东满特委、磐石中心县委和柳河、长白、抚松、桓（仁）兴（京）、抚顺等县委，以及东北抗联第一、第二军党委。之后南满省委机关由金川县（今划归柳河、辉南）河里地区转移至桓仁县境内。

（二）中共北满临时省委的建立

1936年6月，抗联第三军司令部接到《中代信》。信中提出在松

花江下游设置新的松江省委组织、在哈东老游击区建立哈东特委的建议。第三军司令部的赵尚志和珠河中心县委的冯仲云等人认为，这个建议不符合北满成立抗联总司令部之后形成的抗日游击战争发展的新格局；信中将新建的松江省委管辖的游击区域范围仅限于松花江下游两岸地区，而未包括第三、第六军正在开辟的小兴安岭和黑嫩平原是不妥当的；并对“中央驻东北代表”的合法性表示怀疑和不信任。因此决定不成立松江省委，而成立北满临时省委，然后自己去找上级关系，向中共代表团报告。

1936 年 9 月 18 日，中共珠河、汤原中心县委和第三、第六军党委联席会议（简称珠汤联席会议）在汤原帽儿山第三军被服厂召开。会议通过了《中共珠汤中心县委联席会议关于目前政治形势和党的新策略与任务的决议（草案）》和《中共珠汤中心县委，三六军党委关于组织北满临时省委的决议》。《关于组织北满临时省委的决议》指出：“满洲省委既已取消，组织混乱如此，路线方面错误如此严重，对于旧的满洲省委以及吉东特委、‘中央驻东北代表’，站在巩固党的立场不得不均加以否认”，根据工作需要，“必须要成立北满临时省委员会”，“暂时领导整个北满（哈东、哈南、松江、嫩江流域、呼海、齐克路沿线等地）党的组织”[①]。会议还决定派朱新阳[②]去莫斯科向中共代表团汇报请示。

珠汤联席会议选举产生了中共北满临时省委。赵尚志为临时省委执行委员会主席、冯仲云为书记，赵尚志、冯仲云、张寿篯、李熙山、

① 《中共珠、汤中心县委、三、六军党委关于组织北满临时省委的决议》（1936 年 9 月 18 日），载中央档案馆、辽宁省档案馆、吉林省档案馆、黑龙江省档案馆编：《东北地区革命历史文件汇集》甲 23，1989 年印，第 3 页。

② 朱新阳（1912—2003），别名朱正云、宋文成，黑龙江宁安人。1929 年加入中国共产主义青年团，后转为中国共产党员。历任珠河团县委书记、中共北满临时省委青年部部长。1937 年在莫斯科东方大学学习，1939 年到延安在警卫团工作。抗战胜利后任齐齐哈尔市市长、旅大市副市长，后任黑龙江省文史馆副馆长。2003 年病逝。

郝贵林、金策、张兰生[①]、夏云杰、白江绪、李福林、朱新阳、魏长魁[②]、蓝志渊[③]、张福林、张连科 15 人为临时省委执行委员会委员，李福林、张兰生、冯仲云、赵尚志、白江绪、朱新阳、夏云杰 7 人为临时省委常委（后补充魏长魁、金策为常委）。

中共北满临时省委下辖哈东特委、下江特委，汤原、桦川、依兰、富锦、绥滨、方正、讷河、肇州等县委及抗联第三、第六军党委和第九、第十一军党组织。

（三）中共吉东省委的建立

为贯彻中共代表团关于改变东北党组织结构的指示，1936 年 7 月，中共代表团驻海参崴联络站派来的联络员于化南[④]传达联络站方面的指示，撤销了中共吉东特委，另建中共道北、道南两个特委。道北特委由宋一夫任特委书记，刘曙华、关书范、王效明[⑤]、于化南等为

---

① 张兰生（1909—1940），原名包巨魁，黑龙江呼兰人，满族。1932 年加入中国共产党。1934 年到珠河抗日游击区工作，先后任中共珠河中心县委宣传部部长、书记，中共北满临时省委宣传部部长、书记，东北抗日联军第三军政治部主任等职。1940 年在战斗中牺牲。

② 魏长魁（1906—1938），山东人。工人出身。1926 年加入中国共产党。同年，任中共大连印刷职工联合会支部书记。后历任中共哈尔滨市道外区委书记、珠河中心县委组织部部长、哈东特委书记、北满临时省委组织部部长、东北抗日联军第九军政治部主任等职。1938 年在战斗中牺牲。

③ 蓝志渊（1914—1958），别名蓝友勤，吉林梨树人。1933 年加入中国共产党。1934 年参加珠河反日游击队。曾任东北抗日联军第三军第六师政治部主任。1939 年 1 月叛变投敌。1958 年被人民政府逮捕处决。

④ 于化南（1904—1945），原名于诗勋，化名“诵”，山东文登人。1932 年加入中国共产党。历任中共饶河中心县委委员、中共代表团海参崴联络站吉东联络员、吉东道北特委委员、吉东省委常委。后在莫斯科东方大学学习，1938 年去延安。抗战胜利后任中共勃利地委书记兼专员。1945 年被土匪杀害。

⑤ 王效明（1909—1991），原名王冠英，辽宁昌图人。早年在奉天入东北陆军讲武堂，九一八事变后曾任伪军步兵团第三营军官。1935 年参加东北反日联合军第五军，加入中国共产党。历任东北抗日联军第五军第二师参谋长、第三师政治部主任、东北抗联第七军政治部主任、参谋长。抗战胜利后任东北人民解放军独立第十一师师长。新中国成立后，任旅顺海军基地副司令员。1991 年病逝。

委员。特委机关设在林口镇。根据中共代表团海参崴联络站的建议,第五军政治部主任张中华返回宁安,建立中共道南特委并任特委书记,领导宁安等老游击区的斗争。第五军政治部主任改由道北特委书记宋一夫兼任。

自 1936 年 12 月穆棱县委遭受敌人破坏,道北特委书记宋一夫一直随第五军第二师行动,主持道北特委工作的于化南又于 1937 年初去莫斯科,道北特委实际已无人负责。此时吉东地区抗联部队的反“讨伐”斗争必须加强领导与协调;北满与吉东党组织间、抗联各军间出现的问题和不同意见也亟待妥善解决。经道北特委和第五军党委酝酿,1937 年 3 月 14 日,由道北特委书记宋一夫主持,在方正县四道河子(今属林口县)第五军军部召开了吉东地区党组织扩大会议,决定以道北特委为基础建立中共吉东省委员会。会议选举宋一夫、周保中、王光宇、关书范、柴世荣、李延平、陈翰章、颜志、于化南 9 人为省委执行委员,选举宋一夫、周保中、王光宇为常委,宋一夫为省委书记。吉东省委在四道河子设秘书处,姚新一任秘书长。

吉东省委下辖道南特委、下江(乌苏里江下游地区)特委、勃利、穆棱县委及抗联第五、第七军党委和第四、第八、第十军党组织。

3 个省委的建立,加强了南满、北满、吉东地区党和军队的领导,对于各地区党和军队的建设、抗日游击战争的发展起到了重要作用。

自 1935 年 8 月至 1936 年,《王康指示信》及其补充信先后传到东北。东北各地党组织和抗联部队,在实际工作中认真贯彻了《王康指示信》及其补充指示,使东北的抗日斗争出现了较好的发展形势。但从 1936 年上半年开始,由于中共代表团把满洲省委主要负责人调往莫斯科进行审查,切断了满洲省委对各地党组织的领导关系,并径自通过吉东特委或用吉东特委、“中央驻东北代表”的名义向东北各地党组织转发指示，造成了组织关系混乱，北满党组织对吉东党组织发来或转来的《吉特补充信》、《中代信》产生怀疑，进而批评《王康指示信》总的精神是右倾的。于是在1936年9月召开的珠汤联席会议上提出反对《王康指示信》等文件的"右倾路线"，否认"中央驻东北代表"的合法性。北满临时省委在派代表向中共代表团申述意见之后又于11月给周保中写了《中共北满临时省委给周保中及五军党委的信》，阐明珠汤联席会议对《王康指示信》等文件的认识。之后，道北特委和周保中看到信后，对北满临时省委以横向关系传来的涉及否定中共代表团有关指导方针和上级组织一事，感到"问题严重"。此后，中共代表团又发来《新政治路线》信，北满党组织也持反对态度。因此，1937年以后，北满和吉东党组织主要领导人之间，对这些指示信中的一些具体政策、策略的认识不同，产生了意见分歧。这些分歧主要是：

对形势分析即"大事变"的认识，对伪军和伪自卫团、"大排队"策略问题的认识，对伪保甲和敌人"归大屯"策略的认识，对"抗日反满不并提"的认识等。

为了解决这些问题，吉东、北满党组织主要领导人之间曾多次通过信件交换意见，也举行过会谈，但没有取得认识上的一致。于是各自向莫斯科中共代表团写信反映，希望派人前来指导解决北满和吉东党组织之间的这些分歧，并都请求上级党组织在东北设置统一的领导机构，以便统一领导，统一认识。

北满、吉东党组织主要领导人之间发生的争论，并不涉及抗日救国的大方向，也不涉及中国共产党的整体政治路线，而是在东北地区贯彻执行抗日统一战线方针的某些具体政策和措施方面，存在认识上的不一致。对这些认识上的不一致和引起的争论及造成的影响，中共驻共产国际代表团负有直接的领导责任。当年参与争论的同志，虽然对《王康指示信》及其补充信看法不一致，甚至以"左"倾和右倾互相指责,但是,在坚持党的抗日救国总政策这个根本点上是没有分歧的。他们在当时紧张尖锐的对敌斗争中,尽可能地相互支援,配合行动,并没有把这一争论扩展到下级党组织和部队中去,都没有也不可能完全照搬来自上面的某种口号和规定,而是按照当地的实际情况采取对策,分别领导了各地区的抗日游击战争。

第三节　东北抗日联军各军的建立,东北抗日民族统一战线形成,游击战争广泛开展

一、《东北抗日联军统一军队建制宣言》的发表

1935 年秋,中共中央在发表的《八一宣言》中提出为结成全国抗日民族统一战线,需要建立全国统一的国防政府与抗日联军的主张,并表明中国共产党领导的中国红军和东北人民革命军将率先加入抗日联军。

1935 年 5 月之前,中国共产党在东北已建立了东北人民革命军第一至第三军、东北抗日同盟军第四军、东北反日联合军第五军共 5 个军。党在东北组建的抗日部队已形成两种类型:一种是由红军游击队直接组建的东北人民革命军部队,包括南满的第一军、东满的第二军和哈东的第三军;一种是有红军游击队参加、以共产党领导的吉林救国军余部为主编成的东北抗日同盟军第四军、东北反日联合军第五军。南满第一军组织的东北抗日联军总指挥部、东满第二军在安图建立的东满抗日联合军指挥部、北满第三军组织的东北民众反日联军总司令部,以及党领导的抗日武装联合其他抗日义勇军组成的抗日同盟军部队,都体现了党的反日统一战线方针,并卓有成效地联合各地区抗日武装力量开展对敌斗争。根据上述各军主要领导人

创造的经验，吴平向中共满洲省委和中共代表团提出了在东北建立东北抗日联合军总司令部和东北抗日联军的建议。1935年5月11日，《中共吉东特委致满洲省委的报告》中提出：东北各种抗日武装，应一律取消各部队的原有不同名目，共同组建统一的“东北抗日联军”[①]。9月2日，吴平还起草了《东北抗日联合军的组织条例（草案）》上报中共代表团审议。

经过长时间酝酿、宣传和准备工作之后，中共代表团在第二次“满洲问题”会议上作出了在东北建立统一的东北抗日联军的决定，并于1936年2月10日以中共中央名义拟定了《为建立全东北抗日联军总司令部决议草案》。2月20日，中共代表团又以东北抗日联军第一至第六军军长杨靖宇、王德泰、赵尚志、李延禄、周保中、谢文东和汤原、海伦游击队具衔，发出了《东北抗日联军统一军队建制宣言》。宣言指出：“我东北人民革命军第一、二、三各军，反日联合军第四、五、六各军、各反日游击队为收回东北领土，为保卫中华祖国，四年以来在全东北反日总会领导下，与我各反日救国武装同志及反日民众结成统一战线，共同对抗日本强盗帝国主义，作游击战争，誓必奋斗到底。”《宣言》正式宣布：东北人民革命军和东北抗日同盟军、东北反日联合军和东北反日民众救国军部队，从即日起“一律改组军队建制为东北抗日联军第一、二、三、四、五、六军，以及抗日联军××游击队”[②]。并规定：

（一）东北抗日联军在政治上，在民众救国运动紧密关系上，完全

---

① 《中共吉东特委致省委的报告》（1935年5月11日），载中央档案馆、辽宁省档案馆、吉林省档案馆、黑龙江省档案馆编：《东北地区革命历史文件汇集》甲35，1989年印，第69页。

② 当时中共驻共产国际代表团原拟将谢文东的东北反日民众救国军编为东北抗联第六军，但该军未能接受，故该军番号为虚列。

接受东北反日救国总会领导。

（二）凡中国同胞及一切反日武装军队，不分宗教，不论政治派别，不论任何社会团体或个人，不分派别，不分穷富，只要是抗日救国，我东北抗日联军便与行动一致。因此对于海内外同胞，暨南京政府内反日派别，在野政党、军政名流以至中国苏维埃红军，最近抗日救国对日宣战一切主张，均竭诚拥护。

（三）我东北抗日联军随时准备参加全体统一之抗日联军军队编组。同时欢迎目前东北反日武装军队之参加东北抗日联军组织，并由公意建立东北抗日联军总司令部。

（四）凡被压迫民族，高丽人、内蒙古人、台湾人、个人或团体或军队，我东北抗日联军均一律欢迎参加，结成弱小民族联合战线，对抗日本强盗帝国主义。并愿与反帝国主义的社会主义国家苏联友好提携，同时与目前正在国际政策上对日寇立于反对地位，例如英、美、法等及其他反日国家，均为我联军所同情，互为赞助。

（五）昨日即为汉奸国贼，做日寇的间谍走狗者，今日若能悔过自新，回念中华祖国民族的生存而欲反正抗日救国者——我联军完全不咎既往，愿诚意与之作今后抗日新提携①。

此后，在中国共产党领导下的东北各地的抗日部队统一改称东北抗日联军部队。其中东北反日联合军第五军、东北人民革命军第二军、东北反日同盟军第四军皆在 1936 年二三月间分别改编为东北抗日联军第五、第二、第四军；东北人民革命军第一军于同年6 月改编为东北抗日联军第一军；东北人民革命军第三、第六军②于同年八九

① 《东北抗日联军统一军队建制宣言》（1936 年 2 月 20 日），载中央档案馆、辽宁省档案馆、吉林省档案馆、黑龙江省档案馆编：《东北地区革命历史文件汇集》甲 46，1996 年印，第 10—12 页。

② 1936 年 1 月汤原反日游击总队改编为东北人民革命军第六军。

月改编为东北抗日联军第三、第六军。以后,东北人民革命军第四军第二师改编为东北抗日联军第七军。

建立东北抗日联军的基本目的,除将中国共产党原有不同名称的抗日武装统一编为抗日联军外,还具有将其他愿意同共产党合作的抗日义勇军部队吸收加入抗日联军的含义,以便最终建立起东北武装抗日统一战线。为此,当时东北抗联各军普遍采取了收编义勇军部队,或将其直接纳入本军部队,或增设抗日联军编制序列,编为东北抗日联军部队的做法。据此,先后将东北民众救国军改编为东北抗日联军第八军;将自卫军第二支队改编为东北抗日联军第九军;将东北人民革命军第八军改编为东北抗日联军第十军;将东北抗日联军独立师改编为东北抗日联军第十一军。

由于中共满洲省委被撤销后,东北的军队和党组织失去了统一领导,东北抗日联军的总司令部这一统一指挥机构未能建立起来。杨靖宇和赵尚志分别在南满和北满成立的东北抗日联军总指挥部和东北民众反日联军总司令部,虽然当时都冠以"东北"名称,但都属于地区性的指挥机关。

中国共产党在《八一宣言》发表后,为推动全国抗日联军的早日建立,使抗日民族统一战线早日结成,提议由正在上海的著名东北抗日将领、前吉林自卫军总司令李杜出任东北抗日联军总司令。后来,李杜在关内就任东北抗日联军总司令,并派人到天津设立电台,同东北抗日联军部队进行联络。全国抗日战争爆发、南京国民政府撤往重庆后,李杜经南京国民政府核准在重庆公开设立了东北抗日联军总司令部,并对外挂牌进行抗日工作。在此期间,李杜秘密加入中国共产党。但这个总司令部和总司令远在重庆,根本无法实现对东北抗日联军的领导,所以这个司令部未能发挥实际作用。

二、东北抗联第一、第二军成立，东北抗联第一路军编成，反“东边道北部大讨伐”的斗争

（一）东北抗联第一军的建立

1936 年上半年，在全国抗日救亡运动高涨和中国工农红军北上抗日新形势的鼓舞下，东北人民革命军第一军军长兼政治委员杨靖宇指挥第一军部队，在南满地区积极主动地开展游击活动，给予日、伪军以重大打击。

1936 年 2 月，杨靖宇率领第一军军部教导团，自金川县河里根据地出发再次南下通化。当得知第一军的死对头伪军第六旅第七团邵本良部驻在二道江附近的热水河子街的消息时，杨靖宇决定突袭该伪军团部驻地热水河子街。热水河子街是伪满在通化的一个重要据点。街内驻有日军守备队 30 人、伪军 70 余人、伪警察 30 余人、伪自卫团 30 余人。2 月 7 日凌晨，第一军教导团以急行军隐蔽行动突然包围了热水河子街，在内应的配合下，首先占领了可控制全街火力的大炮台。接着，卫队团徐团长和宣传干事吕鹤三又机智地解决了街口和伪军团部门口的哨兵，大部队立即旋风般冲进营房，正在睡梦中的伪军官兵全部被俘虏。时值伪军团长邵本良去通化开会，得以漏网。这次行动，因有内应配合，干净利落地俘虏了邵本良团副团长杨凤武等 60 余人，俘虏并处决了团部的两个日本指挥官和团部副官“刘大绝户”，缴获新三八式步枪 40 支、自来得手枪 20 支和子弹 3 万发①。3 月初，杨靖宇又得到奉天伪教导队一团团部 76 人将要经过辑安（今集安）县头道崴子附近的高丽沟前往通化县城的消息，决定伏击这股敌人。他指挥部队在高丽沟

---

① 《东北抗日联军第一军的几个战斗情况》（1936 年），载中央档案馆、辽宁省档案馆、吉林省档案馆、黑龙江省档案馆编：《东北地区革命历史文件汇集》甲 47，1991 年印，第 89 页。

口设下埋伏。但由于消息走漏，敌人没有过来。于是杨靖宇故意放出消息说：部队将向东作战。但他率部向东走了几里地后，又返回高丽沟，将队伍埋伏在村中，并告诉被抓来修路的群众照样干活。果然，四五个小时后，敌人来了。杨靖宇鸣枪为号，战士们勇猛冲锋，仅用15分钟就结束战斗。此战俘虏敌人38名，缴获迫击炮1门、重机枪1挺、轻机枪2挺、三八式步枪42支、手枪18支、子弹2万发。杨靖宇召集被俘伪军讲话后，伪军士兵议论说："人家一个大队长（当时部队为保密称杨靖宇为大队长——引者注）讲话就这样呱呱叫，……咱们'满洲国'的官连人家一个眼睛角也赶不上"①。开完会，每个俘虏发给5元大洋释放回家。之后，第一军部队继续南下。

敌人得知杨靖宇率部出击通化、辑安地区后，立即调集伪第一军管区所属1000余名伪军，于辑安中部头道阳岔一带截击、围堵正在南下的人民革命军第一军部队。1936年4月9日，伪军第一军管区司令部派参谋长满良、日本顾问武田乘飞机从空中视察、指挥，邵本良部伪军充当炮灰冲在前面。第一军部队被逼上白石砬子山顶，经连续几天的突围战斗，仍未突出敌围。敌人以为杨靖宇插翅难飞了。4月12日凌晨，伪军发动总攻时，却发现人民革命军第一军部队已经无影无踪了。原来，第一军部队于敌人发动总攻前，趁敌军连日疲困疏于警戒之机，从几支伪军结合部的薄弱环节胜利突围，并隐蔽起来。敌人惊叹："杨靖宇的队伍飞了！"

4月16日，在敌人尚未重新发现人民革命军一军军部的行踪时，第一军部队又突然出现，连续袭击了头道阳岔西部的台上、花甸子等伪警察所。尔后，第一军军部教导团即牵着尾追的邵本良所部伪军，

---

① 《东北抗日联军第一军的几个战斗情况》（1936年），载中央档案馆、辽宁省档案馆、吉林省档案馆、黑龙江省档案馆编：《东北地区革命历史文件汇集》甲47，1991年印，第91页。

在桓仁、本溪、兴京(今新宾)、宽甸等县兜圈子。军部教导团在宽甸县境内，又与该军第一师一部会合，兵力已超过邵本良部一倍。于是杨靖宇决定给已经被拖得疲惫不堪跟踪而至的这支伪军以严惩。4月30日，杨靖宇将战场选择在毗邻的本溪县梨树甸子大东沟。此处两面是山，中间是道，是敌人必经之路，地形对第一军部队十分有利。第一军部队埋伏于两山，架起轻重机枪。当邵本良的马队进入伏击线内时，第一军战士猛烈射击，打得敌人纷纷往南山坡上逃跑。第一军战士立即将火力向南山坡集中，把敌人打得落花流水。此次战斗，击毙伪军100余人，缴获步枪100余支、手枪20余支、迫击炮1门、无线电收发报机1台和许多军需物资。伪军团长邵本良脚部受重伤，率残部狼狈逃走。当时的一份战斗情况报告中说，自第一军成立以来，最激烈的战争要算这次，敌人死亡最多的也要算这次；对这次战斗的巨大影响，有"吓坏了日本子，轰动了奉天省"的说法①。1936年5月，杨靖宇率领教导团返回河里根据地休整。

与此同时，第一师部队另一部在兴京县的杜家店、小南沟门等地袭击伪军获胜。1936年4月1日，第一师主力袭击了杜家店伪军机枪连，一举俘虏伪军45人。4月8日，第一师一部在大呼伦小南沟门伏击伪军第四混成旅骑兵第七团1个连，毙伤伪军9人，俘虏33人，缴获迫击炮1门、轻机枪1挺、长短枪47支。第一师还夜袭了本溪火车站，毙伤伪军10余人，缴获一批军需物资。此外，在江北活动的第二师，在师长曹国安率领下积极对敌作战。在此期间，第二师会同第二军第一师一部，为与南下作战的军部教导团和第一师互为呼应，曾在桦甸会全栈与日军200余名展开战斗，歼敌50余人。

---

① 《东北抗日联军第一军的几个战斗情况》(1936年)，载中央档案馆、辽宁省档案馆、吉林省档案馆、黑龙江省档案馆编：《东北地区革命历史文件汇集》甲47，1991年印，第96页。

1936 年 2 月至 4 月，第一军与日、伪军警作战 11 次，歼灭日军 60 人、伪军 382 人，扩大了南满游击区，部队也得到扩充。同年 5 月，以军部第二教导团、第一师第五团和游击大队，扩编为第一军第三师。师长王仁斋，政委周建华，参谋长杨俊恒，政治部主任柳万熙①。下辖第五、第七两个团。

在此期间，东北人民革命军第一军和中共南满特委为了解决因南满抗日游击区不断扩大，第一军部队承担的战斗任务日益加重的问题，同时针对日伪当局在南满地区建设“集团部落”的严峻形势，便依据《王康指示信》中有关组建农民游击队的建议，于 1936 年 4 月 15 日，由南满特委专门制定出《关于游击队活动的新方针》，要求因地制宜地在东北人民革命军第一军主力部队之下，组建许多地方游击队（亦称小部队）。《新方针》指出：“准备与组织群众养成游击队的实力，为准备将来大的事变的基础的实现，游击队和党的力量应深入于南满广大的地域与群众中，在群众的保护和与他们配合起来，正确的解决一切军事给养。而且采取化整为零、化零为整的战术来避免与敌正面冲突，而不断的进攻（敌人），这样才能迅速的扩大部队。”②组织地方游击队的方式是以几个大的村屯为中心组建 20 人至 30 人规模的游击队，由人民革命军派一指导员带领，开展包括军事训练在内的各项活动。游击队之间、游击队与大部队之间要保持联系。游击队的具体任务是发动并保护群众的对敌斗争；动员群众调查敌情，袭击敌人防守薄弱据点，夺取军粮，没收汉奸的财产，解决军需或分配

---

① 柳万熙（1917—1940），原名柳永俊，朝鲜庆尚北道人。1933 年加入中国共产主义青年团，同年参加东北人民革命军第一军独立师，并参加中国共产党。历任该军第一师第五团青年科长、第三师政治部主任。1938 年冬，在桦甸柳树河战斗中负重伤。1940 年被叛徒杀害。

② 中共南满特别委员会：《关于游击队活动的新方针》（1936 年 4 月 15 日），东北师范大学政法学院资料室存。

给群众；经常扰乱敌人，牵制敌人，掩护主力部队的活动，或配合大部队作战，等等。从此，东北人民革命军第一军部队在各地地方游击队的配合下，如虎添翼，增强了主力部队活动的机动性。地方游击队成为主力部队的助手和后备力量。

1936 年 5 月，第一军得到了陕北红军东征抗日的消息（由于敌人封锁，第一军得到的是迟到的消息，且尚不了解陕北红军已于 5 月初回师陕北）。5 月 23 日，杨靖宇率第一军军部到本溪县草河掌山区的汤池沟，同第一师干部研究为响应陕北红军东征，由第一师首先进行西征军事行动。5 月 31 日，第一军军部以反正抗日的伪军奉天第一教导旅步兵第一团士兵孙喜堂等人名义发表《敬告满洲国士兵和长官书》，号召伪军官兵要认清形势，倒戈反正抗日。《敬告满洲国士兵和长官书》说："关内中国红军已打进山西了，并联络其他各省反日队伍成立抗日联军，欲直捣满洲国。关外的抗日联军，特别是第一军，则从关外呼应，使日本强盗满洲狗国首尾不能相顾，一定能把日本强盗赶出东北和推翻满洲狗国！"为了响应陕北红军东征，实现久已渴望的打通同中共中央和关内抗日红军的联系，第一军军部和中共南满特委决定，主动派遣在兴京、本溪地区的第一师部队进行西征，并为此积极进行准备工作。

1936 年 6 月中旬，第一军第一师自桓仁县西进。6 月 23 日，西征部队集结在本溪、凤城边界一带，第一军政治部主任宋铁岩在和尚帽子游击根据地召集干部会议，传达军部有关西征军事行动的指示。经党内、军内深入政治动员后，决定以第一师师部保卫连、少年营、第三团共 400 余人，组成西征部队，冲过南满铁路和辽河，直趋辽西、热河，策应红军东征。6 月 28 日，在宋铁岩和第一师师长程斌、参谋长李敏焕①等率领下踏上西征征途。西征部队在该师第四、第六团掩护下，经沙窝沟、大东沟，于当天夜里攻下安（东）奉（沈阳）铁路草河口车站。6 月 30 日，在矿洞沟附近与敌军发生遭遇战。1936 年 7 月 1 日，经二道沟黄柏峪、山崴子越过安（东）奉（沈阳）铁路到达朝天贝，然后沿辽阳、岫岩边界向西疾进。日军发现第一军西进，迅速派兵追击，并从海城、辽阳调集大批兵力前来围堵。西征部队前进受阻，并有陷入敌军重围之危险。第一师师部当机立断，决定暂时放弃西征的计划，于 7 月 8 日将部队化整为零，兵分三路，回师东返。7 月 15 日，该师一部回师途中设伏于辽阳与本溪边界之摩天岭，一举全歼追踪而来的驻连山关的日军守备队第二中队之一部，击毙队长今田大尉以下 30 余人。此战第一师也受到很大损失，第一师参谋长李敏焕等人在战斗中不幸牺牲。摩天岭战斗后，第一师各部化整为零，分头返回本溪游击区，但部队多次遭到追敌袭击，损失较大。

此次西征虽然未能实现预定计划，但却是欲打通同东征红军和中共中央联系的首次尝试。西征行动，扩大了东北人民革命军在辽阳、奉天一带的影响，鼓舞了群众的抗日信心。

1936 年上半年，东北人民革命军第一军部队在军长兼政委杨靖宇和中共南满特委的领导下，在辽东地区积极开展游击战争，军锋所至已达本溪、辽阳、岫岩、凤城一带，直接威胁安（丹东）奉（沈阳）铁路交通动脉。日伪当局为清除第一军的威胁，根据三年“治安肃正计划”，加紧策划实施“北部东边道独立大讨伐”。

为了迎接即将到来的新的更大战斗，中共南满特委于 1936 年 6 月末，在金川县（今划归柳河、辉南）河里抗日游击根据地会家沟召开

---

① 李敏焕（1913—1936），朝鲜族。1930 年加入中国共产党。历任共青团清原县委书记、东北人民革命军第一军独立师少年连政委、东北人民革命军第一军第一师参谋长等职。1936 年在战斗中牺牲。

了中共南满第二次代表大会，出席会议的代表50余人。会上，魏拯民作了关于国际形势和共产国际七大精神的报告，杨靖宇作了军事报告，南满特委书记李东光作了党的地方工作报告。会议根据《王康指示信》、《八一宣言》和《东北抗日联军统一军队建制宣言》精神，分析了国际国内形势，确定了今后的战斗任务。会议根据《东北抗日联军统一军队建制宣言》的精神，正式宣布将东北人民革命军第一军改编为东北抗日联军第一军。杨靖宇任军长兼政委，宋铁岩任政治部主任，安光勋①任参谋长。军部下辖教导团和3个师。第一师，师长兼政委程斌，政治部主任胡国臣，参谋长李敏焕（此时尚未得知其在西征中已牺牲），师下辖第三、第四、第六共3个团和1个少年营、1个警卫连。第二师，师长兼政委曹国安，参谋长李希敏，师下辖第八团和1个少年营。第三师，师长王仁斋，政委周建华，参谋长杨俊恒，政治部主任柳万熙，师下辖第五、第七2个团。全军共3000余人。

（二）东北抗联第二军的建立

1936年1月，因日、伪军的“讨伐”，安图车厂子、奶头山根据地先后遭到破坏，东满抗日游击区日益缩小。在东满抗日斗争处于困难的情况下，根据东满与吉东抗日部队过去相互合作和支援的协议，东北人民革命军第二军军长王德泰、政治部主任李学忠率该军一部，北赴宁安县镜泊湖北湖头东北反日联合军第五军军部驻地，同第五军军长周保中等领导人一起，共同举行了第二、第五军党委特别会议，协商制定打开新局面的方法。

这次会议于1936年1月20日开始。会上，第二军通报了1935年8月该军与南满第一军在那尔轰会师和共同协商的事项。会议对

---

① 安光勋（1907—1940），朝鲜族。中共党员。曾任中共磐石县委书记、东北抗日联军第一军参谋长、东北抗联第一路军参谋长等职。1938年2月被敌人逮捕后叛变。1940年死于晋察冀地区。

第一、第二军的会师行动给予充分肯定,这为打破各军彼此隔离局面、实现各军紧密联系共同对敌作战开创了先例,并为促成以后第一、第二、第五军的联合军事行动起到了推动作用。双方研究了共产党领导下的东北各地人民革命军、抗日同盟军、反日联合军相互密切配合作战,建立抗日根据地,成立东北抗日联军总司令部和东北人民抗日政府等问题。同时还研究了第二军与第五军为克服困难开展新的局面,相互支援,继续协同对敌作战,以及两军整顿和干部交流等议题。会议议定,第二军正式建立军部机构,部队扩编为2个师,下辖6个团。部队的活动方向:第二军军部率第一师继续在东满抗日游击区西部开展游击战,扩展安图、敦化、额穆、桦甸等抗日游击区,并向抚松发展,以与在南满抗日游击区的第一军取得联系;第二军第二师仍在东部活动,其中大部分仍同第五军在绥宁地区共同活动,以一小部分部队在原有游击区汪清、东宁坚持战斗。第五军部队经整顿后,第一师部队继续与第二军第二师部队坚持在宁安中心游击区的战斗。同时,第二、第五军领导人还达成今后两军相互交换干部以及交流部队建设、战斗经验的协议。第五军根据第二军的请求,允诺向该军输送几名师团级军事、政治干部。

会议结束后,1936年1月31日,第二军军长王德泰带领部队南返,会合正集结在镜泊湖南湖头、额穆(今属敦化)、敦化一带的第二军部队,准备部署部队的改编和整顿,开展新的战斗。

第二、第五军党委特别会议的召开,对于加强东满、南满和吉东地区党组织和军队之间的联系,促进抗日联军第二军的建立,推动东满抗日游击战争的发展,起到了积极的作用。

会后不久,中共东满特委书记魏拯民从苏联返回东北。回国前,中共代表团指示,由他负责组建中共东满省委并任省委书记,同时还承担在可能时向吉东特委、第五军以及向中共南满特委、第一军传达共产国际第七次大会精神，传达中共代表团关于撤销中共满洲省委、另建4个省委，建立统一的东北抗日联军的指示的任务。

1936年2月5日,魏拯民在返回东满时,由吉东特委派宁安县委书记张中华送他到镜泊湖北湖头的第五军军部。在第五军军部,魏拯民从第五军军长周保中处获悉:第二军军长王德泰等人不久前经第二、第五军联合开辟的额穆、敦化新游击区,已返回中共东满特委和第二军部队在安图县迷魂阵游击根据地的消息。还了解到东满特委和第二军内部存在的一些问题。当得知第二、第五军两军党委特别会议业已了解共产国际七大和中共代表团号召建立东北抗日联军的内容后,魏拯民即向周保中等传达中共代表团有关满洲党组织的变动、扩大抗日统一战线的方针政策等指示,协商了今后第二军第二师在东部活动时,由第五军党委予以关照、指导和两军继续配合作战等事项。1936年2月9日,魏拯民又迅速赶去南湖头第二军部队驻地与金日成会见,并向他传达了共产国际和中共代表团有关指示和对朝鲜工作的有关指示。2月下旬,魏拯民在额穆县境内与王德泰、李学忠会见,向中共东满特委和第二军主要领导干部传达了中共代表团的重要指示,并为召开中共东满特委和第二军领导干部会议问题交换了意见。

1936年3月上旬,魏拯民和王德泰、李学忠、金日成等分头率部南下,到达第二军第一师第一团驻地安图县迷魂阵。在这里召开了中共东满特委和第二军主要领导干部会议。出席会议的有:魏拯民、王德泰、李学忠、周树东、安凤学、金日成、钱永林等人。会上,由魏拯民传达了共产国际七大精神和中共驻共产国际代表团有关撤销满洲省委,组建4个省委,扩大东北抗日统一战线,建立东北抗日联军的有关指示。

会上，魏拯民详细地传达了共产国际和中共代表团拟将在东满活动的东北人民革命军第二军改编为中朝抗日联军的指示。具体内容为：拟将该军中的朝鲜共产主义者和朝鲜抗日战士单独编为朝鲜民族革命军，并挺进鸭绿江、图们江中朝边境地区建立根据地，以便随时开赴朝鲜开展解放朝鲜的战斗，争取朝鲜民族独立。该军中的中国人部队继续在原有地区活动。同时，为适应这一变动，在中国共产党内的朝鲜共产主义者单独成立党小组及党支部，但共同区委或县委不变，在县委或特委下可成立一个朝鲜人工作部，其部长参加县委和特委，便于训练党员和开展工作。

可是，当上述指示在东满特委和第二军领导干部会上提出讨论时，并未获得以朝鲜共产主义者金日成为代表的朝鲜同志的赞同。金日成认为："从我们的斗争环境和条件来看，也是不能立即把部队分开的。我们要继续利用东南满大森林地带的有利地形，开展军事、政治活动，直到我们打下能够在国内开展武装斗争的牢固基础为止。在这种情况下是不应该分别建制为朝鲜人部队和中国人部队，各自进行活动的，而应该以抗日联军的名义，共同组织和开展武装斗争。只有这样，才能得到广大朝中人民的支持和声援。"①

经过会议认真讨论，根据《八一宣言》和《东北抗日联军统一军队建制宣言》的精神和要求，考虑到在东满地区活动的第二军部队的具体情况，与会者共同决定，将原东北人民革命军第二军改编为东北抗日联军第二军。第二军军长王德泰，政治委员魏拯民，政治部主任李学忠，参谋长刘汉兴。军部设教导团、少年营。全军编为 3 个师，共 2000 余人。第一师，以第一团和收编的 6 个中队义勇军组建。师长

---

① 《金日成著作集》第一集，朝鲜外国文出版社 1980 年版，第 104—105 页。

安凤学，政委周树东[①]，政治部主任吕伯岐[②]（由第五军调来），参谋长朴德范[③]。师以下暂编2个团：第一团团长崔贤[④]，政委林水山[⑤]；第二团团长毕书文，政委吕伯岐兼任。第二师，以第三团、第四团和史忠恒部救国军组建。师长史忠恒（因养伤，经第二军要求由第五军派来的陈翰章代理），政委王润成，参谋长陈翰章。师下辖3个团：第四团团长侯国忠，政委王润成兼任；原第三团改称第五团，团长方振声，政委王紫钧，政治部主任王松柏；第六团团长由史忠恒兼任，并归师部直接领导。第三师，由第二团和新收编的几支山林队编成。师长金日成，政委曹亚范（后由吕伯岐担任）。师以下暂编2个团：第七团团长刘连山（后改孙长祥）；第八团团长钱永林。

根据中共代表团的指示和第二军在延吉、和龙、安图的抗日游击根据地业已放弃，地方共产党组织遭受严重破坏，第一师与第三师部队正在西部活动的现状，以及1935年8月第一、第二军那尔轰会议协议等情况，会议确定第二军的作战任务和作战方向为：第一、第三师

---

① 周树东（1918—1937），山东平度人。1932年加入中国共产党。先后任共青团珲春县委书记、团东满特委书记、东北抗日联军第二军第一师政委、东北抗联第一路军第二军第四师政委。1937年在战斗中牺牲。

② 吕伯岐（1915—　），黑龙江双城人。1933年6月参加绥宁反日同盟军，加入中国共产党。后调任东北抗日联军第二军第一师政治部主任、东北抗联第一路军第二方面军政治部主任等职。1940年在战斗中负伤，后被敌人逮捕。

③ 朴德范（1909—　），朝鲜族。1932年参加延吉反日游击队，加入中国共产党。历任东北抗日联军第二军第一师参谋长、东北抗联第一路军第三方面军参谋长、第一路军警卫旅旅长。1940年被捕叛变。

④ 崔贤（1907—1982），朝鲜人。1932年参加延吉反日游击队，加入中国共产党。历任东北人民革命军第二军军需处长、东北抗日联军第二军第一师第一团团长、东北抗联第一路军第三方面军第十三团团长。抗战胜利后回朝鲜，任朝鲜人民武装力量部部长。1982年病逝。

⑤ 林水山（1909—　），又名林宇诚，朝鲜族。1930年加入中国共产党。1933年参加延吉中韩游击队，历任东北人民革命军第二军独立师第一团政委、东北抗日联军第一路军第二方面军参谋长等职。1940年叛变投敌。

在吉林、辽宁两省边区活动，向西联络第一军并挺进中朝边境，开辟新的游击区，建立新的抗日根据地，相机攻取安图或抚松县城，筹建抗日政府；第二师在汪清和绥宁地区的部队，继续在该地区与第五军联合对敌战斗。

为加强党对部队的领导，决定自军部、师部至团部均须建立、健全党的委员会，由政委兼党委书记。第二军党委员会由魏拯民、王德泰、李学忠、周树东、安凤学、王润成、史忠恒、曹亚范、金日成等9人组成。军党委书记由魏拯民担任。

会议认为，由于部队的扩大，已有不少抗日义勇军和山林队编入第二军，并且今后部队开展游击战争仍需团结周围的义勇军武装共同抗日，因此，必须按照进一步扩大反日统一战线方针进行工作。同时，要求加强队内队外的政治工作。

会上，对过去尚未最终解决的反"民生团"问题进行了适当的处理。对于发生在东满地区共产党、共青团组织和人民革命军内部的反"民生团"斗争，魏拯民在去中共驻共产国际代表团汇报工作时，向代表团作了全面的口头和书面报告，听取了代表团的意见。在这次东满特委和第二军干部会议上，重新检查了四年来反"民生团"斗争中存在的问题，决定对尚在抚松马鞍山被关押审查的100多名"民生团"嫌疑者，及过去仅凭口供却查无实据者一律解除监管，重新编入部队。至此，东满地区党内发生的反"民生团"斗争结束。

这次会议的决策，使抗联第二军摆脱了由于车厂子、奶头山等根据地被迫放弃，部队活动困难的被动局面，对今后部队扩大、游击区的重新拓展具有重要意义。

东北抗联第二军正式成立后，鉴于东满原有游击区缩小和游击根据地多已失去，为执行新的作战任务，各师继续分兵在西部与东部进行战斗。

为实现同南满抗联第一军密切联合作战和向中朝边境发展的战略意图,魏拯民、王德泰率第一、第三师分别行动。第三师移师西南,向抚松、临江、长白进军,在长白山麓、鸭绿江沿岸开辟根据地。第一师西向敦化、额穆(今属敦化)活动,并向桦甸、濛江(今靖宇)发展,藉以保持同在绥宁地区的第二师的联络和向西联络第一军部队,以及牵制敌人,掩护第三师进入抚松。第二军第二师部队仍在宁安、汪清、东宁一带同第五军并肩战斗。

1936 年 4 月上旬,第一师实施了攻占敦化县大蒲柴河镇的战斗。大蒲柴河镇位于敦化县南端、敦化与安图两县毗邻处,是扼守自安图向敦化、桦甸大道三叉路口的军事要地,也是第一师为扫清西进通道必须首先攻克的敌人据点。此镇驻有一个伪警察大队(实为两个中队)。根据敌人驻军情况和第一师战斗任务的部署,王德泰考虑到此镇距敦化县城较近,攻打大蒲柴河镇敌人定会出援,于是决定以围点打援战术,夺取大蒲柴河镇。4 月 6 日,抗联第二军第一师即以一部兵力佯攻该镇,主力部队继续北进设伏于大蒲柴河与敦化之间的寒葱沟,准备歼灭援敌。战斗开始后,驻守大蒲柴河之敌一面抵抗,一面电告敦化县城紧急救援。4 月 7 日,日军 500 余人、伪警察 250 人沿大路向南驰援。4 月 8 日中午,敌人全部进入寒葱沟第一师的伏击圈时,突遭猛烈火力袭击,伤亡惨重,残部边打边向马号退去。第一师伏击部队随即回师南进汇合佯攻部队,于 4 月 10 日晨攻下大蒲柴河镇。守城的伪警察残部乘隙西逃,途中又遭打击。第一师部队入城后,即召集群众集会,宣传抗日救国政策。因第二军部队纪律严明,深受群众欢迎。此次战斗,缴获小炮、机枪、步枪等武器,打开了向敦化、桦甸前进的通道,掩护第三师部队径直进入抚松、临江,振奋了军心。之后,第一师部队向敦化、额穆以及桦甸分别活动。该师第一团在敦化攻打板庙子,毙伤伪军 17 人。6 月 24 日,第一师一部袭击额穆县杉松岭“集团部落”，并与活动在镜泊湖南湖头的第二军第二师部队相呼应。

与此同时，抗联第二军第三师部队在师长金日成率领下，直驱抚松、临江地区，准备开辟长白山西麓新游击区，向中朝边境伸展。1936 年 4 月，第三师经长途行军，袭击抚松县南部的漫江，歼灭守敌大部。5 月，第三师会合第一军第二师曹国安部，共同袭击抚松县西部松江河附近的东岗屯伪军兵营，歼敌一部，缴获一批军需物资。当月，第三师继续向西发展，该师第七团在小汤河与伪军骑兵 30 余人发生战斗，歼敌 20 余人，缴长、短枪 18 支。接着，第七团指战员又化装成农民袭击了西岗屯伪军营房，俘虏伪军 40 余人，缴获 40 余支枪。西岗屯当即有数十名农民参加了抗联部队。此时，第三师师部获悉伪靖安军一部自抚松县城向临江县移动的消息，便派该师第七、第八团集结于临江境内青沟村进行伏击，激战一小时，毙伤伪军 30 余人，缴枪 30 余支。

在此期间，魏拯民、王德泰、李学忠和金日成在东岗孙家峰窑密营召开了抗联第二军干部会议。根据抚松等地的情况，决定集中该军第一、第三师部队在抚松、临江、长白发展新局面，建立长白山西麓根据地。与此同时，根据中共驻共产国际代表团关于“在朝鲜人内联合一切不愿当日本亡国奴的人建立朝鲜人内部反日联合战线”的精神，在金日成主持下，朝鲜同志共同研究决定，组织朝鲜人反日统一战线组织——朝鲜祖国光复会。经过认真准备，5 月 5 日召开了朝鲜祖国光复会成立大会。会议经过讨论，通过了金日成起草的《朝鲜祖国光复会十大纲领》和《祖国光复会成立宣言》等文件。同时，根据这一地区活动着较多抗日义勇军和山林队的情况，决定加紧对周围抗日义勇军、山林队进行统一战线工作，争取他们加入抗联部队。之后，第三师除原有第七、第八团兵力得到扩充外，又扩编了第九、第十两个团。任命马德全为第九团团长，徐魁武为第十团团长。6月初，第三师主力进入临江县境内，6月6日，智取西南岔敌人据点，击毙伪警察2人，俘虏16人，缴获步枪18支和一批军事物资。

抗联第二军第二师在绥宁地区继续与第五军协同作战。除第二师代理师长陈翰章率第四团一部和第六团配合第五军第二师在中东铁路以北穆棱一带作战外，该师主力第四团一部和第五团仍协同第五军坚持在宁安、汪清游击区战斗，取得许多胜利。

抗联第二军自编成后，部队在战斗中不断扩大，到1936年7月，军部已设立了警卫团、少年营，第一师扩编1个团，第三师增加2个团，第二师兵力也有相当扩充。随着部队的发展，抗日游击区域也迅速从安图、敦化扩展至抚松、临江等县，在东岗、西岗、漫江等地建立了军事密营与后方基地，为第二军坚持战斗与继续发展提供了一定的保障。

抗联第二军部队在抚松、临江地区初步打开局面后，也已同东北人民革命军第一军部队和南满游击区实现了靠拢与连接。1936年6月下旬，中共东满特委书记兼抗联第二军政治委员魏拯民受中共驻共产国际代表团的委托，率一连部队，经濛江向南满游击根据地的金川县河里地区（今属柳河县）进发，在南满抗日根据地，魏拯民向南满党和军队的领导人传达了共产国际七大和中共代表团有关指示精神，并同南满党和军队领导干部共同协商了今后第一、第二军紧密配合，共同开创东满与南满抗日游击战争新局面等问题。

（三）东北抗联第一路军的编成，反“东边道北部大讨伐”斗争

1936年7月上旬，中共南满第二次代表大会结束之后，在金川河里会家沟召开了中共南满特委、东满特委和东北抗联第一、第二军主

要领导干部联席会议（简称河里会议）。会上，魏拯民传达了共产国际七大精神和中共代表团关于撤销满洲省委、组建4个省委及成立抗日联军的指示。根据中共代表团的有关指示和南满、东满地区第一、第二军对敌斗争的形势，第一、第二军活动区域逐步靠近的情况以及干部情况，决定将东北抗联第一、第二军合编为东北抗日联军第一路军，并成立总司令部。杨靖宇任第一路军总司令，王德泰任副总司令，魏拯民任总政治部主任。第一路军下辖第一军和第二军，共6个师。第一军辖第一、第二、第三师，第二军所辖3个师的序列改为第四、第五、第六师。

会议还研究了抗联第一路军游击活动的方向、任务和军事计划。为遵照中共代表团有关中共中央和工农红军抵达陕北后，必将出师华北前线抗日，东北抗日武装应以扩大东北抗日游击战争和游击区的军事行动，予以积极地响应的指示意见，会议经过讨论，最后原则决定抗联第一、第二军主力部队脱离东部群众稀少的山林游击区域，进入到辽宁广大区域之中（今辽宁省东部和吉林省南部各县）去活动。由于第一军军部早在1936年6月中旬即已主动派遣第一师采取了西征行动，响应陕北抗日红军出师东征抗日，此时尚未得到西征受挫返回的消息，会议决定抗联第一路军继续进行西征。具体的军事部署为：第一军军部、第一师仍旧自桓仁向本溪、辽阳地区活动，继续西征；第一军第三师和第二军第四师全部随后越过南满铁路，“到辽西再向热河、外蒙边境一带活动”；“一军二师留老游击区活〔动〕”[①]；第二军军部和第六师留在老游击区活动，继续开辟抚松、长白、临江等县抗日游击区和根据地。第五师仍在东满和绥宁地区与第五军配合行动。同时，还要保持第一

① 《魏拯民给周保中的信》（1936年7月9日），载中央档案馆、辽宁省档案馆、吉林省档案馆、黑龙江省档案馆编：《东北地区革命历史文件汇集》甲22，1988年印，第202页。

路军、南满省委与第三、第五军和北满、吉东党组织的联络，以便各抗日游击区、抗联各军协同对敌作战，共同打击日本侵略者。

会后，杨靖宇同魏拯民各自率领部队投入新的战斗。

杨靖宇率领抗联第一路军第一军军部和直属教导团、机枪连等部队，再次南下通化，绕道桓仁、宽甸，沿第一师西征部队方向开进，以便传达河里会议精神。在沿途作战中，获得许多胜利。1936 年 8 月 4 日，第一军军部直属部队途经通化县四道江，得知伪军混成第六旅第七团团长新兼临（江）抚（松）地区“讨伐”司令邵本良押运大车队正在开赴八道江，杨靖宇立即命令部队在浑江大拐弯子实施伏击。设伏完毕，恰巧一名伪军进入伏击阵地便溺，潜伏部队恐遭暴露故提前开火，打得敌人措手不及。此战击毙日本指导官英俊志雄和伪军 50 余人，缴枪 50 余支和 10 余大车物资。战斗中，邵本良虽又侥幸化装逃脱，但他从此完全失去了日本主子的信任，日本关东军认为其在屡次战败中均有大批武器、子弹被抗联部队缴获，有向抗日联军私卖军火嫌疑，多次予以清查，不再重用。后来，邵本良在奉天日本“满铁”医院莫名死亡。这个死心塌地效忠日本侵略者的伪军第一军管区司令部少将团长、“讨伐”司令，以出卖祖国、甘当汉奸的可耻下场，结束了自己罪恶的一生。

尔后，杨靖宇率抗联第一军军部直属部队经辑安（今集安）进入宽甸县境。1936 年 9 月 13 日，第一军教导团在义勇军左子元部的配合下，智取鸭绿江畔的大荒沟伪警察所，俘虏伪警察 30 余人，缴获 30 余支枪。9 月 29 日，第一军教导团联合义勇军于万利部在宽甸至桓仁大道的错草沟伏击日军牛岛部队一支车队，击毁日军汽车 9 辆，毙伤 30 余名日军，缴获枪支和大批物资。

抗联第一军军部直属部队在宽甸境内活动时，杨靖宇曾先后争取了东北抗日联合救国军司令左子元、义勇军高维国和于万利等各率所部加入东北抗联第一军,并分别编为该军第十一、第十三独立师和直属独立旅,共同战斗。与此同时,抗联第一军新编的第三师在兴京、清原游击区开展游击作战。在清原,伏击一支50余人的伪军部队,击毙伪军7人,俘虏数人,缴获轻机枪1挺和步枪10余支。然后,该师向抚顺和开原开展游击活动,使得奉(沈阳)海(龙)铁路沿线的敌人也不得安宁。

抗联第一路军第二军第四、第六师和第一军第二师部队,在南满省委书记魏拯民、第二军军长王德泰的统一指挥下,按照河里会议的部署,坚持在抚松、安图等县开展游击战争,力图重点突开中朝边境临江、长白等县的抗日新局面,并策应第一军的西征。

1936年8月上旬,魏拯民召集抗联第二军第四、第六师和抗联第一军第二师主要领导干部,并邀请部分抗日义勇军、山林队首领,在抚松姜家趟子举行联席会议,决定攻占抚松县城。第二军主力部队会合1500余人的兵力,于抚松县西北的清江甸子、大苇沙河一带集结,此时,已经具备了攻占抚松县城的条件,附近的几支义勇军部队也同意共同进行攻城战斗。

抚松县城的战略地位对于抗联第一军和抗联第二军都十分重要。它是西向濛江、北向桦甸等原第一军游击区,东向安图第二军老游击区,南向预定开辟的临江、长白新游击区的重要交通枢纽。经侦察得知:城内驻有日军1个中队、伪军1个营和1个警备队等共1000余人,城防坚固。攻城抗日部队共约2000余人,数量占优势,且事先约好值守城门的伪军士兵作为内应,在攻城部队枪响时即打开城门,接应抗日部队入城战斗。8月17日凌晨,第二军以金日成指挥的第六师为主力,在抗日义勇军"九站"、"万顺"、"万军"、"李(洪斌)司令"等部配合下,对抚松县城发起进攻。第六师一部首先攻占城外东山炮台,控制城东南制高点,然后转移火力攻城。此时,城内的内应却临时发生变故,城门未能按时打开；几支参战的义勇军行动也不坚决，甚至按兵不动、坐视观望。经一昼夜火力攻击，因缺少重武器，攻城战斗仍无进展，敌人援兵又将到达。在这种情况下，第二军不得不及时撤出战斗退守东山，凭借先已占据的东山炮台对敌人造成极大威胁。日军守备队和伪警察部队向东山发起攻势，第二军利用有利地形，予敌人相当杀伤。此次战斗毙伤敌人 40 余人，虽未达到占领县城的目的，却使敌人极为震惊，并得知在东边道北部的抗联第二军和其他抗日武装，尚有数千人的规模和进攻县城的战斗力，从而不敢轻视抗日联军。

在进攻抚松的同时，抗联第二军第六师 1 个连在师政委曹亚范指挥下，与第一军第二师第八团在抚松南部也开展进攻松树镇的战斗，以便牵制敌军对抚松的增援。进攻松树镇战斗原拟 8 月 17 日与进攻抚松战斗同时打响，因部队枪走火而提前至 16 日发起攻击，经几小时激烈战斗，终于攻下松树镇，毙伤敌数十人，缴获许多枪支子弹。

此后，抗联第二军第六师在师长金日成的指挥下，迅速向临江、长白县境发展游击战，先后进行了大德水、小德水、半截沟、二道岗等多次对敌作战，并发动群众与部队一起在与朝鲜毗邻的长白县十九道沟、二十道沟等处建立了军事密营和游击根据地。该师第八、第九团则再次返回安图县境内，分别活动在四方顶子、松江、大小沙河等地。

同时，抗联第二军第四师部队先后自额穆、敦化南返，经安图县大沙河向抚松迂回，其先头部队第二团在途中一度断粮。恰好在同敌一支“讨伐”队发生遭遇战中，缴获一批粮食，渡过了难关。第二团部队到达抚松县境后，与第二军军部会合，在军部率领下，第四师继续在抚松、安图等县进行战斗。1936 年 8 月下旬，第二军部队设在抚松东岗大碱场兵工厂的密营突遭敌军袭击，在反击作战中，正在此处疗伤的第二军政治部主任李学忠不幸牺牲。

抗联第一路军组成后，第一、第二军密切配合，在西线与东线积极对敌作战，歼灭了大批日、伪军和伪警察，动摇了日伪的反动统治。抗联第一路军逐渐发展壮大，东南满抗日游击区不断扩大，小块的游击根据地和密营基地日益增多，人民群众受到极大的鼓舞，东南满地区的抗日斗争呈现出一个新的局面。

1936 年 10 月至 1937 年 3 月，日伪当局经过紧张的筹划和准备之后，根据其三年“治安肃正计划”，首先对东边道北部通化、辑安、临江、长白、抚松、濛江、辉南、金川、柳河等九县，发动了以伪军为主，为期 6 个月的“满军独立大讨伐”。10 月 1 日，伪军政部在通化成立“讨伐指挥部”，由伪军政部最高顾问、少将佐佐木到一为指导部长统一指挥，伪军政部大臣于芷山任“讨伐”司令官。该“讨伐指挥部”将东边道北部 9 县划分为：通化；临江、辑安；长白、抚松；濛江、辉南；金川、柳河 5 个“讨伐”区域。共调集伪军第一军管区全部兵力和伪军第二、第三、第五军管区和伪靖安军、宪兵等部分兵力，约 2.75 万人，分区对东北抗联第一、第二军和王凤阁领导的辽宁民众自卫军等抗日武装进行“讨伐”。敌人在军事“讨伐”的同时，还变本加厉地强行修建“集团部落”，推行保甲制，制造“无人区”，断绝抗联部队与民众的联系。敌人企图利用严寒的冬季，一举消灭这一地区的抗日武装。

面对敌人冬季“大讨伐”的严峻形势，抗联第一路军依据河里会议的部署，继续将部队分为东西两线与敌军作战。在西部的第一军第一师，由于同年夏的第一次西征中部队遭受相当损失，装备、弹药消耗较多，部队急需整顿，遂返回本溪和尚帽子军事密营进行休整。1936 年 10 月上旬，杨靖宇率军部教导团在窟窿榆树山里与第一师师部会合，直接了解了西征的经过。他充分地肯定了第一师的西征军事行动，并同第一师师长程斌等认真地总结了西征未成功的经验教训。

由于第一师部队西征受挫，未完成同中共中央和陕北工农红军打通联系的任务。为牵制敌人对东边道北部九县的“大讨伐”，杨靖宇坚持河里会议关于进行西征的决定，准备由抗联第一军第三师继第一师之后进行第二次西征。1936 年 11 月，杨靖宇率军部直属部队到达桓仁外三堡第三师驻地，令该师准备西征。杨靖宇同第三师师部领导干部一起，共同深入研究第一师西征失利的经验教训，认为第一次西征正值夏天雨季，山区道路泥泞，徒步行军缓慢，易于为敌人侦知抗联部队的行动信息。此次第三师西征，可利用当前大地封冻、河水结冰季节行动。同时，可将部队一律改为骑兵，利用其行军迅速的特点，冲过南满铁路和辽河封锁线，挺进热河。行军路线另选第三师活动较为熟悉的抚顺、开原一线。第三师部队当即迅速动员，在半个月内动员群众补充了所需马匹和部分鞍具。11 月下旬，第三师西征部队两个团共400 余人，在师长王仁斋、政委周建华、政治部主任柳万熙、参谋长杨俊恒等指挥下，自兴京境内启程西进。部队因突然由步兵改为骑兵，许多人不善于驾驭马匹，兼鞍具不全，沿途出现臀部磨破落马摔伤等非战斗减员现象，拖延了行军时间。部队克服许多困难，冲破了敌军的堵击，夜行晓宿，跨奉（沈阳）海（龙）铁路，经清原、铁岭，再越南满铁路，直达辽河东岸石佛寺一带，时间已是一月有余。不料当年冬季气温偏高，12 月下旬还在降雨，辽河尚未封冻，主要渡口被日军把守，在仓促之间找不到渡船，部队前进受阻。同时，该师参谋长杨俊恒与第一路军总司令杨靖宇相貌酷似，又是同姓，民众相传为杨靖宇亲自率队出征，引起敌人极大重视，急调大批伪军警前来“讨伐”，情势危急。第三师师部当机立断，进行突围。突围战斗中，损失较大。部队绕道开原回返，一路战事不断。当第三师西征部队到达清原、兴京抗日游击区时，队伍只剩下百余人，西征再次受到严重挫折。

抗联第一军的两次西征均未达到预期目的，主要原因是敌强我弱态势难以改变，每次西征仅以几百人的兵力在日、伪军警遍布且靠近敌伪统治中心的区域行动，势难如愿。主观上则在于中共驻共产国际代表团对敌强我弱的形势估计不足，西征计划脱离南满抗日斗争的实际；还在于第一军军部对西征的不利条件考虑不周，对敌伪的严密军事、政治统治估计不足。因此，在脱离老游击区、得不到群众配合和支援的情况下，孤军远征，难免遭受重大损失。但两次西征仍有其积极意义。西征部队沿途打击了敌人，破坏了日伪的军事设施，扩大了中国共产党及其领导的东北抗日联军的政治影响，使身处日伪严密统治地区的民众深受鼓舞。他们欣喜相传："东山里的红军打过来了！"群众把东北抗日联军看作是他们的希望。

杨靖宇为赞颂西征壮举，亲自谱写了一首《西征胜利歌》。歌词如下：

红旗招展枪刀闪烁我军向西征，
大军浩荡人人英勇日匪心胆惊，
纪律严明到处宣传群众俱欢迎，
创造新区号召人民为祖国战争。

中国红军已到热河眼看到奉天，
西征大军夹击日匪赶快来会面，
日匪国内党派横争革命风潮起，
对美对俄四面楚歌日匪死不远。

紧握枪刀向前猛进同志齐踊跃，
歼灭日匪今田全队我军战斗好，
摩天高岭一场大战惊碎敌人胆，

盔甲枪弹缴获无数齐奏凯歌还。

同志们快来高高举起胜利的红旗,
拼着热血势必打倒日本帝国主义,
铁骑纵横满洲境内已有十大军,
万众蜂起勇敢杀敌祖国收复矣。

1936年冬季,抗联第一军军部根据第二师已远离原有游击区东去,协同抗联第二军反击敌人“东边道北部大讨伐”,开辟临江、长白新游击区,和第一、第三师前后两次西征遭受较为严重损失的现况,决定暂时避开敌军“大讨伐”的锋芒,第一、第三师部队迅速转入本溪、桓仁、宽甸、兴京、清原等县深山密林中的和尚帽子、老秃顶子等抗日游击根据地和密营基地休整。

中共南满省委和地方党组织、地方游击队为修建这些军事密营作出了重要贡献。1936年,抗联第一军和各地党组织建立起一些地方抗日游击队。这些游击队在各部队派出的指导员的带领下,积极配合部队进行游击战斗,充作部队的辅助力量;或做群众工作,动员群众支援抗日部队的对敌斗争。日伪当局历年都是将当年10月至次年2月这一寒冷冬季,作为“讨伐”抗日武装的最有效的季节。抗日武装也均早做反“讨伐”的准备。抗联第一路军建立后,各军自秋季开始即积极修筑军事密营,除由各个部队抽出部分人员外,大量的工作均由地方游击队完成。当时,中共桓兴县委和设在桓仁县外三堡的桓兴乡政府,在组织地方游击队、协助抗联部队建设密营,支援抗联部队等方面的贡献有口皆碑。地方游击队披荆斩棘,伐木挖土,修建了许多马架子、地窨子式简陋却适用的居所,储存了必要的粮食、衣物,还建有简易修械所和临时医院,使暂时避开敌人“讨伐”的第一军部队得以隐蔽休整。其中,进入本溪东部和尚帽子密营休整的第一师部分部队，同已在此处因病休养的第一军政治部主任宋铁岩等人会合。宋铁岩在随军指挥第一师西征途中，因劳累过度肺病加重无法行军，被送回和尚帽子密营休养。当西征部队返抵密营后，宋铁岩不顾重病在身，仍同第一师干部一起总结此次西征的经验教训，对部队进行思想工作，稳定干部和战士的情绪，鼓励部队继续战斗的信心。但是该师师长兼政委程斌产生畏敌情绪，为贪图安逸，不接受不宜久留和尚帽子密营的建议，结果，敌人经过侦察，于 1937 年 2 月 11 日（农历正月初一），以数百名日、伪军包围了和尚帽子密营。抗联部队虽经抵抗，终因兵力相差悬殊，一部突出重围，一部战死山顶。宋铁岩在指挥突围的战斗中，不幸中弹牺牲。

第一师第六团在西征回师后，1936 年 10 月上旬，按抗联第一军军部的指令曾再次跨越安（东）奉（沈阳）铁路，深入到岫岩县境开展游击战，不久也因为敌军所阻而重返根据地，队伍受到不小的损失。与此同时，抗联第十一独立师左子元部、独立旅于万利部在宽甸境内，第十三独立师高维国部在本溪境内同敌人作战时，因对反“讨伐”斗争缺乏准备，不善于避敌锋芒，结果在强敌进攻之下，尽皆受到严重损失，部队瓦解。

因第一、第三师西征先后失利，同中共中央打通联系的希望落空，杨靖宇于 1937 年 1 月 16 日致信驻莫斯科的中共代表团，建议在东北设立总的领导机关，以便取得上级党组织的指导。此信交由派往中共代表团学习的人员经吉东第五军交通员带去。在此期间，杨靖宇和许多领导干部经常对战士进行形势和任务教育，增强抗日救国、克服困难的信心和勇气。此外，还进行必要的军事训练、维护武器，开展文化活动。杨靖宇亲自编导了话剧《王二小放牛》在密营中演出，活跃了部队的生活，鼓舞了士气。1936 年冬至 1937 年春，抗联第一军经过在密营的休整，使许多伤病人员的身体恢复了健康，军事政治素质得到提高，战斗力得到恢复，为在新的一年里继续参加反“东边道大讨伐”战争做好充分准备。

1937 年初，抗联第一军便开始与敌人进行新的战斗。1 月，日军牛岛守备队进驻宽甸、桓仁、本溪交界的四平街，威胁第一军设在此地的军事密营。杨靖宇迅即指挥军部教导团袭击日军驻地，歼其大部，仅队长牛岛等数人逃脱。2 月，杨靖宇率军部直属部队自老秃顶子出发东行，跨过浑江。3 月，在桓仁、辑安县境的马蹄沟、摇钱树岭，先后同敌军进行多次战斗，共歼敌 40 余人。4 月，在桓仁县刀尖岭村的战斗中，又毙伤敌 30 人。5 月 29 日，在桓仁县影壁山村附近截击载有 50 余名桓仁县伪警察的汽车，击毙 4 人，击伤多人。5 月，在桓仁、宽甸县边境的宽甸县大牛沟，与日军守备队 80 余人作战，歼敌 20 余人，第一军牺牲 3 人。6 月 14 日，杨靖宇指挥军部教导团又在宽甸县黄家炉沟截击正在返回桓仁的桓仁“特别工作队”的一支汽车队，将其中 5 辆汽车击中烧毁，歼敌一部，余者逃走。

在此期间，抗联第一军和由王凤阁领导的辽宁民众自卫军部队共同与伪军奉天第一军管区的第一教导队（相当于旅）、第五军管区的一个支队（即索景清旅）等组成的“讨伐队”展开了殊死搏斗。

王凤阁所率辽宁民众自卫军，是辽东地区硕果仅存的一支较大的抗日义勇军部队，在此次“大讨伐”中被敌列为另一个重点围攻对象。自 1936 年 10 月至 1937 年 3 月，伪军向王凤阁所率部队据守的果松川、大罗圈沟、挠头沟等军事根据地发动了长达半年的疯狂围攻。王凤阁率领部队在通化、辑安、临江三县交界地区，或同敌军转圈子，或据守坚固工事顽强抵抗，给敌人以相当的打击。最后，终因敌以强大兵力，逐次攻陷自卫军各个军事阵地。部队在弹尽粮绝、几乎损失殆尽的情况下进行突围。战斗中，王凤阁一家三口和几名战士被俘。4 月 1 日，王凤阁等在通化英勇就义。王凤阁余部和长期与王凤阁自卫军联合对敌战斗的朝鲜革命军余部在副司令朴大浩和第二师师长崔允龟率领下,于同年夏加入东北抗联第一军,继续同日本侵略者战斗。

抗联第一军经历了1936年冬至1937年春反“东边道北部大讨伐”斗争之后,对于部队在斗争中取得的战绩和存在的问题,急需认真总结,同时还要提出今后斗争的任务和方针政策。尤其在暂时未能打通与中共中央、陕北红军的联系,及很久未能获得中共驻共产国际代表团任何指示文件的情况下,只能由军队党委根据南满斗争的实际,参照以前所能了解到的党的有关东北抗日斗争的方针政策精神,自行研究解决南满地区以后的斗争方针与决策。

鉴于上述情况,1937年6月15日,抗联第一军党委于宽甸县境内召开了党委扩大会议。会议分析了国际、国内和南满地区的政治形势,总结了一年来全军群众工作、统一战线工作、军事工作、党的工作和部队的思想政治工作,肯定了成绩,指出了缺点。会议确定了以后斗争的方针和冲破1937年秋冬季敌人“讨伐”的对策。强调应更正确地运用抗日民族统一战线的政策,尽可能地联合周围抗日义勇军共同对敌作战;要深入群众,与群众打成一片,获得群众的有力支援;军队要更多地采取灵活的化整为零、化零为整的忽集忽散、神奇莫测的游击战战略战术,打击敌人;要注意使主力部队同地方游击队(即小部队)密切配合,开展对敌作战和后方工作。会议还强调了加强党内思想政治工作的重要性,指出为坚持长期战斗,必须克服、纠正部队内部存在的对东北抗日战争胜利前途缺乏信心和某些畏难情绪。6月28日,会议作出了《东北抗日联军第一军军党部扩大会议决议案》、《政治决议案》和《抗日军工作决议案》。

这次会议,为全军统一认识,明确斗争方向,巩固抗联第一军部队,推进南满的抗日斗争的继续发展,起到了重要作用。

日伪当局自1936年10月发动的“东边道北部大讨伐”的重点在辽宁省东部地区。这里是东北抗联第一军的游击区和第二军西部部队新开辟的抗日游击区。抗联第二军为同第一军联合对敌作战,坚持东南满地区的抗日斗争,在安图、抚松、濛江、长白和临江等县陆续修建许多军事密营基地,秋季来临又储备了粮食、衣物和收缴的枪支、子弹等军事物资,为抗击敌人的“讨伐”和建立游击根据地进行了必要的准备。

1936年9月,抗联第二军第四师第一、第三团在安图县四道白河同敌人发生战斗,毙伤敌20余人,缴枪9支。10月10日,第四师一部200余人,在安图县南部东清沟与伪军混成第七旅第十团交火,击毙包括日本军官石川隆吉上校、河村中校在内的敌人数十名。第二军部队在反“讨伐”战斗中首战告捷,之后向抚松转移。

此时,根据抗联第一路军总司令部的部署,第一军第二师在师长曹国安率领下,在长白县黑瞎子沟与师长金日成指挥的第二军第六师会师。随后,两军在十九道沟同日军守备队300余人发生战斗,歼日军80余人。1936年11月,第一军第二师在长白县八道沟与伪军300人发生战斗,毙伤敌人40人。12月8日,第二师在十三道沟设下埋伏,准备对业已连续尾追三四天的伪靖安军金泽游击队实施伏击。当天正值下雪,师长曹国安事先动员附近朝鲜族群众借出大量白外衣,战士穿上十分隐蔽。结果使敌人遭受重创,被击毙数十人,还有许多伪军被击伤、冻伤。不久,第一军第二师同第二军第四、第六师在临江县七道沟会合,经第一路军总政治部主任、第二军政委魏拯民与各师师长共同决定继续打击敌追兵。魏拯民等在七道沟鸭绿江边大甩弯敌军必经之地设伏。12月21日,穷追不舍的200余名伪靖安军和临江县伪治安队果然到达此地,抗联部队发动突袭,击毙伪靖安军20余人,余者逃走。战斗中,第二师师长兼政委曹国安身负重伤后牺牲。抗联第一路军总司令部不久即调第二军第六师政委曹亚范接任第一军第二师师长。

1936 年 10 月末，第二军第四师到达临江境内活动。该县大阳岔是抗联部队自长白、临江通往抚松的必经之地，由伪军第四混成旅派兵驻守。11 月 4 日，王德泰军长指挥军部直属部队和第四师突然包围伪军据点，经过几度猛烈攻击和阵前喊话，迫使两连伪军停止战斗，并调转枪口随同抗日。但在行军途中发现伪军有乘机逃跑者，王德泰当机立断，将这两连伪军尽数缴械，余者被遣散。此次战斗共缴获机枪 2 挺、步枪 100 余支和子弹 15 箱等军需物资，扫清了前往抚松的通道。之后，王德泰率第四、第六师各一部至小汤河开展游击战。这一带属抚松、临江、濛江三县邻接地，伪军第四混成旅得悉抗联第二军部队在此活动后，11 月 7 日，调集伪军骑兵第七团和教导队一部共 600 余人实施夜间偷袭。王德泰临危不惊，当即组织部队反击，并派一连部队迂回敌后进攻敌人。敌军腹背受敌，力不能支，仓皇南逃。此次战斗，击毙伪军 60 余人，击伤 10 人，其中包括伪军团长邴某。第二军部队共缴获长短枪 30 余支、子弹 5000 余发、望远镜 1 架。但在战斗临近结束时，抗联第一路军副总司令、第二军军长王德泰不幸被流弹击中牺牲。

王德泰牺牲后，抗联第一路军总政治部主任、第二军政委魏拯民即全部承担起指挥第一军第二师和第二军第四、第六师的重任，他率领部队再次转往临江、长白两县活动。1936 年 12 月，抗联第二军第四、第六师各一部在临江五道沟同一支伪军作战，歼灭伪军 50 余人，缴获机枪 2 挺、步枪 16 支。12 月，第一军第二师、第二军第四师一部在长白县八道沟伐木场同前来“讨伐”的敌军作战，歼敌数十名，缴获轻机枪 1 挺，步枪多支。此时，伪军政部最高顾问佐佐木到一紧急从通化和金川、柳河地区调集伪军精锐的“特选队”，快速到临江、长白围攻抗联部队，使这一地区的抗联部队面临严峻局势。1937 年 1 月 12 日，日军 1 支“讨伐队”偷袭第六师黑瞎子沟密营，被留守的 20 余名抗联战士及时发觉，迅速撤至附近埋伏起来。当敌人为轻易占据密营而得意忘形时，抗联战士突然反击，将数颗手榴弹一起投进正在烤火的敌群中，炸得日军官兵血肉横飞，死伤累累，余者夺路而逃。

此时，伪军临（江）抚（松）地区“讨伐”司令李寿山又调集大批伪军，妄图聚歼抗联第二军部队在长白县境内。魏拯民得悉这一信息后，即决定留第一军第二师和第二军第四、第六师各一部坚持长白县战斗，主力部队在大批伪军未到达前便重返抚松县境开展游击战。1937 年 1 月下旬，第四师政委周树东率主力部队在抚松松江河附近小夹皮沟口伏击伪靖安军 1 个连，俘敌 20 余人，其余全部被击毙，缴获机枪 2 挺、掷弹筒 1 个和步枪近百支。2 月 22 日，第六师主力部队联合抗日救国军李洪斌等部队在抚松县城城南 30 公里处伏击伪靖安军清野部队 1 个连，击毙日本中尉清野定吉、小川木甫以下 23 人，击伤 11 人。在第六师撤出战斗转移途中，又与增援的伪靖安军工藤部队 1 连人发生遭遇战，击毙连长工藤（日本人）等数人。2 月 25 日，第四师一部在漫江沟里伏击伪军第三混成旅 1 个连，予以全歼。

同时，留在长白县的抗联第二军第四、第六师部队也寻找战机消灭敌人。1937 年 2 月 14 日和 20 日，第六师一部分别在红头山和桃泉里同伪军“讨伐队”发生战斗。在此期间，第四师一部攻克南岗木场，缴获大量面粉、大米和役牛，返回鲤明水与第六师一部会合。2 月 26 日，第一军第二师与第二军第四、第六师部队联合在鲤明水沟里设伏，将跟踪追来的伪靖安军的两个连 140 余人击溃，击毙日人川田中尉等 11 人，击伤 12 人，另有日人林上大尉等 18 人严重冻伤，其余逃走。此战缴获机枪 3 挺和一些步枪。之后，抗联部队 3 个师指战员共同庆祝胜利，并欢度元宵节。3 月，第六师第七、第八团先后两次袭击临江县六道沟，共击毙伪军第三混成旅 90 余人，缴获枪械近百支、棉布 50 余匹、胶鞋 200 余双。

1937年3月29日,抗联第二军第四、第六师各一部在抚松东岗杨木顶子密营会师,举行领导干部会议,共同作出继续分兵开展游击战,突破敌人包围圈的决定:第四、第六师各一部东向安图、和龙老游击区作战,借以转移敌人视线并牵制敌军;第六师一部坚持在抚松、濛江边界一带活动;第一军第二师在临江战斗,逐步转移长白。4月,抗联第二军第四、第六师各一部转战至安图县境。4月初,在荒沟岭附近公路截击敌人运输车队,缴获大批物资。4月23日,在和龙县升平岭东南与日军荻原部队发生战斗,将其击溃。4月24日,第四、第六师各一部在安图县大沙河老金场附近欲行渡河时,突遭安图县伪治安队的偷袭。抗联第二军部队立即派出两个连绕至敌人侧后,实行两面夹击,经数小时战斗,歼灭伪军100余人,将死心塌地为日本主子效劳、罪恶累累的伪治安队队长李道善当场击毙,人们拍手称快。在战斗中,第二军军委委员、第四师政委周树东不幸牺牲。此次战斗,共缴获轻机枪2挺、各类枪械100余支。

同年4月下旬,抗联第二军第四师部队在和龙县境活动后,跨图们江袭击朝鲜茂山赤锋洞,击毙日警10人,再绕道向长白县转移。此前,4月初,抗联第六师的第十团部队相继在抚松县西南岔"满铁"木材采伐场与日军高桥部队及伪军第三混成旅骑兵1个连作战。5月,该部转往长白县继续战斗。第六师师长金日成在长白县地阳溪台地召开军政干部会议,部署了整顿队伍和准备进军朝鲜国内的工作。6月4日,第六师主力部队在金日成指挥下,跨越鸭绿江抵达朝鲜境内,夜袭攻下普天堡,摧毁了敌人的统治机关,毙伤一批敌人,缴获机枪2挺、步枪23支和大量军需物资。同时,向居民散发事先准备好的传单,张贴以朝鲜人民革命军名义发布的布告,号召朝鲜人民起来抗日。攻占普天堡战斗,打击了日本帝国主义在朝鲜的殖民统治,粉碎了日本侵略者散布的朝鲜边境不可逾越的神话,给予不甘屈服的朝鲜人民以极大的鼓舞和希望。朝鲜国内《东亚日报》等各大报纸登载了金日成夜袭普天堡的消息，引起轰动。抗联部队撤回长白后，日本在朝鲜的占领军便策划派侵略军越江追击第六师部队。此时，第二军第四师主力部队也辗转到达长白县境，同第六师和抗联第一军第二师部队会合。6 月 24 日，第四、第六师联合攻下横山木场，消灭伪森林警察 30 人。6 月 30 日，驻朝日军派出第十九师团第七十四联队越境，在长白县十三道沟向抗联部队进攻。抗联部队当即以第二军第四、第六师为主力和第一军第二师共 500 余人协同作战，利用间山峰的有利地势予敌以打击。在给敌人重大杀伤后，部队主动撤出战斗转移，令敌人失去攻击的目标。

1937 年 6 月，魏拯民率抗联第二军军部教导队和第四师一部 150 余人，在抚松县庙岭采取里应外合战术袭击了伪军第四混成旅的第二营据点，经短暂的战斗，在毙伤伪军 10 余人之后，将伪军营长以下 60 余人缴械，缴获迫击炮 1 门、重机枪 1 挺、轻机枪 3 挺、其他枪 130 余支以及大量子弹、炮弹和军需物资。伪军庙岭据点被焚毁，使临江与抚松交通要道上的敌军据点被清除。

自 1936 年 10 月至 1937 年夏，抗联第一路军第二军第四、第六师和第一军第二师密切配合，转战东南满长白山区，在地方党组织和各族人民群众的支援下，进行了大小上百次的战斗，消灭了大量日、伪军。另据“东边道北部大讨伐指导部”佐佐木到一 1937 年 4 月 20 日的综合报告称：自 1936 年 10 月至 1937 年 4 月统计，日、伪军同抗联第一路军和抗日义勇军王凤阁等部作战 350 余次，抗日武装被“讨伐”的达到 8690 余人①。可见作战次数之多，战斗之激烈。至此，敌

① 中央档案馆、中国第二历史档案馆、吉林省社会科学院合编：《日本帝国主义侵华档案资料选编 · 东北“大讨伐”》，中华书局 1991 年版，第 266 页。

人妄图通过“东边道北部大讨伐”一举围歼这一地区抗联部队的美梦化为泡影。

三、北满抗联总司令部组成，东北抗联第三、第六军建立，松花江两岸游击战的广泛开展

（一）汤原会议的召开，东北民众反日联军总司令部的成立

1936年1月，东北人民革命军第三军、东北抗日同盟军第四军各一部和东北民众救国军、中国自卫军吉林混成旅第二支队等活动在北满地区的抗日武装，按约定相继抵达汤原县境太平川抗日游击根据地，同汤原反日游击总队会师。各军负责人开始协商筹备组建东北反日联合军总司令部和东北人民抗日政府事宜。各部队乘春节临近开始休整，同时派人对周围的一些金矿区的伪军警武装进行分化和争取工作，以扩大部队和扩充武器装备，迎接新的战斗。

1936年1月26日（农历正月初三），第三军、第四军、汤原反日游击总队和民众救国军、自卫军支队等部队代表，在汤原县吉兴沟举行了东北民众反日联军军政联席扩大会议（简称汤原会议）。出席会议的有赵尚志、李延禄、张寿篯、夏云杰、李华堂、谢文东、冯治纲等人。会议根据《八一宣言》关于组建国防政府和抗日联军的号召，响应中共驻共产国际代表团关于成立民选东北人民政府、组建东北抗日联军的倡议，决定组建东北民众反日联军临时军政府和东北民众反日联军总司令部，并于1月28日通过了《东北民众反日联军军政联席扩大会议决议》。会议制订了《东北民众反日联军临时政府政纲》，发表了《东北民众反日联军临时政府成立宣言》和通电。会议推选赵尚志任东北民众反日联军总司令，李华堂任副总司令，张寿篯任总政治部主任。这次会议，由于南满的人民革命军第一军、东满的人民革命军第二军和吉东的反日联合军第五军等没有代表与会，所成立的东

北民众反日联军总司令部,实际上是北满地区反日联军总司令部(简称北满抗联总司令部)。它对于推动北满和东北的各种抗日武装进一步联合起来,统一改编为东北抗日联军起到了重要作用。

会议成立的东北民众反日联军临时军政府,是与伪满洲国对立的政权。虽然受当时的环境和条件的限制,这个政府未能全面地实施其政纲及职权,发挥应有的作用,但其政治意义是不容忽视的。

1936 年 1 月 30 日,汤原反日游击总队改编为东北人民革命军第六军。

同时,北满抗联总司令部依据汤原会议的决定,开始筹建东北抗日联军政治军事学校,自力更生为北满抗联各军培训军事和政治干部,以适应各军发展和游击区扩大对干部的迫切需求。决定由赵尚志兼任校长,张寿篯兼任教育长(后由侯启刚代理教育长)。

汤原会议后,东北人民革命军第三、第六军根据哈东老游击区和游击根据地已被敌人破坏和日伪当局在北满地区加紧军事"讨伐"的严峻形势,依据汤原县的自然条件,为坚持长期抗日斗争,决定在小兴安岭汤原县汤旺河一带(今属伊春市)重新建立具有战略意义的抗日根据地,并以它为基地在松花江下游两岸扩大抗日游击区。为此,确定由两军各抽部分队伍组成后方留守处,以张寿篯兼任主任,承担建立汤旺河后方根据地的任务。

(二)东北抗联第三军的建立及其开展的游击战争

1936 年春,根据 1935 年 9 月中共珠河中心县委关于东北人民革命军第三军向江北木兰、东兴、铁骊(今铁力)、巴彦、庆城(今庆安)、海伦一带发展的决定及当时业已获得的陕北红军东征抗日的消息,为了策应陕北红军东征抗日,第三军司令部决定采取沿松花江北岸西征,扩大抗日游击区的军事行动。

1936 年 4 月初,经过休整,筹足粮食,东北人民革命军第三军司令部直属部队和该军第五、第六团400余人,在军长赵尚志率领下,从汤旺河沟里出发进行西征。4月13日,首战攻占依兰县舒乐河镇。当时舒乐河镇内驻有200余名伪军和100余名伪警察。为保证首战必胜,赵尚志预先派遣70名指战员暗藏短枪化装潜入镇内,约定中午12时发动攻击。主力部队隐蔽于镇外附近,做好充分准备。总攻时刻一到,部队里应外合发起突然袭击,敌人晕头转向不知所措,抛弃枪支狼狈逃窜,第三军一举攻占了舒乐河镇。此役计俘虏伪军警100余人,缴获各种枪械300余支。4月19日,又袭击了松花江边的竹帘镇。两次战斗拔除敌人设在松花江岸的两个重要据点,并打开了通向通河、木兰、巴彦的通道。之后,第三军西征部队乘胜继续沿松花江向西挺进,并在巴兰河谷同一支伪军和伪警察队发生战斗。这支敌军是在得到第三军进攻舒乐河镇的消息后,正在前往支援途中,在巴兰河谷同第三军部队遭遇,双方当即发生激烈战斗。这里属河口的湿地地带,正值春季桃花水季节,到处是泥水,战斗更为艰巨。敌人慑于第三军的威力,尚未与第三军接触,即已丢魂丧胆。战斗中,许多伪军警被击毙,其中包括1名日本人指导官,还有大量伪军警被俘虏。第三军又取得此次战斗的胜利,缴获1个连伪军和1个伪警察队的武器和装备。第三军的影响很快扩展至松花江两岸附近地区。

1936年5月,赵尚志率第三军部队经通河县进入木兰县境,以攻占敌人据点,袭击"集团部落"为主要目标,积极开展游击战斗。5月13日,袭击该县太平河屯。5月20日,第三军一部在潘家屯与日军一部发生战斗。6月1日,联合义勇军"化民"部袭击大河沿伪警察署。6月9日,将钱家庄"集团部落"伪自卫团缴械。6月12日,攻袭太平桥"集团部落",解除该部落伪自卫团的武装。6月18日,第三军一部联合"大东来"部义勇军袭击上芳店"集团部落",等等。西征部队在木兰县蒙古山建立了军事基地,并向巴彦、东兴、通河广泛开展游击活动,破坏、摧毁了敌人新近建成的“集团部落”,焚毁敌人的营房和炮台,缴获了一些伪警察所和保甲自卫团的武器。在战斗中,还收编了40余支抗日义勇军和山林队加入东北人民革命军第三军。其中,将在木兰收编的于九江部山林队编为第三军第七师,由赵尚志兼任师长,于海云(九江)任副师长,张德为政治部主任。第三军第五、第六团部队得到很大发展。第三军司令部首先将第五团扩编为第五师,由景永安任师长。

第三军部队在通河、木兰山区建设一些密营军事基地,使松花江北岸形成了一个新的抗日游击区,同仍在松花江南岸宾县一带进行战斗的东北人民革命军第三军第二团隔江遥相呼应。1936年7月上旬,日、伪军开始对这一地区进行“讨伐”。第三军将第六团一部留在当地活动,准备迎接后续西征部队的到来。主力部队经铁骊返回汤原。

第三军第六团一部在团政治部主任祁占海(祁大虎)带领下,坚持木兰、东兴游击区的斗争,虽历经挫折,仍坚持贯彻抗日统一战线方针,联合团结周围的抗日义勇军、山林队与敌人进行战斗。1936年7月13日,第三军第六团攻入木兰镇,烧毁伪警察署。8月3日,第六团在木兰县东北部南广利屯与日、伪军一部发生战斗。在木兰县广利东突袭停靠在松花江岸边的伪江防军炮艇,击毙伪江防军30余人,缴获舰炮2门、机枪2挺。8月14日,在巴彦张家岗与日军涩谷部队交战,将伪滨江省警务厅警长盘嘉三郎击毙。不久,第六团扩编为第三军第六师,由张光迪①任师长,蓝志渊任政治部主任,继续坚持巴木

① 张光迪(1906—1986),又名张凤山,河北广宗人。1933年12月参加珠河游击队。1934年6月加入中国共产党。历任东北人民革命军第三军第六师师长、东北抗日联军第三路军第六支队支队长等职。抗战胜利后,历任黑龙江省军区二分区和三分区旅长、司令员、内蒙骑兵师副师长等职。新中国成立后,历任天津军分区副司令员、邯郸军分区司令员等职。1986年病逝。

东地区的游击战。

赵尚志率领第三军司令部和第五、第六团部队，在松花江北岸汤原、通河、木兰、东兴等开辟新的游击区时，仍在松花江南岸方正、延寿、宾县、珠河（今尚志）、五常等老游击区的第三军第一、第二、第三、第四团等部队，继续坚持松花江南岸的斗争，并在战斗中得到恢复和发展。

1935 年 12 月中旬，第三军第一团已在方正县内扩编为第一师，由刘海涛任师长，张寿篯兼任政治部主任。该师活动在方正、延寿、依兰和通河一带。1936 年 3 月 16 日，第一师在依兰县靠山屯附近与日军泽野部队发生战斗。6 月 4 日，第一师部队在依兰县土城子伏击押送劳工的伪警备队，俘虏伪警备队长日本人金泽等多人，解救劳工 300 余人。第一师同江北的第三军部队互为策应，影响两岸。

1936 年春，第三军第二团在珠河县中东铁路南老游击区同该军第三师共同活动，经过补充整顿，部队得到恢复，又返回珠河铁路北和宾县开展游击战，受到一些义勇军部队的欢迎，认为今后又可以得到第三军的庇护进行活动了。第二团在同这些义勇军共同对敌的斗争中，吸收了一些义勇军加入东北人民革命军行列，曾同一些义勇军进行攻打延寿警察队、截击敌人汽车等战斗。

4 月 26 日，第二团由宾县奔袭阿城县第三区永源，解除伪自卫团 20 余人的武装。8 月 26 日，当第二团同收编的义勇军 300 余人欲东去方正县开展游击战途经宾县夹板站，抵达虎头山附近的李家屯宿营时，遭受追敌日军松本中队约 60 人之围攻。第二团等抗日部队凭藉宿营地大院的高墙、炮台予以抵抗，但因缺少重武器，而敌人重机枪火力猛烈，抗日武装无法冲出大院，陷于被动。第二团指挥员关化新为引诱敌人，命令各部队逐一暂停射击，日军误以为抗日部队子弹耗尽，也暂停射击，并迅速冲到大院东南角炮台下刨墙挖洞，欲图冲进大院。此时，第二团组织 10 余名突击队员突然跃上墙头，率先击毙日军机枪射手，然后跳至院外将挖洞的敌兵击毙，还夺取了日军的重机枪，并即刻调转枪口，猛烈扫射敌人，接着院内大部队迅速冲至院外扑向敌人。结果，日军中队长、大尉桥本等 17 人被击毙，13 人被击伤，其余溃逃。第二团缴获重机枪 2 挺、各种枪械 39 支、子弹 2 箱。此次战斗的胜利，影响远近的义勇军竞相投靠第二团，该团遂扩编为第三军第二师，吴兴才任师长，关化新①任政治部主任。全师编为 6 个团，继续坚持战斗在宾县、珠河地区。

1935 年冬，第三军第三团根据第三军司令部的命令改编为第三师，全师编为 3 个团。在师长张连科、政治部主任李熙山（许亨植）的指挥下，仍坚持在中东铁路南珠河县大泥河至五常县老游击区进行游击活动。第三师在珠河与五常边界活动期间，继续与汪雅臣所部反满抗日救国军联合对敌作战。1936 年 2 月，经中共珠河中心县委同意，将久已配合第三军共同战斗的汪雅臣率领的这支抗日山林队，在五常县北部高丽营子附近改编为东北人民革命军第八军。此前，珠河中心县委已吸收汪雅臣加入中国共产党。

此后，第三军第三师和第八军又改善了同“创江南”等义勇军、山林队的关系，成立了反日联合军路南指挥部，联合对敌战斗。一次，第三师在五常高丽营子同敌人展开战斗时，“创江南”部义勇军得知消息后，立即从 10 公里外携带重机枪前来支援。后来，又先后在拉拉屯、五道岗、十八层甸子等地作战多次，道南抗日游击战重新打开了局面。不久，第三师又联合了道南、道北抗日义勇军 1000 余人，在五常县小山子附近打击敌军，还一度伸展至拉（法）（哈尔）滨铁路以西榆树县境内活

① 关化新（1906—1938），河北山海关人。中共党员。历任中共珠河中心县委书记、东北人民革命军第三军第一团参谋长、东北抗日联军第三军第二师政治部主任、师长。1938 年在战斗中牺牲。

动。第三师与第二师在珠河、五常及其附近县份的影响日益扩大。

1935 年 12 月中旬，第三军第四团与赵尚志率领的第三军司令部等部队分开活动后，即扩编为第三军第四师。由郝贵林任师长，金策任政治部主任。全师编为 3 个团。该部东进前往吉东地区，与第四、第五军等部队一起开展游击战争，取得许多胜利。

自 1935 年冬至 1936 年夏，东北人民革命军第三军主力转战松花江下游两岸，同第六军一起建立起汤旺河后方根据地，开辟了松花江北岸巴（彦）木（兰）通（河）新的游击区，与坚持在宾（县）珠（河）延（寿）方（正）五（常）老游击区斗争的部队遥相呼应。同时又积极向勃（利）宝（清）富（锦）地区伸张。部队有了迅速的发展，已由原有的 6 个团扩大为 7 个师，活跃在北满 20 多个县。

1936 年 8 月 1 日，第三军司令部根据《八一宣言》精神和《东北抗日联军统一军队建制宣言》的要求发表通告，宣布从即日起，将东北人民革命军第三军改编为东北抗日联军第三军。通告并希望联络抗日义勇军各军，“消除此疆彼界、各树一帜、尔东我西、各行其志”的局面，“以发扬与光大我抗日之旗帜，以巩固我反‘满’之武装”。东北抗联军第三军的建制是：军长赵尚志。全军编为 7 个师：第一师，师长常有钧[①]（兼任），政治部主任李熙山；第二师，师长关化新，政治部主任吴兴才；第三师，师长张连科，政治部主任吴景才；第四师，师长郝贵林，政治部主任金策；第五师，师长景永安，政治部主任蔡近葵[②]；第六

---

① 常有钧（1911—1938），辽宁岫岩人。1934 年参加哈东支队。1935 年加入中国共产党。历任东北人民革命军第三军第六团政治部主任、东北抗日联军第三军第一师师长。1938 年被叛徒杀害。

② 蔡近葵（1915—1974），原名蔡宗康，黑龙江双城人。哈尔滨法政大学毕业。1933 年参加珠河反日游击队，并加入中国共产党。历任东北人民革命军第三军秘书、东北抗日联军第三军第五师政治部主任、第一师师长兼哈东游击司令。1938 年赴苏联，后被遣送新疆。1974 年病逝。

师，师长张光迪，政治部主任蓝志渊；第七师，师长于海云，政治部主任张德。司令部设政治保安师，师长常有钧。抗联第三军成立后不久，新建了第八、第九师。1937 年 7 月，又建立了第十师。第八师，师长考凤林；第九师，师长李振远①，政治部主任雷炎；第十师，师长高士魁。第三军总兵力约 6000 人，其中基干部队 1500 人，其余为收编部队。

1936 年 9 月 18 日，中共珠河、汤原中心县委和抗联第三、第六军党委在汤原帽儿山第六军被服厂召开联席会议。会议分析了当时的斗争形势，提出了斗争的策略和任务。根据历年斗争经验，对反日伪当局 1936 年秋冬季“大讨伐”进行了部署。

1936 年 10 月，日伪当局根据三年“治安肃正计划”，开始在汤原、通河、木兰、方正、依兰、勃利和宾县、延寿、五常等县，对北满地区抗联武装进行“大讨伐”。日本关东军为加强对松花江两岸抗日游击区的“讨伐”，特别指定中部地区防卫司令官、日本关东军第九师团师团长统一负责指挥，调集伪军第四军管区兵力和另调伪军第三军管区 1 个骑兵团、1 个日军守备队和汤原伪治安队等日、伪军，欲图一举歼灭在汤原一带的抗联第三、第六军和其他抗日武装。在这种形势下，根据珠汤联席会议决议精神，为了冲破敌人的秋冬季“大讨伐”，开辟新的游击区，在中共北满临时省委和北满抗联总司令部的领导下，除坚持汤原地区的反“讨伐”战争外，还作出“向日‘满’统治环节薄弱的隙锋〔缝〕中突击”②，扩大抗联部队和拓展新游击区的决议，决定抗

① 李振远（1916—1938），1934 年参加哈东支队少年连。同年加入中国共产党。历任东北抗日联军第三军团长、第九师师长。1938 年赴苏联，后被遣送新疆。同年牺牲。

② 《中共珠汤中心县委联席会议关于目前政治形势和党的新策略与任务的决议（草案）》（1936 年 9 月 18 日），载中央档案馆、辽宁省档案馆、吉林省档案馆、黑龙江省档案馆编：《东北地区革命历史文件汇集》甲 38，1990 年印，第 262 页。

联第三、第六军部队再次西征铁骊（今铁力）、海伦，开辟黑嫩新游击区，并以一部东征萝北、佛山（今嘉荫）以示策应，同时出击依兰、桦川，牵制敌人，以打破日、伪军集中兵力围歼抗联部队的图谋。

这次西征改变了1935年西征孤军突进的方式，采取多路出击、分散敌人注意力以掩护主力行动的战术，首先争取在黑嫩地区站稳脚跟，开辟新区。赵尚志的具体部署是：第一师政治部主任李熙山率第一师组成西征先遣队，由汤原出发赴庆城，与在那里活动的第九师会合，再向铁骊进军；调第二、第三师各一部分队伍，由第三师政治部主任吴景才率领北渡松花江，向铁骊前进；活动在木兰蒙古山一带的第六师提前西进铁骊，开辟根据地并储存粮食，接应主力部队；活动在富锦、萝北一带的第五师沿松花江西进，进驻黑嫩平原北部的海伦，再向西北发展。

1936年9月，李熙山率第一师一部200余人为先遣队，首先西进，经东兴等地于11月到达铁骊县境内，与第六师会合。不久，第二、第三师部队在第三师政治部主任吴景才率领下，也自宾县跨过松花江，1936年11月进入铁骊山区。第三军第九师也抵达铁骊。

同时，第四军第一师第二团和第五军第一师部队也随同第三军西征，在11月相继抵达铁骊，欲同第三军第一师会合。1936年11月30日，在铁骊境内的一次对敌战斗中，两支部队失去了联络。第四军第二团在十六道岗活动时，与第三军第一师共同夹击一支日军“讨伐队”，击毙日军7人。之后，该团随同第三军北征海伦，在海伦六井子屯围攻伪警察所和“大排队”60余人，解除敌人全部武装。

1936年11月，抗联第三军军长赵尚志率领军部直属政保师和第一、第五师各一部500人组成骑兵部队，再次从汤原根据地老钱柜出发，顶风冒雪开始西征。由于第三军多支部队向西移动，引起日伪当局的警觉。主力部队启程后，立即遭到敌人的围追堵截。赵尚志率队巧妙地突破敌人的封锁线，到达木兰县蒙古山，在这里与第六师留守部队会合，补充了给养，休整了几天。为了摆脱敌人的追堵，赵尚志放出消息，佯称："这次西征是要攻打呼兰县城。"日军得知这一消息，急忙调大批兵力集结到呼兰和巴彦之间，加强防御。赵尚志却率部迅速北上，向铁骊（今铁力）挺进。12 月，部队到达铁骊，同西征先遣队和第六、第九师等部会合。李熙山率领的先遣队和第二、第三、第九师到达铁骊后，收编当地的义勇军、山林队，开辟了铁骊、庆城（今庆安）、绥棱一带的新游击区。但部队在活动中牵走老百姓的马匹，违反群众纪律和民族政策，引起群众不满。赵尚志了解这一情况后，在三节台召开会议，整顿了部队纪律，向群众赔礼道歉，得到群众的谅解。

此后，赵尚志令抗联第三军第六师一部在师长张光迪率领下留在海伦至铁骊一带，承担起开展游击战和建立后方基地的任务。张光迪率领该师在通北和海伦边界一带积极开展游击活动，进攻徐家围子，截击日本运输汽车，攻打伪森林警察队，均取得胜利。同时，在海伦东山里建立了后方基地，为尔后西征的北满抗联大批部队的到来准备了物质条件。

抗联第三军西征部队在庆城、铁骊活动近两个月，敌人极力调动兵力围追。1937 年 2 月 28 日，西征部队在海伦东北赵家堡子附近与日、伪军激战 3 小时。翌日，在海伦哈拉巴山又与日军田岛部队交战，战斗日益频繁。根据敌情变化，赵尚志决定率第三军司令部、少年连和第六师一部 300 余人继续向北挺进，向海伦、通北（今北安县境）地区继续远征。3 月初，远征队沿运木材的山道向通北进军时被敌人侦知。敌人派出 700 余人尾随其后。赵尚志已知敌人追击。他将部队分成两部分：一部分利用有利地势设伏，另一部分则继续急速前进诱敌。当敌人进入伏击圈时，伏击部队 4 挺机枪一齐开火，打得敌人晕头转向，狼狈逃跑。此战毙敌 30 多人，缴获一批枪支和毛毯等物品。

这次战斗后，赵尚志判断敌人不会甘心失败，一定会再次调兵向我围攻。他告诉战士们，要寻找有利地点迎击敌人。

部队离开山道，沿一条小河谷向山坡前进时发现，前面岗地上有4座原木垒起的木营。在木营附近山间有一眼常年不冻的山泉。冬季，泉水从山上流下，结成一片很宽的冰坡，当地群众称之为"冰趟子"。赵尚志仔细观察了冰趟子周围的地形，决定在这里打一场阻击战，消灭跟踪追来的敌人。这时，伐木的工人们已经回家过年，木营里只有几个人留守看房子。赵尚志安排部队在木营住下后，召开了班以上干部会议，部署阻击方案。战士们趁敌人尚未到来，用两天时间用冰雪构筑工事，设好埋伏阵地。

1937年3月7日，日军竹内部队和伪军以及警察队等800多人尾随抗联部队进入冰趟子沟。敌人做梦也想不到在这里会遇到阻击。就在敌人顺沟大摇大摆地前进要接近木营时，赵尚志一声令下，指战员们机枪、步枪一齐开火，伪军中队长等当场毙命。在这突如其来的打击下，伪军纷纷向后溃逃。200余名日军在守田大尉的指挥下向木营扑来，但他们在冰趟子上接连滑倒，遭到伏击战士们的机枪、步枪和手榴弹的猛烈打击，死伤惨重。战斗从中午一直打到半夜。这时气温降到摄氏零下40度，枪被冻得拉不开栓。第三军战士轮流进入木营烤火、暖枪，不断打击敌人。敌人多次发起冲锋，企图夺取木营，但终未成功。在冰川上趴了一夜的日、伪军，被冻得四肢麻木，精疲力竭，无力再战，只好狼狈撤退。

这次战斗，据有关史料，"敌人伤亡二百余名，其中大多数是受伤的冻死的"①。伤亡的敌人中有日军大尉守田、准尉津田及警务指导

① 张光迪访问录:《参加抗联的经过》，1982年11月26日，访问人赵亮，载中共黑龙江省委党史研究室编:《访问录汇编(六)》，第88页。

官等军官7人。第三军缴获九二式机枪1挺、一批枪支弹药和大量米、肉、军装、军毯等物资。战斗中第三军牺牲7名战士。冰趟子战斗是抗联第三军建立后取得的一次重大胜利。

冰趟子战斗后，赵尚志率军部少年连和第一、第五师各一部150人继续向地处北满小兴安岭西麓的通北（今属北安市）、龙门（今属北安市）进军。此时，虽然已近3月中旬，但气温仍在摄氏零下30度以下。敌人为掠夺小兴安岭原始森林的木材资源，在沿山各处设置日、伪军警警戒守卫。第三军北征部队在途中不时遭遇敌人的阻击，行军非常困难和迟缓，粮食几乎断绝，被迫将瘦弱的乘骑马匹宰杀充饥。因身处林海雪原，每天露宿冰天雪地之中，部队战士不断出现冻伤和掉队现象。1937年3月27日，部队行至北（安）黑（河）铁路龙门车站附近的一座炭窑时，获悉一支乘坐30余张马爬犁的日军“讨伐队”正在跟踪追击而来。第三军部队除布置正面伏击外，还以少年连50余人隐蔽路旁两侧的树林中实施侧击。当敌人进入抗联伏击阵地后，第三军部队突然从正面和两侧实行三面夹击，迅速解决战斗。此战击毙日军守备队队长、少佐町田、准尉渡边等21人，缴获轻机枪1挺、掷弹筒1具、步枪20余支。之后，部队继续前进，但途中连续遭受敌机轰炸和敌军的堵截、追击，加上严寒、饥饿，开始出现大量减员。当行至距逊河县城约30公里处宿营时，突遭追击敌军的偷袭。赵尚志率部奋勇突出重围，但也牺牲30余名战士，乘马全部丢失，150多人的部队仅剩70余人。1937年5月，赵尚志率领部队徒步翻山越岭，克服困难，绕道返回汤原后方根据地休整。

抗联第三军部队的再次西征历时约半年，行程1000余公里，经历了无数艰难险阻。西征途中，部队仅在房屋中住宿过10天，无论战斗还是休息，都是在零下30至40度的冰天雪地中度过的。

抗联第三军主力西征后，留守汤原的第一、第五师和军部直属部队各一部，为策应西征，牵制敌军，分别实行出击。第五师一部在师长景永安率领下，联合义勇军一部东征萝北、佛山（今嘉荫）。同时护送中共北满临时省委特派员朱新阳越境去莫斯科向中共代表团汇报、请示工作。1936 年 11 月末，第五师一部联合义勇军、山林队袭击萝北县老金沟火烧营采金场，解决了部队的装备和给养，动员一批工人参加了部队。部队继而向佛山进军。佛山县城是边境重镇，位于黑龙江岸边，驻有伪警察、伪国境监视队和伪军一部。1936 年 12 月 1 日，第五师联合义勇军共 400 余兵力分三路发起攻击，首先捣毁敌无线电台，割断有线电话，切断敌人一切电讯联系，使其与外界隔绝。同时，围攻伪国境监视队并缴获其武器。伪县署参事官吉村、伪警察署指导官五十岚率领 10 余名伪警察乘隙逃往黑河。伪军第二十七团一个排负隅顽抗，在中尉桥本被击毙后仓皇逃跑。佛山县城被攻克。此战击毙日、伪军官兵 12 人，击伤 8 人，缴获 51 支枪、子弹近 1200 发、被服 489 件、马 93 匹、现款 7 万元、电台 1 部，还俘虏了伪县长、伪警察署长等 8 人。全城居民悬挂红旗，一片欢腾。抗联部队向群众宣传党的抗日救国主张，筹集给养，3 日后撤离。佛山战斗的胜利，鼓舞了抗日军民的士气和信心，震动了敌人。

1937 年 1 月，汤原留守部队一部袭击并攻占汤原县梧桐河金矿，歼敌一部。2 月，攻克佛山县境内马连站，缴获一批粮食，继而攻下嘉荫河金矿，收缴枪支、子弹一部分以及 15 公斤金沙和大量面粉，还吸收 10 余名矿工参加抗联部队。10 余日后，该部又攻下萝北县金满沟金矿，缴获大批物资。由于连续作战胜利，部队有些轻敌，在进攻得到敌军增援的老道沟金矿时作战失利，牺牲 3 人，部队只得返回岔巴气后方根据地。

在林口一带活动的抗联第三军第一师一部，1937 年 1 月在第一师政治部主任兼哈东游击司令李福林指挥下，袭击了林口县城，打死敌军10人，缴获步枪15支。又袭击延寿伪警察大队，毙敌15人，缴获步枪13支。不久，在夹信子又伏击日军西山部队，击毙日军20人。之后，李福林率队在通河大古洞、小古洞一带打击敌人，向群众进行抗日宣传。4月，该部在二道河子突围战斗中，李福林不幸牺牲。

抗联第三军第四师由师长郝贵林、政治部主任金策率领，在松花江下游的宝清、富锦一带新开辟的游击根据地为西征部队筹集军费，并与第四军、第七军部队共同战斗，有力地配合了第三军主力的西征。不久，为了取得与第三军司令部的联系，第四师师长郝贵林率领该师50余名骑兵从宝清返回汤原，配合第六军部队开展游击战争。

从1936年10月到1937年6月这段时间内，抗联第三军各部英勇出击，顽强作战，取得了许多胜利。从松花江下游沿岸的汤原、依兰、通河、方正、木兰、巴彦到小兴安岭山麓的铁骊、庆城、绥棱、海伦、通北；从北（安）黑（河）铁路沿线的北安、龙门到黑龙江沿岸的逊河（今属逊克县）、奇克（今属逊克县）、佛山，纵横千余里，大小百余战，毙伤日、伪军800余人，俘虏300多人，攻占城镇二三十座，缴获大量轻重武器和弹药。在此期间，第三军远征部队也遭到很大损失，牺牲了30余名军政干部和200余名战士。由于第三军各部与第六军配合，采取西征东进、分头出击的战术，打乱了敌人的部署，冲破了日伪当局以宾、木、通、汤、依五县为中心的“大讨伐”，保护了汤原游击根据地，开辟了铁骊、庆城、绥棱、海伦新游击区，从而为第三军以后开展黑嫩平原游击战争奠定了基础。

（三）东北抗联第六军的建立及其开展的游击活动

1936年1月末东北人民革命军第六军成立后，积极展开游击活动。根据汤原会议后第三、第六军的决定，第六军的主要任务是扩大汤原抗日游击区和建立汤旺河后方根据地，并冲破敌人的冬季“大讨伐”，策应第三军主力部队西征。而要建立汤原后方根据地，首先就要解除驻守在汤旺河沟里的伪汤原森林警察大队武装，为建立汤原后方根据地扫除障碍。

1936 年 2 月初，北满抗联总司令赵尚志写信给东北人民革命军第六军政治部主任张寿篯，要他想一切办法解除老钱柜（今伊春上甘岭林业局境内）伪汤原森林警察大队武装，以建立汤原后方根据地。3 月中旬，张寿篯和戴鸿宾率第六军第二团 20 多人和洼区青年游击连 70 多人，并动员义勇军“阎王”部 20 多人，共 110 余人的队伍，筹足了给养待命。

驻老钱柜的伪森林警察大队，下属 4 个中队，分别扼守黑金河、唐犁川（今南岔）、岔巴气和老钱柜等重要隘口。大队长于祯（“于四炮”）和中队长宋喜斌（“五炮”）以及丁山、黄毛、张保安等都是小兴安岭著名的猎手，熟悉山地，枪法较好。日军占领汤原后，大队长于祯和几个中队长都对日本的统治不满，于祯还与第六军军长夏云杰有过联系。根据这种情况，张寿篯、戴鸿宾和洼区区委书记李凤林研究认为，对这支队伍只能智取，不能硬打，要采取巧妙的办法解除其武装，并争取多数队员参加抗日。1936 年 3 月 15 日，张寿篯和第六军第二团团长戴鸿宾率部队从浩良河出发，冒严寒、踏深雪，经艰难的行军，于 3 月 18 日到达伪森林警察大队的头道哨所岔巴气附近密林中隐蔽，由熟悉这里情况的李凤林带领侦察小队顺利地抓到两名伪森警，并由被俘的伪森警引导顺利地缴了两名伪森警哨兵的枪。随后，乘拂晓伪森警仍在睡梦之机突入营房，未经战斗俘虏了中队长丁山、黄毛等 40 余名伪森警，缴获了大量枪支子弹。随后，经教育，丁山、黄毛表示愿意协助第六军。部队迅即在当天傍晚到达老钱柜，利用黄毛作掩护俘虏了巡查哨兵和宋喜斌（“五炮”），又通过“五炮”喊话，伪森警官兵被迫放下武器，日本指导官森山等六七名日本人在顽抗时被击毙。这次奔袭老钱柜作战，共缴获轻机枪 1 挺、长短枪 100 余支、子弹 4400 余发、电台 1 部、粮食 2 万余市斤以及牛、马近百匹。当时大队长于祯因在汤原为儿子办婚事未在老钱柜现场。4 月 23 日，在第六军军长夏云杰的教育下，于祯率残部反正起义，先后被编入东北抗联第三军独立旅和第六军。于祯后任第九军副官长。从此，小兴安岭汤旺河一带成为抗联第三、第六军的后方根据地。

1936 年 3 月 31 日，第六军一部在依兰县东南头道河子村同一支日军和宪兵发生激战，毙敌 10 人，伤 18 人。4 月 2 日，第六军第二团团长戴鸿宾与稽查处长黄有，通过社会关系争取了汤原太平川附近格节河金矿伪森林警察队中队长王志，使其交出了所有武器装备。

1936 年 4 月间，为扩大游击区，第六军军长夏云杰率领部队先后两次准备进攻兴山镇（今鹤岗市兴山区），因故未能实现。5 月 22 日，第六军 3 个团 500 余人，在军长夏云杰指挥下向兴山进攻。在抗日救国会员和矿警队员的配合下，进攻部队分两路发起攻击：一路由参谋长兼第三团团长冯治纲指挥，首先炸毁了吊桥和车库，用火力封锁了日军守备队和矿警第一队的营房；另一路由夏云杰指挥，冲入煤矿事务所，击毙了日本官员山口为市、桥田德次和伪矿警大队长赵永富，解除了矿山伪警卫队的武装，缴获轻机枪 1 挺、步枪 30 支和子弹 6500 余发。夏云杰当即召集矿区群众大会，宣传抗日救国道理，动员群众参加东北人民革命军。经过宣传教育，被俘的矿警中有 26 人参加了第六军部队。

此前，第六军第二团政治部主任裴敬天带领第二团和第三军各一部，组成 150 人的依东先遣队。该部在依兰县东北的西湖景附近暖泉子活动时，突遭 3 倍于我之日、伪军联合“讨伐队”的围攻，战斗激烈。因敌强我弱，全体指战员虽奋勇杀敌，终难突围，部队遭受严重损失。6 月 22 日，第六军第四团正欲从汤原县城东尹家大院出发渡过松花江，继续去依兰东部西湖景一带开辟游击区时，突然发现 1 辆满载日军的汽车急驶而来。团长张传福立即指挥部队予以伏击。遭到突然打击的敌人慌乱中纷纷跳车还击。第四团战士瞄准敌人沉着射击，打得敌人晕头转向。此战击毙日军20余人，缴获轻机枪1挺、掷弹筒1个、长短枪17支。战斗中，团长张传福负伤，被送回根据地养伤。第四团团长由陈绍宾代理。随后，第四团南渡松花江至依兰、桦川开辟抗日游击区。

1936年7月，第六军参谋长冯治纲带领新编的第五团到达萝北县境内，袭击了凤翔街的伪军炮台，解除了伪军迫击炮排的武装，缴获迫击炮1门。此后，该团又进军绥滨，攻破了该处的伪警察署。8月，第六军第七团在军长夏云杰的指挥下，在依兰县宏克力东沟里与伪军300余人的"讨伐队"发生激烈战斗，第六军第七团占据有利地势，连续打退敌人的数次进攻，迫使伪军撤走。

1936年9月，中共汤原中心县委、东北人民革命军第六军党委根据《八一宣言》和《东北抗日联军统一军队建制宣言》精神，决定将人民革命军第六军正式改编为东北抗日联军第六军。军长由夏云杰担任，张寿篯兼任代理政治部主任，参谋长为冯治纲，秘书长黄吟秋。部队共编为7个团和1个保安连、1个留守团。第一团，团长刘俊峰，政治部主任李云峰；第二团，团长王秀芝，政治部主任关树勋；第三团，团长张传福，政治部主任张兴德；第四团，团长戴鸿宾，政治部主任马德山[①]；第五团，团长郭复东，政治部主任周云峰；第六团，团长黄名新，政治部主任尹锡昌；第七团，团长王居选，政治部主任吴玉光[②]；保卫团（即留守团），团长耿殿君。全军1500余人。东北抗日联军第

① 马德山（1911—1938），原名金乘浩，朝鲜族。九一八事变后加入中国共产党。历任东北抗日联军第六军第四团政治部主任、第一师师长等职。1938年在战斗中牺牲。

② 吴玉光（1909—1938），朝鲜庆尚北道人。1933年参加汤原反日游击队。历任东北人民革命军第六军第四团政治部主任、东北抗日联军第六军第四师政治部主任等职。1938年在战斗中牺牲。

六军的编成，使松花江下游的许多抗日武装纷纷向其靠拢，抗日统一战线日益扩大，推动了抗日游击战争向周边各县更广大的范围发展。

1936 年 9 月后，抗联第六军在军长夏云杰率领下为冲破敌人“大讨伐”，策应第三军主力部队西征，采取避实击虚的方针与敌人周旋。10 月初，为打退一支自汤原县城出发进入石场沟游击区“讨伐”的日、伪军，第六军第四团在团长戴鸿宾指挥下，埋伏于敌军来路的山地密林中隐蔽，待日、伪军骑兵快速通过后，截击了落在后面步行的伪汤原县治安队，歼敌 20 余人，并迅速脱离战场转回亮子河后方基地。第五团在团长郭复东指挥下，在太平川、景阳屯一带配合中共格节河区委开展反“集家并屯”斗争。10 月中旬，军长夏云杰率领第二、第三团渡江南下依兰、桦川开展游击战争，借以调动进攻汤原游击根据地的敌军，并支持了依东西湖景游击根据地群众的抗日斗争。10 月 18 日，第六军一部袭击桦川县黑通屯伪警察所，击毙和俘虏伪警 10 人。当年初冬，夏云杰率部返回汤原老游击区后，又继续派出第一、第四团去依兰、桦川、富锦，巩固和扩展游击区。11 月 21 日，夏云杰在后方积极筹备给养和服装，欲图转战佛山时，在汤原西部丁大干屯突遭敌人伏击，身负重伤，于 11 月 26 日为国捐躯。

1937 年 2 月 2 日，根据抗联第六军不断发展的实际，为加强对该军的领导，中共下江特委和抗联第六军在汤原格节河后方根据地召开军政联席扩大会议，中共北满临时省委书记冯仲云出席会议予以指导。会议决定由临时省委提名的戴鸿宾任第六军军长；确定由军长、政治部主任、参谋长形成决策会议，解决重大问题的集体领导机制；决定军队扩编，健全各级党委并加强领导；决定改善军民关系，加强军民团结，加强第三、第六军团结，以及同其他各抗联部队的团结。会后第六军进行了整编，将原有 7 个团改编为 4 个师。第一师，师长马德山，政治部主任徐光海；第二师，师长张传福（养病期间由陈绍宾代理），政治部主任张兴德；第三师，师长兼政治部主任周云峰；第四师，师长戴鸿宾兼任，政治部主任吴玉光。军部保安连扩编为保安团。之后，根据中共北满临时省委的指示，第六军第一师和保安团东征富锦、宝清，继续拓展新游击区；第三师准备继第三军西征之后继续西征。

1937 年 3 月，军长戴鸿宾率保安团和第一、第二师跨江至依兰、桦川，并将第二师留在这一地区坚持战斗，第一师和保安团继续东征富锦、宝清。途中首战葫芦细子，歼敌 20 余人。继之将郭成伪自卫团缴械，获枪 20 支。在宝清县城以南夹信子对敌战斗中，又缴获伪警察和伪自卫团 40 余支枪。3 月中旬，转战至富锦县境内，第一师即在此地区继续活动。军部直属部队返回汤原，途中在依兰暖泉子将张广文伪自卫团缴械。3 月 22 日，梧桐河矿警队 80 余人，在打入其内部的共产党员马克正、陈芳钧的领导下举行反正起义，被第六军编为第四师第二十九团。

1937 年 2 月 8 日，留在汤原的第四师袭击汤原城外的伪警察训练所，缴获服装 289 件。准备西征的第三师自 2 月即开始为筹集装备、给养积极开展活动，于 2 月 12 日冲入夏家大院，缴获驻守的伪警察、自卫团 50 余支枪、大量粮食和 70 匹马。2 月 16 日，在于家沟歼灭一支日本关东军测量队 23 人，缴获轻机枪、掷弹筒各一和步枪 10 余支及地图和测量仪器等。3 月 22 日，再袭汤原伪警察训练所，缴枪 20 余支、警服 200 余套。第三师从此由步兵改为骑兵，另组成先遣队。4 月初，自依兰韩家屯、苏家屯出发西征。

1937 年 4 月，北满抗联总司令部根据义勇军中侠、助国的要求，将其编为第六军第九师（后改为第五师），刘振声任师长，邱金海任参谋长，将第一师高玉斌调任该师政治部主任。该师主要活动在松花江北绥滨县境，隔江与第一师呼应。此时，第六军部队达到 2000

余人。

1937 年 5 月 18 日,抗联第六军留守部队在军参谋长冯治纲指挥下进行了夜袭汤原县城的战斗。汤原县城是日伪在北满的重要据点之一,是此次北满五县“讨伐”军的重要集结地。早在 5 月初,第六军参谋长冯治纲便开始策划袭击汤原,以牵制敌人的“讨伐”兵力。县城内驻有伪军第三十八团、日军守备队和伪警察大队。参加攻城的部队为留守汤原的第六军第四师和西北沟、太平川一带的农民自卫队共 300 余人。冯治纲事先通过早已打入伪警察署内部的抗日救国会会员王福林、李居善等人,查明城内敌情,得知伪军第三十八团已出城换防,伪警察大队也出城“讨伐”,城内只有少数日军守备,是攻城的最佳时机,迅即制定了攻城作战计划。5 月 17 日,攻城部队从距汤原县城北 9 公里集结地出发,乘夜逼近县城。5 月 18 日凌晨 1 时 30 分,在值勤警察、抗日救国会员的接应下,攻城部队自城东北角突入城内,首先解除了北门派出所十几名伪警察的枪械,然后兵分三路按预定方案作战。一路奔赴日军守备队,用两挺机枪火力封锁其出入口,使日军龟缩营房之内不能出击;一路直冲伪县署和伪官员宿舍,剪断了伪县公署围墙上的铁丝网和电话线,解除伪警卫队武装,击毙县参事官宫地宪一、伪警务局指导官齐藤宽、警士竹木福太郎和进行顽抗的日、伪警察 12 人。第三路部队由抗日救国会会员王福林作向导,里应外合进攻监狱和拘留所,营救出中共格金河区委书记张士俊等 70 余名抗日群众和无辜者。然后砸开武器库,收缴迫击炮 3 门、炮弹 96 发、轻机枪 3 挺、各种枪 67 支、子弹 3.5 万发,另缴获战马 35 匹。抗联战士牺牲 1 人。拂晓,攻城部队交替掩护撤退,并连续击退城内日军守备队的反扑,击退驻太平川日军久保部队和驻黑山伪军的追击,胜利返回后方根据地。第六军夜袭汤原的胜利是继第三军攻占佛山县城后又一次攻城战斗的胜利,此战沉重地打击了日本侵略者的嚣张气焰，鼓舞了松花江下游抗日军民的抗日热忱。

不久，抗联第六军第三师西征先遣部队到达绥棱县境。开始时，因敌情不明，先遣队不断遭到日、伪军警的袭击。第三师为摆脱困难局面，于1937年5月，主动攻袭一支日本"讨伐队"，并以少量伤亡取得击毙日军30余人的胜利。6月，强渡通北县南北河，同第三军一部会合，继而第三、第六军部队联合进攻日本木业采伐作业区，缴获一批粮食和物资。随后，第三师即以绥棱郭炮营为基地开展活动，发动群众，筹备给养，为第六军后续西征部队准备物资条件。

抗联第六军部队从1937年1月至4月，同其他抗联部队一起，对敌作战206次，歼灭大批敌人，部队在战斗中也得到很大发展，从而使抗联第六军在松花江下游地区成为一支抗日劲旅。

四、东北抗联第四、第五、第七军编成，吉东地区游击战的开展

（一）东北抗联第四军的编成

1936年1月下旬，东北抗日同盟军第四军军长李延禄率警卫部队参加汤原会议后，返回松花江南岸方正县大罗勒密后方基地。不久，中共勃利县委通知李延禄中共吉东特委有紧急事情传达，要他赶赴勃利县委所在地。李延禄即率领第一团前往，令军部警卫部队留守大罗勒密后方。1936年3月15日，中共勃利县委和第四军领导干部会议在勃利县大青沟召开。参加会议的人员除县委书记李成林、第四军军长李延禄、第一团政委李守中外，还有自苏联学习归国不久的李延平。原来，中共驻共产国际代表团正在努力开展向国外及国内宣传中国共产党在东北地区领导的抗日斗争、揭露日本帝国主义侵略罪行的工作，以争取世界人民的同情和国内的支援。因此需要东北抗日前线的将领到国外和关内，通过抗日亲身经历进行宣传和联络工作，以便收到更好的效果。1936年2月初，李延平自苏联返回

时,便带回了中共代表团关于东北抗日同盟军第四军军长李延禄等人出国工作的要求,并向中共吉东特委作了传达。吉东特委决定派李延禄出国,出国期间其第四军军长职务由李延平代理,并派交通员迅速将李延平送至勃利县委处,传达这一决定。这便是这次会议召集的原由。

这次会议还特邀同在勃利活动、与东北抗日同盟军第四军时常协同作战的东北人民革命军第三军第四师师长郝贵林、政治部主任金策一并参加。东北人民革命军第三军第四师部队于 1935 年 11 月同第三军军部在勃利县青山里九龙沟分开后,便一直按照军长赵尚志的有关指示行动。这些指示涉及在松花江南岸和牡丹江以东开辟新的抗日游击区、扩大部队,并打通与抗联第五军东征部队的联系,帮助东北抗日同盟军第四军发展等内容。1936 年 1 月,第三军第四师东去袭击由日本人开办的七台河煤矿。尔后,第三军第四师即同抗日同盟军第四军时分时合,共同打击敌人。

大青沟会议上,李成林传达了中共代表团和吉东特委令李延禄去莫斯科,从事向国外和国内宣传东北抗日联军的斗争并进行抗日统一战线工作的指示,并告李延禄迅速动身自密山出境。同时,根据中共吉东特委的指示,将东北抗日同盟军第四军正式改编为东北抗日联军第四军。军长为李延禄,黄玉清任政治部主任,胡伦仍任参谋长。部队编为 3 个师:第一师,师长李延平,政治部主任黄玉清兼任;第二师,师长郑鲁岩,副师长李学福,参谋长崔石泉,拟由在饶河活动的东北人民革命军第四军第四团编成;第三师,师长李天柱、政治部主任邓化南。会议根据中共吉东特委在不久前的指示,决定第四军军部和第三师与东北人民革命军第三军第四师协同前往宝清、富锦,会合在饶河、虎林活动的第四军第四团,开辟新的抗日游击区。

会后,1936 年 3 月 25 日,由李延禄统一指挥抗联第四军、第三军第四师联合夜袭石头河子金矿。这次战斗,歼敌60余人,缴获各种枪70余支、子弹1万余发、军马100余匹。随后,李延禄同大部队告别,由李延平率一支小部队护送至密山过边界赴苏联。李延禄到达莫斯科中共驻共产国际代表团,主要从事国际宣传,并协助《救国时报》进行了一段工作,后被派遣回国到关内宣传东北抗日斗争并进行抗日统一战线工作,未再返回东北抗日战场。

李延禄离开后,抗联第四军和抗联第三军第四师部队为准备东征宝清、饶河,充实部队力量,收集装备和给养,在勃利、密山一带协同开展游击战。4月,代理第四军军长的李延平率第四军军部40余人的小部队欲西去方正、通河,联络尚留该地活动的第四军第二团和军部警卫部队,使之回归第四军。但行至勃利西北大四站时,与日军一支“讨伐队”遭遇,因敌众我寡,地形不利,随同部队一起行动的第一师第一团政治部主任李守中和第三师政治部主任邓化南不幸牺牲,代理军长李延平等9人负伤,部队脱离战场后返回该军第七团关门砬子密营休整治疗。第三军第四师政治部主任金策便到第四军军部,帮助第四军开展思想政治工作。

此时,抗联第三军第四师在七台河、保安屯、小五站、十二甲一带活动,附近一些抗日山林队主动与第四师联合对敌作战,或加入第三军部队,使第四师部队有了相当发展。1936年4月,第四师在罗圈河同伪军第四军管区的第二十九团赫魁武部队发生激烈的战斗。5月17日,在勃利县保安屯与伪警察队的战斗中,击毙日本指导官和警察小队长各1名,缴获敌人许多文件。

1936年5月18日,李延平率抗联第四军、郝贵林率抗联第三军第四师共同打开了反动地主偏脸子关家油房,迫使一向仇视抗日联军的反动地主交纳抗日捐款8000元。5月23日晚,两军又共同攻击和伏击驻桃山的日、伪军“讨伐队”,击毙日、伪军20余人。下旬,第三军第四师和第四军第一师一部，共同进入密山县，欲同第五军第二师的北征部队进行联络。但第五军部队却因在密山黄泥河子同日军作战失利，业已撤至穆棱活动，未能如愿。此时，第四军和第三军第四师又得知驻在密山县哈达河的伪军第二十六团内部不稳定的情况，遂派人打入该部进行策反工作，准备策动哗变。为了使哗变成功，打入该团的兵运工作人员便派出3名欲反正的士兵携枪投奔第四军和第三军第四师部队，并报告情况。5月29日，第四军政治部主任黄玉清和第三军第四师师长郝贵林便以3名前来报告的士兵为向导，率两军150余人急行军120余华里奔袭哈达河，当日午夜包围了伪军团部。伪军苏团长试图抵抗，当即被击伤俘虏。准备哗变的伪军士兵和兵运人员迅速行动，打开军械库，收缴枪支子弹。这次战斗，缴获各类枪械150余支、子弹10余箱及许多被服。反正士兵40余人参加了第三军和第四军部队。

不久，抗联第三军第四师部队在密山和勃利活动期间，经穆棱和勃利县委交通关系接到来自中共代表团驻海参崴联络站交来的《中代信》。第三军第四师政治部主任金策派人赶赴汤原，将这封信交到第三军司令部。

当时，抗联第四军第一师第二团部队在团长张奎率领下，正与第三军一部在牡丹江右岸开展游击活动。1936年4月，两支部队截击了一支向三道通调动的伪军，毙敌10余人。之后，第四军第二团向江西转移。时值春季，牡丹江已开江，仅有一只小船摆渡。部队大部渡到对岸，团长张奎等3人乘坐的最后一船在江心遇险翻船，溺水牺牲。该团在新任团长郑洪涛的率领下坚持战斗。5月，该团在依兰县黑背伏击了一支日军“讨伐队”。7月，又返回林口县刁翎附近收缴了一支曾杀害中共勃利县委书记李成林的土匪队的武器，处死了两名凶手。同年秋，第四军第二团部队因同第四军军部失去联系，又值李成林牺牲，与勃利县委的联系中断，便又重返方正县大、小罗勒密，欲同留在通河、大罗勒密的第四军留守部队会合共同活动。此后，第四军第二团便同第三军第一师共同活动在大罗勒密一带。

1936 年 6 月 20 日，抗联第四军留下第一师第一团，在军政治部主任黄玉清率领下，继续坚持在勃利、密山、依兰一带活动，并与第一师第二团和抗联第五军积极取得联络。抗联第三军第四师留下团长陆希田带领一个团，在勃利等地活动。第四军军部警卫部队和第七团由李延平率领，第三军第四师由郝贵林、金策率领，共同向宝清、富锦东征，欲会合在饶河地区活动的业已编为东北抗日联军第四军第二师的部队，共同开辟松花江南岸、乌苏里江左岸的广大抗日游击区。7 月 15 日，第四军、第三军第四师部队到达宝清兰花顶子。因两军初到，民情不熟，给养收集一度发生困难。部队在宝清积极打击伪警察和“大排队”的同时，便广泛向部队所到地方的人民群众进行抗日救国宣传。李延平带第四军部队在宝清西部梨树沟活动时，该地伪警察和“大排队”前来攻击，第四军部队边组织反击，边在阵地前喊话：“中国人不打中国人”，向伪警察、“大排队”宣传抗日救国道理，使来袭者不攻自退。8 月 5 日，第四军一部和第三军第四师联合收缴了宝清七区各“大排队”的武装，并经过耐心宣传，争取了许多有爱国心的乡绅的同情和支持，得到他们的捐款、捐粮。从此宝清五、六区的民众抗日工作得到开展。8 月 20 日，第三军第四师在郝贵林、金策率领下，由宝清向饶河东征，准备协助东北抗日联军第四军第二师改编为抗联第七军。第四军继续在宝清、富锦开展抗日工作。军部派出干部和战士到李金围子、杨荣围子、下道口和三道岗一带，向群众宣传抗日，组织群众开展反对日伪“集家并屯”等斗争，得到群众的热情拥护，青年农民纷纷要求加入第四军抗日。与此同时，第四军在富锦对不少山林队开展政治工作，争取他们参加抗日斗争，当即有刘振国、唐青山、"九洲"、"中央"、"老来好"等山林队武装被编入第四军，成为该军第四师，由刘振国任师长，朴德山任政治部主任。

此时，留在勃利的抗联第四军第一师第一团在军政治部主任黄玉清率领下积极开展游击战。不久，还将已收编的一部山林队编为第三团，恢复了该师第三团的建制。同年冬，第一团袭击勃利县保安屯自卫团，缴枪19支。随后又在青龙沟伏击一支日军"讨伐队"，毙敌5人，伤敌4人。

经几个月的工作和战斗，抗联第四军在宝清和富锦一带开辟了新的抗日游击区，在宝清李金围子西南的大叶子沟修建了后方密营，设立了被服厂。同年冬，第四军军部和警卫连在大叶子沟密营进行冬季整训。学习军事、文化，并围绕"民族解放战争和统一战线"等问题进行讨论，提高政治觉悟。代理军长李延平亲自讲侦察和绘图课。经过整训，部队的政治、军事、文化水平都有不同程度的提高。

1937年春节前夕，抗联第四军政治部主任黄玉清从勃利来到宝清县大叶子沟第四军密营，向军长李延平汇报工作，并研究如何进一步开展宝清和富锦地区的抗日活动。两人决定，为保证富、宝地区的通路，便于在两县开展抗日游击活动，应当首先拔掉与抗日部队为敌的杨荣围子以西的方家地主大院。为此，黄玉清提出了智取的方案：假扮日军，骗开方家大院。李延平首先派人了解日军出动的规律，接着挑选了40名战士进行训练，黄玉清则把第四军军部的朝鲜族战士挑选出来参加行动。大年三十上午，黄玉清率部出发，晚上到达方家大院附近。战士们开始大声用朝语说话，马蹄声、喊话声，惊动了方家大院里的人。这时，部队到达大院门口，声称是"皇军"要进院搜查"马胡子"。方家人见"皇军"到来，不敢怠慢，赶快开门迎接。黄玉清布置一个班在门口警戒，自己率领队伍迅速进入院中。部队占领了大院四角的炮楼，搜索了全院，收缴了8支步枪，然后亮明抗日联军的身份。方家无奈，自认罚款，并承诺以后不再与抗日联军为敌，要与抗日联军合作。这次行动不仅教训了方家，也震动了这一带的其他几户地主乡绅，使他们也纷纷向抗日部队靠拢，主动缴捐缴粮。到了1937年4月，方家大院成为第四军由宝清前往富锦的中转站。杨荣围子的伪自卫团也主动撤走，第四军在杨荣围子、李金围子一带建立了反日会等群众组织。这里成为新的抗日游击区。

1937年春，抗联第四军军部对全军的军事活动作出了新的部署，确定以宝清为中心，在勃利至同江各县的新老游击区积极开展游击战斗。第一师仍在勃利、密山、依兰老游击区战斗；第二师在富锦、桦川两县活动；第三师活动于勃利、富锦、宝清等县；第四师在富锦、同江等县游击作战。第四军军部在宝清保持与各师部队的联络，加强对各师的领导和指挥。此后，第四军各师分别积极展开游击战斗，予日、伪军以有力的打击。3月，第二师师长李天柱率第五团部队进攻石虎山矿伪自卫团，缴获长短枪33支和许多子弹。5月，抗联第六军一部和抗联独立师相继到达富锦、宝清与第四军部队会合。第四军第四师与独立师便共同在富锦一、二、三区平原地带开展游击活动；第四军第二、第三师与第六军一部联合在宝清县城附近的各区活动，给敌人造成很大威胁。7月，第四军与到达宝清的第五军第三师一部会合，共同开辟宝清县城附近四区的抗日工作，宝清县城敌人惧于抗联第四、第五军军威，未敢出城作战。同年夏，第四、第五、第六军联合在二道山子成功地进行了一次伏击战。首先由第六军部队以迫击炮轰击宝清县城西北部的凉水泉子伪警察所，诱使宝清县城敌人出动增援。当敌军途经二道山子时，事先埋伏在此地的第四、第五军部队立即开火，敌军丢下20余名死伤者迅即逃回宝清城内。这次伏击战斗，抗联部队缴获轻机枪1挺和步枪多支。

与此同时，抗联第四军第一师第三团攻下勃利县七星屯伪自卫团防所，打开青龙山伪警察所，俘虏伪自卫团长和伪警察等 12 人，缴获步枪、子弹和粮食等物资，使勃利县城附近的小五站、青龙山等一向敌人统治严密的地区，变成抗日游击区。1937 年 3 月，第四军第一师第二团在配合抗联各军进攻依兰县城后，又随同抗联第三军第一师进攻由家屯伪警察所和在蚂蚁河伏击一支日、伪军“讨伐队”，均获胜利。6 月，经中共吉东省委与中共北满临时省委协商议定，第四军第一师第二团归还第四军建制。

1937 年上半年，抗联第四军在中共吉东省委的领导和抗联第三、第五、第六军以及独立师的协助下，从 1936 年夏的暂时挫折中恢复过来，并在战斗中得到发展，成为吉东地区的一支重要的抗日武装力量。

（二）东北抗联第五军的编成

1936 年 4 月，日伪当局三年“治安肃正计划”公布后，吉东地区即被敌人纳入“治安肃正”重点区域。这里属吉林省东部与苏联远东边疆区毗邻的边境地区，也是东北抗日同盟军第四军、东北反日联合军第五军和东北人民革命军第二军第二师等抗日部队活动的区域。因此，日本关东军将这一地区划为“东防卫地区”，包括珲春、和龙、延吉、汪清、牡丹江、东宁、宁安、密山、穆棱、勃利、宝清、富锦、饶河、虎林等县，由设在牡丹江的日本关东军第四独立守备队司令官统一指挥“治安肃正”工作。同年秋，又在牡丹江成立伪第六军管区，配合日军负责密山至延边地区的“讨伐”行动。该军管区有伪军 4 个步兵旅和 2 个骑兵旅，分驻穆棱、密山、宁安和延吉。自 1936 年开始，中国共产党在吉东地区的党组织和抗日军队承受很大政治和军事压力。

1936 年 1 月 20 日，正值春节前夕，第五、第二军党委和军队领导干部在镜泊湖北部举行特别会议，根据《八一宣言》精神研究了两军面临的斗争形势、军队整顿和今后的发展方向等重大问题。在这次会议上，第五军除接受中共东满特委和第二军委托，承担了指导第二军第二师部队并与之在绥宁和汪清地区协同作战的任务外，还决定对第五军本身进行整顿，即充实第一师，使之成为该军的基干部队和主力部队；重新整顿补充遭受敌军重创的第二师，为改编为东北抗日联军第五军准备条件。关于部队今后的发展方向，会议决定：第五军第二师部队仍应向东部和北部的穆棱、密山、勃利发展，力图与第三、第四军打通联系，协同战斗；第一师部队继续与第二军第二师坚持宁安老游击区的战斗，力求打通与第一、第二军和第三军珠河部队的联系。

1936 年 2 月 5 日，中共东满特委书记魏拯民自苏联辗转回国，到达宁安镜泊湖北湖头第五军军部，并随即举行会议，参加者除周保中等第五军军部领导人员外，还有陪同魏拯民一起到来的宁安县委书记张中华和王松柏等人。魏拯民向中共宁安县委和第五军党委传达了共产国际第七次大会决议精神和中共驻共产国际代表团关于扩大东北反日统一战线方针、统一成立东北抗日联军、撤销满洲省委、组建 4 个省委等指示。魏拯民同第五军军长周保中共同研究了今后第二军第二师、第五军共同建立联合指挥部协调对敌作战、由周保中协助指导第二军第二师在绥宁和汪清地区活动的问题；还特别研究了因东满特委与海参崴联络站的交通关系被破坏，由中共吉东特委和第五军统一负责建立并保持吉东、东满、南满党组织与第一、第二、第五军今后同海参崴联络站之间的交通联络关系，以便密切沟通与中共驻共产国际代表团联系的问题。2 月 9 日，魏拯民与王松柏等前往南湖头第二军部队。

1936 年 1 月 29 日，第四军政治部主任罗英到中共吉东特委汇报工作。他在汇报之后未及时离开牡丹江，并违犯纪律去市内看戏，被第四军第三师投敌的小白龙部下发现，于 2 月 12 日被逮捕后叛变。

罗英供出特委组织部部长孟泾清，致使其2月16日被捕并惨遭杀害，吉东特委遭到破坏。特委代理书记李范五等迅速离开牡丹江，去海参崴汇报。第五军同吉东特委失去了联系。

1936年2月下旬，在周保中的领导下，根据《东北抗日联军统一军队建制宣言》的精神，在宁安三道河子将东北反日联合军第五军正式改编为东北抗日联军第五军。军长周保中，副军长柴世荣，政治部主任胡仁（未到职），参谋长张建东。该军编为两个师：第一师，师长李荆璞，副师长姜振荣，政治部主任关书范，参谋长张镇华；第二师，师长傅显明，政治部主任王光宇，参谋长陈翰章。此外还有军部警卫营、教导队、妇女团。全军共700余人。

1936年2月中旬，东北抗日联军第五军第一师部队在师长李荆璞、政治部主任关书范的率领下，自额穆地区返抵宁安县镜泊湖北部莲花泡一带休整，准备按军部计划向西北山进军，与同在该地活动的由山林队改编的第五军第二师第六团会合，扩大抗日游击区，继而向苇河、五常发展，与第三军珠河部队打通联络。

时值农历正月，这支部队战士多为宁安当地的子弟兵，各家农户欢迎抗联战士远征归来，纷纷盛情款待。2月27日夜，驻东京城的日军第四守备队一部和伪军警备旅第二十七团一个营向莲花泡开进，伪军骑兵第三十三团自上马莲河向镜泊湖瀑布以北地区运动。部队对敌情估计不足，警戒松弛，2月28日拂晓，敌军从东部、北部突然发动进攻。第一师师长李荆璞命令第三团正面阻击，第二团从右侧攻击。各团投入战斗后曾多次打退敌人的冲锋。双方激战至下午2时。敌人竟因久攻不克而毫无人性地发射毒气弹。战斗中的抗联第五军指战员均感头昏脑胀，发生中毒现象。师长李荆璞立即下令第二团一部由该团第四连马连长指挥坚持战斗，掩护主力部队突围。在主力部队突围后，第二团第四连马连长等19名指战员陷入敌人包围之中。马连长命令战士立即停止射击，隐蔽在灌木丛中。敌人以为抗联部队已将子弹打光或全部被毒气熏倒，便开始逼近前来，搜索战场。第四连指战员突然在掩体后面，用各自所剩下的子弹猛射正在搜索前进打扫战场的敌人。日军指挥官中佐森田首先被马连长击中毙命，日、伪军纷纷中弹，相继倒下。敌人恼羞成怒，立即将所有的炮弹、子弹一齐射向抗联战士的阵地。马连长及全部战士壮烈牺牲。莲花泡战斗，击毙日军森田中佐以下日、伪官兵70余人，击伤20余人。第五军第一师也有重大伤亡，计牺牲78人，负伤45人，几乎占全师兵力的三分之一，失去步枪60支、轻机枪3挺，子弹大量消耗。敌人因死伤众多，恼羞成怒，竟肆意毁坏抗联战士遗体，以发泄其兽性。结果，在日、伪军撤走后，地方救国会到现场善后处理时，只发现42具抗联指战员遗体并予以埋葬。这就是后来被人民传颂的“莲花泡抗联四十二烈士”。

莲花泡战斗后，抗联第五军军部根据敌人调集兵力追击第五军和第二军第二师部队、第五军第一师又刚遭重挫等状况，决定部分修改原定作战方向，避实就虚，避开在宁安的日伪统治中心，向敌人力量薄弱地区发展。全军的主要活动区域逐步转移到中东铁路东线（哈尔滨至绥芬河段）以北地区，开辟新的游击区，并同活动在密山、勃利一带的第三、第四军取得联络，协同战斗；暂时放弃原拟第一师西征苇河、五常会合第三军的计划，集中第一、第二师主力部队东征和北进；第五军军部直属部队警卫营、教导队、第一师第三团、第二师第六团和第二军第二师部队，继续坚持以宁安老游击区为中心的东宁、额穆（今属敦化）、敦化和宁安西北山地区的斗争。其中，第五军第一师第三团和第二军第二师第五团在额穆、敦化和镜泊湖南湖头以及沿湖西部活动；第二军第二师第四团在东宁、穆棱一带活动；第五军军部直属部队在军长周保中率领下，在宁安南部和东南部老游击区根据地一带活动，协调指挥各部队的战斗。

根据上述决定，在对该军第二师部队重新整顿补充后，立即由第二师师长傅显明、政治部主任王光宇率第四、第五团，沿1935年第五军东部派遣队的行动路线，自宁安出发，向穆棱、密山、勃利地区进军。1936年3月，第二师第四团在师长傅显明率领下经穆棱进入密山县境。因地形、民情和敌情不熟，在平阳镇附近黄泥河子遭日军突袭，傅显明在指挥部队突围时不幸中弹牺牲。这支部队立即折返穆棱地区。政治部主任王光宇代理师长指挥部队，另由中共穆棱县委临时负责人刘曙华①任政治部主任。4月，第二师一部在穆棱县北部八面通一带，曾与一支20余人的“讨伐队”交火。5月19日，该部袭击敌人一个防所后撤出战斗，途中突遭敌袭击，战斗中，敌死伤9人，第二师亦有伤亡。5月20日，第二师第五团在穆棱北部袭击1列敌军列车，击毙日军18人，缴获战马90匹。5月25日，又在穆棱车站北部三道河子颠覆并袭击第2号列车1列，击毙日军少佐、上尉等6人。

抗联第五军第一师第一、第二团在莲花泡战斗后，根据军部指示迅速向东北部转移。1936年3月，该师到达穆棱县境，经过整顿，并取得穆棱县委的支援，兵分两路分别开展游击战斗。其中，第二团在磨刀石东部利用中东铁路上盘山坡道上升的地形将道轨破坏，颠覆敌人军用列车1列，缴获一批枪支、子弹。第一师部队在八面通、小金山金矿、林口附近的黑老婆沟等地同日、伪军战斗多次，歼敌一批，共缴获轻机枪4挺、长短枪200余支和许多子弹以及70余匹战马。在

---

①　刘曙华（1912—1938），又名李明学，山东济南人。中共党员。曾在苏联海参崴列宁学校学习。1935年回东北后，历任中共密山县委书记、穆棱县委书记、东北抗日联军第五军第二师政治部主任、东北抗联第八军政治部主任、中共道北特委委员、吉东省委委员等职。1938年被叛徒杀害。

转战中，地方党组织动员不少青年农民参加了第一师部队，使部队迅速恢复了原有规模。

1936 年 4 月，中共吉东特委重新恢复工作，由在中共驻共产国际代表团驻海参崴联络站的前特委书记吴平以及李范五商妥，指定穆棱县委书记宋一夫任特委临时书记，恢复吉东特委组织。抗联第五军在中东铁路北部战斗的第一、第二师部队在吉东特委的领导下，根据中共代表团海参崴联络站指示成立了北征部队临时指挥部，加强对北征部队军事上、政治上的领导，以解决因第五军军部仍在中东铁路南部的宁安游击区而不便于指挥的问题。同时决定由第一师师长李荆璞、吉东特委临时书记宋一夫率领第一、第二师各一部在穆棱、下城子一带开展活动。第五军道北主力部队又兵分两路向密山、勃利和林口、依兰发展。其中第二师部队由师长王光宇、政治部主任刘曙华率领向密山、勃利伸张，以求联合祁致中和谢文东两支部队，并争取将其改编为抗日联军部队；第一师一部在政治部主任关书范率领下向林口、依兰进军。7 月 23 日，第一师一部在依兰刁翎郝家岭同日军 200 余名发生战斗，歼敌 15 人。

为策应第一、第二师主力部队向道北转移，抗联第五军留守部队和第二军第二师在周保中、柴世荣的指挥下，以宁安为中心广泛开展游击作战。1936 年 2 月，军部教导团袭击卧龙屯“集团部落”，将该地伪警察所和自卫团缴械，缴枪 20 余支。接着，该部又击破马莲河“集团部落”，缴获伪自卫团防所步枪 20 支、轻机枪 2 挺、手枪 3 支和大批物资。1936 年 3 月 4 日，第五军第一师第三团、第二军第二师第五团在宁安县三道河子将伪军警备旅第二十七团 1 个连缴械，缴获轻机枪 2 挺、三八式步枪和手枪 56 支、子弹 1.1 万余发、军服 173 套。该连连长和 9 名士兵自愿参加第五军抗日。3 月中旬，抗联第二军第二师第四团在宁安县东南部团山子，同伪军 100 余人发生战斗，歼灭伪军

40余人。随后，又在苇子沟反包围作战中歼敌40余人。3月24日，该团一部在汪清县骆驼山击溃日军古贺部队一部。此前一天，第二军第二师第五团袭击了图们至牡丹江铁路的三岔口车站。3月30日、4月1日，第五军军部教导队先后在横道河子、团山子附近，与自卢家屯出扰之敌发生战斗。4月8日，第五军、第二军各一部在第五军副军长柴世荣指挥下，再次夜袭卧龙屯"集团部落"，解除伪警察和自卫团武装，缴枪20支、子弹3000发和一批粮食。5月18日，第二军第二师一部与第五军第一师第三团在镜泊湖南湖头同日军佐藤部队发生战斗，击毙队长佐藤留次郎以下官兵10人。5月27日，第五、第二军各一部，在宁安烟筒沟伏击一支伪森林警察队，击毙4人，俘虏31人，缴获轻机枪1挺、步枪27支。6月初，在二道河子影壁砬子附近击毙日、伪军多人，缴获12车给养物资。6月，第五军军部教导队在三道河子又将一连伪军缴械，共获轻机枪2挺、步枪等100余支、子弹4万余发。

此时，日、伪军对宁安地区抗联第五、第二军部队的"讨伐"显著加剧，仅1936年5月至7月期间，向第五军军部的直接袭击即相继发生9次之多。因此，第五军军部审时度势，决定：军部教导队、警卫营一部和第一师第三团、第二军第五师（原第二师）部队，继第五军第一、第二师之后向中东铁路道北逐步转移，暂避敌人锋芒。8月27日，第一师第三团向北转移途中，在图（们）牡（丹江）铁路的老爷岭车站附近二道河子，没收敌人一批粮食。9月5日，第五军军部警卫营一部、教导队一部自杨胖子沟出发东进。不久，同第二军第五师等部队先后到达中东铁路东线宁安、穆棱边界一带，重新调整第五、第二军的部署和活动方向。

此前，中共驻共产国际代表团驻海参崴联络站方面作出的对抗联第五、第二军第二师活动的部署过于分散，对已到达中东铁路北部的第五军第一、第二师的活动不利。对此，第五军军长兼党委书记周保中认为应慎重考虑。因为尽管日、伪军此时集中兵力欲寻歼抗联第五军，部队不得不暂时转移到中东铁路以北地区，与第三、第四军部队取得联络，但这非长久之计。如果将中东铁路道南的部队尽行向道北集中，则“不但受边境日贼重兵之易于压迫，恰又中了日贼‘聚而歼之’目前深心打算之奸计”。周保中认为：第五军部队不能在松花江、牡丹江汇流的方正、依兰、勃利地区久留，应时刻考虑今后重返宁安老游击区活动之可能。同时，宁安老游击区，尤其宁安与额穆边界的南湖头地区，已是第五、第二军以及第一军联络的通道和枢纽。为保障第五、第二、第一军、吉东、东满、南满党组织与海参崴方面联络的通道，也不能因环境险恶与困难增加而停止抗联第五、第二军在额穆、宁安地区的斗争，更不能轻易从根本上放弃宁安老游击区。因此，第五、第二军留在宁安之部队，应以执著之决心，以适当之兵力，继续支撑宁安、额穆等地的游击活动；其余部队则可随时分散或集结于南至东宁、汪清边境，北至图（们）佳（木斯）铁路两侧的五虎林（今牡丹江市五林镇）、磨刀石、穆棱一带进行游击战。道北部队顺利发展时也可跟进，保持与北征主力部队之联系，必要时还可沿北满铁路东西方向运动打击敌人。

在此期间，1936 年 9 月 12 日，以抗联第二军第五师第四团为主、第五军警卫营一部，联合山林队海山部共 400 余人，在穆棱与磨刀石之间代马沟附近破毁中东铁路，颠覆日军 970 次列车 1 列，伏击乘车的一支日军工兵部队，经数小时激烈战斗，毙伤大批日军，炸毁许多工程器材，缴获一批枪支和物资。事后据目击民众报告，共击毙日军 90 余人，击伤日军 35 人，击毙战马 70 余匹。自 4 月至 9 月，第五、第二军部队在中东铁路东线先后颠覆列车 3 次，使敌人遭受重大打击，抗联部队士气振奋，民众为此到处传颂抗日联军的重大胜利。

1936 年 9 月 24 日，经过事先酝酿，在宁安县东北部花脸沟附近泉眼头，由周保中、张中华主持，召开了抗联第五军党委、第二军第五师党委和中共宁安县委、中共东满特委联席会议，即泉眼头会议。与会人员有周保中、张中华、王润成、陈翰章、侯国忠、李芳等人。会议决定，周保中率第五军教导队北进，加强军部党委对第一、第二师部队的领导。第五军警卫营一部，第一师第三团，第二师第六、第七团和第二军第五师部队，仍留在中东铁路南部为留守部队，坚持道南老游击区的斗争，保持与中共南满省委和第一、第二军的联系。会议决定第五军留守处主任由张中华担任，第五军军部秘书金石峰为副主任。会议还根据海参崴联络站的指示，决定成立中共道南特委，统一领导绥宁、东宁、宁安和东满敦化、额穆、汪清各县党组织和第五、第二军留守部队的抗日斗争。张中华任特委书记，陈翰章、王润成、金石峰、钱义、苏维民（田仲樵）、李芳等为委员。

1936 年 9 月 28 日，在张中华率领中共道南特委和抗联第五军留守处人员、第五军警卫营一部去宁安镜泊湖南湖头后，周保中率军部教导队也出发东进。部队经乜河东南烟筒砬子、穆棱附近的陡沟子、代马沟，抵柳毛河地方，同山林队“九彪”部会合。经周保中的说服教育，双方达成联合抗日协议。之后，经新安镇附近杨家油房、小碾子沟，于 10 月 10 日同第二师第四团一部会合，10 月 17 日又与由第五军副军长柴世荣派遣前来迎接的军部警卫营一部会合。从而得知柴世荣所率第五军一部已到达刁翎附近；第五军第一师一部在该师政治部主任关书范率领下北征依兰等情况。10 月 21 日，周保中率部队再经小龙爪沟、暖泉子到达距林口镇 10 余公里的二道河子北岔设置临时办事处。因气候日益变冷，部队缺衣少食，遂即迅速派部队去四道河子沟里杨家窝铺修筑军部密营、后方医院和被服厂、印刷所，收集棉花、布匹等物资，赶制部队过冬的棉衣，同时收集粮食和给养，使之逐步形成了相对稳定的后方基地。

为扫清后方基地周围的敌军据点和收集部队给养物资,抗联第五军和第二军一部立即投入战斗。1936 年 11 月 4 日,第五军教导队一部在万龙沟遇敌,在毙伤日军 2 人后,部队诱敌至杨木背设伏袭击敌军。敌军被击毙 10 人,击伤 7 人。教导队牺牲、负伤各 1 人。11 月 13 日,教导队一部在林口附近筹集给养时,遭遇日军袭击。战斗中,毙日军 13 人,伤其数人,教导队亦牺牲 2 人、负伤 2 人。此时,第二师第四团部队在刁翎以南的大盘道,利用有利地形多次伏击日、伪军警部队获胜。11 月 5 日,该团在大盘道伏击一支伪警察骑兵队,击毙伪警察 3 人,伤 5 人,其余伪警察未敢应战驱马而逃。11 月 9 日,该团又在大盘道设伏袭击日军中村守备队,仅半小时战斗,日军死伤 9 人,其余 36 人败走。这次战斗,共缴获军马 28 匹、无线电台 1 部、子弹 4900 余发、伪币 3763 元、地图 40 余张。11 月 21 日,第二师第五团一部在西北楞附近与日军骑兵队发生遭遇战,击毙敌 17 人,击伤 7 人。第五团亦伤亡 9 人。不久,该部又在通沟与一支日军作战,毙伤敌约 10 人。11 月 27 日,第一师一部在刁翎小盘道截击由伪军第二十九团武装护送的 9 辆运货车队,俘敌 3 人,缴获枪 3 支、子弹 300 发、马 57 匹和牛 3 头及大量军需给养,解决了部队急需的补给。12 月 3 日,由第五、第二军各一部联合第三军第四师一部在依兰前刁翎大通沟行动时与日、伪军"讨伐队"遭遇。抗联联合部队步、骑兵 237 人与日军"讨伐队"、伪军第二十九团 200 多人在大通沟激战一昼夜,各自退走。抗联部队击毙日军 8 人、伪军 2 人,伤日、伪军 8 人,缴获军马 7 匹、子弹 500 发。抗联牺牲 3 人,负伤 4 人。

在此期间,第一师第二团和第一团一部根据道北特委、道北指挥部决定,曾组成分遣队北征。1936 年 10 月 25 日,该部又随同抗联第三军西征,后根据第五军军长周保中来信指示,于 1937 年 2 月 7 日,返回四道河子军部。第一师第一团另一部根据海参崴联络站的调遣和中共道北特委刁翎会议决定，1936 年 9 月第一师师长李荆璞率队去密山，欲在中苏边境恢复建立交通线，并过境联系接收苏联远东军方面允诺援助的物资。但过境后被苏军解除武装并被拘押。第一师第三团和第二军第五团在道北牡丹江两岸的游击活动也十分艰难，部队屡受打击。第二师部队第四、第五团部队分别活动在穆棱、勃利、依兰一带，无大发展。由于第五军部队长时期分散活动，领导干部之间难以互相沟通，因而在一些问题上产生意见分歧，行动不一致，军部难以掌握部队，部队战斗力难以充分发挥。

抗联第五军军长周保中对海参崴联络站方面在第五军主力部队北征期间，不通过第五军军部而直接经过中共道北特委调动第五军部队，造成军队过于分散的状况，感到不妥。认为第五军道北部队有集中整顿、统一党委领导、统一军事指挥和加强政治工作的必要。在周保中取得中共道北特委的支持后，第五军军部和党委即调集部队向依兰县刁翎四道河子和林口等地区集中，开始进行必要的整顿工作。

在军队编制上，充实了军部机构，除军长、副军长、政治部主任依旧外，新任参谋长王效明（前参谋长张建东已特派上海进行对外联络工作）。军部设副官处，便于军部同各师、团部队、地方党组织、抗联其他各军、义勇军、山林队等进行密切联络，加强民众工作。第一师师长由关书范代理，第二师师长由王光宇担任，政治部主任由宋一夫兼任，全军 650 人，略有减员。同第五军在一起活动的第二军第五师还有 379 人。

为加强党的领导和思想政治工作，军、师各设党委或工委，团设特支，连设支部。以支部为单位定期举行政治讨论会和批评会，每三天一次。政治讨论会由周保中和各师、团政治部主任作政治形势分析讲话，然后集体讨论，提高政治认识，以利于开展农村工作，宣传群众,组织群众;批评会,即开展批评与自我批评,发扬正气,改正缺点,增强部队的团结。党支部注意培养和发展党员,使之成为连队的骨干。队内建立青年救国团,发展青年战士入团,还建立士兵反日会。部队除经常操练外,还在连队设立战术、射击研究班,每 5 天活动一次。队内识字班无敌情时每天活动一次,战士中有一半成员能认字读报,能写简单的书信。队内还时常组织唱歌、跳舞,活跃部队文化生活,鼓舞士气。为保障部队的武器装备和物质生活供应,除在战场或攻取敌人据点时收缴战利品外,还采取征收土地税、伐木税、车马税、鸦片税和反日特捐等方式补充部队活动经费和军需供应。在税源好时,部队指战员还可分到少许津贴。

总之,在中东铁路北部的第五军部队和第二军第五师部队经过整顿后,部队面貌发生了变化,官兵政治觉悟有所提高,军事纪律加强,士气高涨,战斗力增强,为今后的对敌斗争做了准备。

宁安泉眼头会议后,在中东铁路以南老游击区的第二、第五军留守部队,在道南特委和第五军留守处的领导下,在宁安地区坚持开展游击战争。

早在 1936 年夏,抗联第二军第五师第五团便按该军第五师党委的决定,自宁安跨中东铁路北移,并由五虎林三道关横渡牡丹江左岸活动。由于敌人的频繁进攻与封锁,部队活动困难,在黑牛边墙子战斗中,团政治部主任王松柏牺牲。不久,在海林车站附近的战斗中又负伤多人。后来,遇柴世荣率第五军警卫营一部北征,第二军第五师第四团、第五团中的两个连即随同一起向北进军,第二军第五团的其余部队仍在中东路道北、道南附近的牡丹江两岸展开游击战斗。

1936 年秋,牡丹江伪第六军管区陆续集中伪军 6 个旅的兵力在绥宁和东满地区分别发动秋季“大讨伐”,企图一举消灭活跃在这一地区的抗联第五军和第二军第五师部队。在反“讨伐”作战中,第二军第五师师长史忠恒指挥所部在宁安南部图（们）牡（丹江）铁路老松岭附近，破坏铁路颠覆了1列军车，消灭许多日军官兵。战斗中，史忠恒再次负重伤，后因医治无效牺牲。之后，由第五师参谋长陈翰章任师长继续指挥战斗。11月，由第二军第五师和第五军各一部组成的中东铁路沿线活动部队，奇袭宁安与穆棱边界的大金场，歼灭敌守卫部队70余人，缴获全部武器装备。

1937年1月3日，抗联第二军第五团在宁安县沙兰镇附近与日军川口部队发生战斗。1月11日，该团又在宁安县鹿道附近袭击了日军楠烟部队，毙伤敌人一部。此期间，这支部队再次越过中东铁路北进五虎林作战，同伪军多次交火，还袭击了碾子沟和小金山金矿，俘虏日本人矿长。

中共道南特委领导抗联第五、第二军留守宁安等老游击区的斗争，牵制了敌人的兵力，有力地支持了第五、第二军部队北征的军事行动。

据不完全统计，1936年，抗联第五军北征途中与敌军作战40余次，毙伤日、伪军警300余人，俘虏50余人。第五军亦有100余人的伤亡。

在吉东牡丹江下游地区，当时不仅有救国军谢文东部、自卫军支队李华堂部、独立师祁致中部和抗联第三、第四军各一部在活动，后来抗联第五军军部及其主力部队也来到这一地区集中，这引起敌人的极大注意，遂迅速调动附近日、伪军警部队频繁进行“讨伐”。第四、第五军立即投入到反“讨伐”的战斗中去。

1937年1月27日，抗联第五军副军长柴世荣通过地方抗日救国会得知，驻勃利以西后刁翎的日军勒令当地农民准备200余张马爬犁，将于第二天向林口出动。于是柴世荣立即决定动员军部警卫营、第二师第五团、青年义勇军和妇女团等第五军所有可能调动的兵力歼灭这部敌人。1 月 28 日晨，第五军部队已埋伏在敌军必经之险要咽喉地带大盘道。此时正值农历大寒季节，气温为摄氏零下 30 多度，寒风刺骨，冰雪覆盖大地。抗联伏击部队指战员，依靠顽强的毅力和消灭敌人的坚强决心，硬是在如此恶劣的气候下坚持到当日中午。这时，日军的爬犁队进入伏击阵地。早已怒火中烧的第五军指战员立即发起攻击。敌人遭到步枪和手榴弹的猛烈攻击，立即被打得人仰马翻，死伤遍地，未死的敌人在毫无掩体的大道上伏地零星抵抗，但也无法挽回败局。第五军部队乘势冲锋下山扑向敌人，击毙了最后一名日军。日军数十人全部被歼。因为敌人从以往发生在大盘道的几次被抗日武装伏击的事件中已有教训，所以这次日军故意强行索要大量爬犁是虚张声势，借以欺骗抗联部队。但是，无论敌人如何狡诈，仍逃脱不了被歼灭的命运。第五军缴获枪支一批和大量物资，凯旋而归。大盘道之战，迅速传遍附近乡镇，人们欢欣鼓舞。

此时，抗联第五军发现附近的日、伪军毫无动作，龟缩据点未敢出击。其中，驻在距大盘道较近的前刁翎伪军第二十六团一个营更显得惊慌不安。柴世荣当即决定乘胜扩大战果，一举消灭这批敌人。2 月 1 日，柴世荣指挥第五军第二师夜袭刁翎，由警卫营和青年义勇军向驻后刁翎敌人进行防御，准备阻击打援，第二师 2 个团突击伪军分驻的 3 个大院。在部队运动至敌驻军大院附近时，得到打入伪自卫团的地下工作人员送出的当夜口令和伪军官兵分布的准确情报，迅即捕捉了敌人的哨兵，巧夺了营部大院四角的炮台制高点，集中火力消灭了反抗之敌。此前攻击东大院的部队，一枪未放俘虏了正在睡梦中的伪军。唯有西大院的伪军被枪声惊醒，在几名日本教官和日本宪兵的胁迫下负隅顽抗。但大院已被完全包围，顽抗的敌人无法逃脱被歼的命运。在日本教官和宪兵被击毙后，其余伪军举手投降。此次战斗，击毙日本教官和宪兵 21 人、伪军官兵近 30 人，其余缴械被俘；缴获大量枪支、子弹和粮食、军需物资。第五军仅 6 人负伤。2 月 22 日，第二师第四团又在刁翎南部小盘道伏击由林口北驶的一支日军汽车队，一举击毙击伤日军 22 名，迫使余下的敌人乘车原路返回。2 月 26 日，第五军一部南移途中，又在大通沟同敌人发生遭遇战，歼敌 30 余名。

这时，周保中抵达已经编成的抗联第九军设在方正县洼洪的军部。鉴于日、伪军当时对松花江、牡丹江下游三角地带抗日游击区、抗联各军后方基地加紧进攻的严重形势，及抗联各军内部所存在的问题急需解决，周保中提议，并邀请在附近活动的抗联各军于 2 月 21 日在第九军军部洼洪举行吉东和北满地区抗日联军代表联席会议。参加会议的有第五军军长周保中、第八军军长谢文东、第九军军长李华堂和第三军代表、北满抗联哈东办事处处长李熙山等。会议共同研究分析了敌人“讨伐”的形势，协调了抗联各军的活动区域和协商划分了各军税收区域、税收额度，议定了粉碎敌人“大讨伐”所必须采取的军事行动策略。最后经协商，一致同意共同进攻依兰县城，打击敌人，以显示东北抗联各军联合对敌战斗的威力。

依兰县城是松花江下游的古城，是扼守松花江上游与下游水上通道的重要据点，也是联结江北汤原、通河与江南方正、依兰、勃利等抗日游击区和抗联各军后方基地的枢纽。当时依兰又是日、伪军事物资的囤集地，城内外驻有日军 150 人、伪军 70 余人。为了破坏日伪当局在周围各县推行“集家并屯”和经济封锁政策，维护松花江两岸抗日武装和抗日游击区的通道，抗联第九军和第三、第四、第五、第八军各一部，计划3 月中下旬共同攻击依兰县城，由李华堂任总指挥，周保中任副总指挥。

参战各军经过协调和准备，1937 年 3 月 18 日，联合攻城部队 700 余人秘密集结于依兰城西部和南部马家大屯、苏合屯一带。3 月 19

日夜，分别进入各自分担的攻城阵地。同时，由抗联第五、第八军一部在预计敌军增援之要道设伏，准备阻击敌人援军。20 日夜发起总攻。负责攻击城东门的抗联第三、第四军部队立即向东门日军营区射击，迫使日军龟缩营内难以出击。第八军攻城部队因有打入伪军第二十二团内抗日人员的内应，突击城西北角，成功进入城内，将一个排伪军缴械，占领北大街，并向伪县公署、银行进攻，击毙日本人指导官井口。同时，第五军也突破西城，一部向伪军旅部攻击，一部向驻守城内的日军进攻。负责进攻南门和南大营的第九军，因敌军众多并死守城门，攻击无效。此时，攻城部队虽然已攻占大半个城市，但驻防之日、伪军负隅顽抗，战至早晨6 时，天将黎明，再战不利，攻城部队指挥部当机立断决定退出城内，与打敌援军的部队汇合。3 月 21 日，依兰南部驻双河镇的伪军得到依兰县城被抗联部队攻击的消息，马上派出400 余名援军北上。在中途到达新卡伦附近时，突然遭到抗联伏击部队的猛烈火力阻击，大批敌兵未发一枪即被击毙。此次进攻依兰县城，“在市街攻击中，击毙日贼两名，日贼东城守备队受我炮火之轰炸死伤二十余名，‘满’军伤数名，被俘十五名，夺获敌械步枪十四支、手枪四支、弹药千粒”①。

进攻依兰县城的战斗，虽未达到完全占领该城的预期目的，但在政治上扩大了东北抗日联军的影响和威望，显示了抗日联军团结对敌、联合作战的精神和作战能力，鼓舞了这一地区广大城乡人民群众的抗日热情。

1937 年3 月中共吉东省委成立后，加强了对吉东地区抗联部队的领导。抗联第五军重新调整和部署了军事行动计划：军部和第一

① 《李华堂、周保中关于进攻依兰市街概况的报告》（1937 年 4 月 1 日），载中央档案馆、辽宁省档案馆、吉林省档案馆、黑龙江省档案馆编：《东北地区革命历史文件汇集》甲 48，1990 年印，第 186 页。

师以刁翎为根据地，在周边和牡丹江下游两岸的勃利、依兰、方正开展游击战斗，并向南进出中东铁路东段沿线，向老游击区宁安活动，恢复、开展绥宁老根据地的工作；以第二师第四、第五团为主力继续展开在松花江下游依兰、桦川、富锦、宝清、同江等地区的游击活动，与第四、第七军等部队打通联系，配合作战，并力争在宝清、富锦和依兰东部建立根据地或设立后方基地。

3 月 27 日，抗联第五军第一教导队、第一师第一团和抗联第二军第五师、抗联第三军各一部，在方正东部二道岗，同来袭的敌军发生战斗。毙伤敌军 11 人，抗联部队负伤 1 人。4 月 5 日，第五军第一教导队和第一、第二师各一部在刁翎徐家屯宿营时，遭日军和伪军第二十九团一部的袭击。经 5 小时战斗，日、伪军被击毙 7 人、伤 9 人后退走。第五军牺牲 2 人、负伤 4 人。4 月 12 日，第五军军部参加了保卫抗联第九军洼洪军部的战斗。6 月 30 日，驻三道通附近牡丹江畔江东的伪军第二十九团一个营，突然改变严守中立态度的承诺，偷袭第五军设在四道河子的密营。第五军第一师第三团为惩罚这支伪军，先以 6 名指战员化装伪军前往伪军驻地，并利用爱国士兵为内应，顺利地俘虏了哨兵，控制了伪军营房各个要点。接着，第三团部队迅速包围各营房并立即发起攻击，当即击毙了顽抗的 10 余名伪军，其余 123 名全部投降。这次战斗，第三团共缴获迫击炮 1 门、轻机枪 1 挺、步枪等 81 支、炮弹 60 发、子弹 1.5 万发，还有大量被服。被俘伪军除自愿参加抗联部队者外，经教育后一律释放。战斗中，第五军牺牲 1 名战士。

此后，抗联第五军第一师部队以一部打通穆棱与密山间的交通通道，欲图保持并恢复第五军与海参崴联络站方面的联系（此时，第五军尚不知中共代表团设在海参崴的联络站业已撤销），其余部队开始逐步向南转移，恢复与中东铁路道南留守部队的联系。该师第一团去宁安东南山老根据地活动，曾在桦树底子同一支由俄人组成的伪森林警察队发生战斗，一举消灭其50余人，缴获步枪多支。

1937年5月初，抗联第五军第二师主力部队自刁翎地区赴依兰县东部来财河一带（今桦南县境内）活动。5月7日，由师长王光宇指挥在土龙山截击一支敌人运输车队，击毙敌军10人，俘虏15人，缴获步枪10支及大批军用物资。5月22日，留在刁翎地区的第二师一部遭日军袭击，激战一日，击毙日军近20人，伤其10人，第五军亦伤亡10余人。6月初，第五军第二师一部会同第八军、独立师各一部，共200余人进攻依东五道岗未果，退至李红眼屯东山，与追击之150名日本守备队发生激战。敌军出动飞机配合地面步兵发起数次冲锋，都被依据有利地形的抗联各部武装所击退，并迫使日军不得不在当日午后撤走。这次战斗，抗联部队得到附近群众的热情支援，他们冒着敌人枪林弹雨为抗联部队送水、送饭。7月初，第五军第二师部队经依东、桦川、富锦到达宝清，与抗联第四军军部会师。

在此期间，应抗联第二军军部的多次要求，长期与抗联第五军在中东铁路道南、道北联合作战的第二军第五师第五团归还第二军建制。在此之前，1936年7月抗联第一路军编成时，第二军政委魏拯民也给第五军军长周保中写信，要求在绥宁地区作战的第二军第五师第五团返回军部，以增强第二军军部的机动和作战能力。但当时因第五军主力部队均先后越过中东铁路东段向穆棱、勃利一带北征，宁安留守兵力薄弱，第二军第五师第五团难以返回第二军军部。直到1937年4月，第五军军长周保中才得以将不久前北征至刁翎地区的第二军第五师第五团改编为第二军独立旅，派往东南满第二军军部。同时，又新组建第二军第五团，补足仍在中东铁路道南、道北活动的第二军第五师部队的建制。独立旅旅长由原第五团团长方振声担任，政委由第五军第一师第三团政委伊俊山调任，旅下设两个团，全旅200余人誓师南返，同时第二军教导队的一个分队也随同南行。第二军独立旅在沿途地方党组织和群众的配合援助下，冲破敌人的封锁和前阻后追，历尽艰难险阻，终于在同年10月，在临江县北排子同魏拯民率领的第二军军部胜利会师，回归第二军。独立旅的南征胜利，再次沟通了中共南满省委与中共吉东省委、抗联第一路军与吉东抗联部队的联系，增强了第二军在东南满的军事力量。第二军第五师部队在陈翰章等率领下继续坚持绥宁地区与第五军一部配合战斗，并继续承担起中共南满省委与中共吉东省委、抗联第一路军同第五军之间的通信和联络工作任务。

1936年秋后，道南留守部队在留守处主任张中华的率领下，以南湖头根据地为中心开展了积极的战斗。同年冬，张中华率第五军警卫营在大石头河子与抗联第二军第五师代师长陈翰章会合，共同决定了在道南留守的抗联第二、第五军部队今后的行动方针，即坚持南湖头根据地以保持吉东与南满党组织和各抗联部队的联络，同时向镜泊湖北部发展，保持与道北第五军主力部队的联系。1937年春，南湖头留守处部队去敦化沙河掌筹集粮食等给养，同伪森林警察队发生遭遇战。3月30日，在镜泊湖西欧利山与伪军第二十七团第二连发生遭遇战，击毙日本教官并击伤伪军官兵数名。5月22日，张中华率第五军留守部队与南下的第二军新编独立旅在宁安西北地区会师，并共同打退来自海林方面的100余名敌军的追击。本月，第二军第五师一部在宁安西岗伏击一支伪军守备队，歼敌70余人。7月5日，第二军第五师一部在穆棱二站金矿工人的协助下，乘夜袭击伪矿警队，当场击毙伪矿警4人，俘虏2人，其余溃逃。此战缴获机枪2挺、长短枪12支、子弹2000发等。

抗联第五军自1937年上半年经过整顿，克服了过于分散的状态、加强统一领导以后，积极开展对敌作战，消灭大量日、伪军，缴获许多枪支、子弹和军需物资，改善了部队的军事装备，补充了部队人员数量，各师、团人员成倍增长，至同年7月，第五军部队基干队和统战部队已发展至3000余人。除道南老游击区略有缩小外，新开辟了依兰、方正、勃利、穆棱、富锦、宝清各县抗日游击区，促进了吉东地区抗日斗争新高潮的到来。

（三）东北抗联第七军的组建

长时期独立活动在饶河、虎林地区的东北人民革命军第四军第四团，在中共饶河中心县委的领导下，经过1935年艰苦的冬季反“讨伐”斗争，部队得到了锻炼和发展。同时，也引起了日伪当局的严重注视。敌人准备从周围各县调集3000余名兵力，加紧进攻这一地区的抗日武装力量，并且把过去的一年春秋两次“讨伐”，改为常年“讨伐”。为密切配合军事“讨伐”，日伪在饶河、虎林地区强迫山区居民“归屯并户”，迁到“集团部落”，厉行保甲制度，断绝群众对抗日武装的各种支援，妄图根绝中国共产党领导下的东北人民革命军在东北东部边境的抗日活动。

在这种形势下，1936年3月12日，前中共吉东特委书记吴平和李范五以吉东省委名义写了《中共吉东省委致饶河中心县委及四军四团的信》。该信由到海参崴接受短期训练的郑鲁岩、刘总成等带回饶河中心县委和第四军第四团。信中指示饶河中心县委和第四军第四团，应彻底改变死守旧游击区和打硬仗的单纯防御作战方针，采取灵活的游击战术，开辟新的游击区域，粉碎敌人的“聚歼”阴谋。同时，注意采取切实措施，消除民族隔阂，扩大抗日民族统一战线，以第四军第四团为基础，团结并联合附近各地众多的抗日义勇军和山林队组建两个师，准备创建东北抗日联军第七军。

信中充分肯定了饶河党和军队的工作，指出：“饶河党组织，在一年来工作中得到了惊人之发展。四军四团一年来与日寇英勇作战，扩大了我党领导下队伍”,对于其他抗日山林队以及广大人民群众的政治影响加强,“使群众认识我们的军队是真正抗日救国的军队”。关于第七军的组建,信中指出:应以第四军第四团为基础,联合各反日山林队编成东北抗日联军第七军第一师。信中还对第七军的干部人选、组织机构和活动方向提出了具体建议。信中要求:“基干部队应分为三路活动:第一路向同江富锦发展,隔江与江北三军主力相呼应,并与依方四军相呼应。第二路向虎林宝清发展,而与勃密宝县界之四军相呼应。第三路在饶河旧游击区内活动。”在游击战术方面,信中要求:“应运用更巧妙的神奇游击战术与敌周旋”,“不宜攻坚,不宜打硬仗”,要“选择敌之弱点,而冲出敌之包围线”。该信对于敌人“归大屯”及保甲制度之策略和对伪军的策略,根据《中代信》提出了具体建议。信中还考虑到在第四军第四团中朝鲜族同志占相当数量的情况,传达了党对“东北韩国民族问题”的政策主张:(1)中韩民族联合共同抗日,争取中韩民族独立。(2)将目前东满人民革命军改为中韩抗日联军,并在东满成立单独的韩国民族革命军,到韩国内部去游击,争取韩国民族独立。(3)在韩人内联合一切不愿当日本亡国奴的人,建立韩人内部反日联合战线,推翻日本在韩国的统治,恢复韩国之独立,保护韩国祖国。(4)韩国同志单独成立党小组及党支部,但共同组成区委或县委等。信中要求把这些主张通知韩国同志,“并在韩人内本此方针而工作之”①。

根据上述指示,中共饶河中心县委于1936年3月20日在饶河县爆马顶子小东沟召开会议,成立了中共下江(乌苏里江)特别委员会,朴元彬被选为特委书记,组织部部长刘总成,宣传部部长金昌海。3

① 《中共吉东省委致饶河中心县委及四军四团的信》(1936年3月12日),载中央档案馆、辽宁省档案馆、吉林省档案馆、黑龙江省档案馆编:《东北地区革命历史文件汇集》甲28,1989年印,第1—11页。

月 25 日，首先将东北人民革命军第四军第四团改编为东北抗日联军第四军第二师，为创建东北抗日联军第七军作准备。由郑鲁岩①任师长，李学福任副师长，崔石泉任参谋长，崔荣华任政治部主任兼党委书记。第二师暂设 1 个团，即第四团，团长由李学福兼任。不久，将自愿联合对日作战的由邹其昌率领的抗日武装编为第五团，邹其昌任团长。此时，第四军第二师共有 500 余人。

同年春，青纱帐起之前，敌人又开始对抗联第四军第二师进行春季“讨伐”。第四军第二师便根据既定的方针，由副师长李学福率领部分部队坚持饶河根据地的斗争，另由师长郑鲁岩、参谋长崔石泉各率领一支部队分别向虎林、宝清和同江、富锦等县发展游击战争，打击敌人，开辟新的游击区，藉以迫使敌人分散兵力，减轻对饶河抗日根据地的压力。为转移敌人的注意力，第四军第二师部队首先采取声东击西手段，四处宣扬欲进攻团山子街（今饶河县城），迫使日、伪军调动大量兵力集中于该地。然后第二师分兵作战。1936 年 4 月 8 日，李学福指挥第二师 150 多名战士进攻大别拉炕（今镇江）；崔荣华率 100 多人进攻小佳河，将该地 50 余敌人击溃；崔石泉率 100 多名战士进攻关门嘴子伪军第三十一团一个连。第二师先后将三处敌军全部击溃，缴枪 40 余支，获得重大胜利。尔后，按预定计划分别出发，开展游击战斗。

崔石泉率领第二师一部 150 余人向饶河毗邻的同江、富锦进军。到达目的地后，首先派出部队调查周围情况，联系群众，向当地“大排队”武装进行抗日救国宣传，提出“中国人不打中国人”的口号，启发他

---

① 郑鲁岩（1904—1949），山东日照人。九一八事变后加入中国共产党。曾任中共饶河中心县委宣传部部长，1934 年加入饶河游击队。1936 年后历任东北人民革命军第四军第二师师长、东北抗日联军第七军政治部主任、中共下江特委书记。1939 年 10 月被日军俘虏后叛变。1949 年被吉林省人民法院公审处决。

们的爱国意识。同时，在部队内部深入进行组织性、纪律性教育和民族政策教育，用抗日军队的模范行动给予群众和“大排队”以积极良好影响。不久，不仅使群众和“大排队”武装中有抗日意识的队员逐渐靠近抗联部队，甚至部分伪警察、伪军士兵也受到抗联部队的影响和教育。结果，在富锦县二龙山的40余名伪警察队中，有8名警察主动与抗联第四军第二师取得联系，要求帮助组织哗变。抗联部队遂派去12名指战员，帮助他们击毙日本教官和伪警察队长，当即有20余名警察自愿加入抗联部队抗日，其余伪警察放下武器，经教育后遣散。

1936年6月15日，崔石泉率部队抵达同江县头道林子，中途与一支约360人的日、伪军和“大排队”遭遇，发生了激烈战斗。战斗从上午9时打到下午6时。部队一面战斗，一面向伪军发动政治攻势，并派人化装混入伪军队伍中进行政治瓦解。结果不少伪军消极应战，有的伪军还哗变帮助抗联作战，有的给抗联部队送子弹，告知日军阵地和指挥军官的位置。经近一天的战斗，击毙日、伪军50余人，击伤者更多，击毁敌人轻重机枪3挺，但抗联第四军第二师也有20余人伤亡。这次战斗后，已参加该师第四团任副团长的姜尚平因对战利品分配不满，率部离队而去。第四军第二师在富锦、同江几个月的英勇斗争，鼓舞了这一地区群众的抗日热情，推动了群众性的抗日活动，仅2个月内，即有60余名爱国青年参加了抗联部队。不少反日山林队也积极靠近第四军第二师部队，表示愿意接受第二师的领导，还募集了大批抗日捐款交给第二师充作抗日经费。

同年4月，师长郑鲁岩率领抗联第四军第二师一部200余人向虎林进军，在黑嘴子一带开辟新游击区。6月20日，第二师部队在莲花山与日、伪军300余人交战。经过5个多小时的激烈战斗，毙日、伪军20余人，缴获步枪10余支。第二师部队牺牲7人。7月，第二师第七团180多人在倒木河九排与日、伪军150多人交战，毙日、伪军30多人；在黑嘴子与日、伪军300多人交战，击毙日军30多人、伪军5人。第二团受伤2人。9月1日，姜克智率警卫连60多人，在大黄山截击义顺号伪军100余人，毙伪军10人，缴获步枪20余支。第二师部队在虎林地区接连取得胜利，给当地伪军造成很大影响。早在1936年4月，驻三人班的伪军先后有5人携枪前来参加第二师。之后，马鞍山的伪军4人、义顺号的伪军4人等，也相继哗变参加第二师部队。8月，圈泡子伪军1个连，携重机枪2挺、轻机枪2挺、步枪75支哗变后参加第二师。第二师先后增加了47名抗日战士，部队有了新的发展。

抗联第四军第二师副师长李学福率领的第二师部分队伍坚持在饶河根据地的斗争，使部队有了一定发展。1936年3月，早在第四军第二师分别向外县出击以前，预计留在饶河的部队数量将暂时减少，李学福即在大别拉炕邀以前曾表示参加东北人民革命军第四军第二师的"九省"、"保山"、"东胜"、"好胜"、"中山"、"天军"、"北海"、"永远"、"花牙子"等抗日山林队头领会议，决定把这些抗日武装分别编为第四军第二师的第六、第七、第八等3个团，由王凤林、贾瑞福、"君子仁"分别担任团长。为了加强对这些新部队的领导，第二师在小别拉炕密营举办了干部训练班，从原有各团选拔40余名优秀战士和下级干部，教育训练3个月，分配到这3个团中担任副团职、连长、指导员，从而加强了部队的领导和骨干力量，使这些部队摆脱过去的松散、无纪律状态，增强了战斗力。

抗联第四军第二师在饶河、虎林和周边各县展开的游击战斗，是在虎饶地区中共组织与反日会的党员和群众积极支援下进行的。由于抗日武装斗争的开展，中共组织有了较大的发展，饶河县已有84名党员、4个支部、8个小组。在小南河、关门嘴子、小北沟、大岱河、小别拉炕、大别拉炕、大佳河、小佳河、三人班、城阳、三义屯等共有800余名反日会会员，其中朝鲜族会员约200余人，汉族和其他少数民族会员约600余人。在虎林县,党员有57名,有11个支部。反日会会员和救国总会会员共有1000余人。此外,1936年5月12日还成立了下江抗日救国青年总会组织,饶河有7个支部、47名会员;虎林16个支部、200余会员;第四军第二师中有4个支部、30名会员。各地党员、反日会员、救国青年会员在党组织的领导下,积极开展抗日斗争和支援抗日部队工作。他们反对敌人的"集家并屯"和经济封锁,向第二师部队提供粮食、衣服等物资,协助部队侦察敌情、通讯联络,散发抗日传单,有力地配合了第二师打击敌人。各地的红枪会和山林队也纷纷要求和第二师部队联合,共同抗日。

在这种有利的形势下,中共下江特委根据《八一宣言》和《东北抗日联军统一建制宣言》的精神,于1936年10月26日在饶河县爆马顶子小东沟召开下江特委与抗联第四军第二师军政工作人员会议,决定成立东北抗日联军第七军。部队的组建分为基本队与非基本队两种。基本队在军事上、政治上、经济上完全统一一致,非基本队在军事、政治方面受军部的统一领导、指挥,但经费可自筹自用。因独立营等部队尚在外地活动,未有代表与会,故延至同年11月,各部基本部队全部返回饶河之后,11月15日,在关门嘴子和文登岗之间的地方,由中共下江特委召集各部队代表会议,宣布把东北人民革命军第四军第二师正式改编为东北抗日联军第七军。全军共700余人,其中基本队400余人,内有党员109名。其余为非基本队。全军编为3个师,每师暂设1个团、3个连。军长由新从苏联学习归来的陈荣久担任,参谋长由崔石泉担任,副官长毕玉民。第一师师长陈荣久兼任;第二师师长李学福,参谋长金铎;第三师师长景乐亭①,政治部主任金

---

① 景乐亭(1903—1940),山东章丘人。九一八事变后,在饶河抗日救国军任营长。后加入中国共产党。历任东北抗日联军第七军第三师师长、中共第七军特委委员、第七军代理军长等职。1940年因怀疑有叛变行为,被错误处死。后得到平反。

铁宇，参谋长阎敬山。

东北抗联第七军成立后，对外发表宣言。宣言强调各抗日部队紧密团结抗日的意义，指出：在日本侵略者实施“各个击破”和“归大屯”的毒辣政策面前，各抗日部队要团结一致，共同对敌。为此，抗联第七军主张不分民族、性别、籍贯、党派、职业、信仰，不管过去有任何敌对行为、任何旧仇宿怨，只要是不愿意当亡国奴，都要同他们紧密团结，共同为驱逐残暴的日本侵略者，为收复东北失地而努力战斗。宣言号召：伪军不要再受欺骗，赶快实行倒戈投到抗日联军中来，共同完成抗日救国的神圣事业。

抗联第七军成立不久，12 月 4 日，中共下江特委书记朴元彬经海参崴赴中共代表团汇报工作，行前，临时指定由郑鲁岩代理特委书记。由于中共驻共产国际代表团对朴元彬曾被日警逮捕后逃出监狱一事有疑问，对其进行审查，后来未能返回东北。1937 年 2 月，郑鲁岩到虎林收编反日山林队。他以收编的山林队不愿意编入第七军、公推他当领导为由，企图另立山头，扬言“建立十一军与七军作竞赛”。郑鲁岩的这种做法，影响到刚刚收编不久的第二师第五团团长邹其昌也另立山头反对第七军；第七团团长贾瑞福则发表声明当胡子，致使其队伍溃散。加上混入队内的叛徒、前东北抗日同盟军第四军政治部主任、时任第七军军部秘书的罗英等敌特分子利用部队内部分领导干部间的一些分歧，挑拨汉族、朝鲜族间的民族矛盾，离间抗联基本部队与收编部队及其他山林队间的关系，破坏抗日统一战线，影响了抗日游击战争的进一步开展。为了巩固党和部队内部的团结，粉碎敌人的阴谋，下江特委和军长陈荣久果断地处决了混入部队的 4 名敌特分子（罗英当时尚未暴露，未予处理），撤销了几个企图分裂抗联部队干部的职务，调整了个别消极怠工的干部的工作，并加强了对于收编部队的领导，消除了误会，密切了相互间的联络，从而使部队的精神面貌有了改观。

1936 年秋，日伪当局自密山、富锦等地调集四五百名日军到饶河各地，实行以日军为主的日、伪军联合“大讨伐”，将距饶河县城 30 公里内和抗日游击区所有村屯的居民尽皆驱逐，强迫迁入“集团部落”，原有房屋一律烧光，粮食尽数抢光，造成“无人区”。至同年冬，已将饶河、虎林两县游击区内的农户焚毁了 70%—80%。

为了搜集抗联部队的情报，敌人还进行诱降工作，在饶河成立了名为饶河地方治安工作班的特务班，进驻西林子。这个特务班共有 46 人，其头子是一名职业特务。1937 年 3 月，陈荣久和崔石泉商定要消灭西林子特务工作班。3 月 4 日夜，崔石泉率 100 多名战士包围了西林子。但部队的行踪被敌人探悉，战斗开始即遭到敌人的阻击。崔石泉当即命令部队撤出战斗，向饶河县城西北大顶子山小南河天津班转移，与陈荣久会合。3 月 6 日，陈荣久率抗联第七军第一师 150 余人到天津班，联络几支收编部队的队头进行统战工作。由于混入第七军并任军部秘书的叛徒罗英的告密，使部队遭受日、伪军 100 余人的袭击。第七军部队在毫无准备的情况下，英勇抗击 3 小时，将敌军击溃。部队正准备追歼逃敌时，又被饶河县伪警察大队长所率 200 余名伪警察从后面包围，陷于腹背受敌的境地。在此危急时刻，身负重伤的陈荣久仍坚持指挥战斗，宁死不下火线。战斗到黑夜即将来临时，部队才突破敌人的包围转移，军长陈荣久在掩护大队突围时壮烈牺牲。此次战斗，第七军共击毙饶河县日本参事官大穗久雄以下日军 30 余人，击伤日军 10 余人，击毙击伤伪军数十人。第七军部队牺牲 24 人，负伤 2 人。

天津班战斗后，崔石泉等经调查掌握了罗英的叛徒特务罪行，把他送到中共吉东省委审查处理。中共吉东省委审查证实罗英的罪行后，将其处决。

军长陈荣久牺牲后，1937 年 3 月上旬，抗联第七军在爆马顶子召开了第七军党的代表会议。会议在无法与上级党组织取得联系的情况下，根据形势的迫切需要，决定由参谋长崔石泉转任第七军党委书记，兼代理军长。将原第一、第二师合并为第一师，由李学福任师长；原第五团扩编为第二师，由邹其昌任师长，云鹤英任政治部主任；第三师仍由景乐亭任师长，政治部主任改由李一平①担任。会议还决定，加强反奸细斗争，巩固部队内部团结；尽快召开山林队会议，解除他们对抗联部队的某些误解和隔阂，并加强对他们的领导，共同抗日。这次会议，进一步解决了第七军领导干部中存在的不利于团结的问题，克服了某些涣散的状态。

根据抗联第七军党代表会议精神，第七军在饶河县小南河召开了由各民众武装团队、各山林队头领联席会议。经过协商和耐心的说服教育，晓以民族大义，使他们接受了由第七军提出的共同抗日决议案。此后，第七军在饶河、虎林、同江、富锦等地继续开展抗日统一战线工作，使各地的山林队、红枪会相继投入抗联部队，或接受其领导。第七军在较短的时间内，收编了“好友”、“姜国臣”、“孟尝君”、“北海”、“天柱”等山林队，使部队有了更大发展。

在抗联第七军逐步发展的形势下，为扩大游击区，补充部队枪支、子弹，军部决定再次兵分两路，广泛开展游击战争。由代理军长崔石泉、第二师师长邹其昌率军部和第二师部队500余人坚持在虎饶地区的游击战斗；由第一、第三师部队700多人在师长李学福、景乐亭率领下奔赴同江、富锦等县开展游击战，藉以调动敌人，减轻虎饶地区抗联部队的压力。

抗联第七军第二师同虎饶地区的山林队联合成立反日游击指挥

---

① 李一平（1910—1939），朝鲜族。1931年加入中国共产党。历任中共饶河中心县委委员、东北抗日联军第七军第三师政治部主任、补充团团长等职。1939年在战斗中牺牲。

部，积极开展游击战。1937 年 4 月 23 日凌晨，崔石泉等率军部、第二师和暂编第一师第四团 230 余人，以及小南河西大顶子等地的红枪会 38 人，袭击西林子伪警察署、日本特别工作班和“集团部落”。各部分头行动发起攻击，经 3 小时战斗，击毙敌人 20 余人，缴获 20 余支步枪。第七军伤亡 13 人。战后，将此次战斗中缴获的枪支子弹全部装备了手持原始武器的红枪会，并将其编入暂编第一师第一团。5 月，第七军得知驻饶河县大顶子山佛寿宫有一个连伪军正在酝酿哗变，并要求抗联部队派兵予以援助。崔石泉在派人核实情况后，即派出 7 名抗联指战员化装接近伪军营地，将 2 名伪军哨兵俘虏，并迅即混入伪军营房，配合要求反正的伪军组织了哗变工作。与此同时，第七军部队秘密接近该部伪军驻地，里应外合突袭敌人，击毙伪军连长（日本人），全连实现哗变。这次行动共缴获轻机枪 2 挺、步枪 80 余支和大量子弹等。哗变的伪军士兵大部加入第七军，其余经教育后遣散。

李学福和景乐亭率抗联第七军第一、第三师 700 余人进入同江、富锦两县境内，同当地山林队建立了联合反日指挥部，在大旗杆、水林子、卧虎林子、对青山、前六排、二龙山、小九家、虎布什克、别拉印子山等地广泛开展游击战斗。尽管日、伪军在这两县分散驻兵于各地，第七军部队采取更为灵活的游击战术同敌人作战。他们时而将部队化整为零，进行群众工作，征集给养；时而集中兵力打击敌人或策反、援助伪军警的哗变。5 月 15 日，李学福率第一师 200 余人前去接应驻同江二龙山第三牌的一连伪军的哗变时，途中与一支 500 余人的日、伪军发生遭遇战。在敌强我弱的态势下，抗联部队利用有利地形沉着应战，战斗达五六个小时，第一师牺牲 10 人，负伤 6 人。而敌人被击毙 50 余人。这次策应该部伪军哗变虽然未获成功，但不久该连伪军依然有 20 余人，携带 40 余支枪投入第七军第一师，参加抗日。

1937 年 6 月，青纱帐起之后，抗联第七军第一、第三师 700 余人，自富锦附近向二道林子行军时，同日军司令小滨所率900余名日、伪军发生遭遇战。敌人虽然动用了装甲车、骑兵配合步兵进攻第七军部队，妄图予以全歼，但由于富锦县南部均是沼泽地带，从头道林子至三道林子的道路，旱季仅能勉强供人和马车通行，雨季道路与沼泽难辨，敌人的装甲车和骑兵无法发挥作用，只能靠步兵作战，优势全失。抗联部队却利用有利地形和树林的掩护，发挥近战优势，在敌步兵逼近至四五十米时予以猛烈反击，连续打退日、伪军多次攻击。经一天的战斗，日、伪军被击毙150余人、击伤10余人。抗联部队乘夜幕降临撤出战斗。这次战斗，第七军得到附近农民群众的热情支援，农民冒着枪林弹雨给抗联战士送饭送水，救护伤员，极大地鼓舞了抗联战士的士气。敌人战败后，第二天派出30多架次的飞机狂轰滥炸进行报复，炸伤抗联战士3人。

此后，抗联第七军化整为零，分散进行群众工作，组织反日会，动员群众开展抗日斗争，同时对伪军和伪保卫团进行瓦解工作，均收到良好效果。当第七军在同江活动时，二龙山南苏家店一名反日会员向部队报告，驻在该地的一支日军经常骚扰居民残害百姓，群众盼望抗联部队尽早除掉这些敌人。第七军派人侦察后，立即派出一支部队突袭这支日军，击毙日军20余人，其余逃走。该地反日会以极大热情为部队募捐，送衣物、粮食，并动员人们开展伪军工作，促使伪军50余人哗变。同江一区伪保卫团团长王廷周在接受抗日军民的宣传后，便率领保卫团100余人参加了第七军。

自抗联第七军成立后，虽然面对敌人残酷"讨伐"的严峻局面，但是，第七军采取将主力部队调至外线作战，广泛开展机动灵活的游击战斗，主动打击敌军，策动伪军哗变，与群众配合积极破坏"集团部落"，扩大抗日统一战线等举措，取得许多战斗的胜利，密切了与群众的联系，获得群众的拥护、支援，从而使第七军部队在吉东地区迅速发展成为东北抗日联军的又一支劲旅。

五、东北抗联第八、第九、第十军和独立师的建立,抗日民族统一战线的形成

《八一宣言》和《东北抗日联军统一军队建制宣言》发表以后,东北地区南满、吉东和北满党组织把在党领导下的东北人民革命军第一、第二、第三、第六军、东北抗日同盟军第四军、东北反日联合军第五军等部队,陆续改编为东北抗日联军第一到第七军。同时还分别对在各抗日游击区域内活动的其他抗日武装和山林队进行大量的工作,争取将这些队伍统一编入东北抗日联军。这些部队是:谢文东领导的东北民众救国军、李华堂领导的中国自卫军吉林混成旅第二支队、汪雅臣领导的反满抗日义勇军和祁致中领导的东北山林义勇军。

(一)东北抗联第八军的编成

谢文东率领的民众救国军,诞生于土龙山农民反日大暴动。谢文东在长时期同中国共产党组织及其所领导的东北人民革命军部队的交往中,始终采取若即若离的态度。1935 年春,民众救国军当时只剩 30 余人,处于极端困境,迫切需要东北人民革命军第三军的援助、支持时,曾同第三军等一起参加了哈东地区的东北反日联合军总司令部,并参加了一些进攻敌人的战斗,使部队得到一定发展。当度过危机后,谢文东所部即离开第三军,至依兰、勃利一带独立活动。

1935 年夏,当中共吉东特委先后通过勃利县委和东北抗日同盟军第四军以勃利抗日救国总会名义,争取将民众救国军改编为东北人民革命军第六军时,谢文东认为中共勃利县委和第四军势力不大,不足以作为靠山而婉言谢绝,却又参加了李延禄所号召的东路联合军指挥部,以为这样既不得罪第三军,又可获得第四军的庇护,从中发展民众救国军的实力。

1936 年 1 月，民众救国军在汤原同人民革命军第三军、抗日同盟军第四军等共同组成东北民众反日联合军总司令部。纳入北满抗联总司令部后，谢文东又疑心被第三军所控制，再行东返方正、依兰地区活动，积极扩充实力。6 月中旬，该军在依兰进攻庙岭伪森林警察队时，缴获许多衣服、粮食等物资。

1936 年夏，谢文东部接到第三军转达的《中代信》中有关将民众救国军改编为东北抗日联军第六军的通知，并拟派张寿篯任该军政治部主任。正在此时，抗联第五军第二师部队到达牡丹江下游地区。中共道北特委书记宋一夫指示第五军第二师政治部主任刘曙华帮助民众救国军工作，使该军由 200 余人发展至 300 余人，编成 4 个团，并在五道河子设立了军部后方。中共道北特委又提出将谢部改编为抗联第八军，但谢文东仍犹豫不决。后经刘曙华等反复进行说服工作，谢文东遂同意将部队改编为东北抗日联军第八军。此时，中共代表团驻海参崴联络站联络员于化南、中共道北特委书记兼第五军政治部主任宋一夫等由于政治经验不足，且第五军第二师初到勃利、依兰地区，急欲扩大自己的影响，事先未经北满抗联总司令部的同意，便直接插手，将民众救国军于同年 9 月 18 日正式改编为东北抗日联军第八军，并派出第五军第二师政治部主任刘曙华和李浩、姜东淳等多名政治工作人员到第八军，加强对该军的政治工作。

东北抗日联军第八军军长为谢文东，副军长滕松柏，政治部主任刘曙华，参谋长于光世。共编 3 个师：第一师师长秦秀权，政治部主任金根[①]；第二师，师长关文吉；第三师，师长王自孚。9 月 20 日，第八军发表了成立宣言。不久，中共道北特委在该军内发展党员，建立党总

① 金根（1903—1937），朝鲜族。1930 年加入中国共产党。历任密山游击队参谋长、东北抗日同盟军第四军第二团代理团长。1936 年调入东北抗日联军第八军，先后任该军第一师、第三师政治部主任等职。1937 年被叛徒杀害。

支委员会，军长谢文东也被吸收入党。开始时，中共第八军总支归抗联第五军党委领导，中共吉东省委建立后交由吉东省委领导。该军政治部主任刘曙华经谢文东同意，除将由第五军调来的政治工作干部分别担任师政治部主任和团政委外，还设立了第八军教导队，由军内各师选拔一批抗日意志坚定、较为可靠的青年下级干部和战士组成，经过军事训练和政治教育后，分配到军内各部队任基层军事干部和骨干。同时在各师组建青年抗日义勇军，由各师政治部主任组织教育训练，使之逐步成为各师的骨干力量，以逐步推进第八军的教育、整顿工作。

抗联第八军成立时，正值日、伪军开始在汤原、通河、木兰、宾县和依兰为中心的松花江两岸发动1936年秋冬季“大讨伐”。第八军在自己的活动地区配合吉东和北满抗联各军，与日、伪军展开积极的战斗。1936年10月中旬，第八军第一师袭击了来财河（位于今桦南县境）的伪自卫团，缴获一些马匹与枪支、子弹。10月24日，第八军第一、第三师各一部与抗联独立师联合袭击了林口至佳木斯间正在修筑铁路的1列工程列车。11月4日，第一师一部300余人，在依兰县团山子蚂蚁浪同伪军混成第二十七旅一支“讨伐队”发生遭遇战斗。部队迅速抢占该地北山制高点，居高临下与伪军奋战6小时，毙伤伪军10多人，击毁敌迫击炮2门、重机枪2挺，击毙战马5匹。同年冬，第八军第三师联合第三军第四师在依兰县五道岗阻击一支日军。第八军部队绕至敌军后方突袭日军，毙伤日军数十人。1937年1月，第八军第二师与第三军一部配合，共同袭击了方正县四区的伪自卫团。2月4日，第八军第一师第一团袭击勃利县东齐家窝堡伪自卫团。2月8日，袭击勃利县四区伪警察署。2月12日，又袭击了勃利县杏树沟伪自卫团，击伤其多人，焚毁粮食200余石。3月6日后，该团返回东齐家窝堡一带打击伪自卫团。3月10日，第八军新编的第四师在三道岗田家屯与伪军交战5小时，互有伤亡。第一师第一团在积极活动中，收缴了一批枪支，收编了一些山林队。3月20日夜，第八军与第三、第四、第五、第九军配合，取得了联合进攻依兰县城和阻击敌人援军的重大胜利。

在此期间，抗联第八军部队有了较大的发展。陆续增编了第四、第五、第六师。第四师师长尤连生，第五师师长董宪章，第六师师长赵庆祥。随着部队的发展壮大，谢文东逐渐忘乎所以，自恃抗联一军之长的地位，怂恿部下，损害弱势的友军，甚至向在其处境困难时曾经扶持过他的抗联友军实施缴械、收编。1936年10月，第八军刚成立不久，即发生该军第一师第一团为扩大自己的实力，无故缴械并杀害抗联第五军第二师一名队长和一名副官及其部下事件。嗣后，第八军又连续发生两次收缴抗联第九军枪支和收留第九军逃兵拐抢2支等事件。1937年1月，第八军第二师为过去北满抗联总司令部曾收缴属于该军的收编队“田团”枪械一事①，进行报复，竟将抗联第三军第一师已收编的山林队“刘团”等拉拢编入第八军，几乎造成两军武装冲突。此外，在税收问题上，也发生不遵守划区征收协议，而去对方税收区强行征收的事例等等，致使第八军与其他友军的关系尤其与第三军的关系僵持不下。

抗联第五军军长、党委书记周保中于1936年10月下旬抵达勃利县境后，逐渐了解到第八军同第三军、独立师之间关系紧张等情况，即指示已由第五军派去第八军的政治工作人员对该军进行整顿和改造。周保中还通过信件、会见等方式，亲自对谢文东等人进行说服、批评、教育工作，力图使其摆正与其他抗联各军的关系；建议第八军

---

① 抗联第八军成立前，民众救国军曾收编山林队“田团”。因“田团”胡作非为，影响恶劣，北满抗联总司令得报告后，经谢文东同意将“田团”予以缴械处理，但民众救国军第二师师长关文吉却始终对此不满。

将收缴自友军下属部队的枪械返还,将收自友军收税区的税款退回或补偿,以利团结。由于采取了这些措施,第八军的此类行为有所收敛。

此后,抗联第八军各部与抗联其他各军配合,频繁出击,打击日、伪军警部队。1937 年 4 月 14 日夜,第八军调集 300 余人,袭击了桦川县黑背金矿的伪警备部队,歼敌多人。4 月 23 日,该军第二师一个团的 100 余名骑兵,在依兰县横岱山北的窑立屯,同日军松崎小队奋战 3 小时,予敌以杀伤。5 月 12 日夜,该军一部在前刁翎附近袭击一支日、伪军。5 月 25 日,该军新增编的第六师在师长赵庆祥的指挥下,将勃利至杏树沟段铁路予以破坏,使刚通车不久的勃利至佳木斯铁路一度中断。5 月 29 日,该军第一师一个团与抗联第五军第二师、抗联独立师一部配合,在来财河给予一支日军分队以痛击。6 月 19 日,该军第六师与中尉坂田所率一支日军在依兰县道台桥附近发生战斗,毙伤日军数名。

至 1937 年 6 月为止,抗联第八军已拥有 6 个师和 1 个教导大队,人数由成立时的 300 余人增加到近 1000 人。1937 年 7 月,在中共北满临时省委执委扩大会议上,经赵尚志与周保中协商,中共北满临时省委同意,抗联第八军正式归中共吉东省委统一领导,同吉东地区的抗联第四、第五和第七军联合对敌进行战斗。

(二)东北抗联第九军的建立

1936 年 1 月,自卫军吉林混成旅第二支队队长李华堂出席了东北民众反日联军扩大会议,并被推举为东北民众反日联军副总司令。之后,率队到松花江南,在依兰、方正、勃利地区活动。

2 月初,留守江南活动的自卫军吉林混成旅第二支队第一大队在郭成指挥下,与抗日同盟军第四军第一师第二团和东北人民革命军第三军第一师在珠琪河冰道上伏击了一支自依兰向方正运送物资的

100余辆大车的日、伪军运输队。战斗中，毙伤日、伪军80余人，其余溃逃，缴获运货大车90余辆、200余匹马和大量物资。月末，李华堂带队自汤原返回江南，将三道河子伐木场的伪森林警察队予以歼灭，然后赴刁翎大盘道与第一大队会合。同年3月6日，自卫军支队袭击勃利县大青山伪森林警察队，击毙日本指导官千叶等4人，伤1人。4月4日，经侦察得知驻守依兰县城的日、伪军几乎倾巢出动"讨伐"，城内空虚。李华堂即率所部200余人奔袭依兰县城。首先乘夜偷袭县城西南面的伪军南大营，然后攻入城内，攻袭伪军司令部和弹药库。战斗中击毙伪军5人，占领武器库，共缴获迫击炮2门、轻机枪2挺、步枪100余支和大量炮弹、子弹和军需物资，载满4台马车撤出县城。这是抗日武装第一次胜利攻入依兰县城的战斗。

1936年8月下旬，李华堂率100余人从依兰县小江子出发，经勃利东去密山，李华堂、李向阳两人越界入苏联，年末返回。在此期间，北满抗联总司令部委托抗联第六军军长夏云杰代管自卫军支队。该支队第一大队在洼洪山区建立起被服厂等后方密营。

1937年1月，北满抗联总司令部和第三军根据《八一宣言》、《东北抗日联军统一军队建制宣言》以及《中共驻东北代表给珠河党团县委及三军负责同志信》中关于第三军对"李华堂部队，也给予实际的援助，其实力有相当基础，编成为东北抗日联军第九军"的指示精神，将自卫军混成旅第二支队正式改编为东北抗日联军第九军。第九军军长为李华堂，参谋长李向阳，副官长于祯。军部下设3个师：第一师，师长郭成，编制3个团；第二师，师长王振祥，编制3个团；第三师，师长张学中，暂编2个团。全军共800余人。同时，发表了《东北抗日联军第九军成立宣言》。东北抗日联军第九军，是在中国共产党领导下，由抗日义勇军部队改编为东北抗日联军的又一支抗日统一战线部队。

1937 年 2 月下旬，在松花江下游南岸活动的抗联各军，于依兰县洼洪抗联第九军行营举行联军会议。会议对增强抗联各军的团结，协调各军之间的关系，消除谢文东与李华堂之间的成见方面起了积极作用。会后，第九军军长李华堂和抗联第五军军长周保中根据会议的决定，于 3 月 20 日指挥各军联合进行了攻入依兰县城和阻击敌人援军的战斗。李华堂任此次战斗的总指挥，率领第九军部队 250 多人参加战斗。20 日凌晨，以第九军炮轰敌兵营为进攻信号，战斗开始。第九军的迫击炮，在炮轰城东门外日军兵营和攻打依兰城战斗中发挥了重大作用。

随后，抗联第九军部队至方正县大、小罗勒密活动，收缴了许多子弹。另一部骑兵去通河县游击，在县城北截击一支日本运输队，俘日本人车把头 1 名，缴获运输大车 13 辆和许多物资。

依兰战斗后，日、伪军加紧对依兰、方正地区的军事“讨伐”，并实行“归屯并户”。1937 年 4 月 12 日，日、伪军出动 120 余人袭击抗联第九军军部洼洪。由于抗联第五军第二师部队设伏援助，第九军军部得以安全撤走而未受损失。此后各师开始分散活动。第一、第三师骑兵部队在师长张学忠的率领下，在依兰一、六区征收捐税，并为部队东进做准备。参谋长李向阳及教导队渡江东开展游击活动，并与第三师沈团取得联系。胡团则随于祯副官长带少数兵力单独活动。4 月 22 日，第九军与第五军在依兰靠山屯举行干部会议，具体研究破坏敌人“集团部落”，清除开展游击战争障碍的计划。随即袭击并破坏了马家大屯“集团部落”，村内一些青年农民踊跃参加了第九军，被编入军部教导队。对此，周保中称赞为“大美举”。1937 年 5 月，第九军第三师在依兰东部倭肯河一带活动时遭受损失，师长张学忠等 6 人失踪，损失公款 7000 元、马 15 匹、短枪 9 支。随后，该军第一、第三师合并。6 月，第九军同第四、第五、第八军部队联合在刁翎南小盘道伏击一支由日军押送的100余辆马车组成的运输队，缴获小炮1门、轻机枪2挺和手枪20余支。不久，该军负责国际交通工作的参谋长李向阳因病逝世。

为了加强抗联第九军的军事和政治工作，抗联第三、第五军先后派出一些军事和政治干部到该军工作。早在同年4月，第五军即抽调吴大成等4名干部到第九军工作。5月，又将第五军第二师第五团政委王克仁[①]调任第九军第二师政治部主任。1937年7月，中共北满临时省委执委扩大会又决定北满抗联哈东办事处主任、第三军第一师政治部主任李熙山调任第九军政治部主任。

（三）东北抗联第十军的建立

1936年至1937年夏，坚持在五常、珠河、舒兰、榆树等边沿地区活动的反满抗日救国义勇军（双龙队）汪雅臣部，由中共珠河中心县委和中共北满临时省委决定，先后改编为东北人民革命军第八军和东北抗日联军第十军。

1936年初，日伪当局为完全清除东北人民革命军第三军和其他抗日武装，在珠河南部和五常山区疯狂地实行"集家并屯"，敌人到处烧杀血洗，农民的粮食被抢光、烧光，农户只剩下残垣断壁，农民大量逃亡他乡。在南山里活动的汪雅臣部反满抗日救国义勇军，也被迫转移至五常北部山区高丽营子，同东北人民革命军第三军第三师会合。不久，在尖山子同中共珠河中心县委负责人会晤。

此时，正值东北人民革命军第三军第三师组织东北反日联合军道南指挥部，汪雅臣和"创江南"等部山林队均参加了道南指挥部，共同战斗。在其间，汪雅臣向中共珠河中心县委提出了由第三军改编

---

① 王克仁（1914—1939），原名王世友，黑龙江穆棱人。1932年加入中国共产党。历任共青团吉东特委委员、东北抗日联军第五军第二师第五团政治委员、东北抗联第九军第二师政治部主任、东北抗联第五军代理政治部主任等职。1939年在战斗中牺牲。

所部反满抗日救国义勇军的迫切要求。由于汪雅臣部队自 1935 年以后便经常同第三军保持联系，配合第三军部队打击敌人，尤其在第三军司令部率主力转移至松花江下游地区，珠河、宾县等老游击区遭受敌人严重破坏，留在老区的该军第二、第三师处境困难的情况下，更需要团结更多的抗日武装共同战斗。同时，鉴于五常山区的抗日局面必须坚持，以与还在珠河、宾县的第三军第二、第三师部队互为呼应，珠河中心县委根据《王康指示信》和《八一宣言》的精神，决定将汪雅臣所部反满抗日救国义勇军改编为东北人民革命军第八军，由汪雅臣任军长，王维宇任参谋长。不久，又派刚由关内治病返回的原第三军第三团政治部主任侯启刚任第八军政治部主任，组建第八军政治部，开展军内的政治工作。第八军军部设 1 个保卫连，全军共编 5 个团（内有 1 个迫击炮团），拥有 800 余人。主要活动在五常县东南部张广才岭山区，以九十五顶子山、西鸭架岭为中心，在周边各县开展抗日游击战斗。

1936 年夏，东北人民革命军第八军得知五常县桦皮场一带驻有一支日、伪军“讨伐队”，为非作歹，残害民众，汪雅臣立即率领主力部队前往进攻敌人“讨伐队”。经过先后两天的战斗，毙伤敌人一部，并缴获不少枪支子弹。战斗结束后，当地许多农民参加了第八军，队伍扩大了。部队迅速返回九十五顶子山老爷庙休整。不久，敌人组织日、伪军 1300 余人到舒兰县朱旗屯（又名珠琪屯），分散进行“讨伐”。汪雅臣巧妙地与敌人周旋，在上口子伏击战，毙伤大批日、伪军。战斗中，汪雅臣腿部负伤，部队撤出战斗后，迅速返回九十五顶子山根据地。

1936 年秋，汪雅臣伤愈，率部队至西关街一带开展游击活动。驻在当地的一支日军“讨伐队”得知后，便出动“讨伐”。第八军发现后，立即以一部抢占西关街附近一小山头制高点，并示形于敌，诱使敌人追踪而来。同时，将另一部置于山脚下据守的有利地形，准备伏击敌人。结果，日军在开始登山攻击时，不但遭受人民革命军山上部队居高临下的射击，而且退路也被第八军山下部队截断，敌人在腹背被夹击之下，伤亡惨重。此战，第八军缴获机枪7挺、小炮1门及一些步枪和60余箱子弹。

1936年9月，东北人民革命军第八军在根据地附近的沙河子一带活动，汪雅臣曾派人去东大屯，让该屯孟百户长在屯里准备饭食送至部队休息地点。孟百户长虽然布置农户做饭，却暗地里跑到沙河子日军守备队去报告。屯里农民给部队送饭时，将这一情况告诉了汪雅臣军长。汪雅臣命令部队赶紧用饭，然后集合在驻沙河子日军出动的必经之地小黑顶子埋伏下来，同时在预计的敌军退路南山和后山也设部队待机歼敌。当日军急速赶到小黑顶子喘息未定时，突遭第八军猛烈攻击，当场死伤一片，敌人的3挺机枪均被击毁，机枪射手被击毙。日军向南山撤退时，被埋伏在这里的第八军第五团打退；当企图从后山逃跑时，再遭第八军部队阻击。敌人在连续遭受的打击中损失惨重，仅少数逃脱了被歼灭的命运。战斗结束后，向敌人告密的孟百户长也受到惩处。

东北人民革命军第八军部队在五常一带能够长期坚持抗日战斗，同汪雅臣正确地处理军民关系，紧紧地依靠广大农民群众密不可分。山区的居民多数为贫困的农民，汪雅臣自建立抗日队伍开始便注意群众纪律，对民众不抢不夺。部队的经费、给养主要通过攻袭伪森林警察驻地，攻破“集团部落”收缴日本侵略者和汉奸走狗的财产解决。同时，还要依靠当地群众解决一部分粮食，此外，部队也尽可能从事一些农业生产，解决不足部分。在部队缴获物资较多时还随时分配给贫苦农民，因而深得群众的拥护。

1936年9月中旬，在中共珠河、汤原中心县委和第三、第六军党委在汤旺河帽儿山召开的联席会议上，根据北满抗日游击战争形势发展的需要，依据《八一宣言》、《东北抗日联军统一军队建制宣言》的精神，决定将东北人民革命军第八军改编为东北抗日联军第十军。同年冬，东北抗日联军第十军正式成立。军长汪雅臣，副军长齐云禄（后因叛变被处决，由张忠喜接任副军长），政治部主任王维宇。此时部队已由原来的5个团发展为10多个团，共1000余人。

1937年初，日伪当局为确保哈尔滨地区的“治安”，消除对哈尔滨至吉林、图们铁路运输的威胁，企图完全清除哈尔滨附近各县的抗日武装，便加紧在五常、舒兰地区推行保甲制度，设置“集团部落”，并派日军1个联队、独立守备队1个大队、伪军1个团、治安队3个连，分别在五常、山河屯等地进行“讨伐”，欲图用经济封锁、政治孤立和军事进攻相结合的毒辣手段，一举消灭抗联第十军。在敌强我弱的情况下，为粉碎敌人的“讨伐”，汪雅臣依靠熟悉五常、舒兰山区的地形和平时与人民群众联系密切等有利条件，采取机动灵活的游击战术，同日、伪军展开顽强战斗。1937年春，第十军在朝阳屯一带活动，发现一支日军“讨伐队”毫无防备地围在屯内一处水井喝水休息。汪雅臣立即指挥部队战士各自用枪瞄准敌人，指挥员枪一响，枪弹齐发射向敌人，顿时击倒10余名日军。当敌人欲行反击时，第十军已自村外迅速撤走，进入南山密林。随后，又在半截河设伏袭击了另一支100余人的日军“讨伐队”，敌人死伤过半，余者撤退。抗联第十军缴获了许多枪支、子弹、服装和军需物资。不久，第十军即利用缴获的敌军军服，化装成日军进入土桥子“集团部落”，顺利地解除了当地伪自卫团的武装。4月，第十军部队转移至五常南部四平山地区活动。日伪当局得悉后，立即调集驻五常县城、冲河、山河屯、沙河子的日、伪军向四平山地区第十军进攻。汪雅臣发现敌军人多势众，决定先放过伪军，专打日军，部队一边高喊“中国人不打中国人，专打日本兵”，一边集中子弹射向日军。伪军则卧伏地上，朝天放枪。结果毙伤日军数十人，缴获枪几十支、子弹六七箱、军马3匹和大量军用物资。1937年6月，汪雅臣指挥部在四平山北沟和小南门予日军以沉重打击。同年夏，第十军100余人攻打了山河屯伪森林警察队，缴获了该队的全部武器。

抗联第十军在同敌人的战斗中发展壮大，独立自主地在拉林河上游五常、舒兰边境的九十五顶子山区，长期坚持战斗。同年7月初中共北满临时省委扩大会议期间，北满临时省委与吉东省委代表协议，根据中共北满临时省委和北满抗联第三军主力部队业已转移至松花江北活动，抗联第四、第五军将要向哈南、五常地区发展等情况，将第十军划归中共吉东省委领导。

（四）东北抗联独立师的建立

长时期在吉东地区依兰、桦川一带活动的由祁致中率领的东北人民革命军第三军方依游击团，1935年秋，曾经离开第三军到依、勃地区单独活动。后来该部队得到中共汤原中心县委和汤原反日游击总队的积极协助，并且经汤原游击总队政委夏云杰等人介绍，祁致中也加入了中国共产党。中共汤原中心县委和游击总队又抽调金正国[①]等中共党员到祁致中部进行政治工作。

1935年12月26日，祁致中部化装成日军，收缴依兰县大砬子屯伪自卫团步枪、手枪共15支、子弹693发。1936年1月14日，该部在依兰二区与敌交战，毙伤敌4名，缴获8支枪和一批子弹等物品。1月16日，又在三区清茶馆袭击伪自卫团，缴获步枪7支。不久，祁致中部同抗日同盟军第四军取得联系，联合对敌作战，在依兰三道岗东部一次收缴“大排队”40支枪和服装40余套，然后化装成“大排队”，又用计缴获

---

① 金正国（1912—1938），朝鲜族。1930年加入中国共产党。历任汤原反日游击队指导员、东北抗日联军独立师第一旅政治部主任、师政治部主任、东北抗联第十一军政治部主任等职。1938年被叛徒杀害。

了三门刘家大院全部枪支。5 月初,祁致中部得知民众救国军被日军围困于依兰县齐刚屯的消息,立即驰往解围,共同歼灭这股敌人。祁致中部在战斗中成长,加上收编了一些小股山林队,使基本队伍发展至200 余人,此外还有一些联合队 200 余人,共有 400 余人,编为 7 个团。

1936 年春,中共勃利县委根据《八一宣言》和《东北抗日联军统一军队建制宣言》精神,派出勃利县团县委书记富振声(董贵林)①到祁致中部队开展政治工作,加强政治指导,帮助整顿队伍。祁致中在先后得到中共汤原中心县委、勃利县委和东北抗日联军第四军、东北人民革命军第六军的热情协助,摆脱了孤立无援的状态之后,希望中共勃利县委能帮其实现由中共党组织将该部改编为基本部队的愿望。同年 5 月 20 日,经中共勃利县委的批准,在依兰县三区,这支抗日队伍被改编为东北抗日联军独立师,由祁致中任师长,富振声任政治部主任,金正国任指导部主任。1936 年 7 月,富振声离职去苏联学习,由汤原团县委书记李飞接任政治部主任。不久,李飞因病离职。祁致中部本是东北人民革命军第三军游击团,受北满抗联总司令部指挥。中共勃利县委在协助祁致中将部队改编为独立师时,虽获得中共吉东特委的同意,但事先并未取得北满抗联总司令部的同意,结果引起北满抗联总司令部对吉东党组织的不满。

抗联独立师成立后,继续在依兰、桦川县境开展对敌作战。5 月下旬,祁致中率师部直属部队自齐家窝铺向孟家岗移动。途中,当部队到达七虎力(今桦南县境内)时,发现伪军骑兵步兵 200 余名尾追而来。

---

① 富振声(1912—1985),原名董贵林,又名富寰声,别名胡林,辽宁西丰人,满族。1933 年加入中国共产党,历任共青团勃利县委书记、东北抗日联军独立师政治部主任。1936 年赴莫斯科东方大学学习。1938 年回国后任中共中央党校校务部部长、中共东安(密山)地委书记、吉林省委宣传部部长等职。新中国成立后,任中共吉林省委第二书记、吉林省政协副主席等职。1985 年病逝。

祁致中随即指挥独立师抢占有利地形，准备阻击。待敌骑兵接近时，独立师突然给予猛烈射击，伪军骑兵当即被击落马下10余人，被迫后退。但伪军步兵却从侧翼迂回，妄图切断独立师的退路。独立师发现战场态势不利，便乘天黑撤出战斗转移。伪军畏惧夜战，未敢追击。在独立师部队到达距湖南营9公里的一处土围子时，又遭遇伪自卫团武力抵抗。独立师即行攻破土围子，予伪自卫团以严惩。此时，祁致中为联络一些小股山林队，成立了由他指挥的抗日联军东路依勃桦富指挥部。10月下旬，抗联第三军派周庶泛①到独立师任政治部主任，藉以加强指导。此时，独立师已编为3个旅：第一旅旅长张建国，政治部主任金正国；第二旅旅长胡文权，政治部主任祁致中兼任；第三旅旅长姜宝林②，政治部主任李学忠。各旅皆设3个团，师部直属1个骑兵队。全师共800余人。各旅分别活动的范围是：第一旅在依兰、桦川地区，第二旅在富锦地区，第三旅在桦川县柳树河子（今桦南县境内），祁致中率师部直属骑兵队在桦川县狐狸信子等地指挥各旅开展游击活动。

由于独立师积极战斗，部队建设和后方基地建设也取得显著成绩，因此受到北满抗联总司令部的表彰。1936年9月23日，北满抗联总司令部在给师长祁致中的信中说："本部屡接报告，盛谓该师长对地方民众颇负责任，尤于反日事业积极进行，不遗余力，殊堪嘉奖。"③

---

① 周庶泛（？—1940），生年不详，朝鲜族。中共党员。原在东北抗日联军第三军工作，后历任东北抗联独立师政治部主任、东北抗联第三军第六师、第一师政治部主任、中共北满省委委员等职。1940年被叛徒杀害。

② 姜宝林（1909—1939），绿林出身。1936年所率武装改编为东北抗日联军独立师，任第三旅旅长。1937年任东北抗日联军第十一军第三旅旅长。1939年在战斗中牺牲。

③ 《东北抗日联军总司令部训令》（1936年9月23日），载中央档案馆、辽宁省档案馆、吉林省档案馆、黑龙江省档案馆编：《东北地区革命历史文件汇集》甲46，1990年印，第213页。

1936 年秋，独立师第一旅在依兰县来财河一带活动时，同一支伪“大排队”200 余人发生遭遇战，在夜幕降临时双方停火。稍后，独立师第一旅在旅长张建国和政治部主任金正国率领下，夜袭正惶惶不安的伪“大排队”获胜。此次战斗共击毙伪“大排队”队长江静波等 20 余人，俘虏百余人，缴获各种枪 100 余支和大量子弹。

1937 年 1 月末，独立师第二旅第四团攻下富锦烟台山伪警察所，缴获 60 支枪。不久，又攻破与抗联部队为敌的乌龙地方的大地主薛印堂大院，缴枪 50 余支。2 月 11 日，独立师第三旅 130 余人在富锦五区袭击哈达密河伪自卫团，俘虏伪自卫团长等 14 人，并缴枪 14 支。3 月 19 日，该旅在富锦县五区腰屯同一支伪军发生遭遇战，在给予伪军以重创后撤出战斗。本月，该师第一旅一部在依兰县三区铁岭山袭击一支日军获胜。4 月中旬，祁致中率师部骑兵队同第三旅共 300 余人会合于桦川县东部。4 月 19 日，在桦川县悦来镇（今桦川县城）东南的拉拉屯，同日、伪军警发生战斗，予敌重创后迅速撤出战斗。4 月 21 日，独立师师部骑兵队和第二、第三旅共 500 余人合攻悦来镇，一度攻入镇内十字大街，后因驻佳木斯日军火速增援，独立师不得不撤出战斗。此次战斗给予敌人以很大的震动。4 月 23 日，独立师骑兵队在安邦河大林子同追击的日军作战，用炮火击毁敌坦克 1 辆，因日军野蛮地施放毒气弹，独立师立即退出战斗。5 月，独立师师部骑兵队、第三旅会同抗联第四、第六军各一部，联合进攻了富锦县街基镇。

1937 年 2 月 21 日，活动在依兰、方正地区的抗联第三、第五、第八、第九军和独立师等部负责人，在洼洪第九军军部召开会议，解决各军为筹集给养、税收而形成的无序状况和相互间产生的矛盾。经过各方协商，决定联合组成哈东办事处依东办事处（后改为依东分处），共同推举第五军政治部主任宋一夫为依东办事处处长，独立师

第一旅政治部主任金正国为副处长。不久，宋一夫任中共吉东省委书记，实际上依东办事处处长由金正国代理，负责日常工作。办事处在统一和协调各军筹集给养和税收工作中收效很好，获得抗联各军和群众的拥护。

但是，抗联独立师同中共北满临时省委和吉东党组织之间相互联系不密切，部队内党的领导力量薄弱。由抗联第三军派到独立师任政治部主任的周庶泛虽然对革命忠诚，工作积极，但对部队的教育改造急于求成，遭到一些队员的抵制，致使工作难以开展，遂于 1937 年 4 月初离开独立师，返回第三军。结果，独立师出现内部思想不统一、对外与其他部队发生矛盾等问题，长时期难以解决。不久，北满临时省委代表、北满抗联总政治部主任张寿篯来到独立师。他用 10 多天时间同祁致中进行交谈，交换意见，详细了解祁致中领导独立师长期坚持抗日斗争的实际状况，传达了北满临时省委对他个人的意见和对独立师的期望，消除了祁致中对北满党组织和北满抗联总司令部的疑虑。之后举行了抗联第六军与独立师的特别会议，进一步帮助祁致中提高了认识。独立师进行组织整顿，清除了坏分子，有计划地发展党员，加强了政治思想工作。事后，张寿篯在给北满临时省委的报告中对独立师给予了正确评价，认为独立师已经“初步走向忠实于民族革命战争”，要求与北满临时省委及下江特委发生直接组织关系，并经常派交通员联络，同时要求临时省委派专做党务工作的干部和政治部主任到独立师工作。

独立师存在的问题解决后，为积极地开展抗日游击战争，扩大抗日游击区，并向富锦、同江、抚远发展，独立师从师部、第一、第二、第三旅中抽出 120 名兵力组成东征部队，1937 年 6 月初从桦川县进入富锦县境。不久，东征部队在别拉窨子山为反击当地伪保卫团的袭击，炮击伪保卫团，迫使其投降。然后由伪保卫团长引导，先后将三区敌防所、伪警察和另一支附日地主武装缴械，共获 40 余支枪。随后，又进攻柳大林子伪警察所，收缴了 40 余支枪。此时，独立师得知富锦七区头道林子伪警察署署长李景荫①家藏有轻机枪和许多支步枪，又了解到李景荫在九一八事变后曾参加吉林自卫军第二混成旅抗日，自卫军失败后迫于敌人压力，所部被编为伪警察部队，但他同情抗日，仍同抗联第七军有联系，并为第七军代购军需物品等。于是独立师派副官长薛华向李景荫进行抗日教育，终于争取其决心反正，参加抗联独立师抗日。1937 年 6 月 15 日夜，李景荫带领独立师将头道林子伪警察署和伪自卫团全部缴械，获得 87 支枪。李景荫被任命为独立师参谋长。

1937 年 7 月初，独立师在富锦二区长发屯为清除筹集给养的障碍，突袭该地伪自卫团 200 余人的防所，毙伤敢于顽抗的团丁 40 余人，其余均抓了俘虏，缴枪 200 余支。随后，又接连袭击了三区、五区、七区等地伪自卫团防所，清除了抗联部队活动通道的障碍，使抗日游击运动迅速发展起来。

此前的 1937 年 6 月 28 日，中共北满临时省委召开执委扩大会议。其间，赵尚志和周保中商定，准备将独立师扩编为东北抗日联军第十一军，并归属中共北满临时省委领导。

1937 年 7 月初，祁致中率所部在富锦二区活动期间，攻袭了驻守一教堂的伪自卫团武装，毙敌七八人，伤 30 余人，收缴了敌人全部枪支。随后，对富锦三区、五区、七区等地的反动自卫团防所也予以清

---

① 李景荫（1904—1969），黑龙江阿城人。九一八事变后，任吉林自卫军第二混成旅营长。自卫军失败后任富锦伪警察署长，仍同情抗日。1937 年 6 月反正，任东北抗日联军独立师参谋长，并加入中国共产党。后任东北抗联第十一军第一师师长、龙南指挥部指挥、东北抗联第三路军第六支队支队长等职。抗战胜利后，历任富锦县公安局局长、阜新矿务局局长。1969 年病逝。

除，扫除了独立师活动的障碍，使富锦地区的抗日游击运动迅速发展起来。

（五）东北抗日民族统一战线的形成

1937 年上半年，在中国共产党的领导下，经过东北地区南满、吉东、北满党的组织和党直接组建的抗日军队的不懈努力，东北抗日联军已经由小到大成长起来。参加这支抗日武装部队的军事力量与范围迅速扩展，不但包括了由中国共产党直接领导的东北抗联第一军至第七军部队，同时还以这些部队作为骨干力量，扩大联合了仍坚持斗争的抗日义勇军、反日山林队等一大批其他抗日武装力量。

在扩大联合中，各地中国共产党组织和直接领导的抗联部队根据该地的政治、军事形势和各支义勇军、山林队的条件及规模等的不同，对它们分别采取了不同的编组形式。一种是针对其部队规模和分散各地活动的特点，将其纳入东北抗日联军各军，给以独立师或独立旅的番号。纳入后，抗联各军的部队实际上划分为基本队和非基本队。另一种是，因其部队规模较大，又有较大政治影响，且分别代表着由工人、农民反日暴动中诞生的队伍；或由士兵、山林队转向抗日而组成的抗日武装；或由于部队的领导者不愿编入已有的抗联各军；或因活动地区所限，不宜纳入已有的抗联各军——对这些部队，则使之成为与已有的抗联各军并列的军一级编制。东北抗日联军第八、第九、第十军和独立师部队，就是这样编成的。

根据各军建军的历史、传统和既有状况的不同，东北抗日联军可分为两种不同的类型：一类是由中国共产党直接组建的，经由反日游击队或工农义勇军、人民革命军（包括抗日同盟军和反日联合军）各个发展阶段，编为抗日联军的部队，这是东北抗联的主体或基本部队；一类是接受了中国共产党的政治领导，由各地党组织和抗联基本部队派出干部去进行政治工作，以至建立共产党的组织，但因刚编组不久，内部尚不稳固，需要进一步进行政治教育、改造和整顿的部队，可称之为抗日统一战线部队。对后一类部队，各地党组织和抗联基本部队都进行了大量工作，派干部加强领导，甚至付出了牺牲。这些抗日统一战线部队，长时期同中国共产党直接领导的东北人民革命军、东北抗日联军一起战斗，结成了紧密的关系。由于中国共产党坚持执行抗日民族统一战线方针和政策，他们自愿加入到东北抗日联军这支东北地区统一的抗日武装力量的行列中来，为中国人民的抗日事业作出了贡献。

东北抗日民族统一战线的另一组织形式，是中国共产党于同一时期在东北各地区普遍组建的由各民族、各阶级、各阶层民众参加的反日会和抗日救国会。中共满洲省委在九一八事变后，指示各地党组织将各地早已组建的反帝大同盟迅速改称为反日会或抗日救国会组织。中共驻共产国际代表团在《一・二六指示信》中，认为东北各地党组织组建的反日会是“联合广大民众的组织”，并必须掌握其领导权。1934 年中共满洲省委发布的《东北反日总会章程》明确规定：该组织的宗旨是，团结东北三千万民众中一切反日分子进行一致抗日斗争，将居住在东北境内的全体中国人民及其他被压迫民族，从日本殖民统治之下彻底解放出来。《吉东抗日总会檄文》明确指出：“要把反日会变成工农兵学商等的群众团体”，即包括各阶级、各阶层、各民族的具有广泛群众性的爱国政治团体和“反日统一战线机关”。《吉特补充信》将东北反日会与东北抗日联军、东北抗日救国政府一同列为东北抗日民族统一战线的重要组织形式之一。

东北各地反日会、抗日救国会，为团结东北各民族、各阶级、各阶层的爱国力量、抗日群众共同反对日本帝国主义的殖民统治，作出了重要贡献。

1936 年至 1937 年，东北抗日联军部队和反日会、抗日救国会在东北各地的建立,标志着东北地区抗日民族统一战线的形成。东北抗日民族统一战线有自下而上的组织形式,有动员群众抗日的号召力和组织力量。东北抗日民族统一战线,是中国共产党领导下,以抗日武装统一战线为核心的各抗日阶级、各民族、各种爱国力量的大联合。

东北地区抗日民族统一战线具有明确统一的政治纲领。参加这一统一战线的部队和团体,最初同意执行《东北人民革命军政纲》,后来共同执行《东北抗日救国革命政府纲领》。

东北抗日民族统一战线完全是在中国共产党的直接领导和推动下建立起来的。中国共产党是这一抗日统一战线的发起者、组织者和领导者,并且中国共产党及其直接建立的武装部队是这一统一战线的核心和中流砥柱。

参加这一抗日民族统一战线的原抗日义勇军余部、反日山林队等武装力量成员和反日会、抗日救国会团体的成员及其领袖人物、爱国人士,经过中国共产党长期的团结教育,多数都拥护中国共产党的领导,团结合作,共同对敌,并坚持抗战到最后胜利。他们中除仅有的一小部分中途投敌者外,绝大部分成为真正的人民军队和革命力量的一员,为祖国神圣的抗日事业和人民革命事业作出了可贵的贡献。

东北抗日民族统一战线的参加者中,除中国的抗日武装和各民族各阶层人民群众外,还包括一批流亡到中国东北地区的朝鲜共产主义者和爱国战士。他们踊跃地参加了统一的东北抗日联军和反日会、抗日救国会,同中国人民一道进行中国东北地区的抗日斗争。因此,东北抗日联军又是一支体现着爱国主义和国际主义的抗日武装,东北抗日民族统一战线也体现了中朝人民抗日联合战线的精神。

东北地区的抗日民族统一战线在全国抗日战争爆发前就已经建

立起来，虽然它还只是初步的、尚不完善的，但仍然在国内外具有一定的影响。1935 年中国共产党的《八一宣言》和中共中央政治局的瓦窑堡会议决议，提出的组建全国抗日联军并将其作为中国抗日民族统一战线的最高形式之一，即是对中国共产党领导的东北抗日游击战争中组建东北抗日联军这一东北抗日民族统一战线的实践经验的总结。虽然中共中央提出的组建抗日联军的主张，由于国共谈判的曲折未能完全实现，但是，抗日联军作为抗日民族统一战线的一面旗帜，在全国抗日战争的历史上，在西北、华北和华东等地的抗日斗争中，都产生了重要的影响。